本书受到以下项目和单位资助

江西省社科规划课题：江西省"十三五"人才发展规划问题研究（16SKRC01）

江西现代农业及其优势产业可持续发展的决策支持协同创新中心

RENCAIGUIHUA SHIWU YU LILUN

人才规划
实务与理论

郭如良 / 编著

江西人民出版社
Jiangxi People's Publishing House
全国百佳出版社

图书在版编目（CIP）数据

人才规划实务与理论/郭如良编著.—南昌:江西人民出版社,2016.12

ISBN 978-7-210-07491-5

Ⅰ.①人… Ⅱ.①郭… Ⅲ.①人才规划—研究—中国 Ⅳ.①C964.2

中国版本图书馆CIP数据核字（2016）第308547号

人才规划实务与理论

郭如良　编著

责任编辑：徐　旻
出版：江西人民出版社
发行：各地新华书店
地址：江西省南昌市三经路47号附1号
编辑部电话：0791-88629871
发行部电话：0791-86898815
邮编：330006
网址：www.jxpph.com
E-mail:jxpph@tom.com　web@jxpph.com
2016年12月第1版　2016年12月第1次印刷
开本：787mm×1092mm　1/16
印张：32.25
字数：600千字
ISBN 978-7-210-07491-5
赣版权登字-01-2017-125
版权所有　侵权必究
定价：98.00元
承印厂：虎彩印艺股份有限公司
赣人版图书凡属印刷、装订错误，请随时向承印厂调换

前 言

国家和事业的兴衰成败，人才是关键。党的十八大以来，习近平总书记对做好人才工作、实施人才强国战略发表了一系列重要论述，体现了党中央对各级各类人才的关心和重视，突出了人才工作在全局中的重要战略地位，极大地丰富了中国特色社会主义人才理论内涵。习近平总书记特别强调，办好中国的事情，关键在党，关键在人，关键在人才。综合国力竞争说到底是人才竞争。要加大改革落实工作力度，把《关于深化人才发展体制机制改革的意见》落到实处，加快构建具有全球竞争力的人才制度体系，聚天下英才而用之。要着力破除体制机制障碍，向用人主体放权，为人才松绑，让人才创新创造活力充分迸发，使各方面人才各得其所、尽展其长。要树立强烈的人才意识，做好团结、引领、服务工作，真诚关心人才、爱护人才、成就人才，激励广大人才为实现"两个一百年"奋斗目标、实现中华民族伟大复兴的中国梦贡献聪明才智。

深入学习领会习近平总书记关于人才工作的重要论述，努力推进我国由人口大国向人才强国转变，是当前和今后一个时期现实而紧迫的重要任务。各省人才工作相关部门纷纷自觉将思想和行动统一到习近平总书记重要讲话精神上来，把党管人才职责扛在肩上，强化责任担当，注重前瞻思考，认真研究人才工作的新问题、新挑战、新机遇，深刻把握人才工作的新任务、新标准、新要求，在创新人才工作中争上新水平、展现新作为、做出新业绩。当前，各地积极编制"十三五"人才发展规划就是其务实、有效的具体体现之一。

作为经济社会发展总体规划的重要部分，人才规划与经济、科技、教育、劳动与社会保障等事业发展有着紧密的联系，事关整个经济社会发展大局。编制人才发展规划是一个庞大而又复杂的社会系统工程，只有不忘过来，大胆吸收外来，才能更好发展未来。人才发展规划编制贵在坚持中发展。积累并研究大量翔实资料是更好地坚持和发展的前提。笔者曾经参与省级有关部门组织的"九五""十五""十一五""十二五""十三五"人才发展规划编制，以及国家级和众多地方、部门的行业人才发展规划编制，积累了超 600 万字的人才发展规划相关资料。有关领导提议，应将这些资料整理出版，因此，遴选部分相关资料整理汇编成书，旨在帮助有关部门和人员编制"十三五"人才发展规划时找到借鉴，同时，也可为有关部门和人员编制"十三五"各类规划时提供参考，从而牢固树立人才是第一资源理念，把人才优先发展思想落实到经济社会发展规划、重要政策和工作部署中。

本书主要由五部分组成。

第一部分主要为党的十八大后出台的两份党管人才重要文件，旨在突出党管人才的重要地位。坚持党管人才原则，进一步学习和宣传党管人才工作的新目标、新方向，完善党管人才工作格局，健全党管人才工作运行机制和服务保障体系，履行好"管宏观、管政策、管协调、管服务"职责，使人才工作始终体现时代性、把握规律性、富于创造性，是实施"十三五"人才发展规划编制的根本保证。

第二部分为国家和各省（市、区）中长期人才发展规划纲要，旨在把握人才发展的根本方向。全国和各省（市、区）人才发展规划纲要分别是国家和各省（市、区）层面的顶层设计，立意高、思想新、措施实，是我国人才工作新的里程碑。纲要确立了人才发展的指导思想和工作方针、战略目标和战略主题、发展任务和保障措施，是今后一个时期指导全国和各地人才工作的纲领性文件，是实施"十三五"人才发展规划编制的方向性、全局性、战略性要求。

第三部分为国家行业专项人才发展规划，旨在抓住人才建设的战略重点。我国人才建设的战略重点是加快推动党政人才、企业经营管理人才、专业技术人才、高技能人才、农村实用人才、社会工作人才等六支人才队伍建设，以六支人才队伍建设和协调发展带动整体性的人才发展，从而服务于经济建设、政治建设、文化建设、社会建设、生态文明建设和党的建设，助推全面建成小康社会、全面深化改革、全面依法治国、全面从严治党"四个全面"伟大目标的实现。

第四部分为国民经济和社会发展"十三五"规划纲要中的人才发展目标定位，旨在呼唤实现目标的配套措施。人才发展与经济社会发展有着高度相关性，各地确立了国民经济和社会发展"十三五"规划纲要中的人才发展目标定位，为此，各地需要保持发展定力，出台与之匹配、协调、配套性的人才措施，制定和完善具体实施细则，确保人才发展规划目标圆满完成。

第五部分为人才发展规划理论探讨文章，旨在借助人才理论指导工作实践。三篇文章大体探讨了实施人才发展规划编制事前、事中、事后各阶段问题，对各地实施"十三五"人才发展规划编制、完善和评估具有较强的理论指导性，对日常制定具有较强科学性、前瞻性和可操作性的人才政策和具体措施也有较大的参考价值。

本书最终得以出版，还与一些机构和人士的支持分不开。在此，感谢中共江西省委组织部人才处、江西省人社厅规划处、江西农业大学期刊社、江西农业大学经管学院、江西现代农业及其优势产业可持续发展的决策支持协同创新中心等部门和领导的长期关心！感谢江西农业大学经管学院刘子玉、邹婵、谢园琳等参与书稿整理、校对时的辛勤付出，感谢江西人民出版社徐旻同志的大力支持！本书参阅了许多相关的文献资料，对其作者和机构深表谢意！对于可能标注遗漏或引用不当，也请予以谅解和批评指正！鉴于有些资料保密要求，以及笔者认知和水平所限，篇幅高达60万字的本书仍存在许多相关资料应收未收之憾，而且有些资料做了适当处理，书中不当与错误之处难免，敬请批评指正。

目 录
CONTENTS

第一部分
党管人才文件

1. 关于进一步加强党管人才工作的意见	1
2. 关于深化人才发展体制机制改革的意见	4

第二部分
中长期人才发展规划纲要

1. 国家中长期人才发展规划纲要（2010—2020 年）	11
2. 安徽省中长期人才发展规划纲要（2010—2020 年）	26
3. 首都中长期人才发展规划纲要（2010—2020 年）	39
4. 重庆市中长期人才发展规划纲要（2010—2020 年）	47
5. 福建省中长期人才发展规划纲要（2010—2020 年）	60
6. 甘肃省中长期人才发展规划（2010—2020 年）	75
7. 广东省中长期人才发展规划纲要（2010—2020 年）	89
8. 广西壮族自治区中长期人才发展规划纲要（2010—2020 年）	101
9. 贵州省中长期人才发展规划纲要（2010—2020 年）	115
10. 海南省中长期人才发展规划纲要（2010—2020 年）	128
11. 河北省中长期人才发展规划纲要（2010—2020 年）	145
12. 河南省中长期人才发展规划纲要（2010—2020 年）	158
13. 黑龙江省中长期人才发展规划纲要（2010—2020 年）	172
14. 湖北省中长期人才发展规划纲要（2010—2020 年）	187
15. 湖南省中长期人才发展规划纲要（2010—2020 年）	204
16. 吉林省中长期人才发展规划纲要（2009—2020）	217
17. 江苏省中长期人才发展规划纲要（2010—2020 年）	226
18. 江西省中长期人才发展规划纲要（2010—2020 年）	236

19. 2010—2020年辽宁省人才发展规划	250
20. 内蒙古自治区中长期人才发展规划纲要（2010—2020年）	264
21. 宁夏回族自治区中长期人才发展规划纲要（2010—2020年）	277
22. 青海省中长期人才发展规划纲要（2010—2020年）	289
23. 山东省中长期人才发展规划纲要（2010—2020年）	305
24. 山西省中长期人才发展规划纲要（2010—2020年）	316
25. 陕西省中长期人才发展规划（2010—2020年）	326
26. 上海市中长期人才发展规划纲要（2010—2020年）	337
27. 四川省中长期人才发展规划纲要（2010—2020年）	346
28. 天津市中长期人才发展规划（2010—2020年）	358
29. 西藏自治区中长期人才发展规划纲要（2010—2020年）	375
30. 新疆维吾尔自治区中长期人才发展规划纲要（2010—2020年）	387
31. 云南省中长期人才发展规划纲要（2010—2020年）	400
32. 浙江省中长期人才发展规划纲要（2010—2020年）	415

第三部分

专项人才规划

1. 党政人才队伍建设中长期规划（2010—2020年）	431
2. 企业经营管理人才队伍建设中长期规划（2010—2020年）	431
3. 专业技术人才队伍建设中长期规划（2010—2020年）	437
4. 高技能人才队伍建设中长期规划（2010—2020年）	447
5. 农村实用人才和农业科技人才队伍建设中长期规划（2010—2020年）	457
6. 社会工作专业人才队伍建设中长期规划（2011—2020年）	466

第四部分

国家和各省（市、区）国民经济和社会发展第十三个五年规划纲要中的人才发展目标定位

1. 国　家	477
2. 安徽省	478
3. 北京市	478
4. 重庆市	479
5. 福建省	479
6. 甘肃省	480
7. 广东省	480

8. 广西壮族自治区　481

9. 贵州省　482

10. 海南省　482

11. 河北省　483

12. 河南省　483

13. 黑龙江省　484

14. 湖北省　484

15. 湖南省　485

16. 吉林省　486

17. 江苏省　486

18. 江西省　487

19. 辽宁省　488

20. 内蒙古自治区　488

21. 宁夏回族自治区　489

22. 青海省　490

23. 山东省　491

24. 山西省　491

25. 陕西省　492

26. 上海市　493

27. 四川省　493

28. 天津市　494

29. 西藏自治区　494

30. 新疆维吾尔自治区　495

31. 云南省　496

32. 浙江省　497

第五部分

人才发展规划理论探讨

1. 编制人才规划要处理好十个关系	498
2. 编制人才发展规划应树立新思维	500
3. 国家人才战略规划绩效评估相关问题研究	501

第一部分 党管人才文件

关于进一步加强党管人才工作的意见

为加强和改进党对人才工作的领导，根据《国家中长期人才发展规划纲要（2010—2020年）》，现就进一步加强党管人才工作提出如下意见。

一、充分认识进一步加强党管人才工作的重要意义

1. 党管人才是人才工作的重要原则。党和国家历来高度重视人才工作。进入新世纪新阶段，中央作出实施人才强国战略的重大决策，确立了党管人才原则。党管人才主要是管宏观、管政策、管协调、管服务，包括规划人才发展战略，制定并落实人才发展重大政策，协调各方面力量形成共同参与和推动人才工作的整体合力，为各类人才干事创业、实现价值提供良好服务等。党管人才是党的组织制度的重要组成部分，是人才工作沿着正确方向前进的根本保证。

2. 新形势新任务要求进一步加强党管人才工作。世界多极化和经济全球化的深入发展，使人才在综合国力竞争中的地位和作用更加凸显。我国正处于全面建设小康社会的关键时期和深化改革开放、加快转变经济发展方式的攻坚时期，人才越来越成为推动科学发展的关键因素。随着我国人才队伍规模不断扩大、构成趋于多样、流动显著加快，对各类人才服务、支持和管理的力度需要进一步加大。近年来，各级党委和政府认真贯彻党管人才原则，人才工作取得了新成绩，积累了新经验，为经济社会发展提供了有力的人才支撑。但一些领导干部对党管人才认识不到位、党管人才体制机制不够健全、党管人才方式方法不够适应、党管人才保障不够有力等问题，在一些地方和单位还不同程度存在。新形势新任务要求进一步加强党管人才工作，加强和改进党对人才工作的领导，把各类优秀人才团结凝聚在党的事业周围，促进人才强国战略的更好实施和建设人才强国宏伟目标的顺利实现。

二、加强党管人才工作的指导思想和总体要求

3. 指导思想。高举中国特色社会主义伟大旗帜，以邓小平理论和"三个代表"重要思想为指导，

深入贯彻落实科学发展观，紧紧围绕党和国家工作大局，创新党管人才领导体制机制，改进党管人才方式方法，不断提高人才工作科学化水平，为更好地实施人才强国战略提供坚强的政治和组织保证。

4.总体要求。着眼于培养造就宏大的高素质人才队伍，统筹兼顾，突出重点，改革创新，分类指导，强化服务，注重实效，正确处理党管人才与尊重人才成长规律、发挥市场在人才资源配置中基础性作用的关系，充分调动社会各方面力量参与人才工作的积极性。通过进一步加强党管人才工作，使党对人才工作的领导更加有力，全社会重视人才工作、支持人才发展的氛围更加浓厚，努力形成人才辈出、人尽其才、才尽其用的生动局面。

三、健全党管人才领导体制和工作格局

5.加强党委统一领导。发挥党委（党组）在人才工作中的核心领导作用，保证党的人才工作方针政策全面贯彻落实。确立人才优先发展战略布局，坚持人才资源优先开发、人才结构优先调整、人才投资优先保证、人才制度优先创新。党委（党组）要及时研究部署人才工作，谋划大局，把握方向，解决问题，整合力量。党委（党组）书记要带头抓好人才工作，党委常委（党组成员）要按照分工抓好分管领域或系统的人才工作。县级以上地方党委建立人才工作领导小组。由党委或政府主要负责同志担任人才工作领导小组组长的，党委组织部部长和政府分管领导同志担任副组长；由党委组织部部长担任人才工作领导小组组长的，政府分管领导同志担任副组长。领导小组成员由党委、政府人才工作职能部门的主要负责同志担任。党委、政府所属系统内人才资源规模比较大的职能部门，可以根据实际需要建立人才工作领导小组。

6.发挥组织部门牵头抓总作用。各级党委组织部门要在党委领导下，切实担负起人才工作牵头抓总的责任，当好参谋，创新实践，整合资源，示范引领。要坚持牵头不包办，抓总不包揽，统筹不代替，积极支持配合其他部门在职责范围内开展工作。中央和省级组织部门要重点抓好战略思想研究、总体规划制定、重要政策统筹、创新工程策划、重点人才培养、重大典型宣传等工作。

7.促进职能部门各司其职、密切配合。按照统一领导、分类管理的原则，根据部门职能，科学划分有关部门在人才工作和人才队伍建设中的职责。人力资源社会保障部门要在制定人才政策法规、构建人才服务体系、培育和发展人才资源市场等方面积极发挥作用。承担党政人才、企业经营管理人才、专业技术人才、高技能人才、农村实用人才和社会工作人才队伍建设的主要责任部门要明确职责，各司其职。各党政职能部门和企事业单位要齐抓共管、通力合作，共同推动人才工作各项任务的落实。

8.切实发挥用人单位主体作用。引导和督促各用人单位认真贯彻执行党的人才工作方针政策，自觉做好本单位人才培养、引进和使用工作。不断深化干部选拔任用制度改革，扩大干部工作民主，拓宽选人用人渠道，促进优秀人才脱颖而出。深化国有企业和事业单位人事制度改革，创新管理体制，完善用人机制，尊重和落实单位用人自主权。鼓励和引导非公有制经济组织和新社会组织认真落实所在地方党委、政府人才发展规划，以灵活机制做好人才服务和管理工作。

9.调动社会各方面力量参与人才工作的积极性。引导和支持工会、共青团、妇联、科协、文联、

作协等人民团体和各民主党派、工商联、无党派人士等各方面力量积极参与人才工作。鼓励和支持各类人才培训机构、中介机构以及从事国际人才交流的民间机构创新服务方式和内容,为人才提供个性化和多样化服务。

四、完善党管人才工作运行机制

10. 建立科学决策机制。凡涉及人才工作的重要文件、重要活动安排等,都要提交人才工作领导小组审议,重大事项要报同级党委(党组)审定。提请人才工作领导小组审议的文件和事项,要事先征求相关部门意见。涉及经济社会发展全局的重大事项,要面向社会广泛征求意见,听取专家意见和建议。研究制定人才工作重大决策和部署,要注意上下衔接和政策配套。

11. 完善分工协作机制。人才工作领导小组按照同级党委(党组)人才工作部署,及时将年度人才工作要点、重点工作任务分解到各有关部门,明确工作质量和进度要求。有关部门要细化任务分工,提出具体落实措施,部门之间要加强协作配合。

12. 建立沟通交流机制。建立人才工作领导小组例会制度,交流工作进展情况,研究解决重点难点问题。人才工作领导小组各成员单位要确定联络员,加强同领导小组和其他成员单位的工作联系。加强人才工作信息交流。

13. 健全督促落实机制。人才工作领导小组采取年度检查与日常督查相结合的方式,对本地区本部门工作落实情况进行检查,检查结果以适当形式通报。加强重点工作跟踪指导和专项督查,探索建立通过第三方对人才发展情况进行监测、分析和评估的有效办法。

五、创新党管人才方式方法

14. 统筹兼顾,推动人才资源整体开发。各级党委要根据经济社会发展需要,统筹经济社会发展和人才发展,围绕中心工作制定人才工作目标和措施。以高层次和高技能人才为重点,统筹推进各类人才队伍建设。统筹城乡、区域人才资源开发,大力支持农村基层和革命老区、民族地区、边疆地区、贫困地区人才培养开发,积极引导人才向农村基层和艰苦边远地区流动。统筹国内国际两种资源,坚持自主培养开发人才与引进海外人才和智力并举。

15. 把握和遵循人才成长规律,加强人才工作分类指导。根据不同类型人才特点,有针对性地制定培养措施、评价标准和激励办法,促进人岗相适、才尽其用。指导机关、企事业单位和社会组织根据各自特点开展人才工作。

16. 充分发挥市场作用,把党管人才与市场配置人才资源有机结合起来。发挥党的思想政治优势、组织优势和密切联系群众优势,加强对人才工作的宏观管理和综合协调。尊重社会主义市场经济规律,健全人才市场体系,充分发挥市场在人才资源配置中的基础性作用,实现人才资源高效配置。

17. 大力改革创新,增强人才工作生机与活力。引导各类用人主体在总结运用人才工作传统经验的同时,不断推进人才工作实践创新、理论创新、制度创新。及时总结推广人才工作的新鲜经验。鼓励各地探索建立人才管理改革试验区。探索运用现代科技手段特别是网络信息技术开展人才工作。

六、加强党管人才工作的保障措施

18. 落实工作责任。实行县级以上地方党政领导班子人才工作目标责任制。科学设置考核指标，建立完善考核办法，合理运用考核结果，推动人才工作任务落实。

19. 加强人才工作机构和队伍建设。省（自治区、直辖市）、市（地）和有条件的县（市），党委组织部门要建立健全人才工作机构，配齐配强工作力量。暂无条件设立专门机构的县（市），要有专人负责人才工作。党委、政府有关职能部门可根据实际需要建立人才工作机构。加强人才工作队伍的教育培训和实践锻炼，不断提高队伍能力素质。

20. 强化理论指导。大力宣传普及科学人才观，深入开展人才理论研究，重视研究成果运用，提高成果转化率。加强人才学科、研究机构和研究队伍建设。

21. 保证人才投入。坚持人才投资优先保证，建立健全政府、社会、用人单位和个人多元化投入机制。加大人才发展资金投入力度，保障重大人才项目实施。鼓励支持企业和社会组织建立人才发展基金。

22. 营造良好环境。加强政策引导和舆论宣传，大力营造尊重人才、见贤思齐的社会环境，鼓励创新、宽容失败的工作环境，待遇适当、无后顾之忧的生活环境，公开平等、竞争择优的制度环境。推进人才工作法制建设，形成有利于人才发展的法制环境。

（新华社北京2012年9月26日电）

关于深化人才发展体制机制改革的意见

人才是经济社会发展的第一资源。人才发展体制机制改革是全面深化改革的重要组成部分，是党的建设制度改革的重要内容。协调推进"四个全面"战略布局，贯彻落实创新、协调、绿色、开放、共享的发展理念，实现"两个一百年"奋斗目标，必须深化人才发展体制机制改革，加快建设人才强国，最大限度激发人才创新创造创业活力，把各方面优秀人才集聚到党和国家事业中来。现就深化人才发展体制机制改革提出如下意见。

一、指导思想、基本原则和主要目标

（一）指导思想

高举中国特色社会主义伟大旗帜，全面贯彻党的十八大和十八届三中、四中、五中全会精神，以邓小平理论、"三个代表"重要思想、科学发展观为指导，深入贯彻习近平总书记系列重要讲话精神，坚持聚天下英才而用之，牢固树立科学人才观，深入实施人才优先发展战略，遵循社会主义市场经济规律和人才成长规律，破除束缚人才发展的思想观念和体制机制障碍，解放和增强人才活力，构建科学规范、开放包容、运行高效的人才发展治理体系，形成具有国际竞争力的人才制度优势。

（二）基本原则

——坚持党管人才。充分发挥党的思想政治优势、组织优势和密切联系群众优势，进一步加强和改进党对人才工作的领导，健全党管人才领导体制和工作格局，创新党管人才方式方法，为深化人才发展体制机制改革提供坚强的政治和组织保证。

——服务发展大局。围绕经济社会发展需求，聚焦国家重大战略，科学谋划改革思路和政策措施，促进人才规模、质量和结构与经济社会发展相适应、相协调，实现人才发展与经济建设、政治建设、文化建设、社会建设、生态文明建设深度融合。

——突出市场导向。充分发挥市场在人才资源配置中的决定性作用和更好发挥政府作用，加快转变政府人才管理职能，保障和落实用人主体自主权，提高人才横向和纵向流动性，健全人才评价、流动、激励机制，最大限度激发和释放人才创新创造创业活力，使人才各尽其能、各展其长、各得其所，让人才价值得到充分尊重和实现。

——体现分类施策。根据不同领域、行业特点，坚持从实际出发，具体问题具体分析，增强改革针对性、精准性。纠正人才管理中存在的行政化、"官本位"倾向，防止简单套用党政领导干部管理办法管理科研教学机构学术领导人员和专业人才。

——扩大人才开放。树立全球视野和战略眼光，充分开发利用国内国际人才资源，主动参与国际人才竞争，完善更加开放、更加灵活的人才培养、吸引和使用机制，不唯地域引进人才，不求所有开发人才，不拘一格用好人才，确保人才引得进、留得住、流得动、用得好。

（三）主要目标

通过深化改革，到2020年，在人才发展体制机制的重要领域和关键环节上取得突破性进展，人才管理体制更加科学高效，人才评价、流动、激励机制更加完善，全社会识才爱才敬才用才氛围更加浓厚，形成与社会主义市场经济体制相适应、人人皆可成才、人人尽展其才的政策法律体系和社会环境。

二、推进人才管理体制改革

（四）转变政府人才管理职能

根据政社分开、政事分开和管办分离要求，强化政府人才宏观管理、政策法规制定、公共服务、监督保障等职能。推动人才管理部门简政放权，消除对用人主体的过度干预，建立政府人才管理服务权力清单和责任清单，清理和规范人才招聘、评价、流动等环节中的行政审批和收费事项。

（五）保障和落实用人主体自主权

充分发挥用人主体在人才培养、吸引和使用中的主导作用，全面落实国有企业、高校、科研院所等企事业单位和社会组织的用人自主权。创新事业单位编制管理方式，对符合条件的公益二类事业单位逐步实行备案制管理。改进事业单位岗位管理模式，建立动态调整机制。探索高层次人才协议工资制等分配办法。

（六）健全市场化、社会化的人才管理服务体系

构建统一、开放的人才市场体系，完善人才供求、价格和竞争机制。深化人才公共服务机构改革。大力发展专业性、行业性人才市场，鼓励发展高端人才猎头等专业化服务机构，放宽人才服务业准入限制。积极培育各类专业社会组织和人才中介服务机构，有序承接政府转移的人才培养、评价、流动、激励等职能。充分运用云计算和大数据等技术，为用人主体和人才提供高效便捷服务。扩大社会组织人才公共服务覆盖面。完善人才诚信体系，建立失信惩戒机制。

（七）加强人才管理法制建设

研究制定促进人才开发及人力资源市场、人才评价、人才安全等方面的法律法规。完善外国人才来华工作、签证、居留和永久居留管理的法律法规。制定人才工作条例。清理不合时宜的人才管理法律法规和政策性文件。

三、改进人才培养支持机制

（八）创新人才教育培养模式

突出经济社会发展需求导向，建立高校学科专业、类型、层次和区域布局动态调整机制。统筹产业发展和人才培养开发规划，加强产业人才需求预测，加快培育重点行业、重要领域、战略性新兴产业人才。注重人才创新意识和创新能力培养，探索建立以创新创业为导向的人才培养机制，完善产学研用结合的协同育人模式。

（九）改进战略科学家和创新型科技人才培养支持方式

更大力度实施国家高层次人才特殊支持计划（国家"万人计划"），完善支持政策，创新支持方式。构建科学、技术、工程专家协同创新机制。建立统一的人才工程项目信息管理平台，推动人才工程项目与各类科研、基地计划相衔接。按照精简、合并、取消、下放要求，深入推进项目评审、人才评价、机构评估改革。

建立基础研究人才培养长期稳定支持机制。加大对新兴产业以及重点领域、企业急需紧缺人才支持力度。支持新型研发机构建设，鼓励人才自主选择科研方向、组建科研团队，开展原创性基础研究和面向需求的应用研发。

（十）完善符合人才创新规律的科研经费管理办法

改革完善科研项目招投标制度，健全竞争性经费和稳定支持经费相协调的投入机制，提高科研项目立项、评审、验收科学化水平。进一步改革科研经费管理制度，探索实行充分体现人才创新价值和特点的经费使用管理办法。下放科研项目部分经费预算调整审批权，推行有利于人才创新的经费审计方式。完善企业研发费用加计扣除政策。探索实行哲学社会科学研究成果后期资助和事后奖励制。

（十一）优化企业家成长环境

遵循企业家成长规律，拓宽培养渠道。建立有利于企业家参与创新决策、凝聚创新人才、整合创新资源的新机制。依法保护企业家财产权和创新收益，进一步营造尊重、关怀、宽容、支持企业家的

社会文化环境。合理提高国有企业经营管理人才市场化选聘比例，畅通各类企业人才流动渠道。研究制定在国有企业建立职业经理人制度的指导意见。完善国有企业经营管理人才中长期激励措施。

（十二）建立产教融合、校企合作的技术技能人才培养模式

大力培养支撑中国制造、中国创造的技术技能人才队伍，加快构建现代职业教育体系，深化技术技能人才培养体制改革，加强统筹协调，形成工作合力。创新技术技能人才教育培训模式，促进企业和职业院校成为技术技能人才培养的"双主体"，开展校企联合培养试点。研究制定技术技能人才激励办法，探索建立企业首席技师制度，试行年薪制和股权制、期权制。健全以职业农民为主体的农村实用人才培养机制。弘扬劳动光荣、技能宝贵、创造伟大的时代风尚，不断提高技术技能人才经济待遇和社会地位。

（十三）促进青年优秀人才脱颖而出

破除论资排辈、求全责备等陈旧观念，抓紧培养造就青年英才。建立健全对青年人才普惠性支持措施。加大教育、科技和其他各类人才工程项目对青年人才培养支持力度，在国家重大人才工程项目中设立青年专项。改革博士后制度，发挥高校、科研院所、企业在博士后研究人员招收培养中的主体作用，有条件的博士后科研工作站可独立招收博士后研究人员。拓宽国际视野，吸引国外优秀青年人才来华从事博士后研究。

四、创新人才评价机制

（十四）突出品德、能力和业绩评价

制定分类推进人才评价机制改革的指导意见。坚持德才兼备，注重凭能力、实绩和贡献评价人才，克服唯学历、唯职称、唯论文等倾向。不将论文等作为评价应用型人才的限制性条件。建立符合中小学教师、全科医生等岗位特点的人才评价机制。

（十五）改进人才评价考核方式

发挥政府、市场、专业组织、用人单位等多元评价主体作用，加快建立科学化、社会化、市场化的人才评价制度。基础研究人才以同行学术评价为主，应用研究和技术开发人才突出市场评价，哲学社会科学人才强调社会评价。注重引入国际同行评价。应用型人才评价应根据职业特点突出能力和业绩导向。加强评审专家数据库建设，建立评价责任和信誉制度。适当延长基础研究人才评价考核周期。

（十六）改革职称制度和职业资格制度

深化职称制度改革，提高评审科学化水平。研究制定深化职称制度改革的意见。突出用人主体在职称评审中的主导作用，合理界定和下放职称评审权限，推动高校、科研院所和国有企业自主评审。对职称外语和计算机应用能力考试不作统一要求。探索高层次人才、急需紧缺人才职称直聘办法。畅通非公有制经济组织和社会组织人才申报参加职称评审渠道。清理减少准入类职业资格并严格管理，推进水平类职业资格评价市场化、社会化。放宽急需紧缺人才职业资格准入。

五、健全人才顺畅流动机制

（十七）破除人才流动障碍

打破户籍、地域、身份、学历、人事关系等制约，促进人才资源合理流动、有效配置。建立高层次人才、急需紧缺人才优先落户制度。加快人事档案管理服务信息化建设，完善社会保险关系转移接续办法，为人才跨地区、跨行业、跨体制流动提供便利条件。

（十八）畅通党政机关、企事业单位、社会各方面人才流动渠道

研究制定吸引非公有制经济组织和社会组织优秀人才进入党政机关、国有企事业单位的政策措施，注重人选思想品德、职业素养、从业经验和专业技能综合考核。

（十九）促进人才向艰苦边远地区和基层一线流动

研究制定鼓励和引导人才向艰苦边远地区和基层一线流动的意见，提高艰苦边远地区和基层一线人才保障水平，使他们在政治上受重视、社会上受尊重、经济上得实惠。重大人才工程项目适当向艰苦边远地区倾斜。边远贫困和民族地区县以下单位招录人才，可适当放宽条件、降低门槛。鼓励西部地区、东北地区、边远地区、民族地区、革命老区设立人才开发基金。完善东、中部地区对口支持西部地区人才开发机制。

六、强化人才创新创业激励机制

（二十）加强创新成果知识产权保护

完善知识产权保护制度，加快出台职务发明条例。研究制定商业模式、文化创意等创新成果保护办法。建立创新人才维权援助机制。建立人才引进使用中的知识产权鉴定机制，防控知识产权风险。完善知识产权质押融资等金融服务机制，为人才创新创业提供支持。

（二十一）加大对创新人才激励力度

赋予高校、科研院所科技成果使用、处置和收益管理自主权，除事关国防、国家安全、国家利益、重大社会公共利益外，行政主管部门不再审批或备案。允许科技成果通过协议定价、在技术市场挂牌交易、拍卖等方式转让转化。完善科研人员收入分配政策，依法赋予创新领军人才更大人财物支配权、技术路线决定权，实行以增加知识价值为导向的激励机制。完善市场评价要素贡献并按贡献分配的机制。研究制定国有企事业单位人才股权期权激励政策，对不适宜实行股权期权激励的采取其他激励措施。探索高校、科研院所担任领导职务科技人才获得现金与股权激励管理办法。完善人才奖励制度。

（二十二）鼓励和支持人才创新创业

研究制定高校、科研院所等事业单位科研人员离岗创业的政策措施。高校、科研院所科研人员经所在单位同意，可在科技型企业兼职并按规定获得报酬。允许高校、科研院所设立一定比例的流动岗位，吸引具有创新实践经验的企业家、科技人才兼职。鼓励和引导优秀人才向企业集聚。重视吸收民营企业育才引才用才经验做法。总结推广各类创新创业孵化模式，打造一批低成本、便利化、开放式的众创空间。

七、构建具有国际竞争力的引才用才机制

（二十三）完善海外人才引进方式

实行更积极、更开放、更有效的人才引进政策，更大力度实施海外高层次人才引进计划（国家"千人计划"），敞开大门，不拘一格，柔性汇聚全球人才资源。对国家急需紧缺的特殊人才，开辟专门渠道，实行特殊政策，实现精准引进。支持地方、部门和用人单位设立引才项目，加强动态管理。鼓励社会力量参与人才引进。扩大来华留学规模，优化外国留学生结构，提高政府奖学金资助标准，出台学位研究生毕业后在华工作的相关政策。

（二十四）健全工作和服务平台

对引进人才充分信任、放手使用，支持他们深度参与国家计划项目、开展科研攻关。研究制定外籍科学家领衔国家科技项目办法。完善引才配套政策，解决引进人才任职、社会保障、户籍、子女教育等问题。对外国人才来华签证、居留，放宽条件、简化程序、落实相关待遇。整合人才引进管理服务资源，优化机构与职能配置。

（二十五）扩大人才对外交流

鼓励支持人才更广泛地参加国际学术交流与合作，完善相关管理办法。支持有条件的高校、科研院所、企业在海外建立办学机构、研发机构，吸引使用当地优秀人才。完善国际组织人才培养推送机制。创立国际人才合作组织，促进人才国际交流与合作。研究制定维护国家人才安全的政策措施。

八、建立人才优先发展保障机制

（二十六）促进人才发展与经济社会发展深度融合

坚持人才引领创新发展，将人才发展列为经济社会发展综合评价指标。综合运用区域、产业政策和财政、税收杠杆，加大人才资源开发力度。坚持人才发展与实施重大国家战略、调整产业布局同步谋划、同步推进。研究制定"一带一路"建设、京津冀协同发展、长江经济带建设、"中国制造2025"、自贸区建设以及国家重大项目和重大科技工程等人才支持措施。创新人才工作服务发展政策，鼓励和支持地方开展人才管理改革试验探索。围绕实施国家"十三五"规划，编制地区、行业系统以及重点领域人才发展规划。鼓励各类优秀人才投身国防事业，促进军民深度融合发展，建立军地人才、技术、成果转化对接机制。

（二十七）建立多元投入机制

优化财政支出结构，完善人才发展投入机制，加大人才开发投入力度。实施重大建设工程和项目时，统筹安排人才开发培养经费。调整和规范人才工程项目财政性支出，提高资金使用效益。发挥人才发展专项资金、中小企业发展基金、产业投资基金等政府投入的引导和撬动作用，建立政府、企业、社会多元投入机制。创新人才与资本、技术对接合作模式。研究制定鼓励企业、社会组织加大人才投入的政策措施。发展天使投资和创业投资引导基金，鼓励金融机构创新产品和服务，加大对人才创新创业资金扶持力度。落实有利于人才发展的税收支持政策，完善国家有关鼓励和吸引高层次人才的税

收优惠政策。

九、加强对人才工作的领导

（二十八）完善党管人才工作格局

发挥党委（党组）总揽全局、协调各方的领导核心作用，加强党对人才工作统一领导，切实履行管宏观、管政策、管协调、管服务职责。改进党管人才方式方法，完善党委统一领导，组织部门牵头抓总，有关部门各司其职、密切配合，社会力量发挥重要作用的人才工作新格局。进一步明确人才工作领导小组职责任务和工作规则，健全领导机构，配强工作力量，完善宏观指导、科学决策、统筹协调、督促落实机制。理顺党委和政府人才工作职能部门职责，将行业、领域人才队伍建设列入相关职能部门"三定"方案。

（二十九）实行人才工作目标责任考核

建立各级党政领导班子和领导干部人才工作目标责任制，细化考核指标，加大考核力度，将考核结果作为领导班子评优、干部评价的重要依据。将人才工作列为落实党建工作责任制情况述职的重要内容。

（三十）坚持对人才的团结教育引导服务

加强政治引领和政治吸纳，充分发挥党的组织凝聚人才作用。制定加强党委联系专家工作意见，建立党政领导干部直接联系人才机制。加强各类人才教育培训、国情研修，增强认同感和向心力。完善专家决策咨询制度，畅通建言献策渠道，充分发挥新型智库作用。建立健全特殊一线岗位人才医疗保健制度。加强优秀人才和工作典型宣传，营造尊重人才、见贤思齐的社会环境，鼓励创新、宽容失败的工作环境，待遇适当、无后顾之忧的生活环境，公开平等、竞争择优的制度环境。

各级党委和政府要切实增强责任感、使命感，统一思想、加强领导，部门协同、上下联动，推动各项改革任务落实。鼓励支持各地区各部门因地制宜，开展差别化改革探索。加强指导监督，研究解决人才发展体制机制改革中遇到的新情况新问题。有关方面要抓紧制定任务分工方案，明确各项改革的进度安排。各地应当结合实际研究制定实施意见。加强政策解读和舆论引导，形成全社会关心支持人才发展体制机制改革的良好氛围。

（新华社北京2016年3月21日电）

中长期人才发展规划纲要

国家中长期人才发展规划纲要（2010—2020年）

根据党的十七大提出的更好实施人才强国战略的总体要求，着眼于为实现全面建设小康社会奋斗目标提供人才保证，制定《人才规划纲要》。

序言

人才是指具有一定的专业知识或专门技能，进行创造性劳动并对社会作出贡献的人，是人力资源中能力和素质较高的劳动者。人才是我国经济社会发展的第一资源。

在人类社会发展进程中，人才是社会文明进步、人民富裕幸福、国家繁荣昌盛的重要推动力量。当今世界正处在大发展大变革大调整时期。世界多极化、经济全球化深入发展，科技进步日新月异，知识经济方兴未艾，加快人才发展是在激烈的国际竞争中赢得主动的重大战略选择。我国正处在改革发展的关键阶段，深入贯彻落实科学发展观，全面推进经济建设、政治建设、文化建设、社会建设以及生态文明建设，推动工业化、信息化、城镇化、市场化、国际化深入发展，全面建设小康社会，实现中华民族伟大复兴，必须大力提高国民素质，在继续发挥我国人力资源优势的同时，加快形成我国人才竞争比较优势，逐步实现由人力资源大国向人才强国的转变。

党和国家历来高度重视人才工作，新中国成立以来特别是改革开放以来，提出了一系列加强人才工作的政策措施，培养造就了各个领域的大批人才。进入新世纪新阶段，党中央、国务院作出了实施人才强国战略的重大决策，人才强国战略已成为我国经济社会发展的一项基本战略，人才发展取得了显著成就。科学人才观逐步确立，以高层次人才、高技能人才为重点的各类人才队伍不断壮大，有利于人才发展的政策体系进一步完善，市场配置人才资源的基础性作用初步发挥，人才效能明显提高，党管人才工作新格局基本形成。同时必须清醒地看到，当前我国人才发展的总体水平同世界先进国家相比仍存在较大差距，与我国经济社会发展需要相比还有许多不适应的地方，主要是：高层次创新型人才匮乏，人才创新创业能力不强，人才结构和布局不尽合理，人才发展体制机制障碍尚未消除，人才资源开发投入不足,等等。

未来十几年,是我国人才事业发展的重要战略机遇期。我们必须进一步增强责任感、使命感和危机感,积极应对日趋激烈的国际人才竞争,主动适应我国经济社会发展需要,坚定不移地走人才强国之路,科学规划,深化改革,重点突破,整体推进,不断开创人才辈出、人尽其才的新局面。

一、指导方针、战略目标和总体部署

(一) 指导方针

高举中国特色社会主义伟大旗帜,以邓小平理论和"三个代表"重要思想为指导,深入贯彻落实科学发展观,尊重劳动、尊重知识、尊重人才、尊重创造,更好实施人才强国战略,坚持党管人才原则,遵循社会主义市场经济规律和人才成长规律,加快人才发展体制机制改革和政策创新,扩大对外开放,开发利用国内国际两种人才资源,以高层次人才、高技能人才为重点统筹推进各类人才队伍建设,为实现全面建设小康社会奋斗目标提供坚强的人才保证和广泛的智力支持。

当前和今后一个时期,我国人才发展的指导方针是:服务发展、人才优先、以用为本、创新机制、高端引领、整体开发。

服务发展。把服务科学发展作为人才工作的根本出发点和落脚点,围绕科学发展目标确定人才队伍建设任务,根据科学发展需要制定人才政策措施,用科学发展成果检验人才工作成效。

人才优先。确立在经济社会发展中人才优先发展的战略布局,充分发挥人才的基础性、战略性作用,做到人才资源优先开发、人才结构优先调整、人才投资优先保证、人才制度优先创新,促进经济发展方式向主要依靠科技进步、劳动者素质提高、管理创新转变。

以用为本。把充分发挥各类人才的作用作为人才工作的根本任务,围绕用好用活人才来培养人才、引进人才,积极为各类人才干事创业和实现价值提供机会和条件,使全社会创新智慧竞相迸发。

创新机制。把深化改革作为推动人才发展的根本动力,坚决破除束缚人才发展的思想观念和制度障碍,构建与社会主义市场经济体制相适应、有利于科学发展的人才发展体制机制,最大限度地激发人才的创造活力。

高端引领。培养造就一批善于治国理政的领导人才,一批经营管理水平高、市场开拓能力强的优秀企业家,一批世界水平的科学家、科技领军人才、工程师和高水平的哲学社会科学专家、文学家、艺术家、教育家,一大批技艺精湛的高技能人才,一大批社会主义新农村建设带头人,一大批职业化、专业化的高级社会工作人才,充分发挥高层次人才在经济社会发展和人才队伍建设中的引领作用。

整体开发。加强人才培养,注重理想信念教育和职业道德建设,培育拼搏奉献、艰苦创业、诚实守信、团结协作精神,促进人的全面发展。关心人才成长,鼓励和支持人人都作贡献、人人都能成才、行行出状元。统筹国内国际两个市场,推进城乡、区域、产业、行业和不同所有制人才资源开发,实现各类人才队伍协调发展。

（二）战略目标

到2020年，我国人才发展的总体目标是：培养和造就规模宏大、结构优化、布局合理、素质优良的人才队伍，确立国家人才竞争比较优势，进入世界人才强国行列，为在本世纪中叶基本实现社会主义现代化奠定人才基础。

——人才资源总量稳步增长，队伍规模不断壮大。人才资源总量从现在的1.14亿人增加到1.8亿人，增长58%，人才资源占人力资源总量的比重提高到16%，基本满足经济社会发展需要。

——人才素质大幅度提高，结构进一步优化。主要劳动年龄人口受过高等教育的比例达到20%，每万劳动力中研发人员达到43人年，高技能人才占技能劳动者的比例达到28%。人才的分布和层次、类型、性别等结构趋于合理。

——人才竞争比较优势明显增强，竞争力不断提升。人才规模效益显著提高。在装备制造、信息、生物技术、新材料、航空航天、海洋、金融财会、生态环境保护、新能源、农业科技、宣传思想文化等经济社会发展重点领域，建成一批人才高地。

——人才使用效能明显提高。人才发展体制机制创新取得突破性进展，人才辈出、人尽其才的环境基本形成。人力资本投资占国内生产总值比例达到15%，人力资本对经济增长贡献率达到33%，人才贡献率达到35%。

（三）总体部署

一是实行人才投资优先，健全政府、社会、用人单位和个人多元人才投入机制，加大对人才发展的投入，提高人才投资效益。

二是加强人才资源能力建设，创新人才培养模式，注重思想道德建设，突出创新精神和创新能力培养，大幅度提升各类人才的整体素质。

三是推动人才结构战略性调整，充分发挥市场配置人才资源的基础性作用，改善宏观调控，促进人才结构与经济社会发展相协调。

四是造就宏大的高素质人才队伍，突出培养创新型科技人才，重视培养领军人才和复合型人才，大力开发经济社会发展重点领域急需紧缺专门人才，统筹抓好党政人才、企业经营管理人才、专业技术人才、高技能人才、农村实用人才以及社会工作人才等人才队伍建设，培养造就数以亿计的各类人才，数以千万计的专门人才和一大批拔尖创新人才。

五是改革人才发展体制机制，完善人才管理体制，创新人才培养开发、评价发现、选拔任用、流动配置、激励保障机制，营造充满活力、富有效率、更加开放的人才制度环境。

六是大力吸引海外高层次人才和急需紧缺专门人才，坚持自主培养开发与引进海外人才并举，积极利用国（境）外教育培训资源培养人才。

七是加快人才工作法制建设，建立健全人才法律法规，坚持依法管理，保护人才合法权益。

八是加强和改进党对人才工作的领导，完善党管人才格局，创新党管人才方式方法，为人才发展提供坚强的组织保证。

推进人才发展，要统筹兼顾，分步实施。到 2015 年，重点在制度建设、机制创新上有较大突破。到 2020 年，全面落实各项任务，确保人才发展战略目标的实现。

二、人才队伍建设主要任务

（一）突出培养造就创新型科技人才

发展目标：围绕提高自主创新能力、建设创新型国家，以高层次创新型科技人才为重点，努力造就一批世界水平的科学家、科技领军人才、工程师和高水平创新团队，注重培养一线创新人才和青年科技人才，建设宏大的创新型科技人才队伍。到 2020 年，研发人员总量达到 380 万人年，高层次创新型科技人才总量达到 4 万人左右。

主要举措：创新人才培养模式，建立学校教育和实践锻炼相结合、国内培养和国际交流合作相衔接的开放式培养体系。探索并推行创新型教育方式方法，突出培养学生的科学精神、创造性思维和创新能力。加强实践培养，依托国家重大科研项目和重大工程、重点学科和重点科研基地、国际学术交流合作项目，建设一批高层次创新型科技人才培养基地。加强领军人才、核心技术研发人才培养和创新团队建设，形成科研人才和科研辅助人才衔接有序、梯次配备的合理结构，提高自主创新能力。深化科技体制改革，完善权责明确、评价科学、创新引导的科技管理制度，健全有利于科技人才创新创业的评价、使用、激励措施，进一步解放和发展科技生产力。制定加强高层次创新型科技人才队伍建设意见。改进完善院士制度，注重院士称号精神激励作用，规范院士学术兼职。加大海外高层次创新创业人才引进力度。组织实施创新人才推进计划、海外高层次人才引进计划，推进"百人计划"、"长江学者奖励计划"、"国家杰出青年科学基金"等人才项目。注重复合型人才培养，破除论资排辈、求全责备观念，加大对优秀青年科技人才的发现、培养、使用和资助力度。加强产学研合作，重视企业工程技术与管理人才的培养，推动科技人才向企业集聚。发展创新文化，倡导追求真理、勇攀高峰、宽容失败、团结协作的创新精神，营造科学民主、学术自由、严谨求实、开放包容的创新氛围。建立健全科研诚信体系，从严治理学术不端行为。

（二）大力开发经济社会发展重点领域急需紧缺专门人才

发展目标：适应发展现代产业体系和构建社会主义和谐社会的需要，加大重点领域急需紧缺专门人才开发力度。到 2020 年，在装备制造、信息、生物技术、新材料、航空航天、海洋、金融财会、国际商务、生态环境保护、能源资源、现代交通运输、农业科技等经济重点领域培养开发急需紧缺专门人才 500 多万人；在教育、政法、宣传思想文化、医药卫生、防灾减灾等社会发展重点领域培养开发急需紧缺专门人才 800 多万人。经济社会发展重点领域各类专业人才数量充足，整体素质和创新能力显著提升，人才结构趋于合理。

主要举措：加强产业、行业人才发展统筹规划和分类指导，围绕重点领域发展，开展人才需求预测，定期发布急需紧缺人才目录。调整优化高等学校学科专业设置，加大急需研发人才和紧缺技术、管理人才的培养力度。大规模开展重点领域专门人才知识更新培训。建设一批工程创新训练基地，建立和完善与国际接轨的工程师认证认可制度，提高工程技术人才职业化、国际化水平。根据国家规划，制定人才特别是产业领军人才、工程技术人才向重点产业集聚的倾斜政策。继续实施"四个一批"人才培养工程，加强哲学社会科学、新闻、出版、文艺等领域高层次人才队伍建设。注重培养造就一批马克思主义理论家特别是中青年理论家。依托重大哲学社会科学研究项目，大力培养哲学社会科学学术带头人。加强宣传思想文化、医药卫生人才培养。支持重点领域科学家参加国际科研计划、学术交流。完善重点领域科研骨干人才分配激励办法。建立重点领域相关部门人才开发协调机制。

（三）统筹推进各类人才队伍建设

1. 党政人才队伍

发展目标：按照加强党的执政能力建设和先进性建设的要求，以提高领导水平和执政能力为核心，以中高级领导干部为重点，造就一批善于治国理政的领导人才，建设一支政治坚定、勇于创新、勤政廉洁、求真务实、奋发有为、善于推动科学发展的高素质党政人才队伍。到2020年，具有大学本科及以上学历的干部占党政干部队伍的85%，专业化水平明显提高，结构更加合理，总量从严控制。

主要举措：适应科学发展要求和干部成长规律，开展大规模干部教育培训，加强干部自学。实施党政人才素质能力提升工程，构建理论教育、知识教育、党性教育和实践锻炼"四位一体"的干部培养教育体系。坚持德才兼备、以德为先用人标准，坚持民主、公开、竞争、择优改革方针，树立坚定信念、注重品行、科学发展、崇尚实干、重视基层、鼓励创新、群众公认的用人导向。扩大干部工作民主，加大竞争性选拔党政领导干部工作力度，拓宽选人用人渠道，提高干部工作科学化水平，促进优秀人才脱颖而出。实施后备干部队伍建设"百千万工程"。注重从基层和生产一线选拔党政人才。加强女干部、少数民族干部、非中共党员干部培养选拔和教育培训工作。实施促进科学发展的干部综合考核评价办法。建立健全党政干部岗位职责规范及其能力素质评价标准，加强工作业绩考核。完善党政人才分类管理制度。加大领导干部跨地区跨部门交流力度，推进党政机关重要岗位干部定期交流、轮岗。健全权力约束制衡机制，加强干部管理监督。

2. 企业经营管理人才队伍

发展目标：适应产业结构优化升级和实施"走出去"战略的需要，以提高现代经营管理水平和企业国际竞争力为核心，以战略企业家和职业经理人为重点，加快推进企业经营管理人才职业化、市场化、专业化和国际化，培养造就一大批具有全球战略眼光、市场开拓精神、管理创新能力和社会责任感的优秀企业家和一支高水平的企业经营管理人才队伍。到2015年，企业经营管理人才总量达到3500万人。到2020年，企业经营管理人才总量达到4200万人，培养造就100名左右能够引领中国企业跻身世界500强的战略企业家；国有及国有控股企业国际化人才总量达到4万人左右；国有企业领导人员通过竞争性方式选聘比例达到50%。

主要举措：依托知名跨国公司、国内外高水平大学和其他培训机构，加强企业经营管理人才培训，提高战略管理和跨文化经营管理能力。采取组织选拔与市场化选聘相结合的方式选拔国有企业领导人员。健全企业经营管理者聘任制、任期制和任期目标责任制，实行契约化管理。完善以市场和出资人认可为核心的企业经营管理人才评价体系，积极发展企业经营管理人才评价机构，建立社会化的职业经理人资质评价制度，加强规范化管理。健全企业经营管理人才经营业绩评价指标体系。完善年度薪酬管理制度、协议工资制度和股权激励等中长期激励制度。建立企业经营管理人才库。培养和引进一批科技创新创业企业家和企业发展急需的战略规划、资本运作、科技管理、项目管理等方面专门人才。实施企业经营管理人才素质提升工程和国家中小企业银河培训工程。

3. 专业技术人才队伍

发展目标：适应社会主义现代化建设的需要，以提高专业水平和创新能力为核心，以高层次人才和紧缺人才为重点，打造一支宏大的高素质专业技术人才队伍。到2015年，专业技术人才总量达到6800万人。到2020年，专业技术人才总量达到7500万人，占从业人员的10%左右，高级、中级、初级专业技术人才比例为10：40：50。

主要举措：进一步扩大专业技术人才队伍培养规模，提高专业技术人才创新能力。构建分层分类的专业技术人才继续教育体系，加快实施专业技术人才知识更新工程。进一步实施并完善新世纪百千万人才工程。组织实施青年英才开发计划、高素质教育人才培养工程、文化名家工程、全民健康卫生人才保障工程。加大现代物流、电子商务、法律、咨询、会计、工业设计、知识产权、食品安全、旅游等现代服务业人才培养开发力度，重视传统服务业各类技术人才的培养。发挥各类社会组织培养专业技术人才的作用。制定双向挂职、短期工作、项目合作等灵活多样的人才柔性流动政策，引导党政机关、科研院所和高等学校专业技术人才向企业、社会组织和基层一线有序流动，促进专业技术人才合理分布。统筹推进专业技术职称和职业资格制度改革。完善政府特殊津贴制度，强化激励，科学管理。改进专业技术人才收入分配等激励办法。改善基层专业技术人才工作、生活条件，拓展职业发展空间。注重发挥离退休专业技术人才的作用。

4. 高技能人才队伍

发展目标：适应走新型工业化道路和产业结构优化升级的要求，以提升职业素质和职业技能为核心，以技师和高级技师为重点，形成一支门类齐全、技艺精湛的高技能人才队伍。到2015年，高技能人才总量达到3400万人。到2020年，高技能人才总量达到3900万人，其中技师、高级技师达到1000万人左右。

主要举措：完善以企业为主体、职业院校为基础，学校教育与企业培养紧密联系、政府推动与社会支持相结合的高技能人才培养培训体系。加强职业培训，统筹职业教育发展，整合利用现有各类职业教育培训资源，依托大型骨干企业（集团）、重点职业院校和培训机构，建设一批示范性国家级高技能人才培养基地和公共实训基地。改革职业教育办学模式，大力推行校企合作、工学结合和顶岗实习。加强职业教育"双师型"教师队伍建设。在职业教育中推行学历证书和职业资格证书"双证书"制度。逐步实行中等职业教育免费和学生生活补助制度。实施国家高技能人才振兴计划。促进技能人才评价多元化。制定高技能人才与工程技术人才职业发展贯通办法。建立高技能人才绝技绝活代际传承机制。广泛开展各种形式的职业技能竞赛和岗位练兵活动。完善国家高技能人才评选表彰制度，进一步提高高技能人才经济待遇和社会地位。

5. 农村实用人才队伍

发展目标：围绕社会主义新农村建设，以提高科技素质、职业技能和经营能力为核心，以农村实用人才带头人和农村生产经营型人才为重点，着力打造服务农村经济社会发展、数量充足的农村实用人才队伍。到 2015 年，农村实用人才总量达到 1300 万人。到 2020 年，农村实用人才总量达到 1800 万人，平均受教育年限达到 10.2 年，每个行政村主要特色产业至少有 1—2 名示范带动能力强的带头人。

主要举措：大规模开展农村实用人才培训，充分发挥农村现代远程教育网络、全国文化信息资源共享工程网络、各类农民教育培训项目、农业技术推广体系、各类职业学校和培训机构的主渠道作用。整合现有培训项目，健全县域职业教育培训网络，推进农村实用人才带头人素质提升计划和新农村实用人才培训工程，重点实施现代农业人才支撑计划。鼓励和支持农村实用人才带头人牵头建立专业合作组织和专业技术协会，加快培养农业产业化发展急需的企业经营管理人员、农民专业合作组织带头人和农村经纪人。积极扶持农村实用人才创业兴业，在创业培训、项目审批、信贷发放、土地使用等方面给予政策支持。因地制宜，建立健全农村实用人才评价制度。加大对农村实用人才的表彰激励和宣传力度，提高农村实用人才社会地位。加大公共财政对农村发展急需的农业技术人员、教师、医生等方面人才培养的支持力度。继续开展城乡人才对口扶持，推进万名医师支援农村卫生、城镇教师支援农村教育、社会工作者服务社会主义新农村建设、科技人才下乡支农等工作。

6. 社会工作人才队伍

发展目标：适应构建社会主义和谐社会的需要，以人才培养和岗位开发为基础，以中高级社会工作人才为重点，培养造就一支职业化、专业化的社会工作人才队伍。到 2015 年，社会工作人才总量达到 200 万人。到 2020 年，社会工作人才总量达到 300 万人。

主要举措：建立不同学历层次教育协调配套、专业培训和知识普及有机结合的社会工作人才培养体系。加强社会工作学科专业体系建设。建设一批社会工作培训基地。加强社会工作从业人员专业知识培训，制定社会工作培训质量评估指标体系。建立健全社会工作人才评价制度。加强社会工作者队伍职业化管理。加快制定社会工作岗位开发设置政策措施。推进公益服务类事业单位、城乡社区和公益类社会组织建设，完善培育扶持和依法管理社会组织的政策。组织实施社会工作服务组织标准化建设示范工程。研究制定政府购买社会工作服务政策。建立社会工作人才和志愿者队伍联动机制。制定加强社会工作人才队伍建设意见。

三、体制机制创新

（一）改进完善人才工作管理体制

1. 完善党管人才的领导体制

目标要求：坚持党管人才原则，创新党管人才方式方法，完善党委统一领导，组织部门牵头抓总，有关部门各司其职、密切配合，社会力量广泛参与的人才工作格局。发挥党委领导核心作用，统筹经济社会发展和人才发展，切实履行好管宏观、管政策、管协调、管服务的职责，用事业凝聚人才，用实践造就人才，用机制激励人才，用法制保障人才，提高党管人才工作水平。党政主要负责人要树立强烈的人才意识，善于发现人才、培养人才、团结人才、用好人才、服务人才。

主要任务：制定完善党管人才工作格局的意见。健全各级党委人才工作领导机构，建立科学的决策机制、协调机制和督促落实机制，形成统分结合、上下联动、协调高效、整体推进的人才工作运行机制。建立党委、政府人才工作目标责任制，提高各级党政领导班子综合考核指标体系中人才工作专项考核的权重。建立各级党委常委会听取人才工作专项报告制度。完善党委联系专家制度。实行重大决策专家咨询制度。完善党委组织部门牵头抓总职能，发挥政府人力资源管理部门作用，强化各职能部门人才工作职责，充分调动各人民团体、企事业单位、社会组织的积极性，动员和组织全社会力量，形成人才工作整体合力。

2. 改进人才管理方式

目标要求：围绕用好用活人才，完善政府宏观管理、市场有效配置、单位自主用人、人才自主择业的人才管理体制。改进宏观调控，推动政府人才管理职能向创造良好发展环境、提供优质公共服务转变，运行机制和管理方式向规范有序、公开透明、便捷高效转变。健全人才市场体系，发挥市场配置人才资源的基础性作用。遵循放开搞活、分类指导和科学规范的原则，深化国有企业和事业单位人事制度改革，创新管理体制，转换用人机制，扩大和落实单位用人自主权。发挥用人单位在人才培养、吸引和使用中的主体作用。

主要任务：按照政府行政管理体制改革的总体部署，完善人才管理运行机制。规范行政行为，推动人才管理部门进一步简政放权，减少和规范人才评价、流动等环节中的行政审批和收费事项。分类推进事业单位人事制度改革，逐步建立起权责清晰、分类科学、机制灵活、监管有力的事业单位人事管理制度。克服人才管理中存在的行政化、"官本位"倾向，取消科研院所、学校、医院等事业单位实际存在的行政级别和行政化管理模式。在科研、医疗等事业单位探索建立理事会、董事会等形式的法人治理结构。建立与现代科研院所制度、现代大学制度和公共医疗卫生制度相适应的人才管理制度。完善国有企业领导人员管理体制，健全符合现代企业制度要求的企业人事制度。鼓励地方和行业结合自身实际建立与国际人才管理体系接轨的人才管理改革试验区。

3. 加强人才工作法制建设

目标要求：坚持用法制保障人才，推进人才管理工作科学化、制度化、规范化，形成有利于人才发展的法制环境。加强立法工作，建立健全涵盖国家人才安全保障、人才权益保护、人才市场管理和人才培养、吸引、使用等人才资源开发管理各个环节的人才法律法规。

主要任务：研究制定人才开发促进法和终身学习、工资管理、事业单位人事管理、专业技术人才继续教育、职业资格管理、人力资源市场管理、外国专家来华工作等方面的法律法规。完善保护人才和用人主体合法权益的法律法规。

（二）创新人才工作机制

1. 人才培养开发机制

目标要求：坚持以国家发展需要和社会需求为导向，以提高思想道德素质和创新能力为核心，完善现代国民教育和终身教育体系，注重在实践中发现、培养、造就人才，构建人人能够成才、人人得到发展的人才培养开发机制。坚持面向现代化、面向世界、面向未来，充分发挥教育在人才培养中的基础性作用，立足培养全面发展的人才，突出培养创新型人才，注重培养应用型人才，深化教育改革，促进教育公平，提高教育质量。统筹规划继续教育，基本形成学习型社会。

主要任务：把社会主义核心价值体系教育贯穿人才培养开发全过程，不断提高各类人才的思想道德水平。建立人才培养结构与经济社会发展需求相适应的动态调控机制，优化教育学科专业、类型、层次结构和区域布局。创新人才培养模式，全面推进素质教育。坚持因材施教，建立高等学校拔尖学生重点培养制度，实行特殊人才特殊培养。改革高等学校招生考试制度，建立健全多元招生录取机制，提高人才培养质量。建立社会参与的人才培养质量评价机制。完善发展职业教育的保障机制，改革职业教育模式。完善在职人员继续教育制度，分类制定在职人员定期培训办法，倡导干中学。构建网络化、开放式、自主性终身教育体系，大力发展现代远程教育，支持发展各类专业化培训机构。支持建立军民结合、寓军于民的军队人才培养体系。

2. 人才评价发现机制

目标要求：建立以岗位职责要求为基础，以品德、能力和业绩为导向，科学化、社会化的人才评价发现机制。完善人才评价标准，克服唯学历、唯论文倾向，对人才不求全责备，注重靠实践和贡献评价人才。改进人才评价方式，拓宽人才评价渠道。把评价人才和发现人才结合起来，坚持在实践和群众中识别人才、发现人才。

主要任务：健全科学的职业分类体系，建立各类人才能力素质标准。建立以岗位绩效考核为基础的事业单位人员考核评价制度。分行业制定事业单位领导人员考核评价办法。完善重在业内和社会认可的专业技术人才评价机制。加快推进职称制度改革，规范专业技术人才职业准入，依法严格管理；完善专业技术人才职业水平评价办法，提高社会化程度；完善专业技术职务任职评价办法，落实用人单位在专业技术职务（岗位）聘任中的自主权。完善以任期目标为依据、工作业绩为核心的国有企业领导人员考核评价办法。探索技能人才多元评价机制，逐步完善社会化职业技能鉴定、企业技能人才评价、院校职业资格认证和专项职业能力考核办法。健全完善党政领导干部考核评价机制。建立健全公务员职位分类制度。建立在重大科研、工程项目实施和急难险重工作中发现、识别人才的机制。健全举才荐才的社会化机制。

3. 人才选拔任用机制

目标要求：改革各类人才选拔使用方式，科学合理使用人才，促进人岗相适、用当其时、人尽其才，形成有利于各类人才脱颖而出、充分施展才能的选人用人机制。深化党政领导干部选拔任用制度改革，提高选人用人公信度。健全国有企业领导人员选拔制度，加大市场化选聘力度。完善事业单位聘用制度和岗位管理制度，健全事业单位领导人员选拔制度。

主要任务：完善党政领导干部公开选拔、竞争上岗制度，探索公推公选等竞争性选拔干部方式。规范干部选拔任用提名制度。推行和完善地方党委讨论决定任用重要干部票决制。坚持和完善党政领导干部职务任期制。建立聘任制公务员管理制度。建立组织选拔、市场配置和依法管理相结合的国有企业领导人员选拔任用制度，完善国有资产出资人代表派出制和选举制。健全事业单位领导人员委任、聘任、选任等任用方式。全面推行事业单位公开招聘、竞聘上岗和合同管理制度。建立事业单位关键岗位和国家重大项目负责人全球招聘制度。

4. 人才流动配置机制

目标要求：根据完善社会主义市场经济体制的要求，推进人才市场体系建设，完善市场服务功能，畅通人才流动渠道，建立政府部门宏观调控、市场主体公平竞争、中介组织提供服务、人才自主择业的人才流动配置机制。健全人才市场供求、价格、竞争机制，进一步促进人才供求主体到位。大力发展人才服务业。加强政府对人才流动的政策引导和监督，推动产业、区域人才协调发展，促进人才资源有效配置。

主要任务：在建立统一规范、更加开放的人力资源市场基础上，发展专业性、行业性人才市场。健全专业化、信息化、产业化、国际化的人才市场服务体系。积极培育专业化人才服务机构，注重发挥人才服务行业协会作用。进一步破除人才流动的体制性障碍，制定发挥市场配置人才资源基础性作用的政策措施。推进政府所属人才服务机构管理体制改革，实现政事分开、管办分离。逐步建立城乡统一的户口登记制度，调整户口迁移政策，使之有利于引进人才。加快建立社会化的人才档案公共管理服务系统。完善社会保险关系转移接续办法。建立人才需求信息定期发布制度。完善劳动合同、人事争议仲裁、人才竞业避止等制度，维护各类人才和用人单位的合法权益。建立完善与西部大开发、东北地区等老工业基地振兴、中部地区崛起、东部地区率先发展战略相配套的区域人才交流合作机制，加快长江三角洲、珠江三角洲、环渤海等区域人才开发一体化进程。根据国家主体功能区布局，引导各类人才合理分布。

5. 人才激励保障机制

目标要求：完善分配、激励、保障制度，建立健全与工作业绩紧密联系、充分体现人才价值、有利于激发人才活力和维护人才合法权益的激励保障机制。完善各类人才薪酬制度，加强对收入分配的宏观管理，逐步建立秩序规范、激发活力、注重公平、监管有力的工资制度。坚持精神激励和物质奖励相结合，健全以政府奖励为导向、用人单位和社会力量奖励为主体的人才奖励体系。完善以养老保险和医疗保险为重点的社会保障制度，形成国家、社会和单位相结合的人才保障体系。

主要任务：统筹协调党政机关和国有企事业单位收入分配，稳步推进工资制度改革。建立产权激励制度，制定知识、技术、管理、技能等生产要素按贡献参与分配的办法。健全国有企业人才激励机制，推行股权、期权等中长期激励办法，重点向创新创业人才倾斜。逐步提高企业退休人员基本养老金，对在企业退休的高层次专业技术人员给予重点倾斜。建立完善事业单位岗位绩效工资制度。探索高层次人才、高技能人才协议工资制和项目工资制等多种分配形式。建立国家荣誉制度，表彰在经济社会发展中作出杰出贡献的人才。调整规范各类人才奖项设置。研究制定人才补充保险办法，支持用人单位为各类人才建立补充养老、医疗保险。扩大对农村、非公有制经济组织、新社会组织人才的社会保障覆盖面。

四、重大政策

（一）实施促进人才投资优先保证的财税金融政策

各级政府优先保证对人才发展的投入，确保国家教育、科技支出增长幅度高于财政经常性收入增长幅度，卫生投入增长幅度高于财政经常性支出增长幅度。逐步改善经济社会发展的要素投入结构，较大幅度增加人力资本投资比重，提高投资效益。进一步加大人才发展资金投入力度，保障人才发展重大项目的实施。鼓励和支持企业和社会组织建立人才发展基金。在重大建设和科研项目经费中，应安排部分经费用于人才培训。适当调整财政税收政策，提高企业职工培训经费的提取比例。通过税收、贴息等优惠政策，鼓励和引导社会、用人单位、个人投资人才资源开发。加大对中西部地区财政转移支付力度，引导中西部地区加大人才投入。利用国际金融组织和外国政府贷款投资人才开发项目。

（二）实施产学研合作培养创新人才政策

建立政府指导下以企业为主体、市场为导向、多种形式的产学研战略联盟，通过共建科技创新平台、开展合作教育、共同实施重大项目等方式，培养高层次人才和创新团队。实施研究生教育创新计划，发展专业学位教育，建立高等学校、科研院所、企业高层次人才双向交流制度，推行产学研联合培养研究生的"双导师制"。改革完善博士后制度，建立多元化的投入渠道，发挥高等学校、科研院所和企业的主体作用，提高博士后培养质量。实行"人才＋项目"的培养模式，依托国家重大人才计划以及重大科研、工程、产业攻关、国际科技合作等项目，重视发挥企业作用，在实践中集聚和培养创新人才。对企业等用人单位接纳高等学校、职业学校学生实习等实行财税优惠政策。

（三）实施引导人才向农村基层和艰苦边远地区流动政策

对在农村基层和艰苦边远地区工作的人才，在工资、职务、职称等方面实行倾斜政策，提高艰苦边远地区津贴标准，改善工作和生活条件。采取政府购买岗位、报考公职人员优先录用等措施，鼓励和引导高校毕业生到农村和中小企业就业。逐步提高省级以上党政机关从基层招录公务员的比例。制定高校毕业生到艰苦边远地区创业就业扶持办法。开发基层社会管理和公共服务岗位。实施公职人员到基层服务和锻炼的派遣和轮调办法。完善科技特派员到农村和企业服务的政策措施。实施东部带西部、城市带农村的人才对口支持政策，引导人才向西部和农村流动。实施高校毕业生基层培养计划，继续做好"三支一扶"、大学生志愿服务西部计划和农村义务教育阶段学校教师特设岗位计划等工作。加强和改进干部援藏援疆、博士服务团、"西部之光"访问学者、少数民族科技骨干和少数民族地区小学"双语"教师特殊培养等工作，为西部地区特别是边疆少数民族地区提供人才和智力支持。实施边远贫困地区、边疆民族地区和革命老区人才支持计划。

（四）实施人才创业扶持政策

促进知识产权质押融资、创业贷款等业务的规范发展，完善支持人才创业的金融政策。完善知识产权、技术等作为资本参股的措施。加大税收优惠、财政贴息力度，扶持创业风险投资基金，支持创办科技型企业，促进科技成果转化和技术转移。加强创业技能培训和创业服务指导，提高创业成功率。继续加大对创业孵化器等基础设施的投入，创建创业服务网络，探索多种组织形式，为人才创业提供服务。制定科研机构、高等学校科技人员创办科技型企业的激励保障办法。

（五）实施有利于科技人员潜心研究和创新政策

在科研院所、高等学校、企业建立符合科技人员和管理人员不同特点的职业发展途径，鼓励和支持科技人员在创新实践中成就事业并享有相应的社会地位和经济待遇。对事业单位管理人员全面推行职员制度。完善科研管理制度，扩大科研机构用人自主权和科研经费使用自主权，健全科研机构内部决策、管理和监督的各项制度。建立以学术和创新绩效为主导的资源配置和学术发展模式。改进科技评价和奖励方式，完善以创新和质量为导向的科研评价办法，克服考核过于频繁、过度量化的倾向。加大对基础研究、前沿技术研究、社会公益类科研机构的投入力度，建立以财政性资金设立的科研机构创新绩效综合评价制度。完善科技经费管理办法和国家科技计划管理办法，对高水平创新团队给予长期稳定支持。健全科研院所分配激励机制，注重向科研关键岗位和优秀拔尖人才倾斜。改善青年科技人才的生活条件，有条件的城市可在国家保障性住房建设中优先解决住房问题。

（六）实施推进党政人才、企业经营管理人才、专业技术人才合理流动政策

完善党政人才、企业经营管理人才、专业技术人才交流和挂职锻炼制度，打破人才身份、单位、部门和所有制限制，营造开放的用人环境。扩大党政机关和国有企事业单位领导人员跨地区跨部门交流任职范围。拓宽党政人才来源渠道，完善从企事业单位和社会组织选拔人才制度。完善党政机关人才向企事业单位流动的社会保险关系转移接续办法。

（七）实施更加开放的人才政策

大力吸引海外高层次人才回国（来华）创新创业，制定完善出入境和长期居留、税收、保险、住房、子女入学、配偶安置，担任领导职务、承担重大科技项目、参与国家标准制定、参加院士评选和政府奖励等方面的特殊政策措施。建立海外高层次人才特聘专家制度。鼓励海外留学人员回国工作、创业或以多种方式为国服务。加强留学人员创业园区建设，提供创业资助和融资服务。建立统一的海外高层次人才信息库和人才需求信息发布平台。完善外国人永久居留权制度，吸引外籍高层次人才来华工作。加大引进国外智力工作力度，探索实行技术移民，制定国外智力资源供给、发现评价、市场准入、使用激励、绩效评估、引智成果共享等办法。扩大国家公派出国留学和来华留学规模。开发国（境）外优质教育培训资源，完善出国（境）培训管理制度和措施。支持高等学校、科研院所与海外高水平教育、科研机构建立联合研发基地。推动我国企业设立海外研发机构。积极支持和推荐优秀人才到国际组织任职。推进专业技术人才职业资格国际、地区间互认。发展国际人才市场，培育一批国际人才中介服务机构。制定维护国家重要人才安全的政策措施。

（八）实施鼓励非公有制经济组织、新社会组织人才发展政策

对社会主义市场经济体制下各种所有制组织中的人才，坚持一视同仁、平等对待。把非公有制经济组织、新社会组织人才开发纳入各级政府人才发展规划。制定加强非公有制经济组织、新社会组织人才队伍建设意见。政府在人才培养、吸引、评价、使用等方面的各项政策，非公有制经济组织、新社会组织人才平等享受。政府支持人才创新创业的资金、项目、信息等公共资源，向非公有制经济组织、新社会组织人才平等开放。政府开展人才宣传、表彰、奖励等方面活动，非公有制经济组织、新社会组织人才平等参与。

（九）实施促进人才发展的公共服务政策

完善政府人才公共服务体系，建立全国一体化的服务网络。健全人事代理、社会保险代理、企业用工登记、劳动人事争议调解仲裁、人事档案管理、就业服务等公共服务平台，满足人才多样化需求。创新政府提供人才公共服务的方式，建立政府购买公共服务制度，为各类人才平衡工作和家庭责任创造条件。加强对人才公共服务产品的标准化管理，大力开发公共服务产品。

（十）实施知识产权保护政策

实施国家知识产权战略。制定职务技术成果条例，完善科技成果知识产权归属和利益分享机制，保护科技成果创造者的合法权益。明确职务发明人权益，提高主要发明人受益比例。制定职务发明人流动中的利益共享办法。建立非职务发明评价体系，加强对非职务发明创造的支持和管理。制定国家支持个人和中小企业发明创造的资助办法，鼓励创造知识财产。加强专利技术运用转化平台建设。完善非物质文化遗产传承人知识产权保护相关措施。完善知识产权工作体系，加大知识产权宣传普及和执法保护力度。建立健全有利于知识产权保护的社会信用制度。营造保护知识产权的法制、市场和文化氛围，提升知识产权创造、运用、保护和管理能力，推进国际合作交流。

五、重大人才工程

（一）创新人才推进计划

为积极应对国际科技竞争，提高自主创新能力，着眼于培养造就一批世界水平的科学家，在我国具有相对优势的科研领域设立 100 个科学家工作室；瞄准世界科技前沿和战略性新兴产业，每年重点支持和培养一批具有发展潜力的中青年科技创新领军人才；着眼于推动企业成为技术创新主体，每年重点扶持 1000 名科技创新创业人才；依托一批国家重大科研项目、国家重点工程和重大建设项目，建设若干重点领域创新团队；以高等学校、科研院所和高新技术产业开发区为依托，建设 300 个创新人才培养示范基地。

（二）青年英才开发计划

着眼于人才基础性培养和战略性开发，提升我国未来人才竞争力，在自然科学、哲学社会科学和文化艺术等重点学科领域，每年重点培养扶持一批青年拔尖人才；在高水平研究型大学和科研院所的优势基础学科建设一批国家青年英才培养基地，按照严入口、小规模、重特色、高水平的原则，每年

选拔一批拔尖大学生进行专门培养；为培养造就未来国家所需的高素质、专业化管理人才，每年从应届高中、大学毕业生中筛选若干优秀人才送到国外一流大学深造，进行定向跟踪培养。

（三）企业经营管理人才素质提升工程

着眼于提高我国企业现代化经营管理水平和国际竞争力，到2020年，培养一批具有世界眼光、战略思维、创新精神和经营能力的企业家；培养1万名精通战略规划、资本运作、人力资源管理、财会、法律等专业知识的企业经营管理人才。

（四）高素质教育人才培养工程

为建设一支高素质、创新型教育人才队伍，通过研修培训、学术交流、项目资助等方式，每年重点培养和支持2万名各类学校教育教学骨干、"双师型"教师、学术带头人和校长，在中小学校、职业院校、高等学校培养造就一批教育家、教学名师和学科领军人才。

（五）文化名家工程

为更好地推动宣传思想文化工作，进一步提高国家文化软实力，着眼于培养造就一批造诣高深、成就突出、影响广泛的宣传思想文化领域杰出人才，每年重点扶持、资助一批哲学社会科学、新闻出版、广播影视、文化艺术、文物保护名家承担重大课题、重点项目、重要演出，开展创作研究、展演交流、出版专著等活动。到2020年，由国家资助的宣传思想文化领域文化名家达到2000名。

（六）全民健康卫生人才保障工程

适应深化医药卫生体制改革、保障全民健康需要，加大对卫生人才培养支持力度。到2020年，培养造就一批医学杰出骨干人才，给予科研专项经费支持；开展住院医师规范化培训工作，支持培养5万名住院医师；加强以全科医师为重点的基层卫生人才队伍建设，通过多种途径培训30万名全科医师，提高基层医疗卫生服务能力。

（七）海外高层次人才引进计划

重点围绕国家发展战略目标，在中央、国家有关部门、地方分层次、有计划引进一批能够突破关键技术、发展高新技术产业、带动新兴学科的战略科学家和创新创业领军人才。其中，中央层面实施"千人计划"，建设一批海外高层次人才创新创业基地，用5—10年时间引进2000名左右海外高层次人才回国（来华）创新创业。

（八）专业技术人才知识更新工程

围绕我国经济结构调整、高新技术产业发展和自主创新能力的提高，在装备制造、信息、生物技术、新材料、海洋、金融财会、生态环境保护、能源资源、防灾减灾、现代交通运输、农业科技、社会工作等重点领域，开展大规模的知识更新继续教育，每年培训100万名高层次、急需紧缺和骨干专业技术人才，到2020年，累计培训1000万名左右。依托高等学校、科研院所和大型企业现有施教机构，建设一批国家级继续教育基地。

（九）国家高技能人才振兴计划

适应走新型工业化道路、加快产业结构优化升级的需要，加强职业院校和实训基地建设，培养造就一大批具有精湛技艺的高技能人才。到2020年，在全国建成一批技能大师工作室、1200个高技能人才培训基地，培养 100 万名高级技师。

（十）现代农业人才支撑计划

适应建设社会主义新农村、加快发展现代农业的需要，加大对现代农业的人才支持力度。到 2020 年，选拔一批农业科研杰出人才，给予科研专项经费支持；支持 1 万名有突出贡献的农业技术推广人才，开展技术交流、学习研修、观摩展示等活动；选拔 3 万名农业产业化龙头企业负责人和专业合作组织负责人、10 万名生产能手和农村经纪人等优秀生产经营人才，给予重点扶持。

（十一）边远贫困地区、边疆民族地区和革命老区人才支持计划

为促进边远贫困地区、边疆民族地区和革命老区加快发展，实现基本公共服务均等化目标，在职务、职称晋升等方面采取倾斜政策，每年引导 10 万名优秀教师、医生、科技人员、社会工作者、文化工作者到边远贫困地区、边疆民族地区和革命老区工作或提供服务。每年重点扶持培养 1 万名边远贫困地区、边疆民族地区和革命老区急需紧缺人才。

（十二）高校毕业生基层培养计划

着眼于解决基层特别是中西部地区基层人才匮乏问题，培养锻炼后备人才，积极引导和鼓励高校毕业生到基层创业就业。实施一村一名大学生计划，用 5 年时间，先期选派 10 万名高校毕业生到村任职，到 2020 年，实现一村一名大学生目标。统筹各类大学生到基层服务创业计划。通过政府购买工作岗位、实施学费和助学贷款代偿、提供创业扶持等方式，引导高校毕业生到农村和社区服务、就业和自主创业。

六、组织实施

（一）加强对《人才规划纲要》实施工作的组织领导

中央人才工作协调小组负责《人才规划纲要》实施的统筹协调和宏观指导。制定各项目标任务的分解落实方案和重大工程实施办法。建立《人才规划纲要》实施情况的监测、评估、考核机制，加强督促检查。

（二）建立健全人才发展规划体系

各省（自治区、直辖市）、中央和国家机关有关部门要以《人才规划纲要》为指导，根据实际，编制地区、行业系统以及重点领域的人才发展规划，形成全国人才发展规划体系。

（三）营造实施《人才规划纲要》的良好社会环境

大力宣传党和国家人才工作的重大战略思想和方针政策，宣传实施《人才规划纲要》的重大意义和《人才规划纲要》的指导方针、目标任务、重大举措，宣传《人才规划纲要》实施中的典型经验、做法和成效，形成全社会关心、支持人才发展的良好社会氛围。

（四）加强人才工作基础性建设

深入开展人才理论研究，积极探索人才资源开发规律。加强人才学科和研究机构建设。建立健全人才资源统计和定期发布制度。推进人才工作信息化建设，建立人才信息网络和数据库。加强人才工作队伍建设，加大培训力度，提高人才工作队伍的政治素质和业务水平。

中国人民解放军和中国人民武装警察部队人才发展规划，由中央军委另行制定。

安徽省中长期人才发展规划纲要（2010—2020年）

为贯彻落实《国家中长期人才发展规划纲要（2010—2020年）》，更好实施人才强省战略，培养造就规模宏大的高素质人才队伍，着眼于为推动安徽跨越发展、实现全面建设小康社会奋斗目标提供人才保证，制定本规划纲要。

序言

人才是指具有一定专业知识或专门技能，进行创造性劳动并对社会作出贡献的人，是人力资源中能力和素质较高的劳动者。人才是经济社会发展的第一资源。

安徽已经进入全面转型、跨越发展、加速崛起的新阶段。党的十七大对全面建设小康社会提出了新的更高要求，进一步明确了党和国家到2020年的奋斗目标。改革开放特别是2003年全国人才工作会议以来，省委、省政府认真贯彻党中央的决策部署，高度重视并切实加强人才工作，全省人才发展取得了显著成绩。各级党组织牢固树立科学人才观，坚持党管人才原则，大力实施人才强省战略，人才在全省经济社会发展大局中的战略地位不断提高；紧紧抓住培养、吸引、用好人才三个关键环节，坚持以人为本，突出重点，统筹兼顾，扎实推进各类人才队伍建设，人才队伍不断壮大，整体素质明显提高；不断加大人才队伍建设的政策和实践创新力度，市场在人才资源配置中的基础性作用得到有效发挥，有利于各类人才脱颖而出、健康成长、各尽其能的人才工作体制机制和政策措施逐步完善；逐步建立健全党管人才的领导体制和工作运行机制，切实加强人才资源开发的统筹谋划和宏观指导，党委统一领导，组织部门牵头抓总，有关部门各司其职、密切配合，社会力量广泛参与的人才工作新格局基本形成。同时，必须清醒地认识到，当前我省人才发展的总体水平与我省经济社会发展需要也有一些不相适应的地方，主要是：人才总量相对不足，人才结构和布局不尽合理，特别是高层次创新型人才匮乏，人才创新创业能力不强，人才发展的机制体制障碍仍然存在，人才资源开发投入不足等等。

当前和今后一个时期，我省人才发展既面临难得的机遇，又面临严峻的挑战。建设创新型安徽，实现全面建设小康社会目标，对我省人才发展提出了更高更紧迫的要求。皖江城市带承接产业转移示范区和国家技术创新工程试点省两大战略平台，为进一步做好人才工作提供了宝贵的机遇和舞台。随着经济全球化、区域经济一体化的深入发展，各种生产要素特别是人才要素的跨国跨省流动将更加频繁，人才竞争日益成为区域竞争的战略重点。在新的历史起点上，必须进一步认清人才竞争的严峻形势，切实增强责任感和使命感，坚定不移地走人才强省之路，科学规划、改革创新、重点突破、整体推进，不断开创人才辈出、人尽其才的新局面。

一、指导思想、基本原则和战略目标

（一）指导思想

高举中国特色社会主义伟大旗帜，以邓小平理论和"三个代表"重要思想为指导，深入贯彻落实

科学发展观，贯彻尊重劳动、尊重知识、尊重人才、尊重创造的方针，坚持党管人才原则，遵循社会主义市场经济规律和人才发展规律，大力实施人才强省战略，以人才资源能力建设为核心，以人才结构调整为主线，以高层次人才和高技能人才为重点，以创新人才发展体制机制为动力，以优化人才发展环境为保障，开发利用省内外人才资源，统筹推进各类人才队伍建设，为推进科学发展、加速安徽崛起、实现全面建设小康社会奋斗目标提供坚强的人才保证和广泛的智力支持。

（二）基本原则

1. 坚持服务发展

把服务科学发展作为人才工作的根本出发点和落脚点，围绕科学发展目标确定人才队伍建设任务，根据科学发展需要制定人才政策措施，用科学发展成果检验人才工作成效，不断提升各类人才的创新、创造、创业能力，促进安徽经济社会又好又快发展。

2. 坚持人才优先

确立在经济社会发展中人才优先发展的战略布局，充分发挥人才的基础性、战略性作用，做到人才资源优先开发、人才结构优先调整、人才投资优先保证、人才制度优先创新，健全政府、社会、用人单位和个人多元投资机制，加大对人才发展的投入，提高人才投资效益，以人才优先发展促进经济社会的科学发展。

3. 坚持以用为本

把充分发挥各类人才的作用作为人才工作的根本任务，贯穿到人才工作的各个方面、各个环节，遵循人才成长规律，不断提高各类人才的学习能力、研究能力、创新能力和创造能力，着力提高人才使用效能，努力让各类人才各得其所、用当其时、才尽其用。

4. 坚持统筹推进

围绕经济社会发展战略的实施开展，促进人才资源和经济社会发展相协调，坚持高端引领和整体开发相统一，以高层次创新型人才为先导，以应用型人才为主体，统筹推进党政人才、企业经营管理人才、专业技术人才、高技能人才、农村实用人才、社会工作人才等各领域人才队伍建设，统筹推进城乡、区域、产业、行业和不同所有制人才资源开发，实现人才资源的整体性开发，鼓励和支持人人都做贡献、人人都能成才。

5. 坚持创新机制

把改革创新作为推动人才发展的强大动力，坚决破除束缚人才成长、阻碍人才流动、影响人才创造活力发挥的思想观念和制度障碍，充分发挥市场配置人才资源的基础性作用，促进各类人才的优化配置和合理流动，进一步完善人才管理体制、创新人才培养开发、评价发现、选拔任用、流动配置和激励保障机制，最大限度地激发各类人才的创新激情和创造活力。

6. 坚持党管人才

加强和改进党对人才工作的领导，完善党管人才工作格局，创新党管人才方式方法，发挥党委领导核心作用，切实履行好管宏观、管政策、管协调、管服务的职责，用事业凝聚人才，用实践造就人才，用机制激励人才，用法制保障人才，不断提高党管人才工作水平。

（三）战略目标

根据建设创新型安徽、实现全面建设小康社会的总体要求，到2020年，我省人才发展的战略目标是：人才规模明显扩大，人才素质大幅提升，人才竞争优势显著增强，人才发展环境全面优化，基本确立安徽在中部地区的人才竞争优势，力争进入全国人才强省行列，努力把安徽建设成为全国人才集聚度高、人才素质优和人才效益好的省份之一。

——人才规模明显扩大。人才资源总量从现在的382万人增加到806万人，年均增长9.2%，人才资源占人力资源总量的比重提高到18%，基本满足安徽经济社会发展需要。

——人才素质大幅提升。主要劳动力受过高等教育的比例达到22%，每万劳动力中研发人员达到45人年，高技能人才占技能劳动者的比例达到30%，人才的分布和结构趋于合理。

——人才竞争优势显著增强。加大经济社会发展重点领域人才开发力度，在装备制造、电子信息、新材料、新能源、生物医药、节能环保、城乡建设、农业科技、公共安全、社会工作、文化产业等领域培养一批高层次创新型人才，重点人才工程扎实推进，建成一批人才高地。

——人才发展环境全面优化。人才发展的领导体制和管理体制逐步完善，人才培养、评价、选用、流动、激励和保障机制逐步健全，人才辈出、人尽其才的环境基本形成，人才使用效能明显提高，人力资本投资占国内生产总值比例达到16%，人才贡献率达到36%。

二、人才队伍建设主要任务

（一）突出培养造就创新型科技人才

发展目标：围绕提高自主创新能力、建设创新型安徽，以高层次创新型科技人才为重点，努力造就一支学术品德好、专业素质高、创新能力强、团队结构优的创新型科技人才队伍。到2020年，研发人员总量达到18万人年，高层次创新型科技人才总量达到1500人左右。

主要举措：创新人才培养模式，建立学校教育和社会实践锻炼相结合、国内培养和国际交流相衔接的开放式培养体系。以皖江城市带承接产业转移示范区和国家技术创新工程试点省建设为战略平台，以合芜蚌自主创新综合配套改革试验区建设为主抓手，围绕电子信息、新材料、新能源、生物医药、节能环保、传导、光伏、公共安全、文化创意等高新技术产业和新能源汽车等重大项目，充分发挥高等学校、科研机构和企业等用人单位的主体作用，综合运用国家政策调控和市场配置手段，深入推进高新区二次创业，深化省部、省院、省局合作，通过自主创业、项目合作、成果转化、有偿租赁、技术入股、特聘兼职、担任顾问等形式，大力集聚和吸纳国内乃至世界一流的人才和团队。加强人才—基地—项目一体化建设，依托国家、省、市重大科研和重大工程项目、重点学科和重点科研基地、国际学术交流合作项目，培养、引进一批中青年高级专家，形成一批具有较高水平的自主创新团队。组织实施引进海外高层次人才"百人计划"，加强海外高层次人才创新创业基地建设，大力引进海外高层次人才。实施人才"走出去"战略，加强人才的境内外交流与合作。健全有利于科技人才创新创业的评价、使用、激励制度，建立以创新与质量为导向的科研管理与评价制度。加大对优秀青年科技人才的发现、培养、使用和资助力度。发展创新文化，倡导追求真理、勇攀高峰、宽容失败、团结协作的创新精神。

（二）大力开发经济社会发展重点领域急需紧缺专门人才

1. 经济重点领域人才开发

发展目标：适应发展现代产业体系、走新型工业化道路的要求，加大经济重点领域人才开发力度。到2020年，在加工制造业、能源、原材料、化工、农副产品加工、旅游、文化等重点产业以及金融、国际商务、环境保护、城乡建设、现代交通运输等经济重点领域培养开发急需紧缺专门人才11.8万人，初步形成经济重点领域人才高地，基本缓解专业人才紧缺状况，为促进经济结构战略性调整、培育富有竞争力的支柱产业和新增长点提供人才支撑。

主要举措：围绕我省发展战略，依托全省经济建设重点领域的重大科研项目、建设工程和重点基地，推广以企业为主体、校企联合的培养模式，培养造就一批掌握核心技术、关键技术和共性技术的工程技术人才，建设产业创新团队。深入推进泛长三角区域人才多边合作，在皖江城市带承接产业转移示范区建设若干引智示范基地，在扩大开放中实现人才集聚，促进沿江联动发展。紧扣构建合肥经济圈，广泛吸引、培育和使用各类优秀人才，发挥人才支撑作用，加快把合肥经济圈打造成引领安徽崛起的重要增长极。坚持人才优先，加大培养、交流和引进力度，加快皖北和沿淮地区市县人才队伍建设。围绕县域经济发展和新农村建设，统筹推进城乡人才队伍建设，强化人才对县域经济和城乡统筹发展的支持与服务。

2. 社会发展重点领域人才开发

发展目标：适应构建社会主义和谐社会的要求，加大社会发展重点领域人才开发力度。到2020年，在教育、政法、宣传思想文化、社会工作、卫生医药、防灾减灾等社会发展重点领域培养开发急需紧缺专门人才35.7万人，形成一批人才高地，各类专业人才数量充足，急需紧缺人才基本满足发展需要，整体素质显著提升。

主要举措：以高层次专业人才和基层专业人才为重点，大力加强社会发展重点领域人才队伍建设。整合教育培训资源，开展基层专业人才大规模培训。充分发挥政府政策调控作用，按照公共服务均等化要求，推进人才在城乡、区域间合理分布。扎实推进城乡义务教育均衡发展，突出抓好农村人力资源开发。实施紧缺师资建设计划，大力加强农村中小学薄弱学科教师队伍建设。加强中等职业学校"双师型"教师队伍建设。围绕建设文化强省、推进社会主义文化大发展大繁荣目标，培养造就一支规模宏大、结构合理、视野宽阔、具有较强核心竞争力的宣传文化人才队伍。适应深化医药卫生体制改革、保障全民健康需要，加大对卫生人才培养支持力度，培养造就一批医学杰出骨干人才；开展住院医师规范化培训工作，加强以全科医生为重点的基层医疗卫生人才队伍建设，提高基层医疗卫生服务能力。加强社会工作人才队伍建设，逐步建立和完善促进社会工作人才建设的政策法规、组织管理、资金投入、社会协作和人力资源动员保障体系。建立重点领域相关部门协调合作机制。

（三）统筹推进各类人才队伍建设

1. 党政人才队伍

发展目标：按照加强党的执政能力建设和先进性建设的要求，以提高领导水平和执政能力为核心，建设一支政治坚定、勇于创新、勤政廉洁、求真务实、奋发有为、善于推动科学发展的高素质党政人才队伍。到2020年，具有大学本科及以上学历的干部占党政干部队伍的85%，专业化水平明显提高，结构更加合理，总量从严控制。

主要举措：按照适应科学发展的要求和干部成长规律，开展大规模干部教育培训。实施党政人才素质能力提升工程，构建理论教育、知识教育、党性教育和实践锻炼"四位一体"的干部培养教育体系。扩大干部工作民主，加大竞争性选拔党政领导干部工作力度，拓宽选人用人渠道，提高干部工作科学化水平，促进优秀人才脱颖而出。加强后备干部队伍建设。突出县、乡党政人才队伍建设，形成来自基层和生产一线的党政人才选拔培养链。加强女干部、少数民族干部、非中共党员干部选拔培养工作。实施促进科学发展的干部综合考核评价办法。加大领导干部跨地区、跨部门交流力度，推进党政机关重要岗位干部定期交流轮岗。健全权力约束制衡机制，加强干部管理监督。

2. 企业经营管理人才队伍

发展目标：按照提高现代经营管理水平和企业核心竞争力的要求，以企业高端经营管理人才为重点，培养造就具有全球战略眼光、市场开拓精神、管理创新能力和社会责任感的优秀企业家和一支高水平的企业经营管理人才队伍。到2015年，企业经营管理人才总量达到85万人，其中省属企业经营管理人才8万人左右。到2020年，企业经营管理人才总量达到113万人，其中省属企业经营管理人才10万人左右，大学本科及以上学历占70%以上，国有企业领导人员通过竞争性方式选聘比例达到50%，国际化人才总量大幅度增加。

主要举措：依托国内外知名企业、高等院校和培训机构，加强企业经营管理人才国际化培训，提高战略管理和跨文化经营管理能力。加快现代企业制度建设、完善公司法人治理结构，依法落实董事会和经营管理者的选人用人权。健全企业经营管理者聘任制、任期制和任期目标责任制，实行契约化管理。完善以市场和出资人认可为核心的企业经营管理人才评价体系，积极发展企业经营管理人才评价机构，加强职业经理人认证工作的规范化管理。完善年薪制、协议工资制和期权股权激励制度。建立企业经营管理人才库。采取自主培养与海内外引进相结合的方式，围绕提升战略决策和市场开拓能力，努力造就一批能够适应我省跨越式发展、推动企业参与国际竞争的优秀企业领军人才，引进一批科技创新企业家和企业急需的战略规划、资本运作、科技管理、项目管理等方面人才。

3. 专业技术人才队伍

发展目标：按照提高专业水平和创新能力的要求，以高层次人才和紧缺人才为重点，着力培养一批高水平学科带头人，造就一批中青年高级专家，集聚一大批经济社会发展急需紧缺人才，打造一支能力素质优良、结构布局合理的专业技术人才队伍。到2015年，专业技术人才总量达到277万人。到2020年，专业技术人才总量达到389万人，占从业人员的10%左右，高、中、初级专业技术人才分别占 11%、39% 和 50%。

主要举措：按照我省经济社会发展需求，扩大人才培养规模，加快培养急需紧缺专业人才。加大会计、审计、法律、咨询、评估、物流等现代服务业人才培养开发力度。构建分层分类的专业技术人才继续教育体系，实施专业技术人才知识更新工程和高层次专业技术人才自主创新能力开发计划。落实国家新世纪百千万人才工程，大力实施院士工程、创新团队建设工程、"六个一批"人才培养工程，完善省学术和技术带头人及其后备人选选拔制度。加快高层次专业技术人才创业平台和创业基地建设，加强重点实验室、博士后科研工作站（流动站）、院士工作站和留学人员创业园建设。完善专业技术人才队伍管理服务配套政策和机制。推进专业技术人才区域、产业、行业、专业、层次等结构调整，引导党政机关、科研院所和高等学校专业技术人才向企业、社会组织和基层一线流动，促进专业技术人才队伍合理分布。统筹推进专业技术职称和职业资格制度改革。完善政府特殊津贴制度，规范管理，强化激励。改善基层专业技术人才工作、生活条件，拓展事业发展空间。

4. 高技能人才队伍

发展目标：按照走新型工业化道路和产业结构优化升级的要求，以职教大省建设为抓手，以职业技术教育为龙头，以技师和高级技师为重点，大力培养一支门类齐全、数量充足、结构合理、技艺精湛、素质优良的高技能人才队伍。到 2015 年，高技能人才总量达到 83 万人。到 2020 年，高技能人才总量达到 120 万人，其中技师、高级技师达到 15 万人，并带动中、初级技能劳动者队伍梯次发展。

主要举措：完善以企业为主体、职业院校为基础、学校教育与企业培养紧密联系、政府推动与社会支持相互结合的高技能人才培养体系。建立与完善现代企业职工培训制度。充分发挥行业主管部门（行业组织）和各级工会组织的作用，推动高技能人才队伍建设。深化职业教育办学模式改革，使校企合作逐步成为职业院校、技工院校办学的基本模式。加强高技能人才培训基地建设，依托大中型企业、高等院校和技师学院，建设一批示范性高技能人才培养基地。加快公共实训基地建设，各市立足当地支柱产业至少建设一个技能含量高、技术先进、资源共享的高技能人才公共实训基地。加强职业教育"双师型"教师队伍建设。推行学历证书和职业资格证书"双证书"制度。促进技能人才评价多元化。健全技能人才交流和服务体系，促进高技能人才合理流动。制定实施高技能人才与工程技术人才职业发展贯通办法。广泛开展各种形式的职业技能竞赛和岗位练兵活动。建立高技能人才评选表彰制度，进一步提高高技能人才的经济待遇和社会地位。

5. 农村实用人才队伍

发展目标：按照建设社会主义新农村的要求，以农村实用人才带头人和农村生产经营型人才为重点，以提高科技素质、职业技能和经营能力为核心，着力打造服务农村经济社会发展、数量充足的农村实用人才队伍。到 2015 年，农村实用人才总量达到 105 万人。到 2020 年，农村实用人才总量达到 150 万人，每个行政村主要特色产业至少有 1—2 名示范带动能力强的带头人。

主要举措：大规模开展农村实用人才培训，充分发挥农村现代远程教育网络、文化信息资源共享工程网络、农业技术推广体系、省部级现代农业技术培训基地、各类职业院校和培训机构的主渠道作用。整合现有培训资源,深入实施新型农民培训民生工程等各类农民教育培训项目,继续推进村干部大专以上学历教育、"双培双带"先锋工程、万名中专生计划、农村劳动力转移培训阳光工程,加大农村劳动力就业技能和农业适用技术培训力度,大力培育种养大户、农业企业和农民专业合作组织经营管理人才、农村经纪人等,鼓励和支持农村实用人才带头人牵头建立专业合作组织和专业技术协会。积极扶持农村实用人才创业兴业,在创业培训、项目支持、信贷发放、土地使用、市场准入等方面给予优惠。加大对农村实用人才的表彰激励和宣传力度。加大公共财政支持农村实用人才开发力度,加强农村发展急需的教师、医生、农业技术人员等方面人才培养。继续加大城乡人才对口扶持力度,引导和鼓励高校毕业生面向基层就业,深化选聘生、三支一扶、大学生村官工程、招募医学类大学生到乡镇卫生院工作、特岗教师计划、大学生服务西部和安徽基层计划等基层项目,推进城镇教师、医师和社会工作者服务新农村建设。

6. 社会工作人才队伍

发展目标:按照构建社会主义和谐社会的要求,以中高级社会工作人才为重点,培养造就一支职业化、专业化的社会工作人才队伍,使社会工作人才队伍的数量、结构和素质能力适应构建社会主义和谐社会的要求,满足人民群众的服务需求。到2015年,社会工作人才总量达到7.2万人。到2020年,社会工作人才总量达到11.3万人。

主要举措:以人才培养和岗位开发为基础,围绕社会工作人才培养、评价、使用、激励等方面建立健全配套政策和保障措施,职业性的社会工作者要普遍受过专业教育或培训,具备较强的实务操作能力,实现各类社会工作者中的初、中、高级人才队伍的合理梯次结构。以"社工引领志愿者服务、志愿者协助社工服务"的社会服务模式为志愿者参与服务提供载体和平台,引领志愿者有序参与,提高社会服务的社会化程度,确保社会服务的专业化水平。推进公益服务类事业单位、城乡社区和公益类社会组织建设,完善培育扶持和依法管理社会组织的政策。逐步建立政府主导、社会运作、公众参与的工作机制,形成党委领导、政府统筹、行业(协会)推动的工作体制。逐步建立和完善促进社会工作人才队伍建设的政策法规保障体系、组织管理保障体系、资金投入保障体系、社会协作保障体系、人力资源动员保障体系。

三、人才发展体制机制创新

(一)完善人才发展领导体制

坚持党管人才原则,创新党管人才方式方法,完善党委统一领导,组织部门牵头抓总,有关部门各司其职、密切配合,社会力量广泛参与的人才工作格局。始终把人才发展纳入全省经济社会发展的总体布局,在提出发展目标的同时考虑人才需求,在制定工作规划的同时考虑人才保证,在制定政策措施的同时考虑人才导向。健全各级党委人才工作领导机构,建立重大政策措施、重要工作部署的决策协调机制和督促落实机制。建立党委、政府抓人才工作目标责任制,提高各级党政领导班子综合考核指标体系中人才工作专项考核的权重。建立各级党委常委会、政府常务会定期听取人才工作专项报告制度。完善党委直接联系专家的制度,建立重大决策专家咨询制度。充分发挥有关职能部门作用,形成人才工作整体合力。

（二）完善人才发展管理体制

围绕用好用活人才，切实改进政府人才管理职能，发挥市场基础性作用和落实单位用人自主权，完善政府宏观管理、市场有效配置、单位自主用人、人才自主择业的人才管理体制。深化政府机构改革，进一步简政放权，清理人才发展的各项政策法规，取消不利于人才发展的行政性限制和干预，减少人才评价、流动和使用等环节中的行政审批事项，推动人才发展职能部门向创造良好发展环境、提供优质公共服务转变，运行机制和管理方式向规范有序、公开透明、便捷高效转变。分类推进事业单位人事制度改革，完善聘用制度和岗位管理制度，逐步建立起权责清晰、分类科学、机制灵活、监管有力的事业单位人事管理制度。研究提出推进市场配置人才资源的指导性意见，消除人才市场发展的体制性障碍，加快构建覆盖城乡、服务各类人才的统一开放、资源共享的人力资源市场体系。

（三）创新人才培养机制

坚持以经济社会发展需要和社会需求为导向，以提高思想道德素质和创新能力为核心，完善现代国民教育和终身教育体系，注重在实践中发现、培养、造就人才，构建人人能够成才、人人得到发展的人才培养开发机制。按照各类人才成长规律，制定人才培养规划，推进大教育、大培训，多渠道培养人才的学习能力、实践能力和创新能力，造就一大批符合时代发展需要、具有创新精神和能力的高素质人才，实现人才资源的可持续发展。充分发挥教育在人才培养中的基础性作用，深化教育改革，促进教育公平，提高教育质量。继续做好中国科技大学、合肥工业大学、中国科学院合肥物质科学研究院等在皖高校院所的省部共建工作。抓好安徽大学等省属高校建设，大力发展职业教育和职业培训，充分发挥高等院校、重大科技专项和重点工程等在人才培养中的作用。建立人才培养和经济社会发展需要相适应的动态调控办法，优化教育结构和布局，加强学科专业建设和结构调整，实现人才培养与使用的统一。统筹培养与使用，发挥用人单位的主体作用，在实践中培养造就人才。

（四）创新人才评价机制

建立以岗位职责要求为基础，以品德、能力和业绩为导向，科学化、社会化的人才评价发现机制。建立各类人才能力素质标准，完善人才评价指标体系，强化业绩、贡献的导向作用。改进人才评价方法，突出用人单位评价主体作用，推进社会化人才评价方式。健全完善党政领导干部考核评价机制。以市场和出资人认可为依据，以经营业绩为标准，完善企业经营管理人才评价体系，探索社会化的职业经理人资质评价制度。以社会和业内认可为主要标准，以能力和业绩为导向，完善专业技术人才评价机制，推行职称评定社会化，加快专业技术人才执业资格制度建设。加快建立以职业能力为导向、以业绩和贡献为重点，注重职业道德和职业知识水平的高技能人才评价新体系，逐步完善社会化职业技能鉴定、企业技能人才评价、院校职业资格认证和专项能力考核办法。以带领群众脱贫致富、促进社会主义新农村建设的积极作为和实际成效为重点，制定农民技术职称评定办法。

（五）创新人才选用机制

改革各类人才选拔使用方式，科学合理使用人才，促进人岗相适、用当其时、人尽其才、才尽其用，形成有利于各类优秀人才脱颖而出、充分施展才能的选人用人机制。全面贯彻实施《公务员法》。坚持德才兼备、以德为先，深化党政领导干部选拔任用制度改革，提高选人用人公信度，完善竞争性选拔党政领导干部工作机制，规范干部选拔任用提名制度，建立和完善干部正常淘汰、退出机制。建立组织选拔、市场配置和依法管理相结合的国有企业领导人员选拔任用制度，完善国有资产出资人代表派出制和选举制。进一步深化事业单位用人制度改革，完善和规范科学设岗、竞聘上岗等配套制度。拓展优秀人才选拔领域，把不同所有制人才纳入各类优秀人才选拔视野。

（六）创新人才流动机制

根据完善社会主义市场经济体制的要求，推进人力资源市场体系建设，完善市场服务功能，畅通人才流动渠道，建立政府部门宏观调控、市场主体公平竞争、中介组织提供服务、人才自主择业的人才流动机制。加强政府对人才流动的宏观引导，建立人才供需预测和调控机制。贯通各类人才市场和劳动力市场，建设统一开放的人力资源市场。大力发展人才服务业。制定和完善向重点产业倾斜的人才流动政策，完善与国家重点发展区域和主体功能区建设相配套的人才政策，引进、集聚我省急需的各类产业高层次人才，形成加快我省支柱产业和高新技术产业发展的先导力量，促进人力资源开发和经济社会发展相协调。

（七）创新人才激励机制

统筹协调党政机关和国有企事业单位收入分配，稳步推进工资制度改革。进一步推动企业收入分配制度改革，建立和完善市场机制调节、企业自主分配、职工民主参与、政府监督指导的企业薪酬制度。深化技能人才薪酬制度改革，建立职业资格等级与业绩贡献相结合的收入分配制度。推广符合事业单位特点、以岗位绩效工资为主体的分配制度，制定知识、技术、管理、技能等生产要素按贡献参与分配的办法，对有特殊贡献的高层次人才试行协议工资和年薪制度。坚持精神激励和物质奖励相结合，健全以政府奖励为导向、用人单位和社会力量奖励为主体的人才奖励体系，加大对优秀人才的奖励力度。

（八）创新人才保障机制

建立健全与社会主义市场经济体制相适应，有利于维护人才合法权益的保障机制。鼓励企业在建立企业年金和补充医疗保险中，向各类人才倾斜。加强劳动和社会保障执法监察，促使各类用人单位依法落实劳动社会保障法规和政策，依法为所有人才足额缴纳社会保险费。推进机关事业单位社会保障制度改革，制定人才流动中社会保险衔接政策。坚持用法制保障人才，维护人才和用人单位合法权益，推进人才管理工作健康有序发展。

四、重点人才工程

（一）党政人才素质能力提升工程

以坚定理想信念、增强执政本领、提高领导科学发展能力为核心，有计划开展党政人才大规模培训，大力提高全省党政人才队伍的整体素质和能力。将领导人才和中青年领导后备人才作为培训重点，采取在职培训、轮岗交流、基层锻炼、承担急难险重任务等方式，培养造就一大批高层次、复合型党政领导人才。突出抓好党政正职领导干部特别是新任正职领导干部的教育培训，加大对后备干部教育培训力度，大力实施基层干部培训工程、公务员能力建设培训工程。

（二）创新团队建设工程

推进产学研结合，依托省重大科研和重大工程项目、重点学科和重点科研基地、国际学术交流合作项目，吸引、凝聚各学科领域具有国际或国内领先水平的中青年高级专家，加大培养支持力度，培养造就一批国内一流、国际知名的科技领军人物，建立一大批各类人才创新团队。深化拓展"115"产业创新团队建设工程，大力支持国家和省重点学科、重点实验室、企业（工程）技术研究中心、院士工作站建设，以国家技术创新工程试点省、皖江城市带承接产业转移示范区和各类产业园区为依托，建设一批人才创新创业载体。

（三）企业家培养工程

着眼于提升我省企业核心竞争力，加强各类企业家队伍建设，组织实施"双百工程"。到2020年，培养造就100名职业素养好、决策能力强、具有战略眼光的优秀企业家，100名综合素质好、专业水平高、市场意识强的优秀经营管理后备人才，一批具有较强生产经营或资本运作能力的高层次经营管理人才。

（四）教育名师培养工程

着眼于培养造就一支高素质创新型教育人才队伍，提高我省培养创新型人才的能力和水平，组织对各类学校骨干教师和教育管理者进行创新教育培训。配合国家引进海外高层次人才"千人计划"、省"百人计划"和教育部"长江学者奖励计划"，推进我省"皖江学者"计划、"高校博士后工程"和"安徽省高职高专带头人培养计划"，重点培养100名国内外知名学者，1000名左右在本学科领域有一定影响的学术带头人和教学名师，10000名在各学科领域内起重要作用的省级和校级教学科研骨干。

（五）海外高层次人才引进工程

坚持突出重点、按需引进、重在使用、特事特办、统筹实施的原则，围绕全省发展战略目标，分层次、有计划引进一批能够突破关键技术、发展高新技术产业、带动新兴学科的领军人才。其中省级层面根据重点工程、重大项目、重点产业和创新产业的需求，依托重点高校、科研院所和骨干企业，组织实施引进海外高层次人才"百人计划"，用5—10年时间，引进并重点支持100名左右海外高层次人才来皖创新创业。在全省建设20个左右省级海外高层次人才创新创业基地。

（六）专业技术人才知识更新工程

围绕我省经济结构调整、高新技术产业发展和提升专业技术人员自主创新能力的要求，以高层次专业技术人才为重点，在现代农业、装备制造、信息技术、生物制药、新能源、新材料、环境保护、防灾减灾、现代物流、现代管理等十大领域，全面开展以新理论、新知识、新技术、新方法为主要内容的知识更新继续教育。每年培训2万名中高级专业技术人才，努力改善其知识结构，提高创新能力；每年从中小企业选派50名左右具有培养前途的中青年专业技术人才到省属重点院校、科研单位和大型企业进行培养锻炼，努力为中小企业培养高层次人才；每年从省人才资金中定向资助20个重点培训项目，加大对我省重点学科、重点工程、重点项目人才培养工作的支持力度；每年举办20期左右专业技术人员高级研修班，培训1200名左右高层次急需紧缺人才。

（七）宣传文化人才培养工程

遵循宣传文化人才成长规律，加强高层次人才培养，着力造就宣传文化各领域各门类的拔尖人才和领军人物，造就既熟悉意识形态工作，又懂经营、善管理、精策划的创新型、复合型、外向型、科技型人才，建设宣传文化人才高地。切实加强新兴文化组织、民营文化机构人才的管理和服务，大力培养文化产业经营管理、高新技术、新媒体产业等领域急需人才。建立文化人才引进绿色通道，做好体制外人才的引进工作。进一步完善"六个一批"人才培养政策措施，加大支持力度，用5—10年时间，重点选拔培养500名左右理论、新闻、出版、文艺、文化产业经营管理和现代传媒信息技术等六个领域的拔尖人才和青年拔尖人才。

（八）高技能人才培养工程

实施企业职工技能提升培训计划，全面提升职工技能水平。加强职业院校、技师学院、高级技工学校和实训基地建设，到2015年每个市至少建成一所具有培养高技能人才条件的高职院校、技师学院或高级技工学校。建立高技能人才培养激励机制，对重点产业和急需紧缺职业（工种）高技能人才给予适当补贴，对示范性高技能人才培养基地给予奖励。依托大型骨干企业、职业院校和技师学院建立技能大师工作室，为技能大师开展技能研修、技术攻关、技术技能创新和技艺传承创造条件。完善高技能人才培养体系，大力实施新技师培养计划，加强高级技工培训，努力建设一支数量充足、结构合理、素质优良的高技能人才队伍。到2020年，培养技师、高级技师15万人，在全省建成30个技师学院，50个以上高技能人才培养基地，形成省、市、县公共实训网络。

（九）农村实用人才带头人培养工程

按照发展现代农业和建设社会主义新农村的要求，加大人才支持力度。深入实施"农村实用人才带头人素质提升计划"、"双培双带"先锋工程和新型农民培训民生工程。依托涉农院校、科研院所、农业推广部门及特色行政村、龙头企业、科技示范园、农产品批发市场等建设农村实用人才带头人培训基地和实践基地，通过开展技术交流、学习研修和观摩展示等活动，加强对致富带头人、科技带头人、经营带头人等优秀农村实用人才的培养。

（十）贫困地区和基层人才支持工程

为促进皖北及沿淮地区和我省山区、老区、库区及民族聚集地区加快发展，支持培养本地留得住、用得上的各类高素质人才，输送紧缺人才，完善提供人才和智力支持的长效机制。积极引导优秀教师、医生、科技人员、社会工作者、文化工作者到贫困地区和基层工作或提供服务。大力引导和鼓励高校毕业生到基层创业就业。加强对高校毕业生创业意识教育和创业能力培训。通过政府购买工作岗位、实施学费和助学贷款代偿、提供创业扶持等方式，引导高校毕业生到基层服务、就业和自主创业。推进高校毕业生到村任职工作，到2020年实现村村有大学生。

五、政策保障措施

（一）实施促进人才投资优先保证的财税金融政策

各级政府优先保证对人才发展的投入，确保教育、科技支出增长幅度高于财政经常性收入增长幅度，卫生投入增长幅度高于财政经常性支出增长幅度。逐步改善经济社会发展的要素投入结构，较大幅度增加人力资本投资比重，提高投资效益。进一步加大人才发展资金投入力度，保障人才发展重大项目的实施。鼓励和支持企业和社会组织建立人才发展基金。在重大建设和科研项目经费中，应安排部分经费用于人才培训。适当调整财政税收政策，提高企业职工培训经费的提取比例。通过税收、贴息等优惠政策，鼓励和引导社会、用人单位、个人投资人才资源开发。

（二）实施产学研合作培养创新人才政策

制定高等学校、科研院所、企业合作培养人才的激励政策。对产学研相结合的科技成果转化运用、企业等用人单位接纳高等学校和职业学校学生实习等实行财税优惠。支持用人主体参与创新人才培养，积极推进科技成果向现实生产力转化。建立高等院校、科研院所、企业高层次人才的双向交流制度，鼓励学术界、产业界优秀人才到高校从事教学兼职。实施研究生教育创新计划，大力发展专业学位教育，推行产学研联合培养研究生的"双导师制"。建立产学研战略联盟，鼓励企业参与国家重大科技项目，支持科研部门和大专院校参与企业重大技术研发，开放共享科技资源和科研平台，支持企业、科研院所与高等学校建立联合实验室或研发中心，致力于培养高层次人才和创新团队。

（三）实施引导人才向皖北和沿淮部分地区及基层流动政策

统筹协调合肥经济圈、皖江城市带、皖北和沿淮部分地区的人才配置，加强对皖北和沿淮部分地区急需人才培养和引进的资金扶持，在职务职称晋升和工资待遇方面实行倾斜政策。采取政府购买岗位和报考公务员优先录用等政策，引导高校毕业生到农村和中小企业就业。制定鼓励高校毕业生回乡创业就业扶持办法，积极引导人才向皖北部分市县和基层流动。完善科技特派员到农村和企业服务政策，继续做好选聘生、"三支一扶"、特岗教师计划等高校毕业生到农村基层工作。开发基层社会管理和公共服务岗位。制定公职人员到基层服务和锻炼的派遣和轮调制度，有计划提高党政机关从基层招录公务员比例。

（四）实施人才创业扶持政策

围绕全省重大发展战略，实施创业风险投资的税收、贴息等优惠政策，逐步设立创业风险投资基金、重大科技成果转化基金、中小企业发展基金，省市有关部门的产业化项目有计划地向创业创新人才倾斜。制定知识产权质押融资、创业贷款办法，充分利用专项资金、贴息、担保等多种方式，鼓励和引导各类金融机构支持和改善对高新技术产业特别是高成长性科技型中小企业的信贷服务和融资环境。制定以产权、技术等作为资本参股和参与分配的方法，对高层次人才创办科技型企业提供金融服务、税收优惠政策。制定引导高校、科研院所科技人员向科技型企业流动政策。制定政府资助科研项目的成果转化和技术转移制度。

（五）实施有利于科研人员研究创新政策

按照国家统一部署，在科研院所、高等学校、企业建立符合科技人员和管理人员不同特点的职业发展途径，鼓励和支持科研人员在创新创业中享有相应社会地位和经济待遇，对专业系统管理人员全面推行职员制度。扩大科研机构用人和科研经费使用的自主权，建立以学术和创新绩效为主导的资源配置和学术发展模式。改进科技评价和奖励方式，建立以科研水平和实际贡献为导向的科研评价办法，建立符合安徽实际的以贡献为标准的评价推荐办法，建立对以财政性资金设立的科研机构综合绩效评价制度。进一步完善科研项目经费管理和国家级及省级科技计划管理办法。加大对基础研究、前沿科技研究、社会公益性技术研究的投入力度，对高层次创新型人才领军的科研团队长期稳定支持。改革科研单位分配激励机制，重点向关键岗位和优秀人才倾斜。在政府保障性住房建设中，优先解决青年科技人员住房问题。

（六）实施更加开放的人才政策

认真落实《关于加强引进海外高层次人才工作的实施意见》，积极引进我省经济社会发展重点领域急需紧缺专门人才，重点引进在国内外有较大影响的高层次专家、高技术研究开发人才和企业高级经营管理人才。建立海外高层次人才特聘专家制度。按照国家有关政策制定完善出入境和长期居留、所得税、社会保险、子女入学、配偶安置、担任领导职务、承担重大科技项目和政府奖励等方面政策。加强留学回国人员创业园建设。建立国外智力资源供给、发现评价、市场准入、使用激励、绩效评估、引智成果共享办法。制定完善加强出国留学工作、促进专业技术人才执业资格国际互认和国际人才交流与合作等方面的政策措施，培育在国内外有一定影响的人才中介机构。支持高等学校、科研院所与海外高水平教育、科研机构建立联合研发基地，推动企业设立海外研发机构，加强博士后国际交流。

（七）实施统筹各类人才协调发展政策

按照统一、开放、竞争、有序的要求，实行单位自主用人、人才自主就业的双向选择，实现用人主体、人才主体与人才市场直接对接。完善党政人才、企业经营管理人才、专业技术人才交流和挂职锻炼制度，打破人才身份、单位、部门和所有制限制，营造开放的用人环境。拓宽党政人才来源渠道，完善从企事业单位和社会组织选拔人才制度。完善党政机关和社会人才流动的社会保险衔接办法。对社会主义市场经济体制下各种所有制组织中的人才，坚持一视同仁、平等对待。政府在人才培养、吸引、评价、使用等方面的各项政策，非公经济组织和社会组织人才平等享受。政府用于各类人才发展的资金、项目、信息等公共资源，向非公经济组织和社会组织人才平等开放。政府开展人才宣传、表彰、奖励等方面活动，非公经济组织和社会组织平等参与。

（八）实施促进人才发展的公共服务政策和知识产权保护政策

完善政府人才公共服务体系，健全公共服务平台，为人才发展提供优质高效的金融公共服务、市场服务、社会服务，满足人才多样化需求。加大公共人才服务的投入，建立政府购买服务制度，创新政府提供人才公共服务的方式。加强知识产权保护，完善科研成果权利归属和利益分享机制，明确职务发明人权益，提高主要发明人受益比例，制定职务发明人流动中的利益共享办法。加强对非职务发明创造的支持和管理，建立非职务发明评价体系。加大对个人和中小企业发明创造的资助，鼓励创造知识财产。建立专利技术交易市场和信息平台。加大对非物质文化遗产传承人知识产权保护。加大知识产权宣传和保护力度，建立健全有利于知识产权保护的社会信用制度，营造保护知识产权的法制、市场和文化氛围，提升知识产权创造、运用、保护和管理能力，推进国际合作交流。

省人才工作领导小组负责《人才规划纲要》实施的统筹协调和宏观指导，制定各项目任务的分解落实方案和重大工程实施办法，建立《人才规划纲要》实施情况的监测、评估、考核机制，加强督促检查。

各市和省直有关部门要以《人才规划纲要》为指导，根据实际，编制地区、行业系统及重点领域的人才发展规划，形成全省人才发展规划体系。建立规划实施中期评估制度，整合信息资源，建立健全人才资源统计和定期发布制度。加大宣传力度，形成全社会关心支持人才发展的良好氛围。

首都中长期人才发展规划纲要（2010—2020年）

为落实人才强国战略，服务首都经济社会发展，根据《国家中长期人才发展规划纲要（2010—2020年）》《北京城市总体规划（2004—2020年）》，按照建设"人文北京、科技北京、绿色北京"要求，特制定本纲要。

一、首都人才发展面临的形势

人才是经济社会发展的第一资源。当前世界多极化、经济全球化深入发展，科技进步日新月异，知识经济方兴未艾，人才在经济社会发展中的基础性、战略性、决定性作用更加凸显，人才的竞争已经成为国家与地区间竞争的焦点。北京作为国家首都，是全国政治中心和文化中心，人才发展不仅是北京提高核心竞争力、加快建设"人文北京、科技北京、绿色北京"、推动世界城市建设的关键，而且关系到全国实施人才强国战略、建设创新型国家的大局。

改革开放以来，特别是进入新世纪以来，市委、市政府高度重视人才发展，大力实施以构建现代化人才资源开发与管理体制为核心的首都人才发展战略，取得了显著成效。与首都特点相适应的首都人才发展观初步确立，与社会主义市场经济相适应的人才发展体制机制基本形成，与人才发展需要相适应的引才聚才环境不断优化，与建设现代国际城市需要相适应的人才队伍不断壮大，人才在首都经济和社会发展中的战略支撑和引领作用日益突出，首都对全国人才发展的辐射带动作用显著增强。

但必须清醒地认识到，未来十几年，是我国基本建成创新型国家、全面实现小康社会建设目标的重要时期，是北京建成现代化国际城市、全面实现现代化和建设世界城市的重要时期。面对新形势新任务新要求，首都人才发展观念需要进一步更新，人才发展体制机制需要进一步创新，人才发展环境需要进一步优化，人才队伍高端化发展需要进一步推进。我们必须认清形势，提高认识，抢抓机遇，统筹规划，锐意进取，大力开拓首都人才发展的新局面。

二、指导思想、指导方针和战略目标

（一）指导思想

高举中国特色社会主义伟大旗帜，以邓小平理论和"三个代表"重要思想为指导，深入贯彻落实科学发展观，坚持党管人才原则，尊重劳动、尊重知识、尊重人才、尊重创造，遵循人才发展规律，贯彻落实人才强国战略，实施首都人才优先发展战略，更好地服务国家发展和首都发展，充分发挥市场配置人才资源的基础性作用，进一步加强人才发展法制化建设，营造有利于人才成长的良好环境，从建设世界城市的高度，为加快建设"人文北京、科技北京、绿色北京"，全面实现现代化提供坚强的人才保证。

（二）指导方针

创新机制。破除影响人才发展的落后观念，健全有利于人才发展的体制机制，营造人才宽松发展的环境，促进人才全面发展。

服务人才。完善服务内容，丰富服务手段，转变服务方式，拓展人才发展空间，有效满足人才工作和生活的需要。

高端带动。加大高层次人才引进和培养力度，建设一支具有国际竞争力和影响力的顶尖人才队伍，带动全市人才队伍建设大发展、大繁荣。

引领发展。确立人才优先发展战略布局，发挥人才在经济社会发展中的关键作用，引领首都经济社会发展。

（三）战略目标

到 2020 年，首都人才发展的战略目标是：培养和造就一支数量充足、结构优化、素质一流、富于创新的人才队伍，确立支撑世界城市建设的人才竞争优势，成为世界一流的"人才之都"，为落实人才强国战略发挥示范带动作用。

——世界级人才队伍。主要劳动年龄人口中受过高等教育的比例达到 42%。每万劳动力中研发人员达到 260 人年。百万人年专利授权量达到 3000 件（其中百万人年发明专利授权量达到 800 件）。人力资本对经济增长的贡献率达到 45%，人才贡献率达到 60%。集聚一大批教育、科技、文化、艺术等领域世界级大师。

——世界级人才发展服务体系。以人为本，加快转变政府职能，建立公共服务型人才管理体系。完善人才市场体系，健全人才培养、引进、使用、评价机制，实现有利于首都发展的高度开放的国际国内人才大循环。全面提升社会事业水准，健全人才社会服务体系，努力形成具有国际竞争力的人才环境。

——世界级人才聚集发展平台。拓展人才聚集和辐射的全球化空间，提供人才成长和发挥作用的平台，建设一批世界一流及高水平的高等院校和科研院所，举办一批高层次国际会议和国际赛事节事，大力吸引国际组织落户北京，吸引和聚集 500 家左右跨国公司在京设立具有总部性质的功能性机构。

三、战略部署

（一）确立向人才发展倾斜的资源配置格局

确立人才发展在全社会资源配置中的重点地位，大力降低人才发展的机会成本，加快形成有利于人才发展的比较利益格局，引导和鼓励全社会资源配置向人才发展倾斜，实现人才、资本、知识等要素的有效融通和结合。

（二）确立人才引领经济社会发展格局

大力营造具有国际竞争力的创意、创新、创业环境，努力聚集人才、解放人才、武装人才，壮大人才队伍，提高人才密度，引领首都经济社会发展转型升级，率先形成人才驱动型经济和社会体系。

（三）确立人才高端高效高辐射发展格局

转变人才发展方式，优化人才结构和布局，走人才高端、高效、高辐射发展之路，加快形成顶尖人才脱颖而出的社会环境和文化氛围，努力建设结构完善、布局合理、具有全球影响力的人才队伍。

（四）确立人才工作综合配套推进格局

转变人才工作方式，创新人才工作体制机制，走综合配套推进之路，加快形成统一有效的人才发展研究、决策、执行、监督长效机制，提高人才工作统筹兼顾、协同推进的能力和水平；大力营造适合人才生活、发展的自然环境、人文环境、社会环境等综合环境，提升引才聚才的地方品质，增强对人才的吸引力，努力在全国率先形成具有全球竞争力的人才服务综合配套体系。

四、重大任务

（一）发挥教育在人才发展中的基础性作用

推进教育人才体制改革。建立教师和教育管理人才职业发展体系，鼓励支持教师在教学科研实践中实现个人价值和成就事业；完善教师治学体制机制，保障教师有效行使科研和学术自主权；完善教师队伍的激励保障机制，进一步提高教师的经济待遇和社会地位。探索校长及其他管理人才科学选用制度，充分引入竞争机制，形成教育家不断涌现的教育环境和社会环境。

构建创新型人才教育培养体系。转变基础教育方式，明确培养目标，改革课程体系、教学内容、教学方法，加快从应试教育向素质教育转型，着力实现学生德智体美全面发展，培育学生观察问题、发现问题、分析问题、解决问题的能力。密切职业教育发展与产业发展的联系，培养一大批创新型高技能人才，满足首都高端产业和新兴支柱产业对创新人才的需求。改革高等教育教学内容，转变教学方式，建立学校教育和社会实践锻炼相结合、国内培养和国际交流合作相衔接的国际一流培养体系，加大创新型人才培养力度。

（二）发挥人才在自主创新中的决定性作用

建立支持人才自主创新的体制机制。改变以行政权力决定资源配置和学术发展的决策方式，尊重研究人员的科研和学术自主权，保障研究人员自主选题、自主使用研究经费、自主控制研究进程。建立有利于人才自主创新的评价、使用、激励制度，健全科研诚信制度，从严治理学术不端行为，加强对创新成果的知识产权保护与创新成果转化应用的支持。鼓励跨国、跨地区、跨行业、跨部门、跨单位的产学研创新团队的发展，推动人才的合理流动和合作共享。建立科学有效的支持办法，加强对高端创新型人才的发现、培养、使用和资助力度。

搭建支持人才自主创新的事业平台。大力推进人才发展综合配套改革，建立健全人才、资本、知识等要素融通结合的体制机制，形成发达的人才金融体系、人才知识体系和人才公共服务体系；积极争取国家重大科研和重大工程项目、重点实验室、重点科研基地落户北京，加快实施北京市重大科技专项，在双管高校、市属高校择优建设一批首都拔尖人才培养基地，大力支持世界一流大学和高水平大学、科研院所以及国外和本土跨国公司研发中心的建设，构建世界一流的产学研用结合的创新研发平台。

建立和完善年轻创新型后备人才的发现培育体系。按照"及早选苗、重点扶持、跟踪培养"的总体要求，加大对年轻创新苗子的发现、教育、培养和跟踪工作力度。整合"雏鹰计划"、"翱翔计划"和"科技新星计划"等后备人才支持计划，进一步完善后备干部管理机制，建立非公有制经济组织、新社会组织年轻创新后备人才联系办法，在全市范围内构建年轻创新英才发现培育体系。建立青年英才培养使用工作责任制，保障青年人才健康成才、持续进步，形成爱护青年、关心青年和鼓励青年成才、支持青年干事创业的良好氛围。

（三）推进人才国际化发展

加大海外高层次人才引进力度。围绕首都发展需要，持续引进一批能突破关键技术、引领新兴学科、带动新兴产业发展的战略科学家和创新创业领军人才。坚持引才与引智并举，建立海外高层次人才特聘专家制度。制定具有国际竞争力的海外人才吸引政策，完善人才薪酬、税收、社会保障、医疗、住房、子女入学等配套政策。

加快本土人才国际化步伐。引导和鼓励高等院校、科研院所、企业跨国跨地区开展学术交流和项目共建，促进各类人才融入国际竞争。加强与海外高水平教育科研机构、知名企业的合作，联合建立一批研发基地，推动首都人才参与国际前沿科学和应用技术研究。建立一批境外培训基地，扩大境外学习培训规模。改进低龄出国留学人员的爱国主义教育、联系和服务方式，引导其学成归国和报效国家。

拓宽人才国际化平台。发挥首都总部经济优势，吸引跨国公司、国际组织总部在京落户，延伸和拓展人才参与国际竞争的渠道。以高端产业功能区为载体，推进人才创新创业基地建设。培育具有品牌效应的国际人才中介服务机构，在全国率先建成比较完善的国际人才市场。

全面建设人才特区。面向以海外高层次人才为代表的国家发展所特需的各类人才，建设"人才智力高度密集、体制机制真正创新、科技创新高度活跃、新兴产业高速发展"的改革示范区。借鉴国外的先进经验，构建国内首创、国际一流水平的创业体系。繁荣区域创业企业，促进战略性新兴产业发展，显著提升经济发展效益。

（四）推进人才集群化发展

发挥大师引领人才集群的作用。实施以领军人才为主导的人才群发展战略，围绕发挥人才领袖在人才群发展中的引领作用，赋予大师以更大的人、财、物自主权，完善大师引领体制机制，确保人才集群不断形成和升级；根据首都经济社会发展需要，通过选送优秀人才、支持合作研究项目、建立共同研究中心等形式，有序地组织本地人才群与本领域海外顶级人才群接轨，建立起国际一流的交流合作网络。

发挥产业集群促进人才集群发展的作用。加大政策支持力度，大力吸引世界500强企业总部、跨国公司、民营企业总部等落户北京，通过产业集群的升级转型带动人才集群的发展。支持本土企业国际化发展步伐，探索建立"中关村—硅谷—班德鲁尔"、"金融街—华尔街"、"北京CBD—曼哈顿"、"中影怀柔—好莱坞"等对口产业集群联盟，推动人才集群参与制定行业国际新标准。

建立健全人才集群发展公共服务平台。扶持和规范产业集群内就业中介机构的运行，整合行业协会在人才集群开发工作中的作用。定期公布产业集群的人才政策、产业发展、科技市场、人才供求信息，通过打造主题会议、俱乐部、知识产权转让网站和交易中心等交流平台，促进产业链各类人才在集群内部流动和成长。

（五）推进人才一体化发展

加快央地人才融合。构建央地共建项目信息平台，实现信息共享。促进中央重大投资项目落地，带动人才在京聚集。不断提高国家人才发展平台和品牌体系中市属成分的比重，在北京大学、清华大学等著名大学中建立市立学院或研究院所。依托在京国家重点实验室、重大科技专项、重点工程项目及其科教资源优势，通过对口学习培训、双向挂职锻炼、课题联合攻关、项目合作等方式，实现和中央单位在人才资源上交流共享，投资建设上合作共赢。

发挥首都人才资源对全国的辐射和带动作用。围绕建设"环渤海经济圈"，成立区域人才资源合作组织，加强人才资源战略合作，加快区域人才资源开发一体化进程。结合首都产业的区域转移，按照"人才＋产业"的发展模式输出人才资源，实现人才紧跟产业流动、人才流动带动产业群发展。加大与东部沿海发达地区间的人才交流力度，拓宽锻炼平台。加大对中西部欠发达地区的人才支持力度，通过挂职锻炼、交流任职、支边支教等方式输送人才资源，推动当地发展。

促进城乡人才一体化发展。进一步推动就业、户籍、社会保障等制度的衔接并轨，建立统一开放的城乡人才资源市场。制定城区与郊区结对帮扶政策，通过项目共建、挂职锻炼、支教、助医等形式，促进城区人才智力带动郊区事业发展；通过进修、向上挂职等形式，促进郊区人才素质能力提升，形成城乡人才融合发展的良好局面。

促进非公有制经济组织和新社会组织人才发展。建立和完善促进非公经济组织和新社会组织人才发展的体制机制，将其纳入党和政府人才工作范围，一视同仁，平等对待。有关人才发展的各项政策、支持人才发展的各种公共资源、激励人才成长的各项活动，向各类人才平等开放，实现不同所有制经济组织和不同类型社会组织人才共同发展。

（六）完善人才投入体制机制

建立和完善人才投入增长机制。各级政府优先保障对人才发展的投入，确保教育、科技、卫生支出依法增长。在整合财政性人才投入资金的基础上，重点加大高层次人才培养、紧缺人才引进、杰出人才奖励以及重大人才开发项目的经费保障力度。

改革人才投入管理制度。探索人才价值实现的有效途径，建立财政性人才投入经费用于人才本身的培养和激励制度，逐步提高财政性教育投入和科研投入中直接用于人才培养和激励经费比例。市财政拨付项目经费中，在建立必要的监督约束机制的前提下，为项目科研骨干设立一定比例的自主支配额度。

构建多元化、社会化的人才投入体系。在资金整合的基础上，设立首都人才发展基金。完善财政投入支持、贷款贴息、质押融资、税收优惠等方面的政策措施，引导用人单位、个人和社会组织加大人才投入。探索建立人才投入的激励制度，形成合理的人才投入回报机制，激发用人单位人才投入的主动性和积极性。

（七）完善人才引进和社会保障制度

完善有利于人才引进的政策体系。建立健全以能力业绩为导向的人才引进综合评价体系，畅通高层次人才落户北京的政策渠道，进一步简化工作程序、改进服务方式，充分保障各类用人单位对高级管理人才和高层次专业技术人才的引进落户需求，畅通农村实用人才、高技能人才引进渠道。适应京津冀一体化发展要求，逐步推行京津冀地区互认的高层次人才户籍自由流动制度。

完善有利于人才发展的社会保障制度。探索党政机关和事业单位社会保障制度改革，逐步建立全市统一的社会保障体系。将海外高层次人才纳入全市社会保障体系。适当延长高层次女性专业技术人才工作年限，给予其与现岗位同等水平的待遇。

（八）优化引才聚才的地方品质

提高城市环境对人才的吸引能力。将"人文、科技、绿色"理念更加深入系统地贯穿到城乡规划、设计、建设和运营中，大幅提高城乡自然和人文环境的集约化、精细化水平，提升城市品位，以国际一流水平为人才提供良好的工作和生活条件。

探索跨文化的人才交流机制。以事业单位录用人员为突破口，积极探索实践跨民族、跨国别用人制度，促进跨文化交流合作的深入发展，努力形成多种文化背景人才共存共荣的宽松环境。

营建丰富多彩的活动环境。引进、参与和创建国际赛事、节事、会议、论坛等活动，提高活动效益。鼓励和支持国内外民间艺术团体来京演出和交流，加强非物质文化遗产保护与展示。调动社会力量参与组织创办不同类型的休闲、娱乐和交流活动，形成各类人才间广泛联系的活动网络和体系。

构建广泛参与的社会环境。发挥市场配置人才资源的基础性作用，充分调动用人单位在人才资源开发中的主体作用。加大人才工作宣传力度，创新宣传方式方法，引导社会力量加强人才培养。营造良好的社会环境，提高首都吸引和凝聚各方英才的能力。

（九）建立人才优先发展工作体系

提高人才工作统筹协调力度。进一步完善党管人才工作格局，探索党管人才实现途径，在统筹协调上加大工作力度。在宏观上，要在全市层面进行统一规划，形成统一完备的人才法规政策体系。在人才发展重大项目和重大工程上，要通盘考虑，科学设计，有效推进。

提高人才工作规范化力度。出台《关于进一步加强党管人才工作的实施意见》，指导各级党委开展人才工作，建立各级党委常委会听取人才工作专项报告制度，把人才工作业绩作为考核领导班子和领导干部职责绩效的重要指标。推动制定《北京市人才发展条例》、《北京市人力资源市场管理条例》等地方性法规，为人才健康发展提供健全的法律保障。

提高人才工作服务水平。建立市区两级人才工作定期例会制度，依据不同区县人才工作特点和需要，制定差异化指导意见，给予有针对性的政策支持。延伸人才工作服务半径，完善对国际人才和非公有制领域人才的服务办法和服务方式。编制开发首都人才地图和人才需求目录，建立首都人才资源年度统计调查和定期发布制度。

五、重点工程

（一）"人文北京"名家大师培养造就工程

服务"人文北京"建设，通过组织、支持和资助课题研究、学术研讨、国际交流、著述创作和舞台表演等手段，有重点地培养扶持和引进聚集一批在人文和社科领域具有较高学术影响和知名度的理论家、作家、艺术家、出版家、名编辑、名记者、名主持人、工艺美术大师，并授予人文社科领域相应荣誉称号，不断丰富北京文化内涵，大幅提升文化软实力和世界影响力。到2020年，得到社会广泛公认的名家大师达到500名左右。

（二）"科技北京"百名领军人才培养工程

服务"科技北京"建设，促进首都高端产业发展，加快推进首都科技现代化，加大对科技人才培养支持力度。到2020年，通过项目带动、产学研用结合、国际合作交流等形式，培养造就不少于100位具有国际水平的科技领军人才，建成一批具有国际水平的实验室和科技人才培养示范基地。

（三）"绿色北京"人才支撑工程

服务"绿色北京"建设，加快推进绿色生产体系、绿色消费体系、绿色环境体系建设，在新能源、节能环保、都市绿色农业等产业中，培养和聚集一批能够持续提供绿色创新产品的高层次人才，打造一支具有世界影响力的绿色产业人才队伍，为北京抢占绿色经济发展制高点提供人才保证。

（四）北京海外人才聚集工程

服务北京世界城市建设，推进海外高层次人才引进工作，加快人才发展国际化步伐。到2020年，聚集10个由战略科学家领衔的研发团队，聚集50个左右由科技领军人才领衔的高科技创业团队，引进并有重点地支持1000名左右海外高层次人才来京创新创业，建立10个海外高层次人才创新创业基地，鼓励和吸引上千名具有真才实学和发展潜力的优秀留学人员来京创新创业。

（五）首都名师教育家发展工程

服务首都教育现代化战略，实施"长城学者计划"，建立多元化投入体系，设立"长城学者"奖励基金，培养和资助一批勇于实践、敢于探索、富有创新精神的优秀青年教育人才；实施"首都教育家发展计划"，通过探索建立教育管理人才职业化发展方式，促进优秀教育管理人才不断涌现，设立"首都教育家"荣誉称号，对为首都教育作出重要贡献的教育工作者进行表彰和奖励。到2020年，"长城学者"达到1000人以上,"首都教育家"达到100名。

(六)首都高层次卫生人才队伍建设工程

服务首都卫生事业发展,加大高层次卫生人才开发力度。以北京市卫生系统高层次卫生人才队伍建设工程为主线,建设一支适应世界城市要求的专业技术水平、创新能力和核心竞争力较高的高层次卫生人才队伍。到2020年,培养、选拔和引进20名领军人才、100名学科带头人、500名学科骨干,建立20个以重点学科为依托、以培养两院院士等拔尖人才为核心的创新平台。

(七)优秀企业家聚集培养工程

服务首都经济发展,围绕提升首都企业国际竞争力,加大优秀企业家聚集培养工作力度。到2020年,聚集培养10—20名世界级产业领袖,100名左右职业素养好、开拓能力强、具有战略思维和全球视野的优秀企业家,1000名左右国际化、专业化、职业化的高级经营管理人才和精通战略管理、财务、法律、金融、人力资源管理、国际贸易或国际项目运作等专业知识的管理人才。

(八)高技能人才培养带动工程

服务首都产业发展布局,大力培养高技能人才。通过建设高技能人才培养基地和研修平台,推广定制化联合培养模式,健全技能人才考核评价、岗位使用和激励机制,全面推行首席技师制度,鼓励企业开展职业培训,促进高技能人才的技术交流和学习,全面提升高技能人才创新创造能力,带动整个技能人才队伍梯次发展。到2020年,实现高技能人才占技能人才比例30%的目标,高技能人才总量达到120万人。

(九)京郊农村实用人才开发培养工程

服务首都新农村建设,完善人才开发培养长效机制,着力开发培养京郊农村实用人才。探索建立农村实用人才等级评价和服务体系,完善农村实用人才激励政策,不断拓宽农村实用人才发挥作用的方式和途径。到2020年,人才总量达到5万名左右,其中高级农村实用人才达到2000名左右。

(十)首善之区社会工作人才发展工程

服务社会主义和谐社会首善之区建设,发展造就一支结构合理、素质优良,专业化、职业化的社会工作人才队伍。健全以培养、评价、使用、激励为主要内容的制度体系,加大教育培训力度,到2020年,社会工作人才总量达到8万人左右,包含社会工作师、助理社会工作师在内的各类社会工作专业人才不少于4万人,高层次社会工作人才达到1000名左右。

(十一)党政人才素质提升工程

服务增强党的执政能力建设和先进性建设,在高级专业性岗位探索职员聘任制度,在街道、乡镇层面探索职业经理人制度;开展大规模干部教育培训,加强理论教育、业务培训、党性教育,有计划地组织境外培训,提高干部综合素质和国际化素养。加大实践锻炼工作力度,坚持把现岗位锻炼、岗位轮换、挂职锻炼、交流任职作为实践锻炼的主要方式,不断探索和拓宽党政机关干部到基层和生产一线锻炼的新方法、新途径,提高干部的实际工作能力。

（十二）首都青年人才开发工程

服务首都经济社会可持续发展，建立多层次、分渠道的青年拔尖人才培养体系，加大对高层次、创新型、国际化青年人才的培养力度。每年在重点学科、重点产业等领域扶持培养1000名左右青年拔尖人才。建设一批优秀青年英才培养基地，每年组织1000名左右青年人才赴基地开展学习实践。提升青年人才队伍国际化素质，每年选派各类青年人才500人赴境外学习交流，每年重点联系100名左右在境外一流教育机构深造的北京地区学校留学生，并进行跟踪培养。

六、实施保障

（一）加强组织领导

《人才规划纲要》由市人才工作领导小组全面负责，市人才工作领导小组办公室具体组织实施，负责研究制定《人才规划纲要》的任务分解方案，建立年度任务检查评估制度和方法，定期跟踪执行情况，提出改进措施。

（二）强化责任落实

各区县、各部门、各单位要按照《人才规划纲要》的总体部署和任务分解方案，结合实际情况，研究制定具体实施方案，明确工作时间进度和责任人。

（三）完善运行保障

加强财政资金支持力度，优先保障规划实施所需配套资金。加强人才工作者队伍建设，加大现有人才开发培养力度，招录高层次专业人才，全面提升人才工作者队伍能力素质。

重庆市中长期人才发展规划纲要（2010—2020年）

为更好实施人才强市战略，加快建设内陆开放高地，率先在西部地区全面建成小康社会，依据《国家中长期人才发展规划纲要（2010—2020年）》，结合我市实际，制定本纲要。

一、人才发展现状与面临形势

（一）人才发展取得新进展

直辖以来，特别是2004年全市人才工作会议以来，各级各单位认真贯彻落实科学发展观，大力实施人才强市战略，人才工作和人才队伍建设取得明显成效。坚持党管人才原则，组织部门牵头抓总、有关部门各司其职、社会力量广泛参与的工作格局基本形成。加大人才工作宣传，尊重劳动、尊重知识、尊重人才、尊重创造的社会氛围日益浓厚。深化干部人事制度改革，提高选人用人公信度，民主、公开、竞争、择优的选人用人机制逐步完善。拓宽人才交流渠道，与56个中央国家机关部委、国内知名科研院所、高等院校以及40个国家和地区建立了合作关系。创新人才工作载体，创办"中国重庆·青年人才论坛"，组织千名优秀人才引进活动，推进高层次和基层人才队伍建设两大工程，实施农村乡镇人才队伍建设计划，在市内外引起热烈反响。截至 2009 年底，全市党政人才 14.6 万人、企业经营管理人才 165.4 万人、专业技术人才 101.5 万人、高技能人才 55 万人、优秀农村实用人才 35 万人、社会工作人才 8.2 万人，比直辖初分别增长 15.4%、50.2%、59.8%、64.4%、50.2%、41.4%。"两院"院士、"新世纪百千万人才工程"国家级人选、国家有突出贡献中青年专家、享受国务院政府特殊津贴专家 2543 人，比直辖初增长 40%。人才队伍的发展壮大，有力促进了全市经济社会健康发展。

（二）人才发展面临新挑战

在经济全球化深入发展、科技进步日新月异、知识经济方兴未艾的新形势下，人才资源成为最重要的战略资源，世界范围内的人才争夺进一步加剧。随着国家推进西部大开发、振兴东北地区等老工业基地、促进中部地区崛起和鼓励东部地区率先发展总体战略的深入实施，区域间经济竞争日益激烈，人才竞争压力加大。推进统筹城乡综合配套改革、发展内陆开放型经济，对人才工作提出新的要求，人才发展任务更加艰巨。面对新形势新任务新要求，全市人才发展的总体水平与经济社会需要存在较大差距，人才资源基础性、战略性地位和作用未能充分体现，人才发展体制机制障碍尚未消除，高层次和高技能人才匮乏，人才产业、行业、区域分布不尽合理，人才创新能力和创业活力不强，人才资源开发投入不足，等等。

（三）人才发展迎来新机遇

未来十几年，是全面建设小康社会的关键时期，也是人才事业发展的重要战略机遇期。经济全球化推动人才国际化，有利于在更大范围、更宽领域、更高层次开展人才交流合作，加快引进各类优秀人才特别是创新创业人才。更好实施人才强国战略，建设创新型国家，推动工业化、信息化、城镇化、市场化、国际化深入发展，为人才发展提供广阔空间。贯彻落实"314"总体部署，加快建设全国统筹城乡综合配套改革试验区和内陆开放高地，有利于争取国家层面的重大政策和重点项目，为集聚优秀人才提供战略平台。全市各级各单位必须高度认识人才是社会文明进步、人民富裕幸福、国家繁荣昌盛的重要推动力量，进一步增强责任感、使命感和危机感，解放思想、科学规划、重点突破、整体推进，努力开创人才强市新局面。

二、人才发展指导思想、工作原则和主要目标

（一）指导思想

高举中国特色社会主义伟大旗帜，以邓小平理论和"三个代表"重要思想为指导，深入贯彻落实科学发展观，围绕贯彻"314"总体部署，建设全国统筹城乡综合配套改革试验区，构筑内陆开放高地，更好实施人才强市战略，按照"重统筹、抓两端、建机制、增投入、筑高地"的总体思路，以统筹城乡人才资源开发为主线，以高层次人才和基层人才队伍建设为重点，以实施重大人才项目为抓手，以体制机制创新为动力，进一步解放思想、解放人才、解放科技生产力，着力构建内陆开放型人才高地，培养造就一大批理想崇高、忠党爱国、服务人民的高素质人才，为实现"加快"和"率先"目标提供坚强的人才保证和广泛的智力支持。

（二）工作原则

——坚持党管人才原则。加强和改进党对人才工作的领导，充分发挥党委统揽全局、协调各方的重要作用，调动各级各部门和社会各界发现人才、培养人才、使用人才、保护人才的积极性，形成加快人才发展的整体合力。

——坚持人才优先原则。牢固树立人才资源是第一资源思想，以人才优先发展引领经济社会又好又快发展，做到人才资源优先开发、人才结构优先调整、人才投资优先保证、人才制度优先创新。

——坚持服务发展原则。把服务科学发展作为人才工作根本出发点和落脚点，围绕经济社会发展需要推进人才资源开发，努力使人才总量、结构、素质与经济结构相协调、与经济增长方式转变相适应。

——坚持以用为本原则。遵循人才成长规律，破除陈腐落后观念，落实"四不唯"、"四尊重"要求，把发挥各类人才作用作为人才工作的根本任务，围绕用好用活人才、提高人才效能，创新人才工作体制机制，促使各类人才用当适任、用当其时、用当尽才。

——坚持统筹兼顾原则。充分利用国际国内市场，以高层次和高技能人才为重点，以应用型人才为主体，因地制宜，分类指导，合理配置城乡、区域、产业、行业和不同所有制人才资源，协调推进各类人才队伍建设。

（三）主要目标

到2015年，建成内陆开放型人才高地总体框架，人才相对拥有量、增长速度、创新能力超过全国平均水平，处于西部地区和长江上游地区前列。到2020年，基本建成内陆开放型人才高地，人才相对拥有量、增长速度、创新能力在西部地区和长江上游地区领先，接近东部沿海发达省市平均水平。

——人才规模不断壮大。到2015年，全市人才资源总量达546.8万人，比2009年增加167.1万人，增长44%；到2020年，全市人才资源总量达673.9万人，比2009年增加294.2万人，增长77.48%，人才资源占人力资源总量的比重提高到28%，各行各业专门人才基本满足全市经济社会发展需要。

——人才素质明显提高。到2015年，主要劳动年龄人口平均受教育年限达到12.0年，每万劳动力中研发人员达到37人年，党政干部具有本科及以上学历达到75%，高级、中级、初级专业技术人才比例达到1∶3.5∶5.5。到2020年，主要劳动年龄人口平均受教育年限达到14.0年，每万劳动力研发人员总量达到50人年，党政干部具有本科及以上学历达到85%，高级、中级、初级专业技术人才比例达到1∶4∶5。各类人才理想信念坚定，具有丰富实践经验、强烈开放意识和勇于创新精神，层次和类型趋于合理。

——人才投入稳定增长。到2015年，人力资本投资占GDP比例达到15%，全社会教育支出占GDP比例达到7.53%，全社会卫生支出占GDP比例达到5.07%，全社会R&D经费支出占GDP比例达到2.4%。到2020年，人力资本投资占GDP比例达到17%，全社会教育支出占GDP比例达到8.53%，全社会卫生支出占GDP比例达到5.27%，全社会R&D经费支出占GDP比例达到3.2%。

——人才环境持续优化。到2015年，高校毕业生就业率达到85%，年度留学回国人员增长率达16%，引进国（境）外专家数达到1.3万人次。到2020年，高校毕业生就业率达到90%，年度留学回国人员增长率达 16.5%，引进国（境）外专家数达到 2.1 万人次，人才体制机制更加完善，成为西部地区和长江上游地区最具吸引力的城市。

——人才效能明显增强。到 2015 年，人才贡献率达到 33%，科技进步水平在全国排名列全国前 8 位，发明专利授权量列全国前 12 位。到 2020 年，人才贡献率达到 38%，科技进步水平在全国排名列全国前 6 位，发明专利授权量列全国前 10 位。在电子信息、装备制造、重化工、生态环境保护、宣传文化等领域建成一批人才高地。

三、人才发展重点项目

（一）高层次人才队伍建设工程

围绕建设创新型城市、长江上游金融中心和内陆开放高地，采取定向培养、重点引进、强化保障等措施，组织实施"六百计划"，造就一批善于推动科学发展、创新创业的高层次人才，增强人才竞争优势，支撑人才高地建设。

实施百名党政一把手培养计划。采取理论培训、挂职锻炼、交流任职等方式，有计划地选派区县、市级部门党政主要负责人和正职后备干部，到中央国家机关、大型国有企业、东部发达地区挂职或交流任职，到中央党校、市委党校等集中学习，到延安、井冈山和浦东干部学院接受党性教育，组织参加"三进三同"、"结穷亲"、"大下访"锤炼党性、历练作风活动，到北美、欧洲等地专题培训，着力提高党政一把手应对复杂局面、推动科学发展、促进社会和谐的执政能力。每年遴选 40 名市管党政正职和 60 名正职后备干部进行重点培养。

实施百名优秀企业家培养计划。采取组织培训研修、举办专题讲座、开展顶岗锻炼等方式，有计划地选拔优秀企业经营管理人才，到中央党校、市委党校开展政治理论、法律法规培训，到国内重点高校参加研修学习、EMBA 培训，到北美、欧洲、香港等国（境）外知名培训机构参加商务案例培训；定期举办讲坛，邀请国内外知名企业高级管理人才专题讲授战略规划、资本运作、项目管理等知识；选派优秀企业经营管理人才到世界 500 强或中国 500 强企业顶岗锻炼。到 2020 年，造就 100 名具有全球战略眼光、市场开拓精神、管理创新能力和社会责任感的优秀企业家。

实施百名学术学科领军人才培养计划。采取加强平台建设、开展学术交流、支持访学研修等方式，有计划地资助建设一批国家级科研平台；结合全市重大科技专项建成一批科技创新团队，选派中青年优秀教师和科研骨干到世界一流高等院校、科研机构访学研修；资助举办国际学术会议，邀请国内外知名专家学者来渝开展学术研讨活动，支持学术学科带头人赴国外参加学术研讨活动。到 2020 年，培养冲击"两院"院士人选的"两江学者"20 名，具有领导本学科保持或赶超国内外先进水平的名家名师 30 名，教育教学、基础研究、高技术研究、社会公益研究领域学术学科带头人 50 名，建成 100 个高水平研发团队。

实施百名工程技术高端人才培养计划。采取加强创新创业平台建设、实施创新团队引进、支持核心人才带动等方式，有计划地建设一批国家级工程技术研究平台和高科技、高技术创业平台，引进一批能够提高企业自主创新能力、开展核心技术攻关和关键工艺试验研究的工程技术专家；实施"人才＋项目＋基地"培养模式，支持围绕信息网络、新能源及装备、新材料等关键技术领域开展科技攻关，主持或承担国家重大任务和工程项目。到2020年，在汽车摩托车、装备制造、化工、材料工业、轻纺等优势产业集群，新一代信息、新材料、高端制造、生物、新能源、新能源汽车、节能环保等战略性新兴产业，培育100名能够引领科技创新、突破关键技术、推动科技成果转化的工程技术带头人。

实施百名金融高端人才培养计划。采取支持平台建设、加大引才力度、开展交流合作等方式，有计划地发展主体金融业，完善金融要素市场体系，支持市内高校建设金融专业重点学科；面向国际金融中心，定期组织高层次人才交流活动，定向引进一批金融紧缺人才；选派优秀金融人才到国际金融组织顶岗锻炼或访学研修；组建金融研究机构，定期举办"两江论坛"，聚集海内外资深专家开展金融研究。到2020年，培育30名具有全球视野、通晓国际惯例，金融管理和资本运作经验丰富，在业界有较大影响的高级管理人才，70名精通现代金融知识、熟悉国际金融业务，能够引领金融创新的高级专业人才。

实施百名宣传文化卫生体育领军人才和党外知名人士培养计划。采取支持平台建设、资助课题研究、组织专门培训等方式，建设一批国家级重点学科、国家级科研平台和一批重大体育基础设施；选派宣传、文化、卫生、体育系统优秀人才到国内重点高校和国（境）外知名培训机构参加专门培训；资助优秀人才承担国家级和市级重大课题、重点项目，以访问研修方式参加国际前沿科技项目和重大课题研究。到2020年，培养引进"国家文化名家工程"人才30名，全国医学领域专家30名，田径、羽毛球等重点体育项目国家级教练员10名,具备冲击奥运奖牌实力运动员10名。采取组织理论培训、开展实践锻炼、畅通交流渠道等方式，在民主党派、工商联、无党派、新社会阶层、民族宗教界、港澳台和海外代表中遴选培育在市内外有影响力的党外知名人士20名。

百名党政一把手培养计划：每年遴选40名市管党政正职和60名正职后备干部进行重点培养。

百名优秀企业家培养计划：到2020年，造就100名具有全球战略眼光、市场开拓精神、管理创新能力和社会责任感的优秀企业家。

百名学术学科领军人才培养计划：到2020年，培养冲击"两院"院士人选的"两江学者"20名，具有领导本学科保持或赶超国内外先进水平的名家名师30名，教育教学、基础研究、高技术研究、社会公益研究领域学术学科带头人50名，建成100个高水平研发团队。

百名工程技术高端人才培养计划：到2020年，在全市优势产业集群和战略性新兴产业，培育100名能够引领科技创新、突破关键技术、推动科技成果转化的工程技术带头人。

百名金融高端人才培养计划：到2020年，培育30名具有全球视野、通晓国际惯例，金融管理和资本运作经验丰富，在业界有较大影响的高级管理人才，70名精通现代金融知识、熟悉国际金融业务，能够引领金融创新的高级专业人才。

百名宣传文化卫生体育领军人才和党外知名人士培养计划：到2020年，培养引进"国家文化名家工程"人才30名，全国医学领域专家30名，田径、羽毛球等重点体育项目国家级教练员10名，具备冲击奥运奖牌实力运动员10名，在民主党派、无党派、新社会阶层、民族宗教界、港澳台和海外代表中遴选培育在市内外有影响力的党外知名人士20名。

（二）基层人才队伍建设工程

围绕建设社会主义新农村、振兴老工业基地，按照突出重点、分类指导、稳步推进的思路，实施"六项计划"，选派数以万计大学生到农村乡镇和村工作，培养数以百万计农村实用人才、高技能人才和社会工作人才，夯实基层人才基础，统筹城乡人才发展。

实施农村乡镇人才队伍建设计划。本着加大统筹、建立导向、常态管理原则，到2012年，选派30000余名普通高等院校应届毕业生，到全市乡镇机关和学校、医院、农技服务中心等事业单位及行政村工作，其中，招录10000名大学生"村官"。选送10000名未取得国民教育大专以上学历的乡镇机关事业单位在职人员到高等院校接受系统专业教育，选派10000名中级以上职称教师、农技人员、医生到乡镇支教、支农、支医，组织5000名区县、乡镇机关事业单位优秀年轻干部到市、区县机关顶岗锻炼，为艰苦边远乡镇事业单位定向培养紧缺专业大学生3000名，优化农村乡镇人才队伍结构，提高乡镇人才队伍素质，构建以城带乡人才支援新格局。

实施专业技术人才知识更新计划。围绕全市经济结构调整、高新技术产业发展和提升自主创新能力的战略需要，在汽车摩托车、装备制造、天然气石油化工、材料工业、轻纺等优势产业，新一代信息、新材料、高端制造、生物、新能源汽车、节能环保等战略性新兴产业，生物技术、生态环境保护、防灾减灾、现代交通运输、农业科技等重点领域，建设20个继续教育基地。每年举办10期左右高级研修班。每年培训30000名急需紧缺骨干专业技术人才，到2020年，累计培训30万名左右。

实施高技能人才振兴计划。通过加强培养平台建设，采取技能培训、竞赛选拔、技术交流等方式，在汽车摩托车、电子信息、天然气石油化工、装备制造、材料工业等支柱产业，以及资源加工、高新技术、现代服务业等技能要求较高的行业领域，到2020年，培养115万名高技能人才，推动现代制造业基地建设。其中，重点培养10000名汽车装配、材料检测、设备维修、数控加工等紧缺高级技师。

实施优秀农村实用人才培养计划。采取订单培养、定向培训等方式，围绕巩固提高水稻、玉米、小麦、油菜等粮油传统种植业水平，大规模发展柑橘、中药材、蚕桑、烟叶、蔬菜等优势种植业，生猪、奶牛、山羊、小家禽、生态鱼等特色养殖业，以及竹木加工、苗木花卉、森林食品等林产业，结合推动农村加工、商贸、运输等产业，到2020年，培养优秀农村实用人才50万人，促进现代农业，繁荣现代农村。其中，重点培养10000名农业支撑人才。

实施社会工作人才培养计划。坚持以社会需求为导向，以专业化、职业化、本土化为核心，在全市乡镇、社区、学校、医院等基层单位的社会福利、社会救助、社会慈善、优抚安置、社区建设、司法矫正、信访调处、就业服务、妇女青少年服务等社会管理和公共服务重点领域，到2020年，培养10000名具有助理社会工作师以上职业资格的专业人才。

实施基层文化骨干人才培养计划。依托地方文化馆、图书馆、艺术院团和艺术研究机构，通过集中轮训、选拔培训、下乡送培等方式，大力培育文化中心户、义务文化管理员、民间艺人和文化能人，到 2020 年，培养输送 10000 名基层文化工作骨干。

（三）人才创新创业基地建设工程

围绕建设长江上游科技创新中心和科研成果产业化基地，按照增大投入、改善条件、完善机制思路，打造"五大创新创业平台"，引导优秀人才向现代农业、现代制造业和现代服务业领域集聚。

构筑西部领先的科技研发平台。发挥高等院校知识创新和科研院所科技创新重要作用，集中力量形成优势学科领域和研究基地，引导高等院校、科研院所与企业组建产学研战略联盟，引导企业成为技术开发、科技投入、科技成果转化、科技创新团队建设主体，鼓励企业、行业创建工程研究中心、技术创新中心，支持大企业大集团建设"院士专家工作站"和国家级、市级技术中心，加快博士后科研流动（工作）站建设。到 2020 年，建设 200 个国家级科技研发平台。其中，50 个国家级重点学科、10 个国家级重点实验室（工程实验室）、20 个国家级工程技术研究中心（工程研究中心）、20 个国家级企业技术研究中心、100 个博士后科研流动（工作）站。建立 20 个企业"院士专家工作站"，引进院士专家 100 人次。

构筑两江新区创业平台。围绕两江新区建成内陆重要的先进制造业和现代服务业基地、长江上游金融中心和创新中心的目标定位，依托"5+3"战略布局，建设轨道交通、电力装备、新能源汽车、国防军工、电子信息制造基地和服务业基地，培育一批国家级研发总部、重大研究成果转化基地、灾备及数据中心等战略性创新平台，引进一批新兴产业、创新型龙头企业和跨国公司研发机构，集聚高新技术人才，集成科技研发资源，提升城市整体服务功能。到 2020 年，力争两江新区研发设计、服务外包、金融保险、商贸物流、中介会展、文化传媒、战略规划、资本运作、管理咨询、项目策划等领域创新型人才达到 30 万人。

构筑重点园区创业平台。围绕打造一批千亿级、百亿级产业园，加快建设高新技术产业开发区、经济技术开发区、西永微电子产业园区、万州经济技术开发区、重庆（长寿）化工园区等国家级开发区，以及黔江、涪陵、永川、江津、合川等区域性中心城市工业园区，加快建设区县工业园区。通过重点发展电子信息、生物医药、化工、装备制造、现代物流、新材料、新能源、纺织服装、食品药业、机械制造、冶金建材、印刷包装、汽摩零部件等产业，努力将各类开发区、工业园区打造为全市效能高、活力强、贡献大的人才集聚区，大规模集聚一批相关产业高端人才特别是创业人才。到 2020 年，全市信息产业人才达到 50 万人，化工产业人才达到 30 万人，规模以上装备制造企业人才达到 50 万人。

构筑海外高层次人才创业平台。坚持统筹规划、突出重点，整合资源、创新机制，引才先行、科研配套，产业导向、重在转化的原则，围绕全市优势产业和战略性新兴产业，建设一批海外高层次人才创业平台，着力推动产学研结合，提高自主创新能力，形成在全国具备竞争力的产业集群。到 2020 年，在高新技术开发区、经济技术开发区、留学人员创业园等各类园区建设 20 个海外高层次人才创业基地，使其成为吸引、凝聚和用好海外高层次人才的重要载体，探索实行国际通行科学研究、科技开发和创新创业机制的重要平台，推进人才体制机制创新的人才特区。

构筑大学生创业平台。建立大学生创业项目库，成立"创业培训专家服务团"，提供创业培训、政策咨询、项目推荐、信贷融资、开业指导、政策扶持等服务。在科技智力资源密集的开发区、科技园区和大学城、大型企业、高等院校内建立一批创业培训基地和创业孵化基地，吸引高校毕业生创业企业入驻，并为待孵化企业提供无租金场地、税费减免、创业指导培训等服务。举办创业论坛、创业大赛和创业成果展，营造良好创业氛围。到2020年，高标准建设5个国家级大学生科技园，8个国家级、50个市级大学生就业创业基地，使其成为孵化知识型产业和新经济业态、促进高新技术产业发展、培养引进高素质人才的重要基地。

（四）人才公共服务体系建设工程

围绕全市支柱产业和优势行业，整合人才服务资源和服务功能，建立职业技能培训公共实训平台，完善人才市场体系，提高人才服务信息化、现代化、专业化水平，为各类人才在渝发展提供优质服务。

建设全国知名的人才服务中心。高标准建设"中国重庆人力资源服务中心"，创办重庆人才服务产业园，面向国内外引进一批人才服务机构。用5年时间，将服务中心打造为西部领先、全国一流和国际接轨的人才服务示范平台，引进外资人才服务机构的基地，引进海外高层次人才的窗口，举办国际化和高端化人才交流的场所，促进大学生就业机制与市场对接的载体，产学研用转化的市场，社会化人事服务的阵地。加强人才资源服务机构对外交流与合作。到2020年，引进100家专业服务机构入驻重庆，其中外资机构20家、国际知名"猎头公司"5家。

建设辐射西部的人才信息平台。推动人才资源服务机构管理信息系统建设，架构人才交流、人才信息分析为一体的一点受理、多点服务、联网并行的人才公共服务网络体系。建立全市统一的人才信息资源数据库，完善人才资源统计指标，建立常规统计、抽样调查制度，加强人才资源供求信息归类和分析，形成权威性数据并定期发布，引导人才资源合理有序流动。到2020年，建成西部地区最大的人才信息资源数据库，成为具有全国影响力的人才资源信息交互中心和供求信息发布中心。

建设覆盖城乡的人力资源市场。稳步推进人才市场、劳动力市场整合，建立统一规范、竞争有序的人力资源市场。加快城乡一体化人力资源市场建设，构建市、区县（自治县）、乡镇（街道）、村（社区）四级覆盖的人才公共服务机构，到2015年，基本建成以市级人力资源市场为核心，覆盖城乡、连接市外、配置合理、功能齐全、运行高效的人才公共服务体系。引导经营性人才资源服务机构健康发展，到2020年，全市经营性人才资源服务机构总量达350家，从业资格人员达1万名，收入规模达80亿元。培育10家具有国际竞争力的人才资源服务机构。

建设社会化的公共实训基地。本着统筹规划、合理布局、资源共享的原则，建立覆盖全市、互通协作的职业技能培训公共实作平台和现代农业公共实训基地。到2020年，分别建成现代服务业、汽车摩托车、机电、电子信息、医药化工、现代农业等6个公共实训基地，在有关行业、大型企业和区县各建设5个公共实训基地，其中国家级公共实训基地3个，市级公共实训基地10个。

四、人才发展主要政策

（一）人才培养开发

构建终身教育体系。深化教育改革，突出培养创新型人才和应用型人才。全面推进素质教育，把社会主义核心价值体系教育贯穿人才培养开发全过程，不断提高各类人才思想道德水平。改革高等学校招生考试制度，建立综合评价制度。推动职业教育集团化办学模式改革，大力推行校企合作、工学结合和顶岗实习。统筹规划继续教育，完善在职人员继续教育制度，积极探索培训形式，不断创新培训模式。构建分层分类的专业技术人才继续教育体系，广泛开展各种形式职业技能竞赛和岗位练兵活动，大力发展现代远程教育，开展大规模干部教育培训。制定加强非公有制经济组织和新社会组织人才队伍建设意见。

完善合作培养政策。整合教育、科技、产业培养资源，建立以企业为主体的产学研战略联盟，支持企业、科研院所与高等学校通过联合建立实验室或研发中心等多种方式，培养高层次人才创新团队。建立高等院校、科研院所、企业高层次人才双向交流兼职制度，推行产学研联合培养研究生"双导师制"。改革完善博士后制度，提高博士后培养质量，新增博士后站点向重点学科、重点园区、重点企业倾斜。实行"人才＋项目＋基地"培养模式，依托重大人才计划以及重大科研、工程、产业攻关项目，在创新实践中培养一流人才。发挥"两新"组织作用，完善加强非公有制经济组织、新社会组织人才队伍建设政策。

优化教育培训资源。依托国内外知名企业、高等院校和培训机构，加强企业经营管理人才国际化培训。合理利用现有各类职业教育培训资源，依托大型骨干企业（集团）、重点职业院校和培训机构，建设一批示范性高技能人才培养基地和公共实训基地。发挥农村现代远程教育网络、各类农民教育培训项目、农业技术推广体系、各类职业学校和培训机构的主渠道作用，大规模开展农村实用人才培训。围绕支柱产业发展需求，合理布局博士后创新实践基地、研究生联合培养基地、工程师研修基地、高校毕业生见习基地。鼓励培训机构围绕"一圈两翼"不同发展需求开发培训项目。

（二）人才评价发现

完善评价标准。坚持德才兼备、以德为先，围绕政治品德、职业道德、社会公德、家庭美德，分类建立人才"德"的评价标准。建立以岗位职责为基础，以品德、能力和业绩为导向，科学化、社会化的人才评价机制。健全科学的职业分类体系，建立各类人才能力素质标准。完善党政领导干部考核评价机制，实施促进科学发展的干部综合考核评价办法。完善以任期目标为依据、工作业绩为核心的国有企业领导人员考核评价办法。建立以岗位绩效考核为基础的事业单位人员考核评价制度，完善专业技术职务任职评价制度，落实用人单位在专业技术职务（岗位）聘任中的自主权。建立健全社会工作人才评价制度。加快推进职称制度改革，提高单纯凭论文和著作晋升职称门槛，更加注重推动经济社会发展的实绩，引导教师进课堂、医生去临床、演员上舞台、科技人员到厂矿车间和田间地头，激励各类人才到基层一线建功立业。完善中国重庆·青年人才论坛评选办法。

改进评价方式。把评价人才和发现人才结合起来，坚持在实践和群众中识别人才、发现人才，建立在重大科研、工程项目实施和急难险重工作中发现识别人才的机制。建立党政干部岗位职责规范，加强工作业绩考核。完善以市场和出资人认可为核心的企业经营管理人才评价体系，积极发展社会化企业经营管理人才评价机构，加强职业经理人认证工作的规范化管理。统筹专业技术职务聘任制度和职业资格制度，建立重在业内和社会认可的专业技术人才评价机制。改进科技评价方式，完善以水平和贡献为导向的科研评价办法。允许专业技术人员评定"双职称"，允许退休后到非公有制经济组织继续从事专业技术工作的人员继续评定职称。

拓宽评价渠道。党政人才评价坚持群众认可，完善平时考核和年度考核、任前考察与换届考察相结合的评价工作机制，健全党政领导干部问责制。建立和完善企业经营者业绩档案，考核评价结果与经营管理者薪酬直接挂钩，并作为其职务任免的主要依据。探索技能人才多元评价机制，完善社会化技能鉴定、企业技能人才评价、院校职业资格认证和专项职业能力考核办法。健全举才荐才的社会化机制。

（三）人才选拔任用

完善人才选拔政策。完善体现公开、公平、公正相统一，组织意图、群众意见、干部意愿相结合，干部品行、才能、资历和任职岗位相匹配的人才选用办法，完善党政领导干部公开选拔、竞争上岗制度，探索公推公选和"一培二备三考四决"竞争性选拔干部办法。开展乡镇党委领导班子成员公推直选试点。规范干部选拔任用提名制。普遍推行差额推荐、差额考察、差额酝酿、差额票决比选制度，全面实行地方党委讨论决定任用重要干部票决制。建立市场配置、组织选拔和依法管理相结合的国有企业领导人员选拔任用制度，完善国有资产出资人代表派出制和选举制。全面推行事业单位公开招聘、竞争上岗和合同管理制度。试行国家重大项目负责人公开招聘制度。探索建立首席科学家、首席教授、首席工程师、首席技师等高端人才选拔使用制度。制定高技能人才与工程技术人才职业发展贯通办法。

完善人才使用政策。完善党政人才、企业经营管理人才、专业技术人才交流和挂职锻炼制度，打破人才身份、部门和单位限制，营造开放用人环境。扩大党政机关和国有企事业单位领导人员跨地区、跨部门交流任职范围，推进党政机关重要岗位干部定期交流、轮岗。拓宽党政人才来源渠道，出台面向基层遴选公务员政策，党政干部实行逐级遴选，除特殊职位外，区县以上各级党政机关不再从应届大学毕业生中直接招录公务员。

完善人才管理政策。完善政府宏观管理、市场有效配置、单位自主用人、人才自主择业管理体制。健全公务员退出机制，制定回避转任规定，建立聘任制公务员管理制度。推进事业单位分类改革，促进政事分开、事企分开、管办分离，完善聘用制度和岗位管理制度，逐步建立起权责清晰、分类科学、机制灵活、监管有力的事业单位人事管理制度。克服专业技术人才管理行政化、官本位倾向，逐步取消科研院所、学校、医院等事业单位行政级别和行政化管理模式，建立与现代科研院所制度、现代学校制度和公共医疗卫生制度相适应的人才管理制度。完善国有企业领导人员管理制度，健全符合现代企业制度要求的企业人事制度。加强社会工作者队伍职业化管理，制定社会工作岗位开发设置政策措施。研究制定发挥市场配置人才资源基础性作用的政策措施。对引进重点人才进入党政机关和事业单位在编制上予以特殊保障、在职位上可设置特殊岗位，需担任专业技术职务的不受岗位数额限制，有突出贡献的可破格提拔或晋升专业技术职务。

（四）人才激励保障

完善薪酬待遇政策。完善各类人才薪酬制度，加强收入分配宏观管理，逐步建立秩序规范、激发活力、注重公平、监管有力的工资制度。统筹协调党政机关和国有企事业单位收入分配，稳步推进工资制度改革。完善事业单位岗位绩效工资制度，完善专业技术人员兼职试行办法，建立兼职兼薪管理制度。建立高技能人才政府津贴制度。探索事业单位职业年金制度，探索高层次人才、高技能人才协议工资制和项目工资制等多种分配形式。

探索特殊激励政策。健全体现人才创新能力、干事业绩和创造财富的分配机制。建立产权激励制度，制定知识、技术、管理、技能等生产要素按贡献参与分配的办法。健全国有企业人才激励政策，推行股权、期权等中长期激励办法，重点向创新创业人才倾斜。完善科研成果知识权利归属和利益分享机制，保护科技成果创造者合法权益。制定职务技术成果条例，明确职务发明人权益，提高主要发明人受益比例。制定职务发明人流动中的利益共享办法。建立非职务发明评价体系，加强对非职务发明创造的支持和管理。制定支持个人和中小企业发明创造资助办法，鼓励创造知识性财产。建立专利技术运用转化平台。完善非物质文化遗产传承人知识产权保护相关措施。建立健全有利于知识产权保护的社会信用制度。

实施创业扶持政策。制定知识产权质押融资、创业贷款等办法，完善支持人才创业金融服务。实施扶持创业风险投资基金、促进科研成果转化和技术转移的税收、贴息等优惠政策，支持高层次人才创办科技型企业。加强创业技能培训和创业服务指导，提高创业成功率。加大对创业孵化器等基础设施投入，创建创业服务网络。制定高等学校、科研机构科技人员向科技型企业流动的激励保障政策，妥善解决在企事业单位工作及退休后的待遇差别问题。在创业培训、项目审批、信贷发放、土地使用等方面对农村实用人才创业兴业予以支持。

规范表彰奖励政策。研究制定重庆市人才工作条例和终身学习、工资管理、事业单位人员管理、职业资格管理等地方性法规。完善政府津贴评定、劳模评选办法，坚持论能力、凭业绩、比贡献，发挥各种荣誉称号精神激励和示范带动作用。逐步建立以综合人才表彰奖励项目为主导，以专项人才表彰奖励项目为基础的层级分明、分类科学、覆盖全面的人才奖励体系。

完善权益保障政策。推进党政机关和事业单位社会保障制度改革，建立以养老保险和医疗保险为重点的社会保障制度，形成社会保障、单位保障和个人权利保障相结合的人才保障体系。研究制定人才补充保险制度，支持用人单位为各类人才建立补充养老、医疗保险。扩大对农村、非公有制经济组织、新社会组织人才的社会保障覆盖面。制定实施社会保险关系转移接续办法。完善人事劳动争议仲裁制度。加大人才法规执法力度，维护用人单位和各类人才合法权益。

（五）人才流动配置

探索自由流动引导政策。发展专业性、行业性人才市场，健全专业化、信息化、产业化、国际化的人才市场服务体系。探索各类人才在市内不同区域、不同行业、不同所有制之间以及产学研之间自由流动的有效途径。深化户籍管理制度改革，建立城乡统一的户口登记制度。坚持"不求所有，但求所用",鼓励市外人才通过技术入股、承包经营、合作开发、咨询顾问、技贸结合等多种方式来渝工作或服务。

制定更加开放引才政策。完善税收、保险、住房、子女入学、配偶安置,担任领导职务、承担重大科技项目、参加政府奖励等引进海外高层次人才特殊政策。建立海外高层次人才特聘专家制度,完善"海归"人才职称评审办法。加强留学回国人员创业园区建设,提供创业资助和融资服务。完善国外智力资源开发利用的政策措施,建立国外智力资源供给、发现评价、市场准入、使用激励、绩效评估、引智成果共享等办法。建立人才引进项目库,针对高层次、高素质和实用型人才量身定制优惠政策。加强同周边省市、长江沿线和沿海地区人才合作。争取三峡库区人才支援政策,完善少数民族地区人才发展政策。

健全服务基层导向政策。出台鼓励人才到基层一线创业就业政策,探索"人才到一线去、干部从基层来"的长效机制。对到农村基层和边远艰苦地区工作人才,在职务职称晋升和工资待遇方面实行倾斜。逐步提高市级党政机关从基层招录公务员的比例。制定边远艰苦地区生源高校毕业生回乡创业就业扶持办法。加大城乡人才对口扶持,完善城市专业技术亲才到农村支农、支教、支医政策措施,将其业绩作为评先选优、职称晋升、提拔使用的重要条件。

完善人才公共服务政策。健全社会保险代理、企业用工登记、人事档案管理、代办人才引进手续、代办大学生接收手续等公共服务平台,满足人才多样化公共服务需求。推行政府所属人才服务机构管理体制改革,实现政事分开、管办分离。创新政府提供公共服务方式,研究制定政府购买社会工作服务政策。加强公共服务产品标准化管理,支持各类人才机构开发公共服务产品。

五、人才发展保障措施

(一)加强组织领导

健全人才工作格局。贯彻落实党管人才原则,切实加强各级党委对人才工作的统一领导,区县人才工作领导小组组长由党委书记或副书记担任。充分发挥各级组织部门牵头抓总职责,抓好战略思想研究、总体规划制定、重要政策统筹、创新工程策划、重点人才培养和典型案例宣传。发挥政府人力资源和社会保障部门在人力资源开发、就业、收入分配制度改革、人力资源市场建设、社会保障等方面职能作用,为人才发展提供指导和服务。有效发挥教育、科技、文化、卫生、经济等部门职能作用,抓好本领域本系统人才工作,加强相互联系、沟通与合作。积极发挥工会、共青团、妇联、科协等社会团体以及各民主党派和工商联桥梁纽带作用,团结人才、服务人才。引导各类行业协会、人才协会、企业家协会等社会中介组织为各类人才搞好服务。

完善组织协调机制。健全党管人才科学决策机制,完善人才工作领导机构职责和工作规范,建立各级党委常委会听取人才工作专项报告制度。完善党委联系专家制度,实行重大决策专家咨询制度。健全务实高效协调机制,明确各职能部门抓人才工作职责,形成整体合力。健全检查落实机制,加强人才工作重大决策部署督促检查,及时研究解决人才工作中遇到的突出问题。建立党委、政府人才工作目标责任制,提高各级党政领导班子综合考核指标体系中人才工作专项考核权重。

加强人才工作队伍建设。各级党委组织部健全人才工作机构，落实人员编制，配强工作人员。各人才密集单位建立专门人才工作机构，落实专职人员。加大教育培训和交流任职力度，提高人才工作者学习能力、研究能力、创新能力、沟通能力和执行能力，建设一支政治坚定、业务精通、勇于创新、作风过硬的高素质人才工作队伍。建立人才研究机构，加强人才发展战略、人才创新项目、人才政策法规研究和咨询。

（二）加大人才投入

加大财政投入力度。各级政府优先保证对人才发展的投入，教育、科技支出增长幅度高于财政经常性收入增长幅度，卫生投入增长幅度高于财政经常性支出增长幅度。扩大市人才资源开发专项资金规模，用于高层次人才培养、紧缺人才引进、杰出人才奖励和重点人才项目建设。区县设立人才发展专项资金并逐年提高，用于本地人才开发项目和配套全市重点人才项目。研究制定人才投入财政资金管理和绩效考评办法，发挥人才资金使用效益。

确保重点领域人才投入。在全市重大项目、重大工程、重点产业发展建设资金中专列人才开发资金，提高项目建设中人才开发经费提取比例。建立人才发展专项资金与科技、教育、文化、卫生等事业发展专项资金协调使用机制，加大科技创新、团队攻关、高层次人才培养资助力度。加快创新体系建设，引导企业加大研发投入，把研发投入纳入国有企业领导人员考核指标体系。

健全多元化投入机制。建立健全政府适当投入为引导，用人单位和个人投入为主体，社会投入为补充的多元化人才开发投入机制。机关、企事业单位按照一定比例设立专门培训经费，实行专款专用。适当调整财政税收政策，提高企业计税工资标准，增加企业职工培训经费提取规模。通过税收、贴息等优惠政策，鼓励和引导用人单位、个人和社会投资人才资源开发。

（三）营造良好环境

改善工作环境。加强文化教育公共设施、各类教育机构和居民活动场所建设，营造各类人才居住、工作、学习和创业良好环境。鼓励优秀人才开拓创新，形成崇尚实干、鼓励探索、宽容失败学术氛围。营造多元化文化氛围，打造国际化语言环境，提高市民参与国际交往能力和素质，增强重庆对海内外人才吸引力。

优化服务环境。转变政府职能，推行电子政务，提高公共服务效率和质量，为各类人才成长发展、干事创业提供便捷高效服务。探索建立高层次人才社会优待制度，完善专家决策咨询、表彰奖励、理论培训等制度。大力培育人才服务业，使之逐步成为有所作为的朝阳产业。

营造社会环境。树立人人争做贡献、人人立志成才、人人都能成才的社会风尚，倡导学术自由、宽容失败、尊重个性、团结协作的创新文化，培育追求真理、勇攀高峰、敢为人先、敢冒风险的创新精神。充分信任、放手使用人才，促使人尽其才、才尽其用、各得其所、各展所长。加大新闻宣传，进一步营造尊重劳动、尊重知识、尊重人才、尊重创造的社会氛围。

福建省中长期人才发展规划纲要（2010—2020年）

为更好实施人才强省战略，推动福建科学发展、跨越发展，根据《国家中长期人才发展规划纲要（2010—2020年）》和《国务院关于支持福建省加快建设海峡西岸经济区的若干意见》，结合福建实际，制定本规划纲要。

序言

人才是指具有一定的专业知识或专门技能，进行创造性劳动并对社会作出贡献的人，是人力资源中能力和素质较高的劳动者。人才是经济社会发展的第一资源，是国家和地区的核心竞争力，是社会文明进步、人民富裕幸福、国家繁荣昌盛的重要推动力量。我国已经进入高度需要人才、高度依赖人才的发展阶段。随着经济全球化、科技和产业革命深入发展，人才在经济社会发展中的基础性、战略性作用更加凸显。

省委、省政府历来高度重视人才工作，改革开放以来，先后制定实施以智取胜、科教兴省、人才强省战略，推动了经济社会持续快速健康发展。2004年全省人才工作会议以来，福建紧紧围绕加快建设海峡西岸经济区，深入实施人才强省战略，科学人才观逐步确立，人才在区域发展中的战略地位不断提高，党管人才工作新格局基本形成，干部人事制度改革不断深化，人才发展的政策体系逐步完善，市场配置人才资源的基础性作用初步发挥，人才发展环境不断优化，人才资源开发取得明显成效，人才队伍实力显著增强，为加快福建发展和海峡西岸经济区建设奠定了良好基础。

同时必须清醒地看到，当前福建人才发展的主要指标与全国平均水平相比有一定差距，与东部发达地区差距较大；人才发展的总体水平与经济社会发展需要还有许多不适应的地方，主要是：人才总量不足，结构不尽合理，区域发展不均衡；高层次创业创新人才和高技能人才短缺，人才创新能力不强；人才发展体制机制障碍尚未消除；人才开发投入不足，人才待遇偏低，发展环境不够优化；人才集聚功能还比较弱，人才竞争力不够强。

未来十年，是福建加快推进改革开放，加快推进新型工业化、城镇化和农业现代化，促进对台交流合作，促进社会和谐稳定，全力推动跨越发展的关键阶段。小康大业，人才为先；跨越发展，关键在人。必须充分认识人才资源是推动福建跨越发展的第一资源，人才优势是最具潜力的优势，人才竞争力是核心竞争力，进一步增强责任感、使命感和危机感，积极应对日趋激烈的国际和区域人才竞争，坚定不移地走人才强省之路，解放思想，先行先试，科学规划，深化改革，重点突破，统筹推进，着力提升人才竞争力，不断开创人才辈出、人尽其才的新局面，以人才优先发展支撑引领福建科学发展、跨越发展。

一、指导思想、战略目标和实施步骤

（一）指导思想

高举中国特色社会主义伟大旗帜，以邓小平理论和"三个代表"重要思想为指导，深入贯彻落实科学发展观，尊重劳动、尊重知识、尊重人才、尊重创造，更好实施人才强省战略，坚持党管人才原则，坚持"服务发展、人才优先、以用为本、创新机制、高端引领、整体开发"的指导方针，坚持人才资源优先开发、人才结构优先调整、人才投资优先保证、人才制度优先创新，确立人才优先发展的战略布局；坚持以用为本，遵循社会主义市场经济规律和人才成长规律，着力创新体制机制，营造良好环境，充分发挥各类人才作用；坚持以高层次创业创新人才和高技能人才为重点，以实施重大人才项目为抓手，统筹推进各类人才队伍建设，开发利用国内国际两种人才资源，促进区域人才协调发展，为推动福建科学发展、跨越发展，提前实现全面建设小康社会目标提供坚强的人才保证和有力的智力支持。

（二）战略目标

到 2020 年，福建人才发展的总体目标是：培养和造就数量充足、结构优化、布局合理、素质优良的人才队伍，构建人才资源支撑体系，确立人才竞争比较优势，进入全国人才强省行列，为比全国提前三年实现小康社会奋斗目标奠定坚实人才基础。

——人才资源总量稳步增长，队伍规模不断壮大。人才资源总量从 2008 年的 386.7 万人增加到 641 万人，增长 66%，人才资源占人力资源总量的比重提高到 28%，并力争以更高速度增长，更好适应经济社会发展需要。

——人才素质大幅度提高，结构进一步优化。主要劳动年龄人口受高等教育的比例达到 22%，每万劳动力中研发人员达到 65 人年，高技能人才占技能劳动者的比例达到 29%。学术技术带头人、科技领军人才、高层次创业创新人才和复合型人才比重显著提高，人才的学科、产业、行业、城乡、区域分布和层次等结构趋于合理。

——人才集聚能力显著提高，竞争优势明显增强。重点实验室、工程技术研究中心等高层次创新人才载体平台建设取得突破，在信息、机械、石化、海洋、农业、教育、科技、卫生、宣传思想、文化、体育等重点产业和学科领域，建成一批人才高地。

——人才使用效能居全国前列。人才发展的体制机制创新取得突破性进展，与社会主义市场经济体制相适应、与产业结构优化升级相协调、有利于人才创业创新的社会环境基本形成。人力资本投资占国内生产总值比例达到 16%，人才贡献率达到 37%。

（三）实施步骤

推进人才发展，要统筹兼顾，分步实施：

到 2015 年，在制度建设、机制创新上有较大突破，人才发展的主要指标超过全国平均水平，两岸人才交流合作成效显著，人才对经济社会发展的支撑作用显著增强，人才竞争力与经济社会发展水平基本适应。

到 2020 年，人才集聚功能显著增强，确立人才竞争比较优势，人才对经济社会发展的引领作用显著提升，人才资源支撑体系基本建成，进入全国人才强省行列，成为两岸人才交流合作区域中心和引进集聚海内外人才的东南高地。

二、主要任务

（一）加强高层次创业创新人才队伍建设

发展目标：围绕增强自主创新能力，以高层次创新型科技人才为重点，努力造就一批具有世界水平或国内领先水平的科学家、科技领军人才和创新团队，建设一支高素质的创业创新人才队伍。到2015年，全省研发人员总量达到10.16万人年，高层次创新型科技人才总量达到5000人；到2020年，全省研发人员总量达到14.93万人年，高层次创新型科技人才总量达到8000人。

主要措施：深化教育教学改革，创新人才培养模式，突出培养学生的综合素质、创造精神和创新能力。深化科技体制改革，完善权责明确、评价科学、创新引导的科技管理制度，健全有利于科技人才创业创新的评价、使用、激励措施。实施人才创业扶持政策。实施高层次创业创新人才引进计划、海西产业人才高地建设计划和海西创业英才培养计划，推进321高层次创业创新人才引进培养工程，重点培养、引进、集聚一批高层次创业创新人才和创新团队。加强与中国科学院、中国工程院等国家级科研机构合作，积极推进中科院海西研究院和国家级、省级科技创新平台建设，大力培养、吸引、集聚研发人才。深化产学研合作，重视企业工程技术与管理人才培养，推动科技人才向企业集聚。破除论资排辈，加强优秀青年科技人才的培养选拔，加大资助力度，给予重点扶持。建立健全科研诚信体系，从严治理学术不端行为。

（二）大力培养开发重点领域急需紧缺专门人才

发展目标：适应产业振兴和构建和谐社会需要，加大经济社会发展重点领域急需紧缺专门人才培养开发力度。到2015年，信息、机械、石化、海洋、创意、金融财会、旅游、物流、高新技术产业、生态环境保护、农业科技、城乡建设规划等经济重点领域急需紧缺专门人才达到43.43万人，教育、政法、宣传思想、文化、体育、医药卫生、防灾减灾等社会发展重点领域急需紧缺专门人才达到27.9万人；到2020年，上述重点领域急需紧缺专门人才分别达到76.44万人和39.6万人。经济社会发展重点领域各类专业人才数量充足，结构趋于合理，整体素质和创新能力显著提升。

主要措施：加强重点领域急需紧缺人才需求预测，定期发布急需紧缺人才目录，指导人才培养引进。鼓励企业与高校联合办学，培养急需紧缺人才。依托重大科研项目和重大工程、重点学科和重点科研基地，培养造就掌握核心技术、关键技术的工程技术人才。在经济社会重点领域大规模开展专业技术人才知识更新培训。制定实施引导人才向重点产业集聚政策。继续实施宣传文化系统"四个一批"人才培养工程，加强哲学社会科学、新闻、出版、文艺等领域高层次人才队伍建设。依托重大社科研究项目，大力培养哲学社会科学中青年理论家和学术带头人。实施高素质教育人才培养工程、文化名家培养工程、全民健康卫生人才保障工程。完善重点领域科研骨干人才分配激励办法。建立重点领域相关部门人才开发沟通协调机制。

（三）统筹推进各类人才队伍建设

1. 党政人才队伍

发展目标：按照加强党的执政能力建设和先进性建设的要求，以提高领导干部素质和培养选拔优秀年轻干部为重点，努力建设一支政治坚定、勇于创新、勤政廉政、求真务实、奋发有为、善于推动科学发展的高素质党政人才队伍。到2015年，全省党政人才中大学本科及以上学历人员占75%以上，省级机关工作部门领导班子成员中，具有基层领导工作经历的，应达到一半以上；省级机关处级领导干部中，具有两年以上基层工作经历的，应达到三分之二以上。到2020年，全省党政人才中大学本科及以上学历人员占85%以上，结构更加合理，素质能力明显提高。

主要措施：适应推动科学发展、跨越发展要求，深入开展大规模干部教育培训，大幅度提高干部素质。实施党政人才素质能力提升工程，推进理论教育、知识教育、党性教育和实践锻炼有机结合。深化干部人事制度改革，坚持德才兼备、以德为先的用人标准，加大竞争性选拔工作力度，提高选人用人的公信度和科学化水平。研究解决县乡公务员队伍老化问题。注重从基层、生产一线选拔党政人才。加强市、县（区）党政领导班子建设。加强党政后备干部队伍建设，注重培养选拔优秀年轻干部。加强女干部、少数民族干部、非中共党员干部培养选拔和教育培训工作。加大领导干部跨地区跨部门交流力度，推进党政机关干部定期交流、轮岗，选派机关干部挂职锻炼或挂钩联系重点企业。建立完善党政人才分类管理制度。加强干部管理监督，健全权力约束制衡机制。加快推进惩治和预防腐败体系建设，落实党风廉政建设责任制。深化机关效能建设，加大治慵治懒力度，严格落实工作责任制和领导干部问责制。建立体现科学发展观要求的干部综合考核评价制度。开展做"人民满意的公务员"活动。

2. 企业经营管理人才队伍

发展目标：适应产业结构优化升级和实施"走出去"战略需要，以提高现代经营管理水平和参与国内国际市场竞争能力为重点，加快建设职业化的企业经营管理人才队伍。到2015年，全省企业经营管理人才总量达到95万人，培养造就一批引领企业创造百亿、千亿产值的优秀企业家；到2020年，全省企业经营管理人才总量达到125万人，培养造就100名左右能够引领企业跻身中国企业行业500强的优秀企业家，国有企业领导人员通过竞争性方式选聘比例达到50%以上。

主要措施：依托高等院校和各类培训机构，加强企业经营管理人才培训，提高战略管理和跨文化经营管理能力，培养引进一批科技创新创业企业家和战略规划、资本运作等方面的紧缺专门人才。深化国有企业人事制度改革，推行竞争上岗、公开招聘和市场选聘等方式选拔任用国有企业领导人员，健全企业经营管理者聘任制、任期制和任期目标责任制，加强监督管理。完善以市场和出资人认可为核心的企业经营管理人才评价体系，建立社会化的职业经理人资质评价制度，壮大职业经理人队伍。完善年度薪酬管理制度、协议工资制度和股权激励等中长期激励制度。定期评选表彰有突出贡献的优秀企业家。实施企业经营管理人才素质提升工程。建立企业经营管理人才库。

3. 专业技术人才队伍

发展目标：以提高创新能力和专业水平为核心，以领军人才和高层次创新人才为重点，培养造就一支高素质的专业技术人才队伍。到2015年，全省专业技术人才总量达到234万人；到2020年，全省专业技术人才总量达到280万人，高、中、初级专业技术人才比例为10∶40∶50。

主要措施：围绕做大做强主导产业和重点产业、提升传统优势产业、发展高新技术产业、建设海洋经济强省、文化强省和先进制造业基地，培养引进经济社会发展急需紧缺专业技术人才，促进优秀人才向产业集聚。加大现代物流、服务外包、电子商务、法律、咨询、会计、知识产权、食品安全、旅游等现代服务业人才培养开发力度，重视传统服务业各类技术人才的培养。构建分层分类的专业技术人员继续教育体系，实施专业技术人才知识更新工程，提高专业技术人才创新能力。加强有突出贡献中青年专家、享受政府特殊津贴专家和省优秀人才选拔与管理，加大"新世纪百千万人才工程"人选选拔、培养力度。加快发展博士后事业，大力引进、培养和集聚优秀博士后人才。完善突出业绩导向的人才评价制度，制定双向挂职、短期工作、项目合作等人才柔性流动政策，促进专业技术人才向企业、社会组织和基层一线流动。推进专业技术职称和职业资格制度改革。改进专业技术人才收入分配等激励办法。定期评选表彰杰出专业技术人才。注重发挥离退休专业技术人才的作用。

4. 高技能人才队伍

发展目标：以产业发展需求为导向，以职业能力建设为核心，以技师、高级技师为重点，培养造就一支门类齐全、梯次合理、素质优良的高技能人才队伍。到2015年、2020年，全省高技能人才总量分别达到103万人、120万人。

主要措施：建立以企业为主体、职业院校为基础，学校教育与企业培养紧密联系、政府推动与社会支持相结合的高技能人才培养培训体系，建设一批高技能人才培养基地和实训基地，鼓励有条件的职业院校申报建立高技能人才鉴定机构。大力推行校企合作、工学结合和顶岗实习，加强技能人才培养。加强职业教育"双师型"教师队伍建设。实施高技能人才培养工程。大力开展职业技能竞赛活动，推进岗位比武和行业交流，鼓励企业在关键岗位和工序设立"首席技师"，建立"技能大师工作室"，发挥高技能人才的传、帮、带作用。探索高技能人才与工程技术人才职业发展贯通办法。建立高技能人才绝活代际传承机制。定期发布高技能人才需求信息，鼓励高技能人才开展兼职服务、技术攻关。完善技能人才评价体系，规范职业技能鉴定。定期表彰优秀高技能人才，提高高技能人才经济待遇和社会地位。

5. 农村实用人才队伍

发展目标：围绕建设社会主义新农村、发展现代农业、培育新型农民等要求，以提高科技素质、致富本领、经营能力和培养致富带头人、科技带头人为重点，着力培养一支有文化、懂技术、会经营的新型农村实用人才队伍。到2015年，全省农村实用人才总量达到65万人；到2020年，全省农村实用人才总量达到100万人，平均受教育年限达到10.5年，每个建制村至少有3—5名带动能力强的示范带头人。

主要措施：整合农村实用人才培训资源和培训项目，建立农村实用人才培训基地，大力开展农村实用人才培训。加强农村"六大员"队伍建设。实施现代农业人才支撑工程。鼓励、支持农村实用人才创业兴业，在土地流转、技术支持、项目立项、资金投入等方面实行倾斜政策。制定实行以业绩、贡献、技能为重点的农村实用人才认定标准，支持农村实用人才参加专业技术资格评定。加强农村人才公共服务体系建设。改进完善城乡人才对口帮扶。定期表彰优秀农村实用人才，提高农村实用人才社会地位。

6.社会工作人才队伍

发展目标：适应构建和谐社会需要，以人才培养和岗位开发为基础，以中高级社会工作人才为重点，培养造就一支职业化、专业化的社会工作人才队伍。到2015年、2020年，全省社会工作人才总量分别达到4.5万人、7万人。

主要措施：建立健全社会工作人才培养体系，实施社会工作人才培养工程，发展社会工作专业教育，建设一批社会工作人才培训基地，开展大规模社会工作者培训。推进公益服务类事业单位、城乡社区和公益类社会组织建设，培育发展民办社会工作服务机构，大力开发设置社会工作岗位，为社会工作人才发挥作用提供平台。健全社会工作人才评价制度，推行社会工作职业资格聘任制度。完善社会工作人才薪酬保障机制。推行政府购买服务制度，建立社会工作人才和志愿者队伍联动机制。发挥社会工作社团组织的作用，引导各类人才参与社会工作。

（四）建设两岸人才交流合作区域中心

发展目标：发挥"五缘"优势，抓住两岸经济合作框架协议实施的契机，先行先试，构筑两岸人才交流合作前沿平台，吸引集聚海内外人才，提升区域人才竞争力。到2015年，建成两岸合作办学、联合研发攻关、产业人才对接、人才政策试验的示范基地；到2020年，建成两岸人才交流合作、共同发展示范区。

主要措施：引进台湾优质教育培训资源，合作设立高等学校、职业院校。建立闽台人才合作培训、科研、交流基地。拓宽赴台培训渠道，建立大陆赴台培训便捷通道。以台商投资区、台湾人才创业园等为载体，吸引集聚台湾高层次创业创新人才，推动闽台产业对接。支持台湾居民来闽就业创业、参加职业资格考试和职称评审。探索两岸学历、职业资格等互认办法。支持闽台人力资源服务机构互设分支机构，推进两地人力资源市场合作、信息资源共享。加强闽台人力资源社团交流合作，推动成立两岸人才交流合作组织。举办海峡论坛和两岸智库论坛、两岸高校校长论坛、两岸人才交流合作发展论坛。

按照"共同规划、共同设计、共同投资、共同管理、共同收益"的原则，推进平潭综合实验区先行先试，探索建立与台湾接轨的人才资源管理机制和办法，建设两岸学术交流、人才培训、项目对接、创业创新的人才实验区。

（五）促进区域人才协调发展

发展目标：统筹区域人才发展，建设若干区位特色鲜明、功能定位清晰、比较优势明显、布局相对合理的人才集聚区，发挥人才引进、集聚、辐射、带动作用。加大对欠发达地区人才开发支持力度。到2020年，欠发达地区人才集聚能力有效提升，农村基层人才队伍显著加强，基本实现山海、城乡人才协调发展。

主要措施：建设福州省会中心城市重点产业和学科领域人才高地，打造一流的高校、科研院所、医疗卫生机构和文化团体等人才载体平台，培养引进高层次创业创新人才，提升福建人才集聚能力。建设厦门经济特区人才高地和创业港，吸引集聚有国际影响力的领军人才和创新团队，提升福建人才国际化水平。建设泉州创业型城市人才集聚区，培养吸引创业型企业家、研发团队和高技能人才。发挥武夷山自然、文化"双世遗"品牌优势，打造吸引国内外高端人才的学术度假休养基地和武夷新区人才集聚区，培育柔性引才品牌，提升福建人才吸引力。发挥项目带动作用，加强载体平台建设，增强漳州、三明、莆田、南平、龙岩、宁德等中心城市的人才集聚能力。支持环三都澳、闽江口、湄洲湾（南北岸）、泉州湾、厦门湾、古雷半岛、龙岩产业集中区、三明生态工贸区等重点区域培养引进集聚急需紧缺人才，提升人才对产业发展的支撑能力。

建立对口帮扶制度，扶持欠发达地区人才开发。实施经济强县与财政困难县党政干部对口挂职交流制度。开展公务员、专业技术人才对口培训和对口支援等工作。完善专家服务团、科技特派员制度。实施欠发达地区人才支持工程、高校毕业生基层培养工程。建立区域人才资源共享机制，推进沿海发达地区与欠发达地区在产业、科技、教育、文化、卫生等领域的交流与协作。建立欠发达地区基层工作人员岗位津贴制度，提高欠发达地区人才待遇，稳定当地人才队伍。支持欠发达地区培养引进急需紧缺人才，对财政困难县接收高校毕业生和引进急需紧缺人才给予资金补贴。

三、体制机制创新

（一）改进完善人才工作管理体制

1. 完善党管人才的领导体制

目标要求：坚持党管人才原则，完善党委统一领导，组织部门牵头抓总，有关部门各司其职、密切配合，社会力量广泛参与的人才工作格局。发挥党委领导核心作用，履行好管宏观、管政策、管协调、管服务的职责，不断提高党管人才工作水平。实行"一把手"抓"第一资源"，党政主要负责人要善于发现人才、培养人才、用好人才、服务人才。

主要任务：充实加强各级党委人才工作领导机构，建立科学决策机制、协调落实机制和检查督促机制。建立党委、政府人才工作目标责任制，把人才工作纳入各级党政领导班子和主要领导考核内容，提高人才工作专项考核权重。建立各级党委常委会、人大常委会和政府常务会议听取人才工作专项报告制度和人才工作专项督查制度，强化人才工作绩效评估。完善党政领导干部联系优秀人才和重大决策专家咨询制度。完善党委组织部门牵头抓总职能，发挥政府人才工作综合管理部门作用，加强人才工作的队伍力量，强化各职能部门人才工作职责，注重发挥企事业单位的主体作用，调动人民团体、社会组织的积极性，形成人才工作整体合力。

2. 改进人才管理方式

目标要求：围绕用好用活人才、提高人才效能，完善政府宏观管理、市场有效配置、单位自主用人、人才自主择业的人才发展管理体制。推动政府人才管理职能向营造良好发展环境、提供优质公共服务转变，管理方式向规范有序、公开透明、便捷高效转变。深化企事业单位人事制度改革，扩大和落实单位用人自主权。

主要任务：发挥政府人才工作综合管理部门在构建人才服务体系、推动人才队伍建设等方面职能作用，提高行政效能。分类推进事业单位人事制度改革，克服人才管理中存在的行政化、"官本位"倾向。探索建立与现代科研院所制度、现代大学制度、公共医疗卫生制度相适应的人事人才管理制度。健全完善符合现代企业制度要求的企业人事制度。发挥用人单位在人才培养、吸引和使用中的主体作用。强化竞争机制，在竞争中识别人才、选拔人才，充分发挥人才作用。鼓励地方和行业结合自身实际建立与国际人才管理体系接轨的人才管理改革实验区，支持人才密集的科技园区、开发区等探索试行特殊政策，建设"人才特区"。

3. 优化人才发展环境

目标要求：加强人才工作法制建设，建立健全符合区域人才发展特点的人才工作政策法规体系，推进人才管理工作科学化、制度化、规范化。营造更加开放、有利于人才发展的社会环境、工作环境、生活环境和制度环境，促进优秀人才脱颖而出，使福建成为各类人才创业创新的热土。

主要任务：制定人才资源开发促进条例等法规，健全人才选拔、培养、吸引、使用相关制度，加强人才法规执行情况监督检查。探索建立人才权益保护救济机制，完善人事争议仲裁制度，构建规范透明的人才法制环境，依法维护各类人才和用人主体的合法权益。强化人才是产业支撑、是投资环境、是核心竞争力、是发展后劲等新理念，营造关爱人才、鼓励创新、宽容失败的社会氛围；完善人才公共服务体系，健全引进人才服务机构，为引进人才提供"保姆式"全过程服务，协调解决引进高层次人才住房、医疗保健、家属就业、子女就学等实际问题；搭建干事创业的舞台，打造宜创、宜业、宜居的社会文化生活环境，鼓励支持人人都能成才，激发人才创新创造活力。

（二）创新人才工作机制

1. 人才培养开发机制

目标要求：以经济社会发展需求为导向、以提高思想道德素质和创新能力为核心，完善现代国民教育和终身教育体系，在实践中发现、培养、造就人才，构建人人能够成才、人人得到发展的人才培养开发机制。发挥教育在人才培养中的基础性作用，完善教育、科研与产业发展的协调合作机制，突出培养创新型、应用型人才，对特殊人才实行特殊培养。构建人才教育培训新格局，基本建成学习型社会。

主要任务：加强社会主义核心价值体系教育，提高各类人才思想道德水平。改革高校和职业院校培养方式，提高教育质量，输送适用人才。加强人才需求预测，建立人才培养结构与经济社会发展需求相适应的动态调控机制，调整优化学科专业设置，提高工科人才培养比重。建立资源共享、功能齐全的工科学生实训基地。深化职业教育改革与创新，大力培养实践技能强的实用人才。强化产学研人才培养制度和产业园区等载体平台建设，支持引导各类人才特别是创新人才和高技能人才向企业集聚。

加强院士专家工作站建设。鼓励支持高等学校、科研院所和企业联合设立研发机构。建立培养机构、用人单位共同参与的人才培养质量评价机制。构建网络化、开放式、自主性终身教育体系，完善在职人员教育培训制度，制定分类培训办法。整合教育培训资源，提高培训的针对性和实效性。

2. 人才评价发现机制

目标要求：建立以岗位职责要求为基础，以品德、能力和业绩为导向，科学化、社会化的人才评价发现机制。改进人才评价方式，完善分类别人才评价标准，克服唯学历、唯论文倾向，突出以实践和贡献评价人才。对人才不求全责备。拓宽人才评价渠道，坚持评价人才和发现人才有机结合，在实践和群众中识别人才、发现人才。

主要任务：以岗位职业特性为基础，以业绩贡献为重点，支持高校、科研机构、企业等各类用人单位探索建立各具特色、科学的人才评价制度。对特殊人才采取特殊评价办法。以职业分类为基础，完善重在业内和社会认可的专业技术人才评价机制。加快推进职称制度改革，完善专业技术人才职业水平社会化评价办法和专业技术职务任职资格评价办法，落实用人单位在专业技术职务（岗位）聘任中的自主权。建立完善以岗位绩效考核为基础的事业单位人员考核评价制度和事业单位领导人员考核评价办法。建立健全党政人才岗位职责规范及其能力素质评价标准，完善分级分类的公务员考核评价机制。完善以任期目标为依据、工作业绩为核心的国有企业领导人员考核评价办法。探索技能人才社会化多元评价机制。建立在重大项目、重点工程实施和急难险重工作中发现、识别人才的机制。

3. 人才选拔任用机制

目标要求：坚持民主、公开、竞争、择优原则，改革人才选拔使用方式，促进人岗相适、用当其时、人尽其才，形成有利于各类人才脱颖而出、充分施展才能的选人用人机制。深化党政领导干部选拔任用制度改革。完善事业单位岗位管理制度、聘用制度和领导人员选拔制度。完善国有企业领导人员选拔制度，加大市场化选聘力度。

主要任务：完善党政领导干部选拔方式，健全干部选拔任用提名制、差额选拔干部制、竞争上岗公开选拔制、党委讨论决定任用重要干部票决制、党政领导干部职务任期制等制度。加大领导机关从基层一线选拔干部工作力度，改善队伍结构。建立聘任制公务员管理制度，先行先试聘任台湾人才。完善事业单位公开招聘、竞聘上岗和合同管理制度。健全事业单位领导人员委任、聘任、选任等任用方式。推行关键岗位和重大项目、重点工程负责人面向海内外公开招聘制度，对急需的特殊高层次人才实行特聘管理。建立市场配置、组织选拔和依法管理相结合的国有企业领导人员任用制度，完善国有资产出资人代表派出制和选举制。

4. 人才流动配置机制

目标要求：推进人才市场体系建设，建立政府部门宏观调控、市场主体公平竞争、中介组织提供服务、人才自主择业的人才流动配置机制。健全人才市场供求、价格、竞争机制，促进人才资源有效配置。加强对人才流动的政策引导和监督，促进人才有序流动。

主要任务：构建统一开放的人力资源市场，推进专业化、信息化、产业化、国际化的人才市场服务体系建设。发挥中国海峡人才市场、厦门人才市场的示范和辐射功能，培育壮大专业性、行业性人才市场，加快发展人才服务业，发挥人才服务行业协会作用。建立完善人才供求信息和薪酬水平发布制度。加快建立社会化的人才档案公共管理服务系统。坚持市场配置和政策引导相结合，促进人才向重点领域、重大项目和主导产业集聚。鼓励引导高层次人才通过兼职、项目开发、科技咨询等方式服务企业。完善社会保险关系转移接续办法，消除人才流动的身份、地域、所有制等限制和政策性障碍。完善党政人才、企业经营管理人才、专业技术人才交流和挂职锻炼制度，密切海西20个城市人才交流合作，加快人才开发一体化进程，完善与长三角、珠三角的区域人才交流合作机制。

5. 人才激励保障机制

目标要求：健全与工作业绩紧密联系、充分体现人才价值、有利于激发人才活力和维护人才合法权益的激励保障机制。建立与区位特点和经济社会发展水平相适应的工资收入调整制度，提高各类人才待遇。健全以政府奖励为导向、用人单位和社会力量奖励为主体的人才奖励体系。完善以养老保险和医疗保险为重点的社会保障制度，健全国家、社会和单位相结合的人才保障体系。

主要任务：统筹党政机关和企事业单位收入分配，稳步推进工资制度改革，随经济发展逐步提高工作人员收入水平。建立重实绩、重贡献，向优秀人才和关键岗位倾斜的分配制度。探索建立产权激励制度，制定知识、技术、管理、技能等生产要素按贡献参与分配的办法。推行股权、期权等中长期激励办法，重点向创业创新人才倾斜。逐步提高企业退休人员基本养老金，对在企业退休的高层次专业技术人员给予重点倾斜。建立完善事业单位岗位绩效工资制度。探索高层次人才、高技能人才协议工资制和项目工资制、课题工资制等多种分配形式。统筹规范各类人才奖项设置，对作出突出贡献的优秀人才予以重奖。在人才相对集中的地方建设人才公寓、周转房或公共租赁房等保障性住房，优先满足各类人才特别是引进人才的住房需要。研究制定人才补充保险办法，支持用人单位为各类人才建立补充养老、医疗保险。建立重要人才政府投保制度。扩大对农村、非公有制经济组织、新社会组织人才的社会保障覆盖面。

四、重大政策

（一）实施促进人才投资优先保证的财税金融政策

各级政府优先保证对人才发展的投入，把人才投入纳入经济社会发展规划和年度目标，确保教育、科技支出增长幅度高于财政经常性收入增长幅度，卫生投入增长幅度高于财政经常性支出增长幅度。逐步改善经济社会发展的要素投入结构，较大幅度增加人力资本投资比重。加大人才发展资金投入，加强人才载体平台建设，保障人才培养、引进等重大项目的实施。在重大建设和科研项目经费中，安排部分经费用于人才培训。落实国家财政、税收优惠政策，鼓励引导社会、用人单位、个人投资人才资源开发，鼓励支持企业和社会组织建立人才发展基金，提高企业职工培训经费提取比例。继续加大对原中央苏区县、革命老区、少数民族聚居区、偏远山区、海岛等的投入，帮助增强自我发展能力。加强对政府人才发展投入的监管，提高人才发展投资效益。

（二）实施产学研合作培养创新人才政策

建立以企业为主体、市场为导向、多种形式的产学研战略联盟，通过共建科技创新平台、开展合作教育、共同实施重大项目等方式，培养高层次人才和创新团队。改革人才评价模式，鼓励高校科研人员从事应用技术研究，推进高校、科研院所科研成果转化。建立高等学校、科研院所、企业高层次人才双向交流制度，鼓励科研人员、企业家到高校从事教学兼职，推行产学研联合培养研究生的"双导师制"。加强博士后流动（工作）站建设，提高博士后培养质量。实行"人才+项目"的培养模式，发挥企业在研发和生产中集聚和培养创新人才的作用。制定推进高等学校、科研院所、企业合作培养人才的激励政策。对企业等用人单位接收高校、中等职业学校学生实习、见习等给予补贴，对经济发展重点领域企业接收急需紧缺专业高校毕业生和经认定的高新技术企业聘用工科类高校毕业生给予实训补贴。鼓励企业加大研发投入，支持建立以企业为主体的科研课题申报机制，促进科技成果产业化。

（三）实施有利于科技人员潜心研究和创新政策

在高等学校、科研院所、企业建立符合科技人员和管理人员不同特点的职业发展途径，减少科技人员社会兼职，保证科技人员以主要时间和精力从事科技研发，在创新实践中成就事业，并享有相应的社会地位和经济待遇。对事业单位管理人员全面推行职员制度。完善科研管理制度，扩大科研机构用人自主权和科研经费使用自主权，健全科研机构内部决策、管理和监督的各项制度。建立以学术和创新绩效为主导的资源配置和学术发展模式。改进科技评价和奖励方式，完善以创新和质量为导向的科研评价办法，克服考核过于频繁、过度量化的倾向。加大对应用技术研究、前沿技术研究、社会公益类科研机构的投入力度，建立以财政性资金设立的科研机构创新绩效综合评价制度。完善科技经费管理办法，对高水平创新团队给予长期稳定支持。完善科技成果知识产权归属和利益分享机制，保护科技成果创造者的合法利益。制定支持个人和中小企业发明创造的资助办法，鼓励创造知识财产。健全科研院所分配激励机制，完善与科技人员绩效、贡献相适应的收入分配制度，注重向科研关键岗位和拔尖人才倾斜。

（四）实施人才创业扶持政策

完善支持人才创业的金融政策，促进知识产权质押融资、创业贷款等业务规范发展。落实鼓励创业风险投资的财税政策，扶持创业风险投资基金，支持创办科技型企业，促进科技成果转化和技术转移。加强大学生创业教育，开展创业竞赛。强化创业技能培训和创业指导服务，提高创业成功率。加强科技园、创业园等载体建设，举办创业项目对接洽谈活动，提升科技基础设施和公共服务平台建设水平，促进科技成果转化。制定科研院所、高等学校科技人员创办科技型企业的优惠政策。

（五）实施引导人才向农村基层和欠发达地区流动政策

对到农村基层和欠发达地区工作的人才，在工资、职务、职称等方面实行倾斜政策，逐步提高基层工作人员待遇。对长期在欠发达地区工作并作出重要贡献的人才予以表彰。建立对口帮扶机制，实施沿海发达地区帮扶欠发达地区、城市支援农村的人才对口支持政策。加大对原中央苏区县、革命老区和欠发达地区人才工作的支持，在政策、资金、项目、专家选拔、评选表彰等方面予以倾斜。采取政府购买岗位、报考公职人员优先录用、学费和助学贷款代偿等措施，鼓励和引导高校毕业生面向基层和中小企业就业。实施轮调公职人员到基层和欠发达地区服务锻炼的办法，完善省、设区的市党政机关从基层选调和招录公务员制度。

（六）实施推进闽台人才交流合作先行先试政策

制定推进闽台人才交流合作先行先试政策，完善台湾人才来闽通行、居留、就业、创业、参与社会管理等方面政策。实行台湾人才福建居民待遇，对来闽工作、生活、投资和求学的台湾人才，在购房、税收、医疗卫生保障、子女入学、参加社会保险等方面享受当地居民同等待遇，对引进的台湾高层次人才按照有关规定享受优惠政策。支持企事业单位招聘台湾优秀人才。构建更加便捷的两岸直接往来综合枢纽，促进更多大陆居民和台湾民众循福建口岸往返两岸。为来闽开展合作研究的人才赴台提供便利，试点办理高级专业技术人才赴台多次往返签注。在特定区域建设两岸人才交流合作实验区。

（七）实施更加开放的人才智力引进政策

制定实施优惠政策，大力引进海内外高层次创业创新人才和创新团队。完善引进人才来闽居留、住房、子女入学、配偶安置、承担重大科技项目、参加专家评选和政府奖励等方面政策。完善人才柔性引进政策。建立引进高层次人才跟踪服务制度，对政策落实情况进行督促检查。实施项目带动，以项目吸引人才。依托中国国际投资贸易洽谈会、中国·海峡项目成果交易会等平台，促进招商引资、项目引进与集聚人才相结合。重视发挥闽籍院士专家作用，深化院士专家海西行活动，积极吸引在外闽商回乡创业，实现人才、技术、资本、项目回流。完善外籍人员来闽居留和参加社会保险办法，吸引外籍高层次人才来闽工作。加强引进国外智力工作，制定完善引智项目与经费管理、出国（境）培训管理、外国专家来闽工作管理和服务、促进国际人才交流与合作等方面的政策。支持省重点项目单位引进海外人才智力，加快引智成果示范基地建设，促进引智成果转化应用和推广。开发国（境）外优质教育培训资源，拓展开放式人才培养渠道，培训急需骨干人才。支持高等学校、科研院所与海外教育、科研机构建立联合研发基地。支持企业设立海外研发机构。

（八）实施华侨华人和留学人才资源开发政策

完善华侨华人人才引进政策，发挥闽籍华侨华人众多优势，构建政府引导、企事业单位和社会组织广泛参与的多元化引进格局。建立沟通、联谊平台，凝聚闽籍华侨华人，重点促进海外侨领、科学家、企业家以各种形式服务家乡建设。建立海外高层次人才信息库、华侨华人人才库和人才需求信息发布平台。建立海外人才联络站和海外高层次人才特聘专家制度，积极"以才引才"。设立留学回国人员创业启动支持专项资金，对优秀创业项目给予资助。加强留学人员创业园建设，吸引留学人才来闽工作创业。建立海外高层次留学人才来闽工作绿色通道。

（九）实施鼓励非公有制经济组织、新社会组织人才发展政策

坚持一视同仁、平等对待，把非公有制经济组织、新社会组织人才开发纳入各级政府人才发展规划，制定加强非公有制经济组织、新社会组织人才队伍建设意见，提供便捷服务，支持民营企业和民办学校、医院、研究机构等各类非公有制经济组织、新社会组织培养引进集聚人才。政府在人才培养、引进、评价、奖励等方面的各项政策，非公有制经济组织、新社会组织人才平等享受。政府支持人才创业创新的资金、项目、信息等公共资源，向非公有制经济组织、新社会组织人才平等开放。非公有制经济组织、新社会组织人才平等参与政府开展的人才选拔、宣传、表彰等方面工作。

（十）实施促进人才发展的公共服务政策

强化政府公共服务职能，健全人才公共服务体系，建立一体化的服务网络。加强人事代理、社会保险代理、企业用工登记、劳动人事争议调解仲裁、人事档案管理、就业服务等公共服务平台建设，提升公共服务能力。实施人才公共服务平台建设工程。创新政府提供人才公共服务的方式，为国有、公有和非公有制经济组织、新社会组织人才提供同等服务。建立政府购买公共服务制度，为各类人才平衡工作和家庭责任创造条件。加强人才公共服务产品的标准化建设，大力开发公共服务产品。

五、重大工程

（一）321高层次创业创新人才引进培养工程

实施省外、海外高层次创业创新人才引进计划、海西产业人才高地建设计划和海西创业英才培养计划，大力培养引进高层次创业创新人才和领军人才。在我省具有比较优势的科研领域设立30个首席科学家工作室，给予重点扶持，力争若干名入选两院院士；瞄准国内外科技前沿和战略性新兴产业，重点支持和培养200名具有国内领先水平的中青年科技领军人才；着眼于推动企业成为技术创新主体，培养1000名具有省内一流水平的科技创业创新人才。

（二）闽台港澳人才交流合作工程

适应提升闽台港澳人才交流合作水平、建设两岸人才交流合作区域中心需要，开展闽台专家两岸行、两岸大学生创业项目对接洽谈等活动；每年组织1000名专业技术、管理人才赴台港澳交流、考察、培训；每年资助100名中青年骨干人才赴台港澳开展项目合作研究；邀请一批台港澳专家带项目、成果参加中国·海峡项目成果交易会，为落地项目提供支持；组织并资助台港澳技术、管理专家来闽开展智力服务。

（三）欠发达地区人才支持工程

为促进原中央苏区县、革命老区、少数民族聚居区、偏远山区、海岛等加快发展，实现基本公共服务均等化，省市每年选派优秀教师、医生、科技人员各1000名，文化工作者500名到欠发达地区定期工作、提供服务；选送欠发达地区同量人员外出培训提高；扶持欠发达地区培养、引进1000名经济社会发展急需紧缺人才。

（四）党政人才素质能力提升工程

以提高领导水平和执政能力为核心，有计划地开展党政人才大规模培训，每5年轮训一遍。以中高级领导干部和中青年领导后备人才为重点，采取在职培训、轮岗交流、基层锻炼、承担急难险重任务等方式，大力提高党政人才队伍的整体素质和能力，培养造就一大批高层次、复合型党政领导人才。拓宽渠道，每年选送100名优秀中青年公务员赴国（境）外培训，到政府部门访问研修。与国家公务员局共建公务员考试录用测评基地。

（五）企业经营管理人才素质提升工程

着眼于提升企业现代化经营管理水平和参与国内国际市场竞争能力，到2020年，培养一批具有世界眼光、战略思维、创新精神和经营能力的优秀企业家；培养1000名精通战略规划、市场营销、人力资源管理、财会或法律等专业知识的高层次企业经营管理人才；培训10000名职业素养好、开拓能力强、在生产经营或资本运作等方面具有较高造诣的职业经理人。

（六）专业技术人才知识更新工程

围绕经济结构调整、高新技术产业发展和自主创新能力提高，在经济社会发展重点领域，开展大规模知识更新继续教育，每年培训3万名，到2020年累计培训30万名左右高层次、急需紧缺和骨干专业技术人才。每年择优资助、选送100名中青年高层次专业技术、管理人才赴国（境）外研修。建设覆盖省市县乡的远程教育培训网络系统，为各类人才提供个性化、全天候的教育培训服务。

（七）高素质教育人才培养工程

大力加强各类学校骨干教师、中青年学科带头人和优秀校长的培养，造就一批教学名师、领军人才和教育家，加快建设一支高素质、创新型教育人才队伍，不断提升教育质量和办学水平。到2020年，在中小学重点培养200名教学名师、200名校长和2000名学科教学带头人、2000名骨干校长；在职业院校培养1100名专业带头人、2000名骨干教师，不断壮大"双师型"教师队伍；在高校重点引进和培养100名领军人才，聘任200名闽江学者特聘教授，形成一批创新团队。

（八）文化名家培养工程

为建设文化强省，提高文化软实力，着眼于打造一批地域特色明显、展现海峡西岸风貌、在国内外具有影响力的文化品牌，培养造就一支造诣高深、成就突出、影响广泛的宣传思想文化领域优秀人才，每年重点扶持、资助一批哲学社会科学、新闻出版、广播影视、文化艺术、文化遗产保护名家承担重大课题、重点项目、重要演出，开展创作研究、展演交流、出版专著等活动。到2020年，由国家和省资助的宣传思想文化领域文化名家达500名左右。

（九）全民健康卫生人才保障工程

适应深化医药卫生体制改革、保障全民健康需要，加大卫生人才培养支持力度。到2020年，加强学科建设，支持建成30个医学重点学科；开展住院医师规范化培训工作，支持培养16000名住院医师；加强以全科医师为重点的基层卫生人才队伍建设，通过多种途径培训6300名全科医师。

（十）旅游人才培养工程

适应建设国际知名的旅游目的地和我国重要的自然文化旅游中心需要，加强旅游人才资源开发，着力建设一支管理能力强、业务水平高的旅游人才队伍。到2020年，培训中高级创新型、复合型、实用型旅游人才5万人左右，其中旅游策划、规划、设计人才1000人，酒店高级经营管理人才8000人，外语导游1000人，中、高级导游2000人。

（十一）高技能人才培养工程

加强产业技工培养基地和高技能人才培训考核基地建设，到2020年，依托技师学院、职业技术学院和高级技工学校建成50个公共实训基地，依托行业、企业和职业院校建设100个省级高技能人才培养示范基地，依托企业设立500个"大师工作室"，达到年培养5万名高技能人才的培训能力。

（十二）现代农业人才支撑工程

适应建设社会主义新农村、加快发展现代农业需要，加大对现代农业的人才支持力度。每年选拔50名农业科研优秀骨干人才，给予科研专项经费支持；支持200名优秀农业技术推广人才，开展技术交流、学习研修、观摩展示等活动；选拔100名农业产业化龙头企业负责人和专业合作组织负责人、500名生产能手和农村经纪人等优秀生产经营人才，给予重点扶持。建设一批农村实用人才培训示范基地，开展岗位培训、技术指导、技术交流、科技示范和成果展示等活动。

（十三）社会工作人才培养工程

适应构建和谐社会需要，通过高校培养、在职专业培训、支持民办社工机构等方式，加强中高级社会工作人才培养，积极开发社工岗位，到2020年，培养高级社会工作人才2000名、中级社会工作人才6000名，带动培养一支职业化、专业化的社会工作人才队伍。

（十四）高校毕业生基层培养工程

着眼于解决基层人才匮乏问题，培养锻炼后备人才，进一步引导鼓励高校毕业生到基层创业就业。组织实施"选调生"计划、"选聘生"计划、"三支一扶"计划、高校毕业生服务社区计划和大学生志愿服务欠发达地区计划等毕业生服务基层项目，到2020年，招募3.5万名高校毕业生到农村基层和城市社区服务；组织实施高校毕业生创业引领计划，建立30个大学生创业孵化基地，扶持1万名高校毕业生实现创业。组织实施高校毕业生就业见习计划，每年组织1万名高校毕业生参加就业见习。

（十五）人才公共服务平台建设工程

加强人才公共服务平台建设，为各类人才提供便捷高效、均等化的公共服务。到2020年，建成覆盖省市县乡的人才公共管理服务平台，实现人才供求信息和公共政策信息共享；建设以高层次创业创新人才、留学回国人才、优秀企业家、高技能人才为重点的人员信息基础数据库，推进全省人事人才综合管理信息系统建设。健全人才市场服务体系，做大做强中国海峡人才市场、厦门人才市场两个综合性人才市场；建设福州地区大学新校区毕业生就业市场；建设福州地区人力资源服务产业园；建立20个海外人才联络站；支持建设15个专业性（行业性）人才市场、10个中心人才市场、15个县级农村人才市场和40个基层人才服务站。

六、组织实施

（一）强化组织领导

省委人才工作领导小组负责《规划纲要》实施的统筹协调和宏观指导。省委组织部履行牵头抓总职责，制定《规划纲要》实施方案，对《规划纲要》确定的各项目标任务进行分解，明确牵头部门、协办部门的职责和任务。省公务员局（省人力资源开发办公室）履行政府人才工作综合管理部门职责，配合抓好《规划纲要》实施的组织、协调、检查、落实等工作。省委人才工作领导小组成员单位共同加强对《规划纲要》实施工作的指导、监督和检查。制定《规划纲要》"十二五"推进计划，建立《规划纲要》实施情况的监测、评估和考核机制，将《规划纲要》实施情况列入各级党政主要领导干部考核的重要内容。

（二）健全规划体系

各市、县（区）和省直有关部门要以《规划纲要》为指导，编制本地区、行业系统以及重点领域的人才发展规划，做好人才发展规划与国民经济和社会发展规划，与科技、教育等专项规划的衔接，形成上下贯通、左右协调的全省人才规划体系。

（三）加强舆论宣传

大力宣传人才工作的重大战略思想和方针政策，宣传《规划纲要》的指导思想、目标任务、政策措施和实施《规划纲要》的重大意义，宣传人才培养、引进、发挥作用的典型经验，宣传优秀人才的先进事迹，形成全社会关心重视人才、支持人才发展的良好社会氛围。

（四）推进基础建设

把人才资源统计纳入地区和部门统计工作体系，健全人才资源统计指标体系，完善人才资源统计调查方法，建立人才资源信息定期发布制度。推进人才工作信息化建设，建立人才信息网络和重点领域人才数据库。加强人才学科、研究机构和队伍建设，加大人才工作队伍培训力度，提升人才工作队伍的政治素质和业务水平。

甘肃省中长期人才发展规划（2010—2020年）

为深入实施人才强省战略，确立人才优先发展战略布局，有效保证和支撑未来全省经济社会又好又快发展，根据《国家中长期人才发展规划纲要（2010—2020年）》的总体部署，结合我省人才发展实际，制定本规划。

序言

人才是经济社会发展的第一资源，人才竞争是最具全局影响力的竞争，人才工作是党和国家至关重要的工作。党的十七大确立了人才强国战略，明确了人才发展在落实科学发展观中的基础性、战略性地位。省第十一次党代会把人力资源开发列为三大支撑之一纳入总体工作布局，进一步凸显了人才在全省经济社会发展中的重要性。面对科学发展、加快发展的新形势新任务，必须坚定不移地走人才强省之路，把人才发展作为推动甘肃发展的首要任务，努力建设一支数量充足、结构合理、素质优良的人才队伍，充分发挥人才在经济社会发展中的战略性、决定性作用，大力提升我省综合实力和核心竞争力，保障和促进经济社会又好又快发展。

省委、省政府历来高度重视人才工作。近年来，坚持以科学发展观为指导，深入实施人才强省战略，认真贯彻党管人才原则，紧密结合全省经济社会发展，作出一系列重大决策部署，制定出台相关政策规定，启动实施重点人才工程，不断加强和改进人才工作，培养造就了一支具有一定规模、门类比较齐全、整体素质不断提高的人才队伍，为加快全省各项事业的发展提供了有力支撑。

尽管我省人才队伍建设取得了长足的发展，但与经济社会发展需要相比，还有许多不适应的地方。主要是：一些地方和部门对人才是第一资源的认识还不到位，整体谋划不够，工作力度不大，人才投入滞后于经济社会发展；人才培养、吸引、使用、流动、评价、激励机制不够健全，有利于人才稳定和发挥作用的政策措施落实不到位；人才总量、结构、分布仍不能满足经济社会发展需要，一些重点行业、支柱产业急需的高层次人才紧缺，尤其是创新创业型人才严重匮乏；人才培养不能适应产业发展需求，人才宏观调控的力度不足，市场配置人才资源的基础性作用发挥不充分。

未来十年，是我省全面实现小康社会奋斗目标的关键时期，也是加快发展、缩小区域差距的重要战略机遇期。我们必须深刻认识形势，准确把握机遇，主动适应全省经济社会发展需要，坚定不移地走人才强省之路，确立人才优先发展战略布局，长远规划人才发展，明确奋斗目标，创新体制机制，完善政策措施，实施重点工程，不断提高人才工作的质量和水平，以人才发展来引领、推动、保障经济社会实现跨越式发展。

一、总体思路与战略目标

（一）指导思想

坚持以邓小平理论和"三个代表"重要思想为指导，深入贯彻落实科学发展观，按照"服务发展、人才优先、以用为本、创新机制、高端引领、整体开发"的人才发展指导方针，牢牢把握发展机遇，紧紧围绕全省经济社会发展战略目标，全面落实"四抓三支撑"总体工作思路和"中心带动、两翼齐飞、组团发展、整体推进"区域发展战略，更好地实施人才强省战略，以人才资源能力建设为核心，以高层次和高技能人才队伍建设为重点，以完善机制、鼓励创新、促进创业为突破口，统筹推进各类人才队伍建设，努力营造干事创业、人尽其才、才尽其用的良好环境，为全面建设小康社会提供坚强的人才保障和智力支持。

（二）总体思路

当前和今后一个时期，加快全省人才发展应坚持以下总体思路：

——把推进经济社会跨越式发展作为人才工作的根本出发点和落脚点。紧密围绕全省经济社会发展战略目标定位确定人才发展目标，充分发挥人才在经济社会跨越式发展中的基础性、战略性、全局性作用，以加快人才发展引领、带动和保障经济社会科学发展。

——把加快形成人才优先发展战略布局作为人才工作的当务之急。牢固树立人才资源是科学发展第一资源的理念，在经济社会发展整体工作布局中，切实做到人才资源优先开发、人才结构优先调整、人才投资优先保证、人才制度优先创新。

——把立足自主培养和用好用活现有人才作为人才工作的主要导向。立足省情实际，调整人才培养方向，改进人才培养方式，增强人才培养实效，努力造就大批符合经济社会发展需要的创新型和应用开发型人才。努力搭建干事创业平台，优化政策环境，用好用活现有人才，稳定骨干人才，引进具有真才实学、真正能够解决现实问题的急需人才。

——把深化改革、创新机制、激发活力作为人才工作的关键环节。进一步解放思想、开拓思路，深入研究市场经济条件下人才发展规律，下功夫破解影响和制约人才发展的体制性障碍，创新工作机制，完善政策措施，着力营造有利于人才脱颖而出、各尽其才、各得其所的良好环境。

——把依托产业、集聚开发作为人才工作的重要途径。依托支撑未来经济社会发展的支柱产业、重点行业、重大项目和重点学科，加强人才资源开发，实施重大人才项目，培养提高现有人才，吸引集聚紧缺人才，全面提升人才发展的实际效益和整体水平。

——把充分发挥用人单位的主体作用作为人才工作的基本要求。大力推进政府职能转变，改进人才管理方式，努力形成政府宏观调控、市场有效配置、单位自主用人、人才自主择业的人才管理模式。通过强化考核、督促检查等措施，引导用人单位落实人才政策、重视人才发展、加大人才培养开发力度，为事业长远发展提供保障、积蓄力量。

——把突出重点、分类指导、整体推进作为人才工作的主要方法。以高层次创新型人才为先导，以应用型人才为主体，统筹城乡、区域、产业、行业和不同所有制人才发展，整体推进党政人才、企业经营管理人才、专业技术人才、高技能人才、农村实用人才和社会工作人才队伍建设，不断壮大规模、提升素质、改善结构，实现各类人才队伍协调发展。

——把坚持党管人才原则、凝聚各方力量作为人才工作的组织保证。加强和改进党对人才工作的领导，充分发挥党委统揽全局、协调各方的作用，落实组织部门牵头抓总职责，调动各级各部门参与人才工作的积极性，形成统分结合、上下联动、左右协调、齐抓共管的工作局面，凝聚推动人才发展的整体合力。

（三）战略目标

到2020年，全省人才发展的总体目标是：培养和造就一支规模不断壮大、结构趋于合理、素质全面提高、能够适应经济社会发展需要的人才队伍，人才工作体制机制更加健全，人才作用有效发挥，人才发展总体达到西部地区平均水平，在重点领域形成比较明显的人才竞争优势。

——人才队伍规模不断壮大。人才总量达到248万人，人才资源占人力资源总量比重提高到11%。

——人才素质大幅度提高。主要劳动年龄人口受过高等教育的比例达到20%，每万劳动力中研发人员达到22人年，高技能人才占技能劳动者的比例达到28%。

——人才结构和分布更加合理。高层次人才、高技能人才、创新创业型人才比例明显提高，在重点领域、重点行业、支柱产业、重点学科形成人才集聚高地，贫困地区、民族地区和革命老区人才紧缺现象得到有效缓解，全省第一、二、三产业人才分布趋于合理。

——人才使用效能明显提升。人力资本投资占国内生产总值比例达到12%，人力资本对经济增长贡献率达到30%，人才贡献率达到32%。

二、主要任务

（一）突出培养造就创新型科技人才

深化教育体制改革，遵循创新创业人才成长规律，调整学科和专业结构，学校教育和实践锻炼相结合，人才培养与创新实践相衔接，专业设置与产业发展相协调，大力发展素质教育，着力培养学生的创新精神、创业能力和应用水平。坚持高端引领，依托国家创新人才推进计划、青年英才开发计划、海外高层次人才引进计划等重大人才工程，培养和延揽一批我省建设发展急需、在国际国内有较大影响力的科技领军人才，引导和激励他们立足甘肃，牵头引领重大科研和重大工程项目、重点学科和重点科研基地、重大国际学术交流合作项目，在创新实践中培育一批创新团队，造就一批中青年创新人才，形成衔接有序、梯次合理的创新人才培养链条和成长体系。深化科技体制改革，落实产学研合作培养创新人才政策，建立以产学研结合为导向的科技人才评价、使用、激励机制和科研成果评价制度。加大成果转化扶持力度，完善创业风险投资政策，发挥人才在创新创业中的主导作用，促使一批优秀科研成果转化为现实生产力。围绕全省重点发展的优势产业，加强高新技术产业开发区、科技企业孵化器、大学科技园、留学生创业园等各级各类创新创业载体建设，吸引一大批有转化能力的高新技术企业和高层次科研基础条件平台落户甘肃。强化企业在技术创新中的主体地位，加大对省属高校和科研院所的引导扶持力度，发挥科研院所、高等院校在技术创新中的源头作用，围绕企业技术创新和产业升级，加强校企、研企合作，推动科技人才向企业集聚，促进企业工程技术人才成长，形成一批与重点产业紧密衔接的高水平科研成果转化基地和企业技术研发中心。组织实施高层次人才科技创新创业扶持行动，完善政策措施，创新体制机制，加大扶持力度，集中资源，集聚创新要素，鼓励和支持科研人员面向市场和企业开展成果转化和自主创业，全力催生一批高成长性、竞争力强的科技型企业。大力弘扬创新文化，鼓励创新活动，宽容创新失误，进一步营造创新型人才脱颖而出、发挥才干的良好环境。到2020年，全省研发人员总量达到5万人年，高层次创新型科技人才总量达到1000人。

（二）大力开发经济社会发展重点领域急需紧缺人才

按照我省在全国的战略定位和地域分工，围绕加快实施区域发展、基础设施建设、生态安全、社会发展、产业发展五大战略，进一步组织实施好专业技术人才支撑体系建设，改进培养模式，加大引进力度，提高使用效能，依托重点特色优势产业，推进各领域、各行业急需紧缺高层次专门人才和高端应用人才的开发配置，为建设工业强省、文化大省和生态文明省提供全方位的人才支持。在经济发展重点领域，着力培养开发石油化工、有色冶金、装备制造、航天科技、新材料、新能源、生物医药、资源综合利用等重点产业发展和重大工程建设急需紧缺的各类高层次专门人才和产业专家，着力培养开发基础设施建设急需的现代交通运输、水利设施建设、城乡一体化建设等方面的高级技术和管理人才，着力培养开发保护生态环境、发展现代农业、加快扶贫开发急需的高端科技人才，着力培养开发发展现代服务业急需的金融财会、国际商务、现代物流、知识产权保护等方面的高端专门人才。在社会发展重点领域，着力培养开发特色文化研究、文艺精品创作、文化创意策划、文化产业经营管理等尖端人才，着力培养开发宣传思想、教育、旅游、广播电视、医疗卫生、政法、防灾减灾、养老服务等急需紧缺专门人才。加强对产业和行业人才发展的统筹规划和分类指导，围绕重点发展领域加强人才需求预测，定期发布急需紧缺人才需求目录，有针对性地做好急需紧缺人才的需求预测、重点培养、有序引进、有效使用和知识更新工作，发挥政策调控和引导作用，推进人才在城乡和地区间重点领域的合理分布，逐步培育重点领域高端人才团队的比较竞争优势。到2020年，在石油化工、煤电化工、新能源、新材料、传统装备制造及新能源装备制造、有色冶金、生态环境保护、节水农业、特色优势农业、中医药等重点领域，分别形成与西部乃至国内外同行业相比，人才规模和研发应用水平具有比较竞争优势的人才高地。

（三）加强重点区域人才开发

紧贴国家和全省区域发展战略，按照功能定位、突出重点、优化布局、统筹推进的思路，加强重点区域人才开发。

1. 兰白核心经济区人才开发

服从中心带动的总体要求，发挥兰州、白银核心经济区在科教、人才、技术、资金、区位等方面优势，建设人才发展改革"试验区"，在人才工作体制机制、政策制度方面先行先试，在人才发展重点领域和关键环节率先突破，进而形成带动全省、辐射西陇海兰新经济带、在全国有一定影响的区域人才集聚中心和创新创业中心。借助并用好中央在甘教育、科研、企业单位相对集中的优势，加快中央和地方人才资源开发应用一体化进程，推动基础研究、重要共性技术研发、现代服务业等方面人才发展带动全省、辐射西部。发挥兰州高新技术产业开发区、经济技术开发区、留学人员创业园，白银高新技术产业园，国家和省部级重点学科、重点实验室、各类工程技术研究中心等培养和集聚人才的平台作用，把兰白核心经济区建设成为西北地区重要的石油化工、有色冶金、装备制造、新材料、生物医药、生态环境保护、特色农畜产品加工人才集聚中心和技术创新基地。

2. 平庆、酒嘉经济区人才开发

围绕加快陇东煤炭、油气资源开发，建设国家级煤电基地的要求，大力培养和引进煤炭、电力、石油化工、资源勘查等方面的各类人才，形成以庆阳、平凉为中心，辐射天水、陇南的传统能源综合利用型人才培养集聚基地。借助天水建设区域中心城市的战略布局，围绕装备制造、电工电器、电子信息、特色农林等重点产业，加大研发应用和实用技能人才开发，推动关中—天水经济区人才开发流动一体化建设，把天水打造成为吸引东部人才向西流动的区域枢纽和人才通道。围绕以酒泉、嘉峪关为中心，辐射河西走廊的国家新能源开发利用示范区建设，加强风电、太阳能发电、核电工程技术及其装备制造业人才的培养开发，使这一区域成为国内重要的风光新能源研发人员集聚中心、技能人才培养和输送中心、装备研发和制造应用技术示范基地。

3. 其他经济区人才开发

围绕把武威、张掖建成全国重要的农作物良种繁育基地和国家级沙产业发展示范区的定位，重点开发生态建设、环境保护、节水农业、生态农业、制种业、沙产业等方面的技术研发、产业推广和技能应用人才。加大对甘南、临夏、定西、陇南等"两州两市"人才发展的扶持力度，围绕扶贫攻坚和发展壮大特色优势产业，大力培养特色农产品、生态畜牧业、特色旅游、中（藏）医药产业、民族文化和特色民族用品开发加工等方面的专门人才，形成一支规模较大、相对稳定、对当地脱贫致富具有较强带动作用的特色人才队伍。根据金昌、白银等重点循环经济区建设规划，进一步提高有色冶金、新材料、资源综合利用、清洁能源、环境工程等方面人才的培养开发和使用配置水平，使区域内相关重点企业成为省内和业内应用型高端科技人才培养集聚基地和科技成果转化应用基地。

（四）统筹推进各类人才队伍建设

1. 党政人才队伍

按照加强党的执政能力建设和先进性建设的要求，以提高领导水平和执政能力为核心，以县处级以上领导干部为重点，全面加强党政人才队伍建设。深入实施《2010—2020年干部教育培训改革纲要》，全面落实大规模培训干部的各项任务，构建理论教育、知识教育、党性教育和实践锻炼"四位一体"的干部培养教育机制，大力提升党政人才队伍的素质能力。深入实施《2010—2020年深化干部人事制度规划纲要》，坚持德才兼备、以德为先的用人标准，树立坚定信念、注重品行、科学发展、崇尚实干、重视基层、鼓励创新、群众公认的正确用人导向，扩大干部工作中的民主，加大竞争性选拔干部工作力度，坚持和完善从基层一线选拔干部制度，促进各类优秀人才脱颖而出。深入实施《2009—2020年全国党政领导班子后备干部队伍建设规划》，大力加强后备干部队伍建设。加强女干部、少数民族干部和非中共党员干部的培养选拔。强化干部考核管理，不断完善促进科学发展的干部综合考核评价办法。加大干部交流、挂职锻炼力度，推进党政机关重要岗位干部轮岗交流。努力建设一支政治坚定、勇于创新、勤政廉洁、求真务实、奋发有为、善于推动科学发展的高素质党政人才队伍，到2020年，具有大学本科及以上学历的干部占党政人才队伍的85%以上，整体素质明显提高，结构更加合理，总量从严控制。

2. 企业经营管理人才队伍

按照实施工业强省战略、走新型工业化道路的要求，以提高素质为重点，以优化结构为主线，以创新机制为动力，建设一支适应全省经济社会发展、职业素养好、市场意识强、熟悉经济运行规则、具有世界眼光的企业经营管理人才队伍。结合实施"工业强省战略人才促进工程"，加大企业经营管理人才培养开发力度，紧紧围绕我省产业结构优化升级和实施"走出去"战略需要，着力培养一批战略企业家和职业化企业经营管理人才。实施企业高级人才国际化培训项目，着力提高省内企业参与国际合作、引进消化先进技术的能力。依托高等院校和大型企业成立企业人才学院和人才培养基地，实施企业经营管理人才素质提升工程，分层次、大规模开展企业经营管理人才培训。大力推进公开招聘、市场选聘等方式选拔企业经营管理人才。健全企业经营管理者聘任制、任期制和任期目标责任制，实行契约化管理。打破部门所有、条块分割、地域界限、身份差别限制，鼓励企业人才合理流动。完善以市场和出资人认可为核心的企业经营管理人才评价体系，加强对企业经营管理者的考核管理。完善与绩效考评挂钩的企业薪酬分配体系，规范企业领导年薪制，探索实行协议工资制和期权、股权激励制度。建立企业人才库。引进一批科技创新型企业家和企业急需的战略规划、资本运营、科技管理、项目管理等方面的专门人才。加强非公有制企业经营管理人才开发，制定出台相关政策措施，加大培养开发和重点扶持力度，不断扩大数量，提高质量。到2015年，全省企业经营管理人才总量达到41万人；到2020年达到52万人，具有大学本科及以上学历的企业经营管理人才达到70%以上。

3. 专业技术人才队伍

以提高专业水平和创新创业能力为核心，以高层次人才和紧缺人才为重点，依托全省重点学科和经济社会发展重点产业、重大项目，集聚一批能够进入国内外科技前沿的学术精英，打造一批具有较高知名度的学术技术团队，培养一支数量充足、结构合理、素质优良的专业技术人才队伍。深入实施"领军人才工程"，大力培养在全省产业发展、科技创新、学科建设、成果转化等方面起引领和支撑作用的拔尖专业技术人才，形成领军人才强、骨干力量齐、整体水平高的核心团队。全面落实《甘肃省专业技术人才支撑体系建设纲要》，围绕重点领域、重点产业和重大项目搞好人才开发，吸引和集聚高层次专业技术人才，着重培养应用型工程技术人才。认真贯彻《甘肃省专业技术人才继续教育条例》，深入实施专业技术人才知识更新工程，构建分层分类的专业技术人才继续教育体系，加快培养知识结构和业务能力适合教学科研生产需要的高层次专业技术人才。综合运用国家政策调控和市场配置手段，推进专业技术人才结构调整，引导党政机关、科研院所和高等学校专业技术人才向重点企业、非公有制企业、新社会组织、新兴产业和基层一线流动，促进专业技术人才队伍合理分布。积极推动专业技术职称和职业资格制度改革，形成重业绩、重创造、重贡献的政策导向。进一步做好领导干部联系专家工作，充分发挥专家顾问团作用，落实好专业技术人才管理、服务、激励和保障等方面的政策措施。到2015年，专业技术人才总量达到66万人；到2020年，专业技术人才总量达到80万人。

4. 高技能人才队伍

适应工业经济发展、企业技术进步和产业结构优化升级的要求，以提升职业素质和职业技能为核心，以技师和高级技师为重点，形成一支适应我省产业发展需求、门类齐全、技艺精湛、具有较强创新能力的高技能人才队伍。完善以企业为主体、职业院校为基础、学校教育与企业培养紧密联系、政府推动与社会支持相结合的高技能人才培养体系。配合国家实施的高技能人才振兴计划，整合社会优质资源，加强职业院校和实训基地建设，大力提升和推进我省高技能人才培养水平。利用现有各类职业教育培训资源，依托大型骨干企业，创建省级技师学院和高技能人才培养、实训基地。改革职业教育办学模式，大力推行校企合作、工学结合，通过顶岗实习、岗前培训、技术交流、技术攻关、学徒制等多种形式，培养企业急需的高技能人才。在职业教育中大力推行学历证书和职业资格证书"双证书"制度。重视技能人才的使用，及时开展技能鉴定和评价，设立企业首席技师岗位，推广"先进操作法"命名，激励高技能人才更好地发挥作用。健全技能人才考核评价体系，逐步完善技能人才交流引进、表彰激励和社会保障机制，提高技能人才薪酬待遇。加大对高技能人才队伍建设资金投入和政策扶持力度，为技能人才成长创造条件。到2015年，高技能人才总量达到33万人；到2020年，高技能人才总量达到45万人，其中技师、高级技师达到5万人。

5. 农村实用人才队伍

紧紧围绕推动社会主义新农村建设和城乡一体化建设，以提高科技素质、生产技能和经营能力为核心，以促进农业增效和农民增收为目标，以培养农村致富带头人为重点，大力推动农村人力资源整体开发。以继续深入实施"新农村建设人才保障工程"为龙头，加强农村人才开发载体建设，整合涉农人才培训项目，着力提高农村人才的生产技能和经营能力。依托各级各类农业技术推广机构和农业院校、农业科研院所、农村人才教育培训基地、农村干部专修学校、农业广播电视学校等各类教育培训机构，广泛开展农村人才培训。依托农业特色产业，深入实施现代农业人才支撑计划，开发和集聚各类农村人才。严格执行农业特有工种准入制，积极发挥农业特有工种职业技能鉴定站作用，大力培养农村农业技能型人才。加大公共财政支出和公共财政支持农村实用人才开发力度，加强农村发展急需人才培养。紧密结合农业生产实际，不断规范和推广农村实用人才职称评定工作。加大对农村实用人才的表彰奖励和宣传力度。继续加大城乡人才对口帮扶力度，推进万名医师支援农村卫生、城镇教师支援农村教育、科技人才和文化人才下乡支农等工作。到2015年，农村实用人才总量达到34万人；到2020年，农村实用人才总量达到47万人，每个行政村都有一定数量的种养能手、能工巧匠和经营能人。

6. 社会工作人才队伍

适应构建社会主义和谐社会的需要，以人才培养和岗位开发为重点，以提高服务能力为核心，深入推进社会工作人才队伍建设。加强社会工作学科专业体系建设，探索建立不同学历层次教育协调配套、专业培训和知识普及有机结合的社会工作人才培养体系。注重社会工作人才培训基地建设，选择一批街道社区、公益服务类事业单位和社会组织作为社会工作人才培养实习基地，探索建立社会工作培训质量评估指标体系，加强社会工作人才专业知识培训和岗位实践锻炼。科学开发和设置社会工作岗位，推进政府购买社会工作服务岗位和社会公益服务项目工作，加快社会工作职业化进程。完善培育社会组织和加强队伍管理的配套政策，实施社会工作服务组织标准化建设，促进公益服务类事业单位、城乡社区和公益类社会组织发展，努力建设一支职业化、专业化的社会工作人才队伍。到2020年，全省社会工作人才总量达到10万人，具有职业资格的专业社会工作者达到10000名。

三、政策完善与机制创新

到2020年，建立起规范有序、上下衔接、科学完备的人才培养、评价、使用、流动、激励等方面的政策体系，形成有利于各类优秀人才脱颖而出、创造力竞相迸发的有效机制。

（一）人才培养开发

坚持以经济社会发展需求为导向，以提升综合素质和创新能力为核心，构建促使人人能够成才、人人得到发展的现代人才培养开发机制和政策体系。建立人才培养结构与经济结构调整、优势产业发展相适应的动态调控机制，优化教育布局，调整专业结构，创新培养模式，着力培养留得住、用得上的各类人才。完善在职人员继续教育制度，大力发展现代远程教育。

整合教育、科技、产业培养资源，建立以企业为主体、多种形式的产学研战略联盟，支持企业、科研院所与高等学校通过联合建立实验室或研发中心等方式，培养高层次人才和创新团队。实行"人才＋项目"的培养模式，将人才开发与特色支柱产业发展、重点工程和重大科研项目实施有机结合起来，在创新实践中集聚和培养人才。依托国家重大人才计划，搞好衔接协调，大力培养经济社会发展急需高层次人才，加大对优秀青年科技人才的培养力度。制定并落实鼓励非公有制经济组织、新社会组织人才发展政策，加大扶持开发力度，促进非公有制经济组织和新社会组织快速健康发展。

（二）人才评价发现

建立以岗位职责为基础，以能力和业绩为导向，科学化、社会化的人才评价发现机制。积极推进专业技术人员职称制度改革，克服人才评价论资排辈、求全责备观念和唯学历、唯论文倾向，注重靠实践和贡献评价人才，建立重在业内和社会认可的评价机制。规范专业技术人员职业资格准入制度，完善专业技术人员职业水平和任职评价制度，落实用人单位在专业技术职务（岗位）聘任中的自主权，不断强化企业在工程技术人才和高技能人才评价中的主体作用。打破身份界限，把体制外各类人才纳入职称评聘范围，使他们的知识、技能、创造得到认可，充分调动他们为经济社会发展做贡献的积极性。完善以任期目标为依据、业绩为中心的国有企业领导人员考核评价办法。探索技能人才多元评价机制，逐步完善社会化职业技能鉴定、企业技能人才评价、院校职业资格认证和专项职业能力考核办法。完善农村实用人才评价机制，研究制定农村实用人才职称评定办法。健全完善党政领导干部考核评价机制。建立健全公务员职位分类制度。分类建立事业单位人员绩效评价制度。建立在重大科研、工程项目实施和急难险重工作中发现、识别人才的机制。

（三）人才选拔使用

按照民主、公开、竞争、择优原则，改革各类人才选拔使用方式，科学合理使用人才，促进人岗相适、用当其时、人尽其才，形成有利于各类优秀人才脱颖而出、充分施展才能的选人用人机制。深化党政领导干部选拔任用制度改革，完善公开选拔、竞争上岗制度，大力推行差额选任制度，积极探索公推公选，规范干部选拔任用提名制度，全面实行地方党委讨论决定重要干部票决制，坚持和完善党政领导干部职务任期制。建立市场配置、组织选拔和依法管理相结合的国有企业领导人员选拔任用制度，完善国有资产出资人代表派出制和选举制。根据事业单位的社会功能和行业特点，分类建立科研机构、高等学校、医疗卫生机构等事业单位领导人员选拔制度。全面推行事业单位公开招聘、竞聘上岗和合同管理制度。探索建立首席科学家、首席教授、首席工程师、首席技师等高端人才选拔使用制度。

（四）人才流动配置

强化政策引导，完善市场服务功能，畅通流动渠道，建立政府宏观调控、市场公平竞争、人才自主择业的人才流动配置机制。把稳定和充分发挥现有人才的作用作为人才队伍建设的首要任务，通过加强思想教育、搭建事业平台、健全激励机制等，积极营造拴心留人的环境，大力挖掘现有人才的潜力，充分释放人才队伍的活力。落实中央关于引导人才向农村基层和艰苦边远地区流动的政策，实施边远贫困地区、边疆民族地区和革命老区人才支持计划和高校毕业生基层培养计划，鼓励、引导、支持各类人才向重点领域、重点产业、重点行业和农村基层、生产一线、艰苦边远地区和少数民族地区流动，在职务晋升、职称评定、工资待遇、公务员录用等方面，加大对在基层服务的各类人才的倾斜力度。建立省市党政机关和企事业单位从基层选用补充领导干部、工作人员的长效机制。落实推进党政人才、企业经营管理人才、专业技术人才合理流动的政策，制定人才柔性流动、兼职薪酬等配套办法，促进党政机关之间、企业之间、事业单位之间及其相互之间各类人才有序流动、合理配置。综合运用市场手段、行政手段和各种社会化服务手段，采取短期服务、承担项目、业余兼职等柔性引才方式，引导各类人才特别是高层次专业技术人才向重大发展战略、重点建设项目、重要攻关课题流动、转移和集聚。加快推进人才流动载体建设，以省级人才市场为主体，办好基础性人才市场，健全专业性人才市场，完善区域性人才市场，开辟农村人才市场，构建辐射全省的人才市场体系。实施人才市场综合服务能力提升计划，整合各类人才市场和劳动力市场，规范专业性、行业性人才市场，积极培育发展人事代理、人才中介等专业化人才服务机构，完善市场功能，拓展服务领域，提高服务水平。加快人力资源市场信息网络建设工作，建立人才需求预测和信息定期发布制度。建立健全人事争议仲裁制度，妥善解决人才流动争议，保障和维护人才和用人单位的合法权益。

（五）人才激励保障

完善分配、激励、保障制度，建立健全与工作业绩紧密联系、充分体现人才价值、有利于保障人才合法权益的激励保障机制。完善各类人才薪酬制度，加强对收入分配的宏观管理，逐步建立秩序规范、激发活力、注重公平、监管有力的工资制度。推进事业单位工资制度改革，完善岗位绩效工资制度。探索健全有利于科研人员潜心研究和创新的体制机制，改进科技评价和奖励方式，推行科研单位分配向关键岗位和优秀拔尖人才倾斜的政策。探索建立首席科学家、首席教授、首席工程师、首席技师年薪制，大幅度提高科研、生产一线骨干人才的薪酬待遇。规范各类人才奖项设置，形成以政府奖励为导向、用人单位和社会力量奖励为主体的人才奖励体系，对有突出贡献的各类人才进行重奖。建立产权激励制度，全面落实知识产权保护政策，制定知识、技术、管理、技能等生产要素按贡献参与分配的办法。健全企业人才激励机制，推行期权、股权等中长期激励办法，重点向创新创业人才倾斜。落实促进人才发展的公共服务政策，推进机关和事业单位社会保障制度改革，完善以养老保险和医疗保险为重点的社会保障制度，加大对农村、非公经济组织和新社会组织人才的社会保障覆盖面。制定和落实相关政策，激发各类离退休人才为经济社会发展做贡献的积极性。

（六）人才开发投入

落实促进人才投资优先保证的财税金融政策，建立政府投入为主导，用人单位、社会和个人积极参与的多元化人才投入机制。各级政府优先保证对人才发展的投入，确保教育、科技支出增长幅度高于财政经常性收入增长幅度，卫生投入增长幅度高于财政经常性支出增长幅度。逐步改善经济社会发展的要素投入结构，较大幅度提高人力资本投资比重。省、市、县三级设立人才发展专项资金，纳入财政年度预算，保障人才开发项目的实施。建立高层次人才创新创业基金，落实人才创业扶持政策，扶持高层次人才创新创业，推动科技成果转化。建立引进海外人才专项资金，积极引进海外高层次人才，扶持中国兰州留学回国人员创业园建设与发展，帮助留学回国人员创新创业。国有骨干企业要建立人才开发专项资金，每年从税前利润中提取一定比例资金，用于人才开发、职工技能培训和科技人员继续教育。发挥财政资金杠杆作用，利用国家政策性银行贷款、政府担保、财政贴息等手段，吸引各方面资金投资人才开发项目。

四、重点项目

（一）领军人才工程

围绕全省经济社会发展重大战略部署，突出重点领域、重点产业和重点学科，培养选拔1000名领军人才，其中：100名包括两院院士、甘肃省科技功臣、百千万人才工程国家级人选在内、能够进入国内外科技前沿的高级专家；300名在全省产业发展、科技创新、学科建设、成果转化等方面起引领和支撑作用的拔尖人才；600名在各自领域有较高学术造诣、成果显著的专业技术骨干。建立领军人才竞争择优、动态调整和政府科技计划、财政投入稳定支持的长效机制。以领军人才为核心，培育组建高层次人才团队，提升人才发展整体水平。

（二）"科教兴省"人才支撑工程

加大科技、教育领域尖端骨干人才培养开发力度，每年培训1万名专业技术骨干，为更好地实施科教兴省战略源源不断地输送高素质人才。加强重点产业、重点学科创新团队建设，设立100个特聘科技专家岗位，建成200个博士后工作（流动）站，集聚一批具有创新能力和发展潜力的学者、科学家和学科带头人。实施引进海外高层次人才"百人计划"，引进200名能够突破关键技术、发展高新产业、带动新兴学科的高层次人才。实施高素质教育人才培养工程，到2020年，全省高校专任教师达到3万人，具有研究生以上学历的达到70%以上；职业教育"双师型"教师达到50%以上；实现农村专任教师学历全部达标。

（三）工业强省战略人才促进工程

根据全省工业经济发展需要，深入实施工业强省战略人才促进工程。到2020年，培养造就100名引领省内企业参与国内外竞争的优秀企业家；1000名熟悉经济运行、精通资本运作的高级经营管理人才；1万名掌握关键技术、具有自主研发能力的企业高级专业技术人才，以企业为主体形成100个具有较强竞争力的技术创新团队；建成20个省级高技能人才培训基地、10个省级高技能人才公共实训基地，培养高级技师1万名、技师3万名、高级工20万名。

（四）新农村建设人才保障工程

围绕实现社会主义新农村建设阶段任务和战略目标，继续深化新农村建设人才保障工程。依托高等院校、农业科研院所、农业技术推广机构、职业技术学院、农村基层干部专修学校和农业特色产业，建成100个具有一定规模的农村人才培训开发基地，形成覆盖全省、门类齐全、特色鲜明、实效突出的培训网络体系。结合实施国家现代农业人才支撑计划，加大高层次农业科研和农技推广人才培养、扶持力度，每年重点扶持一批优秀农业科技人才和产业经营人才开展科研攻关、技术交流、学习研修、观摩展示等活动。每年组织20万名农村干部和党员骨干参加能力素质提升培训，组织160万人次农民参加实用技术培训，组织2000名基层农业技术推广人员参加知识更新培训。

（五）高层次人才科技创新创业扶持行动

把科技创新与培育高新技术企业有机结合起来，设立高层次人才科技创新创业扶持资金，采用政府拨款、有偿资助和贷款贴息、税收优惠等倾斜性政策，吸引各类社会资本参与，重点扶持高层次科技人才转化具有自主知识产权、能够形成产业规模、市场前景和预期效益好的重大科技创新成果项目，孵化和育成一批高成长性的高新技术企业。到2020年，培养100个在国内同行业中有一定影响力的科技创新创业团队，力争培育10个具有核心技术和明显竞争优势、年产值上亿元的高科技企业。

（六）陇原青年创新人才扶持计划

着眼于解决高层次人才断层问题和为经济社会长远发展储备人才，选拔一批有发展潜力的中青年学术技术骨干，采用重点培养、专项资助、定向跟踪等特殊倾斜扶持政策，培养造就一支与我省经济社会长远发展相适应的优秀后备青年人才队伍。每年遴选100名有发展潜力的青年学术技术骨干进行重点资助，支持他们瞄准国内外科技前沿，围绕重大项目、重点工程和重点产业开展科研攻关，催生一批对经济社会发展有较大影响的实用型科研成果，储备一批支撑全省未来发展的高层次青年科技创新人才和学术技术带头人。

（七）宣传思想文化骨干人才培养计划

立足建设文化大省需要，统筹推进高层次和基层宣传思想文化人才队伍建设。结合国家"四个一批"人才培养工程和文化名家工程，深入推进我省宣传文化系统拔尖创新人才工程，培养一支适应先进文化建设和文化产业发展需要的哲学、社会科学、新闻出版、广播影视、文化艺术、文物保护、文化产业经营管理骨干人才队伍，在重大课题、重点项目、重点学科、重要演出、创作研究、展演交流、出版专著等方面进行重点扶持和资助，对部分高端人才实行全程跟踪培养服务，造就一批在全国有较大影响力的文化名家，着力提高我省文化软实力。进一步培养壮大基层宣传思想文化人才队伍，引领和带动群众文化普及。到2020年，培养宣传思想文化领域文化名家50名，骨干人才1.5万人，全省每万人口拥有宣传思想文化人才15人。

（八）旅游产业人才培养计划

着眼于把旅游业培育成为我省国民经济战略性支柱产业的目标，全方位加强旅游产业人才培养开发。加强省内高等教育旅游专业学科建设，借助省内外高等院校旅游教育资源，加大旅游策划、规划、营销、研究等高端人才培养力度；大力发展旅游职业教育，加强校企合作，建立培训基地，强化从业人员的岗前和岗位培训；有计划选派业务骨干到发达地区和国家学习深造，积极引进高层次旅游经营管理人才和专业领军人才，逐步形成岗位培训、职业教育、学历教育和送出去、引进来相结合的旅游人才队伍建设新格局。到2020年，实现全省旅游行政管理、旅行社管理、星级酒店管理、A级景区管理人员和注册导游的全员培训和有计划轮训；培养、引进旅游策划、规划及旅游企业高级管理人员

100 名；新认证导游人员 1 万人。

（九）医疗卫生人才培养计划

以深化医药卫生体制改革为契机，以总体改善农村、城市社区公共卫生和医疗服务人才短缺局面为重点，加大医疗卫生人才培养开发力度，努力造就一支规模适宜、结构合理、技术精湛、服务优良的卫生人才队伍。结合实施国家全民健康卫生人才保障工程，加大各类紧缺实用人才培养力度。以中医师带徒形式培养 10000 名中医和中西医结合医师；培养 2000 名住院医师，培训 1 万名全科医师；继续实施医疗卫生大学毕业生进农村计划，提高基层医疗卫生服务能力。加强高层次医疗卫生领军人才团队建设，每年分层分类选派骨干医疗卫生人才到国（境）外、省内外医疗机构进修。到 2020 年，卫生人才总量、队伍结构和专业素质基本满足城乡人民群众医疗卫生服务需求，实现每千人口拥有卫生技术人员 3.8 人、执业医师 1.7 人、执业护士 1.6 人的目标。

（十）民族地区人才开发计划

着眼于把我省建设成促进各民族共同团结奋斗、共同繁荣发展示范区的要求，努力造就一支坚定维护国家统一和民族地区团结稳定，乐于为民族地区经济社会发展做贡献，数量充足、素质优良、结构合理，能够留得住、用得上的少数民族地区人才队伍。继续实施"百乡千人"挂职培训计划，分批选派少数民族乡镇党政领导班子成员到省内其他地区挂职培训。每年选拔 200 名少数民族中青年干部参加中央和省上组织的各类专题培训。每年抽调 100 名优秀教师到少数民族地区支教，从少数民族地区选派 100 名骨干教师和教学管理人员到省内其他地区挂职学习，依托省内高校每年培训 100 名少数民族地区"双语"教师，每年为 100 名少数民族地区乡镇卫生院人员提供大专以上学历教育。每年培训 5000 名现代农牧业、农畜产品加工、特色旅游、民族特色用品、民族手工艺品专业人才。

（十一）社会工作人才培养开发计划

坚持职业化、专业化的社会工作人才培养开发方向，专业培训与实践锻炼相结合，岗位设置与人才培养相衔接，全面加大社会工作人才开发力度。采取设置专门专业、加强院地合作、设立培训基地等方式，着力培养中高级社会工作人才，每年培训 1000 名社会工作管理人才及专业骨干，全面引领和带动基层社会工作人才培养开发。结合社会工作职业化建设和社会工作服务组织标准化建设，建设一批社会工作人才培训和继续教育基地，开发一批社会工作服务和实践岗位，每年对 1000 名基层社会工作者进行职业化培训，初步形成面向基层、覆盖街道（乡镇）的社会工作人才培养开发链条。

（十二）非公有制经济组织和新社会组织人才提升行动

加大对非公有制经济组织和新社会组织人才发展的扶持力度，制定并落实一视同仁、平等对待的人才开发政策措施，着力提升非公有制经济组织和新社会组织各类人才为社会主义市场经济做贡献的能力和素质。利用省内外高等院校、各类培训基地和国外培训渠道，采取培训、考察和交流等方式，重点培训非公有制经济组织和新社会组织经营管理和应用型人才，每年培训高级经营管理人才 100 名、技术人才 1000 名、技能人才 1 万名。

五、组织领导与保障措施

（一）健全完善人才工作管理体制

坚持党管人才原则，完善党委统一领导，组织部门牵头抓总，有关部门各司其职、密切配合，社会力量广泛参与的人才工作格局。发挥党委领导核心作用，统筹人才发展和经济社会发展，统筹人才工作和其他各项工作，统筹人才工作的各个方面，切实履行好管宏观、管政策、管协调、管服务的职责，提高人才工作的科学化水平。健全各级党委抓人才工作的领导机构，建立重大政策、重要工作的决策机制、监测评估机制和督促落实机制。完善组织部门牵头抓总职能，理顺各有关职能部门工作职责，健全各职能部门协调联系机制。建立党委、政府"一把手"抓"第一资源"的目标责任制，把人才发展列入各级党政领导班子的考核内容，建立各级党委常委会听取人才工作专项报告制度。完善党委联系专家制度，建立重大决策专家咨询制度。

（二）改进人才管理方式

围绕用好用活人才，完善政府宏观管理、市场有效配置、单位自主用人、人才自主择业的人才管理体制。充分发挥政府人力资源和社会保障部门在人才工作综合管理方面的职能作用，改进宏观调控，提高指导和服务水平，推动政府人才管理职能向创造良好发展环境、提供优质公共服务转变，运行机制和管理方式向规范有序、公开透明、便捷高效转变。遵循放开搞活、分类指导和科学规范的原则，深化国有企业和事业单位人事制度改革，创新管理体制，转换用人机制，扩大和落实单位用人自主权。发挥用人单位在人才培养、吸引和使用中的主体作用。

（三）加强人才工作政策体系建设

采取总体规划、分步出台的办法，建立健全涵盖人才培养、吸引、使用、流动、激励、保障等人才资源开发管理各个环节的人才政策，逐步形成完整配套、上下衔接的人才政策法规体系。及时清理、废止已经过时的政策。加强人才政策法规实施的检查评估，保证各项政策的有效实施。

（四）营造良好社会环境

充分发挥报刊、广播、电视、网络等媒体的作用，采取多种形式，宣传党和国家及省委、省政府关于人才发展的方针政策和重大决策部署，宣传各地各单位开展人才工作的典型经验和成效做法，宣传各条战线涌现出来的优秀人才及其先进事迹，并开展有关评选表彰奖励活动。通过广泛宣传，使"尊重劳动、尊重知识、尊重人才、尊重创造"的氛围更加浓厚，努力营造全社会关心、支持人才发展的良好社会环境。

（五）加强人才工作基础建设

深入开展人才发展理论研究，积极探索人才资源开发和人才工作规律，加强对人才工作实践的指导。加强人才信息化建设，建成全省人才信息网络，建立人才信息数据库，形成社会化、开放式的人才资源信息共享系统。改进和加强人才资源统计工作，将人才资源统计纳入地方经济社会发展统计指标体系，建立人才资源年度统计调查和定期发布制度。加强人才工作队伍建设，加大对人才工作队伍培训力度，提高人才工作队伍的政治素质和业务水平。

广东省中长期人才发展规划纲要（2010—2020年）

根据国家中长期人才发展规划纲要，结合我省经济社会发展和人才工作实际，制定本规划纲要。

一、序言

人才是指具有一定的专业知识或专门技能，进行创造性劳动并作出贡献的人，是人力资源中能力素质较高的劳动者。

人才是强省之基、富民之本、发展之源，是推动科学发展的第一资源。人才问题是关系我省经济社会发展的关键问题。当前，我省正处于加快转变经济发展方式、推动科学发展、促进社会和谐的重要时期，建立现代产业体系、推动产业结构优化升级、提高自主创新能力，在经济全球化激烈的竞争中赢得主动，关键是人才。确立人才优先发展战略，充分发挥人才在经济社会发展中的基础性、先导性、战略性作用，加快建设一支规模大、素质高、结构优、善于科学发展、具有国际竞争力的人才队伍，既是当务之急，又是百年大计。

省委、省政府一直高度重视人才工作。进入新世纪以来特别是近年来，在科学发展观和科学人才观的指引下，全省人才工作取得长足进步，人才强省战略深入人心，党管人才格局基本形成，人才总量大幅增长，人才结构持续改善，人才成为推动我省经济社会发展的强大引擎和重要支撑。但必须清醒地看到，我省人才发展仍面临严峻挑战，主要是人才结构和布局不尽合理，优秀拔尖人才比较匮乏，人才创新创业能力不强，人才工作政策措施不够系统配套，人才发展体制机制障碍依然存在，这些问题亟须解决。

未来十年，是我省人才事业发展的重要战略机遇期。各级党委、政府要统一思想，提高认识，坚持走人才强省之路，把人才工作摆在更加突出的重要位置，进一步增强责任感、使命感和紧迫感，自觉用科学理论指导人才工作、用战略思维谋划人才工作、用科学制度保障人才工作、用科学方法推动人才工作，不断提高人才工作水平，努力把各类人才队伍特别是高层次创新创业人才队伍打造成为我省加快转变经济发展方式的新引擎、提高自主创新能力的主力军、促进战略性新兴产业发展的领头人，打好人才工作主动仗，抢占人才竞争制高点，尽快形成人才竞争比较优势，逐步实现由人力资源大省向人才强省转变，再造人才发展新优势，开创人才工作新局面。

二、人才发展的指导思想、基本原则和战略目标

（一）指导思想

以邓小平理论和"三个代表"重要思想为指导，深入贯彻落实科学发展观，坚持党管人才原则，坚持人才优先发展，紧紧围绕我省加快转变经济发展方式、建设现代产业体系和创新型广东的目标要求，扎实推进人才强省战略，以提高自主创新能力为核心，以加快吸引培养高层次、创新型、急需紧缺人才为重点，综合开发国内国外两种人才资源，统筹推进各类人才队伍建设，全面促进区域人才工

作一体化发展，力争培养人才有新成效、引进人才有新举措、发挥人才作用有新进展、创新体制机制有新突破，为我省当好推动科学发展、促进社会和谐的排头兵提供坚强有力的人才保证和智力支持。

（二）基本原则

——人才优先，服务发展。确立人才优先发展战略，做到人才资源优先开发、人才结构优先调整、人才投资优先保证、人才制度优先创新。以服务科学发展作为人才工作的根本出发点和落脚点，围绕科学发展目标确定人才队伍建设任务，根据科学发展需要制定人才政策措施，用科学发展成果检验人才工作成效。

——高端引领，统筹推进。充分发挥高层次人才在经济社会发展和人才队伍建设中的引领作用，进一步加大高端人才引进和培养力度，着力优化人才结构，提升人才竞争力。综合开发利用国内国际两个市场，统筹推进城乡、区域、产业、行业和不同所有制人才资源开发，实现各类人才队伍和区域人才队伍协调发展。

——引育并重，以用为本。坚持培养人才与引进人才相统一，创新人才培养模式，拓宽人才引进渠道。以用好用活人才为根本，积极为各类人才干事创业、实现价值提供机会和条件，最大限度地激发人才的创造热情和创新活力，努力做到人尽其才、才尽其用、各得其所、各展其长。

——创新机制，优化环境。坚持党管人才原则，增强人才工作合力，破除束缚人才发展的思想观念和体制机制障碍，营造以德为先、唯才是举、见贤思齐的人文环境，鼓励创新、容许失误的工作环境，待遇适当、无后顾之忧的生活环境，公开平等、竞争择优的制度环境，逐步形成开放、创业、法治的社会氛围。

（三）战略目标

总体目标：大力培养和造就适应我省经济社会发展需要的规模宏大、素质优良、结构优化、效能显著的各类人才队伍，国内人才强省地位全面确立，国际人才竞争优势充分显现，区域人才发展水平和人才竞争实力基本达到发达国家水平，为我省加快建设小康社会、率先基本实现现代化打下坚实基础。

中期目标：到2015年，全面落实人才培养、吸引、使用、保障、激励等各项措施，人才发展体制机制创新取得重大突破，人才发展政策体系基本建立，人才总量明显增长，人才素质明显提高，人才结构明显改善，人才效能明显增强，区域人才发展水平和人才竞争实力位居全国前列。全省人才总量达到1950万人，主要劳动人口受过高等教育的比例达到19%，每万名劳动力中研发人员超过35人年，高技能人才占技能劳动者比例达到28%，人力资本投资占国内生产总值比例达到13%，人才贡献率达到32%。

长期目标：到2020年，全省人才发展跃上新台阶，人才基础更加雄厚，人才结构更加合理，人才发展政策体系更加完善，人才发展环境更加优化，人才强省地位更加巩固，人才竞争比较优势更加突显，争取区域人才发展水平和人才竞争实力基本达到发达国家水平。全省人才总量达到2260万人，主要劳动人口受过高等教育的比例达到25%，每万名劳动力中研发人员超过46人年，高技能人才占技能劳动者比例达到30%，人力资本投资占国内生产总值比例达到15%，人才贡献率达到38%。

三、人才发展的主要任务

（一）优先培养引进高层次创新型科技人才

适应建设创新型广东的需要，以提高自主创新能力为核心，以科技领军人才、创业人才、创新团队为重点，打造一支创新能力强、团队结构优的高层次创新型科技人才队伍。继续办好高新技术园区、工业园区和留学人员创业园区，推进人才、基地、项目一体化建设，依托重大科研项目、重大工程项目、重点学科和重点科研基地，大力培养引进一批掌握核心技术、带动新兴学科、发展高新产业的科技领军人才和高水平创新团队。继续加大我省自然科学基金、科技攻关、火炬计划、星火计划等科技项目对重点学科带头人、优秀创新团队、博士后、海外留学回国人员等高层次人才的扶持力度，建立支持创新型科技人才发展的长效机制，加大优秀青年科技人才的培养力度，造就一批中青年高级专家。通过外聘或兼职、合作与交流、讲学和咨询等方式，柔性引进海内外高端人才。制定个性化培养方案，支持和选派有潜能的专业人才到国内外著名培训机构接受专业教育和实践训练。深化教育科研体制和学术管理体制改革，完善激励保障政策，激发高层次创新型科技人才的创造活力和创业热情。深化省部（院）合作，构建产学研合作体系，推动优秀科技创新人才向企业集聚，促进科技成果转化和产业化。2015年，高层次创新型科技人才总量达到3200人，研发人员总量达到37万人年。2020年，高层次创新型科技人才总量达到5100人，研发人员总量达到52万人年，总体规模居全国前列。

（二）优先开发经济社会发展重点领域专门人才

1. 加快推进国民经济重点领域人才开发。适应我省加快转变经济发展方式、建设现代产业体系的需要，围绕着力培育战略性新兴产业、加快发展先进制造业、优先发展现代服务业、改造提升优势传统产业、积极发展现代农业的战略部署，以提升产业竞争力为核心，以促进产业发展集聚化、结构高级化、竞争力高端化为方向，以急需紧缺专门人才为重点，打造一支引领和支撑我省产业结构调整和经济发展方式转变的现代产业人才队伍。结合重点产业调整振兴规划、现代产业500强项目建设和产业发展技术路线图，研制重点产业人才开发路线图，加强产业、行业人才发展统筹规划和分类指导，调整优化高等学校学科专业设置，大规模开展重点领域专门人才知识更新培训，加快培养和引进一批掌握核心技术、关键技术和共性技术的创新型科技人才，依托重大项目、重点工程和产业基地，集聚一批具有国际领先水平的产业专家和技术带头人。到2015年，在高端新型电子信息、新能源汽车、半导体照明、生物医药等战略性新兴产业，装备、汽车、石化、钢铁、船舶等先进制造业，金融、物流、商务会展、文化创意、工业设计和服务外包等现代服务业，家用电器、纺织服装、轻工食品、建材、造纸等传统优势产业，优质粮食、特色园艺、农产品精深加工等现代农业以及其他国民经济重点领域培养开发急需紧缺专门人才39万人。到2020年，新增80万人。

2. 加快推进社会发展重点领域人才开发。适应我省教育现代化发展和争创国家教育综合改革示范区的需要，以提高教师能力和素质为核心，以高校教育教学名师、职业技术院校"双师型"教师和农村教师为重点，大力加强师资队伍建设。适应推进依法治省、建设和谐广东、维护社会稳定的要求，以增强战斗力和纪律性为核心，大力加强政法人才队伍建设。适应建设文化强省和建设全国性公共文化建设示范区的要求，以提高思想理论水平和创新能力为核心，以高层次宣传文化领导人才、哲学社会科学人才、宣传文化业务人才、文化产业人才、外向型人才和新媒体人才为重点，大力加强宣传文化人才队伍建设。适应人民群众不断提高生活质量和健康水平的需要，以提升医疗卫生水平、改善医疗卫生服务技能为核心，大力加强医疗卫生人才队伍建设。适应建设和谐社会的要求，以提高应急能力为核心，以培养高层次防灾减灾专业人才为重点，大力加强防灾减灾人才队伍建设。到2015年，教育、政法、宣传思想文化、医药卫生、防灾减灾等社会重点领域人才新增36万人。到2020年，社会重点领域人才新增54万人，形成一支专业水平高、职业道德好、服务能力强的社会发展专业人才队伍。

（三）统筹推进各类人才队伍建设

1. 加强党政人才队伍建设。按照加强党的执政能力建设和先进性建设的要求，以坚定理想信念、增强执政本领、提高领导水平为核心，以各级领导班子和县（处）级以上党政领导干部为重点，建设一支政治坚定、勤政廉洁、求真务实、奋发有为、善于推动科学发展的高素质党政人才队伍。坚持德才兼备、以德为先的用人标准，注重使用贯彻落实科学发展观坚决有力的干部，把具备世界眼光和战略思维、勇于解放思想和先行先试、推动科学发展实绩突出的干部选拔上来。健全适应科学发展观要求的干部考核评价体系，规范干部任用的初始提名，加大竞争性选拔干部的力度，完善差额选拔干部办法以及公开选拔、公开遴选、竞争上岗等制度，提高选人用人公信度。加强干部监督管理，健全权力约束制衡机制，选好配强各级党政正职，着力抓好县委书记队伍建设。加大优秀年轻干部选拔和党政后备干部队伍建设力度，促进优秀人才脱颖而出。加强女干部、少数民族干部、非中共党员干部培养选拔和教育培训。注重选拔有基层工作经验的干部，使基层和生产一线真正成为培养干部的主阵地。

2. 加强企业经营管理人才队伍建设。适应经济全球化和率先建立现代产业体系的需要，以提高现代经营管理水平和企业国际竞争力为核心，以优秀企业家和职业经理人为重点，培养造就一大批具有全球战略眼光、市场开拓精神、管理创新能力的企业经营管理人才。采取自主培养与海内外引进相结合的方式，重视在市场竞争中发现和培养人才，加快推进企业经营管理人才职业化、市场化、专业化和国际化，为发展和培育具有国际竞争力的大企业集团提供坚强的人才保证。2015年，企业经营管理人才总量达到360万人，2020年达到430万人，通过市场化方式选用的比例达到80%，国际化人才总量达到3万人。

3. 加强专业技术人才队伍建设。适应经济社会发展需要，以高层次专业技术人才和紧缺人才为重点，以提高专业水平和创新能力为核心，统筹推进不同类型、不同层次、不同地区专业技术人才协调发展，培养积聚一大批高水平学科带头人、中青年高级专家和经济社会发展急需紧缺人才，提升专业技术人才队伍建设的整体实力和国际竞争力。构建专业技术人才继续教育和终身教育体系，实施专业技术人才知识更新工程，加强专业技术人才培训。推动专业技术人才向企业、社会组织和基层流动，促进专业技术人才在区域、产业和行业的合理分布。2015年，专业技术人才总量达到550万人，2020年达到700万人，高、中、初级专业技术人才比例为12∶42∶46。

4. 加强高技能人才队伍建设。适应建设现代产业体系和推进产业、劳动力"双转移"的需要，以提升职业技能为核心，以技师和高级技师为重点，打造一支规模宏大、门类齐全、技艺精湛的高技能人才队伍。紧紧抓住技能培养、考核评价、岗位使用、竞赛选拔、技术交流、职业开发、表彰激励、社会保障等环节，完善以企业行业为主体、职业技工院校为基础、学校教育与企业培养紧密联系、政府推动与社会支持相互结合的技能人才培养体系，建设一批高层次、高标准、开放式的高技能人才公共实训基地和技师工作站，着力培养现代产业体系重点领域的高技能人才。加强企业职工在岗和转岗技能提升培训、农村劳动力转移就业培训和失业人员再就业培训，把珠江三角洲地区建设成为中国南方重要的职业技术教育基地和城乡技能提升培训示范区。建设全国示范性师资培训基地，加强技能人才师资队伍建设。全省高技能人才总量2015年达到400万人，2020年达到520万人。

5. 加强农村实用人才队伍建设。适应社会主义新农村建设和加快发展现代农业的需要，以提高科技素质、职业技能和经营能力为核心，以农村实用人才带头人和农村生产经营型人才为重点，着力培养一大批服务农村经济社会发展、数量充足的科技、教育、文化、卫生等方面的人才和农村基层管理人才、种养能手、农民企业家。建立健全农民科技教育培训体系，充分发挥地方农校、农民科技教育培训中心、农村现代远程教育网络的作用，推动高等院校、科研院所与市、县共建农科培训和成果推广基地，大规模开展农村实用人才培训。明确各级政府和有关部门加强农村实用人才培养的责任，加大政策扶持和激励力度，完善农村实用人才公共服务体系，发挥农业龙头企业和农村各类经济合作组织的载体作用，鼓励支持建立专业合作组织和专业技术协会，引导扶持农村实用人才创业兴业。建立"三农"科研激励机制，每年选拔10名农业科研杰出人才，给予科研专项经费支持和奖励。鼓励引导高校毕业生到农村就业和发展，加强基层农技推广机构和队伍建设，稳定和用好农村现有人才。2015年，农村实用人才总量达到150万人，2020年达到200万人，其中培养示范带动能力强的农村实用人才10万人，每个行政村至少有3名以上农村实用人才。

6. 加强社会工作人才队伍建设。适应率先构建社会主义和谐社会和建设全国高水平、高品质社会事业发展示范区的需要，以人才培养和岗位开发为基础，以中高级社会工作人才为重点，培养造就一大批职业化、专业化的社会工作人才。完善教育培训体系，开展社会工作岗位设置试点，规范社会工作者职业水平考试，完善社会工作者职业水平评价制度，大力提高社会工作人才的职业素质和专业能力。

探索政府购买社会服务方式，推进社会服务社会化，逐步形成政府主导、社会参与、民间运作的社会工作运行机制和社会服务体系。推进城乡社区、公益类事业单位、公益类社会组织社会工作人才队伍建设。坚持培育与监管并重，引导公益类社会组织规范运作和健康发展。以基层社区为突破口，改革创新社会管理体制和社会工作运行机制，探索建立"项目参与式"的城乡社区社会工作模式。2015年，专业社会工作者达到5万人，社会工作人才总量达到20万人。2020年，专业社会工作者达到10万人，社会工作人才总量达到30万人。

7. 加强非公有制经济组织和新社会组织人才队伍建设。适应非公有制经济组织和新社会组织迅速发展的需要，制定加强非公有制经济组织和新社会组织人才队伍建设意见，健全非公有制经济组织和新社会组织人才管理体制。坚持一视同仁、平等对待，消除体制性障碍，政府在人才培养、引进、评价、使用等方面的各项政策，非公有制经济组织和新社会组织人才平等享受；政府支持人才创新创业的资金、项目信息等公共资源，向非公有制经济组织和新社会组织人才平等开放；政府开展人才宣传、表彰、奖励等方面的活动，非公有制经济组织和新社会组织人才平等参与。加强非公有制经济组织和新社会组织后备人才培养。2015年，非公有制经济组织人才总量达1240万人，新社会组织人才总量达48万人；2020年，非公有制经济组织人才总量达1380万人，新社会组织人才总量达70万人。

（四）统筹推进区域人才协调发展

1. 加快构建珠江三角洲创新型人才圈。围绕实施《珠江三角洲地区改革发展规划纲要（2008—2020年）》，在珠江三角洲地区先行先试、深化人才体制机制改革，把珠江三角洲地区打造成为人才培养示范区、人才引进先行区和人才体制机制创新试验区，着力建设以广州和深圳为龙头、以珠江三角洲为核心、承接四海内外、辐射粤东西北的创新型人才圈，形成人才国际竞争优势。结合"广佛肇"、"深莞惠"、"珠中江"三大经济圈的产业布局，引导高端人才向产业带、高新区和专业镇聚集，突破制约自主创新的人才瓶颈。发挥毗邻港澳的地缘优势和华侨众多的人缘优势，完善粤港澳人才多领域合作与交流机制，提高珠江三角洲地区人才国际交流与合作水平。建设珠江三角洲人才工作联盟，推进人才开发一体化。

2. 加快推进粤东西北地区人才发展。按照"提升珠三角、带动东西北"的要求，粤东西北地区结合区位特点、功能定位和产业优势，制定人才带动战略和政策，以项目引人才，以人才带项目，大力招揽人才、用好人才、留住人才，加快人才队伍发展。加快人才市场一体化进程，充分发挥政府调控、市场主导的人才资源配置作用，鼓励用人单位以岗位聘用、项目聘用、人才租赁和项目合作等方式招才引智，引导各类人才合理分布。

3. 加强珠江三角洲与粤东西北地区人才交流合作。继续实施"科技、教育、卫生人才智力扶持山区计划"、"三支一扶"、"一村一名大学生"计划。围绕产业和劳动力"双转移"战略，发挥珠江三角洲地区产业和人才的辐射带动作用，引导创新要素向产业转移园集聚，带动粤东西北地区加快振兴。对粤东西北地区在人才政策上倾斜，在资金投入上扶持，在岗位津贴、医疗保险、职称晋升等方面实行优惠政策，鼓励引导高校毕业生到基层和欠发达地区服务、就业和自主创业。

四、人才发展重点工程

（一）珠江人才引进计划

结合我省产业发展需要，重点实施"百千万"人才引进项目，用5至10年时间，全省引进100个居国际国内先进水平的创新科研团队和100名带动新兴学科、发展高新产业、引领先进文化的领军人才，1000名掌握核心技术的紧缺人才和战略性新兴产业急需人才，10000名优秀留学人员来粤创新创业。

（二）南粤英才培养工程

重点实施"双百"人才培养项目，每年遴选20至30名优秀人才，以5年为一个培养周期，着力培养 100 名有实力竞争中国科学院、中国工程院院士的候选人才；依托主体科研机构和高等院校，重点培养 100 名领军人才。实施青年英才培养工程，着眼于人才基础性培养和战略性开发，在自然科学、工程技术、社会管理、哲学社会科学和文化艺术等领域，每年重点培养扶持一批青年拔尖人才。实施博士后培养工程，5 年内新增 40 个博士后科研流动站、80 个工作站，2000 名进站博士后。鼓励掌握核心技术、具有自主知识产权或拥有高成长项目的博士后出站后继续留在我省工作。

（三）创新创业载体建设工程

创新科研管理体制和人才工作机制，实行特殊的人才政策和支持措施，依托国家级、省级技术开发区和高新区，建设 5 个左右"人才特区"；依托产业带和产业集群，加快战略性新兴产业、现代服务业和先进制造业人才集聚，建设 10 个左右"人才走廊"；在全省有创新创业优势的大型企业、高校、科研机构和高新技术开发区，建设 50 个左右省级高层次人才创新创业基地。在我省创新型企业和高新技术企业中建立 100 个左右院士工作站。大力打造创新联盟、博士后工作站和工程（技术）中心等科研成果转化中心，建立一批创新创业公共服务平台。

（四）战略性新兴产业人才开发路线图计划

遵循科技发展规律、产业发展规律和人才成长规律，围绕我省重点发展的高端新型电子信息、半导体照明（LED）、电动汽车、太阳能光伏、核电设备、风电、生物医药、节能环保、新材料、航空航天、海洋等 11 个战略性新兴产业，结合我省产业技术路线图和创新型企业成长路线图制订工作，制订我省战略性新兴产业人才发展路线图。通过对战略性新兴产业发展不同阶段技术创新与人才需求的关联分析，对创新人才资源在全球分布状况的系统考察，做好战略性新兴产业人才开发的路径设计与制度安排，引导企业有计划、有目标、有步骤、有针对性地引进和培育掌握关键技术、核心技术的高端人才，突破人才瓶颈，攻克技术壁垒，科学配置和有效利用科技创新资源，推动人才链与产业链无缝对接，提升自主创新能力和产业竞争力。

（五）党政人才素质能力提升工程

以县（处）级以上党政领导干部和中青年后备干部为重点，以提高理论思维、战略思维和领导科学发展、促进社会和谐的能力为核心，按照"干什么学什么，缺什么补什么"的原则，实施全覆盖、多手段、高质量的大规模干部培训，构建理论教育、知识教育、党性教育和实践锻炼"四位一体"的干部培养教育体系，全面提高干部队伍的综合素质和领导能力。从 2010 年开始，适应我省加快转变经济发展方式要求，结合学习型党组织建设活动，在全省开展以新技术、新产业基础知识为重点内容的大规模干部培训，着力推动广大干部特别是各级领导干部知识结构的转型升级，努力打造一支既有加快转变经济发展方式的迫切愿望、又有加快转变经济发展方式高超本领的党政领导人才队伍。

（六）现代企业家和职业经理人培养计划

围绕提升企业整体竞争力，培育具有全球影响力的跨国企业和创新能力强的创新型企业，培养造就一批职业化、现代化、国际化的优秀企业家，打造一支高素质、创新型、复合型的职业经理人队伍。成立省企业经营管理人才评价中心，建立广东企业高级经营管理人才库。完善培训工作机制，对国有大中型企业、民营骨干企业的高层经营管理人才在5年内轮训一遍，培训时间累计不少于3个月；利用国（境）外培训资源，选派优秀年轻企业家到国（境）外培训考察；鼓励企业家参加高级管理人员工商管理硕士（EMBA）教育。

（七）百万技能人才开发计划

扩大职校技校招生规模，实施"校企双制"办学模式和"百校千企"行动计划，加强校企合作和工学结合，对在岗职工、农民工、退役士兵、失业人员、应届大中专毕业生和高中毕业生进行技能培训。构建与现代产业体系相适应的职业教育和技能培训体系，到2020年，建成25所全国示范性高职院校和省级示范性高职院校、40所全国示范性中等职业学校、20所全国示范性技师学院、40所全国示范性高级技工学校、5个职业技能竞赛基地、3—5个全国示范性师资培训基地、100个左右高技能人才实训基地，100个生产性实训基地，20个校企合作示范基地，20个企业技师工作站。通过引进发达国家职业技术教育高端人才和培训专家，选拔省内职校技校骨干教师赴国（境）外学习深造，招揽国内高端技能人才等方法，培养高技能人才师资2000名。到2020年，培养30万名符合我省产业发展方向、行业企业急需的技师和高级技师，培养数百万掌握先进技术、先进工艺的高技能人才。

（八）百万农村实用人才培训计划

对农村"两委"干部进行现代农业知识和乡村管理知识培训。挑选十万名农业合作组织、农业专业协会领导人、乡镇农业企业管理人员和农业技术推广人员进行现代农业知识、农业企业管理知识、农业法律法规知识培训。挑选百万名农业生产第一线的农民进行现代农业知识和科学种养技术培训。重点培养一批农业科技创业人员、现代农业技术推广带头人、农村种养殖大户。建设一批农村实用人才培训基地。

（九）社会工作人才培养工程

制订社会工作人才培养规划，建立完善教育培训体系，加强师资队伍、培训教材、培训基地和实习基地建设，加快高校和职业院校培养专业社会工作人才的步伐，逐步完善与我省社会事业发展相协调的初、中、高级社会工作人才梯次结构。通过进修、实习、短训、函授、交流等多种形式，对现有社会工作从业人员进行大规模培训，鼓励其参加社会工作专业学历教育和社会工作职业水平考试，大力提高社会工作人才的职业素质和专业能力。建立粤港澳教育培训合作机制，聘请港澳专家学者和资深社会工作者来粤讲学和开展专业实习督导，组织社会工作骨干赴港澳地区学习考察和培训。实施社会工作专业学生800小时实习制度，提高社会工作人员实务能力。

（十）教育名师培养工程

继续实施广东省高等学校"珠江学者"岗位计划和"千百十工程"，培养造就一批学术大师、学科带头人和学术骨干。实施高等学校高层次人才引进计划，面向国内外引进学科带头人和杰出教育家。实施高校优秀青年教师培养计划，重点扶持和培养35周岁以下具有博士学位的优秀青年教师，争取有一批高校高层次人才成为"国家杰出青年基金项目"、"国家重点基础研究发展规划"获得者，或列入教育部"长江学者"特聘教授和团队范围。实施高等职业技术院校"珠江学者"岗位计划，吸引、遴选和造就一批职业技术教育专业领军人才。实施职业技术教育"双师"素质提升计划，建设一支专业理论扎实、实践能力强的职业技术教育教师队伍。推进师范教育人才培养模式改革与创新，建立高校、区域教师培训基地、"中小学名校长（名教师）工作室"三位一体的省级中小学骨干教师培训体系，培养造就一批名校长、名教师。

（十一）文化名家培养工程

继续实施宣传思想文化战线十百千人才工程，在社科理论、文学艺术、新闻采编、出版发行等领域，以5年为一个培养周期，到2020年培养造就50名左右居全国领先水平的学科带头人和文化名家，500名左右在某一学科或行业中颇具影响力和知名度的拔尖人才，5000名左右在各专业门类中具有扎实功底和发展潜力的业务骨干，掌握文化发展和文化传播的主动权，大力推动我省先进文化和文化产业的发展。实施哲学社会科学人才培养工程，培养造就一批全面掌握中国特色社会主义理论体系并坚持理论联系实际的理论家。加强对文化企业领导人才的培养和管理，造就一批懂文化、会经营、善管理的文化企业家和文化职业经理人。

（十二）卫生名医培养工程

制订实施顶尖名医培养计划，每年组织实施10个左右重大医学攻关项目，设立名医培养专项经费，遴选一批中青年优秀卫生人才进行重点扶持，大力培养和引进顶尖名医和学术带头人，力争到2020年新增30名左右全国杰出中青年医学专家、120名左右全省著名医学专家。制订实施名中医培养计划，以高等医学院校为依托，建立中医药高级人才研修基地，实施"优秀中医临床人才研修项目"，培养造就10名左右中医药学术领军人物和一批中青年中医药人才。制订实施乡土名医培养计划，建立完善基层医疗卫生人才培训体系，通过大规模培训和大幅度提高待遇，吸引、培养和留住基层卫生人才。

（十三）老龄人才开发利用工程

老龄人才知识积淀深厚、专业造诣精深、实践经验丰富，是人才队伍的重要组成部分，是党和国家的宝贵财富，是"科教兴粤"、"人才强省"需要依靠的一支重要力量。修订完善《关于进一步发挥高级老专家作用的意见》，以社会需求为导向，以高中级职称、低龄老人为重点，通过建立离退休专家顾问团、离退休专家咨询委员会等多种形式，在技术咨询、科技服务、人才培训、智力开发、医疗保健等方面，继续发挥老龄人才的专长和作用。

五、创新人才发展体制机制

（一）健全党管人才领导体制

坚持党管人才原则，完善党委统一领导，组织部门牵头抓总，有关部门各司其职、密切配合，社会力量广泛参与的人才工作格局，增强推动人才工作的合力。各级党委组织部门要按照"管宏观、管政策、管协调、管服务"的要求，重点抓好战略思想研究、总体规划制定、重要政策统筹、重大工程设计、重点人才培养以及先进典型宣传。建立党委、政府"一把手"抓第一资源的目标责任制，把人才发展纳入各级党政领导班子考核内容。健全各级党委抓人才工作的领导机构，建立重大政策、重要工作部署的决策机制、协调机制和督促落实机制。建立各级党委常委会听取人才工作专项报告制度，完善党委直接联系专家、听取专家意见的直通车制度和重大决策专家咨询制度。

（二）健全人才管理服务机制

加快人才立法步伐，及时废除、更新或修改不适应人才发展要求的政策，建立健全符合人才成长规律和有利于人才发展的人才政策法规体系，推进人才管理服务工作制度化、规范化。围绕充分发挥现有人才作用，完善政府宏观管理、市场有效配置、单位自主用人、人才自主择业的人才管理体制，推动政府人才管理职能向创造良好发展环境、提供优质公共服务转变，形成规范有序、公开透明、便捷高效的人才管理运行机制和管理方式。推动人才管理部门进一步简政放权，减少和规范人才评价、流动等环节中的行政审批事项。深化事业单位人事制度改革，坚决克服人才管理中的行政化、"官本位"倾向，逐步取消科研院所、学校、医院等事业单位的行政级别和行政化管理模式。设立创业风险投资基金，落实创业人才税收优惠政策，完善金融信贷优惠政策、政府资助科研项目的成果转化和技术转移政策、高校和科研院所科技人员创办科技企业激励保障政策，加大对各类人才创业的政策扶持。制订政府购买服务政策，发展和规范各类人才社会中介组织，加强人才公共服务产品开发和标准化管理，不断提高人才服务效率和水平。

（三）健全人才优先投入机制

树立人才资本理念，加大人才投入力度，优先保证人才投入，完善以政府投入为引导、用人单位投入为主体、社会投入为补充的多元化投入机制，保持人才投入与经济发展同步增长，到2020年政府物力资本投资和人力资本投资比例达到中等发达国家水平。各级财政建立人才专项资金，纳入财政预算体系，保障引进、培养、激励人才等重大项目的实施，营造鼓励和支持人才干事创业的良好环境。完善专项资金管理办法，确保资金使用效益。加大对欠发达地区财政转移支付力度，积极扶持欠发达地区的人才开发工作。

（四）健全人才培养开发机制

坚持以社会需求为导向，以素质提升和能力建设为核心，深化教育体制改革，完善教育培训体系，全面推进素质教育，发挥教育在人才培养中的重要作用。构建学习型社会，推进公共教育服务均等化，促进教育公平。改革高等院校办学体制和人才培养模式，实现人才培养与使用的统一。鼓励实行校企"双导师"培养研究生模式，鼓励研究生选择企业攻关项目作为研究方向，推进高校人才培养与市场需求对接，大力培养社会急需的紧缺人才和适用人才。大力推进省部院产学研合作，共建科技创新高地。建设创新创业载体，推进校企合作，支持企业与高等院校、科研院所共建高水平的科技成果转化和技术孵化基地，建立创新联盟和企业工程技术中心，共同承担国家重大项目及联合开展科研攻关，推进产学研结合。完善脱产进修、岗位培训、在职学习、出国（境）深造等培训制度，加强职业教育和在职人员继续教育，大力发展现代远程教育，形成开放式、广覆盖、多层次的教育培训网络。放宽与国（境）外机构合作办学权限，到2020年，重点引进3—5所国（境）外知名大学到广州、深圳、珠海等城市合作举办高等教育机构，建成1—2所国内一流、国际先进的高水平大学。拓宽海外培训渠道，建立海外培训基地，推进本土人才国际化和国际人才本土化。

（五）健全人才评价发现机制

以能力和业绩为导向，针对各类人才的不同特点，建立多元化人才评价标准和人才评价指标体系，提高人才评价的科学水平。坚持党政人才评价重在群众认可、能力与业绩并重，完善体现科学发展观要求的领导干部和公务员考核体系。坚持企业经营管理人才评价重在市场和出资人认可，完善以任期目标为依据、业绩为中心的国有企业领导人员考核评价办法，推进职业经理人社会化评价。坚持专业技术人才评价重在社会和业内认可，突出用人单位评价主体作用，形成社会化职业技能鉴定、专项职业能力考核多元评价机制。改革专业技术职称和职业资格制度，完善职业标准和认证体系，引进和推广国际广泛认可的重点领域人才资质认证办法，克服人才评价中唯学历、唯论文倾向，增强专业技术职务资格认定的权威性和公信力。加强职业诚信体系建设，建立人才诚信档案制度。完善以创新和质量为导向的科研评价办法，克服考核过于频繁、过度量化的倾向，实施有利于科技人员潜心研究和创新的政策。完善科研诚信体系，从严治理学术不端行为。把评价人才与发现人才结合起来，重视在重大科研、工程项目实施和急难险重工作中发现、识别人才，健全举才荐才的社会化机制。

（六）健全人才选拔任用机制

按照公开、平等、竞争、择优原则，改革各类人才选拔任用方式，形成有利于优秀人才脱颖而出、充分施展才能的选人用人机制。深化党政人才选拔任用制度改革，坚持德才兼备、以德为先，完善党政人才公开选拔、竞争上岗、公推公选等办法，推行任期制和聘任制等制度。完善公务员招考录用机制，优先录用具有基层和生产一线工作经历的人员。加大市场化选聘力度，建立市场配置、组织选拔和依法管理相结合的国有企业领导人员任用制度。按照现代企业人事制度，对国有资产出资人代表依法实行派出制和选举制，对经理人推行聘任制。深化事业单位人事制度改革，全面推进岗位设置管理和公开招聘制度，实现事业单位人才从固定用人向合同用人、由身份管理向岗位管理转变。

（七）健全人才流动配置机制

推进人才市场体系建设，建立以市场机制为主导、政府部门宏观调控、市场主体公平竞争、行业协会严格自律、中介组织提供服务的人才流动机制，促进人才自由、有序流动。充分发挥企业引才的积极性和主体作用，在创新型企业和高新技术企业建立一批院士工作站和博士后流动站、工作站，鼓励企业、高校和科研机构联合引才。建立人才供需预测和调控机制，定期发布职位供需信息，引导人才与工作岗位准确对接。充分发挥广州"留交会"、深圳"高交会"和"国际人才交流大会"以及各类人才市场等现有平台的引才引智作用。进一步加强海外人才工作站建设，建立"网上留交会"和海外高层次留学人员信息库，培育发展国际人才市场和国际人才中介服务机构，为海内外高层次人才来粤工作打造更加便捷、高效、持久的新平台。开辟"一站式"服务专区和"绿色通道"，对紧缺急需的高层次人才和特殊岗位人才，放宽年龄、学历、资历限制，简化引进程序和手续。改革户籍管理制度和人事档案制度，完善居住证制度，消除人才流动中的区域、城乡、部门、行业、身份、所有制等限制。按照"不求所有，但求所用"、"双向选择，来去自由"的原则，促进人才的柔性流动。完善出国留学、招收国外留学生政策，建立学历、专业技术资格、职业资格国际互认制度，促进国际人才和粤港澳区域人才交流合作。发挥政府宏观调控作用，引导和鼓励各类人才向农村、基层、边远地区和艰苦行业流动。

（八）健全人才激励保障机制

建立健全充分体现人才价值、鼓励人才创新创造的分配激励机制，鼓励技术入股、专利入股，积极探索知识、技术、管理、技能等生产要素按贡献参与分配的有效实现形式和办法。完善薪酬制度，实行收入与工作实绩和科技成果转化效益挂钩，对有特殊贡献的人才试行协议工资和年薪制。建立健全优秀人才表彰奖励制度，认真做好"南粤功勋奖"、"南粤创新奖"、"南粤技术能手奖"、"南粤友谊奖"、"广东省科学技术突出贡献奖"和"广东省哲学社会科学优秀成果奖"等评选表彰工作，重奖有突出贡献的人才。进一步完善有利于人才发展、充分发挥人才作用的社会保障体系。切实为来粤工作的高层次人才解决住房、配偶安置、子女入学等实际困难。各市、用人单位采取以货币补贴（购房补贴、房租补贴）或房屋租住（人才公寓、购买商品房）等方式，妥善解决住房问题，在保障性住房建设中优先解决人才的住房问题。试行政府投保高级专家医疗保险制度，建立高层次人才健康档案，提供个性化医疗服务，落实每年定期体检和带薪休假制度。支持用人单位按规定为各类人才提供补充养老、医疗保险。健全机关、企业、事业单位人才流动社会保险关系衔接办法。加强知识产权保护，完善人才权益保护制度。

六、组织实施

（一）加强组织领导，明确职责分工

贯彻实施本规划纲要，是各级党委、政府的重要职责。省人才工作协调小组负责实施规划纲要的统筹协调和宏观指导。组织部门牵头抓总，制订各项目标任务分解落实方案和重大工程实施办法，明确责任分工。各有关部门积极配合，密切协作，确保各项任务落到实处。各地级以上市要以规划纲要为指导，提出本地区实施的具体方案和措施，创造性地实施规划纲要。

（二）加强宣传督查，营造良好氛围

大力宣传党和国家关于人才工作的战略思想和方针政策，宣传实施规划纲要的重大意义和主要内容，宣传规划纲要实施中的典型经验和做法，为规划纲要的实施创造良好社会环境和舆论氛围。建立规划纲要实施情况的监测、评估、考核机制，强化"一把手"抓第一资源的责任意识，组织开展人才工作目标责任制考核，跟踪分析和研究解决规划纲要实施过程中出现的新情况和新问题，确保规划纲要目标任务落到实处。

（三）加强基础建设，提供有力保障

建立健全人才工作机构，加强人才工作队伍建设，提高人才工作队伍的政治素质和业务水平，做到编制到位、职责到位、人员到位、工作到位。加强人才工作基础理论和发展战略研究，积极探索人才资源开发规律，加强人才资源统计与分析工作，建立健全人才数据库和人才信息网，推动人才工作的科学化发展。

广西壮族自治区中长期人才发展规划纲要（2010—2020年）

为深入实施人才强桂战略，促进人才资源有效开发，加快转变经济发展方式，推动我区科学发展、和谐发展、跨越发展，实现"富民强桂"奋斗目标，以《国家中长期人才发展规划纲要（2010—2020年）》为指导，制定本规划纲要。

一、序言

人才是具有一定专业知识或专门技能，进行创造性劳动并对社会作出贡献的人，是人力资源中能力和素质较高的劳动者。当今世界，人才资源已成为第一位的战略资源，人才优势是最重要的发展优势。

自治区党委、自治区人民政府历来高度重视人才工作，改革开放以来尤其是第一次全国、全区人才工作会议以来，我区科学人才观逐步确立，人才强桂战略地位不断强化，人才发展取得了长足进步。人才工作领导机制不断完善，形成了党委统一领导，组织部门牵头抓总，有关部门各司其职、密切配合，社会力量广泛参与的人才工作格局。人才队伍规模不断壮大，截至2009年底，全区人才资源总量约为210万人。其中，体制内的党政人才、企业经营管理人才和专业技术人才"三支队伍"总量达到113.5万人。全区每万人中拥有人才410人左右。人才结构进一步优化，教育、卫生、文化等公共服务领域人才持续增长，非公有制经济组织和新社会组织人才逐年增加，工业产业、现代生产性服务业、高新技术领域人才稳步增长。从2003年到2009年，全区体制内"三支队伍"中，具有大学本科以上学历人员从17.6%提高到了36.5%，翻了一番多；拥有中级以上职称的专业技术人才比例提高到了43.6%，高、中、初级专业技术人才比例更趋合理。人才小高地建设取得突破性进展，高层次人才开发迈出新步伐。全区先后建立了32个自治区级人才小高地、96个市级人才小高地，引进和柔性引进了包括"两院"院士在内的一批高层次人才，促进了人才资源整体开发。博士后"两站"总数达到了40个。人才资源市场化配置的基础性作用进一步增强，形成了覆盖自治区、市、县三级的人才市场体系。干部人事制度改革不断深化，各级领导干部竞争性选拔的常态机制基本形成，事业单位人事制度改革取得新进展，国有企业经营管理人员选拔任用、激励保障机制日益完善。人才政策法规体系逐步健全，人才创新创业的环境不断改善。

但是也必须看到，我区人才发展面临严峻的挑战：一是人才竞争更加激烈。人才资源不可避免地向经济实力强、科研基础好、产业集中度高、创新创业条件更成熟的区域集聚，我区在激烈的人才竞争中压力增大。二是人才开发投入不足。全区人力资本投资低于全国平均水平，经济发展主要依靠投资拉动和物质资源消耗，与加快转变经济发展方式的要求相比，人才资源开发投入不足。三是人才发展水平不高。人才资源总量少、规模小，结构性矛盾和人才创新能力不强等问题比较突出，尤其是高层次创新创业人才严重缺乏，已经成为影响和制约我区加快发展的重要因素。四是人才政策创新相对滞后。人才引进、培养、评价、使用、激励、保障制度还不完善，人才发展的体制机制障碍尚未消除，人才干事创业的环境有待进一步优化。当前，我区正处在加快发展的"黄金期"，面临的发展机遇前所未有，各类人才创新创业的空间前所未有，对优秀人才的需求也前所未有。我们必须进一步增强责任感、使命感和危机感，着眼于应对日益激烈的人才竞争，主动适应经济社会发展需要，坚定不移地走人才强桂之路，科学谋划，大胆探索，锐意创新，扎实工作，不断开创人才辈出、人尽其才的新局面。

二、指导方针、战略目标与总体部署

（一）指导方针

高举中国特色社会主义伟大旗帜，以邓小平理论和"三个代表"重要思想为指导，全面贯彻落实科学发展观，尊重劳动、尊重知识、尊重人才、尊重创造，坚持党管人才原则，更好实施人才强桂战略，遵循社会主义市场经济规律和人才发展规律，以经济社会发展需求为导向，以人才制度改革和政策创新为动力，以高层次人才、高技能人才开发为重点，统筹城乡、区域、产业、行业和不同所有制人才资源开发，进一步解放思想、解放人才、解放生产力，为我区全面建设小康社会、实现"富民强桂"新跨越提供坚强的人才保证和广泛的智力支撑。

当前和今后一个时期，我区人才发展的指导方针是：服务发展，人才优先；制度创新，重在使用；高端引领，全面带动。

服务发展，人才优先。要坚持把服务科学发展、服务党的中心工作作为人才工作的出发点和落脚点，进一步确立人才优先发展的战略布局，充分发挥人才的基础性、战略性和先导性作用，通过人才资源优先开发、人才结构优先调整、人才资本优先积累、人才投入优先保证，促进经济发展方式向主要依靠科技进步、劳动者素质提高、管理创新转变，实现经济社会又好又快发展。

制度创新，重在使用。要坚持解放思想与制度创新相结合，把充分发挥各类人才的作用作为人才工作的根本任务，充分尊重人才的劳动和创造，围绕人才作用的发挥和人才价值的体现，大力推进人才吸引、培养、评价、选拔、流动、激励、保障制度创新，搭建干事创业平台，营造宽松发展环境，提升人才使用效能，形成有利于人的全面发展的体制机制，最大限度地激发人才的创新智慧和创造活力。

高端引领，全面带动。要紧密联系我区实际，积极构建以"八桂学者"为引领，以"特聘专家"为骨干，以人才小高地人才团队为基础，以海外引进人才为补充的高层次人才开发新格局，带动重点产业、重点领域、重点区域的人才开发，促进党政人才、企业经营管理人才、专业技术人才、高技能人才、农村实用人才、社会工作人才等各类人才队伍协调发展，推动人才资源开发与经济社会发展相协调、相适应，实现经济效益、社会效益、科技效益和人才效益的有机统一。

（二）战略目标

到 2020 年我区人才发展的总体目标是：培养造就数量充足、素质优良、结构合理、富有创新活力的人才队伍，逐步缩小与发达省市的人才差距，初步形成具有自身特点的人才竞争优势，成为西部地区重要的人才聚集区和以面向东盟为重点的区域性国际人才高地。

——人才总量较快增长。全区人才资源总量达到 355 万人，年均增长 4.8%，其中党政人才 19.5 万人，企业经营管理人才 18.5 万人，专业技术人才 124 万人，高技能人才 38 万人，农村实用人才 60 万人，非公有制经济组织、新社会组织人才95万人。人才资源占人力资源总量比重提高到12%左右，基本适应经济社会发展的需要。

——人才素质明显提升。主要劳动年龄人口受过高等教育的比例达到16%，每万人中在校大学生数量达到168人，党政人才队伍、企业经营管理人才队伍、专业技术人才队伍中拥有大学本科以上学历的比例分别达到70%、70%和60%。每万劳动力中研发人员达到20人年。高技能人才占技能劳动者的比例达到25%左右。人才的知识水平、创新能力不断提高。

——人才分布日趋合理。第一、二、三产业之间人才比例更加协调，其中第二产业人才总量迅速增长。人才逐步向重点工业产业集聚，向物质生产部门和生产性服务业集聚，向重点发展区域集聚，向非公有制经济组织和新社会组织集聚。

——人才环境不断优化。人才政策法规体系日臻完善，人才体制机制创新取得重大进展，"人人争作贡献、人人都能成才"以及"尊重劳动、尊重知识、尊重人才、尊重创造"的社会导向更加明确，鼓励创新、支持创业、宽容失败的良好社会氛围基本形成。

——人才效能逐步增强。全区人力资本投资占地区生产总值的比例达到14%，人力资本对经济增长贡献率达到29%，人才贡献率达到26%，自主创新能力明显增强，发明专利稳步增长，获国家级科技奖励明显增加，重点产业、重点领域和重点区域在人才、研发、技术创新等方面的引领、辐射和带动作用得到较好发挥。

（三）总体部署

未来10年，我区人才发展的总体部署是：科学规划，分步实施，逐项推进，逐步到位。具体分为两个阶段推进：

1. 重点突破阶段（2010—2015年）

围绕人才发展总体目标，分解任务，落实责任，加强人才发展投入，启动实施一批重大人才工程。加大高层次创新创业人才培养、引进和使用力度，初步构建起高层次创新创业人才开发新格局。突出加强重点工业产业人才培养，为自治区千亿元产业和新兴产业提供人才支撑，实现人才培养与产业发展良性互动。组织实施支持重点区域人才发展创新政策，发挥示范影响效应，鼓励探索、支持创新，初步构建起环境宽松、机制灵活、保障有力的人事改革试验区。

2. 全面推进阶段（2016—2020年）

瞄准国内先进水平，以优化人才结构、提升人才竞争力为重点，通过高层次人才引领带动，促进各类人才队伍协调发展。人才规模明显扩张，人才素质明显提升，人才结构明显优化，人才环境明显改善，人才国际化程度大幅提高，人才法制建设形成体系，人才体制机制富有活力，具有广西特色的人才竞争优势初步显现，人才竞争力进入国内中等行列，基本实现规划总体目标。

三、主要任务

（一）加快吸引和培养高层次创新创业人才

围绕"新高地、新一极"的战略目标，从自治区重点产业、重大项目、重要科研创新平台和优势企事业单位发展建设需要出发，争取用10年时间，累计选聘100名左右"八桂学者"，吸引培养400—600名科研技术骨干；选聘200名左右"特聘专家"，带动培养1000名左右中青年科研技术人才；培育50个左右人才小高地团队，形成一批在国内有影响力的品牌人才团队；引进并有重点地支持100名左右海外引进人才来桂创新创业，构建符合广西实际的高层次人才开发新格局。重点引进和培养掌握我区重点产业相关核心技术，能够解决产业发展重大技术和工艺性难题的高层次专业技术人才及其创新团队；在知名高校、科研院所等机构工作，善于组织科研攻关，具有突出研究成果的学术技术带头人及其科研团队；拥有自主知识产权，研究成果市场前景广阔，产业化条件成熟，有意创办企业的自主创业人才及其创业团队；在知名企业重要岗位任职，具有丰富企业经营管理经验的高层次管理人才及其管理团队。

（二）加强重点领域人才开发

1. 工业产业等经济领域重点人才开发

在全区重点发展的食品、汽车、石化、电力、有色金属、冶金、机械、建材、造纸与木材加工、电子信息、医药制造、纺织服装与皮革、生物产业、修造船及海洋工程等14个千亿元产业，以及新材料、新能源、节能与环保、海洋等4个新兴产业当中，突出抓好企业家队伍、专业技术人才队伍、技能人才队伍和后备人才队伍建设。到2015年，培养和引进重点工业产业专门人才75万人，2020年达到100万人，建成一批具有国内先进水平的千亿元产业技术研发中心、100个左右工业产业紧缺高技能人才示范性培养培训基地，培养造就一支熟悉国际国内市场、具有管理创新精神和市场开拓能力的企业家队伍，一支掌握核心技术、擅长技术攻关和技术集成的专业技术人才队伍，一支数量充足、结构合理、素质优良、爱岗敬业的技能人才队伍，促进我区工业产业做大做强做优。

以加快发展现代农业、夯实经济社会发展基础为目标，大力培养粮食产业、优势特色农业、畜牧水产业等高层次农业科研、技术推广和流通经营人才。加大现代物流、金融服务、会展服务、信息服务、会计、审计、法律、咨询、知识产权等现代生产性服务业人才培养和引进力度。积极推进商贸流通、旅游休闲等消费性服务业经营管理人才和技能人才开发。

2. 社会发展重点领域人才开发

适应社会事业不断发展的需要，到2015年，在教育、医药卫生、宣传思想文化、政法、社会工作、防灾减灾等社会发展重点领域培养和引进专门人才100万人，2020年达到120万人。以教师队伍建设为核心，大力加强高等院校在国际国内有一定影响力的学科带头人队伍建设，加强职业教育"双师型"教师队伍培养，加强中小学尤其是农村学校薄弱学科教师队伍建设，提高教育教学质量。以加强高层次和基层卫生人才队伍建设为重点，整体推进农村卫生、社区卫生、公共卫生、卫生监督、医疗服务、民族医药和卫生管理人才队伍建设。围绕繁荣社会主义文化，抓紧培养哲学社会科学、文学艺术、新闻出版、对外宣传等领军人才，培养复合型文化产业经营管理人才、新媒体专业技术和管理人才，加强基层宣传文化人才队伍建设。积极发展社会工作人才队伍，大力加强政法系统人才队伍建设，提高管理社会事务、协调利益关系、开展群众工作、维护社会稳定、做好人口计生工作的能力水平。大力加强防灾减灾人才队伍建设，保障人民群众的生命财产安全。

（三）加强区域人才开发与合作

1. 北部湾经济区人才开发

制定实施《关于进一步加快广西北部湾经济区人才开发的若干政策措施》，围绕北部湾经济区重点发展的石化、林浆纸、能源、钢铁和铝加工、粮油食品加工、海洋产业、高新技术、物流、现代服务业等九大产业，依托自治区重点扶持的产业园区、重大项目和优势企事业单位，大力引进和培养急需紧缺专门人才。实施北部湾经济区人才优先发展战略，创建经济区人事改革试验区，成立经济区人才工作协调小组，设立经济区人才开发专项资金，推行编制动态管理，逐步统一经济区津贴补贴标准。经济区各市也要进一步解放思想，大胆探索创新，试行政府特聘专业人员、事业单位专才特聘等制度，加大人才挂（任）职交流和中青年人才培养力度，加快培育区域产业人才小高地集群，构建统一规范的区域性人才市场，推进区域人才交流与合作，打造区域人才竞争的新优势。

2. 西江经济带人才开发

按照加快西江亿吨"黄金水道"建设，带动西江经济带发展，形成区域协调发展格局的总体目标，在深入调查研究的基础上，制定关于加快西江经济带人才开发的若干政策措施，引导和鼓励沿江各市根据产业发展布局，加大人才资源开发力度。柳州、桂林等市着重围绕产业结构调整和升级换代，大力培养和引进先进装备制造、高新技术、旅游、医药、特色农林产品精深加工等产业发展急需紧缺的专门人才。梧州、贵港、玉林、贺州、来宾等市积极完善综合交通运输体系，主动承接东部产业转移，大力培养和吸引现代农业、交通、物流、能源、建材、修造船、矿产加工等产业发展所需的经营管理、专业技术和高技能人才。

3. 桂西资源富集区人才开发

以增强桂西资源富集区自我发展能力为目标，研究制定关于加快桂西资源富集区人才开发的若干政策措施，支持各市根据自身资源和比较优势，加大科技创新力度，加强人才队伍建设。百色市重点培养铝工业、煤炭、电力、农产品加工、旅游等专门人才。河池市重点培养有色金属、水电、桑蚕、旅游等专门人才。崇左市重点培养现代农业、锰深加工、建材等专门人才。沿边地区要充分发挥区位优势，大力培养边境贸易、交通物流、出口加工等发展需要的外向型人才。

4. 区内外人才交流与合作

大力破除影响人才进入和作用发挥的政策性障碍，促进人才合理流动、优化配置。全面落实泛珠三角区域合作框架协议和与兄弟省市、国家部委、高校院所的合作协议，推动建立人才对口交流、联合培养、项目合作的长效机制。主动适应中国—东盟自由贸易区发展需要，以中国—东盟人才资源开发合作论坛、泛北部湾经济合作论坛等为载体，构建区域性国际人才交流与合作平台，深化与东盟各国政府部门、企业、学校、科研机构、学术团体等的交流与合作。深入实施国外智力引进计划，扩大引才引智领域，促进引才引智成果的转化应用。

（四）加强少数民族人才开发

按照深入实施西部大开发战略的总体部署，围绕少数民族地区基础设施建设、产业结构调整、生态环境保护、社会事业发展等目标任务，以世居少数民族党政人才、急需紧缺专业技术人才为重点，加强少数民族人才资源开发。继续实施少数民族干部培训工程、少数民族后备干部培养工程、少数民族高层次骨干人才培养计划。依托区内相关高校，办好少数民族人才培训基地，采用多种方式培养民族地区经济社会发展急需的企业经营管理人才、专业技术人才、技能人才和乡土人才。竞争性选拔人才时，按有关规定给予少数民族照顾，促进少数民族人才脱颖而出。大力发展少数民族教育事业，以少数民族人才资源的持续开发，促进少数民族地区经济社会健康发展，巩固和发展民族团结进步事业。

（五）统筹推进各类人才队伍建设

1. 党政人才队伍

党政人才队伍专业化水平明显提高，知识结构更加合理，总量从严控制，保持在19.5万人左右。按照加强党的执政能力建设和先进性建设的要求，以县处级以上领导干部为重点，以坚定理想信念、增强执政本领、提高领导科学发展能力为核心，构建理论教育、知识教育、党性教育和实践锻炼"四位一体"的党政干部培养教育体系。坚持德才兼备、以德为先的用人标准，树立注重品行、科学发展、崇尚实干、重视基层、鼓励创新、群众公认的用人导向，进一步加大干部竞争性选拔力度，促进优秀人才脱颖而出。实施促进科学发展的干部综合考核评价办法。建立健全从基层和生产一线选拔党政领导人才制度。加大优秀年轻干部培养选拔力度，积极培养选拔妇女干部、少数民族干部和非中共党员干部。进一步优化党政领导班子知识和专业结构，大力培养选拔适应推进工业化、城镇化需要，熟悉宏观经济管理、财政金融、企业经营、城镇规划、建设管理等方面业务的人才。加大干部交流力度。加强干部监督管理。

2. 企业经营管理人才队伍

企业经营管理人才队伍数量稳步增长，引领企业创新发展的能力不断增强，2015年全区体制内企业经营管理人才总量为17.5万人，2020年达到18.5万人。适应提升市场竞争力的要求，以优秀企业家和职业经理人为重点，大力加强企业经营管理人才队伍建设。完善法人治理结构和人才选拔任用制度，探索国有企业坚持党管干部原则与董事会依法选择经营管理者、经营管理者依法行使用人权相结合的有效途径。推进公开招聘、市场选聘等方式选拔经营管理人才。完善以市场和出资人认可为核心的经营管理人才评价体系。每年有重点地选送一批优秀经营管理人才到国内外著名高校、科研机构、大型企业学习培训，不断提高现代经营管理水平。加强中小企业经营管理人才开发。

3. 专业技术人才队伍

专业技术人才队伍数量较快增长，素质明显提升，到2015年队伍总量突破100万人，2020年达到124万人，年均增长3.5%左右，地域、行业、专业、年龄、层级梯次分布更加趋于合理。适应加快转变经济发展方式，促进产业结构和产品升级的需要，重点引进和培养大批高素质工程技术人才。以提高专业技术水平和自主创新能力为核心，着力培育教育、科技、文化、卫生、体育等领域高层次人才。构建分层分类的继续教育体系，加强专业技术人才岗位培训和知识更新，每年有计划、有重点地选送一批高层次专业技术人才到国内外著名高校和科研机构进修深造，逐步形成长效机制。发挥各类社会组织培养专业技术人才的作用。制定双向挂职、项目合作等灵活多样的人才柔性流动政策，引导党政机关、科研院所、高等学校的专业技术人才向生产前沿和基层一线流动，改善人才分布结构。深化专业技术职称和职业资格制度改革。改进专业技术人才收入分配等激励办法。改善基层专业技术人才工作、生活条件。注重发挥离退休专业技术人才的作用。

4. 高技能人才队伍

高技能人才队伍随着产业发展迅速壮大，到2015年全区高技能人才队伍总量为28万人，2020年达到38万人。其中，新培养和引进工业产业高技能领军人才1万名以上，自治区重点培育的14个千亿元产业和4个新兴产业占80%以上；高技能产业人才占技能劳动者总数比例达到20%以上，高、中、初级技能人才比例接近全国平均水平。适应新型工业化加速发展需要，坚持以企业为主体、以行业为依托、以院校为基础，以提升职业技能和专业化水平为核心，以技师和高级技师为重点，加快培养大批知识技能型、技术技能型和复合技能型人才。加大投入力度，加强职业培训，统筹职业教育发展，依托大型骨干企业、重点职业院校和培训机构，建设一批示范性高技能人才培养基地、公共实训基地。健全职业资格证书制度，完善高技能人才激励保障机制。加大宣传力度，营造全社会重视、关心高技能人才的良好环境。

5. 农村实用人才队伍

随着农村人才培训专项计划的深入实施，农村实用人才数量大幅度增加，为社会主义新农村建设增添强大动力。预计到2015年，全区农村实用人才总量为37万人；到2020年，总量达到60万人，每个行政村有若干名示范带动能力强的农村实用带头人才。坚持以农业技术人才为重点，以提高科技素质、实用技能和经营能力为核心，加快培养大批农技推广人才、农村种养人才、农产品加工人才和农村流通经营人才。充分发挥农村党员干部现代远程教育网络、农技推广体系、各类职业学校和培训机构的作用，深入实施"绿色证书"培训、星火科技培训、科普惠农兴村等专项计划，大规模培训农村实用人才，大幅度提高农村人才的"双带"能力。鼓励和支持农村实用人才牵头建立专业合作组织、专业技术协会，积极扶持创业，在技术培训、项目设立、信贷发放、土地使用等方面给予政策倾斜。统筹城乡人才协调发展，推进城镇医师支援农村卫生、城镇教师支援农村教育、社会工作者服务新农村建设、科技人才和文化人才下乡支农。广泛开展各类农村实用人才评选表彰活动。

6. 社会工作人才队伍

适应建设社会主义和谐社会建设需要，坚持以人才培养和岗位开发为基础，以初、中级社工人才为重点，培养造就一支职业化、专业化的社工人才队伍。到2015年，全区社工人才总量达到2.8万人。到2020年，总量达到8.5万人，其中，通过社会工作职业水平考试的专业社会工作者2.5万人以上。

建立社工人才培养体系，分层次建设一批自治区、市级社工培训基地，大力加强社工人才培养。加快社工岗位开发，推进公益服务类事业单位、城乡社区和公益类社会组织建设，研究制定政府购买社工服务政策。探索建立社工人才和志愿者队伍联动机制，形成以中高级社工专业人才为引领、社工从业人员为骨干、广大志愿者踊跃参与的社工人才开发格局。

四、重点工程

（一）八桂学者工程

着眼于提高我区自主创新能力，为建设创新型广西提供强大动力，根据自治区重点产业、重大项目、重要科研创新平台和优势企事业单位发展需要，设置八桂学者岗位，分期分批面向海内外公开选聘高层次领军人才。八桂学者及其所带科研创新团队、设岗单位实行合同管理、绩效考核、动态调整。通过大力度投入、大力度支持，使八桂学者及其团队保持和赶超国内外先进水平，持续提升本行业本领域在国内外的地位和影响力。到2020年，力争累计选聘100名左右八桂学者，建设100个左右以八桂学者为核心，400—600名中青年科研技术骨干为中坚力量的高水平科研创新团队，建成一批富有广西特色的研发中心、技术创新基地、成果推广基地和优势学科。

（二）特聘专家工程

围绕我区经济社会发展需要的专业技术研究，在自治区重点产业、重大项目、重要科研创新平台和优势企事业单位，设立特聘专家岗位，面向海内外公开选聘高层次拔尖人才。特聘专家实行按需设岗、合同管理、定期考核。对特聘专家及其团队给予重点扶持，支持其组织申报和主持实施自治区重点课题、科技攻关项目、工程技术项目，促进成果转化和产业化，提高所带科研团队的科研技术水平。到2020年，累计选聘200名左右各行业各领域的自治区特聘专家，带动培养1000名左右中青年科研技术人才。

（三）海外高层次创新创业人才引进工程

贯彻落实中央人才工作协调小组《关于进一步实施海外高层次人才引进计划的意见》，结合我区实际，用10年时间，在全区各类科研创新平台、重点产业骨干企业、以高新技术产业开发区为主的各类园区等，引进并有重点地支持100名左右海外高层次人才来桂创新创业。建立一批海外高层次人才创新创业基地，积极申报建立国家级基地。加快留学人才创业园建设。继续开展"海外留学人才八桂创业行"、"海外留学人员创业周"、"外国专家广西行"等活动。

（四）人才小高地建设提升工程

充分发挥人才小高地集聚、培养和承载高层次人才的"特区"功能，打破所有制、部门、地域界限，进一步扩大引领范围。鼓励自治区千亿元产业研发中心设立人才小高地。在自治区千亿元产业、新兴产业中打造一批产业人才小高地。强化人才小高地项目化管理，完善项目资金激励机制、新增效益分配机制、绩效评估与淘汰机制，全面提升人才小高地建设水平。加大专项资金投入力度，建立专项资金随人才小高地数量增长而增加的投入机制。鼓励和支持人才小高地申报设立八桂学者、特聘专家岗位，促进科技与经济结合，实现更好的效益。到2015年，力争自治区级人才小高地达到50个左右，并形成一批国内有影响的品牌人才团队。

（五）北部湾经济区人才集聚工程

鼓励北部湾经济区内各市采取有效措施，大力引进经济社会发展急需紧缺的高层次创新创业人才。推进经济区内新引进急需紧缺人才津贴补贴标准统一工作，建立高层次人才特殊津贴补贴制度。建立"双向选择、先挂后任、留返畅通"的人才挂（任）职交流模式。从2010年起连续5年，每年从上级机关选派100名左右优秀干部到经济区各市任职或挂职锻炼，每年争取为经济区新增50名左右到中央党校、国家行政学院、中国浦东干部学院等学习进修的名额，每年选拔50名左右发展潜力较大的中青年学术技术骨干、高技能人才到国内外有关机构学习培训。积极组织实施经济区内国有大中型企业、民营骨干企业高级经营管理人才全员轮训计划。支持优势企事业单位的中青年学术技术骨干申报各级重大科研项目和课题。

（六）新世纪"十百千"人才培养工程

按照适应经济社会发展、紧贴产业发展规划、具备较大发展潜力、引领学术技术发展方向的总体要求，突出服务优势产业和重点学科，大力加强学术技术人才梯队建设。到2015年，培养选拔50名左右具有国内领先水平的学术技术带头人；500名左右具有区内先进水平、在各自领域具有一定学术造诣、成绩显著的优秀人才；2000名左右在各学科、专业、工程、项目中起到骨干作用，有较好发展前景的学术技术带头人后备人选。

（七）企业高级经营管理人才开发工程

加大企业高级经营管理人才引进力度，到2020年，累计拿出100个左右国有企业领导职位，面向海内外公开招聘高层次创新创业人才，引进一批国内外知名企业高级经营管理人才，担任我区重点骨干企业高级经营管理职务。建立国有企业高管引进资助制度，新引进的国有企业高级经营管理人才，由引进单位与引进对象协商，实行与市场接轨的薪酬制度。支持鼓励企业家积极参与国际合作与竞争，注重在市场竞争中提高经营管理水平。实施中青年企业经营管理人才培养计划，每年举办15—20期专题培训班，选拔200—300名中青年企业经营管理人员进行重点培训或赴国（境）外著名企业、高校、相关机构学习研修、实践锻炼，加快培养造就一批熟悉国际国内市场、具有管理创新精神和市场开拓能力的优秀企业家。

（八）重点工业产业高技能人才开发工程

指导自治区重点产业骨干企业健全全员培训、名师带徒和技师研修等制度，通过在岗培养、选送培训、技术交流等方式，培养大批高技能人才。开展职业技能竞赛，鼓励企业在关键岗位、关键工序设立特聘职位，实行特岗特薪、优劳优酬。重点建设一批高职和中等示范特色职业院校，各市分别建设1—2所面向重点产业发展需要的重点技工学校。到2020年，引进和培养产业发展急需紧缺的高技能领军人才、技师和具有中级以上职业资格的产业工人分别达到1万名、5万名和150万名以上。

（九）外向型人才开发工程

适应中国—东盟自由贸易区建设的需要，建立全区外向型人才库，从2010年起，连续5年、每年选拔100—200名外向型人才入库，加强培训，动态管理，培养一批熟悉国际规则、具备跨文化沟通能力的高层次外向型人才。拓宽国（境）外培训渠道，加强与港澳地区、东盟国家等的合作，分期分批选派涉外岗位公共管理人才、骨干企业经营管理人才、高层次专业技术人才、高技能领军人才等外出培训，提高涉外工作能力和水平。鼓励相关单位参与国际合作和竞争，在实践中培养优秀外向型人才。积极引进国内外知名企业、高等院校、研究机构的人才和智力。吸引和培养一批高层次翻译人才，继续办好面向东盟的非通用语种专门人才培养基地。办好中国—东盟人才资源开发合作论坛，加强后续行动计划的组织实施。

（十）农村农技推广和实用人才开发工程

围绕社会主义新农村建设，加强农技推广人才队伍建设，不断提升农业科技水平。结合"百万农村党员大培训"、村"两委"干部轮训工程，培养造就大批有文化、懂技术、会经营的新型农村实用人才。充分发挥科技在推动农业发展、促进农民增收中的重要作用，大力加强基层农技推广人才队伍建设。整合县乡党校集中培训、涉农部门专题培训、农家课堂自主培训、协会和企业产业培训、现代远程教育系统网络培训的力量，重点培养种养大户、农业机械手、农村经纪人、新经济和社会组织负责人等农村"双带"骨干。加强农村劳动力转移技能培训，每年对70万人次以上的农村富余劳动力、贫困劳动力、被征地农民、库区移民、华侨农林场职工开展免费职业技能培训，资助大石山区贫困家庭子女就读中高职院校，使之掌握一门以上职业技能，成为适应工业产业发展需要的后备力量。积极引导和鼓励大中专毕业生到农村创业就业，到2020年，全面实现"一村一名大学生、多名中专生"的目标。

（十一）宣传文化领军人才开发工程

实施宣传文化领军人才开发计划，积极构建宣传文化人才培养平台，建设社会科学、理论研究、新闻出版、广播影视、文艺以及文化产业经营管理等方面人才的培养基地。继续深入开展理论专家和文艺作家签约培养，大力加强中青年宣传文化人才培养。继续遴选全国宣传文化系统"四个一批"人才的培养对象，重点培养一批高水平的理论专家、名记者、名编辑、名主持人、名出版家、名作家、名艺术家。

五、激活体制机制

（一）改进完善人才工作管理体制

1. 完善党管人才的领导体制

发挥党委统揽全局、协调各方的领导核心作用，坚持党管人才原则，创新党管人才方式，提高党管人才水平，把各类人才紧紧集聚到全区改革发展的事业中来。建立各级党委常委会定期听取人才工作报告制度，健全配套的科学决策机制、协调落实机制和督促检查机制，确保党委关于人才工作的决策部署落实到位。建立人才工作目标责任制，提高人才工作在各级党政领导班子综合考核评价中的分量。完善党委组织部门牵头抓总，有关部门各司其职、密切配合，社会力量广泛参与的人才工作格局。坚持各级领导联系关护重点人才制度。

2. 改进人才管理方式

围绕用活、用好人才，完善政府宏观管理、市场有效配置、单位自主用人、人才自主择业的人才管理体制。按照行政管理体制改革的部署，健全人才工作相关部门职责体系，完善人才管理运行机制。规范行政行为，推动人才管理部门进一步简政放权，减少和规范人才评价、流动等环节中的审批和收费。分类推进事业单位人事制度改革，完善聘用制度和岗位管理，逐步建立起权责清晰、分类科学、机制灵活、监管有力的事业单位人事管理制度。完善国有企业领导人员管理体制，健全符合现代企业制度要求的企业人事制度。克服人才管理中的行政化、"官本位"倾向，逐步取消科研院所、学校、医院等事业单位实际存在的行政级别和行政化管理模式。建立与现代科研院所制度、现代大学制度和公共医疗卫生制度相适应的人才管理体系。进一步优化发挥市场配置人才资源基础性作用的政策措施。

3. 加强人才工作法制建设

根据国家有关人才工作法律法规，结合广西实际，研究制定人才培养、配置、评价、使用、流动、激励、保障等各个方面的规章制度，逐步形成与国家法律法规配套衔接、具有自身特色、相对完善的地方性人才法规体系，不断推进人才管理工作的制度化、规范化和法制化。

（二）创新人才工作机制

1. 人才培养开发机制

坚持学习与实践相结合、培养与使用相结合，健全以社会需求为导向、以能力建设为核心的人才培养开发机制。完善国民教育体系，全面推进素质教育，充分发挥教育在人才培养中的基础性作用，立足培养全面发展的人才，突出培养创新型人才，注重培养应用型人才。巩固普及九年义务教育成果，加快普及高中阶段教育，深化高等教育改革，提高办学质量和水平，培养大批经济社会发展急需紧缺的各类人才。完善发展职业教育的保障机制，改革职业教育模式。统筹规划继续教育，鼓励各行业各单位开展多层次、多渠道、大规模的全员培训，逐步构建起网络化、开放式、自主性的终身教育体系。支持发展各类专业化培训机构，根据全区产业布局和区域功能定位，整合资源，建设一批特色鲜明的专门人才培养基地。

2. 人才评价发现机制

坚持把评价人才与发现人才结合起来，建立以岗位职责为基础，以品德、能力和业绩为导向，科学化和社会化的人才评价发现机制。健全科学的职业分类体系，明晰各类人才的能力素质要求，分类建立不同职位的绩效考核标准，推行党政人才重在群众认可、企业经营管理人才重在市场和出资人认可、专业技术人才和技能人才重在社会和业内认可的评价方法。建立在艰苦条件、复杂环境、重大项目和急难险重工作中发现、识别人才的机制。健全举才荐才的社会化机制。发挥用人单位评价主体作用，大力发展专业化、社会化的人才评价组织。开发应用现代人才测评技术，提高人才评价的科学化水平。

3. 人才选拔任用机制

按照公开、平等、竞争、择优原则，改革人才选拔使用方式，促进人岗相适、用当其时、才尽其用，形成有利于优秀人才脱颖而出、充分施展才能的选人用人机制。完善党政领导干部公开选拔、竞争上岗、公推公选等制度，探索建立竞争性选拔干部的长效机制。规范干部选拔任用提名制度，全面推行地方党委全委会讨论决定重要干部票决制度。坚持和完善党政领导干部职务任期制度。探索建立聘任制公务员管理制度。建立市场配置、组织选拔和依法管理相结合的国有企业领导人员选拔任用制度，完善国有资产出资人代表派出制和选举制。根据事业单位社会功能和行业特点，分类建立事业单位领导人员选拔制度，全面推行事业单位公开招聘、竞聘上岗和合同制管理，试行关键技术岗位、重大科技项目负责人公开招聘制度。

4. 人才流动配置机制

推进人才市场体系建设，完善市场服务功能，畅通人才流动渠道，建立政府部门宏观调控、市场主体公平竞争、中介组织提供服务、人才自主择业的人才流动配置机制。大力发展人才服务业，健全人才市场供求、价格、竞争机制，加强政府对人才流动的政策引导和监督，促进人才资源有效配置。推动各类人才市场、劳动力市场、高校毕业生就业市场的统一管理和分类指导，逐步实现人力资源市场一体化。推进户籍管理制度改革，深化"人才居住证"制度改革，逐步实现人才在全区范围内的"无障碍流动"。加快建立社会化的人才公共管理服务系统。建立人才需求信息定期发布制度。完善人事争议仲裁、人才竞业避止制度，维护用人单位和人才的合法权益。

5. 人才激励保障机制

完善分配、激励、保障制度，建立健全与工作业绩紧密联系、充分体现人才价值、有利于激发人才活力和保障人才合法权益的激励保障机制。完善各类人才薪酬制度，加强对收入分配的宏观管理，统筹协调党政机关和国有企事业单位收入分配，稳步推进工资制度改革。健全国有企业人才激励机制，推行股权、期权等中长期激励办法，重点向关键岗位和优秀人才倾斜。建立完善事业单位岗位绩效工资制度。探索高层次人才、高技能人才协议工资制和项目工资制等分配形式。健全以政府奖励为导向、用人单位和社会力量奖励为主体的人才奖励体系。完善以养老保险和医疗保险为重点的社会保障制度，形成国家、社会和单位相结合的人才保障体系。制定人才补充保险制度，支持用人单位为各类人才建立补充养老、医疗保险。扩大对农村、非公有制经济组织和新社会组织人才的社会保障覆盖面。

六、创新政策措施

（一）实施促进人才投资优先保证的财税金融政策

优先保证对人才发展的投入，较大幅度增加人力资本投资比重，实现对教育、科技支出增长幅度高于财政经常性收入增长幅度，卫生投入增长幅度高于财政经常性支出增长幅度。各级政府都要根据本地实际情况，安排人才发展专项经费，用于经济社会发展急需紧缺人才的引进、培养和奖励，用于人才发展重大项目的实施。建立人才发展专项经费正常增长的机制。在重大建设和科研项目经费中，应安排部分经费用于人才培养。适当调整财政税收政策，提高企业职工培训经费提取比例。通过税收、贴息等优惠政策，鼓励和引导社会、单位和个人以多种形式投入人才资源开发，构建起政府、用人单位、个人和社会共同参与、合理分担的人才发展投入机制。统筹各类人才经费，加强人才发展资金监管，切实发挥资金效益。

（二）实施高层次人才开发引领政策

坚持从我区经济实力、科研水平和人才基础出发，按照重点突破、辐射带动的思路，加大政策创新力度，集中有限的资金、人力和物力，实施高层次人才引进资助制度和创新创业扶持制度，搭建干事创业平台，形成人才竞争比较优势。加快吸引和培养高层次创新创业人才，面向海内外公开选聘一批高层次领军人才、拔尖人才，支持高层次人才充分发挥领军作用，带动培养大批优秀科研团队、中青年科技人才队伍，提高自主创新能力，促进产业优化升级，加快转变经济发展方式。以自治区层面的示范引导，促成各地各部门积极创新人才制度，加大人才开发投入，带动人才资源整体开发。

（三）实施产学研合作培养人才政策

整合教育、科技、产业资源，建立政府指导下以企业为主体、市场为导向、多种形式的产学研战略联盟，支持重点实验室、工程技术中心、产业研发中心等重大科研创新平台建设，培养高层次人才及其创新团队。实施研究生教育创新计划，发展专业学位教育，建立高校、科研院所、企业高层次人才双向交流制度，推行产学研联合培养研究生的"双导师制"。支持符合条件的单位申请设立博士后"两站"，鼓励暂未设站的企业与高校共建博士后科研基地。实行"人才＋项目"的培养模式，在实践中集聚和培养人才。对用人单位接纳大中专院校、职业院校、技工学校学生实习实行财税优惠政策。积极发展产学研成果转化的专业服务机构。

（四）实施鼓励高层次人才创新创业政策

推进各类创新创业基地和平台建设，落实各项优惠政策，提高对高层次创新创业人才的吸纳和承载能力。坚持平等准入、公平对待，支持高层次人才自主创办与自治区重点产业发展配套的各类企业，促进科技成果转化和技术转移。加强创业技能培训和创业服务指导，拓宽投融资渠道，完善信用担保体系，引入创业风险投资基金，完善知识产权、管理技术等作为资本参股的办法，丰富支持人才创业的公共服务，建立高效率、低成本的孵化机制。鼓励高校、科研院所科技人员向科技型企业流动，制定科技人员创办科技型企业的激励保障办法。鼓励创造知识财产。支持科技成果依法取得知识产权，加强对知识产权的保护和运用。

（五）实施鼓励人才向基层和边远地区流动政策

鼓励和引导人才到基层就业、服务或挂职锻炼，对到农村基层和艰苦边远地区工作的人才，在工资、职务、职称等方面实行倾斜政策。采取政府购买岗位、报考公职人员享受优惠政策、完善"五险一金"等措施，鼓励高校毕业生到农村和中小企业就业。逐步提高设区市以上党政机关从基层招录公务员比例。建立公职人员到基层和边远地区服务、锻炼的轮换机制。完善科技特派员制度，鼓励有管理能力和技术专长的科技人才深入基层推广实用技术、带动产业发展。继续做好选聘高校毕业生到村任职、"三支一扶"、"特设岗位教师"、西部志愿者等人才服务基层项目，拓展人才智力服务的范围和方式，为边远艰苦地区充实大批留得住、用得上的急需紧缺人才。

（六）实施鼓励非公有制经济组织和新社会组织人才发展政策

进一步解放思想，开阔视野，破除体制性障碍，统筹推进非公有制经济组织和新社会组织人才发展。在制定人才发展规划时，对各类经济和社会组织人才一视同仁，把非公有制经济组织和新社会组织人才发展纳入总体规划。研究制定加强和改进非公有制经济组织和新社会组织人才队伍建设意见，努力实现政府在人才培养、引进、职称评定等方面政策，非公有制经济组织和新社会组织人才平等享受；政府在支持人才创新创业的资金、项目、信息等公共资源，向非公有制经济组织和新社会组织人才平等开放；政府开展人才宣传、表彰、奖励等方面活动，非公有制经济组织和新社会组织人才平等参与。

（七）实施促进人才发展的公共服务政策

按照建设服务型政府的要求，大力完善政府人才公共服务体系，推进自治区、市、县人力资源市场三级联网运行，构建自治区、市、县、乡、村五级公共就业服务平台。提供高效规范的人事代理、社会保险代理、企业用工登记、劳动人事争议调解仲裁、人事档案管理、就业服务等公共服务，满足人才多样化的需求。推进政府所属人才服务机构管理体制改革，实现政事分开、管办分离。创新政府提供公共服务的方式，建立政府购买公共服务制度，为优秀人才平衡工作和家庭责任创造条件。加强对人才公共服务产品的标准化管理，支持人才中介机构依法依规开发适应人才发展需要的各类公共服务产品。

（八）实施区域性人事人才制度改革试验区政策

适应国务院关于我区发展"两区一带"总体布局要求，先期加快推进北部湾经济区人才资源开发，实施差异化的人才政策，成立北部湾经济区人才协调机构，设立人才发展专项资金，实行经济区编制动态管理，逐步统一津贴补贴标准。鼓励经济区内各市围绕"政策领先、机制灵活、环境优越、保障有力"的要求，从实际需要出发，建立引进急需紧缺高层次人才"绿色通道"，探索试行政府特聘专业人员、事业单位专才特聘制度，加大人才培养和交流锻炼力度，培育重点产业人才小高地，打造吸引优秀人才的比较竞争优势，率先建成人事人才制度改革试验区。抓紧研究支持西江经济带、桂西资源富集区人才发展的专项政策，形成"两区一带"各具特色、优势互补的人才开发格局。

七、组织实施保障

（一）加强组织领导

自治区党委人才工作协调小组负责本规划实施的统筹协调和宏观指导。要制定规划目标任务分解实施方案，明确工作分工、牵头单位、责任单位和进度安排，进一步细化措施、落实责任，做到总体部署、逐年落实，中期调整、逐步推进。要建立规划目标任务实施情况的年度和中期评估督检制度，跟踪分析和研究解决规划实施过程中出现的新情况和新问题，及时研究解决突出问题，适时调整目标任务，确保人才规划各项任务落到实处。

（二）建立规划体系

本规划纲要是统领我区当前和今后一个时期人才发展的总纲，是编制各类人才规划的主要依据。各级各部门要紧密联系实际，确定"人才强市"、"人才强县"、"人才强企"、"人才强校"、"人才强院"发展方针，编制本地区本部门的人才发展专项规划、专项计划，形成上下衔接、左右协调的人才发展规划体系，使人才发展规划及时纳入经济社会发展总体规划，同步规划、重点推进、优先发展。

（三）强化基础建设

深入开展人才工作理论研究，积极探索人才资源开发和人才工作的规律。推进全区人才信息库建设，完善人才资源开发运行监测体系和人才统计指标体系，改善人才管理手段，充分利用现代信息技术，不断提高人才开发和管理的信息化水平。建立健全人才资源统计和定期发布制度，加强和改进人才资源统计分析工作，对现有人才状况进行深入调查统计，全面掌握人才存量、人才结构和分布状况等方面信息，为规划顺利实施提供科学依据。加强人才工作队伍建设，加大培训力度，提高人才工作队伍的政治素质和业务水平。

（四）营造良好环境

坚持正确舆论导向，利用各种媒体，大力宣传人才工作方针政策，宣传规划的重大意义和规划提出的指导方针、目标任务和重点工程，宣传规划纲要实施过程中的典型经验、做法及成效，动员各方面关心和支持人才工作，努力营造公平公正、和谐向上、崇尚创新、宽容失败的人才发展环境，把各类优秀人才集聚到推动广西科学发展、和谐发展、跨越发展的伟大事业中来。

贵州省中长期人才发展规划纲要（2010—2020年）

按照省第十次党代会关于"大力实施人才强省战略"的总体要求，着眼于为实现全省经济社会又好又快、更好更快发展提供强有力的人才支撑，根据《国家中长期人才发展规划纲要（2010—2020年）》，制定本纲要。

序言

人才是指具有一定的专业知识或专门技能，进行创造性劳动并对社会做出贡献的人，是人力资源中能力和素质较高的劳动者，是经济社会发展的第一资源。

当今世界正处在大发展大变革大调整时期。世界多极化、经济全球化深入发展，科技进步日新月异，知识经济方兴未艾，加快人才发展是在激烈的国际竞争中赢得主动的重大战略选择。我国正处在全面建设小康社会的关键时期，深入贯彻落实科学发展观，全面推进经济建设、政治建设、文化建设、社会建设以及生态文明建设，全面建设小康社会，实现中华民族伟大复兴，人才是关键。一个地区要深化改革开放，推进科学发展，保障和改善民生，实现全面建设小康社会的奋斗目标，必须培养造就宏大的人才队伍，以人才为基础，靠人才来推动。

省委、省政府始终高度重视人才工作，特别是进入新世纪新阶段提出并大力实施人才强省战略，全省人才发展取得了显著成就。科学人才观初步确立，人才政策不断完善，人才在经济社会发展中的战略地位明显提升；各类人才队伍不断壮大，素质明显提高；人才成长环境加快改善，人才工作体制机制不断创新，党管人才工作新格局基本形成。但必须看到，我省人才总量较小，整体素质不高，人才结构不合理，高层次创新型人才紧缺，人才公共服务体系建设滞后，人才资源开发投入不足，人才发展总体水平与全国平均水平相比还有较大差距，与经济社会发展需要还不相适应。

进入"十二五"时期，既是我省可以紧紧抓住并且大有作为的战略机遇期，又是我省实现经济社会发展历史性跨越、全面建设小康社会的加速期，更是我省调整经济结构、转变发展方式的攻坚期。大力实施工业强省战略和城镇化带动战略，加快发展壮大特色优势产业，加快推进交通、水利等基础设施建设，发展科技教育，促进文化繁荣，建设生态文明，加快解决"三农"问题，改善和保障民生，必须大力实施人才强省战略，坚持把人才发展作为经济社会又好又快、更好更快发展的决定性因素和首要推动力，切实增强人才工作的责任感、使命感和紧迫感，坚定不移地走人才强省之路，科学规划，开拓创新，重点突破，整体推进，努力开创人才工作和人才队伍建设的新局面。

一、指导思想、基本原则、战略目标和总体部署

（一）指导思想

以邓小平理论和"三个代表"重要思想为指导，深入贯彻落实科学发展观，坚持"服务发展、人才优先，以用为本、创新机制，高端引领、整体开发"的指导方针，坚持党管人才原则，围绕加速发展、加快转型、推动跨越的主基调，大力实施人才强省战略。遵循市场经济规律和人才发展规律，尊重劳动、尊重知识、尊重人才、尊重创造，着力抓好人才培养、引进、使用三个关键环节，优化人才发展环境，夯实人才发展基础，完善人才发展政策，创新人才发展体制机制，统筹推进人才队伍建设。进一步解放思想，解放人才，解放科技生产力，激发人才活力，最大限度地鼓励人才干事创业，充分发挥人才的基础性、战略性和决定性作用，为加快推进全面小康社会建设、实现经济社会发展历史性跨越奠定坚实的人才基础。

（二）基本原则

1. 坚持党管人才原则

加强党对人才工作的统一领导，充分发挥党委组织部门牵头抓总和政府人力资源管理部门综合管理的作用，整合各种资源，统筹各方力量，调动全社会积极性，聚集人才发展合力，推进人才工作协调发展，形成齐抓共管的人才工作新格局。

2. 坚持以用为本原则

把用好人才作为人才工作的中心环节，科学合理配置人才，优先开发人才资源，优先调整人才结构，搭建人才干事创业平台，营造人才成长良好环境，充分发挥人才作用，实现人才价值，以人才优先发展促进经济社会又好又快、更好更快发展和人的全面发展。

3. 坚持改革创新原则

以改革创新为动力，破除人才成长、人才发挥作用的体制机制障碍，引入市场竞争理念，创新人才开发机制，完善人才发展政策，促进人才合理流动，最大限度地激发各类人才的创新激情、创造活力和创业动力。

4. 坚持重点带动原则

紧紧围绕加快推进工业化和城镇化进程，实现经济社会又好又快、更好更快发展对人才的需求，

以高层次人才、高技能人才和农村实用人才为重点,大力开发重点领域、重点产业、重点学科、重点项目急需人才,拓宽人才开发渠道,带动各类人才资源整体开发,不断扩大人才总量,提升人才队伍素质。

(三)战略目标

到 2020 年,培养和造就数量充足、结构合理、素质优良、富有创新活力,适应经济社会又好又快、更好更快发展需要的人才队伍,力争全省人才发展的各项主要指标接近全国平均水平。

——人才资源总量较快增长。人才资源总量从现在的 197.59 万人增加到 310 万人,增长 56.9%,人才资源占人力资源总量的比重提高到 13%,基本满足全省经济社会发展需要。

——人才素质明显提高。主要劳动年龄人口受过高等教育的比例达到 18%;每万劳动力中研发人员达 38 人年,高技能人才占技能劳动者的比例达到 27.78%。

——人才结构逐步趋于合理。全省重点领域、重点产业、重点学科人才,高层次创新型人才和应用开发型人才,少数民族地区、边远地区和农村人才明显增加。人才的分布和层次、类型、性别等结构趋于合理。

——人才竞争优势逐步增强。在交通、水利、农业、能源、原材料及新材料、装备制造、航空航天、电子信息、生物技术、特色食品、城镇发展、金融贸易、旅游、宣传文化、社会发展、生态建设和环境保护等经济社会发展重点领域建成 200 个左右人才基地,形成 150 个创新能力较强的人才团队,人才规模效益显著提高。

——人才使用效能显著提高。人才发展体制机制创新取得突破性进展,人才辈出、人尽其才的环境基本形成。人力资本投资占生产总值的比例达到 18.5%,人力资本对经济增长贡献率达到 30%,人才贡献率达到 32%。

(四)战略部署

一是加强和改进党对人才工作的领导,创新党管人才的方式方法,为人才发展提供组织保证。二是人才投入优先保证,人才资本优先积累,建立健全多元化的人才投入机制。三是加强人才资源能力建设,创新人才培养模式,注重思想道德建设,注重创新精神和创新能力培养,大幅度提升人才队伍的整体素质。四是充分发挥市场配置人才资源的基础性作用,改善宏观调控,调整优化人才结构,促进人才结构与经济社会发展相协调。五是坚持突出重点,整体推进,着力加大高层次人才和急需紧缺人才的培养、引进力度,统筹推进各类人才队伍建设,不断扩大人才总量。六是坚持以用为本,充分发挥人才的作用,切实提升人才的使用效率。七是创新人才工作体制机制,完善人才政策措施,加强人才公共服务体系建设,加快人才法制化建设,努力营造充满活力、富有效率、更加开放的制度环境。

加快推进人才发展要科学规划,统筹兼顾,分步实施。到 2015 年,重点在完善人才发展政策和人才发展体制机制创新上有新突破;到 2020 年,全面落实各项任务,确保人才发展战略目标的实现。

二、人才队伍建设的主要任务

（一）加快重点领域人才队伍建设

1. 加快重点产业人才队伍建设

发展目标：以提升产业竞争力、推进新型工业化为核心，以重点产业急需紧缺专业人才为重点，加快电力、煤炭、冶金、有色、化工、装备制造、烟酒以及食品、药品等优势工业、战略性新兴产业、现代农业、旅游业、金融、物流等现代服务业和文化产业等重点产业人才开发。到2015年，全省重点产业人才达到18万人，并建立一批重点产业人才基地；2020年，重点产业人才达到30万人，人才整体素质显著提升，人才与重点产业发展基本相适应。

主要举措：适应重点产业发展的需要，加大高层次人才和急需紧缺人才的开发力度。整合各种资源，着力打造一批重点产业人才基地。以实施重点产业、重点行业、重点项目人才队伍建设工程为龙头，充分发挥企业集聚人才、培养人才、使用人才的主体地位和积极作用，加快人才集聚，形成一批人才团队。大力推进产学研结合，加大急需紧缺人才培养和引进力度。充分利用高等学校、科研院所培养重点产业急需人才，积极采用岗位培训和实践锻炼等方式，加快重点产业人才成长。研究制定加快重点产业人才发展的政策措施，促进重点产业人才合理分布、优化配置。

2. 加快城镇发展领域人才队伍建设

发展目标：适应实施城镇化带动战略、推进城镇化进程的需要，加大城镇规划、城镇建设和城镇管理人才开发力度。到2015年，城镇发展领域人才队伍达到4.2万人；2020年，达到6.2万人，整体素质明显提升。

主要举措：加强省内高等学校城市规划、建设和管理相关学科建设，大力发展研究生教育，夯实城镇发展人才基础，提高城镇发展人才培养水平。加大城镇规划、建设和管理人才培训力度，每年选派一批专业技术人才到国内外知名大学学习和到发达地区城市挂职锻炼，培养造就一批城镇规划、建设和管理专家。坚持引才引智并举，加快引进一批国内外城市规划、建设和管理领域的优秀人才。

3. 加快基础设施领域人才队伍建设

发展目标：以提高专业技术水平和经营管理能力为核心，加强交通、水利、通信等基础设施领域人才队伍建设。到2015年，全省基础设施建设领域人才达到3.3万人；2020年，达到5万人，人才的整体素质大幅度提升。

主要举措：坚持培养与引进相结合，加快基础设施领域高层次、急需紧缺人才成长。加强基础设施领域重大项目研究，建立基础设施建设重大项目人才培养机制，安排专项经费用于人才开发培训。建立和完善交流合作研究机制，每年在基础设施领域选派一批人才到国内外知名高等学校和科研院所学习培训。在基础设施领域加强人才基地建设，建立基础设施领域高级人才库。

4. 加快生态建设和环境保护领域人才队伍建设

发展目标：适应实施可持续发展战略的需要，加大生态建设、资源综合利用、环保产业发展和节能减排、污染防治等领域人才队伍建设。到2015年，全省生态建设和环境保护人才达到1.5万人；

2020年，达到2.1万人，为推进生态文明建设提供有力支撑。

主要举措：加强高等学校生态建设和环境保护相关学科建设，扩大人才培养规模。结合石漠化治理、天然林保护、退耕还林等工程的实施，加强人才培养和实践锻炼。加大生态建设和环境保护规划、建设和管理人才的培训力度，每年选派一批人才到高等学校、科研院所学习培训。加快人才基地建设步伐，积极引进资源综合开发利用、环保、节能减排和城镇污染防治等方面的高层次人才。

5. 加快社会发展领域人才队伍建设

发展目标：适应以保障民生为重点的社会发展需要，加大社会发展重点领域专门人才开发力度。在教育、医疗卫生、政法、宣传文化、人口计生、社会保障、防灾减灾等领域建设一批人才基地，大力培养律师、会计师、评估师等社会发展领域专业人才。到2015年，全省社会发展领域人才达到64万人；到2020年，达到80万人，社会发展领域所需各类人才得到基本满足，整体素质明显提升。

主要举措：研究制定社会发展重点领域人才发展规划，在教育、医疗卫生等领域实施一批人才工程，继续抓好我省宣传文化系统"四个一批"人才培养工程，大力加强哲学社会科学、新闻、出版、文艺等领域高层次人才队伍建设。依托重大社会科学理论研究工程，培养哲学社会科学学术带头人和中青年理论人才。制定出台相关政策措施，加快推进教育、卫生人才和金融人才、政法人才的培养，重点引进我省经济社会发展急需的金融管理人才。建立重点领域相关部门人才开发协调机制，完善人才分配激励办法，积极鼓励和吸引各类优秀人才到社会发展重点领域工作。

（二）优先开发创新型科技人才

发展目标：以提高科技自主创新能力为核心，以高层次创新型科技人才和优秀青年科技人才为重点，努力培养一大批创新型科技人才，造就一批在国内外有一定影响的科技领军人才和创新团队。到2015年，全省研发人员达到7万人年，高层次创新型科技人才达到700人左右；到2020年，研发人员总量达到10万人年，高层次创新型科技人才达到1000人左右。

主要举措：研究制定加强创新型科技人才队伍建设的政策措施，完善创新型科技人才和优秀青年科技人才培养体系。依托国家重大科研项目、重大工程项目、重点学科、重点科研基地、重要企业技术中心，建设一批高层次创新型科技人才培养基地。深入实施高层次创新型科技人才培养工程和高层次人才引进工程，加强领军人才、核心技术开发人才培养和创新团队建设。充分利用高新技术开发区、经济技术开发区、留学人员创业园、高等院校、重点企业、重点研究机构、重点实验室吸引和聚集人才，加快培养一批在国内具有领先水平的技术专家，培养一批掌握核心技术、关键技术和共性技术的工程技术人才。完善人才"柔性"引进机制，加大力度引进国内外高端人才和智力。深化科技体制改革，完善权责明确、评价科学、创新引导的科技管理制度，健全有利于科技人才创新创业的评价、使用、激励措施，进一步解放和发展科技生产力。

（三）统筹推进各类人才队伍建设

1. 党政人才队伍

发展目标：按照加强党的执政能力建设和先进性建设的要求，以提高领导水平和执政能力为核心，以县处级以上党政领导人才为重点，建设一支政治坚定、勇于创新、勤政廉洁、求真务实、奋发有为、善于推动科学发展、促进社会和谐的高素质党政人才队伍。到2015年，全省党政人才总量达到19万人，力争具有大学本科及以上学历的占70%；到2020年，党政人才总量达到20万人，具有大学本科及以上学历的占85%，专业化水平明显提高，结构更加合理，总量从严控制。

主要举措：按照适应科学发展要求和干部成长规律，开展大规模干部教育培训。实施党政人才素质提升工程，构建理论教育、知识教育、党性教育和实践锻炼"四位一体"的干部培养教育体系，着力建设团结、实干、勤奋、廉洁的领导班子，重点提高各级领导班子和领导干部谋划发展、统筹发展、优化发展、推动发展的本领和抓好群众工作、公共服务、社会管理、维护稳定的能力。坚持德才兼备、以德为先的用人标准，树立坚定信念、注重品行、科学发展、崇尚实干、重视基层、鼓励创新、群众公认的用人导向，扩大选人用人民主，完善公开选拔、竞争上岗等竞争性选拔干部方式，促进优秀人才脱颖而出，把懂发展、会发展、敢发展的优秀干部选拔到各级领导岗位上来。加强后备干部队伍建设，注重从基层一线选拔党政人才。加强女干部、少数民族干部、非中共党员干部培养选拔和教育培训工作。建立和完善推动科学发展的干部综合考核评价机制，加强工作业绩考核，充分发挥干部考核对促进科学发展的导向作用、评价作用和监督作用。加大干部交流力度，畅通干部交流渠道，完善干部交流的配套政策，形成干部交流的长效机制。加强干部监督管理，促进党政人才健康发展。

2. 企业经营管理人才队伍

发展目标：根据大力实施工业强省战略以及推进企业改革发展和产业结构优化升级的需要，以提高现代经营管理水平和企业竞争力为核心，以优秀企业家和职业经理人为重点，加快推进企业经营管理人才职业化、市场化、专业化和国际化，培养造就一支高素质的企业经营管理人才队伍。到2015年，全省企业经营管理人才总量达到25万人，新任职国有企业领导人员通过竞争性方式选聘的比例达到1/3左右。到2020年，企业经营管理人才总量达到35万人，新任职国有企业领导人员通过竞争性方式选聘的比例达到50%以上。

主要举措：积极实施优秀企业家培养工程和国家中小企业银河培训工程，依托国内外知名企业、高等院校和培训机构，加强企业经营管理人才培训。加强党政机关、高等院校、企业合作培养经营管理人才的力度，建设经营管理人才培训基地。采取组织选拔与市场化选聘相结合的方式选拔国有企业领导人员，健全企业经营管理者聘任制、任期制和任期目标责任制，实行契约化管理。完善以市场和出资人认可为核心的企业经营管理人才评价体系，积极发展社会化的企业经营管理人才评价机构，加强职业经理人认证工作的规范化管理。完善年薪制、协议工资制和期权股权激励制度。建立企业经营管理人才库。培育和引进一批科技创新企业家和企业发展急需的战略规划、资本运作、科技管理、项目管理等方面专门人才。

3. 专业技术人才队伍

发展目标：以提高专业水平和创新能力为核心，以高层次创新型科技人才和紧缺人才为重点，建设一支素质优良、结构合理的专业技术人才队伍。到2015年，全省专业技术人才总量达到87万人，高级、中级、初级专业技术人才比例达到7∶38∶55；2020年达到105万人，高级、中级、初级专业技术人才比例达到10∶40∶50。

主要举措：进一步创新专业技术人才培养模式，扩大专业技术人才培养规模，提高专业技术人才创新能力；构建分层分类的继续教育体系，着力抓好重点产业、重点行业、重点领域和重点学科专业技术人才继续教育。配合实施国家专业技术人才系列培养工程，大力实施我省"四个一"人才工程和高层次创新型科技人才培养工程，加快高层次专业技术人才成长，着眼于发展特色优势产业、现代制造业、现代服务业和战略性新兴产业，加快开发培养高层次专业技术人才和急需紧缺专业人才。综合运用政府宏观调控和市场配置手段，推进专业技术人才结构调整。制定双向挂职、短期工作、项目合作等灵活多样的人才柔性流动政策，鼓励和引导党政机关、科研院所和高等学校专业技术人才向企业、非公经济组织、社会组织和基层一线流动，促进专业技术人才队伍合理分布。统筹推进专业技术职称和职业资格制度改革。进一步完善政府特殊津贴制度，改进专业技术人才收入分配等激励办法。建立和完善人才引进"绿色通道"，重点引进经济社会发展所需的高层次创新型科技人才和其他急需紧缺人才。改善基层专业技术人才工作、生活条件，积极搭建专业技术人才施展才能的平台和载体，拓展发展空间。注重发挥离退休专业技术人才的作用。

4. 技能人才队伍

发展目标：适应加快推进新型工业化和产业结构优化升级的需要，以提升职业素质和职业技能为核心，以技师和高级技师为重点，建设一支数量充足、结构合理、技艺较高的技能人才队伍。到2015年，全省技能人才总量达到71万人，其中高技能人才占25.35%；到2020年，技能人才总量达到90万人，其中高技能人才占27.78%。

主要举措：按照"国家技能人才振兴计划"的要求，大力实施好我省高技能人才开发工程。完善以企业为主体、职业技术院校为基础、学校教育与企业培养密切联系、政府推动和社会支持紧密结合的技能人才培养培训体系。依托骨干企业、高等学校、职业院校和其他各类培训机构，建设一批国家级、省级示范性高技能人才培养基地。加强"双师型"教师队伍建设，在职业教育中推行学历证书和职业资格证书"双证书"制度。逐步实行中等职业教育免费和学生生活补贴制度。改革职业教育办学模式，大力推行校企合作、工学结合和顶岗实习等培训方式。制定高技能人才与工程技术人才职业发展衔接办法。建立完善技能人才评价体系和评选表彰制度，开展"贵州省有突出贡献高技能人才"评选，继续推荐有突出贡献的高技能人才参加国务院和省政府特殊津贴评选。建立高技能人才绝技、绝活代际传承机制。广泛开展各种形式的职业技能竞赛和岗位练兵活动。

5. 农村实用人才队伍

发展目标：围绕社会主义新农村建设和发展现代农业、繁荣农村经济的需要，以提高科技素质、职业技能和经营能力为核心，以农村实用人才带头人和农村生产经营型人才、技术推广人才为重点，着力建设一支适应农村经济社会发展需要的农村实用人才队伍。到2015年，全省农村实用人才达到48万人，每个行政村主要特色产业有1—2名示范带动能力强的带头人；2020年，达到60万人，每个行政村主要特色产业有 2 名以上示范带动能力强的带头人。

主要举措：充分发挥农村现代远程教育网络、文化信息资源共享工程网络、各类农民教育培训项目、农业技术推广体系、各类职业学校和培训机构的作用，大规模开展农村实用人才培训。整合现有培训项目，健全职业教育网络，配合国家实施好农村实用人才素质提升计划、新农村实用人才培训工程，重点实施好我省新型农民培养工程。鼓励和支持农村实用人才带头人牵头建立专业合作组织和专业技术协会，加快培养农业产业化发展急需的企业经营管理人才、农民专业合作组织带头人和农村经纪人。积极扶持农村实用人才创业兴业，在创业培训、项目审批、信贷发放、土地使用等方面给予政策支持。加大公共财政对农村实用人才开发的支持，重点加强农村发展急需的教师、医生、农业技术人员等方面人才培养。加大城乡人才对口扶持力度，推进城市医师支援农村卫生、城镇教师支援农村教育、社会工作者服务新农村建设、科技人才和文化人才下乡支农等工作。引导和鼓励高校毕业生到农村到基层就业，鼓励党政机关和企事业单位优秀年轻干部到农村任职。加大对农村实用人才的表彰和宣传力度。

6. 社会工作人才队伍

发展目标：适应建设和谐贵州的需要，以中高级社会工作人才为重点，加快培养一支职业化、专业化的社会工作人才队伍。到 2015 年，全省社会工作人才达到 4 万人；2020 年，达到 8 万人左右。

主要举措：加强社会工作学科体系建设，建立不同学历层次教育协调配套、专业培训和知识普及有机结合的社会工作人才培养体系，加快社会工作人才开发培养。建设一批社会工作人才培训基地，加强社会工作从业人员专业知识培训。制定社会工作培训质量评估指标体系，建立健全社会工作人才评价制度。制定社会工作者专业技术职务聘任规定，组织开展社会工作职业资格水平考试，推进社会工作者队伍职业化管理。加快制定社会工作岗位设置政策措施，推进公益服务类事业单位、城乡社区和公益类社会组织建设，加快社会工作岗位开发。组织实施社会工作服务组织标准化建设示范工程。研究制定加强社会工作人才队伍建设的意见，为社会工作人才加快成长、发挥作用创造良好环境。

三、人才发展重点工程

在积极配合国家实施创新人才推进计划、企业经营管理人才素质提升工程等人才发展计划、工程的同时，结合我省实际，实施 12 项人才发展重点工程。

（一）"四个一"人才工程

围绕全省经济社会又好又快、更好更快发展的需要，加快培养一支涵盖面较广、素质较高、层次较多的专家群体。到 2020 年，在全省培养选拔 100 名左右国内领先、国际上有一定影响的科学家、工程技术专家和社科专家，组成我省的核心专家群体；培养选拔 1000 名左右具有省内领先水平，在各学科、各技术领域有较高学术造诣和技术水平的学术、技术带头人，组成我省的省管专家群体；培养选拔一批在各学科和技术领域起骨干作用、具有发展潜力的学术技术人才，组成我省的骨干专家群体；培养选拔一大批适应经济社会发展需要的技能人才和农村实用人才，组成我省的基础人才群体。

（二）党政干部素质提升工程

围绕建设学习型社会的要求，以坚定理想信念、增强执政本领、提高领导科学发展的能力为重点，进一步完善党政干部培养计划及措施，扎实推进党政干部教育培训，扩大培训规模，大幅度提升素质，对全省县处级以上党政干部每5年轮训一遍。采取在职培训、轮岗交流、基层锻炼、承担急难险重任务等多形式、多渠道培训干部，培养造就一支政治坚定、勇于创新、勤政廉洁、求真务实、奋发有为的高素质党政人才队伍。

（三）优秀企业家培养工程

围绕提高我省企业核心竞争力，着力打造大企业大集团重点领军人才。到2020年，培养100名具有世界眼光、战略思维、创新精神和现代经营管理水平、能够引领企业参与国内外竞争的优秀企业家；培养500名熟悉战略规划、资本运作、人力资源管理、财会、法律等专业知识的企业家后备人才；培养1000名有较高专业素质、管理才能的职业经理人才。

（四）高层次创新型科技人才培养工程

围绕加快建设创新型社会的需要，以提高科技自主创新能力为核心，大力实施高层次创新型科技人才培养工程。到2020年，力争院士申报工作取得突破，培养选拔重点产业、重点学科带头人和科技领军人才100名左右、优秀青年科技人才培养对象300名左右，形成150个创新能力较强的人才团队。

（五）高技能人才开发工程

围绕新型工业化发展和产业结构调整的需要，以技师和高级技师为重点，大力实施高技能人才开发工程，建设一批国家级、省级示范性高技能人才培养基地。到2020年，培养选拔500名有突出贡献的高技能人才。

（六）新型农民培养工程

围绕建设社会主义新农村和加快发展现代农业的需要，实施新型农民培养工程，着力提升农村实用人才的素质。每两年选拔表彰100名具有突出贡献的农民企业家、农村特色产业示范带头人、科技种田能手、经纪人和能工巧匠。

（七）优秀教育人才培养工程

适应加快教育改革发展的需要，通过研修培训、学术交流、项目资助等方式，建设一支高素质、创新型教育人才队伍。到2020年重点培养5000名"双师型"教师、学术带头人和校长，在中小学校、职业院校、高等学校培养造就一批教学名师和学科带头人。

（八）全民健康卫生人才保障工程

适应深化医药卫生体制改革、保障全民健康的需要，加大卫生人才培养支持力度。到2020年，培养选拔一批医学学科骨干人才，给予科研专项经费支持；开展住院医师规范化培训工作，支持培养住院医师5000名；加强以全科医师为重点的基层卫生人才队伍建设，通过多种途径培训全科医师1万名，乡村医疗卫生人员1.5万名，提高基层卫生服务能力。统筹抓好城市社区卫生人才、疾病预防控制与妇幼保健人才、卫生监督人才、中医药人才、护理与技能人才、计划生育技能人才、卫生管理人才等各类人才的全面发展。

（九）宣传文化人才培养工程

围绕实现贵州文化大发展、大繁荣的目标，以实施省级宣传文化"四个一批"人才工程为抓手，建立高层次宣传文化人才储备制度和人才交流机制，通过加大宣传文化领域重点学科建设、组织开展重大课题研究、选派到重点院校深造、实施重点项目支持等方式，在理论界、新闻界、出版界、文学艺术界等领域加快培养一批优秀专业技术人才。到2020年，培养和选拔省级宣传文化"四个一批"人才550名。

（十）高层次人才引进工程

着眼增强自主创新能力和建设创新型社会的需要，充分利用国际国内人才资源，实施"特聘专家"制度，大力引进急需紧缺高层次人才。到2020年，全省引进科技领军人才、高层次创新创业人才和学术、技术带头人1000名左右。

（十一）民族地区、边远地区人才支持工程

围绕促进民族地区、边远地区经济社会发展的需要，依托省内外高校、科研院所等教育培训基地，通过挂职锻炼、定期进修、专题学习、出国培训等方式，加快少数民族人才培养；制定和完善政策措施，每年引导2000名优秀教师、医生、科技人员到民族地区、边远地区工作或提供服务。采取政府购买工作岗位、创业扶持等方式，引导高校毕业生到民族地区、边远地区就业和创业。注重培养少数民族高层次人才，加强少数民族优秀人才选拔任用。

（十二）人才基地建设工程

围绕重点领域、重点产业、重点学科建设的需要，进一步完善政策，强化工作措施，积极推进产学研结合，进一步抓好人才基地建设，吸引、聚集一批高层次人才。到2020年，在全省建设200个左右人才基地，为重点领域、重点产业、重点学科发展和重点工程、重点项目建设提供人才支撑。

四、人才发展体制机制建设

（一）完善党管人才领导体制

坚持党管人才原则，不断创新党管人才的方式方法，发挥党委领导核心作用，统筹经济社会发展和人才发展，切实履行好管宏观、管政策、管协调、管服务的职责，提高党管人才工作水平。健全党委、政府人才工作目标责任制，提高各级党政领导班子综合考核指标体系中人才工作专项考核的权重。建立党委常委会定期听取人才工作专项报告制度，进一步完善党委直接联系专家制度，健全重大决策专家咨询制度。推行人才工作情况通报制度，健全人才工作信息报送、重大事项报告和协调沟通制度。理顺各有关职能部门人才工作职责，增强人才工作合力。

（二）改进人才管理方式

围绕用好用活人才，深化人才管理体制改革，完善政府宏观管理、市场有效配置、单位自主用人、人才自主择业的人才管理体制，推动政府人才管理职能向创造良好发展环境、提供优质公共服务转变，运行机制和管理方式向规范有序、公开透明、便捷高效转变。进一步规范行政行为，取消不利于人才

发展的行政性限制和干预，减少和规范人才评价、流动、使用等环节中的行政审批、行政准入和收费事项。克服人才管理中存在的行政化、"官本位"倾向，取消科研院所、学校、医院等事业单位实际存在的行政级别和行政化管理模式，建立与现代科研院所制度、现代大学制度和公共医疗卫生制度相适应的人才管理制度。分类推进事业单位人事制度改革，逐步建立权责清晰、分类科学、机制灵活、监管有力的事业单位人事管理制度。完善国有企业领导人员管理体制，健全符合现代企业制度要求的企业人事制度。大力发展人才中介服务组织，充分发挥市场配置人才资源的基础性作用。

（三）创新人才培养开发机制

以素质提升和创新能力建设为核心，完善国民教育和终身教育体系，健全以社会需求为导向和能力建设为核心的人才培养开发机制。巩固"两基"攻坚成果，全面提高义务教育水平。大力发展职业教育和民族教育，加快高等教育发展，切实增强服务经济、服务地方的能力。深化教育改革，提高创新型人才和应用型人才培养水平。加大教学改革力度，完善人才培养模式，全面实施素质教育。建立考试评价监测制度，加强教育督导制度建设。整合各类教育培训资源，开展灵活多样的继续教育和培训，推进学习型社会建设。建立人才培养结构与经济社会发展需求相适应的动态调控机制，优化教育布局和学科专业结构，提高人才培养与经济社会发展的对应度和适应性。建立人才、用人单位和全社会广泛参与的人才培养质量评价机制。

（四）创新人才评价发现机制

建立以岗位职责为基础，以品德、能力和业绩为导向，科学化、社会化的人才评价发现机制。完善人才评价标准，拓宽人才评价渠道，改进人才评价方式，提高人才评价考核的科学化水平。建立健全科学的职业分类体系人才能力素质标准。完善以群众评议为基础、部门领导评鉴为主导的公务员考核制度，建立符合科学发展观和正确政绩观要求的党政人才考核评价体系。分类建立事业单位人员绩效评价制度，建立重在业内和社会认可的专业技术人才评价机制。完善以任期目标为依据、工作业绩为核心的国有企业领导人员考核评价办法。落实用人单位在专业技术职务（岗位）聘任中的自主权，建成科学、分类、动态、面向全社会的专业技术人才职称评价体系。完善职业（执业）资格制度和专业技术职务聘任制度，加强对职业准入资格的规范管理。建立健全技能人才和农村实用人才评价机制，完善相应的考核实施办法。

（五）创新人才选拔任用机制

改革人才选拔使用方式方法，科学合理使用人才，促进人岗相适、用当其时、人尽其才、才尽其用，形成有利于优秀人才脱颖而出、充分施展才能的选拔任用机制。完善党政人才公开选拔、竞争上岗制度，探索公推公选等选拔方式，坚持和完善党政领导干部职务任期制。推行和完善地方党委讨论决定任用重要干部票决制。完善公务员管理制度。建立组织选拔、市场配置和依法管理相结合的国有企业领导人员选拔任用制度，完善国有资产出资人代表派出制和推选聘任制。健全事业单位领导人员委任、聘任、选任等任用方式，建立事业单位关键职位、重点学科、重点实验室等负责人公开选聘制度。

（六）创新人才流动配置机制

建立和完善以政府部门宏观调控、市场主体公平竞争、中介组织提供服务、人才自主择业、单位自主用人的人才流动配置机制。加强政府对人才流动的政策引导和宏观调控，引导人才向艰苦偏远地区和民族地区流动，改善人才区域结构和基层人才匮乏状况，促进人才合理分布、有效配置。建立人才档案公共管理服务系统。大力发展人才服务业，积极培育专业性、行业性人才服务机构，注重发挥行业协会作用。加快人才市场体系建设，完善市场服务功能，畅通人才流动渠道。完善高层次人才、急需紧缺人才引进"绿色通道"机制，大力引进国内外高层次人才。

（七）创新人才激励保障机制

完善分配、激励、保障制度，建立健全与业绩、能力相适应，鼓励人才创新创造、充分体现人才价值、有利于保障人才合法权益的分配激励机制。规范公务员收入分配秩序，完善事业单位岗位绩效工资制度，大胆探索不同类型事业单位收入分配办法，探索建立高层次人才、高技能人才年薪制、协议工资制和项目工资制等多种分配形式，推行企业经营管理人才股权、期权等中长期激励办法，重点向创新创业人才倾斜。稳步提高技能人才待遇。健全以政府奖励为导向、用人单位为主体、社会力量参与的人才奖励体系，加大对关键岗位和有突出贡献人才的奖励力度。研究制定人才补充保险制度，支持用人单位为人才建立补充养老、医疗保险。加大对农村、非公有制经济组织人才的社会保障覆盖面。健全人才政策法规体系，完善人事和劳动争议仲裁制度，依法保护用人单位和各类人才的合法权益，推进人才工作法制化、规范化，逐步形成国家、社会和单位相结合的人才保障体系。

五、人才发展的主要政策措施

（一）坚持人才资本投资优先

各级政府要优先加大对人才发展的投入，将人才发展经费纳入财政预算，确保教育、科技支出增长幅度高于财政经常性收入增长幅度，卫生投入增长幅度高于财政经常性支出增长幅度。进一步加大人才发展资金投入力度，确保人才发展重大项目、重点工程的实施。鼓励和引导用人单位、个人和社会投资人才资源开发，建立多元的人才投入机制。落实好党政机关、企事业单位职工教育培训经费，推动企业加大人才培养、人才资源开发投入。积极争取国家人才项目资金，利用国家政策性银行贷款、国际金融组织和外国政府贷款投资人才开发项目。

（二）大力推动人才创新创业

制定相关政策措施，推动人才创新创业。强化人才创业服务，支持高层次人才创办科技型企业，促进科研成果转化。建立高等学校、科研院所、企业高层次人才双向交流制度，采用"人才+项目"等培养模式，依托重大人才计划、重大科研项目、重点工程和产业开发项目，培养集聚科技创新人才。加强创业信息跟踪分析，实现创业信息资源共享。大力开展创新创业培训，打造创新创业平台，提高创新创业成效。整合教育、科技资源和企业教育培训资源，建立以企业为主体的产学研战略联盟，支持企业与科研院所、高等学校通过联合建立实验室或研发中心等方式，培养高层次人才，培育创新团队。

（三）促进人才向农村基层和民族地区、边远地区流动

充分利用政策导向，推动各类人才向民族地区、边远地区流动，到农村和企业就业创业。对到农村和边远地区工作的人才，在工资待遇和职务、职称晋升等方面实行倾斜政策。采取政府购买岗位、报考公职人员优先录用、建立"五险一金"等措施，鼓励和引导高校毕业生到农村和企业就业。逐步提高市（州、地）级以上党政机关从基层招录公务员的比例。积极实施"三支一扶"和大学生志愿服务西部计划，扎实做好选调高校毕业生到村任职的工作，继续实施科技兴村行动和教授、博士进企业活动，实施公职人员到基层服务和锻炼的派遣和轮调办法。建立人才服务基层和艰苦行业工作表彰奖励制度。

（四）加快建立和完善人才公共服务体系

完善政府人才公共服务系统，形成公共服务、市场服务、社会服务相互衔接、相互补充的人才发展服务体系。建立政府购买公共服务制度，促进服务工作公开、公平、公正。推进政府部门所属人才服务机构管办分离，实现政府公益性服务机构由行政管理向公共服务转变。建立健全人才招聘、人事代理、人才培训、业绩档案、诚信认定、人才智力输出、创业项目推荐等公共服务平台，满足多样化人才公共服务需求。建立健全人才中介服务体系，发挥社会中介机构在人才配置、人才信息服务、人才评价、人才竞争和人才引进中的推动作用。建立健全社会化、开放式人才市场信息和公共政策信息共享机制，提高人才信息化服务水平。

（五）加快非公有制经济组织、新社会组织人才培养

进一步完善非公有制经济组织和新社会组织人才流动、市场配置、职业（执业）资格、职称评定、选拔奖励等方面的政策，制定加强非公有制经济组织、新社会组织人才队伍建设的意见，鼓励和引导人才向非公有制经济组织和新社会组织流动。加大对非公有制经济企业的科研支持力度，通过定期培训、岗位实践、在职进修等多种途径，加强非公有制经济组织和新社会组织人才培养，支持非公企业建设人才基地，促进高层次人才成长。

（六）大力营造人才发展的良好环境

进一步加强人才干事创业平台建设，为人才提供成就事业的良好条件。健全符合人才发展的政策措施，完善吸引人才、留住人才的社会服务机制，不断优化人才政策环境。关心人才生活，积极帮助高层次人才解决子女入托入学、住房和家属就业等方面的实际问题，不断优化人才生活环境。组织开展各类学术活动，创造人才到国内外学习、交流的条件，鼓励人才开展创新研究，支持人才进行关键领域、重要环节和高风险高回报项目的研究开发，奖励成功、宽容失败，不断优化人才创新创业环境。建立重大科研项目选题、立项、评审等专家咨询制度，积极推进人才法制化建设，不断优化人才发展的制度环境。充分发挥报纸杂志、电视广播、网络等媒体的作用，大力宣传优秀人才典型事例和人才工作先进经验，在全社会进一步形成尊重劳动、尊重知识、尊重人才、尊重创造的良好氛围，不断优化人才发展的舆论环境。

六、《规划纲要》的实施

（一）加强《规划纲要》实施工作的组织领导

在省委领导下，由省人才工作领导小组负责《规划纲要》实施的统筹协调和宏观指导，制定目标任务分解落实方案和人才发展重点工程实施办法。建立《规划纲要》实施情况的监测、评估和考核机制，加强督促检查，为《规划纲要》各项措施的落实提供组织保障。

（二）制定和完善人才发展规划体系

各市（州、地）和省直有关部门要以国家和省中长期人才发展规划纲要为依据，编制地区、行业、系统人才发展规划，形成全省上下贯通、左右衔接的人才发展规划体系。

（三）加强人才工作的基础性建设

深入开展人才理论研究，不断探索和把握人才资源开发和人才工作的新特点、新规律，加强《规划纲要》实施的调查研究和信息反馈，建立定期通报制度，推进《规划纲要》顺利实施。加强人才工作队伍建设，加大培训力度，提高人才工作队伍的政治素质和业务能力。

（四）营造《规划纲要》实施的良好氛围

大力宣传国家和省人才工作的重大战略思路和方针政策，宣传实施《规划纲要》的重要意义、指导方针、目标任务、重大举措，总结宣传全省人才工作中的先进事迹、主要做法和成功经验，在全社会形成关心《规划纲要》实施、支持人才发展的良好氛围。

海南省中长期人才发展规划纲要（2010—2020年）

根据党的十七大提出的更好实施人才强国战略要求和我省实施人才强省战略的实际，适应海南国际旅游岛建设发展对人才发展的需要，特制定本规划纲要。

一、序言

人才是指具有一定的专业知识或专门技能，进行创造性劳动并对社会作出贡献的人，是人力资源中能力和素质较高的劳动者。人才是我国经济社会发展的第一资源。

海南建省办经济特区22年，是经济社会发展最快的时期，也是人才发展最快的时期。特别是进入新世纪以来，省委、省政府坚持不懈地实施人才强省战略，提出了加强人才队伍建设的一系列重要举措，人才工作和人才发展出现了前所未有的新局面。目前，党管人才工作格局基本形成，人才服务体系逐步健全，人才发展环境显著改善，人才资源规模明显扩大，人才结构不断优化，人才素质大幅度提升，人才对经济社会发展的拉动作用进一步增强。

海南现在还是经济欠发达地区，经济发展滞后，人才发展的总体水平在全国排名靠后。据《中国人才发展报告》统计，在2005年全国31个省市区人才竞争力排名中，海南省位居第29位。当前我省人才发展的总体水平与经济发达省份相比还有一定距离，离实现人才强省的目标还有较大差距，主要表现为：人才总量不足，整体素质有待提升；人才分布不够均衡，结构性矛盾仍较突出；人才队伍整体创新能力不强，高层次创新创业人才匮乏；人才发挥作用的舞台和空间不够宽广，吸纳集聚人才的能力较弱；人才发展体制机制障碍仍然存在，人才发展环境还需不断优化；人才资源开发投入不足，人才效能发挥不够，等等。人才队伍建设的总体水平不高已经成为制约海南经济社会发展的直接原因和最大瓶颈。

2009年12月31日，国务院颁布《关于推进海南国际旅游岛建设发展的若干意见》，正式把海南国际旅游岛建设纳入国家发展战略。这是海南建省办经济特区之后，面临的又一次重大机遇和挑战。建设国际旅游岛的目标要求，尤其是国务院提出的"二区三地一平台"的战略定位，决定了国际旅游岛建设是一项紧迫的、全局的、长期的历史任务。建设国际旅游岛，在相当长的一段时期内，是海南经济社会发展的总战略、总目标。它既凸显了海南人才发展严重不适应国际旅游岛建设的矛盾，又强化了海南人才发展对于国际旅游岛建设的重要性，既给人才发展提出了严峻挑战，又给人才发展带来了难得机遇。历史经验和现实情况表明：建设国际旅游岛最紧缺的是人才，人才决定着国际旅游岛建设的成效，决定着强岛富民目标的实现。我们必须进一步增强责任感和使命感，着眼于应对激烈的国内外人才竞争，适应海南经济社会发展和国际旅游岛建设的需要，从战略和全局的高度，把人才作为推动科学发展的第一资源。把人才发展摆上优先发展的战略位置，科学谋划，合理布局，大胆创新，重点突破，整体推进，努力构筑人才高地，壮大人才队伍，让各类人才在推进国际旅游岛建设发展中发挥重要作用。

二、指导思想、发展目标和总体部署

（一）指导思想

以中国特色社会主义理论体系为指导，深入贯彻落实科学发展观，坚持党管人才原则，按照"支撑发展、人才优先，使用为本、创新机制，重点突破、整体开发"的要求，全面实施具有海南特色的人才强省战略，围绕海南国际旅游岛建设的目标、任务，以人才资源能力建设为核心，以优化人才结构为主线，以开发高层次创新创业人才和经济社会发展重点领域人才为重点，以创新人才体制机制为动力，以优化人才发展环境为保障，统筹推进各类人才队伍建设，建设一支规模宏大、结构合理、素质优良的人才队伍，为海南国际旅游岛建设、实现强岛富民的目标提供坚强有力的人才保障。

支撑发展、人才优先。把支撑科学发展、促进科学发展作为人才工作的根本出发点和落脚点，适应发展方式转型的需求，把人才作为实现科学发展的第一资源，围绕科学发展来确立人才工作的目标任务，根据科学发展来制定人才工作的政策措施，通过科学发展来检验人才工作的成效，确立人才优先发展的战略地位，做到优先开发人才资源、优先调整人才结构、优先保证人才投资、优先创新人才制度。

使用为本、创新机制。把用好人才作为人才工作的中心环节，着力破除不利于人才成长和发挥作用的观念和体制机制障碍，努力创新人才发展的体制机制，进一步建立健全"小省份、大网络"的人才使用体系，以更具特色的事业平台吸引人才，以更加开放的政策体系集聚人才，以更富创新活力的体制机制激励人才，以更优越的发展环境服务人才，促进人才各得其所、各展其才、才尽其用，最大限度地激发人才的创造活力和创业激情。

重点突破、整体开发。围绕海南国际旅游岛建设对各类人才的需求，立足省情，以高层次创新创业人才为先导，以实用型人才为主体，大力开发经济社会发展重点领域紧缺急需的专业人才，在重大产业、重点领域集聚和培养一批高层次领军人才和一大批各类优秀人才，统筹推动各类人才发展，促进人才的整体性开发。

（二）发展目标

到2020年，我省人才发展的总体目标是：人才规模持续增长，人才体制机制更加完善，人才发展环境更加优化，人才结构明显改善，人才布局更趋合理，人才作用得到充分发挥，培养和造就一支与我省经济社会发展和国际旅游岛建设要求相适应、具有较强竞争力和较大影响力的人才队伍，在以旅游业为龙头的现代服务业、热带现代农业、新型工业、海洋产业等特色产业方面形成人才发展的明显优势，使人才发展政策和工作体制机制在全国具有较强的竞争优势，人才效能在全国达到中上水平。

到2020年，我省人才发展要实现以下具体目标：

——人才队伍规模不断壮大。人才资源总量从2007年的71.3万人增加到2020年185万人，增加159%，人才资源总量占总人口的比重达到18.6%以上。

——人才结构进一步优化。一、二、三产业人才比例更为合理，到2020年三次产业就业结构比例为15：12：73，包括服务业在内的第三产业就业人员占全社会就业人员比重达到73%，城乡、区域、行业间人才分布趋向合理，高技能人才占技能劳动者的比例达到30%。

——人才素质大幅度提高。15岁以上人口平均受教育年限达到11年以上，每十万人口中接受高等教育人数达到1.5万人，高等教育毛入学率达到40%；在校研究生人数达到2万人，研究与试验发展（R&D）人员总量达到3万人/年以上。

——人才使用效能进一步提高。人才成为推动经济社会快速发展的关键因素。人力资本对经济增长贡献率达到36.5%，百万GDP所占人才数少于4人。

——人才竞争比较优势明显增强。经济社会发展重点领域的人才开发力度不断加大，高层次人才数量和质量显著提高，在旅游、信息、交通运输和物流、金融会展、文化体育、新能源、新材料、生物医药、农业科技与服务、海洋资源开发与服务等重点领域人才集聚程度明显提高。到2020年，旅游人才总量达到41.9万人。

——人才发展环境进一步改善。经济水平显著提高，人均生产总值达到5万元，居全国上等水平，人才发展体制机制进一步创新，取得突破性进展，建立人才投入持续增长机制，完善人才工作体制，健全人才服务体系，改善人才发展的综合环境。到2020年，公共教育经费占国内生产总值比重提高到5%；全社会研究与试验发展开发（R&D）经费支出占国内生产总值比重提高到2.5%。

（三）总体部署

一是实行人才投资优先，健全政府、用人单位、个人和社会合理分担的多元投入机制，实现人才资源向人才资本转化，加大政府投入力度，提高社会资本在人才投入中的比重。二是加强人才资源能力建设，大幅度提高人才整体素质，创新人才培养模式，突出创新精神和创新能力培养。实施科教兴琼战略，着力推进继续教育和终身教育计划，把各类人才培训和继续教育作为提高人才素质的重要途径。三是围绕海南国际旅游岛建设，以满足重点发展行业的人才需求为重点，推动人才结构战略性调整，进一步发挥市场配置人才资源的基础性作用，完善和健全人才服务体系，加强政府宏观调控，优化人才专业、产业、区域、城乡等结构，解决人才分布不合理、人才短缺与过剩并存等结构性问题。四是造就宏大的高素质人才队伍，突出培养创新型科技人才，大力开发国民经济和社会发展重点领域急需紧缺人才，统筹抓好党政人才、企业经营管理人才、专业技术人才、高技能人才、农村实用人才、社会工作人才六支队伍建设。五是改革人才工作体制机制，完善人才管理体制，创新人才培养开发、评价发现、选拔任用、流动配置、激励保障机制，营造更为灵活、开放、高效的人才发展制度环境。六是推进人才国际化，坚持自主培养开发与引进人才并举，大力吸引海外高层次人才和急需紧缺人才，围绕全省发展战略目标，重点引进一批能够突破关键技术、发展高新产业、带动新兴学科的海外科学家和科技领军人才。七是充分利用特区立法权，营造良好的人才法制环境，建立健全人才法律法规，坚持依法管理人才，保护人才合法权益。八是加强和改进党对人才工作的领导，创新党管人才方式方法，为人才发展提供坚强的组织保证。

推进人才发展要分步实施，统筹兼顾。到2015年，重点在制度建设、机制创新上有较大突破；到2020年，全面落实各项任务，确保人才发展战略目标的实现。

三、人才队伍建设主要任务

（一）突出引进培养高层次创新创业型人才

发展目标：围绕增强海南自主创新能力、提高创新水平和推动相关产业发展，促进产业结构调整转型升级、提升经济竞争力，着力建设一支高水平的创新创业人才队伍。到2020年，全省R&D人员总量达到3万人/年以上，R&D科学家工程师总量达到2万人/年以上，高层次创新创业人才规模达到1000人。

主要举措：制定高层次创新创业人才培养计划实施办法。建立学校教育和社会实践锻炼相结合、国内培养和国际交流合作相衔接的开放式培养体系。充分发挥高等院校、科研机构在创新型人才培养中的作用，深化省属科研院校改革，积极探索建立与国际接轨、符合国情的科研和管理机制。健全科研诚信制度，营造和谐竞争、高效、灵活的科研环境。依托重大科研和建设项目、重点学科和科研基地以及国际学术交流与合作项目，建设一批高层次创新型科技人才培养基地，积极推选"新世纪百千万人才工程"国家级人选，加大学术带头人引进和培养力度。积极推进创新团队建设，建立和完善首席专家、首席教授制度。加强产学研合作，支持企业与高等院校和科研院所共同建设重点实验室、产业技术创新战略联盟、工程技术研究中心、博士后流动站（工作站），建设一批国家级工程研究（技术）

中心、实验室和企业技术中心，推动科技人才向企业聚集，注重培养一线创新人才。加大优秀青年科技人才的发现、培养、使用和资助力度。推进实施国家引进海外高层次人才"千人计划"和我省高层次创新创业人才引进工程。鼓励海内外著名机构来琼设立集教、研、会、展于一体的研发中心、培训中心。推进创新创业载体建设，完善人才创新创业服务体系，健全有利于人才创新创业的评价、使用、激励制度。积极营造鼓励创新创业、宽容失败的良好社会氛围。设立海南省创业投资引导专项基金和高新技术产业发展专项资金，加大创新创业扶持力度。

（二）着力加强重点产业领域人才开发

发展目标：围绕海南国际旅游岛"二区三地一平台"发展战略需求，加大对重点产业领域的紧缺急需人才开发力度。到 2020 年，形成以旅游业为龙头的现代服务业、新型工业、热带现代农业和海洋产业等重点优势产业人才集聚，人才素质明显提升，专业人才数量充足，急需紧缺人才基本得到满足的人才发展的良好局面。

主要举措：围绕重点产业发展，加强人才需求预测，发布重点领域急需紧缺人才目录，建立人才结构调整与经济结构调整相协调的动态机制，制定引导人才向重点产业集聚的倾斜政策。实施以旅游业为龙头的现代服务业人才开发工程、热带现代农业人才开发工程、南海资源开发人才集聚工程，加大对产业专家、领军人才和高技能人才的引进和培养力度。优化重点产业领域高等教育、科研院校布局和学科专业结构，加大政府投资引导，整合现有教学资源，创办海南国际旅游职业学院、海南省海洋学院、海南省农业学院、海南省海洋水产科学院、海南省旅游研究院等与海南重点产业相关的高等院校和科研院所。优化重点产业人才发展环境，重点围绕我省产业发展关键技术和核心技术问题，引导骨干企业、科研单位和高校组建产业技术创新战略联盟，搭建公共技术平台，加强省级农业科研创新团队和平台建设，加强海口国家高新开发区、国家（儋州）农业科技园区、海南生态软件园、三亚市创意产业园、农村科技示范基地、优质农产品示范园、南繁科技研究院、桂林洋经济开发区、留学回国人员创业园建设，鼓励企业创建博士后流动站（工作站）。积极建立以企业为科技开发主体的新机制，促进企业和高校、科研机构开展深度产学研合作。完善农垦人才发展体制机制，着力加强农垦实用人才队伍建设。完善并逐步推行旅游人才考评、行业资格认证、职业经理人制度，健全信息产业人才储备机制和高层次人才开发利用机制，深化电子行业职业技能鉴定，建立健全农村金融体系，完善农村技术推广服务体系，依托农业科技 110 技术平台，加强农业科技人才开发。依托重点海洋产业建设工程，建立海洋科技人才培养基地。制定海洋产业人才队伍建设实施办法，加大南海资源开发和研究国内外合作交流。完善重点产业领域高层次技术和管理人才激励制度，允许高新技术企业对技术骨干和管理骨干实施期权激励措施。

（三）加强社会发展重点领域人才队伍建设

发展目标：围绕全面提升海南国际旅游岛建设软环境实力的主要目标，服务于重点产业发展，着力加强教育、政法、医疗、宣传文化体育、社会工作等社会发展重点领域人才队伍建设。

主要举措：实施高素质教育人才开发工程、高素质医疗卫生人才开发工程、高素质宣传文化人才开发工程、社会工作人才开发工程，进一步加强社会发展重点领域专门人才开发。优化各类人才发展体制机制和政策环境，构建具有海南特色的现代教育人事制度体系，探索实行校长职级制、学校法人制度，改革教师职称制度，全面推行教师公开招聘、全员聘任、岗位绩效工资制度，进一步完善教师医疗、养老、住房等保障制度，健全教育特殊津贴制度。加强卫生人才队伍梯队建设，完善海南省卫生系统高级专家选拔和动态管理体系。加大基层社区和农村紧缺医疗卫生人才培训和支持力度，创新社区和农村卫生人才队伍管理机制，促进城乡区域卫生人才均衡发展，整合全省卫生人才智力资源，挖掘提升中医医疗、保健、康复人才，逐步建立卫生管理职业化人才教育培训体系；制定《海南省宣传思想文化系统"四个一批"人才实施意见》，加大政府对优秀宣传文化体育人才培养的投入力度，加大对市县宣传文化体育设施的投入，以创新能力、创作研究成果和经营管理实绩为主要标准，深化宣传文化体育人才选拔考核机制改革，完善基层宣传文化体育人才培养和管理机制。加强法院、检察院、公安、司法行政系统和政法社会人才队伍建设。加大社会工作人才岗位开发，扩大政府购买社会服务规模，创新购买模式。大力促进民办社会服务机构的发展。

（四）统筹推进各类人才队伍建设

1. 党政人才队伍

发展目标：按照加强党的执政能力建设和先进性建设的要求，以坚定理想信念、增强执政本领、提高领导科学发展能力为核心，以加强领导班子建设为重点，建设一支政治坚定、勇于创新、勤政廉洁、求真务实、奋发有为、善于推动海南国际旅游岛建设发展的高素质党政人才队伍。到2020年，党政人才数量严格控制在5.1万人以内，大学本科及以上学历的占85%，综合素质明显提高，结构更加合理。

主要举措：按照适应海南国际旅游岛建设需要和干部成长规律的要求，开展大规模干部教育培训，加强干部自学，建设学习型干部队伍。实施党政人才素质能力提升工程，构建理论教育、知识教育、党性教育和实践锻炼"四位一体"的干部培养教育体系。积极推行干部人事制度改革，坚持德才兼备、以德为先的用人标准，树立注重品行、科学发展、崇尚实干、重视基层、鼓励创新、群众公认的用人导向。扩大干部工作中的民主，加大竞争性选拔党政领导干部工作力度，促进优秀人才脱颖而出。抓好《2009—2020年全国党政领导班子后备干部队伍建设规划》的贯彻落实，实施后备干部素质提升工程，加大干部"双挂"工作力度，继续选送优秀中青年干部赴国外或国内著名院校攻读MPA、MBA硕士学位。完善相关措施，加强女干部、少数民族干部、党外干部的培养选拔工作，推进"三三计划"的落实，做到系统培养、择优使用。制定并实施海南省党政紧缺专业人才招录计划。注重从基层和生产一线选拔党政人才。有计划地从农村、国有企业、高等学校、科研院所及其他经济组织和社会组织中选拔优秀人才进入党政人才队伍。大力推进党外代表人才队伍建设。完善并实施促进科学发展的干部综合考核评价办法，加强干部的综合考核。加大领导干部跨地区、跨部门交流力度，推进党政机关重要岗位定期交流、轮岗。健全权力约束制衡机制，加强干部监督管理。

2. 企业经营管理人才队伍

发展目标：根据产业结构优化升级和实施"走出去战略"的需求，以提高战略发展能力和现代经营管理水平为核心，打造完整的战略化的企业家培养选拔链条，打造优秀企业家团队，建设一支职业化、国际化、具有战略开拓能力、市场驾驭能力强、适应海南跨越式发展需要的企业经营管理人才队伍。到 2015 年，企业经营管理人才总量达到 29.6 万人。到 2020 年，企业经营管理人才总量达到 45.5 万人；企业经营管理人才职称上岗率达到 90% 以上，经济类、管理类的中高级职称比例达到 50% 以上。

主要举措：依托国内外知名企业、高等院校和培训机构，加强企业经营管理人才国际化培训，组织实施优秀企业家培养工程，加强企业经营管理人才继续教育体系建设，重点抓好大中型企业经营管理人才的战略管理、资本运营、金融与贸易、法律法规、信息网络等方面的培训，加速培养一批能取得国际通用执业资格的资产管理、风险投资、财务审计及从事各类经济活动的优秀经营管理人才。健全企业经营管理者聘任制、任期制和任期目标责任制，实行契约化管理。深化企业人事制度改革，推进企业经营管理人员的职业化进程，建立现代企业人事管理制度，形成经营管理人才市场化管理机制和人本化服务体系；建设适应市场竞争需要的企业人才资源开发体系，形成符合现代企业制度的人才培养、选用、评价和激励机制；完善高级经营管理人才监督约束机制，建立经营管理者责任追究制度，积极探索年薪制、股份奖励、股票期权奖励和智力入股等多种报酬形式，短中长期激励相结合，不断完善向关键岗位和有突出贡献人员倾斜的分配激励政策，使企业经营管理者的奋斗目标与企业长远发展目标同向；鼓励机关事业单位、学校和各社会团体中的优秀人才向企业经营管理岗位流动，逐步形成内部取才竞争上岗、外部取才公开招聘的人才资源配置方式。积极推进省属国有企业公司制改革股份制改造，加快完善公司法人治理结构。建立企业经营管理人才库。培养引进一批科技创新型企业家和企业急需的资本运作、科技管理、项目管理方面的专门人才。

3. 专业技术人才队伍

发展目标：以提高自主创新能力和科研水平为核心，以高层次人才和紧缺人才为重点，加快建设一支科技水平高、自主创新能力强、分布合理的高素质专业技术人才队伍，到 2015 年，专业技术人才队伍达到 32 万人；到 2020 年，专业技术人才队伍达到 37 万人，高、中、初级专业技术人才数量达到 1：3：6 的合理比例，科技进步贡献率达到 60% 以上。

主要举措：按照经济社会发展需求，扩大专业技术人才培养规模，加快培养急需紧缺专业人才，构建分层分类的专业技术人才继续教育体系，加强专业技术人才岗位培训和在职培训，发挥各类社会组织培养专业技术人才作用，继续加快实施专业技术人才知识更新工程，重点培训 13300 名中高专业技术人才。加大会计、审计、法律、咨询、评估、物流、金融保险、会展、社会工作等现代服务业人才培养开发力度。实施高素质教育、卫生、文化、农业、海洋人才培养工程。以现有"新世纪百千万人才工程"和"515 人才工程"为基础，进一步创新高层次专业技术人才队伍梯队培养机制。加强高层次专业技术人才的引进工作。完善相关措施，推进专业技术人才区域、产业、行业、专业、层次等结构调整，引导专业技术人才向企业、社会组织、基层一线和中西部地区流动，促进专业技术人才队伍合理分布。推进专业技术职称和职业资格制度改革，构建科研成果社会化评价体系。完善省科技进步奖评审办法，制定专业技术人才表彰奖励办法，加大激励力度。采取倾斜政策，支持基层和少数民族与贫困地区专业技术人才，改善生活、工作条件，拓展事业发展空间。注重发挥离退休专业技术人才以及旅居我省高级专家的作用。

4. 高技能人才队伍

发展目标：加快形成与海南经济社会发展相适应，与特色产业结构相协调，结构合理、素质优良的高技能人才队伍。到 2015 年，技能人才总量达到 39.2 万人，其中高技能人才占 25%；到 2020 年，技能人才总量达到 67 万人，高、中、初级技能劳动者比例为 30：40：30。

主要举措：贯彻实施《海南省人民政府关于加强技能人才工作的暂行规定》。完善以企业为主体、职业院校为基础、学校教育与企业培养紧密联系、政府推动和社会支持相互结合的高技能人才培养培训体系。着重加强与海南现代服务业、海洋产业、高新技术产业、现代农业、加工业相适应的重点中职实训基地建设，到 2015 年，建设 2 个技能含量高、体现科技发展前沿技术的省级高技能人才公共实训基地，完成 100 名骨干教师示范性培训。到 2020 年，建成 3 所以上技师学院，5 所左右骨干高职院校，在有条件的院校和企业建成 8 个省级高技能人才培养示范基地，实现规模化培养。促进职业培训与岗位开放相结合，强化高技能人才和复合型技能人才的培养，创新培训形式，开展远程职业培训，推动多媒体、仿真模拟技术的应用。完善职业资格证书制度建设。制定高技能人才与工程技术人才职业发展贯通办法，广泛开展各种形式的职业技能竞赛和岗位练兵活动。实行技能等级与岗位使用、工资待遇挂钩政策。建立健全技能人才表彰奖励制度，继续推进高技能人才参评省优专家工作，进一步提高技能人才经济待遇和社会地位。

5. 农村实用人才队伍

发展目标：围绕建设国家热带现代农业基地和社会主义新农村建设，结合海南优势农业区域布局规划，以提高科技素质、职业技能和经营能力为核心，以加快培养一批掌握热带高效农业新技术、具备现代化管理能力、能起示范带动作用的农村经济带头人和农村生产经营型人才为重点，着力打造一支服务于海南农村经济社会发展、特色鲜明、重点突出、数量充足的农村实用人才队伍。到 2015 年，农村实用人才总量达到 26 万人（含农垦农村实用人才），到 2020 年，农村实用人才总量达到 30 万人（含农垦农村实用人才）。每个行政村主要特色产业平均有 3—5 名以上生产型人才或经营型人才。

主要举措：制定农村实用人才队伍建设实施办法。大规模开展农村实用人才培训，统筹协调各类农村教育，建立健全县、乡、村三级农村教育培训网络，充分发挥农村现代远程教育网络、全国文化信息资源共享工程网络、各类农民教育培训项目、农业技术推广体系、各类职业学校和培训机构的主渠道作用，在农村广泛开展农村实用技术培训和市场知识培训。继续实施行政村党支书和村委会主任培训工程、百名村官赴境外培训项目。实施农村青年创业致富带头人培养计划、万名中专生培养计划、"一村一名大学生"计划和新型农民技术培训项目。进一步加强农村劳动力转移技能培训。重点加强发展海南热带高效农业农村实用人才的培养。鼓励和支持农村实用人才带头人牵头建立专业合作组织和专业技术协会，加快培养农业产业化发展急需的企业经营人才、农民专业合作组织带头人和农村经纪人。积极扶持农村实用人才创业兴业，在创业培训、项目审批、信贷发放、土地使用方面给予优惠。

加强农村科技示范基地、农业良种示范基地、休闲农业示范基地和优质农产品示范园建设，积极引导各类经济组织、农村产业化龙头企业开展岗位培训和技术指导。加大公共财政支持农村实用人才开发力度，重点加强农村发展急需的农业技术人员、宣传文化人才、教师、医生等方面人才的培养。加大农村民间艺人挖掘力度。继续加大城乡人才对口扶持力度，进一步完善和实施"农技110"服务体系，继续组织实施科技特派员制度，采取"专家与农户结对子"帮扶措施，为农民提供技术指导。继续实施"三支一扶"计划、万名医师支援农村卫生、城镇教师支援农村教育和科技人才下乡支农等工作，推动社会公共服务向农村基层拓展延伸。每两年组织开展一次全省性的农村实用人才实用技能竞赛活动，建立健全农村实用人才评价制度。加大对农村实用人才的表彰激励和宣传力度。加大农垦实用人才队伍建设力度，鼓励和支持垦区农村实用人才创办科研和经济实体，领办农业合作经济组织和专业协会，鼓励专业技术人员到垦区创业，带动基层实用人才队伍建设。

6. 社会工作人才队伍

发展目标：为适应构建社会主义和谐社会和海南国际旅游岛建设的需要，以人才培养和岗位开发为基础，以中高级社会工作人才为重点，通过培养培训和对外引进相结合的办法，加快推进海南社会工作人才队伍发展，扩大社会工作人才队伍规模，形成与海南经济社会发展相匹配的社会工作人才梯次结构，优化社会工作人才布局，提高社会工作人才的职业技能和专业素质，使社会工作人才队伍的数量、结构、素质能适应和谐海南建设的要求。培养造就一支职业化、专业化的社会工作人才队伍。至2015年，社会工作人才数量达到1.6万人；至2020年，社会工作人才数量达到2.1万人，占人口总数的2%。

主要举措：按照适应海南国际旅游岛建设和构建和谐海南的要求，制定加强海南省社会工作人才队伍建设意见。加大社会工作的宣传力度。充分利用省内高校的办学资源，加强社会工作人才教育培训工作，建立不同学历层次教育协调配套、专业培训和知识普及有机结合的社会工作人才培养体系。加强社会工作学科专业体系建设。建设一批社会工作培训基地。加强社会工作从业人员专业知识培训，制定社会工作培训质量评估指标体系。建立健全社会工作人才评价制度。加强社会工作者队伍职业化管理。加快制定社会工作岗位开发设置政策措施。推进公益服务类事业单位、城乡社区和公益类社会组织建设，完善培育扶持和依法管理社会组织的政策。组织实施社会工作服务组织标准化建设示范工程。研究制定政府购买社会工作服务政策。建立社会工作人才和志愿者队伍联动机制。

四、体制机制创新

（一）完善人才工作管理体制

1. 完善党管人才的领导体制

目标要求：坚持党管人才原则，完善党委统一领导，组织部门牵头抓总，有关部门各司其职、密切配合，社会力量广泛参与的人才工作格局。发挥党委统揽全局、协调各方的领导核心作用，统筹人才发展和经济社会发展，切实履行好管宏观、管政策、管协调、管服务的职责，不断创新党管人才的方式方法，提高党管人才工作水平。党政主要负责人要树立强烈的人才意识，善于发现人才、培养人才、团结人才、用好人才、服务人才。

主要任务：建立健全各级人才工作领导（协调）机构和办事机构，适时调整充实省人才工作协调小组成员单位，完善协调小组议事制度和办事制度，完善人才工作联络员制度，建立科学的决策机制、协调机制和督促落实机制，形成统分结合、协调高效的人才工作运行机制。贯彻《关于实行人才工作目标责任制的意见》，制定《人才工作目标责任制考核实施细则》，对省直人才工作重点部门和市县党政领导班子与领导干部实行定期考核。建立各级党委常委会（党组）听取人才工作专项报告制度。建立人才工作重要信息报告制度。建立党委政府直接联系重点专家制度和重大决策专家咨询制度。完善党委组织部门牵头抓总职责，发挥政府人力资源管理部门作用，理顺各有关职能部门人才工作职责，充分发挥各人民团体、企事业单位、社会中介组织的作用，形成人才工作整体合力。

2. 改进政府人才管理职能

目标要求：围绕用好用活人才，完善政府宏观管理、市场有效配置、单位自主用人、人才自主择业的人才管理体制，推动政府人才管理职能向创造良好发展环境、提供优质公共服务转变，运行机制和管理方式向规范有序、公开透明、便捷高效转变，完善人才市场体系，发挥市场配置人才资源的基础性作用。遵循放开搞活和科学规范的原则，深化事业单位和国有企业人事制度改革，创新管理体制，转换用人机制，扩大和落实单位用人自主权。

主要任务：健全人才工作相关部门职责体系，完善人才管理运行机制，推动人才管理部门进一步简政放权。规范行政行为，减少和规范人才评价、流动等环节中的行政审批和收费事项。推进各类人事制度改革。以健全聘用制度和岗位管理制度为重点，创新事业单位管理体制，形成权责清晰、分类科学、机制灵活、监管有力，符合事业单位特点的人事管理制度。克服人才管理中存在的行政化和"官本位"倾向，深化国有企业人事制度改革，以改革和完善企业领导人员管理制度为重点，逐步完善与公司治理结构相适应的企业领导人员管理体制，健全符合海南特色的现代企业制度要求的人事制度。探索建立与国际接轨的人才管理、人才创业机制。研究建立人才管理改革实验区。研究制定发挥市场配置人才资源基础性作用的政策措施。

3. 完善人才发展的法制环境

目标要求：坚持用法制保障人才，充分利用特区立法权，加强立法工作，营造良好的人才法制环境，到2020年，建立健全基本覆盖人才安全保障、人才权益保护、人才市场管理和人才培养、吸引、使用等人才资源开发管理各个环节的人才法律法规。

主要任务：研究制定一部指导性强、具有海南特色的综合性地方人才发展法规，基本覆盖人才培养、评价、流动、使用、激励和保障等各环节。研究制定人才促进、终身学习、工资管理、技术移民、事业单位人事管理、专业技术人才继续教育、职业资格管理等方面的法律法规，制定人力资源市场条例。研究制定保护人才和用人主体的合法权益的法规政策。

(二)创新人才发展工作机制

1. 创新人才培养开发机制

目标要求:适应海南国际旅游岛建设的需求,以素质提升和创新能力建设为核心,完善现代国民教育、继续教育和终身教育体系,强化实践锻炼,构建促使人人能够成才、人人得到发展的现代人才培养开发机制。充分发挥教育在人才培养中的基础性作用,深化教育改革,促进教育公平,创新培养与使用机制,提高各类人才特别是创新型人才和应用型人才的培养水平。

主要任务:推进大教育、大培训,坚持学习与实践相结合,培养与使用相结合,健全以社会需求为导向和能力建设为核心的人才培养机制。围绕培养创新创业人才,加强教育体制创新,全面推进素质教育,建立多元化人才培养模式。发挥用人单位的主体作用,在实践中培养造就人才。加强继续教育统筹规划,完善继续教育配套政策措施。加强在职人员继续教育,倡导干中学,进一步完善脱产学习、外出进修、岗位培训和带薪培训等继续教育制度。建立人才培养和经济社会发展需要相适应的动态调控机制,优化高校布局,加强高等教育和职业教育的重点学科、专业建设。提高高等教育整体办学水平,着重加强海南大学"211工程"建设。深化职业教育改革,推广和完善"三段式"培养模式。推动产学研结合,建立人才与产业互动机制,实现人才培养与使用的统一。建立与我省用人单位签订工作协议的高等学校拔尖学生重点培养制度,实行特殊人才特殊培养。创新合作培养模式,推进省校合作人才培养,建立中外合作办学培养模式,完善国际化人才培养机制。充分利用琼属华人华侨资源,研究制定和琼属华人华侨人才交流与合作办法。拓宽培养渠道,充分利用社会教育培训资源,建立多层次、多形式的合作培养机制,实现人才培养的多元化和社会化。

2. 创新人才评价发现机制

目标要求:以实现人尽其才、才尽其用为目标,着力构建以能力和业绩贡献为导向,科学化、社会化的人才评价机制。克服人才评价中的唯学历、唯论文倾向,对人才不求全责备,注重靠实践和贡献评价人才。完善人才评价标准,改进人才评价方式,拓宽人才评价渠道,更加注重实践能力与创新能力。把评价人才和发现人才结合起来,坚持在实践和群众中识别人才、发现人才。

主要任务:建立各类人才的能力素质标准,根据不同的行业特点和职位要求,建立分类分层的考核评价体系。研究推进职称评聘制度改革,建立重在业内和社会认可的专业技术人才评价机制。严格专业技术人员职业准入制度。突出用人单位人才评价的主体作用,落实用人单位专业技术职务聘任中的自主权。完善以任期目标为依据、业绩为中心的国有企业领导人员考核评价办法。建立技能人才多元评价机制。健全完善党政领导干部考核评价机制。研究制定与建设国家热带现代农业基地相适应的农村实用人才评价标准和评价办法。建立在重大科研、工程项目实施和急难险重工作中发现、识别人才的机制。健全举才荐才的社会化机制。

3. 创新人才选拔任用机制

目标要求:按照公开、平等、竞争、择优原则,改革各类人才选拔使用方式,科学合理使用人才,以岗择人和因人设岗相结合,促进人岗相适、用当其时、人尽其才,形成有利于各类优秀人才脱颖而出、充分施展才能、更具活力的选人用人机制。

主要任务：深化党政人才选拔任用制度改革，完善党政领导干部公开选拔、竞争上岗制度，提高选人用人公信度。研究制定公推公选等选拔任用办法。规范干部选拔任用提名制度。推行党政人才任期制和聘任制，完善正常退出机制。建立市场配置、组织选拔和依法管理相结合的国有企业领导人员选拔任用机制，加大市场化选聘力度。完善国有资产出资人代表派出制。深化事业单位人事制度改革，健全以合同管理为基础的事业单位用人机制，探索不同行业、不同类型事业单位实行聘用合同制度的具体办法。健全事业单位领导人员委任、聘任、选任等任用方式。完善岗位设置管理制度，全面推行公开招聘和竞聘上岗。建立首席专家、首席教授、首席工程师、首席技师等高端人才选拔使用制度。

4. 完善人才流动配置机制

目标要求：推进人才市场体系建设，完善市场服务功能，畅通人才流动渠道，建立政府部门宏观调控、市场主体公平竞争、人才自主择业的人才流动配置机制。大力发展人才服务业。加强政府对人才流动的政策引导和监督，推动区域、城乡人才协调发展，促进人才资源有效配置。

主要任务：以海口市、三亚市等区域中心城市的人才市场为重点，以市县人才市场为中端、以乡镇服务站为网点，推进覆盖全省城乡的人力资源市场网络体系建设。推进本省人才市场与外省人才市场、国际人才市场对接，构建"小省份、大网络"人才流动配置体系。完善人才市场管理政策，规范专业性、区域性人才市场。加快人才服务机构建设，推行人才服务机构准入制度，鼓励境外人才中介机构、高级猎头公司进驻海南。推进政府所属人才服务机构管理体制改革，实现政事分开、管办分离。推行政府购买公共服务制度，加强对人才公共服务产品的标准化管理，支持各类人才机构开发公共服务产品，深化户籍管理制度改革，制定和完善人才柔性流动政策，推行"人才居住证"制度。加快建立社会化的人才档案公共管理服务系统。构建人才需求预测预报体系，定期发布人才需求信息。完善人事争议仲裁、人才竞业避止等制度。建立高层次人才配偶就业和子女就学协调解决机制，为高层次人才来琼创业发展提供服务。建立与国际旅游岛建设相适应的琼粤、琼港、琼台、琼澳、琼岛与东盟的人才交流合作机制，加快人才开发一体化进程。根据我省主体功能区的规划和实施，引导重点产业人才空间合理布局。

5. 完善人才激励保障机制

目标要求：完善分配、激励、保障制度，建立健全与工作业绩紧密联系、充分体现人才价值、有利于保障人才合法权益的激励保障机制。完善各类人才薪酬制度，加强对收入分配的宏观管理，逐步建立秩序规范、更具活力、注重公平、监管有力的工资制度。健全以政府奖励为导向，用人单位和社会力量奖励为主体的人才奖励体系。推进国家机关和事业单位社会保障制度改革，形成社会保障、单位保障和个人权利保障相结合的人才保障体系。

主要任务：统筹协调机关和企事业单位收入分配，进一步推进工资制度改革。建立产权激励制度，制定知识、技术、管理、技能等生产要素按贡献参与分配的办法。健全国有企业人才激励机制，推行期权股权等中长期激励办法，重点向创新创业人才倾斜。完善事业单位岗位绩效工资制度。探索事业单位职业年金制度。探索高层次人才、高技能人才年薪制、协议工资制和项目工资制等多种分配形式。

调整规范各类人才奖项设置，完善"海南省有突出贡献的技师"的评选办法。研究设置"海南省杰出人才重大贡献奖"、"海南省优秀人才奖"、"海南省创业人才奖"、"海南省外国专家友谊奖"、"海南省琼属华人华侨杰出贡献奖"、"海南省优秀农业实用人才奖"等奖项。研究制定人才补充保险制度，支持用人单位为各类人才建立补充养老、医疗保险。加大对农业、非公经济组织和社会组织人才的社会保障覆盖面。

五、重大政策

（一）实施人才优先发展的政策

确立人才优先发展的战略地位，把人才发展重要指标列入各级政府经济社会发展规划和年度目标，把人才发展建设情况列为各级政府绩效考核的一项重要内容。做到人才资源优先开发，人才结构优先调整，人才资本优先积累，人才投入优先保证。各级政府设立人才资源开发专项资金，纳入财政预算体系，保障人才资源开发重大项目的实施。建立重大项目人才保证制度，提高项目建设中人才开发经费提取比例。鼓励和引导用人单位、社会组织、企业和个人投资人才资源开发，建立政府、社会、用人单位和个人多元化投入机制。加大对少数民族与贫困地区财政转移支付力度，引导少数民族与贫困地区市县加大人才投入。

（二）实施人才创新创业扶持政策

完善创新创业启动经费资助办法，加大创新创业启动的政府投入。设立海南省创业投资引导基金，通过参股、融资担保、跟进投资等措施，完善支持人才创业的金融服务。实施扶持创业风险投资、促进科研成果转化和技术转移的税收、贴息等优惠政策，支持高层次人才创办科技型企业。制定扶持各类人才创业载体建设政策。加强高新技术产业区、经济开发区、软件园区、创意园区、留学回国人员创业园等基础设施建设，健全服务机构、完善管理措施、提高服务水平，增强服务功能，为人才创业提供周到服务。制定高等院校、科研机构科技人才向科技型企业流动的激励保障政策，妥善解决在企业事业单位工作及退休后的待遇差别问题。完善科研管理制度，扩大科研机构用人自主权和科研经费使用自主权。改变以行政权力决定资源配置和学术发展的决策方式。改进科技评价和奖励方式。加大政府对从事基础研究、前沿技术研究、社会公益性技术研究机构的稳定支持力度。完善科研项目管理办法，对高层次创新人才科研团队给予长期稳定支持。

（三）实施鼓励非公经济组织和社会组织人才发展的政策

把非公经济组织和社会组织人才的开发纳入各级政府人才发展规划，制定加强非公经济组织和社会组织人才队伍建设实施办法。政府在人才培养、吸引、评价、使用等方面的各项政策，非公经济组织和社会组织人才平等享受。政府支持人才创业的资金、项目、信息等公共资源，向非公经济组织和社会组织人才平等开放。政府开展人才宣传、表彰、奖励等方面活动，非公经济组织和社会组织人才平等参与。

（四）实施城乡、区域人才流动的引导政策

对到农村基层和少数民族与贫困地区工作的人才，在职务职称晋升和工资待遇方面实行倾斜政

策，改善生活和工作条件。采取政府购买岗位、报考公职人员优先录用、建立"五险一金"等措施，鼓励和引导高校毕业生到农村和少数民族与贫困地区就业。逐步提高省级国家机关从基层招录公务员的比例。制定少数民族与贫困地区生源高校毕业生回乡创业就业扶持办法，开发基层社会管理和公共服务岗位，为边远艰苦地区充实大批回得去、用得上、留得住的人才。实施公职人员到基层和少数民族与贫困地区服务和锻炼的派遣和轮调办法。继续实施科技特派员制度。继续实施人才智力扶持少数民族与贫困地区人才项目工程，完善人才对口支援政策措施，引导人才向农村和少数民族与贫困地区流动。继续做好选聘高校毕业生到村任职工作，深入实施志愿者服务中西部计划，制定鼓励城市离退休专业技术人才到农村基层和少数民族与贫困地区服务的政策措施，充分发挥离退休人才的作用。充分开发在琼休闲度假人才资源，探索实施休闲度假人才服务中西部计划。研究制定我省专业技术人才到农村基层、少数民族和贫困地区兼职的政策措施。加强少数民族干部的培养，为少数民族地区提供人才和智力支持。

（五）实施教育先行政策

优先统筹发展教育，为提升人才素质和提高整体人口素质奠定坚实基础。优化教育结构，促进义务教育均衡发展，建立基础教育学校基本办学标准体系。推进普及高中阶段教育，建立高中阶段义务教育发展保障机制。整合职业教育资源，推进职业教育集约办学，加大实训基地建设。进一步加大教育开放，鼓励和扶持社会力量办学，探索制度创新推动民办教育发展，鼓励民办高等教育。完善相关政策，引进国内著名高校在我省创办分校。加快中小学的对外开放，允许设立外商合资或合作创办中小学教育机构，赋予其一定的教育自主权。大力推进职业教育国际化，在重点产业领域与其他知名国际教育集团开展多种形式合作办学或培训。鼓励高等院校与国外知名高等教育机构合作办学，重点面向东南亚国家招收外国留学生。实行自由留学政策，对于在海南的学校学习的外国公民，实行国民待遇政策。争取把在海南的教育机构纳入国家之间互相承认学历、学位的教育机构范围。

（六）实施知识性财产保护政策

制定完善关于鼓励和支持知识产权创造、运用、保护及管理方面的地方性法规，制定完善与职务技术发明相关的法律法规；建立健全鼓励非职务发明体制机制，建立非职务发明评价体系，加强对非职务发明创造的支持和管理；制定政府支持个人和中小企业发明创造的资助办法，鼓励创造知识性财产，鼓励企事业单位科技创新、发明创造和文艺创作活动的开展，大力培育知识产权优势企业；建立健全有利于知识产权保护的社会信用制度，推进知识产权保护和管理的国际合作与交流。

（七）实施更加开放的人才国际化政策

围绕建设国际旅游岛"二区三地一平台"战略，大力吸引海外高层次人才来琼创新创业，进一步完善引进高层次创新创业人才和海外高层次人才配套政策措施。建立海外高层次人才特聘专家制度。加强留学回国人员创业园区建设，依托高校、科研院所和高新技术产业园区、生态软件园区，建设一批海外高层次人才创新创业基地，集聚一批海外高层次创新创业人才和团队，为人才创业提供资助和融资等服务。建立全省统一的海外高层次人才库和海外人才需求信息发布平台。完善海外高层次人才联系窗口，为海外人才来琼创业发展提供政策咨询和接洽服务。推进海外人才工作联络站建设，实现覆盖全球的海外人才联系站点，建立引才引智常态机制。加大引进外国智力工作力度。加强留学生派出工作。鼓励我省高校与国外知名高校联合办学，完善互派教师和学生机制。鼓励各类机构开展经济合作与文化交流活动。支持我省高校、科研院所与海外高水平教育科研机构建立研发基地。建立琼属华人华侨人才库，充分开发琼属华人华侨人才资源，吸引琼属华人华侨人才回乡创业。重点加强与东盟地区琼属华人华侨人才的合作交流与培训。鼓励有条件的企业实施"走出去"战略，设立海外研究中心，吸收更多海外研发人员，提升企业的国际竞争力。

六、重大人才工程

（一）高层次创新创业型人才引进培养工程

着眼于海南国际旅游岛建设，围绕经济结构调整、产业转型升级、推进高新产业发展和增强自主创新能力等目标，着力实施千名高层次创新创业型人才引进培养工程。到2020年，在我省重点领域、优势产业、重点创新项目、重点学科和重点实验、高新技术产业开发园区，重点培养和引进高层次创新创业人才1000名。其中，依托科技重大专项和国家重点实验室、工程技术研究中心等重点科研基地，以及通过到国内外著名高校、研发机构研修等方式，重点培养从事创新活动研究与实验发展的科学家和工程师500名。通过海外高层次人才引进计划，引进150名海外高层次创新创业人才，其中，入选国家"千人计划"人选达15名。通过政府创业投资基金、中小企业创新基金等重点扶持的方式，造就350名拥有自主核心技术的高层次创业领军人才。

（二）以旅游业为龙头的现代服务业人才开发工程

着眼于海南建设我国旅游业改革创新的试验区，成为世界一流的海岛休闲度假旅游目的地，大力开发旅游人才。到2020年，引进和培养高级旅游人才20000名，中级旅游人才80000名，基本满足国际旅游岛建设需求。优化旅游人才结构，实施新业态人才引进和培养计划，到2020年，培养和引进海洋旅游、康体保健、会展节庆等新业态人才4000名。加大旅游业人才培养力度，每年定期开展分别以旅游行政机构领导干部、旅游企业经理为对象的旅游规划管理开发培训项目以及以旅游行业服务人员为对象的职业技能培训项目。加强与旅游相关现代物流业、金融和保险业、信息软件产业、会展、房地产等现代服务业相关服务业人才开发，争取每年开发10个以上服务业紧缺人才培养项目，每年培养各类资格证书的服务人才达2000名以上。

（三）热带现代农业人才开发工程

着眼于热带现代农业基地建设，加大热带现代农业人才开发力度，重点发展农业紧缺急需科研人才和农村实用人才队伍。选拔50名农业科研杰出人才，给予科研专项经费支持，以解决地方性、关键性的重大农业科技课题为主，开展特色产业和优势产业的基础性研究和高新技术开发。重点加强热带水果、瓜菜、畜产品、水产品、花卉等现代特色农业人才的引进和培养。实施农村实用人才带头人素质提升计划，在继续实施好已有的农村实用人才培养工程的基础上，以提高农村实用人才带头人带领群众创业致富的能力为重点，每年培训年产值千万元以上农业龙头企业、农产品加工企业经营管理者50名,农村经纪人和农民专业合作组织带头人200名,种养致富带头人1000名。力争到2020年,农村创业致富带头人达到15000名。

(四)南海资源开发人才集聚工程

服务于南海资源开发和服务基地建设,加大南海开发人才队伍建设。围绕南海开发重点领域,重点引进高层次、国际化海洋科技和南海研究专家以及海洋战略管理人才,加强对海洋经济有重大带动作用的海洋产业紧缺急需人才队伍建设。到2020年,在海洋旅游、海洋油气开发和加工、船舶制造与海洋工程、海洋运输和港口物流、海洋生物技术研究与应用、海洋能源开发和利用、远洋捕捞和水产养殖加工、国内外海洋法研究、海洋地质和资源勘探研究、海洋环境保护、南海问题研究、海洋公益服务等紧缺专业每年各引进和培养1—2名领军人才,即10年间,引进和培养紧缺急需海洋产业高层次人才150名。

(五)优秀企业家培养工程

适应国际旅游岛建设需求,着眼于提高海南企业现代化经营管理水平和国际竞争力,努力造就一支高素质的企业家队伍。实施企业家素质提升计划。到2020年,培养造就50名左右具有世界眼光、战略思维、创新精神和开拓能力的优秀企业家。实施百名未来商业精英培养工程。打造面向企业经营管理第一线的多层次、复合型培养链条,主动参与优秀年轻经营管理人才的职业生涯设计。到2020年,培养选拔100名左右精通战略规划、资本运作、人力资源管理、财务、法律等专业知识的企业家后备人才。

(六)高素质教育人才开发工程

围绕加强各类人才队伍建设和整体提升人口素质,着力提升海南教育教学质量,打造一支高素质、创新型、结构优化的教育人才队伍。继续实施中小学教师全员岗位培训计划,每年完成中小学教师1.5万人次每人240学时的培训任务。实施中小学教学名师培养工程,每年选派50名教师到国家重点师范大学、教科院所或教育发达省市重点中小学校培训学习,争取用5—10年时间培养造就500名中小学教学名师,其中省级名师100名。实施中高等职院校专业带头人培训工程。通过国内外研修相结合的方式,每年重点培训中高等职业院校专业带头人各30名,力争到2020年造就在全省有较高知名度的中高等职业院校专业带头人各200名;实施高校名师梯队工程,到2020年,争取培养造就8—10名大师级高校名师,从中产生2—3名院士或"长江学者",培养造就50名学术带头人,200名中青年教学科研骨干,每年选派50名高校教师到国外进修,每年培训400名高校青年骨干教师。

(七)高素质医疗卫生人才开发工程

围绕建设国际旅游岛高端医疗保障服务需要和满足全省人民群众日益增长的优质医疗卫生服务需求,着力培养造就一支规模宏大、素质优良、结构合理的医疗卫生人才队伍。实施重点学科(重点实验室)"跃升计划"。择优评选心脑肺血管病、重症医学、急救医学、热带病防控、康复医学、肿瘤等20个学科(实验室)给予重点支持和重点建设,力争到2020年,省级医学重点学科(重点实验室)达到20个,国家级医学重点学科(重点实验室)达到2个。实施名医培养工程,争取到2020年,选拔培养在本省医学学科领域有突出贡献和有较大影响的中青年医疗卫生拔尖人才约150名,其中在全国学科领域有较大影响力的 50 名。实施医疗卫生人才队伍梯队建设工程。建立高、中、初三级专业人才库，每年以 40% 初级人才、40% 中级人才和 20% 高级人才的比例进行专业化培训。实施社区和农村卫生人才培训和支持工程。至 2015 年全省社区卫生服务人员达到 6000 人，其中，全科医师达到 3000 人，社区护士及其他卫生技术人员 3000 人。至 2020 年，全省社区卫生服务人员达到 7000 人，其中，全科医师达到 3500 人，社区护士及其他卫生技术人员 3500 人。在 2015 年前完成对 15000 名乡镇卫生院在职卫生技术人员、10000 名在岗乡村医生和村卫生员的在职培训，向农村推广 50 项卫生部"十年百项"适宜技术。2020 年完成全省所有在岗的乡（镇）、村卫生技术员的培训。实施中医医疗、保健、康复人才挖掘提升工程。围绕建设世界一流的海岛休闲度假旅游目的地，积极发展康体保健服务，到 2020 年，力争有国内知名的中医保健康复人才 20 名。实施卫生管理人员职业化培养工程，到 2020 年基本形成我省的卫生管理职业化人才队伍。

（八）高素质宣传文化人才开发工程

着眼于提高海南文化软实力，提升国际旅游岛的文化内涵和人才文化素养，实施选拔培养宣传文化系统"四个一批"人才工程，到 2020 年，选拔培养我省全国"四个一批"人才约 15 名，省级"四个一批"人才 100 名。实施青年文艺人才工程计划，用 5—10 年的时间，培养造就一批在海内外具有较高影响力和知名度的优秀青年文艺人才。

（九）社会工作人才开发工程

为适应新农村建设，城乡统筹发展，建设和谐海南的要求，满足国际旅游岛建设中各层次社会工作人才的需求，到 2015 年，培养 200 名高层次社会工作人才，4000 名中级社会工作人才，12100 名初级社会工作人才。到 2020 年，培养造就高层次社会工作人才 2100 名，中级社会工作人才 6300 名，初级社会工作人才 12600 名，实现所有在社会工作岗位的就业人员，都系统接受过专业教育或取得相应社会工作者职业资格证书。

（十）琼属华人华侨人才开发工程

围绕国际旅游岛建设，充分发挥海南侨乡优势，大力开发琼属华人华侨人才资源。创建琼属华人华侨服务中心，依托世界海南乡团联谊大会、世界海南青年大会、世界海南青少年科技文化夏（冬）令营等平台，加强与 300 多个海外琼属华人华侨社团的联系，开展科技文化交流与合作，宣传推介海南，提供服务，培植乡根情怀，吸引高层次琼属华人华侨人才智力为我省经济社会发展服务。力争到 2020 年，吸引 5000 名左右琼属华人华侨人才回琼创业发展。

（十一）少数民族和贫困地区人才支持工程

围绕少数民族和贫困地区经济社会发展、产业结构调整升级，鼓励和引导各类人才为少数民族和贫困地区提供服务。组织实施少数民族和贫困地区人才智力扶持行动计划，继续实施省级重点中学培养少数民族高中生项目、民族地区学校与全省先进学校合作培养人才项目，加大扶持力度、扩大项目覆盖面，建立人才智力扶持的长效机制。采取多种形式，通过多种渠道，大力加强少数民族和贫困地区党政人才、企业经营管理人才、专业技术人才、高技能人才和农村实用人才的培养，提升能力素质。

完善少数民族和贫困地区人才市场体系建设，增强人才服务功能，完善服务机制，加大少数民族和贫困地区人才开发投入，设立边远贫困地区津贴制度，逐步改善当地人才的生活条件，提高社会保障水平。设立"少数民族和贫困地区人才贡献奖"，对长期在少数民族和贫困地区工作并做出一定贡献的人才实行奖励，充分调动各类人才的积极性，力争到2020年，使少数民族和贫困地区人才拥有量、整体素质、使用效益等方面有明显提高，人才结构合理，基本适应当地经济社会发展需要。

（十二）打造人才公共信息与公共服务平台

整合人才信息资源，建立社会化、开放式的人才资源信息共享机制；加强人才信息网络和数据库建设，建立健全高层次人才库；加快推进人才电子政务建设，构筑互动、高效、安全的人才资源公共信息平台和人才公共服务平台。

七、组织实施

（一）加强对《人才规划纲要》实施工作的组织领导

省人才工作协调小组负责《人才规划纲要》实施的统筹协调和宏观指导。制定各项目标任务的分解落实方案和重大工程实施办法，建立《人才规划纲要》实施情况的监测、评估、考核机制，加强督促检查。

（二）建立健全人才发展规划体系

各市县和省直有关部门单位要以《人才规划纲要》为指导，根据实际，编制地区、行业系统以及重点领域的人才发展规划，形成全省人才发展规划体系。

（三）营造实施规划纲要的良好社会环境

大力宣传人才工作的重大战略思想和方针政策，宣传实施《人才规划纲要》的重大意义和《人才规划纲要》的指导方针、目标任务、重大举措，宣传《人才规划纲要》实施中的典型经验、做法和成效，形成全社会关心、支持人才发展的良好氛围。

（四）加强人才工作的基础性建设

深入开展人才发展理论研究，积极探索人才资源开发和人才工作规律，加强《人才规划纲要》实施和人才工作实践的指导；加强人才信息统计工作，建立人才资源年度统计调查和定期发布制度，提高人才管理的信息化水平；加强人才工作队伍建设，加大对人才工作队伍的培训力度，提高人才工作队伍的政治素质和业务水平。

河北省中长期人才发展规划纲要（2010—2020年）

为加强人才资源战略开发，服务全省经济社会又好又快发展，根据《国家中长期人才发展规划纲要（2010—2020年）》，结合河北省实际，制定本规划。

序言

当今世界，人才已成为国家和地区发展的首要战略资源，建立发展人才优势已成为国家和地区争强固强的重大战略选择，谁拥有了人才优势，谁就拥有了发展的主导权和竞争的主动权。从现在起到2020年，河北正处于推动科学发展、实现富民强省、全面建设小康社会的关键时期。这一时期河北面临加快经济发展方式转变、构建特色现代产业体系、推进城镇化进程和新农村建设等重大紧迫战略任务，尤其是要实现经济增长方式由过度依赖资源消耗向主要依靠科技创新和提高人力资源质量的根本转变，河北在这一发展时期比以往任何时期都需要人才的支持。在未来11年中，河北能否抓住机遇，应对挑战，如期实现经济社会发展战略目标，关键在人才，根本靠人才。

改革开放特别是全国人才工作会议以来，省委、省政府高度重视人才工作，深入实施人才强省战略，科学人才观不断深入人心，党管人才工作新格局基本形成，人才政策制度体系逐步完善，市场配置人才资源的基础性作用有效发挥，全省人才工作整体水平明显提升，人才队伍整体实力不断增强。实践表明，做好河北人才工作，必须把服务科学发展作为根本任务，把解放思想作为强大动力，把能力建设作为核心目标，把创新体制机制作为基本途径，把党对人才工作的统一领导作为坚强保障。

但也必须清醒地看到，当前河北人才发展中还存在一些突出问题，主要表现为：对人才资源是第一资源的认识还不到位，高层次创新型人才和高技能人才较为短缺，人才结构和布局不尽合理，人才载体承载吸纳人才的功能较弱，影响人才发展的体制机制因素依然存在，良好的人才环境尚未完全形成。这些已成为制约河北科学发展、实现富民强省的突出问题，必须下大力从根本上破解。

今后一个时期，河北发展的机遇和挑战并存，尤其是既拥有京津冀经济一体化进程加快、环渤海地区正崛起成为我国第三增长极的有利条件，又面临发达省份既有综合竞争优势的压力，河北必须抓紧打造人才实力优势，尽快赢得发展与竞争的主动地位和后发优势，才能实现跨越发展。河北必须紧紧抓住"第一资源"，加快人才优先发展，推动河北由人口大省向人才强省转变，不断提升全省人才实力，努力为加快全省科学发展构筑人才之基。

一、指导思想、指导方针和发展目标

（一）指导思想

以邓小平理论和"三个代表"重要思想为指导，全面贯彻落实科学发展观，坚持党管人才原则，紧紧围绕河北经济社会发展大局，扭住破解突出人才制约问题，以高层次创新型科技人才、高技能人才和经济社会发展重点领域人才开发为重点，以创新人才工作体制机制为动力，以优化人才发展环境为保障，着力抓好各方面人才队伍建设的统筹推进，着力抓好重点人才工程的组织实施，着力抓好促进人才发展的配套体系建设，努力为推动河北科学发展、实现富民强省提供有力的人才保证和智力支持。

（二）指导方针

1. 坚持人才优先发展

围绕科学发展，牢固确立人才优先发展的战略地位，做到人才资源优先开发，人才资本优先积累，

人才工作优先谋划部署，以人才优先发展保证和促进经济社会科学发展。

2. 坚持服务富民强省

把为富民强省提供有力的人才保证和智力支撑作为人才工作的着力点，紧紧围绕河北经济社会发展对人才的要求，谋划推进人才工作的思路和举措，努力使人才总量与经济社会发展相匹配，人才结构与经济结构调整相协调，人才素质与经济发展方式转变相适应。

3. 坚持以用为本

以促进人的全面发展为根本方针，把充分发挥各类人才的作用作为人才工作的根本任务，坚持"四个尊重"，遵循人才规律，尊重人才价值，保障人才合法权益，鼓励人人成才，为各类人才成长与发挥作用提供良好平台和环境。

4. 坚持统筹推进

以高端人才为引领，以高层次人才为重点，以应用型人才为主体，统筹推进各类各层次人才队伍建设，提升全省人才资源整体开发水平，大力促进人才资源在城乡、区域、产业、行业的合理布局，推动人才结构战略性调整，实现人才开发与经济社会发展的良性互动。

5. 坚持改革创新

围绕解决好发展中的人才制约问题，最大限度地激发人才创造力，努力创新人才发展的理念、思路、举措，系统推进体制机制创新，建立完善有利于人才辈出、人尽其才的体制和机制，增强人才工作的活力与效能。

（三）发展目标

1. 总体目标

到2020年，河北人才发展的总体目标是：人才总量稳步增长，人才素质、结构、布局、环境得到明显优化，人才工作体制机制改革取得重点突破，与现代产业体系相适应的人才支撑体系得以建立，支柱产业和一些重点科技领域的人才优势基本形成，人才资源开发能力、人才队伍整体实力、竞争力及人才使用效能大幅度提升，使河北进入人才强省之列。

2. 具体目标

（1）人才规模稳步增长。到2020年，人才总量达到1247万人左右，其中，党政人才稳定在35万人左右，国有企业经营管理人才达到9万人左右，非公企业经营管理人才达到180万人左右，专业技术人才达到223万人左右，技能人才达到500万人左右，农村实用人才达到300万人左右。

（2）人才素质普遍提高。到2020年，公务员队伍中大学专科及以上学历人数比例达到95%，高层次企业经营管理人才中大学本科及以上学历人数比例达到90%，专业技术人员中大学专科及以上学历人数比例达到86%。

（3）人才结构明显优化。各类人才队伍的年龄、专业、层次等结构得到优化升级，人才在产业、行业、城乡、地区和不同经济类型的分布基本合理，人才培养与社会需求基本协调，人才结构性矛盾和人才资源浪费的问题得到有效解决。

（4）人才投入体系不断完善。各级政府优先保证对人才发展的投入，确保教育、科技支出增长幅度高于财政经常性收入增长幅度，卫生投入增长幅度高于财政经常性支出增长幅度。2010—2020年在财政收入正常增长的情况下，人才开发专项投入年均增长率为8%左右，到2020年年人才开发专项投入为12亿元左右。人才开发投入效益明显提高，多元化人才投入机制得到健全。

（5）人才工作体制机制创新取得重大进展。到2020年，党管人才的运行机制更加完善，人才资源的市场配置机制基本成熟，人才政策法规体系臻于完备，人才培养、引进、使用、评价、激励等机制基本健全，人才社会环境明显改善，对外来人才智力的吸引力切实增强，人才活力、效率、贡献率大幅度提升。

二、主要任务

（一）统筹推进各类人才队伍建设

1. 党政人才队伍建设

按照加强党的执政能力建设和先进性建设的要求，以坚定理想信念、增强执政本领、提高领导科学发展能力为核心，以各级领导班子建设为重点，建设一支与实现富民强省目标相适应的高素质党政人才队伍。完善干部培养教育机制，构建理论教育、知识教育、党性教育和实践锻炼"四位一体"的干部培养教育体系，增强学习培训的系统性、针对性和实效性，全面提高党政干部的思想政治素质和执政行政能力。优化党政人才队伍年龄、知识和专业结构，加大年轻干部选拔工作力度，拓宽党政人才来源渠道，注重从基层和生产一线选拔党政人才，完善从企事业单位和社会组织选拔人才制度，完善选调生制度，做好到村（社区）任职高校毕业生的选聘和管理工作，加强培养、选拔和合理配备妇女、少数民族和非中共党员干部工作。实施好后备干部队伍建设工程，完善党政领导班子后备干部队伍选拔管理工作，实施县委书记队伍建设战略工程。坚持德才兼备、以德为先的用人标准，树立正确的用人导向，深化领导干部选拔任用制度改革，完善公开选拔、竞争上岗制度，探索公推公选等竞争性选拔方式，规范干部选拔任用提名制度，推行和完善地方党委讨论决定重要干部票决制，健全完善促进科学发展的干部考核评价体系。认真落实《公务员法》，全面加强公务员队伍教育培训工作，提高广大公务员的政治素质和公共管理服务能力。加强作风建设和反腐倡廉工作，有效解决党政干部队伍在思想作风、学风、工作作风、领导作风和生活作风上存在的突出问题。全面推进党政干部培养、选拔、任用、交流、考核、监督等制度建设和体制机制创新，努力构建完备的干部制度体系。

2. 专业技术人才队伍建设

与转变发展方式、推动河北经济社会科学发展相适应，以提升专业素质和创新能力为核心，以高层次人才队伍建设为重点，努力造就一支数量充足、业务过硬、结构合理的专业技术人才队伍。深入实施专业技术人才知识更新工程，全面抓好新理论、新知识、新技术的培训，着力提升专业技术人才原始创新、集成创新和引进消化吸收再创新能力。根据国家要求制定加强高层次创新型专业技术人才队伍建设的实施意见，依托国家和省重大科研项目、重点学科和重点科研机构，建设一批高层次创新型专业技术人才培养基地,搞好国家重要人才计划和工程在我省的组织实施,努力造就国内国际一流科技领军人才和高水平创新团队。改进完善各类专家人才选拔管理制度,健全各类专家作用发挥机制,激发调动高层次人才的积极性和创造性。实施引进海外高层次人才"百人计划",加大海外高层次创新创业人才引进力度,实行引进海外高层次人才"省级特聘专家"制度。加大青年人才培养力度,认真实施青年拔尖人才培养工程,形成有利于创新型青年拔尖人才脱颖而出的良性机制。推进专业技术人才在区域、产业、行业、专业和层次上的结构调整与合理分布,有效解决人才培养与社会需求脱节、人才供需结构矛盾突出问题,制定具体政策措施,引导专业技术人才向重点领域、欠发达地区、民营企业、科研和生产一线流动,促进专业技术人才发展与经济社会发展相协调。研究制定倾斜政策措施,加快培养引进经济社会各领域特别是重点产业短缺急需人才,促进人才向重点产业聚集,扩大创新研发、推广应用等人才队伍规模。系统推进专业技术人才培养、选拔、引进、流动、评价、激励、管理等机制创新。实施有利于科研人员潜心研究和创新的政策,改进科技评估和奖励方式,建立以创新与质量为导向的科研评估制度,健全科研诚信制度,加快推进职称制度改革,统筹专业技术职务聘任制度和职业资格制度改革,建立重在业内和社会认可的专业技术人才评价机制,建立业绩贡献与收入分配紧密挂钩并向关键岗位和优秀人才倾斜的分配激励机制,对事业单位管理人员全面推行职员制度。加大知识产权宣传普及和执法保护力度。注重发挥离退休专业技术人员作用。

3. 经营管理人才队伍建设

适应做大做强企业产业、提升产业国内国际竞争力、推进企业发展方式转变的需要,以提高现代经营管理水平为核心,努力造就一批具有国际战略眼光、市场开拓精神、管理创新能力和社会责任感的优秀企业家和一支高水平的企业经营管理人才队伍。加大经营管理人才培养力度,在省管国有企业实施"经营管理双百人才工程",在民营企业实施"百千万民营企业经营管理人才工程",全面提升经营管理人员的素质和能力。适应国内外竞争的需要,有选择地对大中型企业领导人进行重点培育,加快造就一批熟悉国际惯例、具有战略眼光、开拓创新能力强和现代管理水平高的优秀企业家,培养引进一批高层次创业型和资本运作产业人才。推进与现代企业管理制度相适应的企业选人用人制度改革,加大市场化选聘国有企业领导人员力度,制定实施以公开平等竞争择优为导向、符合市场化配置方向的国有企业选人用人办法,支持企业向国内外公开招聘和引进经营管理人才,引导民营企业转变经营管理人员选用方式,加快企业经营管理人才职业化进程。建立以市场和出资人认可为核心的企业经营管理人才评价机制,健全职业经理人资质评价制度,完善以业绩考核为依据,薪酬与岗位责任、业绩相挂钩的分配激励机制,规范年薪制、协议工资制和股权、期权激励制度,设立省级"优秀企业家奖",完善优秀企业家评选奖励制度。加大对民营企业经营管理人才队伍建设的支持与服务力度,完善相关配套措施。

4. 高技能人才队伍建设

适应加快发展先进制造业和先进服务业、提升产业水平和竞争力的需要,以提高职业素质和职业技能为核心,以技师和高级技师为重点,建立一支门类齐全、技艺精湛的高技能人才队伍。完善技能人才培养体系，构建企业发挥主体作用、职业院校发挥阵地作用，学校和企业紧密结合、政府大力推动和社会积极支持的技能人才培养工作机制。创新优化技能人才培养方法，改革职业教育办学模式，建立完善高技能人才校企合作培养机制，建设好一批技能人才培养示范基地和高技能人才实训基地，加强职业教育"双师型"教师队伍建设，组织开展多种形式的职业技能竞赛及技术练兵、比武、交流活动，建立完善"现代学徒制度"，建立首席技师选用制度，实施高技能人才振兴计划、"新技师培养带动计划"、"燕赵金蓝领培训计划"。组织实施紧缺高技能人才培养工程，加快培养传统产业升级、现代制造业、服务业和高新技术产业等一些新兴产业发展需要的新型技能人才，着力解决一些领域高技能人才紧缺的突出问题。完善政府、企业、社会多渠道多元化的技能人才培养投入保障机制。探索完善技能人才多元化评价机制，健全职业资格认证制度，推行学历证书和职业资格证书"双证书"制度，实现高技能人才与工程技术人才职业发展路径的贯通。健全技能人才分配激励机制，建立以政府奖励为导向、企业奖励为主体的高技能人才表彰奖励机制，组织开展好"燕赵技能大奖"、"燕赵金牌技师"、"河北省技术能手"等评选表彰活动。

5. 农村实用人才队伍建设

适应农村科学发展和新农村建设的需要，以提高科学素质和实用技能为核心，以扩大规模、优化结构为着力点，努力造就与新时期农村经济社会发展相适应的实用人才队伍。构建完善多渠道、多层次、多形式的教育培养体系，加强省市县教育培训基地建设，抓好乡镇农业技术推广队伍建设，以农业院校、科研院所、科技推广基地和科技示范大户为依托建立一批培养实训基地。实施现代农业人才支撑计划，整合各种培训资源和力量，围绕农业科技进步、结构调整、产业优化、特色产业发展，组织开展大规模农民培训。大力扶持农村实用人才协会和农民专业组织发展，强化对农村实用人才带头人的培养，组织实施好有关重点培养工程，搞好各类培训项目的整合与衔接，提高"绿色证书培训工程"、"新型农民培训项目"、"农村劳动力转移阳光工程"等工程项目的培养质量与成效。完善农村人才开发服务体系，健全培养、选拔、评价、奖励等配套政策措施，加大表彰工作力度，建立以政府投入为主导的多元化、多形式的农村人才开发投入保障机制。制定落实优惠政策，扶持农村实用人才创业兴业。落实各级工作责任，明确部门职能分工，增强推动农村人才队伍建设的整体合力。

（二）加强重点产业人才队伍建设

1. 主导工业产业人才队伍建设

适应加快做强传统优势工业产业、打造强大战略支撑产业的需要，大力加强钢铁、装备制造、石化、医药等工业产业人才队伍建设，有效推进以高层次人才为重点的产业科技人才、经营管理人才和技能人才三支人才队伍建设。着力培养引进创新能力达到国内国际前沿水平、带动产业形成竞争优势的科技创新领军人才，形成一批一流的产业科技创新团队。加紧培养造就一批掌握核心技术和关键技术、带动产业升级的科技创新人才。通过加大培养和公开选聘力度，在战略支撑产业及骨干龙头企业，造就一批能够驾驭现代化大企业集团、引领企业产业成为国内国际优势企业产业的战略型企业家。实施"商业精英培养计划"，以培养职业经理人和高层次经营管理人才为重点，造就一批职业化、专业化、国际化、复合型的高素质经营管理团队。促进大批传统技术人才转化成为高新技术应用型技能人才，培养一大批具备现代制造技能的新型技能人才。分产业制定人才队伍建设指导意见，构建主导工业产业人才培养、引进、激励配套政策体系，打造产业人才聚集区带，构建产业人才优势。完善政府及其部门对产业人才工作的宏观指导和公共服务职能，建立产业人才数据库和信息系统，发展产业专业性人才市场，建立产业人才促进中心，实现人才服务与产业、项目对接。

2. 高新技术产业人才队伍建设

适应发展高新技术产业、培育新的战略性经济增长点的需要，大力加强电子信息、生物医药、新能源、新材料、环保等重点高新技术产业领域人才队伍建设。制定关于加强高新技术产业人才队伍建设的指导意见，实施高新技术产业人才队伍建设计划，重点培养引进一批自主创新能力强的高层次高新技术研发创新人才和推广应用人才，一批创新与创业结合的复合型人才，一批富有创新意识和管理能力的企业家。在重点抓好高新技术产业示范工程和重大项目的同时，全力抓好相关高科技人才队伍和创新团队建设。大力推动高新技术产业园区等园区建设，优化基础设施等硬环境和政策服务体系软环境，使其成为人才创新创业最佳基地。建立项目——基地——人才一体化的引才机制，积极引进海内外高层次人才来河北创新创业。完善对高新技术产业化项目的资金、政策支持机制和人才服务机制。

3. 现代服务业人才队伍建设

适应加快发展现代服务业、构建河北现代产业体系的需要，有力推进物流、金融、旅游、会展、房地产业及交通运输业、信息服务业等主要现代服务业人才队伍建设。制定实施培养培训计划，重点抓好对现代服务业高层次经营管理人才、专业技术人才和技能人才的培训，全面提高现代服务业人才队伍整体素质。实施现代服务业高层次管理人才培养引进工程，造就一批能够引领带动现代服务业成为国内国际一流服务业的企业家。围绕物流、金融、会计、咨询、法律服务等人才需求，抓紧培养一批熟悉国际规则、具有较强实践能力的现代服务业优秀高层次人才。完善现代服务业人才服务体系和机制，依托职业院校和企业建设一批现代服务业人才培养基地，建立行业人才服务协会，发展现代服务业专业人才市场，强化政府部门的服务职能作用。

（三）搞好主要社会事业人才队伍建设

1. 教育人才队伍建设

按照实施"科教兴国"战略、实现教育现代化的要求，努力造就师德高尚、素质优良、业务精湛、分布均衡、结构优化的高素质专业化教师队伍和教育家队伍。创新完善教师教育培养体系，健全教师继续教育制度和知识更新机制，实施农村中小学教师培训计划和教师素质提升工程、高校青年骨干教师培养计划、高层次创新人才培养工程，全面提升教师队伍素质能力，培养造就一大批高水平学科带头人和领军人才、一批学术大师和教育家。实行义务教育学校校长、教师流动制，建立健全城镇中小学教师支援农村教育长效机制，加大欠发达地区教师队伍建设力度，促进教师资源在城乡、区域、各级各类教育和学校之间的合理分布与配置。推进教育人事和分配制度改革，严格实施教师资格准入制度，全面推行选拔新任教师公开招聘制度，推进以岗定薪、优劳优酬、向优秀人才倾斜的分配制度改革，改革校长选拔任用制度，营造教育家办学治校的机制环境。

2. 文化人才队伍建设

适应建设文化大省强省、提高河北文化软实力的需要，努力建设一支政治过硬、作风端正、有真才实学的高素质文化人才队伍。制定指导意见，加快推进文化人才队伍建设。加大培训工作力度，全面提升文化人才政治素质和业务水平。强化优秀高层次文化人才培育工作，加强学术带头人和中青年理论人才培养。组织实施文化名人名品工程，推进"四个一批"人才建设工程，着力造就一大批优秀理论研究人才、新闻出版人才、文化艺术人才和文化经营人才，一批能出精品、出效益、出人才的文化领军人才。大力发展短缺文化人才，着力培养区域特色文化人才、新兴文化产业人才，加强哲学社会科学人才队伍建设。深化文化体制机制改革创新，健全体现宣传文化工作特点的人才评价体系，完善文化事业单位全员聘用、竞争上岗、绩效考核、特殊人才引进激励等政策机制，实行文化名人评选奖励制度。

3. 医疗卫生、体育人才队伍建设

适应深化医疗体制改革，建设覆盖城乡居民公共卫生服务、医疗服务、医疗保障体系，提高全民健康保障水平的需要，努力建设一支规模适宜、结构合理、素质精良的医疗卫生人才队伍。完善落实继续教育制度，加强新知识、新技术培训，促进医疗卫生人才的知识技术更新和服务水平不断提高。加大高层次人才培育力度，培养引进一批以中青年为主体的学术技术带头人，造就一批具有国内国际医科水平的领军人才。实施全民健康卫生人才保障工程，着力强化短缺人才培养，发展壮大城乡全科医师队伍，加大公共卫生、卫生管理人才培育力度，推进卫生管理人才队伍职业化建设。促进卫生人才资源合理配置，吸引和鼓励医学院校毕业生到社区和农村卫生服务机构就业，有计划地对社区、农村卫生服务人员开展岗位培训，做好资格评价与认证工作，深入实施"万名医师支援农村卫生工程"，引导和鼓励医疗卫生人才资源向农村、向贫困偏远地区、向基层医疗卫生机构流动。深化医疗卫生单位人事和分配制度改革，健全完善与岗位管理相配套的人员培训、考核奖惩和竞聘上岗办法，建立完善以业绩和贡献为导向的收入分配激励机制。按照"全民健身计划"、"建设体育强省"的要求，以高层次人才和短缺人才为重点，建设一支高素质、高水平、高级别的体育教练员、裁判员、运动员队伍。健全培训体系，不断提升各类体育人才的业务能力和实际水平，提高基层体育人才队伍素质。制定优惠政策，大力引进高水平教练员、体育经营管理等紧缺人才。加强运动员综合素质培养，着力提高运动员技术水平。探索完善对各类体育人才的分配激励机制。

4. 社会工作人才队伍建设

适应以改善民生为重点社会建设、加快健全社会保障体系的需要，坚持职业化、专业化发展方向，努力建设一支规模宏大、结构合理、素质优良的社会工作人才队伍。制定出台关于加强社会工作人才队伍建设的指导意见，建立完善社会工作人才队伍建设工作机制。主动适应社会服务机构、基层社区、公益类民间组织等对社会工作人才的需要，加快构建完善的社工专业教育体系，增设急需的社会工作专业种类，抓紧培养大批急需的各类专业人才。加强专业化社会工作人才培养，实施社会工作从业人员职业能力提升工程，未来五年对现有社会工作从业人员普遍进行专业轮训。加大高层次社会工作人才培养力度，造就一批高级社会工作师、高级社会工作专业教师。建立公共财政投入机制，鼓励社会、个人投入社会服务领域和社会工作人才队伍建设。实施社会工作岗位开发工程，探索建立社会工作人才职业制度体系。

5. 城镇建设人才队伍建设

适应河北城镇化和城镇现代化建设的需要，着力建设一支高水平的城镇建设人才队伍。抓好加强全省城乡规划和勘察设计人才队伍建设实施意见的贯彻落实。有针对性地强化培训教育工作，全面提高城镇建设人才专业素质和业务水平。完善配套政策措施，着力做好城镇规划设计、城镇设施建设、城镇管理和公共服务等领域紧缺人才的培养和引进工作。加大高层次人才培育力度，重点培养引进一批国内国际一流的规划设计、建筑工程等方面的高级专家。

三、重点人才工程

（一）京津冀区域人才合作推进工程

围绕提升京津冀区域人才综合竞争力，以"柔性"引进高层次人才智力、为河北科学发展提供有力支撑为目的，实施京津冀区域人才合作推进工程。构建区域合作协调机制，举办京津冀经济圈发展高层论坛，完善京津冀人才开发一体化联席会议制度，强化对区域内人才合作的统筹协调。重点围绕河北传统优势产业改造升级，培育壮大高新技术产业，发展现代服务业，推进各种形式的人才合作和智力引进，不断扩大合作领域，提升合作层次和水平，建立区域内科技教育项目合作机制和大中专院校毕业生就业信息共享机制，围绕区域共性技术难题开展联合攻关，推动区域内高校、科研单位、工商企业之间在科学研究、人才培养、学术交流和产品研发等方面的合作，着力打造促进科研成果转化的共建共享平台。依托高新技术开发区，打造一批京津人才创新创业基地。积极推进统一开放的京津冀区域性人力资源市场建设，在区域内形成人才工作制度衔接、政策互惠、资证互认、信息互通、优势互补、受益互享的区域人才开发格局，营造有利于引进京津人才智力、推进区域人才合作的良好政策环境。

（二）高层次创新型人才开发工程

围绕建设创新型河北，以造就一支对科学发展具有重要引领、带动和支撑作用的高层次创新型人才队伍为目标，实施高层次创新型人才开发工程。统筹"两院"院士后备人才、省管优秀专家、享受政府特殊津贴人员、燕赵学者、有突出贡献中青年专家等各类专家队伍建设，健全完善目标管理、定期考核、表彰奖励、专项资助等激励机制，充分调动和激发各类专家的积极性、创造性。通过出台配套政策措施，加强载体平台建设，强化科技项目支持，完善产学研合作机制，加大培养引进力度，着力在钢铁、装备制造、石油化工、医药卫生、电子信息等重点领域打造具有国际国内领先水平的创新团队及其领军人才，到 2020 年，造就一大批自主创新能力强、引领作用显著、能带动河北整体创新能力提升的高层次创新型人才。实施国内一流人才培养计划，采取更加有力措施，在争进"两院"院士、长江学者、"千人计划"、中国青年科技奖等方面不断取得新进展。

(三) 重点引智工程

围绕解决高层次人才智力短缺问题，以提升创新能力、加快人才培养、破解科技和社会发展难题为着力点，实施重点引智工程。加强河北省院士联谊会自身建设，办好每两年一次的会员会议，加大科技风险资金投入力度，完善长效合作机制，不断推进与中国科学院、中国工程院及"两院"院士的全方位、深层次、实质性合作，促进更多院士成果在河北转化。实施"海外高层次人才引进计划"，进一步统筹资源、完善政策、健全机制，争取到2020年，引进并重点支持100名左右能够突破关键技术、带动新兴产业和发展高新技术的海外高层次人才。围绕创建全国引侨工作品牌目标，加强河北华侨侨商联合会自身建设，组织好海外华人华侨促进河北发展大会，不断增强河北对海外人才的吸引力和影响力。

(四) 临港人才聚集区构建工程

围绕打造河北新的经济增长极，以为秦皇岛、唐山、沧州沿海临港经济发展提供有力人才支撑为目的，实施临港人才聚集区构建工程。通过创新政策、完善机制、优化环境等配套措施，建立人才改革发展试验区（特区），加大人才的引进和培养力度，吸引大批国内外人才到秦皇岛、唐山、沧州沿海经济带创业发展。坚持在用好人才存量的同时，采取超常规的措施扩大人才增量，把围绕临港经济重大产业发展和重大项目建设的实际需要大规模引进人才放在突出位置来抓，形成及时延揽大批高层次人才和急需紧缺人才的有效机制。集中力量在重点产业建设一批人才高地，形成一批高层次科技、管理人才和高技能人才集群，通过人才集群开发促进产业集群的发展，以此带动临港经济区内人才资源整体性开发。力争到2020年，使临港经济区成为高层次人才聚集，集人事制度改革试验区、区域性国际化"人才港"和人才创新创业基地于一体的区域。

(五) "技能大师"培养工程

围绕河北提升产业层次、构建特色现代产业体系，以培养一批技术高超、技艺精湛的高技能人才为目标，实施"技能大师"培养工程。推进技能人才实训基地建设工程、技能人才信息库工程和职业技能标准、教材及题库开发工程，为高技能人才队伍建设和技能大师成长创造良好环境。以河北主导产业和特色产业为主要领域，每年组织一次职业技能竞赛系列活动，为高技能人才脱颖而出搭建平台。健全实施中华技能大奖、全国技术能手后备力量重点培养计划，形成分类别分层次管理培养的机制，引导高技能人才勤学苦练、提高技能。

(六) 民营经济组织人才队伍建设提高工程

围绕加快民营经济发展需要，以提高其人才聚集度和支撑力为目标，实施民营经济组织人才队伍建设提高工程。制定实施加强民营经济组织人才队伍建设的意见，完善与河北经济社会发展总体规划相配套的民营经济组织人才队伍建设近期和中长期发展战略规划，大力推进民营经济组织中的经营管理人才、专业技术人才、高技能人才队伍建设，尽快形成多渠道培养、高层次选拔、大容量储备、规模化发展的新格局。加大对民营经济组织人才队伍建设的政策推动力度，在党委、政府各类评选表彰奖励项目、破除人才流动中的体制性障碍、确定政府各类科研资助基金项目、落实社会保险政策等方面，建立同等对待、优先考虑、重点支持机制，政府支持人才创新创业的资金、项目、信息等公共资源向民营经济组织平等开放，推动民营经济与人才队伍的协调发展。力争通过11年努力，使人才总量的增加与民营经济快速发展相适应、人才素质的提升与民营经济发展方式的转变相适应、人力资源管理模式的探索与充分发挥民营经济组织人才的作用相适应，以此支撑民营经济在实现河北经济社会发展目标中发挥更大作用。

（七）人才发展区域城乡统筹促进工程

围绕区域、城乡经济社会协调发展，以促进人力资源整体开发、提高人才效益为目标，实施人才发展区域、城乡统筹促进工程。遵循省、市、县不同层次人力资源开发规律，对人才队伍建设的工作目标、重点任务、机制措施分别提出指导意见，使人才工作更加贴近地方经济社会发展实际，促进区域人才发展与区域经济发展相协调。加大农村人才开发支持力度，逐步建立城乡间人才的养老、医疗、失业、工伤等相配套、相衔接的社会保障制度，推动城乡间人才的合理流动。制定有效政策，促进城市医师、教师、科技人员、文化和社会工作者服务农村。把选派高校毕业生到基层就业作为长期任务，实施高校毕业生基层培养计划，努力推进"三支一扶"计划、"一村一社区一名大学生"工程等各项目之间政策的配套与衔接，促进工作的科学化、规范化。加大省市两级单位人才智力对口支持力度，完善强化欠发达地区人才政策措施，促进人才向欠发达地区和边远艰苦地区流动。实施科技副职、科技特派员选派计划，有效解决人才制约问题。

（八）人才工作信息化建设工程

围绕适应信息化不断发展趋势，以提升人才工作的现代化水平和效能为目标，实施人才工作信息化建设工程。以人才工作公网、内网、专网为基础，加快推进人才电子政务建设，构建互联、高效、安全的人才资源公共信息平台和公共服务平台，在信息发布、政策咨询、业务审批、人才招聘等方面为人才和部门单位提供便捷服务，到2020年，实现省级人才工作职能部门和各省直单位以及各市、县级人才工作职能部门之间人才工作信息交换的自动化、电子化、网络化。整合人才信息资源，健全社会化、开放式的人才资源信息共享机制，建立健全优秀专家、拔尖人才管理信息系统，促进全省重要人才资源充分利用。

四、保障措施

（一）优化人才培养体系

坚持优先发展教育，努力构建河北特色现代教育体系，更好发挥教育对人才培养的基础性作用。切实加强基础教育，促进城乡教育均衡发展，加快普及高中阶段教育，重视加强中小学生英语、信息技术等课程教育。大力发展职业教育，改革职业教育办学模式，实施示范性中等职业学校、县级职教中心等建设计划。积极推进高等教育改革，以社会需求和就业为导向，建立人才培养与经济社会发展需求相适应的动态调控机制，加强特色学科和重点学科建设，调整优化教育培养结构，大力发展与主导产业、新兴产业、现代化服务业和新农村建设紧密结合的应用性学科专业。改革高校招生考试制度，建立健全多元化招生录取机制，建立高校拔尖大学生重点培养制度，实行特殊人才特殊培养。创新人才培养模式，建立健全产学研合作培养机制，全面实施素质教育，完善德育工作机制，在实践中培育学生的创新精神和能力，围绕装备制造、医药化工、现代农业、汽车运用与维修、数控技术应用、电子信息等学科，着力建设一批综合性实训基地。完善继续教育制度，构建完备的终身教育体系，建立学习型社会。落实大规模人才培训任务，围绕提高在职人员的岗位适应能力，以党政人才、企业经营管理人才、专业技术人才为重点，制定行业和领域专项人才大规模培训计划，明确培训目标、内容、形式和保障措施，各级各类在职人员中每年至少应有三分之一参加一次继续教育和培训。

（二）健全人力资源市场体系

围绕完善人力资源市场配置机制，推进人力资源市场体系建设。培育壮大各类人力资源市场主体，加快人才市场、劳动力市场、高校毕业生就业市场建设步伐，尽快完善以省人力资源市场为龙头，以区域性人才市场为骨干，行业性、专业性人力资源市场和民营人力资源中介机构共同发展的人力资源市场体系。积极发展县乡人力资源中介服务机构，形成城乡统一、互联互通的人力资源市场服务体系。促进人力资源中介服务主体多元化，鼓励外资和民间资本投资兴办人力资源中介机构，大力发展人才服务业，积极培养专业性、行业性人力资源服务组织，提升人才服务规范化、专业化、信息化、产业化和国际化水平，培育拥有全国性知名品牌的人力资源服务龙头企业。研究制定发挥市场配置人力资源基础性作用的政策措施，加强政府对人力资源流动的政策引导和宏观调控。健全人才流动机制，推进户籍制度改革，破除人才流动障碍，完善党政人才、企业经管管理人才和专业技术人才交流和挂职锻炼制度，打破人才身份、单位、部门和所有制限制，营造开放的用人环境。坚持依法管理市场，建立健全人力资源服务业准入制度和监管制度，制定规范化服务标准，规范人才中介服务关系和招聘应聘行为，加强人事、劳动争议仲裁工作，完善人才竞业禁止制度。按照管办分离、政事分开原则推进政府部门所属人才中介服务机构体制改革。完善人力资源市场服务功能，发挥人力资源市场的调节导向作用，做好人才供求预测、薪酬调查、职位需求和人才价格信息发布等工作，引导人力资源合理流动和优化配置。

（三）构建新型人才公共服务体系

以强化人才公共服务功能为核心，构建与市场经济体制相适应的新型人才公共服务体系。完善政府宏观管理市场有效配置、单位自主用人、人才自主择业的人才管理体制，推动政府人才管理职能向创造良好发展环境、提供优质公共服务转变，管理行为、运行机制向规范有序、公开透明、便捷高效转变。按照建立公共服务型政府的要求，转变政府人才管理职能，完善政府人才公共服务系统，加快推进人力资源行政管理体制改革和人力资源部门人才公共服务职能建设，创新服务方式，完善服务手段，增强公共服务供给能力。完善人才公共服务平台，加快河北省人力资源服务枢纽建设，健全省、市、县、乡四级人才公共服务体系，建立人才资源开发运行监测体系和人才统计指标体系，加强人才资源信息数据库建设，实行人才需求定期预测预报制度，完善贯通全省的人才公共服务信息系统。拓展人才公共服务领域，推进人才公共服务进社区、进农村、进企业，使人才公共服务涵盖各类人才队伍，完善人事档案管理、人事代理、社会保障代办、人才培训与评价、人才招聘与引进等服务措施，针对需求不断丰富人才公共服务的项目和内容，鼓励社会力量投入人才公共服务领域。建立政府购买公共服务制度支持各类人才机构开发公共服务产品。规范公共服务运行机制，制定实施河北省人才公共服务行业标准，建立统一规范的服务标准和服务流程。

（四）完善人才政策法规体系

以形成健全有力的人才开发保障机制为目标，针对人才培养、引进、使用、流动、评价、激励、管理、考核等环节和方面，推进人才政策法规体系建设。完善现有人才政策法规，根据需要定期对人才事业发展相关政策法规进行梳理，及时修改调整不适用的政策规定，提高人才政策法规的时效性和推动效应，对经过实践检验条件成熟的政策制度及时纳入人才法规体系。积极创新人才政策，围绕近期最急需、广大人才最关心的政策，重点推出引进海外高层次人才、扶持人才创新创业、实现人才流动零障碍、建立人才资本优先积累机制、健全人才分配激励机制、完善对突出贡献人才的奖励等政策措施。研究制定人才促进条例及人才权益保护、人才市场管理、人才继续教育和职业资格管理、人才安全保障、事业单位人事管理等方面地方法规。积极推进人才评价制度、职称制度、职业分类和资格制度、职务聘任制度、绩效考评制度、工资等收入分配制度、社会保障制度等相关制度的创新和完善，积极推进事业单位行政级别制度、领导人员委任、聘任、选任等任用方式和岗位绩效工资制度、科研管理制度、科技评价和奖励制度、知识性财产保护制度等相关制度的创新和完善，构建有利于人才开发的完善的制度体系。增强产业、科技、教育等政策法规与人才政策法规的协调性，推进人才政策法规的协同创新、系统创新和集成创新。加快人才工作法制化建设，加强对人才政策法规落实情况的检查督导，严厉查处违反人才政策法规行为，维护人才政策法规的严肃性。

（五）完备人才开发投入保障体系

按照人力资源开发投入优先的方针，健全人才开发投入保障体系与机制。建立完善促进人才资本优先积累的财税政策，各级政府优先保证对人才开发的投入，改善公共财政支出结构，逐步提高发展性投入中人才开发投入的比例，在政府投资的重大建设项目中建立人才投入配套制度。整合各类人才培养和开发资金，提高资金使用效益，突出投入重点，将人才开发资金向高层次创新创业人才、高技能人才和农村实用人才倾斜，向欠发达地区、乡镇农村基层和重点建设项目倾斜，向提高特殊人才待遇、实施重点人才引进、强化政策激励奖励等重点环节倾斜。改进完善科技项目经费管理办法，对高层次创新领军人才和创新团队给予长期稳定支持。制定政府人才投入资金管理办法和绩效考评指标，建立对以财政支持为主的科研机构综合绩效评估制度。通过税收、贴息等优惠政策，鼓励支持用人单位、个人和社会多渠道投入人才开发，认真执行国家关于企业教育经费提取比例，专项用于企业职工后续教育和职业培训，机关、事业单位职工教育培训经费不少于单位职工基本工资总额的1.5%。

（六）强化人才工作体系

围绕提高人才队伍建设工作的整体成效和科学化水平，构建与新时期新任务要求相适应的人才工作体系。全面加强党对人才工作的领导，切实把人才工作和人才队伍建设列入各级党委、政府的重要议程，建立落实各级党委常委会听取人才工作专项报告制度。制定实施意见，完善党委统一领导、组织部门牵头抓总、有关部门各司其职、密切配合、社会力量广泛参与的人才工作新格局，为人才发展提供坚强组织保证。积极推进党管人才体制机制及实现途径和方式的创新，完善人才工作领导协调机制，加强各级人才工作协调（领导）小组和人才工作机构建设，落实人才工作协调（领导）小组、小组成员单位例会和联系制度；规范小组成员单位的职责任务，充分发挥有关部门和单位的职能作用，不断增强工作合力；市县党委组织部门设立专门人才工作机构，选好配强工作力量，做到编制、职责、人员、经费"四到位"，发挥好其在全局性工作的谋划推进、重要政策的制定实施、重大人才项目的组织开展、重点人才的选拔管理方面的作用。完善人才信息反馈机制，实行人才工作情况反馈制度，健全年度人才数据统计制度，设立人才工作信息联系点，畅通广大人才反映意见建议的渠道，及时掌握工作变化动态，增强工作的主动性、针对性和实效性。完善人才工作督查落实机制，建立党委、政府人才工作目标责任制，强化"一把手"抓"第一资源"的责任意识；提高党委、政府领导班子综合考核指标体系中人才工作专项考核权重，明确人才工作的年度考核项目、考核办法和奖惩措施，有效推动工作落实。

（七）建立规划实施推进体系

围绕确保规划各项目标任务的全面落实，建立健全规划实施推进体系。加强组织领导，各地各单位把规划的实施落实摆上重要日程，增强责任感和使命感，对规范落实中涉及本地区、本单位的重点任务和关键问题，"一把手"切实履行好第一责任人的职责；组织部门加强统筹协调工作，有关职能部门认真履行职责，增强规划实施落实的整体合力。全力抓好任务落实，将规划中提出的目标任务特别是重点人才工程分解落实到有关地方和部门单位，承担目标任务特别是重点人才工程的地方和部门单位制定系统的、操作性强的具体实施方案，明确要求和完成时限，落实责任部门和责任人。组织部门牵头对规划实施落实情况实行全程管理，制定落实与规划相配套的日常管理制度，强化对规划执行情况的监督、检查和协调，及时研究规划实施中出现的新情况、新问题并提出切实可行的对策措施，确保人才规划的顺利实施和全面落实。

河南省中长期人才发展规划纲要（2010—2020年）

为更好实施人才强省战略，加快人才资源开发，造就宏大的高素质人才队伍，实现中原崛起、河南振兴，根据《国家中长期人才发展规划纲要（2010—2020年）》，结合我省实际，制定本纲要。

序言

具有一定专业知识或专门技能、进行创造性劳动并对社会作出贡献的各类人才，是经济社会发展的第一资源。加快人才发展是把人口大省变为人才大省、实现河南经济发展方式转变、推动经济社会全面协调可持续发展和人的全面发展的必然选择。

实现中原崛起、河南振兴归根到底靠人才。省委、省政府历来高度重视人才工作，通过大力实施人才强省战略，人才发展取得了显著成绩。科学人才观初步确立，全社会人才意识明显增强，人才的战略地位更加突出，有利于人才成长的环境不断优化，以高层次人才和高技能人才为重点的各类人才队伍日益壮大，人才市场体系逐步健全，人才对经济社会发展的贡献率逐年提高，党管人才新格局基本形成。同时必须清醒看到：我省人才规模与人口总量不相称，高层次科技领军人才和创新创业人才匮乏，人才结构和布局不尽合理，人才发展的体制机制不够完善，人才资源开发投入不足等。

当前和今后一个时期，是我省经济社会发展的关键时期。面对新形势新任务，必须进一步认识到加快人才发展的极端重要性，坚定不移地走人才强省之路，坚持把人才工作摆在更加突出的位置，用事业凝聚人才，用实践造就人才，用机制激励人才，用法制保障人才，科学规划，开拓创新，重点突破，整体推进，不断开创我省人才发展的新局面。

一、指导思想、工作方针、战略目标和总体部署

（一）指导思想

高举中国特色社会主义伟大旗帜，以邓小平理论和"三个代表"重要思想为指导，深入贯彻落实科学发展观。坚持科学人才观，尊重劳动、尊重知识、尊重人才、尊重创造。坚持党管人才原则，按照重在持续、重在提升、重在统筹、重在为民要求，大力实施人才强省战略。以服务科学发展为宗旨，以建设人才大省为目标，以提升人才能力素质为核心，以高层次人才、高技能人才为重点，以重大人才工程为载体，遵循市场经济规律和人才发展规律，加大人才发展体制机制和政策创新力度，注重在实践中发现、培育、锻炼、成就人才，以贡献和业绩衡量人才。统筹推进各类人才队伍建设，全面提高人才发展水平，为河南经济社会又好又快发展提供坚强有力的人才支撑。

（二）工作方针

1. 服务发展，人才优先

紧紧围绕河南经济社会发展大局，把服务科学发展作为人才工作的根本出发点和落脚点，按照科学发展目标确定人才队伍建设任务，根据科学发展需要制定人才政策措施，用科学发展成果检验人才工作成效。确立人才优先发展战略布局，坚持人才资源优先开发，充分发挥人才的基础性、战略性作用；坚持人才结构优先调整，适应和引领经济发展方式转变；坚持人才投资优先保证，实现人才资源持续规模开发；坚持人才制度优先创新，激发各类人才的创新活力和创造智慧。

2. 以用为本，创新机制

把充分发挥各类人才作用作为人才工作的根本任务，坚持用其所能、任其所宜、人尽其才、才尽其用，积极为各类人才干事创业创造条件。围绕用好用活人才创新机制，把深化改革作为推动人才发展的根本动力，坚决破除束缚人才发展的思想观念和制度障碍，以实践检验人才，推进能上能下、能进能出，构建有利于科学发展的人才发展体制机制。

3. 高端引领，整体开发

大力加强高层次人才队伍建设，充分发挥高端人才在经济社会发展和人才队伍建设中的引领作

用。强化企业创新主体建设，强化基层一线人才队伍建设，强化人才高地和人才培养基地建设，统筹推进城乡、区域、产业、行业和不同所有制人才资源开发，扩大人才总量，提高人才质量，实现各类人才队伍协调发展。

4. 育引结合，汇聚人才

坚持自主培养和重点引进相结合，立足省内人才资源开发，多措并举培养所需人才。同时，统筹利用国内国际两种人才智力资源，对高层次创新创业人才和急需紧缺人才重点引进、灵活引进，形成人才大批涌现、汇聚中原的良好局面。

（三）战略目标

到2020年，培养造就一支规模宏大、结构优化、布局合理、素质优良的人才队伍，确立我省人才竞争比较优势，努力建成人才大省，为全面建设小康社会，实现中原崛起、河南振兴奠定人才基础。

1. 人才队伍规模不断壮大，人才素质大幅度提升

目前，全省党政人才、企业经营管理人才、专业技术人才、高技能人才、农村实用人才总量为606万人，到2015年增加到940万人左右，2020年增加到1160万人左右，增长91.4%，人才资源占人力资源总量的14%。主要劳动年龄人口受高等教育的比例达到20%，每万劳动力中研发人员达到40人年，应用型人才数量显著增加，高技能人才占技能劳动者的比例达到28%。

2. 人才结构进一步优化，人才使用效能明显提高

加大战略性新兴产业、工业主导产业、基础产业、现代服务业等重点领域人才开发力度，建设中原城市群和产业集聚区人才高地，促进人才专业素质结构、层级结构、区域分布结构趋于合理。充分发挥人才潜能和价值，人才贡献率到2015年达到32%，到2020年达到35%。

3. 人才发展机制不断创新，人才环境进一步改善

创新人才培养开发、评价发现、选拔任用、流动配置、激励保障机制，营造充满活力、富有效率、更加开放的制度环境。健全政府、社会、用人单位和个人多元人才投入机制。到2015年，重点在制度建设、机制创新、人才投入上有较大突破，人力资本投资占国内生产总值比例达到12%。到2020年，全面落实各项任务，确保人才发展战略目标的实现，人力资本投资占国内生产总值比例达到15%。

（四）总体部署

当前和今后一个时期人才工作重点：一是实行人才投资优先，树立人才投入是效益最好的投入的观念，加大对人才发展的投入，提高人才投资效益。二是加强人才资源能力建设，注重思想道德建设，突出创新精神和创新能力培养，大幅度提升各类人才的整体素质，形成人才竞争比较优势。三是推动人才结构战略性调整，充分发挥市场配置人才资源的基础性作用，改善人才发展宏观调控，优化人才专业素质结构、层级结构、分布结构，促进人才结构与产业结构相适应、与经济社会发展相协调。四是建设高素质人才队伍，突出培养创新型科技人才，重视培养领军人才和复合型人才，大力开发经济社会发展重点领域急需紧缺专门人才，统筹抓好党政人才、企业经营管理人才、专业技术人才、高技能人才、农村实用人才、社会工作人才以及宣传思想文化人才等人才队伍建设。五是改革人才发展体

制机制，着力解决制约人才工作发展、制约人才发挥作用的突出矛盾和问题，提高人才使用效能。六是积极引进海外人才和智力，形成河南发展新资源。七是创新人才政策，建立人才特区，形成育才、引才、聚才、用才的良好环境和政策优势。八是加强和改进党对人才工作的领导，创新党管人才方式方法，为人才发展提供坚强组织保证。

二、统筹人才队伍建设，服务科学发展需要

（一）以建设创新型河南为目标，加紧培养造就创新型科技人才

科技是经济社会发展的第一生产力。建设一支宏大的创新型科技人才队伍是转变经济发展方式、提高自主创新能力、建设创新型河南的根本要求，是当前和今后一个时期我省人才工作的一项重要任务。加强领军人才、核心技术研发人才以及科技创新团队的培养和引进，造就具有国内外前沿水平的高级专家、高层次科技领军人才和高水平创新团队。注重培养一线创新人才和青年科技人才。坚持以使用为导向，积极创造条件，拓展创新型科技人才事业发展空间，推动他们不断创造新知识、发明新技术、创建新学科，开拓新产业。完善政策机制，引导创新型科技人才投身创新实践，倡导追求真理、勇攀高峰、宽容失败、团结协作的创新精神，营造科学民主、学术自由、严谨求实、开放包容的创新氛围，最大限度地调动创新型科技人才的创新积极性，发挥创新型科技人才的创新潜能。依托国家和省重大科研项目和重大工程、重点学科和重点科研基地、国际学术交流合作项目，建设一批高层次创新型科技人才培养基地。建立健全科研诚信体系，从严治理学术不端行为。制定我省加强高层次创新型科技人才队伍建设意见。

（二）以满足经济社会发展需要为目标，加紧开发重点领域急需紧缺专门人才

大力开发经济社会发展重点领域急需紧缺专门人才，是优化人才队伍结构的迫切需要，是适应现代产业发展和推进社会建设、突破人才制约瓶颈的关键。在实现经济发展方式转变、产业结构升级、社会结构转型的进程中，加大对高端装备制造、信息、生物技术、新材料、金融财会、国际商务、生态环保、能源资源、现代交通运输、城市建设、食品工程、农业科技等经济重点领域急需紧缺专门人才开发力度，加大对教育、政法、宣传思想文化、医药卫生、防灾减灾等社会发展重点领域急需紧缺专门人才开发力度。加强重点规划，开展人才需求预测，定期发布急需紧缺人才目录。调整优化高等学校学科专业设置，培养大批急需紧缺专门人才。创新政策措施，引进各类急需紧缺专门人才。鼓励和引导专业人才、管理人才向重点产业和重点领域集聚。大规模开展重点领域专门人才知识更新培训。建立重点领域相关部门人才开发协调机制，整体推进急需紧缺专门人才开发，盘活存量，扩大增量，满足经济社会发展需求，争取发展主动权。

（三）以提升执政能力为核心，加强党政人才队伍建设

按照加强党的执政能力建设和先进性建设的要求，以提高领导水平和执政能力为核心，以县处级以上领导干部为重点，建设一支政治坚定、执政为民、勇于创新、求真务实、勤政廉洁、善于推动科学发展的高素质党政人才队伍。到2020年，具有大学本科及从上学历的干部占党政干部队伍的85%，专业化水平明显提高，结构更加合理，总量从严控制。

适应科学发展和干部成长需要，大力实施中原崛起干部素质提升工程，全面构建理论教育、知识教育、党性教育和实践锻炼四位一体的干部培养教育体系。采取组织调训和自主选学相结合方式，加强党政干部教育培训。坚持德才兼备、以德为先用人标准，树立坚定信念、注重品行、科学发展、崇尚实干、重视基层、鼓励创新、群众公认的用人导向。坚持民主、公开、竞争、择优改革方针，进一步深化干部人事制度改革，拓宽选人用人渠道，提高干部工作科学化水平，促进优秀人才脱颖而出。加强对关键岗位干部的重点管理，抓好市、县党政正职队伍建设，着力提高思想政治素质、科学发展本领和驾驭全局能力。大力培养选拔优秀年轻干部，按照重在培养、同样使用，优进绌退、动态管理的要求，扎实抓好后备干部队伍建设，有计划安排后备干部到艰苦环境、关键岗位接受锻炼和考验。加强女干部、少数民族干部、非中共党员干部培养选拔和教育培训工作。完善从基层、企事业单位、社会组织选拔人才制度，建立来自基层一线的党政领导干部培养选拔链。实施促进科学发展的干部综合考核评价办法，建立健全党政干部岗位职责规范及其能力素质评价标准，加强工作业绩考核。推进党政机关重要岗位干部定期交流、轮岗，健全权力约束制衡机制，加强干部管理监督。

（四）以提升市场竞争能力为核心，加强企业经营管理人才队伍建设

适应社会主义市场经济发展需要，以提高现代化经营管理水平和企业市场竞争力为核心，以战略企业家和职业经理人为重点，培养造就一支具有战略眼光、市场开拓精神、管理创新能力、社会责任感的优秀企业家及高水平的经营管理人才队伍。到2015年，企业经营管理人才总量达到200万人，2020年达到250万人。国有企业中高级经营管理人员通过竞争性方式选聘的比例达到70%，能够引领企业进入全国500强和打造行业龙头企业的优秀企业家50名左右。全省企业经营管理人才职业化、市场化、专业化和国际化程度明显提高，企业竞争力显著增强。

加大企业家培养培训力度，每年选派一批优秀企业家赴国（境）外进行工商管理等专业培训，开阔国际视野，提高经营管理能力。采取组织选拔与市场化选聘相结合的方式选拔国有企业领导人员。深化国有企业人事制度改革，坚持党管干部原则和董事会依法选择经营管理者以及经营管理者依法行使用人权相结合，健全企业经营管理者聘任制、任期制和任期目标责任制，实行契约化管理。完善以出资人、市场、职工、社会认可为主要内容的企业经营管理人才评价制度，健全经营业绩评价指标体系。积极发展企业经营管理人才评价机构，建立社会化的职业经理人资质评价制度。完善年度薪酬管理制度、协议工资制度和股权等激励制度。注重培养和引进一批科技创新创业企业家和企业战略规划、资本运作、科技管理、项目管理等方面专门人才。加强中小企业经营管理人才能力建设，继续实施中小企业经营管理人员"银河培训工程"，促进民营企业家成长。

（五）以提升自主创新能力为核心，加强专业技术人才队伍建设

适应建设创新型河南需要，以提高专业水平和自主创新能力为核心，以高层次人才和紧缺人才为重点，大力加强专业技术人才队伍建设。到2015年，专业技术人才总量达到360万人，2020年达到450万人，占从业人员的10%左右，高、中、初级专业技术人才比例为10∶40∶50。各类专业人才数量充足，门类齐全，人才竞争力和创新力得到全面提升。

围绕经济结构和产业结构调整，不断优化专业技术人才队伍结构。在装备制造、食品、有色冶金、化工、纺织服装等战略支撑产业和信息、生物医药、生物育种、新材料、新能源等战略新兴产业，着力培养和开发能够掌握核心知识、关键技术的工程技术专业人才；加大对金融投资、现代物流、文化旅游、生态环保、现代农业等重点领域人才培养开发力度。突出高层次人才队伍建设重点，依托重点学科、重点实验室、重点创新项目以及高新技术产业等创新创业平台，大力培养和引进高层次创新人才和创新团队，在创新活动中提高创新能力，带动专业技术人才队伍建设和发展。构建专业技术人才继续教育体系，加强继续教育基地建设，实施百万专业技术人才知识更新工程，每年培训10万名专业技术人才。加强国际化人才培养，每年选送800名左右专业技术人员出国（境）学习培训。推进专业技术职称和职业资格制度改革，实现科学管理。落实国家专业技术人才重点工程，培养造就更多的在国内外有影响的高级专家。组织实施好河南省科学技术杰出贡献奖、中原学者、省优秀专家、省杰出专业技术人才、省学术技术带头人等各类优秀专家评审选拔工作，实施省、市、县专家特殊津贴制度，强化激励作用。探索设立省特聘研究员岗位。改进专业技术人才收入分配等激励办法，改善基层专业技术人才工作、生活条件，拓展职业发展空间。鼓励和引导专业技术人才走向企业、农村生产一线，开展科技攻关，推动科技进步和经济发展。注重发挥离退休专业技术人才的作用。

（六）以提升职业技能为核心，加强高技能人才队伍建设

适应走新型工业化道路和产业结构优化升级需要，以提升职业素质和职业技能为核心，以技师和高级技师为重点，加强高技能人才队伍建设。到2015年，高技能人才数量达到160万人，2020年达到210万人，其中，技师、高级技师达到55万人左右，形成一支规模相当、技能精湛、能够满足产业发展需要的高技能人才队伍。

完善以企业为主体、职业院校为基础、学校教育与企业培养紧密联系、政府推动与社会支持相结合的高技能人才培养体系。大力实施职业教育攻坚计划，提高城乡劳动者的职业素养和技能，夯实高技能人才队伍建设基础。通过国家职业教育改革试验区建设、河南全民技能振兴工程等省部共建项目，建设一批高水平职业院校和职业技能实训基地。创新技能人才培养模式，以职业教育集团为骨干，推动职业教育规模化、集约化。加强职业院校"双师型"教师队伍建设，提高高技能人才培养能力，用好生产一线高技能人才资源，补充职业院校师资力量。突出实践能力培养，大力推行工学结合和顶岗实习，推行学历证书和职业资格证书双证书制度。逐步实行中等职业教育免费和学生生活补助制度。发挥企业主体作用，健全企业内部高技能人才培养培训制度。推动高技能人才与工程技术人才职业发展贯通。建立高技能人才绝技绝活代际传承机制。创新高技能人才多元化评价机制，实行积极的政策激励措施，提高高技能人才经济待遇和社会地位，将贡献突出的优秀高技能人才纳入省优秀专家、享受国务院政府特殊津贴等评选推荐范围。

（七）以提升致富创业能力为核心，加强农村实用人才队伍建设

适应社会主义新农村建设需要，以提高科技素质和致富创业能力为核心，以农村实用人才带头人和农村生产经营型人才为重点，着力建设一支充满活力、示范带动能力强、积极推动农村经济社会发展的农村实用人才队伍。到 2015 年，农村实用人才总量达到 180 万人，到 2020 年达到 210 万人，平均受教育年限 10 年以上。农村实用人才队伍不断扩大，农村人力资源整体实力不断增强。

实施中原崛起农村实用人才培训工程，综合运用教育培训和生产实践等方式，突出科技素质、专业技能和创业能力培训。每年面向农村开展实用技术培训 100 万人次。加强对农村实用人才带头人培养，造就更多的"双强"型党员干部和致富带头人、科技带头人、经营带头人，鼓励和支持农村实用人才牵头建立专业合作组织和专业技术协会。加大政策、技术、资金扶持力度，积极帮助农村实用人才创业兴业，鼓励支持高校毕业生到农村创业兴业，在创业兴业实践活动中壮大农村实用人才队伍。以市、县人力资源市场为依托，以乡镇人力资源服务机构为网点，完善农村人力资源市场建设，发挥市场在农村实用人才资源配置中的基础性作用。加大财政支持力度，重点加强农村发展急需的教师、医生、农业技术人员等方面人才培养与资源配置。建立和完善农村实用人才职业资格评价、职业技能鉴定、专业技术职称评定制度。开展河南省优秀农村实用人才奖评选工作，特别优秀者可推荐参加河南省优秀专家评选。

（八）以提升专业素质为核心，加强社会工作人才队伍建设

适应构建和谐中原需要，以人才培养和岗位开发为基础，以提升专业能力和职业素质为核心，以中高级社会工作人才为重点，着力加强社会工作人才队伍建设。到 2015 年，社会工作人才总量达到 12 万人左右，2020 年达到 20 万人左右。扩大社会工作覆盖面，提高社会工作人才专业化、职业化程度，不断满足社会服务需求。

统筹规划社会工作人才培养，加快建立不同学历层次教育协调配套、专业培训和知识普及有机结合的社会工作人才培养体系。重点培养引进一批高层次社会工作人才，发挥示范引领作用。加强培训基地建设，推进社会工作从业人员专业培训和继续教育，不断提高专业能力和素质。将社会工作知识培训纳入党政干部教育培训规划。创新政策措施，加大社会工作岗位开发设置力度，推动社会工作资源向基层倾斜，引导社会工作服务向基层延伸。推进公益服务类事业单位、城乡社区和公益类社会组织建设，完善培育扶持和依法管理社会组织的政策。健全社会工作人才评价制度，加强社会工作者队伍职业化管理。研究制定政府购买社会工作服务政策，推动社会工作人才和志愿者队伍协调联动开展社会服务。出台我省加强社会工作人才队伍建设意见。加强社会工作理论研究和宣传，提升社会工作的认知度。

（九）以提升创意能力为核心，加强宣传思想文化人才队伍建设

适应建设文化大省、服务经济社会发展需要，践行社会主义核心价值体系，以提升创新创意能力为核心，以高水平宣传思想文化专门人才和文化产业紧缺人才为重点，培养造就数以百万计的宣传思想文化人才，大力营造凝心聚力、积极向上主流思想舆论氛围，满足人民群众日益增长的精神文化需求，增强河南文化软实力。

充分发挥"四个一批"人才培养工程示范带动作用，培养选拔大批理论、新闻、出版、文艺和经营管理、文化专门技术等优秀人才。到 2020 年，培养选拔全国"四个一批"人才 30 名左右，省级"四个一批"人才 500 名左右。完善哲学社会科学人才培养选拔和管理机制，造就一批理论功底扎实、勇于开拓创新的学科带头人和一批年富力强、政治业务素质好、锐意进取的青年理论骨干。着眼于出精品、出大作、出大家，实施河南名人大家工程，造就一批造诣高深、德艺双馨的文化领域杰出人才。以文化创意、影视制作、文化会展、数字内容、动漫等文化产业以及移动多媒体广播电视、网络广播影视等新兴文化业态为重点，加大人才培养扶持力度，吸引聚集文化产业优秀人才，推动文化产业升级。加快文化改革试验区建设，形成休闲文化、禅武文化、红色文化、钧瓷文化等特色鲜明的文化人才群。加强城乡基层宣传文化队伍建设，进一步充实力量和优化结构，开展普遍培训。重视民间文化人才和非公有制经济组织及社会组织中的文化人才，注意吸收优秀文化人才参与重要文化项目和工程。对优秀宣传思想文化人才提供政策支持和经费资助。

三、创新人才发展机制，激发人才创造活力

（一）创新人才培养开发机制，构建人力资源优势

以我省经济社会发展需求为导向，以提升素质和创新能力为核心，完善现代国民教育和终身教育体系，提高教育现代化水平，充分发挥教育在人才培养中的基础性作用。深化教育改革，促进教育公平，创新培养模式，强化实践锻炼，形成人人能够成才、人人得到发展的人才培养开发机制。把社会主义核心价值体系教育贯穿人才培养开发全过程，不断提高各类人才思想道德水平。全面推进素质教育，突出培养创新型人才，注重培养应用型人才，把培养对社会有贡献人才作为衡量学校教育水平的重要指标。建立以市场和社会需求为导向的人才培养结构动态调控机制，调整优化教育布局和学科专业结构。完善职业教育保障机制，推进职业教育发展。加强在职人员继续教育，更新知识，提高素质，促进学习型社会建设。支持发展各类专业化培训机构。

（二）创新人才评价发现机制，促使优秀人才脱颖而出

建立以社会从业角色和岗位职责要求为基础，以品德、能力、业绩为导向，科学化、社会化的人才评价发现机制。完善人才评价标准，改进人才评价方式，拓宽人才评价渠道，坚持不唯学历、不唯职称、不唯资历、不唯身份，靠实践和贡献评价人才，在实践和群众中识别人才、发现人才。尊重人才禀赋和个性，对特殊人才应有特殊评价方式和标准。按照职业分类建立相应的能力素质评价标准。建立以岗位绩效考核为基础，包括领导人员在内的事业单位全员考核评价制度。完善以任期目标为依据、工作业绩为核心的国有企业领导人员考核评价办法。实施促进科学发展的党政领导干部综合考核评价办法。完善重在业内和社会认可的专业技术人才评价机制，加快推进职称制度改革，落实用人单位专业技术职务（岗位）聘任自主权。探索技能人才多元评价机制，完善社会化职业技能鉴定、企业技能人才评价、院校职业资格认证和专项职业能力考核办法。建立在重大科研、工程项目和急难险重工作中发现、识别人才机制及举才荐才社会化机制。积极探索建立各类新兴领域人才评价发现机制。

（三）创新人才选拔任用机制，树立正确用人导向

落实"重群众公认、但不简单以票取人，重干部'四化'德才、但不简单以求全和年龄文凭取人，重干部政绩、但不简单以一时一事的数字取人，重公开选拔、但不简单以笔试和面试取人，重干部资历、

但不简单以任职年限取人"要求,改革各类人才选拔使用方式,建立科学合理的选人用人机制,促进人岗相适、用当适任、用当其时、用当尽才。深化党政领导干部选拔任用制度改革,提高选人用人公信度。完善公开选拔、竞争上岗制度,探索公推公选、联合公选等选拔方式,促进竞争性选拔干部工作制度化、科学化。规范干部选拔任用提名制度,推行和完善地方党委讨论决定重要干部票决制。坚持和完善党政领导干部职务任期制。探索试行聘任制公务员管理制度。建立组织选拔、市场配置和依法管理相结合的国有企业领导人员选拔任用制度,完善国有资产出资人代表派出制和选举制。健全事业单位领导人员选拔制度体系,完善事业单位领导人员委任、聘任、选任等方式。全面推行事业单位公开招聘、竞聘上岗,强化岗位管理、合同管理。建立事业单位关键岗位和重大项目负责人国内外公开招聘制度。

(四)创新人才流动机制,促进人才合理配置

推进统一规范、更加开放的人才市场体系建设,完善市场服务功能,畅通人才流动渠道,建立政府宏观调控、市场主体公平竞争、中介组织提供服务、人才自主择业的人才流动配置机制。破除人才流动体制性障碍,着力消除人才身份、单位、部门和所有制限制,发挥市场配置人才资源基础性作用。健全人才市场供求、价格、竞争机制,进一步促进人才供求主体到位。大力发展人才服务业,健全专业化、信息化、产业化、国际化人才市场服务体系。推进政府所属人才服务机构管理体制改革,实现政事分开、管办分离。注重发挥人才服务行业协会作用。改革户籍管理制度,完善社会保险关系转移接续办法,建立社会化的人才档案公共管理服务系统。完善劳动合同、人事争议仲裁、人才竞业避止等制度,维护用人单位和各类人才的合法权益。加强对人才流动的政策引导,建立完善与中原城市群、产业集聚区、粮食生产核心区以及主导产业、新兴产业、高新技术产业相配套的人才开发、流动机制,促进人才资源合理有效配置。

(五)创新人才激励保障机制,激发人才干事创业热情

建立健全与工作业绩紧密联系,充分体现人才价值,鼓励人才创新创造,维护人才合法权益的分配激励保障机制。完善各类人才的薪酬制度,以建立秩序规范、激发活力、注重公平、监管有力的工资制度为目标,加强对收入分配的宏观管理,稳步推进工资制度改革。认真推行事业单位岗位绩效工资制度。健全国有企业人才激励机制,推行股权、期权等中长期激励办法。探索高层次人才、高技能人才协议工资制和项目工资制等多种分配形式。建立产权激励制度,制定知识、技术、管理、技能等要素按贡献参与分配的办法。完善以养老保险和医疗保险为重点的社会保障制度,形成国家、社会和单位相结合的人才保障体系。支持用人单位为各类人才建立补充养老、医疗保险。扩大对农村、非公有制经济组织、社会组织人才的社会保障覆盖面。完善政府公共服务体系,拓展公共服务内容,创新公共服务方式,建立政府购买公共服务制度,为各类人才平衡工作和家庭责任创造条件。坚持精神激励和物质奖励相结合,健全以政府奖励为导向、用人单位和社会力量奖励为主体的人才奖励体系,调整规范各类人才奖项设置,大力表彰在经济社会发展中作出突出贡献的优秀人才。对获得国家重大奖项、作出杰出贡献的特别优秀人才,经省委、省政府研究给予重奖,享受特殊医疗待遇,纳入省委联系专家范围。

四、实施重大人才政策，优化人才发展环境

（一）促进人才投资优先保证的财税金融政策

人才投入是赢得未来的战略性投入。各级政府优先保证对人才发展的投入，较大幅度增加人力资本投资比重，确保教育、科技支出增长幅度高于财政经常性收入增长幅度，卫生投入增长幅度高于财政经常性支出增长幅度。将支持人才发展的经费纳入财政预算，保障人才发展重大项目的实施。落实行政事业单位干部培训任务，提高企业职工培训经费的提取比例，在重大建设和科研项目经费中，安排部分经费用于人才培训。鼓励和支持企业和社会组织建立人才发展基金。通过税收、贴息等优惠政策，引导社会、用人单位和个人多元化投资人才资源开发。加大对贫困地区财政转移支付力度，引导贫困地区加大人才投入。利用国际金融组织和外国政府贷款投资人才开发项目。建立政府人才投入使用管理绩效考评制度，提高人才投入资金整体使用效益。

（二）产学研一体化培养创新人才政策

建立政府指导下以企业为主体、市场为导向、多种形式的产学研战略联盟，支持企业、科研院所与高等学校通过共建科技创新平台、开展合作教育、共同实施重大项目等方式，培养高层次人才和创新团队。大力实施研究生教育创新计划，积极发展专业学位教育，建立产学研高层次人才双向交流制度，推行联合培养研究生的双导师制。推进博士后制度改革，加强产学研结合，提高博士后培养质量，增强创新能力。实行"人才+项目"的培养模式，依托国家和省重大人才计划以及重大科研、工程、产业攻关、国际科技合作等项目，在实践中集聚和培养创新人才。重视发挥企业作用，加强企业研发平台和研发队伍建设，对企业等用人单位接纳高等学校、职业学校学生实习等实行财税优惠政策。

（三）引导人才服务和向农村基层及艰苦偏远地区流动政策

积极改善农村基层和艰苦偏远地区人才生活、工作条件，在工资、职务、职称等方面实行倾斜政策。完善高校毕业生创业就业扶持政策，建立下得去、待得住、干得好、流得动的激励机制，采取政府购买岗位、报考公职人员优先录用等措施，鼓励和引导高校毕业生到农村和中小企业服务和就业。实施大学生村干部、高校毕业生"三支一扶"、志愿服务贫困县等计划。继续开展选调生工作，逐步提高面向服务农村基层高校毕业生的考录比例。坚持和完善从基层一线选拔干部制度，省、市机关录用公务员，应注重从具有基层工作经历的人员中考录。开发基层社会管理和公共服务岗位，落实高校毕业生到农村任教、到乡镇卫生院工作特岗计划。实施公职人员到基层服务和锻炼的派遣和轮调办法，从省直等单位选派干部到基层任职、挂职，开展教育、卫生、科技和文化人才下乡支农工作，完善科技副职、博士服务团、科技特派员到基层和农村、企业服务的政策措施，为基层提供广泛人才和智力支持。

（四）人才创业扶持政策

坚持政府促进、社会支持、市场导向、自主创业的基本原则，放宽创业领域，降低创业门槛，加强创业扶持，大力推动各种形式的创业。推进创业信用担保体系建设，不断扩大对自主创业和中小企业发展的信用担保资本金规模。完善支持人才创业的金融政策，简化贷款手续，创新金融产品，促进

知识产权质押融资等业务的规范发展。加大税收优惠、财政贴息力度，扶持创业风险投资基金，支持创办科技型企业，促进科研成果转化和技术转移。加强创业服务指导，提高创业成功率。加大对创业孵化器等基础设施的投入，探索多种组织形式，形成创业服务网络。完善知识产权、技术等作为资本参股的措施。制定科研机构、高等学校科技人员创办科技型企业的激励保障办法。支持鼓励创业企业、创业资本进入资本市场、上市公司。

（五）支持科技人员潜心研究和勇于创新政策

在科研院所、高等学校、企业等探索建立不同于管理人员、符合科技人员特点的职业发展路径，鼓励和支持科技人员潜心研究、创新实践、成就事业并享有相应的社会地位和经济待遇，克服人才管理中存在的行政化、"官本位"倾向。完善科研管理制度，扩大科研机构用人自主权和科研经费使用自主权，健全科研机构内部决策、管理和监督的各项制度。建立以学术成就和创新绩效为主导的资源配置模式和评价奖励机制。有重点地加大对基础研究、前沿技术研究、社会公益类科研的投入力度。完善科技经费管理办法和科技计划管理办法，注重向科研关键岗位、优秀拔尖人才和专职科技人员倾斜，对高水平创新团队给予长期稳定支持。改善青年科技人才的生活条件，积极采取措施解决好住房问题。

（六）更加开放的人才政策

大力吸引海外高层次人才来豫创新创业，认真实施海外人才在出入境和长期居留、税收、保险、住房、子女入学、配偶安置，以及担任领导职务、承担重大科技项目等方面的特殊政策，积极推荐海外人才参加院士和政府奖励项目的评选。建立我省海外高层次人才特聘专家制度，纳入省委联系专家范围。鼓励海外留学人员来豫工作、创业或以多种方式服务我省经济社会发展。加强海外高层次人才创新创业基地、留学人员创业园区等各类引才平台建设，为凝聚和用好人才提供创业资助、融资等服务。加大引进国外智力工作力度，强化措施，改善环境，充分利用国际人才智力资源。开发国（境）外优质教育培训资源，完善出国（境）培训管理制度和措施。积极支持我省高等院校、科研院所和企业与海外高水平教育、科研机构和知名企业开展交流与合作，建立联合研发基地，鼓励我省企业设立海外研发机构，提高科技教育水平和人才国际化水平。积极利用国内人才智力资源，制定更加优惠的政策，以两院院士、学科领军人才、优秀企业家、掌握核心技术的急需紧缺人才为重点，吸引更多的国内高层次人才来豫施展才华。维护国家重要人才安全。

（七）鼓励非公有制经济组织、社会组织人才发展政策

把非公有制经济组织、社会组织人才开发纳入党委政府人才发展规划，作为人才工作重要内容。制定我省加强非公有制经济组织、社会组织人才队伍建设意见。坚持一视同仁、平等对待，在人才培养、吸引、评价、使用等方面的各项政策，非公有制经济组织、社会组织人才平等享受。支持人才创新创业的资金、项目、信息等公共资源，向非公有制经济组织、社会组织人才平等开放。开展人才宣传、表彰、奖励等方面活动，非公有制经济组织、社会组织人才平等参与。政治上给予关心，重视在非公有制经济组织、社会组织的优秀人才中发展党员，为优秀人才提供参政议政渠道和平台。

（八）知识产权保护政策

大力实施知识产权战略，提高我省知识产权的创造、运用、保护和管理水平。制定我省职务技术成果条例实施办法，完善科技成果知识产权归属和利益分享机制，保护科技成果创造者的合法权益。明确职务发明人权益，提高主要发明人受益比例，落实职务发明人奖酬政策。加强对非职务发明创造的支持和管理。资助支持个体和中小企业发明创造，鼓励创造知识财产。完善非物质文化遗产传承人知识产权保护相关措施。建立健全有利于知识产权保护的社会信用制度。完善知识产权工作体系，加强知识产权管理和服务人才的培养，推进专利技术运用和转化平台建设，培育我省知识产权优势，形成自主知识产权核心技术和知名品牌。

五、实施重大人才工程，加快推进河南振兴

（一）高层次创新型科技人才队伍建设工程

把培养造就创新型科技人才作为建设创新型河南的重大举措，加紧建设一支以领军人才、领军后备人才为核心，以创新团队为主体的创新型科技人才队伍。到 2020 年，实现"三个一"目标：培养造就一批由院士群体、50 名左右院士后备人才为主的中原学者、600 名左右科技创新杰出人才、1000 名左右科技创新杰出青年人才构成的科技领军人才队伍；一批由科技领军人才带领的 400 个左右创新型科技团队；一支 4 万人左右的创新型科技人才骨干队伍。以重点学科、重点实验室、工程技术研究中心为载体，加强高水平科研平台建设和创新人才培养基地建设，加大政策、资金支持力度，到 2020 年，建成 50 个左右国家级重点学科、重点实验室、工程技术研究中心，集聚高层次科技人才，形成一批具有比较优势的人才高地。

（二）现代工业产业人才支撑工程

发展现代工业，建设工业强省，大力培养造就能够有效推进现代工业向高端化、高质化、高效化发展的产业人才队伍。围绕加快培育节能环保、新能源、新一代信息技术、生物、高端装备制造、新材料、新能源汽车等七大战略性新兴产业，壮大装备制造、有色冶金、化工、食品、纺织服装等五大战略支撑产业，提升煤炭、电力等传统优势产业，着力推进研发平台建设，组建产业创新联盟，规模以上企业建立研发团队，到 2020 年，形成 2 万个左右企业研发团队，省级重点支持 400 个左右掌握产业关键技术的创新团队，集聚大批高端研发技术人才。以产业集聚区、重大产业基地、重点骨干企业、重大科技专项为依托，培养引进数以百万计的产业创业人才、经营人才和技术人才。加强战略性新兴产业和战略支撑产业相关专业学科建设。建立健全科研机构和高校创新人才、智力向企业流动机制、科研成果转化机制，不断提升我省现代工业核心竞争力。

（三）粮食生产核心区建设人才支撑工程

围绕河南粮食生产核心区建设需要，实施人才支撑工程，充分发挥科技和人才在农业增产中的主导作用，为国家粮食安全作出新贡献。突出高层次农业科技人才领军作用，发展优质高效生态安全农业，到 2020 年，在主要粮食作物转基因和分子设计育种研究、粮食作物简化和高效种植技术、耕地

质量保育技术、重大生物灾害预警及防控技术研究应用等方面,培养引进50名左右国家级农业科学家。依托农业科研院所、高等学校和产业化龙头企业,加快良种繁育、作物栽培、储藏加工等方面的人才培养,壮大农业科技研发人才队伍。扩大农业技术推广人才规模,重点围绕中低产田改造、植保防治、农业机械化推进等关键技术及装备的普及应用,形成6万名左右稳定的农业技术推广人才队伍。通过组织专家团、定点联系、在线服务等多种形式,广泛开展农业科技服务。实施"金土地"种粮农民培训工程,以种粮大户为重点,每年培训核心区50万名种粮农民。

(四)城镇化建设人才开发工程

着眼于以城镇化带动"三化"协调发展、提高城市综合承载能力、增强区域综合竞争力,坚持以高水平城建规划人才、城市管理人才为重点,大力加强城乡规划建设管理人才开发培养,为加快城镇化建设提供人才支撑。到2020年,培养城乡规划、建设、管理相关专业学生25万人;培养引进具有高级职称或获得国家资格认证的高级人才3万人。加大对省辖市、县(市、区)党政正职、分管副职城建专业相关知识培训,每3年轮训一遍。优化城建部门干部队伍结构,提高专业化程度,各级城乡规划建设主管部门领导班子成员上岗前必须经过城建专业相关知识培训;领导班子成员中至少配备1名具有规划专业本科以上学历的干部,暂无符合条件人选的由上级业务主管部门通过组织部门选派专业干部挂职。加强城市建设规划设计、项目运作、经营管理等方面人才的培养引进,尽快形成一支适应城镇化快速发展的专业化人才队伍。建立完善引进、留住高水平城建人才相关政策。

(五)中原崛起百千万海外人才引进工程

大力引进海外高层次人才,用5—10年时间,围绕战略支撑产业、战略新兴产业和战略基础产业,依托国家和省重点创新项目、重点学科和重点实验室、重点企业和地方商业金融机构、以高新技术产业开发区为主的各类园区等,引进120名左右海外高层次创新创业人才,引进3500名左右具有全日制博士、硕士学位的海外留学人员,引进5万人次海外专家智力。以国家海外高层次人才创新创业基地为龙头,到2020年建设20个左右省级海外高层次人才创新创业基地。建立完善涵盖各类各层次的海外人才信息库,入库规模6万人左右。加强对海外高层次人才的跟踪联系。建立河南海外人才市场,充分发挥有关社会团体和组织的作用,为海外高层次人才回国服务、来豫工作牵线搭桥。依托党委政府有关职能部门建立海外高层次创新创业人才联系窗口、专门服务窗口,为引进人才提供优质服务。

(六)技能人才振兴工程

紧密结合产业需求发展职业教育,构建以高技能人才培养为重点、覆盖城乡的职业技能培训体系,全面提高劳动者技能素质,促进产业发展和充分就业。按照我省职业教育攻坚计划和河南全民技能振兴工程的任务要求,重点建设1—2所职业教育师范学院,各省辖市重点办好2—3所特色鲜明、优势明显的示范性职业院校,县(市)政府重点办好1所在校生规模达到3000人以上的职教中心或中等职业学校。支持全省5所重点技师学院、30所高级技工学校、50个企业职工培训中心和20个技能大师工作室,建设成高技能人才培养示范基地和研修平台,新培养10万名技师和高级技师。加强农村劳动力转移就业技能培训。坚持培训对象多元化、培训形式多样化、培训等级多层次,开展劳动预备制培训、岗位技能提升培训、就业和再就业培训。开展多层次的职业技能竞赛，健全技能人才选拔激励机制。

（七）创业人才推进工程

以创业带动就业，促进经济发展。到2020年，在全省私营企业数量达到40万户、个体工商户达到300万户基础上，形成一支富有活力、创业有成的人才队伍。在各类大中专院校开设创业培训课程，实施创业教育，引导高校毕业生成为创业生力军；帮助返乡农民工、下岗失业人员自主创业，每年培训10万人左右；对创业有成者进行能力再提升培训，促进创业持续发展。吸引具有知识和技术优势的海外高层次人才来豫创业。开展创业示范市、县创建活动，弘扬创业精神，培育创业文化，表彰创业先进，促进全民创业。

（八）教育名师名家培育工程

坚持教育大计、教师为本，着力培育一批师德高尚、业务精湛的教育名师名家，带动全省教师队伍整体素质和办学水平的提高。到2020年，高等学校面向海内外选拔资助400名特聘教授、1000名创新型学术带头人、200个教学团队。在职业院校培养500名省级职业教育专家，"双师型"教师占专业课教师比例达到70%以上。在中小学校培育2万名省、市级名师和名校长。以更新教育理念、增长专业知识、强化教学技能为重点，每5年对全省中小学校教师轮训一遍。

（九）全民健康卫生人才保障工程

适应不断增长的全民健康保障需求，大力加强卫生人才队伍建设，使我省每千人口拥有卫生技术人员数接近或达到全国平均水平。注重培养和引进卫生领军人才，带动医疗卫生技术突破和提升，到2020年，引进和培养50名左右在全国有学术地位和影响的高层次卫生领军人才、300名中青年卫生科技创新人才。优化卫生人才资源配置，鼓励和引导卫生人才向农村和社区流动，改善基层卫生人才短缺现状，提高基层医疗卫生服务能力。提供政策保障，用5—10年时间，为县、乡医疗卫生机构培养引进1000名硕士研究生、1万名本科生、2万名专科生。加强农村卫生人员培训，每5年将全省注册乡村医生全员轮训一遍。

（十）现代服务业人才培养开发工程

推进高等教育和职业教育服务业相关学科建设，探索完善学校与社会合作培养新机制，加快培养现代服务业人才，到2020年，培养现代服务业相关专业学生150万人。立足我省现代物流、旅游、文化、会展、商贸服务等具有比较优势的服务业，重在提高从业人员能力和水平，提升人才竞争力；围绕金融、信息服务、房地产、商务服务等高成长性服务业，重在集聚具有国际视野、通晓国际规则、熟悉现代管理的现代服务业高端人才；针对农村服务业等薄弱环节，重在拓展服务领域，创新服务产品，扩大从业人员规模。设立河南省优秀服务业人才奖。

六、切实加强组织领导，保证规划贯彻实施

（一）完善人才领导体制和工作机制

坚持党管人才原则，完善党委统一领导，组织部门牵头抓总，有关部门各司其职、密切配合，社

会力量广泛参与的人才工作格局。制定完善党管人才工作格局实施意见，发挥党委领导核心作用，统筹经济社会发展和人才发展，切实履行好管宏观、管政策、管协调、管服务的职责，创新党管人才的方式方法，注重运作，有效整合人才工作资源，提高党管人才科学化水平。健全人才工作机构，配强工作力量，更加适应人才发展需要。建立科学的决策机制、协调机制和督导机制，形成统分结合、高效运转的人才工作运行机制。建立党委、政府人才工作目标责任制，坚持一把手抓"第一资源"，提高各级党政领导班子综合考核指标体系中人才工作专项考核的权重。建立各级党委常委会听取人才工作专项报告制度。完善党委联系专家制度。实行重大决策专家咨询制度。推动政府人才管理职能向创造良好发展环境、提供优质公共服务转变，运行机制和管理方式向规范有序、公开透明、便捷高效转变。发挥政府人力资源管理部门作用，强化人才工作相关部门职责，调动各人民团体、企事业单位、社会组织的积极性，形成人才工作整体合力。加强人才统计工作，建立健全规范的人才资源统计制度，为推动人才发展提供科学依据。

（二）营造人才发展良好氛围

大力宣传中央和省委人才工作的重大战略思想和方针政策，宣传人才优先发展的目标任务、重大举措，宣传优秀人才典型事迹和人才工作先进经验，进一步解放思想，更新观念，用战略眼光看待人才工作，立足新的起点做好人才工作，健全育才、引才、聚才、用才工作机制，营造关心人才、爱护人才、支持人才发展的社会氛围，形成人人能成才、人人得发展、人人作贡献的生动局面。

（三）抓好《人才规划纲要》贯彻落实

实施人才强省战略，必须有人才强市、人才强县规划相配套、作支撑。各省辖市、省直有关部门、县（市、区）要以国家和我省《人才规划纲要》为指导，结合实际，编制本地、本行业系统以及重点领域的人才发展规划，形成上下贯通、左右协调的人才发展规划体系。认真抓好《人才规划纲要》的贯彻实施，分解任务，明确责任，加强督查，确保落实，使人才强省战略成为全省所有单位的自觉行动。

黑龙江省中长期人才发展规划纲要（2010—2020年）

为加快实施人才强省战略，根据《国家中长期人才发展规划纲要（2010—2020年）》和黑龙江省经济社会发展对人才的需要，制定本规划纲要。

序言

省委、省政府历来高度重视人才工作，改革开放特别是全省人才工作会议以来黑龙江省人才发展取得了显著成绩，各类人才队伍不断壮大，人才成长环境逐步优化，人才发展体制机制不断创新，人才推动经济社会发展的成效日益明显，党管人才工作新格局基本形成。同时必须清醒地看到，当前黑龙江省人才发展的总体水平同国内发达地区相比仍存在较大的差距，与黑龙江省经济社会发展需要相比还有许多不相适应的地方，主要是：人才结构性矛盾比较突出，高层次人才特别是领军人才紧缺；

人才发展体制机制不够健全和灵活，人才创新创业能力不强，人才效能尚未得到充分发挥；人才资源开发投入还远远不够，人才流失比较严重，人才创造活力还没有充分涌流；企业在人才开发中的主体作用发挥明显不够等。

未来十几年，是黑龙江省加快经济转型、发展创新型经济，全面建设更高水平小康社会、实现全面振兴的关键时期，也是黑龙江省人才事业发展的重要战略机遇期。面对国际和区域竞争日趋激烈、资源和环境制约日益凸显的新挑战，必须紧紧抓住这一重要战略机遇期，坚定不移地实施科教兴省、人才强省战略，把加强人才队伍建设作为强省之基、竞争之本、转型之要、振兴之魂，摆在特别突出的位置，优化发展环境，科学规划、加大投入、重点突破、整体推进，不断开创人才辈出、人尽其才的新局面。

一、指导思想、发展原则和战略目标

（一）指导思想

高举中国特色社会主义伟大旗帜，以邓小平理论和"三个代表"重要思想为指导，深入贯彻落实科学发展观，大力实施人才强省战略，坚持党管人才原则，遵循社会主义市场经济规律和人才成长规律，加快人才发展体制机制改革和政策创新，充分开发利用省内省外及海外人才资源，以高层次人才、高技能人才为重点，统筹推进各类人才队伍建设，推动经济社会发展由物力资本优先积累向人力资本优先积累转变，推动人才发展由政府主导向多元开发转变、总量扩张向素质提升和结构优化转变，确保在人才资源总量、人才素质结构、人才发展环境、人才开发投入和人才使用效能上有重大突破，实现人才大省向人才强省跨越，为加快"八大经济区"、"十大工程"建设进程，推动黑龙江经济社会又好又快发展、构建和谐龙江提供坚强的人才保证和广泛的智力支持。

（二）发展原则

人才优先，引领发展。把服务科学发展作为人才工作的根本出发点和落脚点，确立在经济社会发展中人才优先发展的战略布局，坚持人才资源优先开发、人才结构优先调整、人才投资优先保证、人才制度优先创新，以人才优先发展引领经济社会又好又快发展。

以用为本，优化结构。把用好用活人才、充分发挥人才作用作为人才工作的根本任务，积极为各类人才干事创业和实现价值搭建平台，引导和鼓励各类人才向经济社会发展一线集聚，加快人才结构战略性调整，促进人才结构与经济社会发展相协调。

突出重点，统筹推进。突出培养造就一批高层次创新创业人才，大力开发经济社会重点领域急需紧缺专门人才，充分发挥高层次人才在经济社会发展和人才队伍建设中的引领作用，统筹推进各类人才队伍建设，提升全省人才队伍的整体素质和区域竞争力。

整体开发，多元投入。充分调动全社会人才开发的积极性，推进城乡、区域、产业、行业和不同所有制人才资源开发，鼓励和支持人人都作贡献、人人都能成才、行行出状元，健全政府引导、用人单位主导、社会共同开发的多元投入机制，整合各方面资源和力量，形成推动人才工作的强大合力。

优化环境，激发活力。着力打造有利于人才发挥作用的政策环境、社会环境、工作环境、生活环境、学术环境和文化环境，健全完善人才培养开发、评价发现、选拔任用、流动配置、激励保障机制，最大限度地激发人才的创造活力，吸引更多的人才到黑龙江发展、更多的创新成果到黑龙江转化，使黑龙江成为各类人才创新创业的热土。

（三）战略目标

到 2020 年，黑龙江省人才发展的总体目标是：培养和造就规模宏大、结构优化、布局合理、素质优良、效能明显的人才队伍，形成环境一流、机制灵活的人才工作体制机制，确立黑龙江省人才竞争比较优势和对俄罗斯等周边国家人才的地缘优势，进入全国人才强省行列。

——规模不断壮大。人才资源总量 540 万人，年均增长 6.3% 左右。

——结构趋于合理。重点发展的新兴产业领域高层次、高技能人才实现倍增目标，产业和区域人才布局趋于优化。

——素质明显提高。主要劳动年龄人口受过高等教育比例达到 21.12%，每万劳动力中研发人员达 43 人年。

——环境更加优化。符合各类人才特点、有利于促进人才全面发展的人才开发制度体系基本建立，创新活力强、创业成本低、服务效能优、人居条件好的人才环境基本形成，鼓励人才创新发展、支持人才干事创业的社会氛围更加浓厚。全省人力资本投资占 GDP 比例达到 13%。

——效能明显增强。人才对经济社会发展的促进作用增强，人才贡献率达到 35.5%；自主创新能力显著增强，形成一批具有核心技术和支柱企业的高新技术产业群。

二、人才队伍建设主要任务

（一）突出培养造就高层次科技创新创业人才

围绕提高自主创新能力和建设创新型省份的需要，以高层次科技创新创业领军人才和团队为重点，培养造就一批能够突破关键技术、具有自主知识产权的创新型科技领军人才、工程师、高水平创新团队和依靠核心技术自主创业的科技企业家，注重培养一线创新人才和青年科技人才，建设宏大的创新创业型科技人才队伍。到 2020 年，研发人员总量达到 10 万人年，高层次科技创新创业人才总量达到 1100 人左右，高层次科技创新团队达到 50 个左右。

主要举措：创新人才培养模式，建立学校教育和实践锻炼相结合、国内培养和国际交流合作相衔接的开放式培养体系。组织实施科技创新创业人才推进计划、高层次学术英才支持计划，推进海内外高层次人才引进工程、院士后备人选支持计划、长江学者支持计划，完善龙江学者计划和科技创新团队建设计划。组织实施科技企业家培育计划、优秀企业家培养工程和高端经营管理人才引进工程。推进产学研合作，重视发挥企业引才用才的主体作用，建设一批高层次人才创新创业基地，引导校企、校地共建各类创新创业载体，推动高层次创新型科技人才向企业集聚或依靠核心技术自主创业。

（二）大力开发经济社会发展重点领域急需紧缺专门人才

适应发展现代产业体系和构建和谐龙江的需要，加大重点领域急需紧缺人才开发力度。到 2020 年，在装备制造、能源、石油化工、煤化工、信息、生物技术、农林科技、生态环境保护、现代交通运输、国际商务、金融财会、旅游开发与管理等经济重点领域培养开发急需紧缺专门人才15.6万人；在宣传思想文化、政法、教育、医药卫生、防灾减灾等社会发展重点领域培养开发急需紧缺专门人才18.6万人。经济社会发展重点领域各类专业人才数量充足、整体素质和创新能力显著提高、人才结构趋于合理。

主要举措：加强产业、行业人才发展统筹规划和分类指导，开展急需紧缺人才需求预测，定期发布急需紧缺人才目录。调整优化高校学科布局，强化黑龙江省经济社会重点领域专业设置，构筑符合黑龙江省需要的学科体系。大规模开展重点领域专门人才知识更新培训。制定优惠政策，加大黑龙江省急需紧缺人才引进力度，引导和鼓励高校、科研院所和海内外高层次人才向经济重点领域集聚，加强与海内外新兴产业领域的合作开发，建设一批新兴产业基地和创新创业人才基地，引进和培养经济重点领域急需紧缺人才。完善省高等学校人文社会科学重点研究基地、省哲学社会科学重点基地和教育部人文社会科学重点研究基地的功能，加强宣传文化领域高层次人才队伍建设。建立重点领域相关部门人才开发协调机制，加强政法、教育、医药卫生、防灾减灾人才培养。

（三）统筹推进各类人才队伍建设

1. 党政人才队伍

按照加强党的执政能力建设和先进性建设的要求，以提高领导水平和执政能力为核心，建设一支眼界宽善谋大势、思路宽善求创新、胸襟宽善聚人心、善于推动科学发展的高素质党政人才队伍。到2020年，总量相对稳定、结构更加合理、专业化水平明显提高，全省党政人才大学本科以上学历达到85%，其中研究生学历达到10%。

主要举措：适应科学发展要求和干部成长规律，组织实施党政人才素质能力提升工程、公务员能力培训计划、公务员公共管理培训工程，构建理论教育、知识教育、党性教育和实践锻炼"四位一体"的干部培养教育体系，开展大规模干部教育培训，加强干部自学。坚持德才兼备、以德为先用人标准，树立坚定信念、注重品行、科学发展、崇尚实干、重视基层、鼓励创新、群众公认的用人导向，加大领导干部跨部门、跨市（地）交流力度，推进党政机关重要岗位干部定期交流、轮岗，完善公开选拔、竞争上岗等选拔任用方式，注重从基层和生产一线选拔党政人才，科学构建党政人才实绩考评体系。加强女干部、少数民族干部、非中共党员干部培养选拔和教育培训工作。健全权力约束制衡机制，加强干部管理监督。

2. 企业经营管理人才队伍

适应黑龙江省加快新型工业化进程和产业结构优化升级的需要，以提高现代经营管理水平和企业国际竞争力为核心，以战略企业家和职业经理人为重点，加快推进企业经营管理人才职业化、市场化、专业化和国际化，培养造就一大批具有全球眼光、市场开拓精神、管理创新能力和社会责任感的优秀企业家和一支高水平的企业经营管理人才队伍。到2015年，企业经营管理人才总量达到35万人；到2020年，企业经营管理人才总量达到52万人，培养造就50名在全国同行业具有领先地位的优秀企业家，2000名高层、10万名中层企业经营管理人才，国有企业领导人员通过竞争性方式选聘比例达到50%。

主要举措：组织实施优秀企业家培养工程、高端经营管理人才引进工程、企业经营管理人才素质提升工程、经营管理"未来之星"培养工程，依托知名跨国公司、国内外高水平大学和其他培训机构，加强企业经营管理人才培训。采取组织选拔与市场化选聘相结合的方式选拔国有企业领导人员。健全企业经营管理者聘任制、任期制和任期目标责任制，实行契约化管理。完善以市场和出资人认可为核心的企业经营管理人才评价体系，积极发展企业经营管理人才评价机构，建立社会化的职业经理人资质评价制度。健全企业经营管理人才经营业绩评价指标体系，完善年度薪酬管理制度、协议工资制度和股权激励等中长期激励制度。

3. 专业技术人才队伍

适应推动经济社会又好又快发展的需要，以提高专业水平和创新能力为核心，以高层次人才和紧缺人才为重点，造就一批位居世界科技前沿、在国内外具有较大影响的高级专家，打造一支规模宏大、素质优良、结构合理的专业技术人才队伍。到2015年，专业技术人才总量达到230万人；到2020年，专业技术人才总量达到255万人，高级、中级、初级专业技术人才比例为10∶40∶50。

主要举措：深入实施专业技术人才知识更新工程，组织实施学科专业梯队建设"535"工程、青年英才开发计划、高素质教育人才培养工程、宣传文化人才培养工程、全民健康卫生人才保障工程，进一步扩大专业技术人才队伍培养规模，提高专业技术人才创新能力。重视传统产业、主导产业和支柱产业各类技术人才的培养，加大新兴产业、现代服务业、文化、教育、卫生等领域人才培养开发力度。发挥各类社会组织培养专业技术人才的作用。制定双向挂职、短期工作、项目合作等灵活多样的人才柔性流动政策，引导党政机关、科研院所和高等学校专业技术人才向企业、社会组织和基层一线有序流动，促进专业技术人才合理分布。统筹推进专业技术职称和职业资格制度改革，改进专业技术人才收入分配等激励办法。改善基层专业技术人才工作、生活条件，拓展职业发展空间。注重发挥离退休专业技术人才的作用。

4. 高技能人才队伍

适应老工业基地振兴、走新型工业化道路和产业结构优化升级的需要，以提升职业素质和职业技能为核心，以中、高等职业院校"双师型"教师队伍为主体，以技师和高级技师为重点，建设一支数量充足、门类齐全、梯次合理、技艺精湛的高技能人才队伍。到2015年，高技能人才总量达到42万人；到2020年，高技能人才总量达到46万人，占技能劳动者的总数的30%，其中技师、高级技师达到20万人。

主要举措：完善以企业为主体、职业院校为基础、学校教育与企业培养紧密联系、政府推动与社会支持相结合的高技能人才培养培训体系。加强职业培训，改革职业教育人才培养模式，大力推行校企合作、工学结合和顶岗实习。加强职业教育"双师型"教师队伍建设。在职业教育中推行学历证书和职业资格证书"双证书"制度。促进技能人才评价多元化。组织实施"55139"高技能人才培养工程。广泛开展各种形式的职业技能竞赛和岗位练兵活动。制定高技能人才与工程技术人才职业发展贯通办法。完善高技能人才评选表彰制度，进一步提高技能人才经济待遇和社会地位。

5. 农村实用人才队伍

适应现代农业和社会主义新农村建设的需要，以提高科技素质、职业技能和经营能力为核心，以农村实用人才带头人和农村生产经营型人才为重点，着力打造一支服务农村经济社会发展、数量充足的农村实用人才队伍。到2015年，农村实用人才总量达到75万人；到2020年，农村实用人才总量达到150万人，平均受教育年限达到11年，中专以上学历增加到50万人，每个行政村主要特色产业至少有3至4名示范带动能力强的带头人。

主要举措：深入实施农村实用人才带头人素质提升计划、新农村实用人才培训工程、场县共建人力资源共享工程，重点实施现代农业人才支撑计划、乡村农业技术人员培养计划，充分发挥农村现代远程教育网络、各类农民教育培训项目、农业技术推广体系、各类职业学校和培训机构的主渠道作用，大规模开展农村实用人才培训。鼓励和支持农村实用人才带头人牵头建立专业合作组织、专业技术协会和农业企业，加快培养农业产业化发展急需的企业经营管理人员、农民专业合作组织带头人和农村经纪人。在创业培训、项目审批、信贷发放、土地使用等方面制定优惠政策，积极扶持农村实用人才创业兴业。开展农村实用人才技能职称评定，加大对农村实用人才的表彰激励和宣传力度，提高农村实用人才社会地位。继续开展城乡人才对口扶持，加大公共财政对农村发展急需的农业技术推广、教育、卫生等方面人才培养的支持力度。

6. 社会工作人才队伍

适应构建和谐龙江的需要，以人才培养和岗位开发为基础，以社会福利性、公益性机构、社会组织和城乡社区社会工作人才建设为重点，培养造就一支以中高级社会工作人才为主体，专业化、职业化服务水平和整体素质较高的社会工作人才队伍。到2015年，社会工作人才总量达到3万人；到2020年，社会工作人才总量达到10万人。

主要举措：健全培育扶持和依法管理社会组织的政策，推进公益服务类事业单位、公益类社会组织和城乡社区组织建设，扶持民办社工机构，加大政府购买服务和岗位开发力度，落实薪酬待遇，完善激励措施，引导以社区工作人员为主体的社会工作人员向有职业资格的社会工作者转变。加快构建不同学历层次教育协调配套、专业培训和知识普及有机结合的社会工作人才培养体系，选送有发展、有潜力的社会工作人才到高校和专业机构深造。建设一批社会工作培训基地，加强社会工作从业人员专业知识培训。加强社会工作者队伍职业化管理，建立社会工作人才和志愿者队伍联动机制。

三、制度创新和重大政策

（一）深化人才工作管理体制改革

1. 坚持党管人才的领导体制

建立党委、政府"一把手"抓"第一资源"的目标责任制，把人才发展主要指标纳入经济社会发展规划，把人力资本投资作为经济社会发展的重要考核指标。建立各级党委常委会听取人才工作专项报告制度，实行重大决策专家咨询制度，完善党委联系专家制度。健全各级党委人才工作领导机构，建立科学的决策机制、协调机制和督促落实机制，形成统分结合、上下联动、协调高效、整体推进的人才工作运行机制。完善党委组织部门牵头抓总职能，重点抓好战略研究、总体规划制定、重大政策统筹、重大工程策划、重点人才培养、重大典型宣传。落实各职能部门职责分工，各司其职、协调配合，积极主动开展工作。发挥各人民团体、企事业单位、社会组织的作用，形成全社会推动人才工作的整体合力。

2.改进人才管理方式

围绕用好用活人才，完善政府宏观管理、市场有效配置、单位自主用人、人才自主择业的人才管理体制，逐步建立与国际接轨的人才资源开发机制。加快政府人才管理职能向培育创新创业平台、发挥企业主体作用、创造良好发展环境、提供优质公共服务转变，推动政府人才管理部门进一步简政放权，减少和规范人才评价、流动等环节中的行政审批和收费事项，建成规范有序、公开透明、便捷高效的人才公共服务体系。深化国有企业和事业单位人事制度改革，发挥市场配置人才资源的基础性作用，扩大和落实单位用人自主权，充分发挥用人单位在人才培养、吸引和使用中的主体作用。

3.推进人才工作法制化进程

完善人才法规体系，形成有利于人才发展的法制环境，推动人才工作从行政管理向依法管理转变。重点围绕国家人才开发和终身学习、工资管理、技术移民、事业单位人事管理、专业技术人才继续教育、职业资格管理等方面的法律法规，制定符合黑龙江省实际的配套法规，修订完善人才工作相关法规，完善人才引进、培养、使用、评价、激励、保障等人才资源开发管理各个环节的法规体系，切实保护人才和用人主体的合法权益。推行执法责任制、评议考核制，加大人才法规执行力度。

（二）创新人才发展机制

1.人才培养开发机制

坚持以经济社会发展需要和社会需求为导向，优先发展教育事业，不断提高思想道德素质和创新能力，完善现代国民教育和终身教育体系，调整优化高等学校学科专业设置，注重在实践中发现、培养、造就人才，构建人才培养目标同阶段性经济社会发展相适应、人才知识结构同产业结构调整相协调的人才培养开发机制。完善继续教育配套政策，加强继续教育统筹规划，整合各类教育培训资源，改革职业教育模式，分层分类开展人才继续教育。建立以重大人才工程为引领、区域行业人才工程为支撑、社会力量广泛参与的高层次人才培养体系。加大对人才教育培训的投入，健全多元的人才培养开发投入机制。

2.人才评价发现机制

建立以岗位职责为基础，以品德、能力、业绩为导向，科学化、社会化、多元化的人才评价发现机制。健全科学的职业分类体系，完善体现各类人才特点的能力素质指标体系，推行党政人才群众认可、企业经营管理人才市场和出资人认可、专业技术人才和技能人才社会和业内认可的评价方法。发挥用人单位评价的主体作用，发展专业化、社会化的人才评价组织，开发应用现代人才测评技术和评价方法，提高人才评价的科学化水平。建立在重大科研、工程项目实施和急难险重工作中发展、识别人才的机制。健全举才荐才的社会化机制。

3. 人才选拔任用机制

坚持以用为本，改革各类人才选拔使用方式，科学合理使用人才，促进人岗相适、用当其时、人尽其才，形成有利于各类人才脱颖而出、充分施展才能的选人用人机制。深化党政人才选拔任用制度改革，采取多种形式扩大党政领导干部选拔范围，推行党政机关专业技术岗位聘任制，建立党政人才正常退出机制。分类推进事业单位人事制度改革，健全事业单位领导人员委任、聘任、选任等任用方式，全面推行事业单位公开招聘、竞聘上岗和合同管理制度。建立市场配置、组织选拔和依法管理相结合的国有企业领导人选拔任用制度，健全企业经营管理人才市场化聘用机制。

4. 人才流动配置机制

充分发挥市场在人才资源配置中的基础性作用，推进统一规范的人才资源市场体系建设，建立政府宏观调控、市场主体公平竞争、中介组织提供服务相配套的人才流动配置机制。有效整合各类人才资源，打破人才的地域、部门、行业、所有制界限，完善党政人才、企事业管理人才、专业技术人才交流融通的政策措施。探索以工作内容、工作项目为主导的人才柔性流动机制。健全人才市场供求、价格、竞争机制。积极推进东北区域人才资源一体化进程，实现区域互联、发展互动、证书互认，推动产业区域人才协调发展，促进人才资源有效配置。

5. 人才激励保障机制

完善分配、激励、保障制度，建立健全与工作业绩紧密联系、充分体现人才价值、鼓励人才创新创业的激励保障机制。建立完善事业单位岗位绩效工资制度和重实绩、重贡献的国有企业经营管理者薪酬制度，引导企业建立以岗位工资为主的技术工人薪酬分配制度。推行高层次人才、高技能人才年薪制、协议工资制和项目工资制等多种分配形式。建立产权激励制度，制定知识、技术、管理、技能等生产要素按贡献参与分配的办法。加大对人才在科技研发、项目承包、创业、兼职、流动等活动中的法律保护力度，加强对个人权益和单位权益的法律保障。加大知识产权保护力度，健全知识产权保护体系。依法保护承担国家重点工程、涉及国家秘密和企业核心技术或商业秘密的人才及其合法权益。研究制定人才补充保险办法，支持用人单位为各类人才建立补充养老、医疗保险。调整规范各类人才奖项设置，建立黑龙江省荣誉制度，表彰奖励在经济社会发展中作出杰出贡献的人才。

（三）重大政策

1. 人才投入优先保证政策

各级政府要加大人才发展投入力度，进一步改善经济社会发展的要素投入结构，不断提高人力资本投资占GDP的比重；要设立人才发展专项资金，纳入财政预算，确保人才发展支出增幅高于经常性财政收入增幅，用于支持人才引进、培养、使用、激励等。鼓励企业和社会组织建立人才发展资金。制定税收优惠政策和金融信贷扶持政策，鼓励和引导社会、用人单位、个人投资人才资源开发。加强人才投入产出效益评估，提高人才资金的使用效率。

2. 更加开放的人才政策

立足现有人才培养和使用,坚持人才自主培养开发和引进省外及海外人才相结合,通过制定完善税收、保险、住房、子女入学、配偶安置、担任领导职务、承担重大科技项目和政府奖励等方面的特殊政策措施,开发利用好省内省外及海外人才资源。编制《黑龙江省年度产业发展急需紧缺高层次人才引进目录》,建立统一的海外高层次人才信息库和人才信息发布平台,突出培养引进领军人才和紧缺人才。建立海外高层次人才特聘专家制度,建立突出贡献奖励制度,鼓励各类人才自主创业,促进人才合理流动。

3. 产学研合作培养创新人才政策

建立在政府指导下以企业为主体的产学研战略联盟,支持企业与高等院校、科研院所联合培养高层次人才。建立高等学校、科研院所、企业高层次人才相互流动制度,推行产学研联合培养研究生的"双导师制"。加大项目资金支持力度,依托国家、省重大人才计划和科研、工程、产业攻关等项目,在创新实践中培养人才。鼓励支持企业在高校、科研院所设立人才基金,建立研发机构。加大省级重点学科带头人、后备带头人支持力度,对其科研项目研究与开发给予政策优惠。鼓励支持大中型企业设立博士后科研工作站,促进企业技术创新和自主开发能力的提高。

4. 引导人才向农村基层和城乡社区流动政策

对在农村基层和城乡社区工作的人才,在工资、职务、职称等方面实行倾斜政策,改善工作和生活条件。采取政府购买岗位、报考公职人员优先录用等措施,鼓励和引导高校毕业生到农村、社区和中小企业就业。制定高校毕业生到农村基层和城乡社区创业就业扶持办法。实施公职人员到基层、社区服务和锻炼的派遣和轮调办法,从省直机关选派处级干部到乡村任职、挂职,从高等院校、科研院所、医疗机构选派高层次人才到农村基层和城乡社区开展科技对接、技术支持。完善科技特派员到农村、社区和企业服务的政策措施。

5. 人才创业扶持政策

加大人才创新创业财政投入力度,设立专门创业扶持资金,整合科技项目资金,重点支持拥有符合黑龙江省产业发展方向、具有自主知识产权项目和技术的高层次人才创业。完善知识产权、技术等作为资本参股的措施,加大税收优惠、财政贴息力度,支持和鼓励高层次人才领办和创办科技型企业。加快发展各类风险投资基金和创业投资机构。加大创业资金和小额贷款支持力度,优化创业环境,鼓励科技人员、高校毕业生、海外留学归国人员创业,鼓励军队转业干部、机关事业单位人员创业,鼓励农民工返乡创业。

6. 有利于科技人员潜心研究和创新政策

加大对基础研究、前沿技术研究、社会公益类科研机构的投入力度。整合省属科研机构,健全科研机构内部决策、管理和监督等各项制度,扩大科研机构人事管理、科研经费使用和内部分配的自主权,重点向优秀人才和关键岗位倾斜。探索科研院所主要领导、科技骨干人员年薪制,推行科研项目课题制,健全科研院所收入分配激励机制。在关键领域、关键岗位建立首席制,给予岗位津贴。加大对中青年骨干科技人员培养和支持力度，在课题研究、项目申报等方面给予优先支持。提高科技人员待遇，改善科技人员的生活条件。

7. 推进党政人才、企业经营管理人才、专业技术人才合理流动政策

完善党政人才、企业经营管理人才、专业技术人才交流和挂职锻炼制度，畅通党政机关、国有企业、事业单位之间人才合理流动渠道，打破人才身份、单位、部门和所有制限制，营造开放的用人环境。扩大党政机关和国有企事业单位领导人员跨地区跨部门交流任职范围。拓宽党政人才来源渠道，完善从企事业单位和社会组织选拔党政人才制度。

8. 鼓励非公有制经济组织、新社会组织人才发展政策

把非公有制经济组织、新社会组织人才开发纳入各级政府人才发展规划。制定加强非公有制经济组织、新社会组织人才队伍建设意见。完善非公有制经济组织、新社会组织人才发展平等待遇政策，使非公有制经济组织、新社会组织平等享受政府在人才培养、吸引、评价、使用等方面的各项政策，平等使用政府支持人才创新创业的资金、项目、信息等公共资源，平等参与政府开展的人才宣传、表彰、奖励等方面活动。

9. 促进人才发展的公共服务政策

健全公共服务平台，整合现有人才公共服务资源，强化政府人才发展公共服务职能，完善政府购买公共服务制度，创新政府与社会组织合作提供公共产品和公共服务的运作模式，建立功能齐全、运转高效、服务便捷的人才公共服务体系。支持人才公共服务产品开发，加强对公共服务产品的标准化管理。鼓励民营资本投入人才公共服务平台建设，实现人才公共服务投入多元化。

10. 知识产权保护政策

完善创新成果知识产权归属和利益分享机制，保护科技成果创造者的合法权益，加大职务发明奖励、非职务发明支持力度。建立重大经济活动的知识产权特别审查机制，建设知识产权运用转化交易平台，健全和完善知识产权公共服务体系。加大知识产权执法保护力度，完善知识产权举报投诉和维权援助机制，完善非物质文化遗产传承人的知识产权保护。

四、重点人才工程

（一）"八大经济区"人才集聚工程

适应"八大经济区"和"十大工程"建设对人才的需要，全方位、分区域加快人才结构调整步伐，通过政策倾斜、资金扶持、调整优化产业结构、大力引进海外高层次创新创业人才等措施，引导和鼓励优秀人才跨地区、跨行业、跨单位向"八大经济区"和"十大工程"建设集聚。积极发展"八大经济区"人才交流合作，建立统一政策、统一品牌、统一标准的人才服务平台，构建以经济区项目为牵动的人才柔性流动机制，打造各具特色的人才密集区。

（二）科技创新创业人才推进计划

围绕提高黑龙江省自主创新能力和建设创新型省份的现实需求和战略需要，加大人才投入，全面推进以科技领军人才、产业领军人才和优秀创新创业团队为核心的创新创业人才队伍建设。依托科技

创新创业人才基地建设工程等载体，加快高层次创新创业人才和优秀创新创业团队培养，加强科技创新创业团队和基地建设，重点支持一批拥有自主创新成果的高层次创新创业人才。到2020年，全省扶持1100人、建设100个创新团队、建设20个省级创新创业人才培养示范基地。

（三）青年英才开发计划

围绕人才基础性培养和战略性开发，以提高创新能力为重点，在自然科学、人文社会科学领域，积极培养、造就一批"德、专、高、精、尖"青年学术拔尖人才，形成适合黑龙江省科技发展需要的学科带头人队伍和科研梯队。遴选在黑龙江省科学教育领域研究比较深入、已初步取得创新性成果，有望出现重大突破并取得创造性成就和作出重大贡献的青年高级专家，进行重点培养支持。以高校科研院所为载体，以国家一级重点学科为支撑，依托骨干企业，在全省建设一批青年英才培养基地，每年选派一批拔尖大学生进行专门培养。

（四）优秀企业家培养工程

以重点骨干企业经营管理者及优秀后备人才为主要培养对象，继续探索坚持党管干部原则与董事会依法选择经营管理者相结合的新途径，逐步引入职业经理人制度，健全企业经营管理者聘任制、任期制和任期目标责任制，实行契约化管理。有计划地对重要骨干企业的董事长、总经理进行重点培训。到2020年，培养5名在全国具有较高知名度的企业集团"领军人物"、50名在全国同行业具有领先地位的优秀企业家、500名在全省同行业处于领先地位的骨干企业家。

（五）非公有制经济组织优秀企业家、新社会组织高级人才"双千"培养工程

围绕发展具有国际竞争力的非公有制大企业和企业集团，开展"思维创新、能力培养、素质提高"专题培训，组织学习考察、境内外培训，开展交流研讨、挂职锻炼，引导自我提高，鼓励自主培训，进一步加强非公有制经济组织优秀企业家、新社会组织高级人才队伍建设。到2020年，培养非公有制经济组织优秀企业家1000名、新社会组织高级人才1000名。

（六）企业经营管理人才素质提升工程

围绕黑龙江省新型工业化道路战略目标要求，通过组织学习研讨、开展交流挂职、加强自学和自主培训等措施，不断提升企业经营管理人才的综合素质和经营能力。到2020年，培养一批具有世界眼光、战略思维、创新精神和经营能力的企业家，培养一大批精通战略规划、资本运作、人力资源管理、财会、法律等专业知识的企业经营管理人才。

（七）"经营管理未来之星"培养工程

以培养和储备后备人才为重点，采取助理制、到发达地区或优秀企业考察学习或挂职锻炼等方式培养优秀青年人才，同时加大人才储备，对有发展潜力的年轻经营管理人才加大选拔使用力度。到2020年，国有骨干企业要配备1至2名40岁左右硕士以上学历的高素质领导人员，科技型企业和知识密集型企业要配备1至2名40岁左右博士以上学位的高素质领导人员。

（八）非公有制经济暨中小企业人才培训工程

以工业和信息化企业经营管理人才、中高级专业技术人才和熟练技术工人以及工信系统管理干

部为重点，紧紧把握企业发展需求，活化培训手段，拓宽培训领域，搞好国家"银河培训"工程，全方位开展知识更新培训，有计划地组织赴省外、境外培训，进一步加强校企合作。到2020年，培训1000名非公有制经济暨中小企业领军式人物、3万名企业中高级专业技术人才、10万名企业中高级经营管理人才和工信系统管理干部。

（九）宣传文化人才队伍建设工程

紧紧围绕文化兴省、建设边疆文化大省的战略目标，建立和完善人才选拔机制，以高层次人才选拔培养为重点，带动和引导文化人才队伍全面发展，进一步推行聘用制和岗位管理制度，建立人才破格使用制度，建立以市场配置为主导的人才流动和人才共享机制，培养造就和扶持推介一批造诣高深、成就突出、影响广泛的宣传思想文化领域高层次人才，培养、吸引和引进一大批宣传文化领域急需紧缺人才。到2020年，培养文化名家200名、领军人才350名、优秀青年人才500人、急需紧缺人才平均每年增加14000人。

（十）政法人才素质提升工程

以提升政法队伍整体素质为目标，深入推进政法干警招录培养体制改革试点工作。加大政法人才开发培养力度，通过开展业务知识培训、组织学习考察、引导自主学习等方式，提高现有政法人才学历层次，建立健全科学合理、公正透明的绩效考评体系，开展全方位轮岗、交流、挂职，培养造就一大批实战能力强的应用型、复合型、专家型政法人才，使政法人才队伍力量进一步加强，政法人才分布更加均衡，知识结构趋于优化，政法干警处理疑难复杂问题和做好群众工作的能力不断增强。

（十一）高素质教育人才培养工程

以骨干教师、骨干校长队伍建设为重点，从基础教育、职业教育和高等教育人才队伍的不同特点和发展需要出发，通过"领雁计划"、"砺耕计划"、中职校长能力提升计划、高素质教育家支持计划等一系列载体，培养造就一批教育家、教学名师和学科领军人才，使黑龙江省高素质教育人才队伍在国内具有一定的比较优势。到2020年，累计培养各类高素质教育人才超过2万名。

（十二）全民健康卫生人才保障工程

以建设高层次科研、医疗、管理人才为重点，突出农村卫生人才队伍建设，通过完善卫生人才评价体系，全面建立聘任制度和岗位管理制度，实行岗位绩效工资制度，完善卫生人才市场体系，促进人才合理流动等有效措施，整体推进10支卫生专业人才队伍协调发展。到2020年，卫生人才总量达24万人，培训住院医师1万名，培养基层全科医生1万名，培养造就高层次卫生人才200名左右。

（十三）海外高层次人才引进计划

围绕黑龙江省经济社会发展影响重大的传统优势产业、高新技术产业、现代服务业和重点建设工程、重点科研项目、重点建设学科需要，重点引进提高黑龙江省自主创新能力急需的海外高层次创新创业人才及团队。成立专门办事机构，落实好特殊政策、建立人才信息库、实施跟踪计划，认真贯彻落实国家"千人计划"，加大对俄引才引智力度。到2020年，从海外引进200名左右掌握国际领先技术、引领产业发展、从事科技创新和成果转化的高层次人才，引进20个左右创新创业团队，建立一批海外高层次人才创业基地。

（十四）专业技术人才知识更新工程

通过设立一批省级继续教育基地、建设一套网络平台、提供经费保障、实行统计登记制度等形式，实施专项继续教育，帮助专业技术人员及时更新专业知识，提升原始创新能力、集成创新能力、消化引进吸收再创新能力。以重点行业领域的中高级人才培训为重点，每年培训1.5万名左右高层次、急需紧缺和骨干专业技术人才。到2020年，累计培训20万名左右。

（十五）专业技术人才服务"八大经济区"和"十大工程"建设工程

发挥专业技术人才的科技智力优势，通过成立"八大经济区"人才服务中心、组建行业人才协会、举办高层次人才研讨班、组建人才创新团队、选派专业技术人员深入基层开展科技服务、组织专家解决技术难题、引进"八大经济区"建设急需的高层次人才等有效途径，为黑龙江省正在实施的"八大经济区"和"十大工程"建设提供智力支持和科技服务。

（十六）学科（专业）带头人梯队打造工程

以学科（专业）带头人、后备带头人以及第三梯队成员培养为核心，通过给予科研资助、引进海外高层次人才、完善政府特殊津贴制度、推进产学研合作等形式，建立一支综合实力雄厚、门类齐全、自主创新能力更强的学科带头人队伍。到2020年，打造10个在国际上有较大竞争力的前沿学科（专业）带头人梯队、打造60个国内一流的领先学科（专业）带头人梯队、打造1000个全省领军的重点学科（专业）梯队。

（十七）博士后创新工程

通过实施博士后特别资助计划、创建中国龙江博士后创业园、开展博士后创新发展论坛等有效途径，围绕信息、生物、新材料、航空航天等黑龙江省高新技术产业，以高层次人才为核心，以博士后科研流动站和工作站为依托，以具有产业基础和应用前景的重大科研项目为载体，组建博士后创新团队，开展创新性研究。到2020年，建设60个左右优秀博士后创新团队。

（十八）高技能人才培养工程

适应走新型工业化道路、加快产业结构优化升级的需要，通过建设一批高技能人才培训基地、技能大师工作室和公共实训鉴定基地、建立高技能人才库等渠道，有针对性地培养一大批具有精湛技艺的高技能人才。到2020年，建设50个高技能人才培养基地、50个技能大师工作室、10个公共实训鉴定基地，培养技师、高级技师20万人。

（十九）现代农业人才支撑计划

紧紧围绕现代农业和新农村建设，坚持突出重点与整体推进相结合，加大农业人才资源开发投入力度，通过选拔农业科研杰出人才、有突出贡献的农业技术推广人才、农业产业化龙头企业和专业合作组织负责人等活动，带动农村实用人才队伍建设。到2020年，农村实用人才达到150万人，农业科研人才达到0.6万人，农业技术推广人才达到3万人，农业经营管理人才达到30万人。

（二十）农村实用人才带头人素质提升计划

充分发挥农业技术推广体系、各类职业学校和培训机构的主渠道作用，加大对致富带头人、科技带头人、经营带头人等拔尖农村实用人才的培养力度，重点培养一批长于经营、精于管理、勇于创业、能够带领群众致富的复合型人才。到2020年，培养农村实用人才带头人4万人，力争实现全省每个村都有3至4名高素质的农村实用人才带头人。

（二十一）乡村农业技术人员培养计划

加大专项资金投入力度，以乡村农业技术人员为重点，开展实用技术和新技术培训，扩大培训覆盖面，使农村实用人才都能够掌握1至2门实用技术，兴办一个项目，经营一种产业。到2020年，培训乡村农业技术人员25万人。

（二十二）新农村实用人才培训工程

以农村各类职业学校、成人文化技术学校以及各种农业技术培训机构为依托，大范围开展农村科技、教育、生产、经营等多方面的实用人才培训，努力构建完善开放型、多功能、多元化的农村实用人才教育培训体系。到2020年，每年培训新型农民500万人次，先进实用技术入户率达到98%以上。

（二十三）场县共建人才共享工程

依托黑龙江省垦区机械化水平高、科技力量强、现代农业发展快的优势，充分发挥农垦人才作用，大力推进场县共建，实现农村人才资源共育共享，带动地方实用人才队伍建设。到2020年，争取45个涉场县（市）每年都能选派专业技术人员及农民到场方参加农业技术培训，通过双方协商投入，在场县两地交通便利的结合部建立"两地农村实用人才培训基地"100处。

（二十四）社会工作人才培养工程

以人才培训和岗位开发为基础，以培养中高级社会工作人才为重点，培养造就一支职业化、专业化的社会工作人才队伍。加大政府扶持和资金投入力度，支持民办社工机构发展。构建不同学历层次教育协调配套、专业培训和知识普及有机结合的社会工作人才培养体系。建立一批社会工作培训基地，做好社会工作从业人员专业知识培训，制定社会工作培训质量保障制度，使社会工作人才队伍总量不断增长。到2020年，社会工作人才总量达到10万人。

（二十五）农村基层和艰苦边远地区人才支持计划

加强农村基层和艰苦边远地区医生、教师、农村实用人才培养，加强农村基层和艰苦边远地区的基层文化队伍建设。加大对农村基层和艰苦边远地区政策倾斜和资金支持，采取定向招生、少数民族高考生加分等办法，每年重点扶持300名农村基层和艰苦边远地区急需紧缺人才。每年引导3000名优秀教师、医生、科技人员、社会工作者、文化工作者到农村基层和艰苦边远地区工作或提供服务。

（二十六）选聘高校毕业生到村任职工作计划

坚持既注重激励保障又强化竞争择优，通过定期选聘、提高政策待遇、加强管理服务、提高财政补贴，确保高校毕业生下得去、待得住、干得好、流得动，逐步建立一支规模适度、结构合理、素质优良、充满活力的到村任职高校毕业生队伍。到2020年，实现一村至少一名大学生目标。

（二十七）工业领域急需紧缺人才开发工程

围绕工业领域急需紧缺人才开发，大力实施人才强企战略，培养造就宏大的创新型企业人才队伍。通过强化人才交流、加大信息发布力度、创新培训模式、定期召开重点企业人才工作联席会议等措施，切实解决黑龙江省装备制造、能源、石油化工、煤化工、信息和生物技术等经济重点领域急需紧缺人才短缺问题。到 2020 年，急需紧缺人才新增 43730 人。

（二十八）生态环境保护急需紧缺人才开发工程

围绕环境友好型和资源节约型社会建设，通过加强基地建设和重点学科带头人梯队建设、依托省内高校培训、强化人才引进交流等措施，统筹推进环境保护人才队伍建设，培养造就一支高素质的生态环境保护人才队伍。到 2020 年，生态环境保护急需紧缺人才新增 8270 人。

（二十九）交通运输急需紧缺人才开发工程

针对交通重点领域专门人才急需紧缺状况，对结构性短缺人才进行重点培养和按需培养，通过选派技术骨干到高等院校进修、参加国内高新技术学术交流或到发达地区考察等方式拓宽培训渠道，开展岗位练兵和岗位技能培训，大力加强急需紧缺管理人才、专业技术人才和高技能人才队伍建设。到 2020 年，路桥勘测、设计、高等级公路建设与养护、水运工程、汽车维修、物流等急需紧缺人才新增 53580 人。

（三十）国际商务领域人才开发工程

适应东北亚经济贸易开发区和哈牡绥东对俄贸易加工区的需要，通过自主培养、引进交流、继续教育、建立人才信息库等方式，加大国际商务领域急需紧缺人才开发力度。到 2020 年，开发国际商务急需紧缺人才 7540 人。

（三十一）金融财会人才培养工程

以优化金融财会人才队伍结构为基础，以高层次金融财会人才队伍建设为重点，坚持培养与引进相结合，通过自主培养、举办金融论坛、选派干部外出学习、交叉任职挂职等方式，造就一支数量相当、结构合理、素质优良，与全省经济社会发展需要相匹配的金融财会人才队伍。到 2020 年，高层次金融财会人才达到 35530 人。

（三十二）北国风光特色旅游人才开发工程

围绕北国风光特色旅游开发区建设需要，通过资金倾斜、政策支持、免费培训、发放津贴、给予物质奖励等形式开发北国风光旅游人才，实现旅游人才合理配置。到 2020 年，旅游经营开发与管理人才新增 3900 人。

（三十三）防灾减灾人才开发工程

以整体性开发防灾减灾人才资源为重点，通过建设应急队伍、设立防灾减灾专家委员会、建立灾害评估师职业资格制度、定期培训、建立防灾减灾培训教育基地等形式，着力建设以防灾减灾专业人才队伍为骨干力量，以各类灾害应急救援队伍为突击力量，以防灾减灾社会工作者和志愿者队伍为辅助力量的防灾减灾人才队伍。到 2020 年，防灾减灾人才达到 38410 人。

五、组织实施

（一）加强组织领导

省人才工作领导小组负责《省人才规划纲要》的组织实施、统筹协调和宏观指导，制定实施细则和重点人才工程的实施办法，分解细化目标任务，切实抓好《省人才规划纲要》的贯彻落实。建立《省人才规划纲要》实施情况的监测、评估、考核机制，加强督促检查。

（二）建立健全人才发展规划体系

各地各部门要根据经济社会发展目标，结合《省人才规划纲要》，编制本地区、本部门、本行业以及重点领域人才发展规划，突出本地区、本行业人才发展重点，形成上下衔接、左右协调的全省人才发展规划体系。

（三）加强人才工作基础性建设

开展人才工作战略研究，积极探索人才资源开发规律。强化人才统计工作，建立健全人才资源统计和定期发布制度。推进人才工作信息化建设，建立人才信息网络和数据库。加强人才工作队伍建设，加大培训力度，提高人才工作队伍的政治素质和业务水平。

（四）营造良好的社会环境

围绕人才强省战略，采取多种形式和方法，广泛宣传《省人才规划纲要》的重大意义、目标任务、重大举措，宣传各地、各行业培养、使用和引进人才的成功经验、典型案例，加大对作出突出贡献人才的宣传力度，营造全社会关心、支持人才发展的良好舆论氛围，形成人人都作贡献、人人都能成长的社会环境。

湖北省中长期人才发展规划纲要（2010—2020年）

为更好实施人才强省战略，在中部地区率先建成人才强省，根据全省全面建设小康社会总体部署和《国家中长期人才发展规划纲要（2010—2020年）》（中发〔2010〕6号）精神，制定本纲要。

一、全省人才发展现状及面临的形势

（一）2004年以来人才工作取得的新进展

2004年以来，全省上下认真贯彻党的十六大、十七大精神，按照全国、全省人才工作会议作出的重大部署，大力实施人才强省战略，全面、深入推进人才发展，取得了显著成绩。

1. 坚持党管人才原则，人才工作领导体制不断健全

省委、省政府深刻认识人才对推动经济社会发展的关键作用，以科学发展观为指导，牢固树立"人才资源是第一资源"的理念，确立人才强省战略，召开全省人才工作会议，制定《关于贯彻〈中共中央、国务院关于进一步加强人才工作的决定〉的若干意见》。编制实施全省"十一五"人才队伍建设规划，制定出台一系列加强各类人才发展的政策文件。成立省委人才工作领导小组，完善协调运行机制，健

全省委领导联系专家制度，加强对全省人才工作的宏观指导，逐步形成党委统一领导，组织部门牵头抓总，有关部门各司其职、密切配合，社会力量广泛参与的人才工作新格局。各地各部门认真贯彻省委、省政府的部署和要求，建立领导机构，强化工作措施，呈现出各级党委、政府高度重视，用人主体工作力度不断加大，社会各界密切关注的新局面。

2. 坚持以人才资源能力建设为核心，各类人才队伍建设不断加强

根据全省经济社会发展的需求，遵循人才队伍建设的规律，以高层次和高技能人才为重点，统筹推进各类人才队伍建设。人才总量持续稳步增长。2008 年底达到 535.5 万人，比 2003 年增长 105.8%，其中党政人才 29.5 万人，企业经营管理人才 36.5 万人，专业技术人才 255 万人，高技能人才 147.5 万人，农村实用人才 63.4 万人，社会工作人才 3.6 万人。人才整体素质明显提升，人才结构分布逐步得到改善。各类人才中接受过高等教育的人数达 268.4 万人，比 2003 年增加 138.6 万人。在鄂院士 58 人、中科院"百人计划"、"长江学者"、"新世纪百千万人才工程"等国家级人才工程人选 5564 人，较 2003 年都有不同程度增加。

3. 坚持创新体制机制，人才发展环境进一步改善

坚持以解放思想为先导，不断创新人才培养、评价、使用、流动、激励等机制。认真贯彻执行《党政领导干部选拔任用工作条例》，积极深化干部人事制度改革，党政领导干部公开选拔、竞争上岗、任前公示、任职试用、辞职辞退等制度深入推进。《公务员法》全面实施。以聘用制和岗位管理为主要内容的事业单位综合配套改革全面推进。完善公司治理结构，建立现代企业人事管理制度。进一步落实人才自主择业和用人单位自主选人权，健全人才市场体系，市场配置人才资源的基础性作用更加明显。以"湖北省科学技术奖"、"湖北省优秀企业家"、"湖北名师"、"湖北省杰出专业技术人才"、"优秀留学回国人员"、"优秀博士后"、"湖北省技能大师"、"湖北省技术能手"等为代表的全省人才表彰奖励工作制度基本形成。加强人才载体建设，先后建立省级以上工程技术研究中心 96 个，科技企业孵化器 60 个，生产力促进中心 72 个，博士后工作站 45 个、产业基地 60 个，人才创业园或创业基地 23 个。加强人才工作舆论宣传，先后推出了一系列在全国有影响的人才工作典型和人才典型，在全省形成了尊重劳动、尊重知识、尊重人才、尊重创造的社会氛围。

4. 坚持服务全省发展大局，人才对经济社会发展的支撑作用逐步增强

始终坚持把围绕中心、服务大局、推动全省经济社会发展作为人才工作的根本出发点和落脚点。全省先后围绕构建促进中部地区崛起重要战略支点、创新型湖北建设、社会主义新农村建设、武汉城市圈"两型"社会建设等全省重大发展战略，及时配套人才发展政策措施，大力开展"高层次创新创业人才 551 计划"、"湖北省新世纪高层次人才工程"、"楚天学者计划"、"国有企业 1315 计划"、"湖北省技能大师"、"三支一扶"、"一村一名大学生计划"、"女性成才支持行动"等专项活动，为全省经济社会发展提供了有力的人才支撑。人才对经济社会发展的贡献率逐步提高，2005 年以来，全省共取得重大科研成果 2099 项，创造经济效益 502.6 亿元。

（二）存在的主要问题

一是"人才资源是第一资源"的理念还不够牢固，"四个尊重"的要求在一些地方只停留在表面，"见物不见人"倾向比较严重，尤其是企业作为用人主体缺乏主动加强人才培养开发的动力。二是人才队伍总量仍显不足，整体素质不高，人才结构和布局也不尽合理，现有人才主要集中在教育、卫生等部门，基层和经济一线人才缺乏，特别是高层次创新创业人才紧缺。三是人才发展体制机制创新力度不大，人才培养、评价、使用、流动、激励政策体系不健全，人才发展环境不优，优秀人才留不住、用不活的现象仍然存在。四是人才对经济社会发展的贡献率不高，科教、人才优势没有充分转化为经济社会发展强势。

（三）未来十年面临的形势

未来十年，是我省经济社会发展的关键时期，也是我省人才事业发展的重要战略机遇期，确立人才优先发展的战略布局将引领人才发展进入素质提升、结构优化、活力增强、竞争更加激烈和作用更加突出的新阶段，机遇与挑战并存。从机遇看，党的十七大将人才强国战略上升为国家发展战略，东部地区产业加快向中西部地区转移，全省加快构建促进中部地区崛起的重要战略支点、推进新农村建设、加强创新型湖北建设、"两圈一带"建设等重大发展战略的深入推进，经济、社会、文化、政治等领域改革不断深化，对外开放不断扩大，这些都为人才工作和人才队伍建设提供了难得的机遇。从挑战看，随着经济全球化的深入发展和科技进步的日新月异，人才竞争将更加激烈；人才的自由流动和市场配置化程度越来越高，我省经济水平对人才的吸引力低于沿海发达地区；我省需要保持经济社会平稳较快发展，更需要加快经济发展方式转变，实现由主要依靠物质资源消耗向主要依靠科技进步、劳动者素质提高和管理创新转变，加快推进以发展电子信息、生物、新能源、消费类电子和环保等战略性新兴产业为重点的产业结构调整任务相当繁重，对人才发展提出了更高更紧迫的要求。面对新形势新任务，我们要进一步增强责任感、使命感和危机感，坚定不移地走人才强省之路，科学规划、深化改革、重点突破、整体推进，不断开创人才资源充分涌流、人才活力竞相迸发的新局面。

二、2010—2020年人才发展的指导思想、基本原则和总体目标

（一）指导思想

高举中国特色社会主义伟大旗帜，以邓小平理论和"三个代表"重要思想为指导，深入贯彻落实科学发展观，尊重劳动、尊重知识、尊重人才、尊重创造，坚持党管人才原则，紧紧围绕全省重大发展战略，立足科教、人才大省的实际，更好实施人才强省战略，确立人才优先发展战略布局，进一步解放思想、解放人才、解放科技生产力，遵循社会主义市场经济规律和人才成长规律，以人才资源能力建设为核心，以人才结构调整为主线，以人才发展体制机制改革和政策创新为动力，以重大人才工程建设为抓手，以高层次和高技能人才为重点统筹推进各类人才队伍建设，促进人才优势充分转化为经济社会发展强势，为全省加快全面建设小康社会、构建促进中部地区崛起重要战略支点提供强有力的人才保证和智力支持。

(二)基本原则

1. 服务发展、人才优先

统筹经济社会和人才发展，把服务科学发展作为人才工作的根本出发点和落脚点，根据科学发展需要制定人才政策措施，坚持用科学发展成果检验人才工作成效。确立人才优先发展的战略地位，充分发挥人才的基础性、战略性作用，做到人才资源优先开发、人才结构优先调整、人才投资优先保证、人才制度优先创新，以人才优先发展支撑湖北经济社会科学发展和人的全面发展。

2. 创新机制、激发活力

把深化改革作为推动人才发展的根本动力，遵循人才发展规律，紧紧抓住人才培养、引进、评价、使用、激励等环节，加大改革创新力度，努力破除束缚人才发展的思想观念和制度障碍，构建与社会主义市场经济体制相适应、有利于科学发展的人才发展体制机制，充分激发各类人才的创造活力。

3. 以用为本、人尽其才

把充分发挥各类人才的作用作为人才工作的根本任务，积极为各类人才干事创业和实现价值提供机会和条件，引导人才向经济社会发展主战场、基层一线集聚，发挥"第一资源"服务"第一要务"的作用，促进人尽其才、才尽其用。

4. 突出重点、统筹推进

主动适应加快经济发展方式转变的要求，充分发挥高层次人才在经济社会发展和人才队伍建设中的引领作用，不断强化企业集聚、培养、使用人才的主体地位，统筹国际国内两个市场，推进城乡、区域、产业、行业和不同所有制人才资源开发，实现各类人才协调发展。

(三)总体目标

到2020年，培养和造就规模宏大、结构合理、素质优良的人才队伍，实现由人才大省向人才强省的转变，在中部地区率先建成人才强省，进入全国人才强省行列。

1. 人才队伍数量、质量进入全国先进行列

人才总量达到949万人，比2008年增长77%，继续保持规模优势地位，基本满足经济社会发展需要。人才素质明显提升，结构进一步优化。主要劳动年龄人口受过高等教育的比例达到21%，每万劳动力中研发人员达到45人年，高技能人才占技能劳动者的比例达到31%，人才的分布和层次、类型、性别等结构趋于合理。

2. 人才创新创业创优环境处于中西部领先地位

人才发展体制机制和政策创新取得突破性进展，人力资本投资占GDP比例达到17%，居中西部地区前列，形成鼓励人才干事业、支持人才干成事业、帮助人才干好事业的社会环境。

3. 人才服务全省重大发展战略的水平大幅提高

人才优势充分转化为经济社会发展强势，人才贡献率达到36%。

三、人才队伍建设主要任务

（一）全面推进各类人才队伍建设

1. 党政人才队伍

发展目标：党政人才队伍总量保持平衡、专业化水平明显提高、结构更加合理，领导水平和执政能力全面提高。到2020年，党政人才规模控制在30万人以内，其中，具有大学本科及以上学历的干部所占比例由44.5%提高到85%；45岁以下中青年干部继续保持主体地位；专业知识结构不断改善，工业经济和信息产业、国土资源管理及环保、城建交通、行政执法等领域的专业人才不足的问题基本解决。

发展思路：按照加强党的执政能力建设和先进性建设的要求，以坚定理想信念、提高领导科学发展能力为核心，以各级领导干部为重点，大力加强党政人才队伍建设。一是科学规划党政人才队伍建设。统筹制定全省党政人才队伍建设、干部教育培训工作中长期规划，提高党政人才队伍建设的制度化和规范化水平。二是坚持不懈地抓好思想政治建设。坚持把用中国特色社会主义理论体系武装头脑作为首要任务，把学习实践科学发展观作为重要主题，构建领导班子思想政治建设长效机制。三是以市、县党政正职为重点，统筹推进党政人才队伍建设。坚持德才兼备、以德为先的用人标准，树立坚定信念、注重品行、科学发展、崇尚实干、重视基层、鼓励创新、群众公认的用人导向，选好配强各级领导干部特别是市、县党政正职，形成合理的年龄、知识和专业结构。探索建立和完善地方党委新的工作机制，增强各级领导班子整体功能。遵循年轻干部成长规律，适当加快培养速度，进一步加大优秀年轻干部选拔任用力度。加强女干部、少数民族干部培养选拔工作，大力推进党外代表人士队伍建设。健全从基层和生产一线选拔党政人才制度，构建来自基层和生产一线的党政人才选拔培养链。坚持集中调整补充和动态调整相结合，做好后备干部调整补充工作，提高党政后备干部队伍建设的质量和水平。四是不断深化干部人事制度改革。完善干部教育培养、选拔任用、考核评价、激励保障和监督管理机制，进一步加大党政人才交流力度，努力提高选人用人公信度，全面激发党政人才队伍活力。

2. 企业经营管理人才队伍

发展目标：企业经营管理人才总量快速增长、素质明显提高、结构趋于合理，现代化经营管理水平基本符合各类企业发展需要。到2015年，企业经营管理人才总量达100万人；到2020年，达127万人，具有大学本科及以上学历的人才占70%。精通财务会计、资本运作、国际惯例和行业规则的经营管理人才满足市场需求。国有企业领导人员通过市场化选用的比例达到50%以上。

发展思路：适应经济全球化和提高企业核心竞争力的需要，以扩大数量、提高现代化经营管理水平为核心，以优秀企业家和职业经理人为重点，大力加强企业经营管理人才队伍建设。一是努力营造"尊重企业家、尊重创业者"的良好氛围。大力实施"人才强企"战略，引导企业将人力资源发展规划纳入企业发展总体规划，重视、加强经营管理人才开发。二是加快培育企业经营管理人才。建立和完善企业经营管理人才培养体系，采取社会培养和企业培养相结合、培养和引进相结合的方式，大力培养一批适应"走出去"战略需要、推动企业参与国际竞争的战略企业家，造就一批精通财务、国际经济、市场营销、金融与法律的经营管理专业人才。有重点地选送一批企业经营管理人才到国内外著名高等学校、培训机构和知名企业培训，选拔一批35岁以下、本科以上学历、有发展潜力的优秀人才作为后备力量进行重点培养。三是构建适应现代企业制度要求的企业经营管理人才成长发展机制。加快现代企业制度建设，完善公司法人治理结构，依法落实董事会和经营管理者的选人用人权，大力推行公开招聘、市场选聘等选拔经营管理人才方式，加快推进企业经营管理人才职业化、市场化和国际化。

3. 专业技术人才队伍

发展目标：专业技术人才总量稳步增长、整体素质进一步提高、结构明显优化，对经济社会发展的贡献率大幅提高。到2015年，专业技术人才总量达到350万人；到2020年，达到400万人，占从业人员的10%以上，高级、中级、初级专业技术人才比例为1∶4∶5。

发展思路：适应创新型湖北建设的要求，以提高创新能力和优化结构为核心，以高层次人才和紧缺人才为重点，大力加强专业技术人才队伍建设。一是进一步扩大专业技术人才队伍培养规模，提高专业技术人才创新能力。充分利用我省高等学校、科研院所数量众多的优势，着力构建大规模、宽领域、高起点的专业技术人才培养体系。围绕经济社会发展需求，综合运用国家、省各种人才培养项目，大力培养急需紧缺专业技术人才，重点培养一批高层次专业技术人才。健全竞争开发、动态管理的选拔体系，进一步完善专业技术人才的选拔管理。大力引进一批高新技术产业、先进制造业和现代农业等领域急需的高层次专业技术人才。加强专业技术人才职业道德教育，实施专业技术人才知识更新工程，引导他们带头创新创业创优。二是深入推进专业技术人才优化配置。综合运用政策调控和市场配置手段，推进专业技术人才结构战略性调整，引导党政机关、高等学校、科研院所专业技术人才向企业、基层一线流动，服务全省发展。鼓励和支持企业建立专业化研发机构，提高企业聚集人才能力。提高第一、二产业人才数量，优化人才专业、产业分布和高、中、初级比例。三是充分激发专业技术人才创新创业活力。健全专业技术人才管理体制。统筹推进专业技术职务和职业资格制度改革。改进专业技术人才收入分配等激励办法。改善基层专业技术人才工作和生活条件，拓展职业发展空间。注重发挥离退休专业技术人才的作用。

4. 高技能人才队伍

发展目标：高技能人才队伍总量大幅增长，职业能力明显提升，产业、行业分布均衡，技术型、复合型和知识型技能人才协调发展。到2015年，高技能人才总量达到200万人；到2020年，达到250万人，占技能劳动者的比例达到31%以上。

发展思路：适应新型工业化和产业结构优化升级的要求，以扩大数量、提升职业素质和能力为核心，以技师和高级技师为重点，大力加强高技能人才队伍建设。一是创新培养方式，大规模培养高技能人才。立足企业需求，完善以企业为主体、职业院校为基础、学校教育与企业培养紧密联系、政府推动与社会支持相结合的高技能人才培养体系。进一步加强国家级和省级示范性高职院校建设，制定校企合作培养高技能人才规划，全面实施高技能人才培养工程。建立一批规模大、实力强、特色鲜明的培养示范基地和公共实训基地，提高培养质量和层次。完善名师带徒、技师研修等制度，强化岗位实践，促进职工岗位成才。二是完善高技能人才发展机制，畅通高技能人才成长渠道。进一步突破年龄、资历、身份和比例限制，建立健全高技能人才评价、使用、激励、流动制度，促进高技能人才更好更快地成长。三是加强宣传表彰，优化高技能人才成长的社会环境。破除重学历轻技能的落后观念，积极营造"尊重劳动、崇尚技能、鼓励创造"的社会氛围。完善技能人才评选表彰制度，广泛开展职业技能竞赛和岗位练兵活动，进一步提高高技能人才的经济待遇和社会地位。

5. 农村实用人才队伍

发展目标：农村实用人才队伍总量大幅增加、素质不断提高、结构有效改善、环境不断优化。到2015年，农村实用人才总量达到102万人；到2020年，达到129万人，平均受教育年限为10.5年，每个行政村有3名以上大学生，每个村民小组至少有1名示范带动能力强的带头人。

发展思路：适应建设社会主义新农村的要求，以扩大数量，提高科技素质、经营能力和带动辐射能力为核心，以农村实用人才带头人和农村生产经营型人才为重点，大力加强农村实用人才队伍建设。一是大规模开展农村实用人才培训。充分发挥农村中小学校、职业学校、成人学校、农业广播电视学校、农村现代远程教育网络和各种农业技术培训机构的作用，多渠道、多途径开展农民技能培训。以创建农村实用人才培养示范基地为突破口，加强各类培训项目的整合和衔接，切实提高培训的针对性和实效性。二是大力扶持农村实用人才创业兴业。优化环境，搭建平台，在创业培训、项目审批、信贷发放、土地使用、税费减免等方面给予优惠和支持。鼓励和支持农村实用人才带头人牵头建立专业合作组织和专业技术协会，加快培养农村产业化、规模化发展急需的经营人才。三是大胆推进农村实用人才队伍建设机制创新。探索建立农村实用人才认定制度，建立农民技术职务评审制度。加大对农村实用人才的表彰激励和宣传力度，提高农村实用人才社会地位。继续加大城乡人才对口扶持力度，以建设仙洪新农村试验区、脱贫奔小康试点县、鄂州市统筹经济社会发展推进城乡一体化试点为载体，探索加强农村实用人才队伍建设的新途径。

6. 社会工作人才队伍

发展目标：社会工作人才数量大幅增长、专业水平明显提高、职业道德进一步提升。到2015年、2020年，社会工作人才总量分别达到8.6万人、13万人。

发展思路：适应构建社会主义和谐社会的需要，以增加人才总量、推进职业化为核心，以高层次和基层专业人才为重点，培养造就一支职业化、专业化的社会工作人才队伍。一是多渠道培养社会工作人才。加快社会工作学科专业体系建设，大力发展社会工作高等教育和职业教育，建设一批社会工作人才培训基地。深入开展职业技能培训，重点提高现有社会工作人才的专业技术知识水平、专业性方法技巧、调动和整合社会资源的能力。完善继续教育机制，推进社会工作人才知识能力不断更新。二是大力开发、科学设置社会工作岗位。以预防和解决社会问题、促进社会和谐为目标，通过资源整合、优化配置等途径，明确社会工作岗位的设置领域和配备要求，进行社会工作人才身份、资质界定。三是推动社会工作职业化、专业化。制定出台社会工作人才职业规范，建立社会工作人才登记注册制度，建立和完善社会工作人才准入和职称职级管理，加强社会工作人才行业自律。建立合理的社会工作人才职业薪酬制度，提高社会工作人才的地位和待遇。

（二）统筹推进"两圈一带"人才开发

1. 统筹武汉城市圈"两型"社会建设人才发展

发展目标：武汉城市圈人才总量稳步增长、素质继续提升、结构分布基本合理，率先实现"1+8"人才一体化。到2015年、2020年，武汉城市圈人才总量分别达到578万人、664万人。

发展思路：适应加强武汉城市圈"两型"社会建设的要求，以提升圈内人才竞争力、推进人才一体化为核心，以高层次、复合型、创新型人才为重点，大力加强圈内人才队伍建设。一是围绕武汉城市圈和各城市功能定位，编制实施城市圈和各市中长期人才发展规划。二是根据圈内人才需求，加强专项人才开发。推进圈内干部交流挂职，提高圈内领导人才建设"两型"社会的能力。重点实施高层次创新创业人才、现代服务业人才等圈内人才培养计划，大量培养适应城市圈发展要求的各类人才。三是推进圈内人才发展一体化。探索建立统筹推进、政策协调、信息互通、资源共享的合作协调机制，充分发挥武汉市龙头辐射带动作用。四是进一步深化省部合作，开展科技、人才共建。

2. 统筹鄂西生态文化旅游圈建设人才发展

发展目标：以生态、文化、旅游人才为重点的圈内人才队伍数量大幅增长、素质明显提升、结构趋于合理。到2015年、2020年，圈内人才总量分别达到212万人、285万人。

发展思路：适应大力发展生态产业、积极发展文化产业、突破性发展旅游业、加快发展相关服务业的要求，以提高开发创新能力为核心，以生态、旅游、文化人才为重点，大力加强鄂西生态文化旅游圈人才队伍建设。一是制定人才支持政策。根据圈内人才发展实际，加强政策支持和项目扶持，引导圈内各市、县加强人才工作。二是加强生态、文化、旅游人才培养开发。大力培养观光农业、林业等生态产业人才。积极培养民族风俗、民族宗教、民族歌舞、乡土文化等地方特色文化产业人才和影视制作、动漫娱乐、创意设计等现代文化产业人才。注重培养旅游管理、市场营销、导游等旅游产业人才，通过国内外交流合作与培养，引进一批急需的旅游营销和景区管理等旅游短缺人才。三是加强统筹，建立一体化的圈内人力资源市场，充分发挥襄樊、宜昌两个副省域中心城市对圈内人才的辐射带动作用。

3. 以湖北长江经济带为主轴，加强全省重点产业领域人才开发

发展目标：湖北长江经济带人才总量、结构与沿江先进制造业、高新技术产业、现代物流业、文化旅游业、现代服务业、现代农业和农产品加工业等"六大产业"的发展保持动态平衡，初步形成沿江产业人才密集带，促进"两圈"人才发展互动，带动全省重点产业人才开发。

发展思路：围绕把湖北长江经济带建设成为引领湖北经济社会发展的现代产业密集带、新型城镇连绵带和生态文明示范带，以提高自主创新能力为核心，以现代产业高层次人才为重点，大力加强重点产业领域人才队伍建设。一是加强宏观指导。分类制定"六大产业"人才发展规划，统筹实施"六大产业"重大人才政策和项目，定期收集、发布产业带人才需求，引导人才流向重点产业。二是加强产业带人才开发。根据全省产业布局和区域功能定位，建设一批特色区域产业人才培训基地。推进产业、

项目、人才一体化建设，加强校企合作，依托重大科研项目、建设工程和重点基地，大力培养、引进产业急需人才。三是建立产业带人才开发服务机制。分产业选择若干用人单位作为人才发展环境、需求变化观测点，及时提供有针对性的人才服务。四是发挥"一带"促进"两圈"人才协调发展的作用。着力加强沿江人才市场建设，探索建立"人才柔性流动"机制，消除人才流动的政策性壁垒，促进人才合理流动。

四、人才发展机制创新

（一）改进人才培养开发机制

目标要求：建立健全人才培养统筹管理和宏观调控机制，以全省发展需要和社会需求为导向，以素质提升和创新能力建设为核心，以用人单位为主体，构建学习与实践相结合，培养与使用相结合，基础教育、职业教育、高等教育和继续教育相衔接的终身教育体系和现代人才培养开发机制。

重点任务：按照人才能力系列标准，确定各类人才培养重点和方式，提高人才培养的针对性和实效性。把社会主义核心价值体系教育贯穿人才培养开发全过程，不断提高各类人才的思想道德水平。

围绕全省经济社会发展对人才的需求，加快教育资源市场化配置，调整教育布局和学科专业结构，重点建设一批创新能力强、特色鲜明的学科群，不断优化人才培养结构。加快推进各级各类学校教学方法改革，完善质量评价制度，突出能力培养。坚持基础教育阶段科学教育标准，创新人才培养模式，全面实施素质教育，从源头上培育人才的科学素养和创新精神。加快建立覆盖城乡的职业培训体系，扩大职业教育招生规模，完善职业教育和职业资格证书相衔接、就业前教育和就业后培训相结合的机制。加强继续教育统筹规划，完善开放式、广覆盖、多层次的教育培训网络，根据各类人才的不同特点和需求实施大规模培训，加快构建学习型社会。

（二）创新人才评价发现机制

目标要求：健全科学的职业分类体系，建立各类人才的能力素质标准。改革人才评价方式，创新人才评价手段，建立以岗位职责要求为基础，以品德、能力和业绩为导向，科学化、社会化的人才评价发现机制。调整政府在人才评价中的职能定位，引入第三方评价监督机构，建立社会力量评价监督机制。进一步优化和规范人才评价程序和流程，健全人才评价的规范体系。把评价人才和发现人才结合起来，坚持在实践和群众中识别人才、发现人才。

重点任务：建立完善体现科学发展观要求的党政领导班子和领导干部考核评价体系，探索建立平时考核、年度考核、任前考察、换届考察、延伸考察等制度相结合的实绩考核方法。制定以市场化为基础、任期目标为依据的国有企业领导人综合考核评价办法，推进职业经理人社会化评价。深化职称制度改革，健全专业技术人才评价机制和多元化评价体系。完善社会化职业技能鉴定、企业技能人才评价、院校职业资格认证和专项职业能力考核实施办法。制定农村实用人才认定评价体系和由农民有效参与的考核评定办法，积极开展农村实用人才职称评定工作。开展武汉城市圈人才评价改革试点，进一步完善人才评价的程序设计与考评办法，试行高级人才双聘制度。

(三)改革人才选拔使用机制

目标要求：坚持公开、平等、竞争、择优原则，改革各类人才选拔使用方式和方法，建立有利于优秀人才脱颖而出、充分施展才能的选人用人机制，实现人岗相适、用当其时、人尽其才。

重点任务：完善党政人才公开选拔、竞争上岗、公推公选等办法，推行任期制和聘任制等制度，制定公务员考试录用实施办法。按照现代企业制度要求，建立市场配置、组织选拔和依法管理相结合的国有企业领导人员任用制度，健全国有资产出资人代表派出制和选举制。推行企业经营管理者聘任制、任期制和任期目标责任制，实行契约化管理。深化事业单位人事制度改革，全面推行事业单位聘用制和岗位设置管理制度。深化科技体制改革，推行按岗选人、竞聘上岗，打破科研事业单位职务终身制。坚持培训与使用相统一，完善技能人才聘用、技能人才带头人选拔制度。

(四)建立人才流动配置机制

目标要求：推进人力资源市场体系建设，建立以市场机制为主导，政府部门宏观调控、市场主体公平竞争、行业协会严格自律、中介组织提供服务、人才自主择业的人才流动配置机制，建设统一的人力资源信息公共服务平台。加强宏观引导，建立人才供需预测和调控机制，加大对人力资源市场的监管力度，统筹城乡、行业、产业、区域的人才流动。维护用人单位自主权和个人择业自主权，逐步消除城乡、区域、部门、行业、所有制和身份等限制。

重点任务：结合政府机构改革，贯通各类人才市场和劳动力市场，建设统一开放的人力资源市场。重点培育专业性、行业性人才市场，推进高级人才的配置由"集市"方式向"猎头"方式转变。构建武汉城市圈、鄂西生态文化旅游圈等区域人力资源市场。推广人才引进工作居住证等制度，畅通人才流动渠道。扶持人才交流协会，建立健全人才市场行业组织，充分发挥行业组织自律协调作用。按照政事分开、管办分离的原则，推进政府部门所属人才服务机构体制改革。建立社会化人才档案公共管理服务系统，推进人才业绩档案制度，逐步实现管理信息化、网络化。建立高层次人才共享机制，鼓励支持高层次人才跨区域开展各种智力服务。

(五)完善人才激励机制

目标要求：完善按劳分配为主体、多种分配方式并存的分配制度，建立健全与社会主义市场经济体制相适应、与工作业绩紧密联系、充分体现人才价值、鼓励人才创新创造的分配激励机制。健全以政府奖励为导向、用人单位奖励为主体和社会力量奖励为补充的人才奖励体系。

重点任务：完善职务与职级相结合、强化级别作用的党政人才激励制度，制定优秀党政人才奖励办法。制定以知识、技术、管理、技能等生产要素作为资本参股和参与分配的办法。建立高层次人才和创新型人才的薪酬制度，缩小与发达地区薪酬水平差距。推进高新技术企业股权多元化，鼓励企业经营管理骨干和技术骨干持股。加大知识产权保护力度，推行人才资本及科研成果有偿转移制度。推行专业技术人才兼职兼薪管理制度。坚持技能水平与待遇标准挂钩，探索技能水平参与分配的技能人才薪酬制度。建立农业科技成果推广奖励专项制度。

（六）健全人才保障机制

目标要求：完善社会保障制度，实现人才个体的社会福利由身份决定的"职位分享型"向社会化保险方向的转变，建立统一的面向各类人才的社会保障体系。积极推进政府机关和事业单位保障制度改革，建立以养老保险、医疗保险为重点的人才保障制度。制定以补充养老保险和补充医疗保险为重点的优秀人才特殊保障政策。

重点任务：落实人才权益保护、人才争议仲裁等法规，切实保护人才的知识产权等权益。根据各类人才特点和需要，探索建立重要人才政府投保制度。鼓励保险机构研究开发符合人才流动需要，集合养老、医疗、健康、财产等多种功能的组合项目。鼓励和支持用人单位按规定为人才提供企业年金。扩大对农村、非公有制经济组织、新社会组织人才的社会保障覆盖面。

五、实施有利于促进科教、人才优势转化的重大政策体系建设

（一）实施促进人才投资优先保证的财税金融政策

（1）各级政府优先保证对人才发展的投入，确保教育、科技支出增长幅度高于财政经常性收入增长幅度，卫生投入增长幅度高于财政经常性支出增长幅度。逐步改善经济社会发展的要素投入结构，较大幅度增加人力资本投资比重。

（2）各级政府在整合已有人才发展资金的基础上，建立人才发展专项资金，纳入财政预算体系，专门用于人才培养、吸引、使用和奖励。

（3）在重大建设和科研项目经费中，应安排部分经费用于人才培训。

（4）积极申请世行贷款支持人才项目。

（5）优化公共财政支出结构，优化人才投入在不同环节的比例，通过税收、贴息等优惠政策，鼓励和引导用人单位、个人和社会投资人才资源开发。

（6）鼓励和支持企业和社会组织建立人才发展基金。

（7）建立完善人才支出效益监管和绩效评价制度，提高人才资金使用效益。

（二）实施产学研合作培养创新人才政策

（1）建立政府指导下以企业为主体、市场为导向，多种形式的产学研战略联盟，引导和鼓励企业与高等学校、科研院所通过共建科技创新平台、合作开展教育、共同实施重大项目等方式，培养高层次人才和创新团队。吸引国家级科研院所、知名企业在鄂设立分支机构或联合开展项目攻关，提高创新人才培养能力。

（2）建立高等学校、科研院所、企业高层次人才双向交流制度，推行特聘教授、特聘客座教授和研究生培养的"双导师制"，改革完善博士后制度。

（3）制定高等学校、科研院所评聘高级专业技术职务与企业和基层工作经历、科技成果转化挂钩的政策。

（4）鼓励和支持企业在高等学校、科研院所设立人才基金，建立研发机构。

（5）对企业等用人单位接纳高等学校和职业学校（含技工院校）学生实习等实行财税优惠政策。

（6）制定鼓励在鄂"两院"院士与企业联合开展项目攻关、人才培养的支持政策。

（三）实施引导人才向农村基层和艰苦地区流动政策

（1）落实国家艰苦地区津贴政策，制定工资、职务、职称等方面的倾斜政策，不断改善农村基层和艰苦地区人才的工作和生活条件。

（2）围绕艰苦地区重点产业，在创新创业平台建设、各类项目申报等方面制定优惠政策，引导人才向艰苦地区流动。

（3）完善从基层一线选拔干部制度，逐步提高县级以上党政机关从基层招录公务员的比例，加大从农村、社区优秀基层干部中考录公务员力度，注重从优秀乡镇（街道）领导干部中选拔县级党政领导班子成员。

（4）健全干部人才在基层一线培养锻炼制度，建立公职人员到基层服务、锻炼的派遣和轮调制度，制定县级以上机关新录用公务员（含参照管理工作人员）下基层锻炼制度，完善主要面向农村和企业的科技特派员制度。

（5）实施城市带农村、武汉支持各地的人才对口支持政策。

（四）实施人才就业创业扶持政策

（1）建立促进各类人才就业创业工作协调机制，研究促进就业创业重大问题。

（2）完善创业带动就业的产业、税收、财政、失业保险、信贷等政策体系。

（3）建立健全支持大学生就业创业政策。用好各部门支持大学生创业的资金，资助大学生创业。创新高等学校就业指导中心、青年创业就业促进中心、社会专业培训机构、大学生就业实习基地合作方式和途径，发挥人力资源市场和网络载体功能，为大学生提供就业指导和职业发展规划服务。建立大学生未就业登记制度，开展就业培训和推荐。

（4）完善复员退伍军人就业安置培训政策。

（5）探索建立"创业者协会"和"创业者培训学校"，围绕市场需求，分类培训一批具有创业意识、处于发展阶段的创业者。

（6）规范知识产权质押融资、创业贷款等业务发展。

（7）制定支持高等学校、科研院所科技人员创办科技型企业、从事科技成果转化和技术转移的激励保障办法。

（8）加大税收优惠、财政贴息力度，扶持创业风险投资基金，建立风险补偿机制。

（9）以省高新技术产业投资有限公司为基础，设立省级创业投资引导基金，打造科技与金融资本、产业资本结合的平台。

（五）实施有利于科技人员潜心研究和创新的政策

（1）在科研院所、高等学校、企业建立符合科技人员和管理人员不同特点的职业发展途径，鼓励和支持科技人员在创新实践中成就事业，使其享有相应的社会地位和经济待遇。

（2）完善科研管理制度，扩大科研机构用人自主权和科研经费使用自主权，健全科研机构内部决策、管理和监督的各项制度。

（3）建立以学术和创新绩效为主导的资源配置和学术发展模式。

（4）建立和完善科学技术人员分类考核评价体系，完善以创新绩效和质量为导向的科研评价办法。

（5）完善科技经费管理办法和科技计划管理办法，对高水平创新团队给予长期稳定支持。

（6）健全科研院所分配激励机制，注重向科研关键岗位和优秀拔尖人才倾斜。

（7）注重改善青年科技人才、女性科技人才的科研环境和生活条件。

（六）实施推进党政人才、企业经营管理人才、专业技术人才合理流动政策

（1）完善党政人才、企业经营管理人才、专业技术人才交流和挂职锻炼制度，打破人才身份、单位、部门和所有制限制，营造开放的人才环境。

（2）扩大党政机关和国有企事业单位领导人员跨地区跨部门交流任职范围。

（3）拓宽党政人才来源渠道，完善从企事业单位和社会组织选拔人才制度。

（4）建立选聘优秀党政人才和企业家担任高等学校教授的办法。

（七）推行更加开放的人才政策

（1）建立全省各类人才流动导向机制、柔性流动机制、流动激励机制，突破体制性障碍，促进人才合理有序流动。

（2）健全引进海内外高层次人才政策，完善出入境和长期居留、税收、保险、住房、子女入学、配偶安置、承担重大科技项目、政府奖励等方面的特殊政策。

（3）推进本土人才国际化，加大与外国政府、企业、学术团体的交流与合作，鼓励和资助科学家参与国际重大科技计划、科技工程、学术研究。

（4）加强与中部五省的人才交流与合作，实现省际人才政策、制度的对接。

（5）制定重要人才安全管理办法，保障重要人才权益，规范重要人才流动。

（八）实施鼓励非公有制经济组织和新社会组织人才发展政策

（1）制定加强非公有制经济组织、新社会组织人才队伍建设的意见。

（2）建立非公有制经济组织、新社会组织平等享受有关人才培养、吸引、评价、使用等方面的制度体系。政府支持人才创新创业的资金、项目、信息等公共资源，向非公有制经济组织、新社会组织平等开放。政府开展人才宣传、表彰、奖励等方面活动，把非公有制经济组织、新社会组织人才作为重要对象。

（3）把非公有制企业、新社会组织高级经营管理人才纳入党校、行政学院、社会主义学院、高等学校培训计划。

（九）健全引导用人单位加强人才开发的政策

（1）制定引导用人单位加强人才资源开发的财政、税收优惠及金融信贷政策。

（2）推进用人单位人才项目扶持政策。确定一批用人单位重大人才项目，作为各级党委、政府重点跟踪扶持项目，从投入、培养、引进等方面提供专门优质服务。

（3）建立把人才工作作为对用人单位各种评价、表彰、奖励等工作重要指标的政策。

（十）实施知识产权保护政策

（1）贯彻《湖北省知识产权战略纲要》，完善知识产权保护的政策法规，建立健全知识产权的有效保护机制。

（2）制定促进知识产权转移的政策措施，明确科技成果创造者在知识产权转移中的权利和义务，促进自主创新成果的知识产权化、商品化、产业化。

（3）完善政府资助开发的科研成果权利归属和利益分享机制，保护科技成果创造者的合理合法权益。

（4）建立专利技术交易市场和平台。

（5）加强知识产权行政执法体系建设，提高执法效率和水平。

六、重大人才工程建设

（一）创新创业领军人才开发工程

坚持战略性开发与适应性培养相结合，以高层次创新型科技人才和科技型创业人才为重点，造就一批世界水平或国内领先的科学家、科技领军人才、工程师和科技型企业家。按照"国内领先、世界一流"的标准，建设东湖国家自主创新示范区未来科技城，使其成为引领我国应用科技发展方向、代表我国相关产业应用研究技术最高水平的高层次人才创新创业重要基地。每五年选拔一批中青年科学家、科技领军人才、科学技术带头人和拔尖大学生，有针对性地采取科研项目资助、建设科学家工作室和创新创业人才培养示范基地、选送海外深造等措施进行专门培养。到2020年，力争培养50名左右具有国际先进水平的科学家，其中10名左右成长为院士，500名左右具有国内一流水平、在相关领域做出重大贡献或科技成果转化并产生较大经济效益的科技领军人才和科技型企业家，10000名左右在省内具有重要影响、取得显著成果并能推动地区和行业发展的学术技术带头人和高素质、专业化管理人才。

（二）高端人才引领培养计划

充分发挥在鄂"两院"院士、中央"千人计划"、"长江学者"、中科院"百人计划"、"新世纪百千万人才工程"等国家级高端人才在培养人才方面的作用，省委人才办会同有关部门通过竞争择优的办法，2010年至2020年每年共遴选不少于20名共200名以上优秀中青年高层次科研人才进入引领培养工程，与在鄂"两院"院士及高端专家进行结对培养。5年为一个周期，每年考核一次，实行淘汰制。在东湖高新未来科技城为院士、专家等高端人才设立研究平台，优先安排科研项目和研发资金。同时，在全省范围内选择100个科技型企业，设立院士专家工作站，通过实施专项科研计划、开展科技创新院士专家地方行活动等措施，结对培养一批有培养潜力的青年拔尖人才和青年科技创新团队，帮助企事业单位提升创新研发能力，推进高端人才研究成果在鄂转化、应用，引领和推动高新技术产业发展。

（三）"123"企业家培育计划

着眼于提高我省企业现代化经营管理水平和国际竞争力，以提高创新能力和经营能力为核心，开展企业中高层管理人员国际化培训工作，建立多元化风险投资体系，设立全省企业经营管理人才奖励基金，开展企业家杰出贡献奖、重大管理创新奖等评选活动，力争10年内培育1名能够带领企业进入世界500强的卓越企业家，10名能够带领企业进入国内500强的优秀企业家，200名能够带领企业在同行业中处于领先地位的骨干企业家，3000名具有良好发展潜力的成长型企业家。

（四）科技人才向经济发展一线集聚工程

围绕加快产学研结合，进一步整合资源，加大政策引导和待遇激励力度，完善高等学校、科研院所支持创业的考核评价体系，推动高等学校、科研院所的人才和技术成果向企业和经济发展一线集聚。深化科技副职工作，从省内外高等学校、科研院所选派高层次人才到市、县、乡和企业挂职或任职。继续推进"自主创新岗位和创新团队"、"博士后创新岗位"等计划。深化校地（企）合作机制，开展高等学校联系市县、院系结对企业、专家支持项目的对接活动，促进高等学校、科研院所与企业、基层深度合作。加快建设一批企业博士后工作站和产业基地、研究生工作站、工程技术中心等载体，吸引省内外高等学校、科研院所高层次人才到基层发展。

（五）名师、名医和文化名家造就工程

着眼于进一步提高全省发展软实力，大力培养一批教育、卫生、文化等各类社会事业发展领军人才。深入推进名师培养计划，通过研修培训、学术交流、项目资助等方式，在中小学校、职业院校、高等学校培养造就一批教育家、教学名师和学科领军人才。大力推进名医培养计划，通过开展住院医师规范化培训、科研专项经费支持等途径，到2020年，力争培养2名医学类院士，50名左右享受国务院特殊津贴和卫生部有突出贡献的中青年专家，200名左右全省卫生系统高层次学科带头人。继续推进宣传文化系统"五个一批"工程，每年重点扶持500名哲学社会科学、新闻出版、广播影视、文化艺术、文物保护等方面的优秀人才承担重大课题、重点项目、重要演出，开展创作研究、展演交流、出版专著活动，使高级文化人才达到文化工作者的20%，其中青年文艺骨干人才达到2000名。

（六）急需紧缺专业技术人才培养工程

适应发展现代产业体系的需要，加大经济社会发展重点领域急需紧缺专门人才培养开发力度。在装备制造、信息、生物技术、新材料、生态环境保护、能源资源、防灾减灾、现代服务业、资本市场运营、文化动漫等重点领域，依托高等学校、科研院所和大型企业现有施教机构，建设一批省级继续教育基地和工程创新训练基地，开展大规模的知识更新继续教育，每年培训5万名左右高层次、急需紧缺专业技术人才。

（七）"金蓝领"开发工程

围绕现代制造业发展，加快培养一批数量充足、结构合理、技艺精湛的高技能人才。重点建设10所技师学院，提升高技能人才的培养能力和水平。继续开展"首席技师"、"行业状元"、"湖北省技术能手"、"湖北青年岗位能手"、"湖北省巾帼建功岗位能手"等评选表彰活动。加快公共实训基地、技能大师工作室、高技能人才工作站和职业技能鉴定机构建设，到2020年建成100个电子信息、装备制造、生物医药、现代物流、建筑等项目的实训基地、50个技能大师工作室、100个高技能人才工作站、50个高标准职业技能鉴定机构，逐步形成与产业发展相适应的高技能人才培养布局。

（八）现代农业人才支撑计划

围绕全省农业规模化、集约化、产业化、板块化发展趋势，加大对现代农业的人才支持力度。整合农村实用人才培养资源，构建以涉农学校为龙头、全省农村实用人才培养示范基地为主阵地、各种项目培训为补充的农村实用人才培养体系。组织涉农高等学校（高职院校）有计划地定向培养县乡公益性农业技术推广人才，扩展"一村一名大学生计划"。大力开展农村实用人才创业培训，每年重点支持一批农业科技人才、农业产业化龙头企业负责人、专业合作组织负责人、生产能手和农村经纪人等优秀生产经营人才。到2020年，农村实用人才带头人达到10万名，培养百万名持有涉农专业学历教育毕业证书或农业岗位技能鉴定证书的专业农民。

（九）现代服务业人才培养工程

围绕现代服务业发展需要，依托省内外人才培养基地，每年培养1000名以上获得中高级资格证书的财务会计、资本市场、金融证券、法律服务、现代商贸、信息服务、物流运营、人才猎头、公共服务、文化产业经营管理等现代服务业人才；每年培养1000名中高级外语、国际经贸、WTO事务、对外文化交流等涉外人才，提高我省人才跨文化沟通能力、国际交流与合作能力。

（十）海内外人才回归、引进工程

围绕全省优先发展的重点产业，大力实施引进海外高层次人才"百人计划"，重点引进一批能够突破关键技术、发展高新产业、带动新兴学科的高层次人才。定期开展省内高层次人才需求调研，在北京、上海、香港和美英等发达地区和国家建立人才信息工作站，建立海内外高层次人才数据库。以国家、省海外高层次人才创新创业基地为主体，搭建海内外高层次人才创业平台，力争每年留学生动态回归率达到30%以上，10年内引进2000名海内外高层次创新创业人才，形成一批引领我省重点产业发展、具有较强竞争力的创新创业团队。

（十一）贫困地区和革命老区人才支持计划

按照实现基本公共服务均等化的目标要求，推进区域人才协调发展。继续实施贫困地区和少数民族地区干部培训计划、千村书记培训工程、贫困地区劳动力转移培训"雨露计划"等工程，提高贫困地区、少数民族地区人才开发能力。扩大"三支一扶"、"选调高等学校毕业生到村任职"、"万名医师支援农村卫生工程"等项目的范围和规模，每年引导1万名优秀教师、医生、科技人员、社会工作者、文化工作者到贫困地区和革命老区工作或提供服务。

（十二）高等学校毕业生基层创业计划

着眼于解决基层人才缺乏问题和培养锻炼后备人才，积极引导和鼓励高等学校毕业生到基层创业就业。统筹各类大学生到基层服务创业计划，通过政府购买岗位、代偿学费和助学贷款等方式，鼓励和引导高等学校毕业生到城乡基层就业。采取放宽户籍限制、专业技术职务评聘倾斜等政策，鼓励高等学校毕业生到中小企业、非公有制企业就业。通过免费培训、创业补贴、小额担保贷款、放宽出资额、免费登记等措施，鼓励和支持高等学校毕业生自主创业。对困难家庭的高等学校毕业生，采取给予生活补助、社会保险补贴、求职补贴等方式，支持其及时就业。

（十三）人才公共服务平台建设工程

着眼于优化人才工作环境，提升人才公共服务水平，推进人才公共服务平台建设。整合全省人才信息资源，建立社会化、公益性、开放式、覆盖广的人才资源信息共享机制。建立人才资源年度统计调查制度，定期发布人才工作白皮书和人才资源开发指导目录。加强人才信息网和数据库建设，打造互动、高效、便民、安全的人才资源公共信息平台和服务平台，建立上下贯通、左右衔接的各级人才网。统筹建设"湖北省高级专家协会"、"湖北省留学人员联谊会"等各种人才服务机构，建设"湖北人才大厦"，完善人才"一站式"服务体系。

七、组织领导和规划实施

（一）进一步完善党管人才领导体制

坚持党管人才原则，制定完善全省党管人才格局的意见，完善党委统一领导，组织部门牵头抓总，有关部门各司其职、密切配合，社会力量广泛参与的人才工作格局。发挥党委统揽全局、协调各方的领导核心作用，健全党委抓人才工作的领导机构，不断创新党管人才的方式方法，完善重大政策、重要工作部署的决策机制、协调机制和督促落实机制，提高党管人才工作水平。建立健全省委人才工作领导小组成员单位、各级党委政府以及"一把手"抓"第一资源"的目标责任制，提高各级党政领导班子综合考核指标体系中人才工作专项考核的权重，定期严格考核。大力表彰奖励人才工作先进单位和个人。建立各级党委常委会听取人才工作专项报告制度，定期检查评估人才工作成绩，研究分析问题，提出政策措施。完善党委组织部门牵头抓总职责，发挥政府人力资源管理部门作用，理顺各有关职能部门人才工作职责，充分调动各人民团体、企事业单位、社会中介组织的积极性，动员和组织全社会力量，形成人才工作整体合力。

（二）改革人才发展的管理体制

围绕发挥市场配置人才资源的基础性作用和落实用人单位自主权，推动政府人才管理职能向创造良好发展环境、提供优质公共服务转变，运行机制和管理方式向规范有序、公开透明、便捷高效转变，建立健全政府宏观调控、市场有效配置、单位自主用人、人才自主择业的人才管理体制。推动人才管理部门进一步简政放权，清理人才发展的各项政策法规，取消不利于发展的行政性限制和干预，减少人才评价、流动和使用等环节中的行政审批事项。认真贯彻各种人才法律法规，推进人才工作依法管理。

（三）建立健全规划实施督办机制

根据全省中长期人才发展规划纲要，指导编制各地区、部门、行业及重点领域人才发展规划，形成科学完整、互相衔接的人才发展规划体系。各级人才工作领导小组办公室负责对规划纲要进行分解落实，明确工作任务、责任要求和时间进度，并纳入年度工作计划，加强指导、协调、评估和监督检查。制定重大人才工程实施办法，建立问责制，保证人才项目建设的规范运作。建立人才规划实施情况反馈调整和通报制度，有计划、分阶段对规划纲要实施情况进行跟踪督促检查，重点抓好中期评估和阶段性评估，研究分析实施过程中的新情况、新问题，及时进行动态调整，并在一定范围内进行通报，确保人才规划顺利实施。

（四）加强人才工作管理部门自身建设

加强人才发展的基础性研究和应用性研究，积极探索人才资源开发规律。督促各地各部门健全人才工作机构，配齐配强工作人员，落实必要的工作经费。采取境内培训与境外培训、挂职与交流相结合的方式，加大人才工作者的岗位培训力度，提高人才工作队伍的政治素质和业务水平。加大对人才工作者的政治、生活关心力度，充分调动人才工作者的积极性和创造性。

湖南省中长期人才发展规划纲要（2010—2020年）

人才是指具有一定的专业知识或专门技能，进行创造性劳动并对社会作出贡献的人，是人力资源中能力和素质较高的劳动者。人才是经济社会发展的第一资源，是湖南推进科学发展、富民强省的第一推动力。

省委、省政府历来高度重视人才工作，改革开放30多年来，特别是第一次全国人才工作会议以来，提出了一系列加强人才工作的政策措施，人才工作取得显著成效：人才队伍不断壮大，人才素质明显提高，人才结构得到优化，人才环境逐步改善，党管人才工作新格局基本形成，人才在经济社会发展中的作用日益凸显。但必须清醒地看到，我省人才发展水平与经济社会发展需要相比，还有许多不适应的地方，人才资源开发力度有待进一步加大，人才工作体制机制有待进一步完善，人才队伍整体实力有待进一步增强。未来十年是我省深入实施"一化三基"战略、加快富民强省的关键时期，也是人才发展的关键时期。面对新形势新任务，我们必须进一步增强责任感、使命感和危机感，解放思想，统一认识，加大改革创新力度，加快人才资源开发步伐，大力实施人才强省战略，不断开创人才辈出、人尽其才的繁荣局面。

根据中央提出的更好实施人才强国战略的总体要求和《国家中长期人才发展规划纲要（2010—2020年）》（以下简称《人才规划纲要》），着眼于建设人才强省，为我省经济社会发展提供人才保证，制定《湖南人才规划纲要》。

一、指导方针

高举中国特色社会主义伟大旗帜，以邓小平理论和"三个代表"重要思想为指导，深入贯彻落实科学发展观，尊重劳动、尊重知识、尊重人才、尊重创造，大力实施人才强省战略，坚持党管人才原则，遵循社会主义市场经济规律和人才发展规律，加快人才发展体制机制改革和政策创新，扩大对外开放，开发利用省内外各种人才资源，以高层次人才、高技能人才为重点统筹推进各类人才队伍建设，加强人才资源能力建设，推动人才结构战略性调整，为我省全面建设小康社会提供坚强的人才保证和广泛的智力支持。

当前和今后一个时期，我省人才发展的指导方针是：服务发展、人才优先、以用为本、创新机制、高端引领、整体开发。

1. 服务发展。把服务科学发展作为人才工作的根本出发点和落脚点，围绕科学发展目标确定人才队伍建设任务，根据科学发展需要制定人才政策措施，用科学发展成果检验人才工作成效。

2. 人才优先。确立在经济社会发展中人才优先发展的战略布局，充分发挥人才的基础性、战略性作用，做到人才资源优先开发、人才结构优先调整、人才投资优先保证、人才制度优先创新，促进经济发展方式向主要依靠科技进步、劳动者素质提高和管理创新转变。

3. 以用为本。把充分发挥各类人才的作用作为人才工作的根本任务，围绕用好用活人才来培养、引进人才，积极为各类人才干事创业和实现价值提供机会和条件，引导人才更好地为我省经济社会发展服务。

4. 创新机制。把进一步解放思想、深化改革作为推动人才发展的根本动力，破除一切束缚人才发展的思想观念和体制机制障碍，积极探索人才工作新思路，推出人才发展新举措，构建与社会主义市场经济体制相适应、有利于科学发展的人才发展体制机制，最大限度地激发人才的创造活力。

5. 高端引领。培养造就一批善于领导和推动科学发展的党政领导干部，一批经营管理水平高、市场开拓能力强的优秀企业家，一批国内外知名的专家学者，一大批技艺精湛的高技能人才，一大批农村实用人才带头人，一大批职业化、专业化的高级社会工作人才，充分发挥高层次人才在经济社会发展和人才队伍建设中的引领作用。

6. 整体开发。加强人才培养，注重理想信念教育和职业道德建设，培育拼搏奉献、艰苦创业、诚实守信、团结协作精神，促进人的全面发展。关心人才成长，鼓励和支持人人都作贡献、人人都能成才、行行出状元。统筹省内外人才市场，推进城乡、区域、产业、行业和不同所有制人才资源开发，实现各类人才队伍协调发展。

二、发展目标

（一）人才发展总体目标

根据富民强省和全面建设小康社会目标要求，立足我省人才发展的现实基础，2010—2020 年我省人才发展的总体目标是：培养和造就规模宏大、结构优化、布局合理、素质优良的人才队伍，实现人才实力与经济社会发展要求相适应，人才体制机制与人才发展要求相适应，确立我省在中部地区的人才竞争优势，进入全国人才强省行列。到 2015 年，全省人才总量达到 630 万人左右；到 2020 年，达到 780 万人左右，比 2008 年增长 76%。

（二）人才队伍建设目标

1. 党政人才队伍建设目标。按照加强党的执政能力建设和先进性建设的要求，以提高领导水平和执政能力为核心，以厅局级和县处级领导干部为重点，建设一支政治坚定、勇于创新、勤政廉洁、求真务实、奋发有为、善于推动科学发展的高素质党政人才队伍。进一步加大优秀年轻干部、女干部、少数民族干部和非中共党员干部培养选拔力度。到 2020 年，全省党政人才总量从严控制在 33 万人左右，具有大学本科及以上学历的干部占党政干部队伍的 85%，专业化水平明显提高，结构更加合理。

2. 企业经营管理人才队伍建设目标。适应产业结构优化升级和应对市场竞争的需要，以提高现代经营管理水平和企业竞争力为核心，以战略企业家和职业经理人为重点，打造一支职业化、市场化、专业化、国际化的企业经营管理人才队伍。到 2015 年，全省企业经营管理人才总量达到 93 万人左右；到 2020 年，达到 117 万人左右。

3. 专业技术人才队伍建设目标。适应建设创新型湖南的需要，以提高专业水平和创新能力为核心，以高层次人才和紧缺人才为重点，培养一支数量充足、结构合理的高素质专业技术人才队伍。到 2015 年，全省专业技术人才总量达到 282 万人左右；到 2020 年，达到 350 万人左右，其中高层次人才占 10% 左右。

4. 高技能人才队伍建设目标。适应我省新型工业化发展和产业结构优化升级的要求，以提升职业素质和职业技能为核心，以技师、高级技师为重点，造就一支门类齐全、技艺精湛的高技能人才队伍。到 2015 年，全省高技能人才总量达到 102 万人左右；到 2020 年，达到 139 万人左右，其中技师、高级技师占 20% 左右。

5. 农村实用人才队伍建设目标。围绕社会主义新农村建设和现代农业发展要求，以提高科技素质、职业技能和经营能力为核心，以农村实用人才带头人和农村生产经营型人才为重点，建设一支适应农村经济社会发展、数量充足的农村实用人才队伍。到 2015 年，全省农村实用人才总量达到 120 万人左右；到 2020 年，达到 141 万人左右，每个行政村主要特色产业至少有 1—2 名示范带动能力强的带头人。

6. 社会工作人才队伍建设目标。适应构建社会主义和谐社会的需要，以人才培养和岗位开发为基础，以中高级社会工作人才为重点，建设一支能满足人民群众服务需求的职业化、专业化的社会工作人才队伍。到 2015 年，全省社会工作人才总量达到 8 万人左右；到 2020 年，达到 13 万人左右。

三、重点任务

（一）突出高层次、高技能人才队伍建设

1. 高层次创新型科技人才队伍建设。围绕创新型湖南建设，制定加强高层次创新型科技人才队伍建设的意见。依托重大科研和工程项目、重点学科和重点科研基地、国际学术交流合作项目，建设一批高层次创新型科技人才培养基地。充分发挥"两院"院士的作用，以科技领军人才培养计划、湖南省新世纪 121 人才工程等为依托，加强领军人才、核心技术研发人才培养和创新团队建设，形成科研人才和科研辅助人才衔接有序、梯次配备的合理结构。加强产学研合作，重视企业工程技术与管理人才培养，推动科技人才向企业集聚。鼓励和支持科技人才创新创业，完善风险投资政策，加大对中试环节的投入力度，促进科技成果向现实生产力转化。注重培养一线创新人才和青年科技人才，加大对优秀青年科技人才的发现、使用和资助力度。深化科技体制改革，完善权责明确、评价科学、创新引导的科技管理制度，健全有利于科技人才创新创业的评价、使用、激励措施。加大对基础研究、前沿技术研究、社会公益类科研机构的投入力度，对高水平创新团队给予长期稳定支持。健全科研院所分配机制，注重向科研关键岗位和优秀拔尖人才倾斜。倡导追求真理、勇攀高峰、宽容失败、团结协作的创新精神，营造科学民主、学术自由、严谨求实、开放包容的创新氛围，促进创新型科技人才潜心

研究和创新。

2. 高层次企业经营管理人才队伍建设。围绕发展具有国际竞争力的企业集团，加强高层次企业经营管理人才队伍建设，努力培养造就一批具有战略眼光、市场开拓精神、管理创新能力和社会责任感的优秀企业家。创新评价选用机制，加大面向市场选聘国有企业高层次经营管理人才力度。完善国有企业高层次经营管理人才年薪制度、协议工资制度和股权激励等中长期激励制度。建立企业家人才库，省委直接掌握和联系一批优秀企业家。

3. 高层次党政领导人才队伍建设。坚持德才兼备、以德为先的用人标准和"三个不吃亏"的用人导向，按照政治坚定、具有领导科学发展能力、能够驾驭全局、善于抓班子带队伍、民主作风好、清正廉洁的要求，选好配强厅局级党政正职领导干部，进一步提升厅局级领导干部素质，着力抓好县委书记队伍建设。加强领导干部党校（行政学院）轮训、国（境）外学习培训、实践锻炼，不断改善党政领导人才的素质结构。加大领导干部跨地区跨部门交流力度，推进党政机关重要岗位干部定期交流、轮岗。健全选拔任用机制，推行和完善党委讨论决定任用重要干部票决制，进一步扩大选人用人中的民主。健全权力约束制衡机制，加强对领导干部特别是"一把手"的管理监督。

4. 高技能人才队伍建设。完善以企业为主体、职业院校和技工院校为基础，学校教育与企业培养紧密联系、政府推动与社会支持相结合的高技能人才培养体系。健全以职业能力为核心、以工作业绩为重点、注重职业道德和职业水平的高技能人才评价体系。完善以业绩贡献为导向、与技能等级相联系、能够激发责任感和创造活力的高技能人才激励保障机制。营造尊重劳动创造、崇尚技能成才、鼓励技能创新、有利于高技能人才成长发展的社会环境。制定高技能人才与工程技术人才职业发展贯通办法。建立高技能人才绝技绝活代际传承机制。完善高技能人才评选表彰制度，进一步提高高技能人才的经济待遇和社会地位。

（二）突出重点领域人才开发

1. 新型工业化人才开发。围绕加速推进新型工业化，以提升人才竞争力为核心，以新型工业化"四千工程"人才开发为引领，加强先进装备制造、新材料、文化创意、生物、新能源、信息、节能环保等战略性新兴产业人才开发和轨道交通、钢铁、有色、石化、纺织、轻工、汽车、物流、金融等产业人才开发，调整优化高等院校学科专业设置，重点扶持适应市场需要的跨学科、跨专业复合型新兴专业，加大急需研发人才和紧缺技术、管理人才培养力度。大规模开展新型工业化人才知识更新培训，培养造就一批掌握前沿技术、关键技术和共性技术的工程技术人才。建设一批工程创新训练基地，提高工程技术人才职业化、国际化水平。加大人才引进力度，引进一批急需紧缺专业人才和高端金融专业人才。制定人才向重点产业集聚的倾斜政策，引导和鼓励产业领军人才、工程技术人才和经营管理人才向重点产业流动。依托国家级、省级高新技术开发区和经济开发区以及重大科研项目、建设工程，聚集一批具有国际国内领先水平的产业专家和技术带头人。

2. 宣传文化人才开发。按照建设文化强省要求，结合深化宣传文化领域改革，加强哲学社会科学、新闻出版、广播影视、文化艺术、文物保护等宣传文化人才开发，努力培养一批掌握中国特色社会主义理论、学贯中西、联系实际的理论家，一批坚持正确导向、深入反映生活、受到群众喜爱的名记者、名编辑、名主持人，一批熟悉党和国家方针政策、社会责任感强、精通业务的出版家，一批紧跟时代步伐、热爱祖国和人民、艺术水平精湛的作家、艺术家，一批熟悉意识形态工作、懂经营会管理的复合型人才。整合优势文化资源，建设文化创意产业园、动漫基地、数字出版中心、影视中心等文化产业人才发展平台。建立完善宣传文化人才开发和管理的体制机制，促进优秀人才大量涌现。

3. 社会工作人才开发。完善社会工作人才培养体系，加强社会工作从业人员专业知识培训。制定社会工作培训质量评估指标体系。建立健全社会工作人才评价制度。加强社会工作者队伍职业化管理。加快制定社会工作岗位开发设置政策措施。推进公益服务类事业单位、城乡社区和公益类社会组织建设，完善培育扶持和依法管理社会组织的政策。组织实施社会工作服务组织标准化建设示范工程。探索制定政府购买社会工作服务政策。建立社会工作人才和志愿者队伍联动机制。

4. 知识产权人才开发。统筹规划知识产权人才队伍建设，加强培训基地设施和研究基地建设，大规模培养各类知识产权专业人才，重点培养企事业单位急需的知识产权管理和中介服务人才，完善知识产权人才吸引、培养、评价和管理机制。

（三）突出重点区域人才开发

1. 长株潭区域人才开发。以长株潭城市群"两型社会"建设综合配套改革试验区建设为契机，充分利用先行先试的有利条件和现有科教、产业、人才优势，进一步完善长株潭区域人才发展体系，大力加强长株潭区域人才开发，加快人才资源开发一体化进程，推进区域内人才交流与资源共享，把长株潭城市群打造成为湖南人才高地。在人才发展重点领域和关键环节率先突破，按照先行先试、敢闯敢试、边干边试的原则，建设长沙大河西人才创业示范区，对人才创新创业给予融资、税收、分配等方面的政策支持，通过示范带动全面推进全省人才工作。

2. 湘西地区人才开发。适应加快湘西地区发展要求，充分发挥湘西地区矿产资源、旅游资源和生态农业等方面的优势，加强优势产业和重点项目人才队伍建设。加大对湘西地区人才培养的支持力度，在项目申报、高层次人才培养和评优评奖等方面适当倾斜。完善人才柔性引进机制，帮助湘西地区引进重点学科、重点产业的科技领军人才和急需人才。加大干部挂职交流力度，完善湘西地区特聘专家制度。建立艰苦边远地区津贴制度，提高湘西地区各类人才的待遇。鼓励和引导高校毕业生到湘西地区工作。

四、政策措施

（一）实施人才投入优先保证政策

1. 加大财政投入力度。各级政府优先保证对人才发展的投入，确保教育、科技支出增长幅度高于财政经常性收入增长幅度，卫生投入增长幅度高于财政经常性支出增长幅度，逐步改善经济社会发展的要素投入结构，较大幅度增加人力资本投资比重，提高投资效益。各级政府要建立人才发展专项资金，构建人才投入与科、教、文、卫等社会事业发展资金协调使用机制，加大对科技创新、团队攻关、高层次人才培养的资助力度，保障重大人才项目的实施。在重大建设和科研项目经费中，应安排部分经费用于人才培训。加大税收优惠、财政贴息力度，扶持创业风险投资基金，支持各类人才创办科技型企业。加大对创业孵化器等基础设施投入，提高人才创业成功率。以专项财政补贴、经费资助等形式，加大对高校等人才培养机构的激励力度，增强人才供给能力。加强对湘西地区和其他困难地区的财政转移支付，为人才发展提供有力的财力支持。

2. 建立多元化人才投入机制。探索建立人力资本产权制度，鼓励和引导社会、用人单位、个人投资人才开发，健全以政府投入为导向、用人单位投入为主体、社会和个人投入为补充的多元化人才开发投入机制。突出用人单位的人才开发投入主体地位，规范用人单位职工培训经费来源与支出，鼓励和支持企业和社会组织建立人才发展基金。进一步拓宽人才培养投入渠道，积极引导和鼓励各类社会机构、华人华侨团体、国际金融组织和外国政府贷款投资人才开发项目。

（二）加大人才培养力度

1. 大力发展国民教育。按照建设教育强省要求，加快教育事业发展，形成比较完备的现代国民教育体系。以加强农村义务教育为重点，大力改善农村学校的办学条件和教育环境，推进义务教育均衡发展。着力提高义务教育师资水平，深化基础教育课程改革，全面推行素质教育，逐步缩小城乡教育、区域教育发展差距。拓展优质高中教育资源，加强教育管理人才培养，鼓励普通高中办出特色。大力发展职业教育，重点抓好示范性高职院校、技师学院和示范性中等职业学校建设。深化职业教育改革与创新，坚持以就业为导向，大力推行校企合作、工学结合，积极开展订单式培养。稳步发展高等教育，统筹配置高等教育资源，改善高等教育区域布局，继续完成国家"985工程"和"211工程"建设任务，努力建设若干所高水平大学和一批重点学科。优化高等教育学科专业、类型、层次结构，增强高等教育教学改革与市场需求的适应性。遵循人才成长规律，创新人才培养模式，坚持因材施教，探索实施优才教育。

继续深化办学体制改革，引导、支持民办教育持续健康发展。切实加大对民办教育的公共财政和金融支持力度，设立民办教育发展专项资金，并随同级财政收入的增长而逐年增加。积极鼓励企事业单位、社会团体、各类社会组织及公民个人利用非财政性资金依法独资、合资、合作办学，鼓励境外教育机构按照有关法律法规投资民办教育或合作办学。引导民办教育以发展非义务教育为重点，扶持发展一批民办示范性高中和示范性职业院校。依法保障民办学校享受与公办学校同等的税收、基本建设和招生就业等政策，保障民办学校的教职员工和受教育者享有与公办学校同等的权利。

2. 全面推进继续教育。坚持政府引导、单位自主、个人自愿的原则，积极发展各类专业化培训机构和现代远程教育，按照"干什么、学什么"，"缺什么、补什么"的要求，完善在职人员继续教育制度。适应科学发展要求和干部成长规律，强化党政干部能力素质提升，构建理论教育、党性教育、知识教育和实践锻炼"四位一体"的干部培养教育体系。依托国内外知名企业、高水平大学、科研院所和其他培训机构，加强企业经营管理人才培训。构建分层分类的专业技术人才继续教育体系，加快实施专业技术人才知识更新工程。加强职业培训，统筹职业教育发展，整合利用现有各类职业教育培训资源，依托大型骨干企业、重点职业院校、技工院校和培训机构，建设一批示范性高技能人才培养基地和公共实训基地，加快高技能人才培养。加大农村实用人才培训力度，继续实施"绿色证书培训工程"、"农村实用技术培训计划"和"县乡村实用人才工程"等，加强村组种、养、加能手和经营能人培养培训。建设一批社会工作培训基地，加强社会工作从业人员专业知识培训，建立专业培训和知识普及有机结合的社会工作人才培养培训体系。构建终身教育体系，建立覆盖面广、多层次的教育培训网络，推动学习型组织和学习型社区建设，营造"人人崇尚学习、全民参与学习"的良好氛围。

3. 加强产学研合作培养。建立政府指导下的以企业为主体、院校为依托、市场为导向、多种形式的产学研战略联盟，通过共建科技平台、开展合作教育、共同实施重大项目等方式，加大产学研合作培养人才的力度。建立高等院校、科研院所、企业高层次人才双向交流制度，推行联合培养研究生的"双导师制"。改革完善博士后制度，提高博士后培养质量。实行"人才+项目"培养模式，依托重大人才计划和重大科研、工程、产业攻关、国际国内合作等项目，在实践中集聚和培养创新人才。调动用人单位培养人才的积极性，对企业、事业单位接纳高等院校、职业院校和技工院校学生实习给予政策支持。

（三）加强人才引进与交流

1. 加大高层次人才和紧缺人才引进力度。大力开发利用国际国内两个人才市场和两种人才资源，采取行政调配与市场调节相结合的手段，着力引进我省急需的高层次人才和紧缺人才。进一步完善引进人才来湘工作、鼓励留学人员来（回）湘创业的政策措施，制定鼓励引进高层次紧缺人才的奖励资助办法。对引进的国内外人才及项目在用地、资金及税收等方面给予政策优惠。拓宽引才引智渠道，消除各种体制性障碍，为人才引进提供高效便捷的服务，采取灵活多样的人才柔性流动政策，支持猎头公司发展，不拘一格引进人才和智力。鼓励以短期聘用、兼职、合作研究、项目招标、技术指导等方式，大力引进重点产业、重点项目、重点学科、关键技术等紧缺急需的高层次人才和智力，做到引才与引智紧密结合。

2. 加大省内外人才交流力度。建立健全省内外人才交流制度，推进人才交流制度化、经常化。加强与沿海发达地区的干部交流挂职，定期选送机关、事业单位的人才和企业经营管理人员到沿海发达地区挂职锻炼。进一步重视和加强基层，加大县乡党政领导干部与省市部门干部的交流力度。建立人才区域交流合作机制，加快长株潭城市群、"3+5"城市群人才开发一体化进程，积极推动与中部地区、泛珠三角地区等区域人才开发的交流与合作。

3. 加强引才引智平台建设。充分利用高等院校、科研院所、企业技术中心的有利条件，加快重点学科、重点实验室、博士后工作站和流动站等的发展，推进以市场为基础，以高校、科研院所和企业为主体的创新载体建设，为人才引进与交流创造良好条件。加快高新技术开发区、留学人员创业园等建设，充分发挥各类园区吸引高层次人才、转化科技成果和推进创新创业创优的重要作用。建立与全省优质高效农产品基地建设相适宜的人才发展平台，加强生态农业及旅游产业人才创业载体建设。加大税收、融资、公共服务领域的体制创新力度，优化投资环境，为人才发展平台建设提供支撑。设立人才引进协调机构，加强与国内猎头公司、人才中心以及海外有关人才机构的联系，建立长期稳定的引才渠道。

（四）创新人才工作体制机制

1. 完善党管人才的领导体制。坚持党管人才原则，创新党管人才方式方法，完善党委统一领导、组织部门牵头抓总、有关部门各司其职、密切配合、社会力量广泛参与的人才工作格局。健全各级党委人才工作领导机构，建立科学的决策机制、协调机制和督促落实机制，形成统分结合、上下联动、协调高效、整体推进的人才工作运行机制，切实履行好管宏观、管政策、管协调、管服务的职责。建立党委、政府人才工作目标责任制，提高各级党政领导班子综合考核指标体系中人才工作专项考核的权重。建立各级党委常委会听取人才工作专项报告制度、党委联系专家制度、重大决策专家咨询制度。各级党政主要负责人要树立强烈的人才意识，善于发现人才、培养人才、团结人才、用好人才、服务人才。

2. 改进人才管理方式。按照政府行政管理体制改革的总体部署，围绕用好用活人才，完善人才管理体制。规范政府行为，推动人才管理部门进一步简政放权，减少和规范人才评价、流动等环节中的行政审批和收费事项。分类推进事业单位人事制度改革，克服人才管理中存在的行政化、"官本位"倾向，取消科研院所、学校、医院等事业单位实际存在的行政级别和行政化管理模式，在科研、医疗等事业单位探索建立理事会、董事会等形式的法人治理结构，建立现代科研院所制度、现代大学制度和公共医疗卫生制度及与其相适应的人才管理制度。完善国有企业领导人员管理体制，健全符合现代企业制度要求的企业人事制度。鼓励各地各行业结合自身实际建立人才管理改革试验区。

3. 创新人才评价发现机制。建立以岗位职责要求为基础，以品德、能力和业绩为导向，科学化、社会化的人才评价发现机制，克服人才评价中的唯学历、唯论文和"官本位"倾向。实施促进科学发展的党政干部综合考核评价办法，建立健全党政干部岗位职责规范以及能力素质评价标准，加强业绩考核。完善以市场和出资人认可为核心的企业经营管理人才评价体系，发展企业经营管理人才评价机构，建立社会化的职业经理人经营业绩评价指标体系。完善以任期目标为依据、工作业绩为核心的国有企业领导人员考核办法。加快推进职称制度改革，规范专业技术人才职业准入，完善专业技术人才职业水平评价办法，健全重在业内和社会认可的专业技术人才评价机制，克服考核过于频繁、过度量化的倾向。探索技能人才多元评价机制，逐步完善社会化职业技能鉴定、企业技能人才评价、院校职业资格认证和专项职业能力考核办法。探索建立农村实用人才分类分级评价办法。建立在重大科研、工程项目实施和急难险重工作中发现、识别人才的机制，健全举才荐才的社会化机制。

4. 完善人才选拔任用机制。改革各类人才选拔使用方式，科学合理使用人才，促进人岗相适、用当其时、人尽其才，形成有利于各类人才脱颖而出、充分施展才能的选人用人机制。坚持德才兼备、以德为先的用人标准和民主、公开、竞争、择优的改革方针，扩大干部工作的民主，加大竞争性选拔党政领导干部工作力度，提高干部工作科学化水平。规范干部任用提名制度，注重从基层与生产一线选拔党政人才。扩大基层党政领导班子成员公推直选范围，提高选人用人公信度。坚持和完善党政干部任期制和聘任制，健全党政干部退出机制。建立企业经营管理者聘任制、任期制和任期目标责任制，实行契约化管理。规范国有企业经营管理人才选拔任用方式，建立市场配置、组织选拔和依法管理相结合的国有企业领导人员选拔任用制度，完善国有资产出资人代表派出制和选举制。推进事业单位用人制度改革，全面推行事业单位专业技术人员岗位管理制度、管理人员职员制度，健全事业单位领导人员委任、聘任、选任等选用制度。

5. 健全人才流动配置机制。建立政府部门宏观调控、市场主体公平竞争、中介组织提供服务、人才自主择业的人才流动配置机制，发挥市场配置人才资源的基础性作用，进一步破除人才流动的体制性障碍。推进政府所属人才、人力资源服务机构管理体制改革，实现政事分开、管办分离。加快建立社会化的人才档案公共管理服务系统，建立人才需求信息定期发布制度，完善劳动合同、人事争议仲裁、人才竞业避止等制度，维护各类人才和用人单位的合法权益。健全专业化、产业化、国际化的人才市场体系，完善市场服务功能，畅通人才流动渠道，推动人才资源有序流动，实现人才资源在产业间、区域间的合理配置。

6. 健全人才激励保障机制。建立健全与工作业绩紧密联系、充分体现人才价值、有利于激发人才活力和维护人才合法权益的激励保障机制。完善公务员地方津贴和边远地区艰苦津贴制度，建立符合事业单位特点的岗位绩效工资制度。探索高层次人才、高技能人才协议工资制和项目工资制，丰富收入分配形式。完善市场机制调节、企业自主分配、政府监控指导的企业薪酬制度，鼓励企业对作出突出贡献的人才实施股权、期权激励，完善知识、技术、管理、技能等按贡献参与分配的办法。依法落实职务发明奖励和报酬规定。进一步完善人才奖励制度，坚持奖励向生产一线倾斜、向基层倾斜，形成以政府奖励为导向、用人单位和社会力量奖励为主体的人才奖励体系。完善社会保障制度，支持用人单位为各类人才建立补充养老、医疗保险，扩大对农村、中小企业、非公有制经济组织和新社会组织人才的社会保障覆盖面。

（五）完善人才公共服务体系

1. 加快人才公共服务平台建设。加快推进全省统一的人才市场体系建设，促进各类人才市场在城乡之间、区域之间、行业之间协调发展。加强人才（劳动力）市场资源整合，积极探索跨地区、跨行业的参股、重组、兼并等市场资源整合模式，促进各类市场资源贯通、服务贯通，推进人才市场向专业化、规模化、集约化方向发展。加强人才市场信息化建设，整合人才信息资源，构建人才信息资源共享平台，积极发展网络人才市场，形成开放的人才信息和公共政策信息共享机制，实现省、市、县及部分企业、高校的信息联网，与全国及兄弟省市对接，推进人才市场由集市型向信息化转变。

2. 强化人才公共服务功能。完善政府人才公共服务体系，进一步增强服务功能，减少服务收费，提高服务质量。大力开发公共服务产品，积极发展人事代理、社会保险代理、企业用工登记、劳动人事争议调解仲裁、人事档案管理、就业服务等业务，满足各类人才的多样化需求。加强创业技能培训和创业服务指导，创建创业服务网络，探索多种组织形式，为人才创业提供服务。加强专利技术运用转化平台建设，加大知识产权的宣传普及和执法保护力度，鼓励创造知识财产，营造保护知识产权的法制、市场和文化氛围。着力转变服务方式，积极推行"网络服务"、"窗口服务"、"一站式服务"等多种服务方式，建立政府购买公共服务制度。加强公共服务人员培训，提升公共服务人才队伍的整体素质和能力，努力提高服务效能。

3. 加强人才公共服务机构监管。认真执行各项人才公共服务政策法规，不断健全人才公共服务法规体系。进一步完善人才服务机构准入制度、年审制度以及从业人员资格考试与认证制度，加强行业质量管理。建立健全人才公共服务激励机制，研究制定人才中介机构服务等级标准和评定办法，建立科学的信用质量评价体系。严厉查处人才公共服务中的违规行为，建立人才服务业退出机制。抓紧建立人才服务行业协会组织，充分发挥行业自律和自我管理作用。

（六）促进人才队伍协调发展

1. 促进城乡人才队伍协调发展。坚持以城带乡、资源共享、协调发展的原则，统筹城乡人才资源开发。加大城市带动农村的人才对口支持力度，制定和完善农业、科技、教育、文化、卫生等技术人员到农村服务的政策措施，引导人才向农村流动，全面提高农村人才队伍的专业水平和综合素质。采取政府购买岗位、报考公职人员优先录用等措施，鼓励和引导高校毕业生到农村就业创业。加大农村人才开发投入，在工资、职务、职称等方面实行倾斜政策，提高艰苦边远地区农村津贴标准。加大农村人才创业的政策支持，制定实施农村人才奖励政策。建立以新型合作医疗、最低生活保障、基本养老保险为主要内容的农村社会保障制度，逐步推进城乡社会保障制度一体化。推进城乡人才资源市场一体化建设，实现城乡人才资源共享。

2. 促进机关、企业、事业单位人才队伍协调发展。打破人才身份、单位、部门和所有制限制，实施开放的人才政策，营造开放的用人环境。扩大党政机关和国有企事业单位领导人员跨地区、跨部门交流任职范围，建立健全党政人才、企业经营管理人才、专业技术人才交流制度。制定鼓励党政机关、事业单位人员向企业流动的政策，畅通人才向企业流动的渠道，积极引导优秀人才向企业流动。鼓励高等院校和科研院所的优秀人才以技术服务、技术入股、成果转让等多种方式为企业服务，支持企业引进高层次科技人才。将中小企业人才发展纳入全省人才发展体系之中，建立人才工作组织体系向中小企业延伸的人才工作新机制，加强中小企业人才公共服务，促进中小企业人才快速发展。

3. 促进公有制与非公有制经济组织、新社会组织人才队伍协调发展。坚持对社会主义市场经济体制下各种所有制组织中的人才一视同仁、平等对待。把非公有制经济组织、新社会组织人才纳入各级政府人才发展规划，制定加强非公有制经济组织、新社会组织人才队伍建设意见，完善非公有制经济代表人士综合评价体系。支持鼓励党政机关、国有企事业单位与非公有制经济组织、新社会组织之间的人才交流。完善非公有制经济组织、新社会组织人才发展政策，努力消除各种体制机制障碍，推进非公有制经济组织、新社会组织人才快速发展。政府支持人才创新创业的资金、项目、培训、信息等公共资源，向非公有制经济组织、新社会组织人才平等开放。政府开展人才宣传、表彰、奖励等方面活动，非公有制经济组织、新社会组织人才平等参与。

（七）推进人才工作基础建设

1. 完善人才工作政策法规体系。推进人才管理工作科学化、制度化、规范化，建立健全涵盖人才培养、引进、使用和人才市场管理、人才权益保护等人才资源开发管理各个环节的人才政策法规，形成有利于人才发展的政策与法制环境。出台长株潭人才发展改革"试验区"建设、促进人才创业等政策措施，及时清理、废止已经过时的政策法规。

2. 建立人才统计制度。研究制定人才统计指标和统计年报制度，将人才统计纳入经济社会发展统计体系，建立人才数据库。按照党政人才、企业经营管理人才、专业技术人才、高技能人才、农村实用人才和社会工作人才六个大类，科学界定每类人才的统计对象、统计范围、统计程序等。统计范围覆盖全省党政机关、事业单位、各种所有制形式的经济组织和社会组织中的所有人才。

3. 加强人才工作和人才理论研究队伍建设。加大人才工作队伍培训力度，提高政治素质和业务水平。加强人才学科和人才研究机构建设，加大人才理论研究队伍培养和支持力度，深入开展人才发展重大理论与实际问题的研究，积极探索人才资源开发规律，充分发挥人才理论研究在人才工作中的重要作用。

五、重大项目

（一）科技领军人才培养计划

服务我省优势产业和重点学科发展需要，构建具有湖南特色的科技领军人才培养体系，培养造就一批政治素质过硬、创新能力卓越、引领作用突出、团队效应显著、在国内和国际上处于领先地位的科技领军人才。健全科技领军人才选拔制度，采取由院士直接推荐和各市州、省直及中央在湘单位推荐的办法，由院士专家组成评审委员会投票确定。完善项目支持、经费资助、培训进修、导师带培等措施，加强科技领军人才培养。科技主管部门和科技领军人才所在单位配套安排相应专项经费，用于科技领军人才培养。建立完善目标管理、跟踪管理等制度，加强科技领军人才管理考核。

（二）宣传文化系统"五个一批"人才培养工程

适应"发展文化经济、建设文化强省"需要，遵循宣传文化人才成长规律，结合宣传文化队伍特点，加强理论、新闻、出版、文学艺术、文化产业经营管理优秀人才培养。抓好"五个一批"人才培训工作，着力提高政治素质和业务能力。建立"五个一批"人才通气会制度、休假休养制度，保持与他们的经常性联系。加大对"五个一批"人才的扶持与激励，在项目申报、创作生产、成果推荐、宣传表彰等方面予以倾斜。

（三）高层次企业经营管理人才能力提升计划

按照做强做大高新产业、优势产业和重点产业的要求，实施"高层次企业经营管理人才能力提升计划"，培养造就一批责任心强，具有奉献精神、战略眼光和全球视野，善于驾驭现代大企业集团的战略型企业家；一批既懂高新技术、又精通现代管理的科技创新型企业家；一支职业素养强、熟悉市场运行规则、具有良好市场声誉、在生产经营和资本运作中具有较高造诣的职业经理人队伍。依托国内著名高校举办企业高级经营管理人才研修班，依托跨国公司和境外著名商学院举办企业家境外高级研修班，重点培训重要骨干企业的董事长、总经理。通过举办研修班、专题辅导、到国内外知名企业挂职锻炼等形式，抓好年收入过100亿元的骨干企业和100户左右成长性好的中小企业高级经营管理人才能力建设。完善企业家后备人才培养机制，每年从企业选拔一批优秀青年人才到境内外知名高等院校攻读MBA课程等。建立职业经理人资格认证制度，开展职业经理人培训和资格认证工作。

（四）海外高层次人才引进计划

围绕我省经济社会发展需要，组织实施海外高层次人才引进"百人计划"，在重点创新项目、重点学科和重点实验室、国家级科技合作基地、省属国有企业、以高新技术产业开发区为主的各类园区等，引进一批能够突破关键技术、发展高新产业、带动新兴学科的海外高层次人才来湘创新创业。各级政府和用人单位要为引进的海外高层次人才创造良好的工作环境和生活条件，充分发挥其作用。

（五）高素质教师队伍建设工程

着眼于提高我省培养创新型人才的能力和水平，实施"高素质教师队伍建设工程"。继续抓好特级教师评选工作。克服教师评价中片面追求科研项目和论文的倾向，建立科研和教学并重的评价机制。通过研修培训、学术交流、项目资助等方式，重点培养和支持教育教学骨干、"双师型"教师、学术带头人和校长。到2020年，全省省级骨干教师和市、县级骨干教师分别占中小学教师总数的7%和15%以上，职业院校专业教师中"双师型"教师达到90%以上，技工院校一体化教学教师达到90%以上。进一步加大"芙蓉学者计划"实施力度。力争产生一批国内领先的优秀学科带头人和能领导本学科进入国际先进水平的领军人才。

（六）卫生人才队伍建设工程

适应深化医药卫生体制改革、保障全民健康需要，实施"卫生人才队伍建设工程"。加强以全科医师为重点的基层卫生人才队伍建设，促进乡村医生执业规范化。加强高层次科研、医疗、卫生管理等人才队伍建设，培养造就一批医学杰出骨干人才。推动医务人员的合理流动，促进不同医疗机构之间人才的纵向和横向交流。制定优惠政策，鼓励优秀卫生人才到基层和湘西地区服务。对长期在城乡基层工作的卫生技术人员在职称晋升、业务培训、工作生活待遇等方面适当给予政策倾斜。

（七）高技能人才振兴工程

以提升职业技术能力为重点，组织实施"高技能人才振兴工程"。依托高职院校、技师学院、技工学校和企业职工培训中心，建立健全"培训、练兵、比武、晋级"四位一体的职工技能提升机制，提高企业职工培训经费提取比例，确保所提经费的60%用于一线职工特别是高技能人才的培训。大力实施"百千万高技能人才培训工程"、"百万培训工程"和"技能提升培训计划"。完善政府技能型人才表彰、津贴和奖励制度，完善技能型人才薪酬制度，设立"首席技师"岗位和技能大师工作室，广泛开展职业技能竞赛和岗位练兵活动。大力开展企业职工培训，推行名师带徒制度。加强职业教育科技园、技能人才培养院校和顶岗实习实训基地建设，建成一批国家示范性高职学院、技师学院、重点技工学校、中等职业学校以及省级重点顶岗实习实训基地。通过整合资源，使高职院校、技工院校、中等职业学校的办学水平得到显著提升。

（八）农村实用人才带头人培养计划

按照社会主义新农村建设和现代农业发展要求，实施"农村实用人才带头人培养计划"。加强对农村基层组织负责人、农业专业大户、农民经纪人和农民专业合作社、专业技术协会、产业化龙头企业负责人的培养，使他们成为企业家和本领域、本行业（专业）的专家或技术带头人。选拔一批有发展潜力的农村实用人才，与省、市、县级涉农专家和农技人员结对，有针对性地进行培养。加快农村实用人才带头人培养基地建设，发挥好各类农业科技园区、科技示范场、农业产业化龙头企业、专业合作经济组织和技术协会等的作用，指导和支持农村实用人才开展各种农技服务和经营活动。

（九）科技特派员农村科技创业行动

紧紧围绕农村经济社会发展对科技和人才的多元化需求，实施"科技特派员农村科技创业行动"。扩大科技特派员工作覆盖面，每年选派科技特派员5000人左右，形成稳定的科技特派员队伍。整合利用农村科技信息服务资源，为科技特派员搭建创业服务平台。探索设立科技特派员创业基金，以创业行动贷款担保等支持方式，为科技特派员创业提供良好条件。建立完善科技特派员创业培训网络体系，提升科技特派员创业能力。落实科技特派员创业激励政策，对作出突出贡献的优秀科技特派员和单位予以表彰奖励。

（十）大学生基层培养计划

着眼于解决基层特别是边远落后地区基层人才匮乏的问题，培养锻炼后备人才，积极引导和鼓励大学生到基层、到边远落后地区创业就业。进一步落实一村一名大学生计划，力争五年内实现每个村（社区）都有一名大学生的目标。逐步扩大选调生、选拔生、大学生志愿服务西部计划、"三支一扶"和农村义务教育阶段学校教师特设岗位计划等项目计划，保证这些项目吸纳的大学毕业生人数逐年增加。统筹各类大学生到基层就业创业计划，实施政府购买工作岗位、学费和助学贷款代偿、提供创业扶持等措施。对自愿到农村中小学、乡镇卫生院、文化站、农技推广站等机构工作的大学生，给予一定的经济补助。

六、组织实施

（一）加强组织领导

省委人才工作领导小组负责统筹协调和宏观指导《湖南人才规划纲要》的实施。制定各项目标任务分解落实方案、重大工程实施办法和具体年度实施计划。市州、县市区要健全人才工作机构，做好《湖南人才规划纲要》实施的组织工作。

（二）健全规划体系

各市州、县市区、省直有关部门要以《人才规划纲要》和《湖南人才规划纲要》为指导，结合实际编制本地本行业系统和重点领域人才发展规划，形成全省人才发展规划体系。

（三）加强监督检查

建立《人才规划纲要》和《湖南人才规划纲要》实施目标分级责任制度和评估指标体系，把实施情况作为对各级党政主要领导考核的重要指标。加强对实施情况的督促检查，及时解决出现的问题。

（四）营造良好环境

运用报刊、广播电视、网络等媒体，大力宣传党和国家以及省委、省政府人才工作的重大方针政策，宣传实施《人才规划纲要》和《湖南人才规划纲要》的重大意义、指导方针、目标任务、重大举措，宣传实施中的典型经验、做法和成效，营造人才工作的良好社会氛围。

吉林省中长期人才发展规划纲要（2009—2020）

着眼于实现吉林全面建设小康社会的目标要求，深入实施人才兴业战略，特制定本纲要。

一、绪言

随着世界经济逐步迈向知识经济的重大变革，人才资源成为推动经济社会发展、提升核心竞争力的第一要素。面对新形势，中央确立了人才优先发展战略，提出走人才强国之路。我省一直高度重视人才工作，自2002年实施人才兴业战略以来，人才发展取得了突出成绩。人才总量持续增长，达到178.2万人，比2002年增长24.4%；人才结构不断优化，中级以上专业技术人才比例达到50.8%，技能劳动者中高技能人才比例达到23%；人才投入不断增加，政策创新力度加大，人才对经济社会发展的支撑作用进一步明显，科技进步贡献率达到43%。

"十二五"期间乃至到2020年，是我省实施长吉图开发开放先导区建设战略、振兴老工业基地、全面建设小康社会的关键时期。科学发展加快推进，对外开放不断扩大，经济发展水平和质量逐步提高，人民生活水平日益改善，这既为人才发展奠定了物质基础，也为人才施展才干提供了广阔空间。同时，经济建设和社会发展对高素质人才的需求日益增强，市场经济体制对人才资源的市场化配置要求日益强化，所有制结构的变化要求更为重视非公经济组织和社会组织人才开发，建设创新型吉林要求大力提升人才的自主创新能力。我省人才总量、素质、结构与经济社会发展还存在着不相适应的问题。面对机遇和挑战，必须增强抓人才发展的战略意识、机遇意识和责任意识，坚定地实施人才兴业战略，加快人才优先发展，完善制度政策，全面推进人才队伍建设，着力构建吉林振兴发展的新优势。

二、指导思想和发展目标

（一）指导思想

深入贯彻落实科学发展观，坚持党管人才原则，遵循人才发展规律，以人才资源能力建设为主题，以激发人才创造力为核心，以优化人才发展环境为保障，创新体制机制，完善政策支撑，推进项目建设，全面实施人才兴业战略，着力促进人才建设与经济建设、政治建设、文化建设、社会建设的协调发展，为实现全省经济社会又好又快发展、吉林老工业基地全面振兴和全面建成小康社会提供坚强的人才保证。

1. 坚持党管人才。充分发挥党的政治优势和组织优势，拓展工作领域，整合人才资源，集聚开发力量，形成全社会共同推进人才兴业的整体合力。

2. 坚持以人为本。把用好人才作为人才工作的中心环节，尊重人才的个性和创造精神，鼓励成功，宽容失败，营造人人成才、人尽其才的宽松环境。

3. 坚持服务发展。紧紧围绕经济建设和社会发展，培养创新人才，用好现有人才，吸引急需人才，稳定重点人才，着力满足吉林振兴发展对人才的迫切需求。

4. 坚持改革创新。坚决破除束缚人才发展的观念和体制，解放思想，创新政策，优化服务，增强人才资源配置机制活力。

5. 坚持统筹兼顾。统筹省内和省外人才资源开发，统筹高层次和实用人才开发，统筹城乡、不同区域和不同所有制人才开发，促进各类人才队伍协调发展。

(二) 发展目标

到 2015 年，人才体制机制建设取得突破性进展，人才政策体系更加完善，人才投入有较大幅度增加，经济社会发展重点领域急需紧缺人才基本满足，在长吉图区域和若干产业领域形成人才集聚高地。到 2020 年，培养造就一支能够引领和支撑吉林经济建设和社会发展的高素质人才队伍，建成与沿边开发开放先行区和示范区、新型工业基地、农村经济强省相适应的区域人才强省。

1. 人才规模。2015 年，人才总量达到 210 万人，年均增加 5 万人，年均增幅 3%。2020 年，人才总量达到 230 万人。

2. 人才结构。2015 年，人才的区域分布、产业分布日趋合理，非公经济组织和社会组织人才数量占人才总量的 40%，现代农业、新型工业、现代服务业人才增长较快。到 2020 年，基本实现人才结构与经济社会发展结构相适应。

3. 人才层次。2015 年，培养造就一批在国内学术界、企业界较有影响的创新人才和技艺精湛的高技能人才，其中高技能人才占技能劳动者的比例达到 28%。2020 年，涌现一批在国内有影响、业内领先的领军人才、创新人才、经营管理人才和高技能人才。

4. 人才效能。2015 年，人才创新成果不断涌现，人才使用效益明显提高，人才对经济社会发展的作用不断增强，科技进步贡献率达到 50%。2020 年，自主创新取得重大进展和突破，科技进步贡献率达到 60%。

5. 人才环境。2015 年，基本建立广纳群贤、人尽其才、充满活力的人才体制机制，我省对人才的吸引力和凝聚力进一步增强。2020 年，与小康社会相适应的人才管理体制初步形成，人才发展环境更为优越。

三、主要任务和重点工程

(一) 统筹抓好以创新型科技人才为重点的各类人才队伍建设

坚持重点突破、协调发展、整体推进，以创新型科技人才为重点，统筹推进党政人才、企业经营管理人才、专业技术人才、高技能人才和农村实用人才队伍建设，促进各类人才协调发展。

1. 突出培养造就创新型科技人才。围绕提高自主创新能力、推动产业升级，以高层次创新型科技人才为重点，努力造就一批科技领军人才和创新团队。适应重点产业发展、重点工程建设、重大科技项目攻关的需要，谋划实施一批创新型科技人才培养开发项目。加大对优秀青年科技人才的发现、培养、使用和资助力度。大力引进域外高层次创新创业人才。建立以创新与质量为导向的科研管理与评价制度。大力推进产学研联合，促进科研成果转化和产业化。大力培养开发促进新兴产业、低碳经济和循环经济发展，以及节能减排方面的专门人才。到 2020 年，培养造就 20 名左右在全国有重大影响的科技领军人才，全省高级专业技术人才总数达到18万人，从事研究开发的科技人才达到11万人。

科技创新攀登计划——重点支持50名在研究领域有明显建树、近年有望申报两院院士或成为国内外杰出科学家的高层次科研人才，面向吉林地方需求，勇攀科技高峰。

高层次创新创业人才引进计划——依托重要骨干企业、重点高等学校和科研单位、高新技术和工业园区、重大科技成果转化和重大科技攻关项目、金融机构等载体，大力引进海内外高层次人才，重点引进一批高级研发人才、高级管理人才、高级金融人才和创办科技型企业的领军人才和创新团队。到2015年，累计引进300名高层次创新创业人才。

拔尖创新人才工程——在我省高新技术、重点产业核心技术、重大工程技术和重点学科领域，按不同层次培养造就一批富有创新能力的拔尖人才。到2015年，培养100名业绩突出的科学家、工程技术专家和社会科学家；100名具有国内领先水平，在各学科、各技术领域有较高学术、技术造诣的带头人；1000名在各学科和技术领域成绩显著、起骨干作用、具有发展潜能的优秀年轻人才。

青年科研基金计划——重点扶持100名35岁以下具有本科以上学历的省内在职青年科研人员，重点资助学术思想新颖、创新点突出、研究目标明确的应用性研究和探索性研究，重点扶持将新发明、新思想、新成果付诸商业实施的创新创业活动。

百名中青年科技创新带头人培养引进工程——用3年时间，培养引进100名政治素质过硬、创新能力卓越、引领作用突出、团队效应显著的中青年高素质科技人才，形成一批具有自主知识产权的核心技术，突破一批重大共性关键技术，提升我省产业整体创新水平和竞争实力。

2.统筹推进各类专门人才队伍建设。按照加强党的执政能力建设和先进性建设的要求，以坚定理想信念、增强执政本领、提高领导科学发展能力为核心，建设一支政治坚定、勤政廉洁、求真务实、奋发有为、善于推动科学发展的党政人才队伍。加快经营管理人才队伍职业化、市场化、专业化建设，以提高现代经营管理水平和企业竞争力为核心，培养一批具有战略开拓能力的企业家和一大批适应发展需要的职业经理人，培育数以万计的创业"小老板"。按照经济社会发展需求，加快培养专业技术人才，造就一批教学名师、吉林名医、文化名人和体育明星。大力发展职业教育，完善以企业为主体、职业院校为基础、学校教育与企业培养紧密联系、政府推动和社会支持相结合的高技能人才培养培训体系，加快培养高技能人才和熟练技术工人。加快农村人才培养开发，努力培养造就社会主义新农村建设需要的农村实用人才队伍。到2020年，全省公务员队伍中具有大学本科及以上学历的占95%以上，企业经营管理人才总数突破40万人，专业技术人才总数达到110万人，高技能人才总数达到45万人，农村实用人才总数达到20万人。

培养选拔年轻干部"七五"工程——着眼未来党政领导人才队伍建设的需要，以5年为周期，重点培养选拔7000名各级年轻干部，通过梯次选拔、逐级培养，建立起优秀年轻干部培养选拔机制。

新型企业家队伍建设工程——组织企业经营管理人才到国内外高等学校、科研单位、企业集团学习培训，支持企业引进高级经营管理人才，推动企业家交流与合作平台建设，营造企业家成长发展的良好环境。到2015年，全省有500名在全国以及同行业有一定知名度的企业家，1000名在全省以及同行业有一定知名度的职业经理人。

宣传文化优秀人才培养工程——重点培养扶持350名理论、新闻、出版、文学艺术、文化产业经营管理、文化专门技术、优秀宣传文化人才，努力造就宣传文化各个方面的领军人物、学术带头人和文化企业家。

高技能人才培训工程——根据全省重点产业、重要领域服务业和交通、能源等基础设施建设推进情况，针对不同区域、不同行业、不同企业高技能人才需求特点，有重点地组织实施高技能人才培训项目，多渠道、多形式培养高技能人才。到2015年，全省技能劳动者总量达到125万人，高技能人才达到35万人。

社会工作人才队伍建设工程——开展大规模社会工作专业知识的普及和培训，推进社会工作人才职业化、专业化进程，完善社会工作岗位设置，确立政府购买社会服务制度，在社区建设、社会福利与救助、青少年教育、社会矫正、监所管理、禁毒、残障康复、人口计生、务工人员服务、婚姻家庭服务等领域推进社会工作人才队伍建设。

农村创业致富带头人建设工程——以农业专业大户、农产品经纪人以及农民专业合作组织、专业技术协会、产业化龙头企业负责人为重点，整合资源，加大扶持力度，努力培养造就一大批农村"经济能人"。到2015年，全省农村创业致富带头人的规模达到5万人以上。

（二）大力开发国家商品粮基地和新型工业基地建设急需紧缺人才

加大经济社会发展重点领域专门人才开发力度，加快人才向重大项目、重点产业和重点领域集聚，着力培育产业人才优势，为国家商品粮基地和新型工业基地建设提供人才保障。

1. 实施"现代农业人才保障工程"。重点培养和引进高产高效农业、畜牧业和实现农业可持续发展需要的高层次农业科技人才。依托农业类高等学校、科研单位、农业产业化龙头企业和重大农业科技项目，加快培养农业学术技术带头人和农业经营管理人才。扩大对外交流与合作，重点抓好生物技术、良种培育、园艺特产、农业节水、疫病防控、防灾减灾等优势农业引智项目。加强基层农业技术推广体系建设和农业技术人才队伍建设，拓宽农业科技成果转化应用通道。发挥农田水利、土地整理、生态保护等工程项目对人才的集聚效应，大力开发农业基础设施建设专门人才。大力培养适应现代农业发展需要的新型农民。到2020年，高层次农业科技人才达到5万人，农业技术人才达到10万人，农业基础设施建设专门人才达到5万人，现代农业领域集聚的各类人才达到40万人。

增产百亿斤商品粮能力建设人才支持计划——加快培养和引进良种繁育、农田水利基础设施、农业生产技术等专业人才，大规模开展粮食综合生产能力配套技术培训，每年重点扶持50名高层次农业科技人才的科研工作，组织500名农业技术推广人才开展学习研修，表彰奖励一批种粮大户和产粮能手。

百镇建设人才支持计划——从省直机关分批选派优秀年轻干部，到全省重点规划建设的100个小城镇开展人才服务工作，组织专家进行技术咨询，加强对本地人才的培训，扶持创业致富带头人，大力推进农业产业化经营。

科技特派员兴业行动计划——坚持市场导向和行政选派相结合，每年选派一批科技人才作为科技特派员，到农村开展科技创业，深化科技服务，推动科技转化，实现科技与农村经济的紧密结合。到2015年，全省每个乡镇都有1名以上科技特派员。

星火科技专家大院建设计划——依托省内农业类高等学校、科研单位的技术和人才优势，在农村优势区域和优势产业建立农业科技成果示范基地，搭建科研与农业生产的合作平台。重点建设50个省级和100个市州级星火科技专家大院。

新型农民培训工程——加强农村科技、生产、经营、卫生、文化等方面的实用人才队伍建设，大力开展农业实用技术、农民创业和农村劳动力转移技能培训，其中农业实用技术培训每年300万人，农民创业培训每年10万人，农村劳动力转移技能培训每年40万人。

2.实施"工业产业跃升人才支撑工程"。重点开发汽车、石化、农产品加工、电子信息、医药、冶金建材、新材料和装备制造业人才，切实保障八大产业跃升人才需求，加快推进新型工业基地建设。依托高等学校、科研院所和大中型企业，建设50个产业人才教育培训基地，加快整车设计、零部件集成、动力总成设计、精细化工、生物化工、生物疫苗、畜产品加工、汽车电子、软件、技术装备等方面专业人才培养。高标准建设100个工程研究中心、100个科技创新中心、20个科技孵化器，力争在汽车及零部件、轨道客车、玉米深加工、光电子、生物疫苗等领域，建成国内领先水平的研发人才基地。完善并逐步创新产学研合作机制，鼓励高校、科研单位和大企业组建人才联盟、技术联盟和产业联盟，提高自主创新能力和抗风险能力。到2020年，全省八个重点发展产业集聚的各类人才达到50万人，基本形成由科技研发人才、工程建设人才、项目管理人才、生产技能人才和市场销售人才协调配套、结构合理的产业人才结构。

技术创新工程——推动重大新产品规模化生产，推进重点企业技术创新能力提升，加强产业公共技术创新平台建设。力争3年内，重点企业科研经费支出占销售额的比重提高到3%以上，再建10个国家级企业技术中心、50个省级企业技术中心、20个省级产业公共技术创新中心、5个国家工程技术（研究）中心和5个国家工程实验室，重大科技成果转化步伐不断加快。

产业科技创新团队建设计划——依托重点企业、重点学科和重点实验室等载体，支持建设50个产业科技创新团队，为工业产业跃升提供技术、人才和成果储备。

百强企业领军人才开发计划——着眼打造一批产业龙头优势企业，重点加强对全省100户重要骨干企业高层经营管理人才的宏观战略、创新思维、国际视野等方面能力素质的培养，造就一批企业集团领军人物。

重大项目人才服务保障工程——针对全省重大项目建设，分析人才需求，论证人才支持，实施政策创新、机制创新和服务创新，建立重大建设项目人才保证制度，实现经济发展和人才集聚的双重效益。

3.实施"现代服务业人才推进工程"。大力开发金融、会展、物流、商贸、创意、旅游、信息服务、科技服务、商务服务、农业服务等现代服务业人才。支持高等学校设立符合服务业发展需求的专业和课程，发挥社会中介机构作用，加快培养服务业急需紧缺人才。完善服务业人才评价标准和办法，建立服务业从业人员资格管理和职业能力认证服务体系。启动"金融人才开发计划"，加快建设吉林金融人才队伍。发挥大型物流园区、高速公路网建设集聚人才的功能，完善与现代物流业相匹配的人才开发体系。依托"东北亚博览会"、"长春汽博会"、"长春农博会"等品牌展会，加快培养一批会展专业人才。推进软件及服务外包人才建设，大力培育动漫人才，打造东北创意人才培养基地。加快会计、审计、法律、咨询、评估设计等中介服务专业人才培养。到2020年，全省现代服务业集聚的各类人才达到80万人，形成一支专业造诣深、通晓国际规则和熟悉现代管理的现代服务业人才队伍。

金融业——重点发展风险管理、金融产品研发、投资评估、保险精算、上市融资、基金管理等方面专业人才。

会展业——重点发展会展策划、品牌塑造、大型项目管理等方面专业人才。

旅游业——重点发展旅游销售、景区管理、旅游产品策划等方面专业人才。

现代物流及交通运输业——重点发展运输调度、仓储管理、加工配送等专业物流实务人才以及高速公路、大型桥梁、涵洞隧道等重大工程建设施工技术人才。

文化产业——重点发展媒体经营、大型文化活动策划等方面文化管理人才，戏剧、曲艺、舞蹈、杂技等演艺人才，出版策划编辑人才，创意和动漫制作人才。

中介服务业——重点发展会计师、审计师、律师、咨询师、评估师等中介服务专业人才。

商贸服务业——重点发展电子商务、连锁经营、营销服务等商务服务人才。

（三）打造以长吉图开发开放先导区为依托的国际化人才交流合作平台

按照长吉图开发开放先导区建设的战略部署，集聚创新人才，优化人才布局，扩大人才交流，实现人才要素配置与区域发展战略相协调，打造区域人才高地。

1. 打造长吉图创新人才集聚地。发挥长吉图地区高等学校集中、科研基础好的优势，加大重点产业发展急需的创业人才、科技人才、高技能人才的培养力度。支持长吉图区域企业、高等学校和科研单位引进一批高层次创新创业人才和团队。建设若干个科技人才创业园区，不断完善人才创业服务体系，支持科技人才创业发展。依托国家和省重大科技攻关项目，重点建设一批科技创新中心、重点实验室和企业技术中心，建设高层次人才创新创业基地，形成一批科技创新团队。支持搭建产学研相结合的创新人才培养平台，完善科技中介服务体系，促进人才创新成果转化为现实生产力。到2015年，建设3—5个国家级高层次人才创新创业基地。

2. 建设区域性人才政策先行区。制定支持长吉图开发开放先导区建设的人才政策意见，加强对域内各市州重要人才政策的统筹，推进人才政策的衔接配套，促进长吉腹地支撑作用与延龙图开放前沿功能有机结合。鼓励域内各市州创新人才工作体制机制，进一步清除束缚人才交流的地域和行政隶属关系限制，消除域内人才政策的差异和壁垒。畅导域内各市州在职业资格（职称）互认、教育资源共享、异地人事代理、创新平台共建、人才展会举办等方面开展合作，推进长吉图人才开发一体化进程。支持域内各类工业园区在人才引进、成果转化、创业孵化、资金投入、表彰奖励等方面创新政策。

3. 形成东北亚国际人才开发圈。积极促进长吉图与国内其他区域及东北亚各国的人才智力交流与合作。组织实施一批国际合作人才项目，吸引东北亚地区及海外优秀人才来吉林工作。在自然资源开发利用、生态建设、环境保护、海洋开发等领域，加强与国内其他区域及东北亚各国的技术合作和智力引进。加快国际产业合作园区建设，推进长春中俄科技园建设，加强引智成果示范基地建设，建立一批国际化人才培训基地。组织东北亚高端人才论坛、"海外专业协会会长吉林行"、"院士专家看吉林"等大型引才引智活动，扩大与东北亚及世界各国间的人才交流与合作。

四、政策措施

（一）加大人才资本投入力度

树立人才投入是效益最好的投入的理念，加大投入力度，突出投入重点，整合投入资源，提高投入效益。

1. 促进人才资本优先积累。优先保证对人才发展的投入，确保财政对人才发展投入的增长幅度高于财政经常性收入增长幅度。各级政府建立人才发展专项资金，纳入财政预算，保障人才发展重大项目的实施。逐步改善经济社会发展的要素投入结构，较大幅度提高人才资本投资比重。

2. 引导资金支持人才创新创业。政府主导的创业风险投资基金、中小企业发展资金等，专项列出人才创新创业扶持资金。实行创业前期费用补贴制度，大力支持企业经营管理人才、科技创新人才、留学归国人才、高校毕业生等创业发展。

3. 充分利用社会资金。支持企业成为人才资源开发的投入主体，鼓励设立各种人才发展资金。充分发挥省人才开发基金的投融资功能，汇聚社会资金投入吉林人才资源开发。大力支持社会各界兴办人才开发和智力转化的中介服务机构。

（二）盘活人才存量资源

加强政策引导，搭建平台载体，延伸工作领域，创新服务方式，充分发挥人才的聪明才智。

1. 引导人才向基层一线流动。支持高等学校、科研院所的科技人才兼职办企业，兼职从事高新技术转化工作。支持职务类发明成果转化。鼓励创新创业人才和技术发明人员到民营企业、中小企业创业。完善党政机关向企业、事业单位人才流动中的社会保险衔接办法，引导党政机关、事业单位人员向企业流动。重点支持业绩突出、对产业发展贡献较大、有发展潜力的优秀人才，在工作条件和生活待遇上给予优惠政策。完善党政人才、企业经营管理人才、专业技术人才交流和挂职锻炼制度。注重从基层和生产一线选拔党政领导干部。

2. 开展人才智力服务。健全完善重大事项决策专家咨询机制，发挥高层次人才咨询参谋作用。改进吉林省高级专家和省有突出贡献中青年专家管理模式，激励各类专家为吉林发展服务。加强专家联系与服务工作。完善高等学校毕业生就业创业政策，引导和鼓励毕业生到基层就业和自主创业，健全保障激励措施。加强少数民族大学生的培养引进，引导各类人才到边疆民族地区服务。扶持各类老年人才协会团体建设，动员和组织离退休老专家积极参与吉林经济建设和社会发展。加大城市人才对农村的支持力度。

3. 促进非公经济组织和社会组织人才发展。制定加强非公经济组织和社会组织人才队伍建设的意见，推动形成与市场经济体制相适应的人才观念和创业机制。消除体制障碍，对非公经济组织和社会组织人才一视同仁，在面向社会的培训、资助、基金、政策等公共资源运用上平等开放，在优化创业环境和工作生活条件上积极提供服务。

4. 建设并发挥吉林省院士专家创业交流基地作用。通过开展学术技术交流、决策咨询论证、高层人才论坛、人才培养培训、科研成果推介、人才风采展示、企业家沙龙、创业投资洽谈等活动，将创业交流基地建设成为开放性好、集成度高、运行高效的人才发展服务基地。

（三）大力引进域外人才

发挥党委政府在引才中的主导作用，在稳定和用好本地人才的同时，大力引进有成果、有技术、有项目，能够直接推动吉林经济社会发展的有用人才。

1. 激发用人单位引才动力。强化企业引才主体地位，支持企业建立研发机构和公共技术平台。鼓励高等学校和科研单位设立更多研究岗位，吸引域外知名专家学者来吉林教学、科研和访问。大力发展科技园区、企业孵化器、博士后站、海外留学生创业园等人才载体，大力发展高新技术产业，着力构建人才引进平台。积极开发培育潜力大、前景好的中小型高新技术企业，形成创业人才的集聚效应。

2. 实施灵活引才政策。完善域外高层次人才担任领导职务、承担科技项目、申请科技资金、参与专家评选及生活待遇等方面特殊政策，实行全方位"绿色通道"服务。建立"量身定制"、一事一议、特事特办的引才工作机制，发挥"不求所有、但求所用"的柔性引才作用。在省级人才开发资金中设立引进人才专项资金，对引进的高层次创新创业人才给予专项资助和生活补贴，及时兑现资金资助、改善工作和生活条件等政策待遇，形成引才示范效应。建立域外高层次人才特聘专家制度，使用好引进人才。表彰奖励为吉林经济建设和社会发展作出突出贡献的海外专家和国际友人。

3. 构筑域外引才网络。发挥驻外机构作用，加强与知名人才中介机构、华侨华人专业团体、留学生组织的交流与合作，拓展人才引进渠道。定期发布人才需求目录，扩大信息交流。建立域外高层次人才信息库，完善域外高层次人才联系制度，加强对域外高层次人才的跟踪、联系与服务。整合对外交流资源，积极发挥省内涉外工作部门职能，形成引才合力。

（四）完善人才工作机制

推进机制创新，提高人才资源的使用效益。

1. 创新人才评价机制。强化能力、业绩和贡献的导向作用，建立以业绩为依据，由品德、知识、能力等要素构成的人才评价指标体系。制定实施体现科学发展观要求的党政领导干部综合评价体系，建立面对急难险重任务、关键时刻发现识别干部的机制。发展和规范企业经营管理人才评价机构，建立社会化的职业经理人资质评价制度。深化职称制度改革，全面推行职称评聘合一，进一步规范专业技术人才职业资格制度。改进科研评价和奖励方式，让科技人才能够潜心研究、勇于创新。完善职业技能鉴定制度，健全农村实用人才职称评定和技能等级鉴定制度。

2. 健全人才选用机制。按照公开、平等、竞争、择优的原则，改革各类人才选拔任用方式。深化党政领导干部选拔任用制度改革，完善竞争性选拔党政领导干部工作机制，探索建立公务员退出机制。完善国有企业管理者市场配置、组织选拔和依法管理相结合的选拔任用制度，加大选聘市场化力度。

以推行聘用制和岗位管理制度为重点，分类推进事业单位人事制度改革。探索试行事业单位领导人员和项目负责人公开招聘制度。广泛开展职业技能竞赛，促进实用技能人才脱颖而出。坚持和完善政府雇员制度。

3. 完善分配激励机制。制定知识、技术、管理等要素参与分配的实施办法，探索建立人才资本和科技成果有偿转移制度。推行企业经营管理者年薪制、期权制、特殊劳动贡献分红等多种分配方式。完善事业单位岗位绩效工资制度，将个人收入与工作实绩和成果转化效益直接挂钩。调整规范各类人才奖项设置，建立以政府奖励为导向、用人单位和社会力量奖励为主体的人才奖励体系。健全完善省政府特殊津贴制度。

（五）推进人才配置市场化

发挥市场在人才资源配置中的基础性作用，建立和完善人才公共服务体系，促进人才合理流动。

1. 改革人才市场管理体制。推进吉林省"人才资源开发促进条例"、"人力资源市场管理条例"等市场法规建设。落实并扩大用人单位自主权，打破人才身份、单位和部门限制，发挥用人单位和人才的市场主体作用。加快政府部门所属人才中介服务机构的公益化进程，引导人才中介服务市场化、产业化。加强政府对人力资源市场的监督管理，扶持发展人才交流协会，加强行业自律。

2. 构建人力资源市场体系。整合政府各类人才市场和劳动力市场，建设城乡统一、开放高效的人才资源市场。规范专业化、行业性人才市场。健全专业化、信息化、产业化、国际化的人才市场服务体系。积极培育专业化人才资源服务机构，大力支持和推进人才服务投资主体的多元化、社会化。设立政府主导的吉林省高端人才中介机构，鼓励国内外知名人才机构和猎头公司落户吉林。

3. 加快人才公共信息平台建设。开发人才市场服务产品，为各类人才提供政策咨询、就业指导、创业辅导、教育培训、人事代理、档案管理、诚信评价和社会保障等方面服务。建设人才信息数据库，实现各类人才市场信息的联网贯通。建立人才预测和信息发布制度，为用人单位和人才提供双向对称的供求信息服务。完善社会化的人才档案公共管理服务系统。

（六）优化人才发展软环境

美化生活环境，加强服务保障，加大宣传力度，努力形成有利于人才创新创业的良好环境和氛围。

1. 优化人才生活环境。加快推进城市化进程，不断完善城市综合服务功能。在留学人员创业园、高科技园区、高等学校等高层次人才集聚区域集中建设一批人才公寓、国际学校等生活、教育、娱乐设施。继续实施青年科技人才住房资助计划。

2. 优化人才服务环境。健全养老、医疗、工伤、失业等各项保险制度。加强高层次人才医疗服务，完善院士专家健康体检和休假疗养制度。建立与院士专家经常化的沟通联系机制，形成跟踪服务高层次人才的工作网络。

3. 优化人才舆论环境。大力培育百花齐放、百家争鸣的学术氛围，激励人才创新创业。积极宣传各类人才的成功经验和先进事迹，进一步营造"尊重劳动、尊重知识、尊重人才、尊重创造"的良好氛围。开展"兴省爱乡"系列宣传活动，引导省内人才积极投身吉林振兴发展。

五、规划纲要实施的组织领导

大力推进人才兴业战略,将人才发展作为经济社会发展规划的重要内容,纳入全局,作出部署。完善规划纲要实施机制,保障规划纲要有效落实。

(一)明确工作责任

省人才工作领导小组负责抓好人才发展规划纲要实施的统筹协调和督查落实工作。分解落实规划纲要各项目标任务,抓紧推进重大人才工程的实施。实行定期听取人才规划纲要落实情况专项报告制度。制定完善党管人才工作格局的实施意见。

(二)统筹各方力量

强化组织部门人才工作"牵头抓总"职责,整合人才工作资源,加强对规划实施的宏观指导。有关部门要结合各自职能,制定推进人才兴业战略实施的专业人才规划和具体政策措施。各人民团体要积极引导社会资源参与规划纲要实施工作。企事业单位要立足自身发展,提高用人主体意识,自觉加强人才资源开发。

(三)加强督促检查

省委组织部会同有关部门加强对规划纲要实施的评估分析,定期向省人才工作领导小组报告。建立人才工作目标责任制,加强对人才工作目标任务的考评和督促检查,推动"一把手"抓"第一资源"的责任落实。加强规划纲要实施的信息公开,强化社会对规划纲要实施的监督。

(四)强化基础建设

深入实施以项目建设为载体推进人才工作的运行机制。开展人才资源开发理论研究,探索新时期人才工作规律。完善人才资源统计调查制度,建立人才资源开发监测指标体系。加强人才工作队伍建设,打造高素质、专业化的人才工作者队伍。

江苏省中长期人才发展规划纲要(2010—2020年)

根据《国家中长期人才发展规划纲要(2010—2020年)》和江苏省经济社会发展实际,制定本规划纲要。

序言

人才是经济社会发展的第一资源。加快人才发展是在激烈的国际竞争中赢得主动的重大战略选择。江苏省委、省政府历来高度重视人才工作,坚定不移地把科教兴省、人才强省作为经济社会发展的主战略。继提出解放思想、解放人才、解放科技生产力后,近几年又进一步提出人才优先发展、优先投入,坚持创新人才发展体制机制,着力培养造就高素质人才队伍,构建创新创业载体,大力引进海内外高层次创新创业人才,积极营造开放的人才国际化环境,推动了人才优势向科技优势、产业优势和竞争优势转化,区域创新能力跃居全国第一。

目前，全省人才资源总量760万人，其中具有高级专业技术职称或研究生学历的高层次人才36万人，两院院士89人，均居全国前列。2009年，全省人才贡献率26.2%，科技进步贡献率52.3%，实现高新技术产业产值2.2万亿元，占规模以上工业总产值比重达30.1%。但是，也必须清醒地看到，我省人才发展与新形势新任务的要求还存在不相适应的地方：高层次人才特别是领军型人才紧缺，人才结构性矛盾较为突出，人才资源开发投入不足，人才发展体制机制还不够完善，企业在人才开发中的主体作用尚未充分发挥，人才国际化步伐还需要进一步加快等。

未来十年，是江苏加快转变发展方式、推动经济转型升级、全面建设更高水平小康社会、向基本现代化迈进的重要时期，也是经济全球化和科技革命、产业革命深入发展的重要时期。面对国际和区域竞争日趋激烈、资源和环境制约日益凸显的新挑战，必须深入实施科教兴省、人才强省战略，把加强人才队伍建设作为强省之基、竞争之本、转型之要，摆到特别突出的位置，科学规划，深化改革，重点突破，整体推进，形成江苏长远发展的新优势，不断开创人才辈出、人尽其才的新局面。

一、指导思想、基本原则和战略目标

（一）指导思想

高举中国特色社会主义伟大旗帜，以邓小平理论和"三个代表"重要思想为指导，深入贯彻落实科学发展观，紧紧围绕"两个率先"，大力实施人才强省战略，坚持党管人才原则，遵循社会主义市场经济规律和人才成长规律，加快人才发展体制机制改革和政策创新，大力推进人才国际化，以高层次领军人才为重点，统筹各类人才队伍建设，促进经济发展方式向主要依靠科技进步和劳动者素质提高、管理创新转变，为推动科学发展、建设美好江苏提供坚强的人才保证和广泛的智力支持。

（二）基本原则

人才优先，引领发展。把服务科学发展作为人才工作的根本出发点和落脚点，确立在经济社会发展中人才优先发展的战略布局，坚持人才资源优先开发、人才结构优先调整、人才投资优先保证、人才制度优先创新，以人才优先发展引领经济社会又好又快发展。

以用为本，优化结构。把用好用活人才、充分发挥人才作用作为人才工作的根本任务，积极为各类人才创新创业搭建平台，引导和鼓励各类人才向经济社会发展一线集聚，加快人才结构调整，促进人才结构与经济社会发展相协调。

突出重点，整体推进。突出培养造就一批高层次创新创业人才，大力开发重点产业和重点领域急需紧缺专门人才，充分发挥高层次人才在经济社会发展和人才队伍建设中的引领作用，统筹推进各类人才队伍建设，提升江苏人才队伍的整体素质和国际竞争力。

多元开发，形成合力。充分调动全社会人才开发的积极性，推进城乡、区域、产业、行业和不同所有制人才资源开发，健全政府引导、用人单位主导、社会共同开发的多元投入机制，整合各方面资源和力量，形成整体推动人才工作的强大合力。

优化环境，激发活力。着力打造有利于人才发挥作用的政策环境、工作环境、学术环境、社会环境、文化环境和生活环境，完善激励机制和保障机制，最大限度地激发人才的创造活力，吸引更多的人才到江苏发展、更多的创新成果到江苏转化，使江苏成为各类人才创新创业的热土。

（三）战略目标

到 2015 年，区域创新能力继续走在全国前列，率先建成人才强省。到 2020 年，把江苏建成优秀人才集聚高地，人才发展的主要指标达到国际先进水平，具体指标如下：

——规模不断壮大。人才资源总量 1300 万人，年均增长 5% 左右，每万人口拥有人才数 1600 人，专业技术人才总量超过 700 万人，高技能人才总量 280 万人，继续保持在全国领先地位。

——结构趋于合理。重点发展的新兴产业高层次、高技能人才实现"双倍增"目标，高层次人才占人才资源总量比例 5.4%，高技能人才占技能劳动者比例 32%，区域人才布局趋于优化。

——素质大幅提升。高等教育毛入学率达 60%，主要劳动年龄人口受过高等教育比例达 26%，每万劳动力中研发人员达 55 人年。

——环境逐步优化。建立健全符合各类人才特点、有利于促进人才全面发展的人才开发制度体系，营造创新活力最强、创业成本最低、服务效能最优、人居条件最佳的人才环境；全省人力资本投资占 GDP 比例 17%。

——效能明显增强。人才对经济社会发展的促进作用明显增强，人才贡献率达 48%；发明专利授权量 3 万件，专利总量与论文数量继续居全国前列；自主创新能力显著增强，形成一批具有核心技术的高新技术产业群。

二、人才队伍建设重点和主要任务

（一）突出培养造就高层次创新创业人才

围绕发展创新型经济的需要，以高层次创新创业领军人才和团队为重点，培养造就一批能够突破关键技术、具有自主知识产权的创新型科技人才和依靠核心技术自主创业的科技企业家，建设规模宏大的高层次创新创业人才队伍。到 2020 年，全省高层次创新创业人才总量达 10 万人，其中高层次科技创业人才总量达 4 万人。

主要举措：创新人才培养模式，建立学校教育和实践锻炼相结合、国内培养和国际交流合作相衔接的开放式培养体系。组织实施"双创"人才工程，推进高层次创新创业人才引进计划、特聘教授计划、科技企业家培育计划，重点加强"江苏科技创新团队"建设。深化产学研合作，重视发挥企业引才用才的主体作用，建设一批高层次人才创新创业基地，引导高校与企业、地方政府共建各类创新创业载体，推动高层次创新型科技人才向企业集聚和依靠核心技术自主创业。

（二）大力开发重点产业和重点领域急需紧缺人才

适应构建现代产业体系的需要，大力开发重点产业和重点领域急需紧缺专门人才。到 2020 年，在新能源、新材料、生物技术和新医药、节能环保、软件和服务外包、物联网、电子信息、光电、船舶、工程机械、新能源汽车、轨道交通等重点产业和领域培养引进急需紧缺专门人才 100 万人。重点产业和领域各类专业人才数量充足，整体素质和创新能力显著提升，人才结构明显优化。

主要举措：加强产业、行业人才发展统筹规划和分类指导，开展人才需求预测，定期发布急需紧缺人才目录。调整优化高校学科专业设置，完善重点产业和领域学科体系。组织实施新兴产业人才工程，推进新一轮六大人才高峰行动计划，加大对新兴产业人才引进和培养力度。制定优惠政策，引导和鼓励高校、科研院所和海外高层次人才向新兴产业集聚。

（三）全面加强人才队伍建设

1. 党政人才队伍。按照加强党的执政能力建设和先进性建设的要求，以提高领导水平和执政能力为核心，建设一支眼界宽、思路宽、胸襟宽的高素质党政人才队伍。到2020年，全省党政人才大学本科以上学历达95%，专业化水平明显提高，结构更加合理，总量相对稳定。

主要举措：适应科学发展要求和干部成长规律，组织实施党政人才能力提升计划、公务员能力培训计划，构建理论教育、知识教育、党性教育和实践锻炼"四位一体"的干部培养教育体系，开展大规模干部教育培训。加强女干部、少数民族干部、非中共党员干部的培养选拔和教育培训工作。坚持德才兼备、以德为先用人标准，树立坚定信念、注重品行、科学发展、崇尚实干、重视基层、鼓励创新、群众公认的用人导向。扩大干部工作民主，完善公开选拔、竞争上岗、公推公选等竞争性选拔党政领导干部方式，促进优秀人才脱颖而出。建立健全党政干部岗位职责规范及其能力素质评价标准，加强工作业绩考核。

2. 企业经营管理人才队伍。适应经济国际化需要，以提高现代经营管理水平和企业国际竞争力为核心，以战略企业家和职业经理人为重点，加快推进企业经营管理人才职业化、市场化、专业化和国际化，培养造就一大批具有全球战略眼光、市场开拓精神、管理创新能力和社会责任感的优秀企业家。到2015年，企业经营管理人才总量达190万人；到2020年达230万人，培养造就80名左右能够引领江苏企业跻身中国500强的企业家，国有企业领导人员通过市场化方式选聘的比例达到30%。

主要举措：深入实施万名企业家素质提升计划、千名企业家EMBA培养计划、千名苏商海外培训计划，依托知名跨国公司、国内外高水平大学和其他培训机构，加强企业经营管理人才培训。采取组织选拔与市场化选聘相结合的方式选拔国有企业领导人员。完善以市场和出资人认可为核心的企业经营管理人才评价体系，积极发展企业经营管理人才评价机构，建立社会化的职业经理人资质评价制度。

3. 专业技术人才队伍。适应推动经济社会又好又快发展的需要，以提高专业水平和创新能力为核心，以高层次人才和紧缺人才为重点，造就一批在国内外具有较大影响的高级专家，打造一支规模宏大、素质优良、结构合理的专业技术人才队伍。到2015年，专业技术人才总量达560万人；到2020年达700万人。

主要举措：组织实施高层次人才引进工程、青年人才工程、高层次文化人才工程、现代服务业人才工程、教育卫生人才工程，深入实施333高层次人才培养工程、专业技术人才知识更新工程，进一步扩大专业技术人才队伍培养规模，提高专业技术人才创新能力。加大新兴产业、现代服务业等领域人才培养开发力度，重视传统产业各类技术人才的培养。发挥各类社会组织培养专业技术人才的作用。统筹推进专业技术职称和职业资格制度改革，改进专业技术人才收入分配等激励办法。

4.高技能人才队伍。适应建设制造业高地的要求,以提升职业素质和职业技能为核心,以技师和高级技师为重点,努力建设一支数量充足、门类齐全、梯次合理、技艺精湛的高技能人才队伍。到2015年,高技能人才总量达180万人;到2020年达280万人,占技能劳动者总数的32%,其中技师、高级技师达50万人。

主要举措:完善以企业为主体、职业院校为基础,学校教育与企业培养紧密联系、政府推动与社会支持相结合的高技能人才培养培训体系。继续加大省重点技师学院建设力度,依托大型骨干企业(集团)、技师学院、高级技工学校,建设一批示范性省级高技能人才培养基地、公共实训基地和技能大师工作室。研究制定高技能人才与工程技术人才职业发展贯通办法。组织实施高技能人才工程,大力推进千名企业首席技师培养计划。完善高技能人才评选表彰制度,进一步提高高技能人才经济待遇和社会地位。

5.农村实用人才队伍。适应社会主义新农村建设需要,以提高科技素质、职业技能、经营能力为核心,以农村实用人才带头人和农村生产经营型人才为重点,培育一支服务农村经济社会发展、数量充足的农村实用人才队伍。到2015年,农村实用人才总量达155万人;到2020年,达180万人,其中,具有中高级技术等级20万人,每个行政村主要特色产业至少有5—10名示范带动能力强的带头人。

主要举措:组织实施现代农业人才工程,推进农村实用人才培育计划,大规模开展农村实用人才培训,充分发挥农村现代远程教育网络、农业广播电视学校、农业技术推广体系、各类职业学校和培训机构的主渠道作用。鼓励和支持农村实用人才带头人牵头建立专业合作组织和农业企业。在创业培训、项目审批、信贷发放、土地使用等方面制定优惠政策,积极扶持农村实用人才创业兴业。加大对农村实用人才的表彰激励和宣传力度,提高农村实用人才社会地位。

6.社会工作人才队伍。适应构建社会主义和谐社会的需要,以人才培养和岗位开发为基础,以中高级社会工作人才为重点,培养造就一支职业化、专业化的社会工作人才队伍。到2015年,社会工作人才总量达20万人;到2020年,达30万人。

主要举措:制定加强社会工作人才队伍建设的意见,设立社会工作人才队伍建设专项资金,加快构建不同学历层次教育协调配套、专业培训和知识普及有机结合的社会工作人才培养体系。建设一批社会工作培训基地,加强社会工作从业人员专业知识培训,制定社会工作培训质量评估指标体系。加大政府购买社会工作服务和岗位开发力度,落实薪酬待遇,完善激励措施。建立社会工作人才和志愿者队伍联动机制。

三、重点人才工程

(一)"双创"人才工程

围绕提升江苏自主创新能力,重点支持一批具有自主创新成果的高层次创新创业人才,到2020年,全省共资助3万人,其中省级资助5000人;全省建设1万个创新团队,其中省级重点资助200个能够突破核心技术、实现产业技术跨越的科技创新团队。

（二）高层次人才引进工程

围绕我省发展战略目标，到 2020 年，分层次、有计划、大规模引进海外留学回国人员 3 万名。依托重点学科、重点实验室、重点创新项目，引进能够发展高新技术产业、带动新兴学科发展以及教育、文化、卫生等领域拔尖人才 3000 名，其中，省级资助引进 1000 名。

（三）青年人才工程

着眼于提升江苏未来人才竞争力，对我省经济社会各领域具有培养潜质的青年人才进行基础性培养和战略性开发。每年从各行业选拔一批青年拔尖人才，采取境外培训、学术交流、项目资助等举措，进行重点培养扶持。到 2020 年，培养 6000 名在各领域具有较高水平、取得显著成果和突出业绩，并能推动地区和行业发展的青年人才。

（四）"三支队伍"培训工程

坚持境内培训与境外培训相结合，在国内知名高校建立培训基地，与境外培训机构合作，开展专业培训。到 2020 年，培训各级党政领导干部 3 万人，其中境外培训 2000 人；培训规模以上企业主要负责人 2 万人，其中境外培训 2000 人；培训各类高层次专业技术人才 2 万人，其中境外培训 2000 人。

（五）新兴产业人才工程

制定优惠政策，引导和鼓励高校、科研院所和海外高层次人才向新兴产业集聚。加强与海外合作，建设一批新兴产业基地，建立一批企业技术中心、工程中心、工程研究中心，引进和培养新兴产业发展急需紧缺人才。到 2020 年，我省重点发展的新能源、新材料、生物技术和新医药、节能环保、软件和服务外包、物联网等新兴产业高层次专业人才新增 10 万名。

（六）高层次文化人才工程

围绕建设文化强省，培养造就一批具有广泛影响和较高造诣的宣传思想领域高层次人才，以及具有丰富文化产业工作经验、熟悉文化产业发展趋势的文化产业领军人才。到 2020 年，省资助培养、引进的高层次文化人才达 2000 名，其中，文化艺术名家 200 名、文化产业领军人物 200 名。

（七）现代服务业人才工程

围绕促进现代服务业发展，以金融保险、服务外包、软件和信息服务、现代物流和商务服务人才等为重点，大幅度提升现代服务业人才的综合素质和专业水平，构建江苏现代服务业人才高地。到 2020 年，培养和引进高层次金融保险人才、服务外包人才、软件和信息服务人才、现代物流人才、公共服务人才 5 万名。

（八）教育卫生人才工程

着眼于推进教育创新，加快建设高素质的教育人才队伍。到 2020 年，面向海内外选聘 400 名特聘教授，造就一批教育家、教学名师和学科领军人才，组织 3 万名各级各类学校校长、教师和学校管理人员赴国外培训。适应深化医药卫生体制改革、保障全民健康需要，加大对卫生人才培养支持力度。到 2020 年，面向海外引进 50 名特聘医学专家，建设 100 个医学创新团队，培养 500 名医学重点人才，培训 2.5 万名住院医师、全科医师。

（九）高技能人才工程

建设高技能人才培训基地，在各省辖市和重点行业各建成一所省重点技师学院，建设电子信息、装备制造、生物医药、石油化工、港口物流等专项公共实训基地，加快培养造就一批社会紧缺、企业急需的高技能人才。到2020年，新增高技能人才200万人，其中，紧缺型技师、高级技师10万人。

（十）现代农业人才工程

着眼于提高我省农业科技创新能力，加快发展现代农业，到2020年，引进和培育100个现代农业科技创新团队，培养涉农专业中专毕业生或持有职业资格证书的农民共100万名，培育10万名现代农业技术推广人才，10万名农业产业化龙头企业负责人、农民专业合作组织带头人、农村经纪人等经营服务人才。

四、制度创新和政策取向

（一）深化人才管理体制改革

1. 坚持党管人才的领导体制。建立党委、政府"一把手"抓"第一资源"的目标责任制，把人才发展主要指标纳入经济社会发展规划，把人力资本投资作为经济社会发展的重要考核指标。党委组织部门牵头抓总，重点抓好战略思想研究、总体规划制定、重大政策统筹、重大工程组织、重点人才培养、重大典型宣传。发挥政府人力资源管理部门作用，强化各职能部门人才工作职责，充分调动各人民团体、企事业单位、社会组织的积极性，动员和组织全社会力量，形成人才工作整体合力。

2. 改进人才管理方式。围绕用好用活人才，完善政府宏观管理、市场有效配置、单位自主用人、人才自主择业的人才管理体制，逐步建立与国际接轨的人才资源开发机制。扩大"人才特区"试点区域，推广试点工作经验，加快政府人才管理职能向培育创新创业平台、发挥企业主体作用、营造良好发展环境、提供优质高效服务转变，建成规范有序、公开透明、便捷高效的人才公共服务体系。深化国有企业和事业单位人事制度改革，扩大和落实单位用人自主权。发挥用人单位在人才引进、培养和使用中的主体作用。

3. 推进人才工作法制化进程。完善人才法规体系，重点围绕国家人才开发促进法和终身学习、工资管理、事业单位人事管理、职业资格管理等方面的法律法规，研究制定符合江苏实际的配套法规，修订《江苏省人才流动管理暂行条例》《江苏省专业技术人员继续教育条例》等法规，完善人才引进、培养、使用、评价、激励、保障等人才资源开发各个环节的法规体系，形成有利于人才全面发展的法制环境，切实保护人才和用人主体的合法权益。推行执法责任制、评议考核制，加大人才法规执行力度。

（二）创新人才发展机制

1. 人才培养开发机制。优先发展教育事业，完善现代国民教育和终身教育体系，调整优化高等学校学科专业设置，注重在实践中培养造就人才，构建人才培养目标与阶段性经济社会发展目标相适应、人才知识结构同产业结构调整相协调的人才培养开发机制。完善继续教育配套政策，加强继续教育统筹规划，整合各类教育培训资源，改革职业教育模式，分层分类开展人才继续教育。建立以重大人才工程为引领、区域行业人才工程为支撑、社会力量广泛参与的人才培养体系。加大政府对人才教育培训的投入，健全政府、单位和个人共担的人才培养开发投入机制。

2. 人才评价发现机制。建立以岗位职责要求为基础，以品德、能力、业绩为导向，科学化、社会化的人才评价发现机制。健全科学的职业分类体系，完善体现各类人才特点的能力素质指标体系，推行党政人才群众认可、企业经营管理人才市场和出资人认可、专业技术人才和技能人才业内和社会认可的评价方法，克服唯学历、唯论文倾向，注重靠实践和贡献评价人才。发挥用人单位评价主体作用，发展专业化、社会化的人才评价组织。开发应用现代人才测评技术，提高人才评价的科学化水平。建立在重大科研、工程项目实施和急难险重工作中发现、识别人才的机制。健全举才荐才的社会化机制。

3. 人才选拔任用机制。改革各类人才选拔使用方式，科学合理使用人才，努力实现人岗相适、用当其时、人尽其才，形成有利于各类人才脱颖而出、充分施展才能的选人用人机制。深化党政人才选拔任用制度改革，提高选人用人公信度。不断完善公开选拔、竞争上岗制度，推进公推公选制度化常态化，积极探索重要岗位领导干部实行差额选拔。规范干部选拔任用提名制度，加大干部交流力度，坚持和完善党政领导干部职务任期制。分类推进事业单位人事制度改革,完善事业单位岗位公开招聘、竞聘上岗和合同管理制度。建立组织选拔、市场配置和依法管理相结合的国有企业领导人员选拔任用制度，健全企业经营管理人才市场化选聘机制。

4. 人才流动配置机制。根据完善社会主义市场经济体制的要求，推进统一规范的人力资源市场体系建设，建立政府部门宏观调控、市场主体公平竞争、中介组织提供服务、人才自主择业相配套的人才流动配置机制。完善党政人才、企业经营管理人才、专业技术人才交流融通的政策措施。健全人才市场供求、价格、竞争机制，进一步促进人才供求主体到位。积极参与长三角人才资源一体化进程，推进城市互联、发展互动、证书互认。推动国内和国际人才市场的融通，促进国内外人才交流与合作。

5. 人才激励保障机制。完善分配、激励、保障制度，建立健全与工作业绩紧密联系、充分体现人才价值、鼓励人才创新创造和维护人才合法权益的激励保障机制。建立产权激励制度，制定知识、技术、管理、技能等生产要素按贡献参与分配的办法。完善事业单位岗位绩效工资制度。探索高层次人才、高技能人才年薪制、协议工资制和项目工资制等多种分配形式，对高端人才按国际标准支付报酬。加大对人才在科技研发、项目承包、创业、兼职、流动等活动中的法律保护力度。依法保护承担国家重点工程、涉及国家秘密和企业核心技术或商业秘密的人才及其合法权益。制定人才补充保险办法，设立人才社会保障基金，建立重要人才政府投保制度。建立江苏荣誉制度。

（三）重大政策

1. 促进人才投入优先保证的财税金融政策。各级政府要大幅度增加人才发展投入，大幅度提高人才投入占财政支出比例，确保教育、科技支出增长幅度高于财政经常性收入增长幅度，卫生投入增长幅度高于财政经常性支出增长幅度。逐步改善经济社会发展的要素投入结构，不断提高人力资本投资占GDP比重，10年提高4个百分点。各级财政设立人才发展专项资金，纳入财政预算，不低于本级财政一般预算收入的3%，用于人才引进、培养、使用、奖励等。制定税收优惠政策和金融信贷扶持政策，鼓励企业和社会组织建立人才发展资金，多形式投资人才资源开发。加强人才投入产出效益评估，提高人才资金的使用效率。

2. 引导和鼓励人才创新创业政策。继续加大人才创新创业财政投入力度，整合科技项目资金，重点支持拥有自主知识产权的高层次人才创新创业。促进知识产权质押融资、创业贷款等业务的规范发展，完善知识产权、技术等作为资本参股的措施，加大税收优惠、财政贴息力度，支持和鼓励高层次人才领办和创办科技型企业。扩大省风险投资基金规模，加快发展各类创投机构，为高层次人才创新创业提供投融资服务。对科技人才创业项目实行税收减免，将科技创新产品优先列入政府采购目录，同等条件下优先获得政府采购合同。

3. 人才创新创业服务平台建设政策。依托开发园区和重点企业，普遍建立科技研发机构和科技企业孵化器，着力打造技术公共服务、技术成果交易、创新创业融资服务和社会化人才服务"四大平台"。按照合理布局、错位发展、优势互补的原则，加快现有开发区、高新技术园区、科技园、创业园区的转型升级，依托各类园区建设一批机制灵活、功能齐全、配套完善的创新创业孵化器。围绕我省重点发展的产业和领域，加快企业创新载体建设，建设一批国家级、省级产业示范基地和技术服务示范平台。引导和鼓励企业与高等院校、科研院所共同建立实验室、研发机构等各类研发平台。

4. 产学研合作培养人才政策。建立政府指导下以企业为主体的产学研战略联盟，支持企业与高等院校、科研院所联合培养高层次人才和创新团队。依托国家重大人才计划和省重点人才工程以及科研、工程、产业攻关等项目，在创新实践中培养人才。从高等院校、科研院所选派科技人才到县（市、区）、乡镇挂职服务。鼓励支持企业在高校、科研院所设立人才基金，建立研发机构。拓宽高等院校、科研院所、企业高层次人才相互流动渠道，选聘一批科技企业家到高校担任兼职教授，推行产学研联合培养研究生的"双导师制"。

5. 引导人才向企业集聚政策。通过财政资金引导、激励政策扶持，激发企业人才开发的内生动力。政府对人才和科技的投入向企业倾斜，支持和鼓励企业大力引进各类人才，加强研发机构建设。实施"企业博士集聚计划"，对到企业工作的博士研究生给予专项奖励。改革高等院校、科研院所人才评价和激励办法，建立科学合理的知识产权权益分配机制，鼓励高等院校、科研院所高层次人才到企业转化科技成果或开展联合攻关。

6. 引导人才向沿海、苏北和基层流动政策。围绕沿海开发的重点产业，在创新创业平台建设、各类项目申报等方面制定优惠政策，引导人才向沿海地区流动。积极引导和鼓励高校毕业生到基层创业就业、到村（社区）任职。加大"苏北急需人才引进专项资金"的投入力度，逐年递增。从省级机关、苏南选派领导干部到沿海和苏北地区任职、挂职，从高等院校、科研院所、医疗机构选派高层次人才到沿海和苏北地区开展科技对接、技术支持，不断提升沿海和苏北地区的发展后劲，促进区域共同发展。

7. 人才国际化政策。实行海外高层次人才"居住证"制度，在税收、保险、住房、子女入学、配偶安置、承担重大科技项目、参与国家标准制定和政府奖励等方面享受本土人才同等待遇。加大引进国外智力工作力度，完善国外智力资源供给、市场准入、使用激励、成果共享等政策措施，鼓励海外留学人员到江苏工作、创业或以多种方式为江苏服务。支持高等院校、科研院所与海外高水平教育、科研机构建立研发基地。推动企业设立海外研发机构，吸收国际优秀人才为其服务。鼓励和资助优秀科学家参与国际重大科技计划、科技工程、学术研究。逐步扩大公派出国留学和外国学生来江苏留学规模。

8. 促进人才发展的公共服务政策。整合现有人才公共服务资源，强化政府人才发展公共服务职能，完善政府购买公共服务制度，创新政府与社会合作提供公共产品和公共服务的运作模式，建立功能齐全、运转高效、服务便捷的人才公共服务体系。完善非公有制经济组织和新社会组织人才发展平等待遇政策。支持人才公共服务产品开发，加强对人才公共服务产品的标准化管理。鼓励民营资本投资人才公共服务平台建设，实现人才公共服务投入多元化。

9. 知识产权保护政策。贯彻落实《江苏省知识产权战略纲要》，完善知识产权法律法规，建立健全知识产权有效保护机制。制定促进知识产权转移的政策措施，明确科技成果所有者在知识产权转移中的权利和义务，促进自主创新成果的知识产权化、商品化、产业化。完善政府资助开发的知识产权权利归属和利益分享机制，保护知识产权权利人的合法权益。建立专利技术交易市场和信息平台。加强知识产权行政执法体系建设，坚决查处和制裁恶意侵犯知识产权的不法行为，提高执法效率和水平。加强知识产权保护和管理的国际合作与交流。

10. 人才表彰奖励政策。完善各类人才表彰奖励制度，调整规范人才奖项设置，坚持精神奖励和物质奖励相结合，健全以政府奖励为导向、用人单位和社会组织奖励为主体的人才奖励体系。省委、省政府设立"江苏杰出人才奖"、"江苏创新创业人才奖"、"江苏留学回国先进个人奖"，表彰奖励在江苏经济社会发展中作出突出贡献的人才，激发全社会的创造活力，让人才受尊敬、有地位、得利益，进一步在全社会形成尊重劳动、尊重知识、尊重人才、尊重创造的浓厚氛围。

五、组织和实施

（一）加强组织领导

省人才工作领导小组负责本规划纲要的组织实施、统筹协调和宏观指导。制定规划纲要落实的实施细则和重大人才工程的实施办法，分解细化规划纲要确定的目标任务，切实抓好规划纲要的贯彻落实。各地各部门按照责任分工，制定详细的贯彻落实计划，确保规划纲要各项任务落到实处。

（二）建立健全人才发展规划体系

各地各部门要根据经济社会发展目标，结合本规划纲要，编制本地本行业的人才发展规划，注重与本规划纲要的配套衔接，突出本地本行业人才发展重点，形成上下衔接、各方协调的全省人才发展规划体系。

（三）强化督查考核和监控评估

制定规划纲要实施情况的监控指标体系，组织开展中期评估，适时进行动态调整，建立规划纲要实施情况的定期报告制度和考核制度，确保规划纲要有效实施。

（四）加强人才工作基础性建设

开展人才工作战略性研究，积极探索人才资源开发规律。强化人才统计工作，建立健全人才资源统计和定期发布制度。推进人才信息化建设，完善人才信息网络和数据库。加强人才工作队伍建设，加大培训力度，提高人才工作队伍的政治素质和业务水平。

（五）营造良好的舆论氛围

广泛宣传本规划纲要的重大意义、目标任务、重大举措，宣传各地各行业引进、培养和使用人才的成功经验、典型案例，特别是加大对作出突出贡献人才的宣传力度，进一步营造全社会关心、支持人才发展的舆论氛围，形成人人都作贡献、人人都能成才的社会环境。

江西省中长期人才发展规划纲要（2010—2020年）

为全面贯彻科学发展观和人才观，更好实施人才强省战略，着眼于在新的起点上实现江西崛起新跨越提供强有力的人才保证，特制定本纲要。

一、发展基础

省委、省政府高度重视人才工作。进入新世纪以来，特别是全省人才工作会议以来，各级各部门认真落实省委、省政府《关于贯彻〈中共中央、国务院关于进一步加强人才工作的决定〉的实施意见》、《江西省"十一五"时期加强人才队伍建设的意见》精神，全面推进人才开发、人才集聚和领军人才建设等"三大工程"，积极创新机制，完善举措，人才发展取得显著成效：人才总量稳步增长，人才素质整体提高，人才结构继续优化，高层次人才队伍建设取得明显成效，人才环境进一步改善，党管人才工作新格局基本形成，人才对经济社会发展的作用日益凸显。截至2009年，全省人才总量达387.68万人，比2003年增长1倍多，人才跨省流入与流出比由2003年的1：1.2转变为1.4：1，扭转了人才流失的局面。

我省人才工作取得了较大成绩，但还存在一些深层次的矛盾和问题。主要是：高层次创新型人才匮乏，人才创新创业能力不强，围绕重大项目组建的优秀人才团队依然不足；人才资源结构和分布不尽合理，适应国内外竞争要求和支撑江西产业结构优化升级的领军人才较为短缺，高层次人才流失状况未能根本扭转；人才环境有待改善，人才效益未充分发挥，人才公共服务体系尚待完善，人才发展体制机制障碍仍然存在，人才资源开发投入不足，人才的积极性、主动性、创造性还没有得到充分发挥，等等。

未来十年，是我省加快实现在中部地区崛起、全面建设小康社会的关键时期，也是我省人才事业发展的重要战略机遇期。面对新形势新任务，我们必须大力实施人才强省战略，加快人才发展步伐，努力开创人才辈出、人尽其才的良好局面。

二、指导思想、基本原则和战略目标

（一）指导思想

高举中国特色社会主义伟大旗帜，以邓小平理论和"三个代表"重要思想为指导，深入贯彻落实科学发展观，尊重劳动、尊重知识、尊重人才、尊重创造，更好实施人才强省战略，坚持党管人才原则，遵循社会主义市场经济规律和人才成长规律，以提升人才自主创新能力为主线，以开发高层次创新型科技人才和经济社会发展重点领域人才为重点，以鄱阳湖生态经济区和十大战略性新兴产业为载体，以创新人才体制机制为动力，以优化人才发展环境为保障，进一步解放思想、解放人才、解放科技生产力，加快区域性人才高地建设进程，为实现江西科学发展、进位赶超、绿色崛起提供坚强的人才保证和智力支撑。

（二）基本原则

1. 人才优先原则

适应推动经济发展方式向主要依靠科技进步、劳动者素质提高、管理创新转变的要求，确立在经济社会发展中人才优先发展的战略布局，充分发挥人才的基础性、战略性作用，做到人才资源优先开发、人才结构优先调整、人才投资优先保证、人才制度优先创新，以人才优先发展促进经济社会又好又快发展和人的全面发展。

2. 以用为本原则

把充分发挥各类人才的作用作为人才工作的根本任务，围绕用好用活人才来培养人才、引进人才，积极为人才营造干事创业的良好环境，真正做到人尽其才、才尽其用，使人才价值在使用中得到体现、在使用中得到回报、在使用中得到提升。

3. 改革创新原则

把深化改革作为推动人才发展的根本动力，坚决破除束缚人才发展的思想观念和制度障碍，构建与社会主义市场经济体制相适应、有利于科学发展的人才发展体制机制，最大限度地激发人才的创新潜能和创造活力。

4. 统筹兼顾原则

坚持观念更新与工作创新相结合、一般性人才开发与优秀拔尖人才培养相结合、引进人才与用好人才相结合、宏观调控与市场配置相结合，以高层次创新型人才为先导，以应用型人才为主体，根据经济社会发展战略目标和不同时期建设重点，统筹各类人才队伍建设，推进城乡、区域、产业、行业和不同所有制人才资源开发，鼓励和支持人人都作贡献、人人都能成才、行行出状元。

5. 服务发展原则

把服务科学发展作为人才工作的根本出发点和落脚点，人才工作的目标任务围绕科学发展来确立，人才工作的政策措施根据科学发展来制定，人才工作的成效用科学发展的成果来检验。

(三）战略目标

1. 总体目标

到2020年，全省人才发展的总体目标是：在重大产业、重点领域集聚和培养若干在国际有影响力的拔尖人才、一批在国内有竞争力的领军人才，培养造就一大批在本职岗位创新创业创优的各类优秀人才；人才竞争力显著增强，人才体制机制更加完善，人才发展环境不断优化，各类人才结构和分布更加合理，基本建成具有一定影响力和较强竞争力、特色鲜明的区域性人才高地，实现建设人才强省目标。

2. 具体目标

人才队伍规模不断壮大。到2015年，全省人才资源总量达到548万人；到2020年达到658万人，人才资源占人力资源总量的17.6%左右。

人才素质大幅度提高。到2015年和2020年，主要劳动年龄人口受过高等教育的比例分别达到16%和22%，每万劳动力中R&D（研究与试验发展）人员分别达到16人年和21人年，高技能人才占技能劳动者的比例分别达到29%和30%。

人才结构更加合理。党政人才、企业经营管理人才、专业技术人才、高技能人才、农村实用人才、社会工作人才等各支队伍建设更加协调，重点行业、重点领域的高层次人才实现"倍增"目标，非公有制经济组织人才比例增大，三次产业人才分布更加合理，人才集聚与区域经济发展良性互动，地区、城乡之间人才队伍协调发展。

人才环境进一步优化。人才发展体制机制创新取得突破性进展，人才使用效能明显提高。到2015年和2020年，人力资本投资占GDP比例分别达到13.8%和16.4%，人力资本对经济增长贡献率分别达到30%和36%，其中人才贡献率分别达到34%和38%。

三、人才队伍建设主要任务

（一）重点抓好鄱阳湖生态经济区人才开发

围绕把鄱阳湖生态经济区建设成为全国大湖流域综合开发示范区、长江中下游水生态安全保障区、加快中部崛起重要带动区、国际生态经济合作重要平台的发展定位，以促进生态和经济协调发展为主线，以体制创新和科技进步为动力，大力加强人才队伍建设，着力提升区域人才竞争力，努力把鄱阳湖生态经济区打造成为带动全省、辐射周边、影响全国的区域性人才顺畅流动集散港、人才创新创业大平台、人才强势竞争的桥头堡，为实现经济社会科学发展、绿色发展、和谐发展、可持续发展奠定人才基础。

1. 建设鄱阳湖生态经济区人才高地

按照鄱阳湖生态经济区规划的湖体核心保护区、滨湖控制开发带、高效集约发展区功能区划，着力在构建以生态农业、新型工业和现代服务业为支撑的环境友好型产业体系中发挥人才作用。组织实施"赣鄱英才555工程"，重点围绕光伏、风能核能及节能、新能源汽车及动力电池、航空制造、半导体及绿色照明、金属新材料、非金属新材料、生物和新医药、绿色食品、文化创意等十大战略性新兴产业，坚持以学科建设为龙头、以平台建设为依托、以科技项目为支撑，加强急需紧缺人才的培养和引进，建设一批具有江西特色、结构合理、素质优良、在国内外有较大影响的优势科技创新团队。加强对优势高新技术产业的原始创新、应用开发和科技成果转化，通过产业集群发展聚集大量优秀人才，并以人才集群开发促进产业集群的发展，努力使鄱阳湖生态经济区成为高层次人才聚集地。

2. 探索鄱阳湖生态经济区人才管理改革试验区建设

解放思想，积极探索，争取国家支持在我省建立人才管理改革试验区，在南昌市、新余市、共青城开发区以及一些大型科技园区、工业园区、高等院校、科研院所和企业开展人才管理改革试验区试点建设，在人才发展的政策保障、体制建设、机制运行、资金投入、环境营造和工作内容、工作模式等方面采取相对优先和特殊的举措，探索建立与区域发展相适应的新型人才管理、人才创新创业机制，积累有益经验，促进全省人才发展。

3. 加强鄱阳湖区域人才开发合作

打破体制、政策和地区壁垒，建立完善与鄱阳湖生态经济区战略相配套的人才交流合作机制。加强区域内宽领域、深层次人才合作，定期举办大型人才智力交流会，开展人才资源预测与规划，加强人才理论研究与经验交流，逐步推动区域人才一体化，实现人才规划协作、人才政策协调、人才资源共享、人才环境共营、人才信息互通、人才服务互补，以人才区域合作推动鄱阳湖生态经济区建设全面、协调、可持续发展。

（二）突出培养造就高层次创新型科技人才

围绕建设创新创业江西，着力提高人才自主创新能力，优化人才结构，提升人才层次，大力建设德才兼备、开拓创新、团队效应突出、核心竞争力较强的优势科技创新团队和科技创新创业创优领军人才队伍。到2015年和2020年，从事R&D活动的科学家和工程师全时当量分别达到3.5万人年和7万人年，高层次创新型科技人才总量分别达到600人和1000人左右。到2020年，全省院士达到5人左右。

1. 推进高层次创新人才队伍建设

组织实施科技创新人才及团队建设工程，积极落实"西部之光"访问学者培养计划和国家"创新人才推进计划"、"海外高层次人才引进计划"等。加强高层次复合型创新人才的培养，加大对优秀青年科技人才的发现、培养、使用和资助力度。加大高层次创业领军人才的培养和引进力度，每年择优扶持20名左右拥有核心技术和创业管理团队的人才自主创业，每年引进5名左右在高新技术产业和新兴产业领域拥有核心技术的海内外人才来赣创业，努力造就一支创新能力强、领军作用突出，在国内外有较大影响的科技创业领军人才队伍。

2. 发挥企业在高层次创新创业人才队伍建设中的主体作用

加快建立以企业为主体、市场为导向、产学研相结合的开放型区域创新体系，实行政府科技资源和各类高层次创新人才培养计划向企业倾斜。突出抓好国有大中型企业科技创新和现代化管理人才队伍建设，组织实施"非公有制组织科技领军人才培养推进工程"，大力扶持和促进科技型中小企业创新创业领军人才培养和创新团队建设，鼓励和支持高等院校、科研院所、国有大中型企业、重点实验室、工程技术研究中心等单位和机构的科技资源向民营科技企业开放。大力推进科技型企业家和经营型科学家队伍的建设，积极发挥财政、税收、金融等对企业家开展自主创新的激励引导作用。

3. 打造高层次人才创新创业的事业平台

加强科技创新研发基地建设，建立50个具有较高研发和成果转化能力的省级以上（含省级）重点实验室和100个工程技术研究中心，充分发挥高层次创新人才在各类创新基地建设中的主导作用。加强高新技术开发区、大学科技园、留学生创业园等各类科技园区建设，强化园区的高新技术孵化功能和辐射带动作用，努力培育和扶持一批拥有自主知识产权的高新技术企业和知名产品，使园区成为高层次创新人才的重要聚集场所。

（三）大力开发社会发展重点领域专门人才

适应发展现代产业体系和构建社会主义和谐社会的需要，大力加强社会发展重点领域人才队伍建设。力争到2020年，在教育、宣传文化、卫生医药、旅游等社会发展重点领域中，专业人才总量充足，整体素质显著提升，急需紧缺人才基本满足发展需要，形成一支专业水平高、职业道德好、服务能力强的社会发展专业人才队伍。

1. 加强教育人才队伍建设

坚持教育优先发展理念，把教育人才队伍建设放在更加突出的战略地位，抓好国家"高素质教育人才培养工程"的配套实施，努力建设一支规模适度、结构优化、富有活力的高素质、创新型教育人才队伍。加强基础教育人才队伍特别是农村中小学师资队伍建设，实施定向培养农村中小学教师计划、名师名校长培养工程，深入开展全省中小学教师全员培训。加强职业教育人才队伍建设，实施"中等职业技术学校教师素质提高计划"和"中等职业技术学校特聘兼职教师"项目，到2015年和2020年，中等职业学校"双师型"教师分别达到专业课教师总数的60%和80%以上，兼职教师分别逐步达到教师总数的20%和30%以上。加大中青年学科带头人和骨干教师选拔培养工作力度，加强高等教育高层次创新性人才队伍建设。加强民办教育人才队伍建设，重点建设一支稳定、合格的教师队伍。大力提高教师队伍的整体素质，提升全省教师的学历及职称层次，到2015年和2020年，全省小学、普通高中、中等职业学校教师的学历达标率分别达到90%和100%；普通高校教师中具有研究生学历的比例，专科学校分别超过50%和60%、本科学校分别超过60%和80%；全省各级各类学校专任教师总数分别达到51万人和56.2万人。

2. 加强宣传文化人才队伍建设

坚持以宣传文化领域干部队伍建设为中心，以领导班子建设为关键，以培养优秀拔尖人才为重点，培养造就一批在理论、新闻、出版、广播影视、文学艺术、创意产业等领域的领军人才和学术带头人，培养造就一批优秀编辑、记者、主持人、复合型创意策划人才及优秀理论、文艺编导演、书画名家和出版工作者。组织实施宣传思想文化系统优秀拔尖人才工程，积极落实国家"文化名家工程"。到2015年和2020年，全省分别拥有5名和10名左右全国宣传文化系统"四个一批"人才，建立一支宣传思想文化系统领军人才和骨干队伍。进一步加强基层文化人才队伍建设，到 2020 年，全省各乡镇文化站至少配备 1—2 名专职工作人员，建立一支数量充足、素质良好、相对稳定的文化管理和专业人员队伍。

3. 加强医药卫生人才队伍建设

围绕医药卫生事业发展需求和医药卫生体制改革的目标任务，突出培养一批医学杰出骨干人才，着力打造一支创新型专业人才队伍，重点加强农村卫生人才队伍建设，统筹推进临床医学、卫生管理、公共卫生、中医药、食品药品监督执法等各类人才队伍建设。贯彻落实全民健康卫生人才保障工程，实施创新人才及学科团队建设工程、农村卫生人才培养工程、公共卫生人才推进工程、食品药品监督队伍建设工程、住院医师规范化培训工程。加强以全科医生为重点的基层卫生人员培训，努力实施招聘执业医师到乡镇卫生院工作项目，认真做好定向培养乡镇卫生院医学生计划，推进农村卫生专业技术带头人培养计划，实施万名医师下基层和卫生人才服务团计划。到 2015 年和 2020 年，分别选拔培养 15 名和 20 名左右国家级卫生人才，80 名和 100 名左右省级高层次卫生人才，1200 名和 2000 名左右中青年骨干卫生人才，3200 名和 5000 名左右农村卫生技术带头人。到 2020 年，平均每万城镇居民至少拥有 5 名全科医师和 3 名公共卫生医师，每万农业人口有 2 名以上执业医师、3 名以上执业助理医师。

4. 加强旅游人才队伍建设

围绕建设旅游产业大省的目标，充分利用红色、绿色、古色旅游资源等，推行旅游就业行动计划，扩大旅游就业规模，优化旅游人才队伍结构。加强对旅游从业人员的岗前和岗位培训，增强旅游职业经理人和从业人员素质，提高管理水平和服务质量。大力发展旅游高等教育和职业教育，规范职业资格认证，积极兴办旅游科学研究、规划设计、文化创意、信息咨询、广告营销、技术评估、导游服务等专业性服务机构，增强旅游产业创新能力。到 2015 年和 2020 年，旅游人才总量分别达到 22 万人和 28 万人。旅游人才结构趋于合理，研究型、管理型、设计型和复合型旅游特殊专业人才有较大幅度增长。

（四）统筹推进各类人才队伍建设

1. 大力加强党政人才队伍建设

按照加强党的执政能力建设和先进性建设要求，以提高领导水平和执政能力为核心，以各级党政领导干部为重点，建设一支政治坚定、勇于创新、勤政廉洁、求真务实、奋发有为、善于推动科学发展、促进社会和谐的高素质党政人才队伍。按照适应科学发展要求和干部成长规律，开展大规模干部教育培训，加强干部自学。认真落实《江西省干部教育培训实施意见》，实施党政人才素质能力提升工程，构建理论教育、知识教育、党性教育和实践锻炼"四位一体"的干部培养教育体系。坚持德才兼备、以德为先的用人标准，树立坚定信念、注重品行、科学发展、崇尚实干、重视基层、鼓励创新、群众公认的用人导向，扩大干部工作民主，加强干部管理监督。加大干部人事制度改革，严格按照《公务员法》、《党政领导干部选拔任用工作条例》等法规性文件的规定选人用人，加大竞争性选拔党政领导干部工作力度，拓宽选人用人渠道，促进优秀人才脱颖而出。加强后备干部队伍建设，注重培养、选拔并合理配备女干部和非中共党员干部，加大选拔优秀年轻干部工作力度，进一步研究建立从基层和生产一线培养选拔党政人才的方法和措施。加大领导干部跨地区跨部门交流力度，推进党政机关重要岗位干部定期交流、轮岗，疏通党政领导人才、企业经营管理人才和专业技术拔尖人才之间的交流通道。党政人才数量从严控制在21万人左右，结构更加合理，专业化水平明显提高。

2. 大力加强企业经营管理人才队伍建设

适应经济全球化、发展方式转变和产业结构优化升级需要，以提高现代经营管理水平和企业国际竞争力为核心，以打造优秀企业家和职业经理人为重点，加快推进企业经营管理人才职业化、市场化、专业化和国际化，培养一批具有全球战略眼光、市场开拓精神、管理创新能力和社会责任感的优秀企业家。组织实施创新型企业家建设工程，积极落实国家"企业经营管理人才素质提升工程"和"中小企业银河培训工程"，完善定期派出去锻炼培训、请进来传帮带等培养措施，规范竞争上岗、公开招聘等选聘方式，加强企业家的培养和开发工作，提高企业家的科学决策能力、市场应变能力、组织协调能力和经营管理能力。加强与世界著名跨国公司的合作，聘请国（境）外企业家来赣开展咨询培训等工作，大力引进省外、国（境）外优秀经营管理人才。继续完善外部董事、外派财务总监、法务总监制度，大力充实外部董事人才库，建立完善外派财务总监人才库、外派法务总监人才库，按照出资人代表人数与出资人后备代表人数1∶3的比例分类储备出资人代表人才。加大民营企业家培养力度，建立健全促进企业家成长的财税政策、风险投资机制。加快推进现代企业制度建设，完善公司法人治理结构，依法落实董事会和经营管理者的选人用人权。到2015年和2020年，企业经营管理人才总量分别达到123万人和147万人，其中省出资监管企业经营管理人才总量分别达到1.7万人和1.8万人，建设一支战略决策起点高、市场开拓眼界宽、经营管理能力强的企业经营管理人才队伍。

3. 大力加强专业技术人才队伍建设

以提高专业水平和创新能力为核心，以高层次人才和紧缺人才为重点，以市场配置人才资源为取向，以深化体制改革、创新管理机制、优化发展环境为动力，培养和吸引一批高水平学科带头人和战略科学家，造就一批中青年高级专家，集聚一大批经济社会发展急需紧缺人才，打造一支规模宏大、素质优良、结构合理的专业技术人才队伍。组织实施青年俊才开发工程，积极落实国家"青年英才开发计划"、"专业技术人才知识更新工程"等重大人才培养计划，实施省"百千万人才工程"，依托重大科研和建设项目、重点学科和科研基地，以及国际学术交流和合作项目，加大学科学术和技术带头人的培养力度，推进创新团队建设。培养一批思想政治素质较高、服务意识较强、善于组织重大科研项目、掌握科技发展和科技人才成长规律的科技管理专家。注重引导党政机关、科研院所和高等学校专业技术人才向企业、社会组织和基层一线有序流动，注意发挥科学技术群众团体在专业技术人才队伍建设中的作用。积极支持离退休专业技术人才发挥作用，切实维护离退休专业技术人才的合法权益。到2015年和2020年，专业技术人才总量分别达到238万人和284万人左右。人才结构与国民经济及产业重点领域基本适应，各类人才创造创新创优的局面初步形成。

4. 大力加强高技能人才队伍建设

适应走新型工业化道路和产业结构优化升级的要求，以促进就业和服务经济发展为宗旨，以提升职业素质和职业技能为核心，以技师和高级技师为重点，建设一支门类齐全、技艺精湛的高技能人才队伍，逐步形成与经济社会发展相适应的高、中、初级技能劳动者比例结构基本合理的格局。落实国家"高技能人才振兴计划"，组织实施高技能人才振兴工程。加快高技能人才公共实训基地和培训基地建设，完善以企业、行业为主体，职业技术院校为基础，校企合作为纽带，政府推动与社会参与相结合的社会化、开放式的高技能人才培养体系。加强企业在职人员培训，加快推进职业教育改革发展，积极推进校企合作，大力开展校企合作培训、订单式培训和定向培训。推进技师考评制度改革，完善高技能人才评价体系，探索建立技能要素参与分配的高技能人才薪酬制度。广泛开展各种形式的职业技能竞赛和岗位练兵活动。加大对高技能人才工作的投入力度，完善职业培训和鉴定补贴政策。加大优秀高技能人才宣传表彰力度，进一步提高高技能人才经济待遇和社会地位。到2015年和2020年，全省高技能人才总量分别达到120万人和140万人。到2020年，在全省建立80个高技能人才培养示范基地，其中30个国家级高技能人才培训基地；建成30个技能大师工作室。高技能人才总量同经济社会发展目标相适应，高技能人才结构同产业、行业发展需求相适应，满足经济社会发展对高技能人才的需求。

5. 大力加强农村实用人才队伍建设

按照建设社会主义新农村的总体要求，以提高科技素质、职业技能和经营能力为核心，以农村实用人才带头人和农村生产经营型人才为重点，大力加强农村实用人才队伍建设。组织实施农村实用人才创业培训工程，积极落实国家"现代农业人才支撑计划"，整合现有培训资源，健全农民教育培训体系。充分发挥农村现代远程教育网络、各级农业技术推广机构、农函大、农民夜大和农业职业院校、农民学院等教育培训机构作用，努力培养造就一大批生产型、经营型、技能带动型、技术服务型和社会服务型农村实用人才，力争全省每年新培训农民50万人，培养农村实用人才5万人。制定鼓励农村实用人才创业兴业的支持政策，在创业培训、项目审批、信贷发放、土地使用等方面给予政策支持。深入开展农业科技入户直通车等活动，为农村实用人才创业兴业提供科技、信息等支持服务。鼓励、引导农村实用人才按区域、行业和产业组建各种协会，开展自我服务。加大对农村实用人才的表彰激励、宣传力度和城乡人才对口扶持力度。到2015年和2020年，全省农村实用人才总量分别达到46万人和66万人。到2020年，全省每村每个特色产业平均有5名以上生产型人才或经营型人才。

6. 加强社会工作人才队伍建设

适应建设和谐平安江西的需要，为满足提高基层社会管理水平和社区服务业发展的需求，以人才培养和岗位开发为基础，以中高级社会工作人才为重点，着力建设一支综合运用社会工作理念、专业知识、方法技巧，具备一定社会管理与社会服务能力的专业化、职业化社会工作人才队伍。组织实施社会工作人才队伍建设工程，积极在民政、教育、卫生、司法、公安、人力资源和社会保障、人口计生、信访、扶贫、工会、共青团、妇联、残联等相关部门单位和社区开发社会工作岗位。推进公益性社会组织的建设与管理。加大对现有社会工作人员专业培训力度。加快高等院校和职业技术院校培养专业社会工作人才的步伐。全面推行社会工作者职业水平评价制度和激励制度。到2015年和2020年，社会工作人才分别达到6.8万人和10.2万人，取得社会工作资格证的人员总量分别占全省社会工作人才总数的20%和30%以上。

四、创新人才发展机制

（一）完善人才培养开发机制

坚持学习与实践相结合，培养与使用相结合，推进大教育、大培训，完善国民教育体系，构建终身教育体系，建立以经济发展需要和社会需求为导向、以提高思想道德素质和创新能力为核心的人才培养开发机制。巩固普及义务教育，加快普及学前和高中阶段教育，着力发展职业教育，优化发展高等教育，重视发展研究生教育，大力发展民办教育，积极引进国外优质教育资源。创新人才培养模式，全面推进素质教育。完善优秀中青年人才赴国内外培训进修制度，坚持每年选派一批"百千万人才工程"人选、学术技术带头人后备人选和优秀中青年专家人才赴国内外脱产培训。加强专业技术人才继续教育统筹规划，健全"政府调控、行业指导、单位自主、个人自觉"的继续教育运行机制，推进继续教育的社会化进程。认真实施《江西省专业技术人员继续教育条例》。建立高等学校拔尖大学生重点培养制度，实行特殊人才特殊培养。强化和发挥用人单位的主体作用，把人才的教育培训纳入单位发展规划。构建网络化、开放式、自主性终身教育体系，大力发展现代远程教育，支持发展各类专业化培训机构。鼓励、引导各类人才到艰苦复杂的环境和丰富的社会实践中锻炼成长。

（二）完善人才评价发现机制

坚持以岗位职责要求为基础，以品德、能力和业绩为导向，积极构建以科学合理的人才评价标准、完善准确的人才评价指标、严密规范的人才评价程序、简便适用的人才评价方法为主要内容的人才评价体系。建立健全党政人才重在群众认可、企业经营管理人才重在市场和出资人认可、专业技术人才重在业内和社会认可的考核评价机制。健全促进科学发展的领导班子和领导干部考核评价机制，切实抓好各级领导班子和领导干部综合考核评价工作，加强对干部的日常考核和年度考核，强化考核结果运用，引导各级领导干部树立正确的政绩观。健全企业经营管理人才评价机构，建立社会化的职业经理人资质评价制度，完善以任期目标为依据、工作业绩为核心的国有企业领导人员考核评价办法。完善年薪制，加快建立中长期激励机制。继续推进专业技术人才管理制度改革，完善以行政许可为基础的专业技术准入资格评价制度、以社会化为基础的专业技术水平评价制度和以工作岗位为基础的专业技术岗位评价制度。深化专业技术人员职称制度改革，完善"个人申报、业内评价、单位聘用、政府调控"的职称评聘工作机制，建立完善事业单位岗位管理制度，全面推行职业资格制度。加快建立健全以职业能力为导向，业绩和贡献为重点，注重职业道德和职业知识水平的高技能人才评价体系。坚持重能力、重效益、重贡献，把产业规模、经济效益、社会效益、服务能力和带动能力作为主要依据，制定科学合理的农村实用人才评价体系。坚持国家社会工作者职业水平考试的评价标准，完善以职业伦理为核心，职业能力为重点，实务效果为目的的社会工作人才评价体系，建立以"资格与岗位挂钩，岗位与薪酬挂钩"的社会工作者专业技术评价制度，规范社会工作者职业行为，提高社会工作者专业能力。把评价人才和发现人才结合起来，坚持在实践和群众中识别人才、发现人才。建立在重大科研、工程项目实施和急难险重工作中发现、识别人才的机制。健全举才荐才的社会化机制。

（三）完善人才选拔任用机制

改革各类人才选拔使用方式，形成有利于各类人才脱颖而出、充分施展才能的选人用人机制。深化党政人才选拔任用制度改革，完善党政人才公开选拔、竞争上岗制度，探索公推公选等竞争性选拔干部方式。全面实行地方党委讨论决定任用重要干部票决制，推行党政领导干部职务任期制、问责制等制度。建立组织选拔、市场配置、竞争上岗和依法管理相结合的国有企业领导人员选拔任用制度，完善国有企业领导人员委任制、聘任制、选任制。深化事业单位人事制度改革，完善事业单位岗位管理制度，全面推行公开招聘、竞聘上岗和合同管理制度，实现由身份管理向岗位管理的转变。

（四）完善人才流动配置机制

推进人才市场体系建设，完善市场服务功能，畅通人才流动渠道，建立以市场机制为主导，政府部门宏观调控、市场主体公平竞争、中介组织提供服务、人才自主择业的人才流动配置机制。逐步打破人才流动中的城乡、区域、所有制等限制，建立社会化的人才档案公共管理服务系统。加强政府对人才流动的宏观引导，建立人才供需预测和调控机制，建立人才需求信息定期发布制度，建立和完善柔性引才机制。改革户籍管理制度，制定机关、企业、事业单位人才流动中社会保险关系转移接续办法，构建公平与效率结合、保障方式多层次、有利于人才合理流动的社会保障机制。制定和完善向重点产业倾斜的人才流动政策，完善与我省重点发展区域和主体功能区建设相配套的人才政策。积极依托长三角、泛珠三角和中部地区等区域合作平台，建立网上人才中介服务的信息资源共享、利益分享的协作机制，促进人才在区域间合理流动、优化配置。

（五）完善人才激励保障机制

建立健全与社会主义市场经济体制相适应，与工作业绩紧密联系，充分体现人才价值，有利于激发人才活力和维护人才合法权益的激励保障机制。积极推进收入分配制度改革，逐步提高劳动者报酬占初次分配的比重，努力缩小我省工资水平与全国平均水平的差距。建立产权激励制度，制定知识、技术、管理、技能等生产要素按贡献参与分配的办法。对有特殊贡献的高层次人才试行协议工资、项目工资和年薪制度。加大知识产权保护力度，建立人才资本及科研成果有偿转移制度。完善专业技术人员兼职兼薪管理制度。健全以政府奖励为导向、用人单位和社会力量奖励为主体的人才奖励体系，支持社会团体、企业设立人才激励基金。健全"江西省突出贡献人才"评选表彰办法，完善省"科学技术奖"、"庐山友谊奖"等奖励制度，加大对我省经济社会发展做出重大贡献的省内外各类优秀人才及团队的表彰奖励力度。积极推进机关和事业单位社会保障制度改革，完善以养老保险和医疗保险为重点的社会保障制度。研究制定人才补充保险制度，鼓励用人单位按规定为各类人才建立补充养老、医疗保险。加大对农村、非公有制经济组织、新社会组织人才的社会保障覆盖面。

五、优化人才发展环境

（一）优化政策环境

实施产学研合作培养创新人才政策，整合教育、科技、产业培养资源，建立以企业为主体、市场为导向、多种形式的产学研战略同盟，通过共建科技出席平台、开展合作教育、共同实施重大项目等方式，培养高层次人才和创新团队。实施引导人才向农村基层和艰苦边远地区流动政策，落实国家"边远贫困地区、边疆民族地区和革命老区人才支持计划"、"高校毕业生基层培养计划"和"三支一扶"计划、大学生"村官"计划，为农村基层和艰苦边远地区充实大批回得去、用得上、留得住的人才。实施有利于科技人员潜心研究和创新政策，鼓励和支持科技人员在创新实践中成就事业并享有相应的社会地位和经济待遇。实施更加开放的人才政策，大力吸引海内外高层次人才来赣创新创业，设立专门服务窗口，为引进人才落实相关工作条件和生活待遇。实施鼓励非公有制经济组织、新社会组织人才发展政策，制定加强非公有制经济组织、新社会组织人才队伍建设意见。实施促进人才发展的公共服务政策，建立全省一体化的服务网络。实施知识产权保护政策，保护科技成果创造者的合法权益。

（二）优化服务环境

建立和完善人才工作服务体系，实行"江西省特聘专家"制度，落实省直接掌握联系优秀人才的各项政策措施，进一步强化服务理念、拓宽服务领域、创新服务手段，为人才的健康成长和发挥作用提供更有力的支持和更优良的服务。支持人才公共服务产品开发，加强对公共服务产品的标准化管理，形成融公共服务、市场服务、社会服务为一体、相互补充的人才发展服务体系。完善省高级人才信息库体系，加快人才公共信息网络建设，加强人才信息统计工作，提高人才管理和服务的信息化水平。发展和规范各类人才社会中介组织，大力发展市场化服务，健全专业化、信息化、产业化、国际化的人才市场服务体系。

（三）优化创新创业环境

倡导追求真理、勇攀高峰、宽容失败、团结协作的创新精神，敢为人先、敢于冒险、勇于改革、勇于竞争的创业精神，爱岗敬业、拼搏奉献、精益求精、追求卓越的创优精神。重视国内、国外两大人才市场、两种人才资源的开发，根据我省区域产业集群的发展架构，依托区域中心城市，依托重要骨干企业和科技型企业培养优秀创新创业人才，积极构筑区域性人才创新创业板块。加大对创业技能培训和创业服务指导，提高创业成功率。实施人才创业扶持政策，积极引入风险投资，建立和完善科技型企业融资担保和信用保险机制，鼓励金融机构加大对科技企业的支持，充分利用资本市场加快创新型企业成长，整合资源扶持重大高新技术成果产业化项目。进一步增加省级科技型中小企业创新基金，加强对中小企业科技创新的支持。健全政府支持、企业主导、产学研有机结合的技术创新体系。

（四）优化人文社会环境

坚持正确的舆论导向，充分发挥报纸杂志、广播电视、互联网等新闻媒体的综合宣传功效，深入宣传科学人才观，广泛宣传人才工作方针政策，以及在培养人才、引进人才、开发人才方面的好做法好经验，在全社会进一步营造重视人才就是重视发展的浓厚氛围。大力培育业绩和创新文化，加强对做出突出贡献和创新人才事迹的宣传，进一步强化"创业光荣、创新可贵、创造无价"的舆论导向。加强以诚信为重点的职业道德建设，建立多层次的人才诚信档案体系。

六、实施鄱阳湖生态经济区建设人才工程

（一）赣鄱英才555工程

围绕鄱阳湖生态经济区建设和我省十大战略性新兴产业发展对高端人才的需求，面向海内外实施高层次创新创业人才引进计划，立足本省实施领军带队人才培养计划，针对国内外各类人才实施柔性特聘人才计划。力争用5—10年时间，引进并重点支持500名左右能突破关键技术、发展高新产业、带动新兴学科的海内外高层次人才来赣创新创业；选拔500名左右有较强技术研发和经营管理能力，敢于创业、勇于创新的高层次创业创新人才进行重点扶持培养；柔性引进500名左右具有国际先进水平、国内顶尖水平的高端人才为江西科学发展服务。

（二）科技创新人才及团队建设工程

适应建设鄱阳湖生态经济区的需要，围绕科技创新"六个一"工程，通过设立科技专项，实施院士后备人才、科技经营型创新人才、主要学科学术和技术带头人、青年科学家等培养计划，培育一批科技创新领军人才。到2020年，重点培育10名左右院士后备人选、10名科技经营复合型人才、30名学科带头人、60名青年科学家，1000名十大战略性新兴产业创新人才。加强对优秀高层次人才选拔培养，到2020年，新增省政府特殊津贴人员500人，新增百千万人才1000人，选拔100名优秀专业技术创新创业人才，选拔100名优秀高层次人才赴国外研修，聘任"井冈学者"特聘教授50名，累计培训高层次人才10万人次。根据我省重点产业和优势产业对高层次人才的需求，通过培养和引进等多种途径，用3—5年时间，重点建设100个引领作用显著、团队效应突出的优势科技创新团队。

（三）创新型企业家建设工程

着眼于提高省出资监管企业高级经营管理人员战略开拓、市场驾驭、法人治理能力和现代化经营管理水平，每年对50名左右企业高级经营管理人员进行全面培（轮）训，培养造就若干名引领江西企业跻身中国企业500强的优秀企业家。有计划地选送后备领导人员参加培训学习，每两年轮训一遍。通过开展高级职业经理资质评价培训和建立并完善职业经理人认证体系，到2020年，培养1000名具有中、高级职业经理资质的企业经营管理人员。

（四）高技能人才振兴工程

适应区域经济发展和产业发展趋势，实施紧缺技能人才培养、青年高技能人才培养、首席技师、技能大师工作室和技工院校实训基地建设等计划。每年确定10个左右紧缺职业（工种），培养5000名紧缺技师、高级技师。依托技师学院、高等职业技术学院等高技能人才培养示范基地培养40周岁以下的高级技工，每年培养6000名青年高技能人才。每三年在全省各级各类所有制经济、社会组织中选拔100名"江西省首席技师"。到2020年建成30个省级技能大师工作室，建立高技能人才绝技绝活代际传承机制。在技工院校每年建设15个左右实训基地，到2015年基本实现每个技工院校建设一个实训基地。

（五）农村实用人才创业培训工程

着力于提升农村实用人才创业能力和水平，对45岁以下的优秀农村实用人才，采取集中授课、实地视察以及案例启发等形式进行培训。计划每年培训2万名，到2020年，共计培训20万名。以省市县乡农业技术推广服务机构的业务骨干为主要对象，建立健全农技指导员队伍体系，每年培训1000名创业指导员，到2020年，共计培训1万名。通过培训使其更好地为农民创业提供政策、技术和市场信息等指导服务。

（六）宣传思想文化系统优秀拔尖人才工程

加大对全省宣传思想文化系统优秀拔尖人才的培养力度，按照全国宣传文化系统"四个一批"人才培养工作的要求，到2020年，重点培养200名理论、新闻、出版、广播影视、文艺和文化经营管理、文化专门技术优秀人才，并积极争取有一批优秀拔尖人才入选全国宣传文化系统"四个一批"人才培养工程，使他们成为宣传思想文化系统各个方面的领军人物和骨干力量。重点扶持60名业绩突出、有发展潜力和培养前途的工作在一线的年轻文艺人才、新闻主持人才和复合型创意人才，使其尽快成为坚持正确方向、精通专业业务、做出突出成绩、受到群众欢迎的文艺新闻界领军人物和骨干力量。

（七）社会工作人才队伍建设工程

根据我省经济社会发展要求，培养具有一定数量、结构合理、素质优良的社会工作人才队伍。建立不同层次学历教育、专业培训和知识普及有机结合的社会工作人才培养体系，将社会工作理论知识学习纳入各级党政领导干部培训规划。制定社会工作培训质量评估指标体系。推进公益服务类事业单位、城乡社区和公益类社会组织建设。完善培育扶持和依法管理公益性社会组织的政策，组织实施社会工作服务组织标准化建设示范工程，到2020年，培育20家优秀社会工作服务组织。建立健全社会工作督导体系，到2020年，培养1000名社会工作督导。建立政府购买社会工作服务政策。到2015年，全省取得社会工作资格证的人员总量达到12000人，与全省人口比例达到1∶4000。到2020年，取得社会工作资格证的人员总量达到30000人，与全省人口的比例达到1.4∶2000。

（八）青年俊才开发工程

立足建设区域人才高地，提升我省未来人才竞争力，在各个领域重点培养扶持一批青年拔尖人才。按照"高标准、高质量、小规模"的原则，每年在省内高校及我省考入名校的大学生、研究生中选拔一批拔尖青年进行定向跟踪培养。依托省内外干部培训机构、高水平大学和科研机构建立"青年俊才培养基地"，每年分类培训1000名青年拔尖人才。

七、保障措施

（一）完善人才工作管理体制

完善党管人才的领导体制。坚持党管人才原则，完善党委统一领导，组织部门牵头抓总，有关部门各司其职、密切配合，社会力量广泛参与的人才工作格局。发挥党委领导核心作用，统筹经济社会发展和人才发展，切实履行好管宏观、管政策、管协调、管服务的职责。党政主要负责人要树立强烈的人才意识，善于发现人才、培养人才、团结人才、用好人才、服务人才。健全各级党委人才工作领导机构，建立科学的决策机制、协调机制和督促落实机制。完善市、县人才工作目标责任制，提高各级党政领导班子综合考核指标体系中人才工作专项考核的权重。建立各级党委常委会听取人才工作专项报告制度。完善党委组织部门牵头抓总职责，发挥政府人力资源管理部门作用，强化各职能部门人才工作职责，发挥工会、共青团、妇联等人民团体和各类社会组织作用，不断创新党管人才的方式方法，提高党管人才工作水平，形成人才工作整体合力。围绕用好用活人才，完善政府宏观管理、市场有效配置、单位自主用人、人才自主择业的人才管理体制。推动政府人才管理职能向创造良好发展环境、提供优质公共服务转变，运行机制和管理方式向规范有序、公开透明、便捷高效转变。鼓励地方和行业结合自身实际建立人才管理改革试验区。研究制定发挥市场配置人才资源基础性作用的政策措施。加强人才工作法制建设，推进人才管理工作的科学化、制度化、规范化。

（二）加大人才工作投入

实施促进人才投资优先保证的财税金融政策。各级政府优先保证对人才发展的投入，确保教育、科技等法定支出增长幅度高于财政经常性收入增长幅度。逐步改善经济社会发展的要素投入结构，较大幅度提高人力资本投资比重。各级政府建立人才发展专项资金，纳入财政预算体系，保障人才发展重大项目的实施。完善税收、奖励政策，积极引导和推动企业加大对人才开发的投入，督促企事业单位按照有关规定足额提取职工教育培训经费。充分调动各方的积极性，形成政府、社会、用人单位和个人多元投入机制。加强对各类人才开发财政专项资金使用的监管和绩效考核，确保专款专用，切实提高人才投入效益。

（三）加强人才工作队伍建设

健全人才工作机构，充实人才工作队伍，配备思想素质好、工作能力强、理论水平高的专职人员从事人才工作。加强人才工作队伍的专业化、职业化建设，加大人才工作队伍培训力度，不断提高人才工作队伍的创新能力、协调能力、沟通能力和执行能力。加强人才理论研究队伍建设，重视对人才理论、人才成长规律和管理规律的研究，为人才发展提供理论支撑。

（四）抓好《人才规划纲要》宣传与落实

搞好规划纲要实施的辅导培训和教育宣传，大力宣传党和国家人才工作的重大战略思想和方针政策，宣传实施规划纲要的重大意义和规划纲要的指导思想、目标任务和重大举措，宣传规划纲要实施中的典型经验、做法和成效，形成全社会关心、支持人才发展的良好社会氛围。加强对规划纲要实施工作的组织领导，制定规划纲要各项目标任务的分解落实方案和重大工程实施办法。各市、县（市、区）要结合实际，制定本地人才发展规划；各部门各单位要研究制定落实规划纲要的具体方案和配套措施，明确要求，细化责任，扎实推进。建立《人才规划纲要》实施情况的监测、评估、考核机制，加强督促检查。要坚持统筹兼顾，分步实施，到2015年，重点在制度建设、机制创新上有较大突破；到2020年，全面落实各项任务，确保规划纲要目标的顺利实现。

2010—2020年辽宁省人才发展规划

为适应辽宁老工业基地全面振兴的需要，加快建设人才强省，培养造就宏大的高素质人才队伍，根据《国家中长期人才发展规划纲要（2010—2020年）》（中发〔2010〕6号），制定本规划。

一、人才发展面临的形势

人才资源是老工业基地振兴的第一资源。实现辽宁老工业基地全面振兴新跨越，必须确定人才优先发展的战略布局，引领经济社会又好又快发展。省委、省政府始终高度重视人才工作，采取一系列有效措施，推动人才事业不断向前发展。特别是近几年，紧密围绕辽宁老工业基地全面振兴目标，制定了辽宁沿海经济带、沈阳经济区和突破辽西北三大区域人才整体开发的实施意见和一系列配套文件，形成全省人才资源整体开发战略布局，人才发展取得了显著成就。科学人才观逐步确立，以"两高"人才为重点的各类人才队伍不断壮大，有利于人才发展的政策体系进一步完善，市场配置人才资源的基础性作用初步发挥，人才效能明显提高，党管人才工作新格局基本形成。目前，全省人才总量达到457万人，占全省人口总数的10.6%，其中党政人才26.3万人，经营管理人才59.8万人，专业技术人才249.8万人，高技能人才80.3万人，农村实用人才31万人，社会工作人才9.8万人。

未来10年是辽宁老工业基地全面振兴的关键时期，也是建设人才强省的重要战略机遇期。随着世界多极化和经济全球化深入发展，科技进步日新月异，以人才竞争为核心的综合国力竞争日趋激烈。在人才国际国内竞争日益加剧形势下，全国各地都制定并实施新的人才战略，千方百计延揽人才。从我省情况看，随着辽宁沿海经济带开发开放和沈阳经济区新型工业化综合配套改革上升为国家战略，辽宁的振兴发展已经站在一个新的历史起点上，迫切需要培养造就宏大的高素质人才队伍。与新形势新任务新要求相比，我省人才事业发展仍存在较大差距，主要表现在：高层次创新型人才匮乏，人才创新创业能力不强，人才结构和布局不尽合理，人才发展体制机制障碍尚未消除，人才资源开发投入不足，人才的积极性、主动性和创造性还没有得到充分发挥，等等。在新世纪新阶段，我省要抢占人才竞争制高点，掌握加快发展主动权，必须进一步增强责任感、使命感和危机感，坚定不移地走人才强省之路，科学规划，深化改革，重点突破，整体推进，不断开创人才事业发展的新局面，以人才优势构筑振兴发展的优势。

二、指导思想和战略目标

（一）指导思想

以邓小平理论和"三个代表"重要思想为指导，深入贯彻落实科学发展观，坚持党管人才原则，全面贯彻服务发展、人才优先、以用为本、创新机制、高端引领、整体开发的指导方针，遵循社会主义市场经济规律和人才成长规律，紧密围绕辽宁老工业基地全面振兴目标，加快人才发展体制机制改革和政策创新，扩大对外开放，开发利用国内国际两种人才资源，以高层次人才、高技能人才为重点统筹推进各类人才队伍建设，为实现辽宁老工业基地全面振兴新跨越提供坚强的人才保证和广泛的智力支持。

（二）战略目标

到2020年，我省人才发展的总体目标是：人才总量稳步增长，人才素质大幅度提高，人才竞争比较优势明显增强，人才使用效能显著提高，人才发展体制机制创新取得突破性进展，培养和造就规模宏大、结构优化、布局合理、素质优良的人才队伍，进入国内人才强省行列，为把辽宁建设成国家新型产业基地和新的经济增长极奠定坚实的人才基础。

——人才总量目标。到2020年，人才资源总量从现在的457万人增加到720万人，增长58%，其中党政人才26万人、经营管理人才95万人、专业技术人才393万人、高技能人才120万人、农村实用人才60万人、社会工作人才26万人。人才资源占人力资源总量的比重达到20%，基本满足经济社会发展需要。

——人才素质目标。主要劳动年龄人口受过高等教育的比例达到20%，每万劳动力中研发人员达到50人年，高技能人才占技能劳动者的比例达到28%。

——人才结构目标。各类人才队伍年龄、学历、专业结构趋于合理，在产业、行业、区域和不同类型经济组织的分布明显改善。装备制造、高新技术、石油化工、新材料等重点产业集聚人才总量达到330万人，其中企业经营管理人才45万人，专业技术人才220万人，高技能人才65万人。现代农业人才总量达到39万人，其中具有大学本科以上学历的占30%左右。现代服务业人才总量达到36.8万人，其中具有大学本科以上学历的占40%左右。

——人才效益目标。人力资本投资占全省生产总值比例达到17%，人才贡献率达到40%，人才辈出、人尽其才的环境基本形成。

三、人才队伍建设主要任务

（一）突出培养造就创新型科技人才

发展目标：以提高自主创新能力为核心，以高层次创新型科技人才为重点，努力造就一批我省关键领域掌握前沿核心技术、拥有自主知识产权的创新型领军人才和高水平创新团队，注重培养一线创新人才和青年科技人才，造就一支适应辽宁经济社会发展需要的创新型科技人才队伍。到2020年，培养两院院士人选10人，选拔培养行业、学科领军人才1200人、省级优秀专家2000人；培育30个达到国际先进水平、160个具有国内先进水平的自主创新团队；研发人员总量达到24万人年，高层次创新型科技人才总量达到1万人。

主要举措：创新人才培养模式，突出创新精神和创新能力培养，建立学校教育和实践锻炼相结合、国内培养和国际交流合作相衔接的开放式培养体系。加强实践培养，依托国家、省重大科研项目和重大工程、重点学科和重点科研基地、国际学术交流合作项目，建设一批高层次创新型科技人才培养基地。加强领军人才、核心技术研发人才培养和创新团队建设，形成科研人才梯次配备结构，提高自主创新能力。完善人才发展体制机制，出台创新型人才评价、使用、流动、激励办法，制定加强高层次创新型科技人才队伍建设意见，营造充满活力、富有效率、更加开放的人才制度环境。加大海外高层次创新创业人才引进力度，依托国家创新人才推进计划、海外高层次人才引进计划，实施辽宁海外高层次人才引进"千人计划"、"十百千"高端人才引进工程、引进海外研发团队和科技型企业"双百"工程，提高我省自主创新能力。注重复合型人才培养，加大对优秀青年科技人才发现、培养、使用和资助力度。加强产学研合作，积极鼓励和支持建立产业技术创新战略联盟和技术创新服务平台。积极发展创新文化，倡导追求真理、勇攀高峰、宽容失败、团结协作的创新精神，营造科学民主、学术自由、严谨求实、开放包容的创新氛围。

（二）大力开发经济社会发展重点领域急需紧缺专门人才

发展目标：适应辽宁老工业基地全面振兴的需要，加大重点领域急需紧缺专门人才开发力度。到2020年，在先进装备制造、新能源、新材料、电子信息、节能环保、海洋、生物育种、高技术服务业等经济重点领域培养开发急需紧缺专门人才30多万人；在教育、政法、宣传思想文化、新医药等社会发展重点领域培养开发急需紧缺专门人才50多万人。

主要举措：围绕辽宁沿海经济带开发开放、沈阳经济区建设、突破辽西北三大区域发展战略定位与布局，加强产业、行业人才发展统筹规划和分类指导，开展人才需求预测，定期发布急需紧缺人才目录。调整优化高等学校学科专业设置，加大急需研发人才和紧缺技术、管理人才的培养力度。完善重点领域科研骨干人才分配激励办法。建立重点领域人才开发协调机制。组织实施重点产业"两高"人才培养工程，培养造就一批装备制造、冶金、石化、高新技术、农产品深加工等重点产业急需的高级研发人才和高技能人才。组织实施千名优秀企业家培养计划，培养造就一批具有世界眼光、战略思维、创新精神和经营能力的企业家。组织实施县域经济发展人才支撑"151"工程，培养一批本土人才、吸引集聚一批创新创业人才。组织实施高等院校攀登学者支持计划，培养造就一批学术大师和国家重点学科带头人。实施"四个一批"人才培养工程，加强哲学社会科学、新闻、出版、文艺等领域高层次人才队伍建设。加强宣传思想文化、医药卫生方面人才培养。

（三）统筹各类人才协调发展

1. 党政人才

发展目标：按照加强党的执政能力建设和先进性建设的要求，以提高领导科学发展、促进全面振兴能力为核心，以县处级以上领导干部为重点，造就一批善于治省理政的领导人才，建设一支政治坚定、勇于创新、勤政为民、求真务实、奋发有为的高素质党政人才队伍。到2020年，全省具有大学本科以上学历的干部占党政干部总数的89%，专业化水平明显提高，结构更加合理，规模更加适度。

主要举措：根据辽宁老工业基地全面振兴需要和干部成长规律，开展新一轮大规模培训干部工作。实施党政人才素质能力提升工程，构建理论武装、知识更新、党性教育和实践锻炼"四位一体"的干部教育体系。依托各级党校、行政学院、省内6所高等院校高层次人才培养基地和省外境外培训机构，综合运用中心组学习、脱产培训和在职自学等多种方式，加快建立开放竞争、充满活力的干部教育培训新格局。加强学习型机关建设，提高干部自学能力。坚持德才兼备、以德为先用人标准，贯彻民主、公开、竞争、择优改革方针，树立坚定信念、注重品行、科学发展、崇尚实干、重视基层、鼓励创新、群众满意的用人导向。扩大干部工作民主，加大党政领导干部公开选拔、竞争上岗、公推直选等竞争性选拔干部工作力度，促进优秀人才脱颖而出。实施全省后备干部队伍建设"211"工程，拓宽视野选拔后备干部，通过理论培训、实践锻炼等方式重点培养后备干部。注重从基层和生产工作一线选拔党政人才。加强女干部、少数民族干部、非中共党员干部培养选拔工作。实施促进科学发展的干部综合考核评价办法。建立健全党政干部岗位职责规范及能力素质评价标准，加强工作业绩考核。推进实施党政人才分类管理制度。加大领导干部跨地区、跨部门交流力度，推进重点岗位干部定期交流、轮岗。健全权力约束机制，建立广泛的干部监督渠道。

2. 企业经营管理人才

发展目标：适应我省产业结构优化升级和扩大对外开放的需要，以提高企业现代化管理水平和国际竞争力为核心，以优秀企业家和职业经理人为重点，加快推进企业经营管理人才职业化、市场化、专业化和国际化，培养造就一批具有全球战略眼光、市场开拓精神、管理创新能力和社会责任感的优秀企业家和一支高水平的企业经营管理人才队伍。到2015年，全省企业经营管理人才总量达到74万人。到2020年，全省企业经营管理人才总量达到95万人，具有国际知名企业中高级管理经验和能力的人才达到300人，国有及国有控股企业国际化人才总量达到1000人，国有企业领导人员通过竞争性方式选聘比例达到55%。

主要举措：依托知名跨国公司、国内外高水平大学和其他培训机构，建立一批条件一流、师资力量雄厚、培训效果突出的经营管理人才培训中心。采取"走出去"与"引进来"的方式，加强对企业经营管理人才战略管理和跨文化管理能力的培训。采取组织选拔与市场化选聘相结合方式选拔国有企业领导人员。建立人才全球化配置模式，重点引进新建项目、企业重组和股份制改造急需的国外经营管理人才和管理团队。健全企业经营管理者聘任制、任期制和任期目标责任制。加强以能力和业绩为导向、以岗位为基础、以绩效目标为核心的企业经营管理人才考核评价体系建设。建立社会化的职业经理人资质评价制度。完善考核制度和外部审计制度，健全企业经营管理人才的监督约束体系。完善人才年薪、管理、协议工资制度和期权、股权激励等中长期激励制度。健全完善企业管理者协会，完善企业经营管理人才库。培养引进一批科技创新企业家和企业发展急需的战略规划、资本运作、项目管理等方面专门人才。实施企业经营管理人才素质提升工程和民营企业高端人才继续教育工程。

3. 专业技术人才

发展目标：适应我省经济社会发展的需要，以提高专业水平和创新能力为核心，以高层次创新型和急需紧缺人才为重点，打造一批具有较强自主创新能力的高素质专业技术人才。到2015年，全省专业技术人才总量达到330万人。到2020年，全省专业技术人才总量达到393万人，高级、中级、初级专业技术人才比例为10∶40∶50，力争使我省每万人中专业技术人才拥有量达到发达国家水平，专业技术队伍创新能力达到国内一流水平。

主要举措：扩大专业技术人才队伍培养规模，提高专业技术人才创新能力。依托高等院校、科研院所，构建分层次、分类别的专业技术人才继续教育体系，加快实施专业技术人才知识更新工程、"百千万人才工程"。加大现代物流、电子商务、法律、咨询、会计、食品安全、旅游等现代服务业人才培养开发力度，重视传统医药、文化、科普等领域技术人才的培养。继续实施"金秋工程"，发挥离退休专业技术人才的作用。进一步完善人才兼职政策。制定双向挂职、项目合作等灵活多样的人才柔性流动政策，引导党政机关、科研院所和高等学校专业技术人才向企业、社会组织和基层一线有序流动。加大各类专业技术人才信息库、人才信息网络建设力度，搭建网络服务平台，实现专业技术人才供求信息共享。统筹推进专业技术职称和职业资格制度改革。改进专业技术人才收入分配等激励办法，改善基层专业技术人才工作生活条件，加强人文关怀，拓展发展空间。

4.高技能人才

发展目标：适应我省走新型工业化道路和产业结构优化升级的要求，以技师和高级技师为重点，以提升职业素质和职业技能为核心，建设门类齐全、技艺精湛、善于解决技术难题的高技能人才队伍。到2015年，全省高技能人才总量达到100万人。到2020年，全省高技能人才总量达到120万人，其中技师、高级技师分别达到27万人、3万人。高技能人才占技能劳动者比例达到28%。

主要举措：实施辽宁高技能人才振兴计划，巩固和壮大辽宁在全国的产业技能人才优势，构建以行业企业为主体、职业院校为基础，企业与院校合作、政府推动与社会支持相结合的职业教育培训体系，大力培养急需的新型技师。加强职业培训，整合优质资源，依托大型骨干企业、重点职业院校和特色产业基地，结合我省区域经济发展和产业发展趋势，建立50个高技能人才培训基地，重点建设100个与老工业基地振兴相关的培训专业，打造30个精品培训品牌。整合优质资源，在我省中心城市建设1至2个技术含量高、体现科技发展前沿技术的高技能人才公共实训基地，面向全社会搭建高技能人才实训、鉴定、研发和交流平台。完善现代企业职工培训制度，推动企业建立高技能带头人和首席技师制度。在试点基础上，2020年全省建立80个技能大师工作站。完善技工院校高技能人才培训体制，加强技工院校高技能人才培养的基础设施建设和师资队伍建设，改善实习条件，提高培训能力。加强职业教育"双师型"教师队伍建设，在职业教育中推行学历证书和职业资格证书"双证书"制度。继续推行校企合作培养高技能人才制度，制定鼓励校企合作的激励性措施。进一步规范高技能人才评选奖励办法，鼓励企业建立高技能人才激励机制和向一线高技能人才倾斜的分配机制。提高技师、高级技师待遇，制定高技能人才与工程技术人才职业发展贯通办法。广泛开展各种形式的职业技能竞赛和岗位练兵活动。加大企业职工教育培训经费投入和统筹力度，提高经费使用效益，进一步增加高技能人才培养的投入。

5.农村实用人才

发展目标：围绕农业发展、农民增收和农村和谐的目标，以提高科技素质、职业技能和经营能力为核心，以农村实用人才带头人和农村生产经营型人才为重点，着力建设服务农村经济社会发展、数量充足的农村实用人才队伍，努力把农村人口优势转化为人才资源优势。到2015年，全省农村实用人才总量达到42万人。到2020年，全省农村实用人才总量要超过60万人，平均受教育年限达到11年，每个行政村主要特色产业至少有 1 至 2 名示范带动能力强的带头人。

主要举措：实施全省现代农业人才培养计划，选拔农业科研杰出人才，给予科研专项经费支持；组织农业技术推广人才，开展技术交流、学习研修、观摩展示活动；选拔农村优秀生产经营人才，给予重点扶持。充分利用涉农高等院校、农业职业院校、农业广播电视学校、农业成人学校、电视教育、远程教育等载体及各级各类培训资源，建立市、县、乡、村四级教育培训服务体系，大规模开展农村实用人才培训。继续实施"农村实用人才带头人素质提升计划"、"农民技术员培养工程"和"绿色证书培训工程"、"新型农民教育培训"、"星火科技培训"、"科普阳光工程"，培养农民技术员、农民企业家和农村能工巧匠。鼓励和支持农村实用人才带头人牵头建立专业合作组织和专业技术协会，加快培养农业产业化发展急需的企业经营管理人员、农民专业合作组织带头人和农村经纪人。实施高校毕业生基层成长计划，培养新农村建设骨干力量。建立农村实用人才信息库，健全农村实用人才评价制度，推进农村实用人才技术职称评定。加大对农村实用人才的表彰激励和宣传力度，加大对农村发展急需的农业技术人员、教师、医生等方面人才培养的支持力度。开展城乡人才对口扶持，推动科技、教育、医疗、法律、文化人才下乡支农。

6. 社会工作人才

发展目标：适应构建和谐辽宁的需要，大力发展有辽宁特色的社会工作事业，以人才培养和岗位开发为基础，以中高级社会工作人才为重点，加快培育一支职业化、专业化的社会工作人才队伍。到 2015 年，全省社会工作人才总量达到 14 万人。到 2020 年，全省社会工作人才总量达到 26 万人。

主要举措：从辽宁实际出发，建立不同学历层次教育协调配套、专业培训和知识普及有机结合的社会工作人才培养体系。调整高等院校的社会工作类专业设置，适当增设急需的社会工作专业数量，完善社会工作学科专业体系，适度扩大社会工作专业招生规模。建设一批社会工作培训基地，加强社会工作从业人员的专业知识培训和职业训练。推进社会工作人才的规范化管理，制定社会工作培训质量评估指标体系。建立健全社会工作人才评价制度，实施任职资格与执业认证制度。合理设置社会工作人才工作岗位，加强社会工作者队伍职业化管理。组建全省社会工作者协会。推进公益服务类事业单位、城乡社区和公益类社会组织建设。完善政府购买社会工作服务政策。建立社会工作人才和志愿者队伍联动机制。制定进一步加强全省社会工作人才队伍建设意见。

四、体制机制创新

（一）创新人才工作管理体制

1. 完善党管人才的领导体制

坚持党管人才原则，完善党委统一领导，组织部门牵头抓总，有关部门各司其职、密切配合，社会力量广泛参与的人才工作格局。发挥党委领导核心作用，履行好管宏观、管政策、管协调、管服务的职责。建立各级党委人才工作领导机构，形成科学的决策机制、协调机制和督促落实机制，构建统分结合、上下联动、协调高效、整体推进的人才工作运行机制。完善党委组织部门牵头抓总职能，重点做好战略研究、总体规划制定、重要政策统筹、创新工程策划、重点人才培养等工作。发挥政府人力资源管理部门作用，强化各职能部门人才工作职责，充分调动工会、共青团、妇联、科协等人民团体和企事业单位、社会组织的积极性，动员和组织全社会力量协调一致做好人才工作。

2. 创新人才管理方式

围绕用好用活人才，完善政府宏观管理、市场有效配置、单位自主用人、人才自主择业的人才管理体制。改进宏观调控，推动政府人才管理职能向创造良好发展环境、提供优质公共服务转变，运行机制和管理方式向规范有序、公开透明、便捷高效转变。规范人才管理部门的行政行为，减少和规范人才评价、流动等环节中的行政审批和收费事项。分类推进事业单位人事制度改革。克服人才管理中存在的行政化、"官本位"倾向，取消科研院所、学校、医院等事业单位实际存在的行政级别和行政化管理模式。遵循放开搞活、分类指导和科学规范原则，深化国有企业和事业单位人事制度改革，扩大和落实单位用人自主权。健全符合现代企业制度要求的企业人事制度。选择部分科研、医疗等事业单位探索建立理事会、董事会等形式的法人治理结构，选择部分地区、行业建立与国际人才管理体系接轨的人才管理改革试验区。

3. 加强人才工作法制建设

坚持用法制保障人才，推进人才管理工作科学化、制度化、规范化。建立健全涵盖人才安全保障、权益保护、市场管理和人才培养、吸引、使用等人才资源开发管理各个环节的法规。统筹规范现有的各级、各类人才管理法规，强化协调配套、确保务实管用，形成有利于人才发展的法制环境。

（二）创新人才工作机制

1. 创新人才培养开发机制

坚持以全省经济社会发展需要为导向，以提高思想道德素质和创新能力为核心，完善现代国民教育和终身教育体系，构建人人能够成才、人人得到发展的人才培养开发机制。发挥我省教育基础雄厚的优势，不断优化教育层次、学科结构、专业设置、地域分布，建立人才培养结构与经济社会发展和产业发展相适应的动态调控机制。坚持面向现代化、面向世界、面向未来，充分发挥教育在人才培养中的基础性作用，立足培养全面发展的人才，突出培养创新型人才，注重培养应用型人才。充分利用现代通讯、网络等信息技术手段，构建网络化、开放化、个性化的终身教育体系，大力发展现代远程教育，鼓励和支持社会力量创建各类专业化培训机构。创新人才培养模式，全面推进素质教育，建立社会参与的人才培养质量评价机制，完善发展职业教育的保障机制。积极拓展出国出境培训渠道，建立国内外联合培养人才新途径。

2. 创新人才评价发现机制

建立以岗位职责要求为基础，以品德、能力和业绩为导向，科学化、社会化的人才评价发现机制。完善各类人才评价标准，克服唯学历、唯论文倾向，注重靠实践和贡献评价人才。建立以岗位绩效考核为基础的事业单位人员考核评价制度。完善重在业内和社会认可的专业技术人才评价机制，完善以任期目标为依据、工作业绩为核心的国有企业领导人员考核评价办法，探索技能人才多元评价机制。健全完善党政领导干部考核评价机制。

3. 创新人才选拔任用机制

认真贯彻落实中央颁布的《2010—2020年深化干部人事制度改革规划纲要》，积极推进干部人事制度改革，形成有利于各类人才脱颖而出、充分施展才能的选人用人机制。深化党政领导干部选拔任用制度改革，规范干部选拔任用提名制度，大力推行竞争性选拔干部办法，完善地方党委讨论决定任用重要干部票决制，不断提高选人用人公信度。建立市场配置、组织选拔和依法管理相结合的国有企业领导人员选拔任用制度，完善国有资产出资人代表派出制和选举制，推进企业经理人制度。探索建立重点民营企业发展目标考核评价机制，制定民营企业高端管理、专业技术人才晋升办法。引导民营企业更新用人观念，面向社会选聘经营管理人才。全面推行事业单位公开招聘、竞聘上岗和合同管理制度。

4. 创新人才市场配置机制

坚持人才资源配置的市场化导向，以中国东北毕业生人才市场、中国沈阳人才市场、中国大连高新技术人才市场和中国国际人才市场等国家级人才市场为龙头，整合全省人才市场资源，逐步建立统一规范、竞争有序、功能完善、覆盖城乡的人力资源市场，提高专业化、信息化、国际化服务水平。建立政府部门宏观调控、市场主体公平竞争、中介组织提供服务、人才自主择业的人才流动配置机制。完善相关行政许可程序，加强对人才市场各种活动的有效监管。加快建立社会化人才档案公共管理系统，完善社会保险关系转移接续办法。健全人才需求信息定期发布制度。完善劳动合同、人事争议仲裁等制度，维护各类人才和用人单位的合法权益。完善有关人事人才公共服务政策，不断推动服务创新。建立完善与辽宁沿海经济带开发开放、沈阳经济区建设和突破辽西北三大战略相配套的人才交流机制，消除区域、部门壁垒，推进全省人才整体开发，实现人才资源有效配置。

5. 创新人才激励保障机制

坚持精神激励与物质奖励相结合，健全以政府奖励为导向，以用人单位和社会力量奖励为主体的人才激励体系，建立健全与工作业绩紧密联系、充分体现人才价值、有利于激发活力和维护人才合法权益的激励保障机制。改革分配制度，完善事业单位岗位绩效工资制度，制定知识、技术、管理、技能等生产要素按贡献参与分配的办法。建立市场调节、企业自主分配、政府监控指导的企业薪酬分配机制，推行股权、期权等中长期激励办法，逐步提高企业退休人员基本养老金。探索高层次人才、高技能人才协议工资制和项目工资制等多种分配形式。研究制定人才补充保险办法。扩大对农村、非公有制经济组织和社会组织人才的社会保障覆盖面。整合政府各项人才专项资金，建立以党委组织部门牵头负责，相关部门配合的资金使用管理机制，形成政府、社会和单位相结合的人才保障体系。

五、重大政策

（一）关于人才投资优先保证的财税政策

各级政府优先保证对人才开发的投入，确保全省教育、科技投入增长幅度高于财政经常性收入增长幅度。进一步调整和改善财政支出结构，逐步增加人才发展资金投入，为重大人才工程和项目的实施提供保障。在重大建设和科研项目经费中，应安排部分经费用于人才培训。适当调整财政税收政策，提高企业职工培训经费的提取比例。通过税收、贴息等优惠政策，鼓励和支持企业、社会组织建立人才发展基金，引导社会、用人单位、个人投资人才资源开发。加大对高层次人才和高技能人才开发支持力度。加大对辽西北等经济欠发达地区财政转移支付力度，引导辽西北等地区加大人才投入。

（二）关于产学研合作培养创新人才政策

建立政府指导下以企业为主体、市场为导向、产学研相结合、多种形式的技术创新体系，通过共建科技创新平台、合作开展教育、共同实施重大项目等方式，促进技术与知识向产业和产品转移。制定优惠政策，吸引国家级科研院所、知名企业研发中心在辽宁设立分支机构或联合开展项目攻关，合作开发与培养创新人才。深化研究生培养机制改革，发展专业学位教育，实施高等学校、科研院所、企业高层次人才双向交流制度，推行产学研联合培养研究生的"双导师制"。完善博士后制度，加强博士后科研流动站、科研工作站建设，建立多元化的投入渠道，发挥企业、高等学校、科研院所的主体作用，创新培养模式，加大招收企业项目博士后力度，引导博士后到工农业生产一线从事创新研究。实施"人才＋项目"的培养模式，推动我省重大人才工程与沿海经济带、沈阳经济区开发建设重大项目相结合，在经济发展过程中集聚和培育创新人才。鼓励和支持企业建立大专院校毕业生实习见习基地，提高大学生实践能力，对企业接纳大学生实习实行财税优惠政策，对见习者提供相应补贴。

（三）关于引导人才向农村基层和辽西北等地区流动政策

加大农村基层和辽西北等地区人才开发力度。制定工资、职务、职称等方面的倾斜政策，稳定农村基层和辽西北等地区人才队伍。落实国家艰苦边远地区津贴政策，不断改善工作和生活条件。采取开发基层社会管理和公共服务岗位、报考公职人员优先录用等措施，鼓励和引导高校毕业生到农村和中小企业就业。逐步提高省级党政机关从基层招录公务员的比例。对选聘到农村任职的大学生村官、参加"三支一扶"和志愿服务辽西北计划的高校毕业生实行给予工作生活补贴、报考公务员和研究生加分等优惠政策。制定高校毕业生到农村和经济欠发达地区就业创业扶持政策。实施公职人员到基层服务和锻炼的派遣和轮调办法，增强基层人才实力。完善科技特派员到农村和企业服务的政策措施，不断创新科技特派工作模式。实行以发达地区带动欠发达地区、以城市带动农村的人才对口支持政策，引导人才向农村和辽西北等经济欠发达地区流动，努力缩小地区人才发展差距。

（四）关于人才创业扶持政策

促进知识产权质押融资、创业贷款等业务规范发展，落实支持人才创业的金融政策。加大税收优惠、财政贴息力度，扶持创业风险投资基金，建立风险补偿机制，支持人才创办科技型企业，促进科技成果转化和技术转移。加大高校毕业生创业扶持力度。完善创业实训基地建设，加强创业技能培训和创业服务指导，提高创业成功率。不断加大对创业孵化器等基础设施的投入，建立和完善创业服务网络，着力打造技术公共服务、技术成果交易、创新创业融资服务和社会化人才服务"四大平台"，设立绿色通道，为人才创业提供快捷服务。完善知识产权、技术等作为资本参与分配的具体措施。制定科研机构、高等学校科技人员及高校毕业生创办科技型企业的激励保障办法，不断加大扶持力度，激发人才创新活力。

（五）关于鼓励科技人员钻研和创新政策

建立符合各类科技人员和管理人员不同特点的职业发展途径，鼓励和支持科技人员在创新实践中成就事业并享有相应的社会地位和经济待遇。改革事业单位管理模式，对事业单位管理人员全面推行职员制度。完善科研管理制度，扩大科研机构用人自主权和科研经费使用自主权，健全科研机构内部决策、管理和监督的各项制度。建立以学术和创新绩效为主导的资源配置和学术发展模式。改进科技评价和奖励方式。加大对基础研究、前沿技术研究、社会公益类科研机构的投入力度。完善科技经费和科技计划管理办法，对高水平创新团队给予长期稳定支持。建立和完善向科研关键岗位、优秀拔尖人才倾斜的分配激励机制。注重改善青年科技人才的科研环境和生活条件，为青年科技人才潜心研究和尽快成才创造条件。

（六）关于人才激励奖励政策

支持有条件企业对作出突出贡献的人才实施期权、股权奖励。鼓励企业通过建立补充养老保险和商业保险等方式，提高优秀人才待遇。建立健全知识产权入股制度和技术创新人员持股制度，适度扩大参股比例。制定和规范科技人才兼职办法，鼓励科技人才兼职兼薪。建立和完善有突出贡献高技能人才、农村实用人才表彰奖励制度。

（七）关于人才智力引进政策

采取多种形式，大力吸引海外高层次人才来辽宁工作、创业或开展技术咨询活动，并在税收、保险、住房、子女入学、配偶安置，担任领导职务、承担重大科技项目、参加院士评选和政府奖励等方面给予特殊政策。对入选辽宁省"十百千"高端人才引进工程的海外人才，每人给予20万至500万元项目启动资金。建立海外高层次人才特聘专家制度。加强留学人员创业园区建设，提供创业资助和融资服务。建立统一的海外高层次人才信息库和人才需求信息发布制度。加大引进国外智力工作力度，制定和完善国外智力资源供给、发现评价、使用激励、绩效评估、引智成果共享等办法。大力开发国（境）外优质教育培训资源，支持高等学校、科研院所与海外高水平教育、科研机构建立联合研发基地。推动省内企业并购或设立海外研发机构。积极拓展国际人才市场，培育和吸引国际性人才中介服务机构。

（八）关于鼓励非公有制经济组织、新社会组织人才发展政策

对全省各种所有制组织中的人才，坚持一视同仁、平等对待。把非公有制经济组织、新社会组织人才开发纳入各级政府人才发展规划。制定加强非公有制经济组织、新社会组织人才队伍建设意见。政府在人才培养、吸引、评价、使用等方面的各项政策，非公有制经济组织、新社会组织人才平等享受。政府支持人才创新创业的资金、项目、信息等公共资源，向非公有制经济组织、新社会组织人才平等开放。政府开展人才宣传、表彰、奖励等方面活动，非公有制经济组织、新社会组织人才平等参与。鼓励和支持民营企业与高等学校、科研院所合作开展人才培养。不断扩大民营企业设立博士后科研基地规模，培养高层次创新人才。

（九）关于促进人才开发的公共服务政策

发展政府人才公共服务，构建全省统一开放、运行规范、覆盖城乡的人才公共服务体系。逐步完

善人才公共服务功能，健全人事代理、人事档案管理、人才派遣、人才评荐、社会保险代理、劳动用工备案、劳动人事争议调解仲裁、就业服务等公共服务平台，满足人才多样化需求。创新政府提供人才公共服务的方式，建立政府购买公共服务制度，为各类人才平衡工作和家庭责任创造条件。加强对人才公共服务产品的标准化管理，大力发展人才服务业，努力开发公共服务产品。加强人才公共服务信息化建设，发展与全国联网、资源共享的人才服务网络。加强人才服务行业管理和自律。

（十）关于人才发明创造保护政策

实施辽宁省知识产权保护战略，制定和完善技术成果保护的政策法规，完善科技成果知识产权归属和利益分享机制，保护科技成果创造者的合法权益。明确职务发明人权益，制定职务发明人流动中的利益共享办法，提高主要发明人受益比例。建立非职务发明评价和确认体系，加强对非职务发明创造的支持和管理。制定支持个人和中小企业发明创造的资助办法，鼓励创造知识财产，促进知识产权转化。加强专利技术运用转化平台和社会中介机构建设，为知识成果应用提供服务。完善非物质文化遗产传承人知识产权保护相关措施，加强文化和创意产业中知识产权的培育、运用、保护和管理，维护文化和创意产业知识产权所有人的合法权益。完善知识产权工作体系，加大知识产权宣传普及和执法保护力度，提高权利人自我维权的意识和能力。建立健全有利于知识产权保护的社会信用制度，推进知识产权行政执法体系建设，加强知识产权执法保护的统筹协调，提升全省知识产权创造、运用、保护和管理能力。

六、重大人才工程

（一）实施"115"高层次创新型人才培养工程

以提高自主创新能力为核心，以培养我省关键领域掌握前沿核心技术、拥有自主知识产权的创新型领军人才为目标，培养高端创新型科技领军人才。以5年为周期，选拔20名左右中青年首席科学家、200名左右中青年科技创新领军人才、1000名左右中青年学科带头人进行重点培养。到2020年，力争第一层次人选达到世界领先水平，其中有10名左右成为两院院士人选；第二层次人选达到国内一流水平，在我省重点发展领域作出重大贡献，其中有100名左右成为杰出技术型专家；第三层次人选达到省内一流水平，取得显著成果和突出业绩，其中500名左右为所在领域科技创新领军人才，从而以高端人才攻克高端技术、形成高端产品、占领高端市场，提升辽宁核心竞争力，推动由"辽宁制造"向"辽宁创造"转变。

（二）实施"十百千"高端人才引进工程

依托国家"千人计划"，围绕辽宁优先发展的重点产业，用5至10年时间，从海内外引进数十名能够引领重点支柱产业发展的顶尖科技人才；引进数百名在国际科学技术前沿取得重大突破、能够带领国际水准研发团队的科技领军人才；引进数千名拥有自主知识产权、具有较强自主创新能力的学术、技术带头人和熟悉国际惯例、具有国际运作能力的高级经营管理人才，从而促进一批重大科技成果转化和产业化，孵化一批高成长性科技型企业，带动一批高新技术企业进入国内一流或国际先进行列，打造一批竞争优势明显的高新技术企业群和产业群。

（三）实施引进海外研发团队工程

着眼于经济结构调整和经济发展方式转变，围绕新兴产业发展、产业结构升级，每年从海外引进100个研发团队，开发100个达到世界前沿技术水平或填补国内空白，并能够形成产业化的工业新产品。用10年左右的时间，重点引进50个由国际上享有较高声誉的科学家、知名专家或学者担任领军人物的研发团队，引进100个拥有曾在国际知名企业担任过高级职务科研人员的研发团队，引进200个拥有在国外重大科技专项或工程建设中执行过重要任务的高级技术人才的研发团队。每个海外研发团队原则上由不少于3名外国专家组成。到2020年，通过团队形式引进的海外高层次外国专家达到3000人，培养3000名掌握核心技术的高级专业技术人才，逐步确立我省在先进装备制造、新材料、电子信息、生物医药、新能源、节能环保等领域的人才优势地位，力争突破一批关键技术、创造一批自有品牌、制定一批行业标准，全面提升我省的产业核心竞争力。

（四）实施重点产业"两高"人才培养工程

适应我省走新型工业化道路、加快产业结构优化升级的需要，以5年为周期，以提高技术创新能力、产品开发能力、工艺设计能力为目标，在装备制造、冶金、石化、高新技术、农产品深加工等重点产业，通过出国培训、脱产学习、在线学习和远程教育等方式，培养造就10万名高级研发人才；以能够熟练运用新技术、新设备、新工艺为目标，通过技工院校、高技能人才培养基地、公共实训基地培养造就40万名高技能人才。充分发挥"两高"人才创新引领、技术支撑作用，迅速做强做大重点产业，抢占后金融危机时期的竞争制高点，打造辽宁发展新优势。

（五）实施县域经济发展人才支撑"151"工程

适应以工业化为主导、以农业现代化为基础、以城镇化为支撑的县域经济发展的需要，围绕县域工业园区建设和特色产业集群发展，培养一批本土人才、吸引集聚一批创新创业人才。到2020年，为全省44个县域产业集群培养和引进1000名经营管理人才、5000名专业技术人才、10万名高技能人才，从而打造一县一个超百亿元规模的产业集群，推进城乡一体化，实现县域经济倍增目标。

（六）实施千名优秀企业家培养计划

着眼于提高企业现代经营管理水平和国际竞争力，每年选拔1500名企业中高级经营管理人员进行培养，其中择优选拔100名左右有发展潜力的高级经营管理人才，分别安排到国内外知名高校、职业经理学院、国际机构进行教育培训，到沿海发达地区考察学习，到中央国有骨干企业挂职锻炼，更新知识、开阔视野、增强才干，全面提高战略规划、资本运作、人力资源管理、金融、物流、国际贸易、国际法律等专业知识水平和运作能力。到2020年，培养造就1000名左右具有世界眼光、战略思维、创新精神和经营能力的优秀企业家，为打造一批站在世界前沿、具有国际竞争力的企业集团，构建世界级的产业基地提供高端人才保证。

（七）实施智力支持与科技特派行动

着眼充分发挥优秀专家作用、促进科研成果向现实生产力转化，每年组织优秀专家和专业技术人才，采取院士专家行、专家服务团等形式，与100个传统产业优化升级、高新技术和区域协调发展重点项目对接，实施合作攻关、科技服务，形成高层次科技人才与振兴优势产业互动格局。到2015年，在全省先进装备制造、新能源、新材料、新医药、电子信息、高技术服务和现代农业7大领域建立起150个智力支持团队。开展科技特派行动，组织广大科技工作者，采取特派团、特派组、特派员进点帮扶和技术培训方式，为农村科技进步、县域经济快速发展提供技术支撑，用5年时间，组建200个科技特派团、100个科技特派组，选派4000名科技特派员，培养5000名农民技术员，创办农业专业技术合作组织1000个，支持和带动全省县域经济"一县一业"和"一乡一品"的发展。

（八）实施高等院校攀登学者支持计划

着眼于创建具有辽宁特色的强校，通过构建定位明确、层次清晰、衔接紧密的遴选支持体系，培养造就高素质创新型教育人才队伍。每年遴选200名左右高等院校青年骨干教师进行重点培养，遴选50名左右高等院校优秀人才和50个创新团队予以资助。到2020年，从高等院校优秀人才和创新团队中遴选资助30名攀登学者，培养造就学术大师和国家重点学科带头人。以攀登学者为引领，分层次建设一批世界一流、国内一流和优势特色学科，打造若干进入国内一流、具有国际影响力的大学，充分释放高校人才资源效能。

（九）实施专业技术人才知识更新工程

根据我省经济结构调整和增长方式转变的需要，着眼于提高专业技术人才队伍整体素质，以5年为周期，在装备制造、原材料、生物医药、仪器仪表、高新技术产业、现代服务业、现代农业等经济社会重点领域，依托高等院校、科研院所、大型企业集团，建立专业技术人才继续教育基地，采取灵活多样的方式，重点培养30万名中高级创新人才，使200万名专业技术人才接受相关领域知识更新培训，增强自主创新能力，提高专业技术水平。

（十）实施"四个一批"人才培养工程

着眼进一步提升文化软实力，培养造就一批全面掌握中国特色社会主义理论体系、学贯中西、联系实际的理论家，一批坚持正确导向、深入反映生活、受到人民群众喜爱的名记者、名编辑、名评论员、名主持人，一批熟悉党和国家方针政策、社会责任感强、业务精通的出版家，一批紧跟时代步伐、热爱祖国和人民、艺术精湛的作家、艺术家，以及经营管理人才和文化专门技术人才。到2020年，培养600名"四个一批"人才，其中受国家资助的宣传思想文化领域的名家达到100名。

（十一）实施全民健康卫生人才保障工程

适应医药卫生体制改革，保障全民健康需要，进一步加大卫生人才培养力度。到2020年，在全省卫生技术人员中，县级以上医院临床医生均达到大学本科以上学历；省、市级疾病预防控制和卫生监督机构卫生技术人员中，大学本科以上学历达到60%以上；县级疾病预防控制和卫生监督机构卫生技术人员中，大专以上学历达到50%以上，逐步建立起结构合理、素质优良的卫生专业人才队伍。造就一批医术高超、医德高尚、创新意识强、在国内有影响力的医疗学科带头人。加强以全科医生为重点的基层卫生人才队伍建设，通过多种途径培训1万名全科医师，提高基层医疗卫生服务能力，构建城乡均等的医疗服务保障体系。

（十二）实施青年人才振兴计划

着眼人才基础性培养和战略性开发，提升未来人才竞争力，在节能环保、新兴信息产业、新能源、新材料、先进装备制造等新兴战略性产业和文化创意、工业设计等现代服务业，选拔培养一批勇于探索、开拓创新的优秀青年科技拔尖人才。在教育、政法、宣传思想文化、医药卫生等社会发展重点领域，选拔培养一批在国内有影响力的青年拔尖专门人才。依托高等院校、科研院所、骨干企业建立青年人才培养基地。每年从应届高中、大学毕业生中选拔一批优秀学生送到国外一流大学深造，定向跟踪培养，培育一大批辽宁未来发展所需青年骨干人才，为建设人才强省、促进经济社会可持续发展提供人才储备。

（十三）实施高校毕业生基层成长计划

着眼于解决基层特别是辽西北地区基层人才匮乏问题，培养锻炼后备人才，积极引导和鼓励高校毕业生到基层创业就业。扎实推进选拔优秀高校毕业生到基层任职工作，用10年时间选派3500名左右优秀高校毕业生到乡镇（街道）和基层法院、检察院工作，选聘4000名左右优秀高校毕业生到村任职。实施"三支一扶"计划，每年选拔800名左右高校毕业生到农村基层从事服务工作。继续做好大学生志愿服务辽西北计划，每年选拔300名高校毕业生到辽西北基层服务。到2020年，实现全省每个村至少有1名高校毕业生，每个乡镇党政班子中至少选配1名有在村任职经历的优秀高校毕业生。

七、组织实施

（一）加强对《人才发展规划》实施工作的组织领导

省人才工作领导小组负责《人才发展规划》实施的统筹协调和宏观指导，制定各项目标任务的分解落实方案和重大工程实施办法，建立《人才发展规划》实施情况的监测、评估、考核机制，加强督促检查。各地区、各部门要建立落实《人才发展规划》目标责任制，把落实《人才发展规划》纳入各级党政领导班子综合考核评价体系。建立务实高效的工作协调机制，保证规划任务落到实处。

（二）建立健全全省人才发展规划体系

各地区、各部门要以《人才发展规划》为指导，根据实际，抓紧编制本地区、本行业系统以及重点领域的人才发展规划，形成全省人才发展规划体系。把人才发展规划纳入国民经济和社会发展规划体系，重点推进，优先发展。加强各级规划之间及人才发展规划与科技、教育等其他重点领域发展规划的衔接配套，做到相互匹配、相互支撑。

（三）营造实施《人才发展规划》的良好社会环境

大力宣传党中央、国务院和省委、省政府关于人才工作方针政策和战略部署，宣传实施《人才发展规划》的重大意义、指导思想、目标任务、重大举措和规划实施中的典型经验，形成人人关心、支持人才发展的良好社会氛围。

（四）加强人才工作基础性建设

着眼人才长远发展，加强人才研究机构建设，加强人才理论研究，探索人才资源开发规律。加强全省高层次人才资源信息库建设，不断完善人才信息库在人才配置、人才开发上的服务功能。选好配强人才工作力量，加强学习培训和实践锻炼，提高人才工作队伍的政治素质和业务水平。

内蒙古自治区中长期人才发展规划纲要（2010—2020年）

为更好实施"人才强区"战略，切实加强对全区人才工作的宏观指导，根据《国家中长期人才发展规划纲要（2010—2020年）》精神，结合自治区实际，制定本规划纲要。

序言

进入新世纪以来，自治区紧紧抓住经济社会快速发展的有利时机，认真贯彻落实党中央、国务院关于人才工作的一系列方针政策，大力实施人才强区战略，人才工作取得了显著成绩。制定实施了《内蒙古自治区"十一五"人才发展规划纲要》，提出了建设人才流入区的目标；科学人才观初步确立，人才发展的战略地位得到提升，党管人才工作新格局基本形成；人才政策不断创新完善，人才市场体系逐步健全，人才建设工程深入推进，人才总量较快增长，人才结构逐步优化，人才效能明显提高。同时，自治区人才发展还存在一些不容忽视的矛盾和问题，还不能完全适应自治区经济社会又好又快发展，特别是转变经济发展方式、调整经济结构的需要。主要表现在："人才是第一资源"、"以人才促发展"的意识还不强；人才队伍总量不足，整体素质偏低，自主创新创业能力不强；人才布局不合理，结构性短缺严重，尤其缺乏高层次科技创新型人才、优秀企业经营管理人才和高技能人才；人才资源开发投入不足，人才发展的体制机制障碍依然存在；人才综合竞争力亟待全面提升。

当前和今后一个时期，是自治区全面建设小康社会的关键时期。推进经济社会又好又快发展，实现经济发展方式转型，构建社会主义和谐社会，既对自治区人才发展提出了更高更为迫切的要求，也为自治区人才发展创造了新的机遇。同时，随着经济全球化深入发展，国内外人才竞争日趋激烈，自治区人才发展也将面临更为严峻的挑战。

面对新形势、新任务、新机遇、新挑战，我们必须坚定不移地走人才强区之路，进一步统筹谋划，深化改革，重点突破，整体推进，不断开创人才辈出、人尽其才的新局面。

一、指导思想、基本原则和总体目标

（一）指导思想

2010—2020年，自治区人才发展的指导思想是：以邓小平理论和"三个代表"重要思想为指导，深入贯彻落实科学发展观，按照"服务发展、人才优先、以用为本、创新机制、高端引领、整体开发"的指导方针，坚持党管人才原则，遵循社会主义市场经济规律和人才成长规律，以服务经济社会发展为宗旨，以人才能力建设为核心，以体制机制创新为动力，以加大人才投入为支撑，以高层次创新人才和高技能人才开发为重点，深入实施人才强区战略，统筹推进各类人才队伍建设，为实现自治区全

面建设小康社会和富民强区战略目标提供强有力的人才保证和智力支持。

（二）基本原则

——党管人才原则。加强和改善党对人才工作的领导，充分发挥党委统揽全局、协调各方的作用，调动各级、各部门和社会各界发现人才、培养人才、使用人才、保护人才的积极性和创造性，形成加快人才发展的整体合力。

——优先发展原则。把服务科学发展作为人才工作的根本出发点和落脚点，确立人才优先发展的战略布局，在经济社会发展中，切实做到人才资源优先开发、人才结构优先调整、人才投资优先保证、人才制度优先创新、人才环境优先改善，以人才优先发展促进经济社会又好又快发展。

——改革创新原则。把深化改革作为推动人才发展的根本动力，把用好人才作为人才工作的第一要务，按照中央的统一部署，充分利用国家赋予民族地区的特殊政策，着力创新人才发展体制机制。改进人才管理方式，加强人才发展法制建设，深化国有企业和事业单位人事制度改革，扩大和落实单位用人自主权，克服人才管理中存在的行政化、"官本位"倾向，构建与社会主义市场经济体制相适应、有利于人才发展的制度环境。进一步解放思想、解放人才，解放生产力，支持人人都作贡献、人人都能成才，最大限度地激发各类人才的创造活力，促进人的全面发展。

——统筹推进原则。兼顾现实需要和长远发展，充分利用国际国内两种人才资源，紧紧围绕人才培养、引进和使用三个环节，全面推进人才队伍整体建设，推动城乡、区域、产业、行业和不同所有制人才资源合理流动、有效配置，实现人才规模扩大、素质提高、结构改善和效能提升的有机统一。

（三）总体目标

到2020年，自治区人才发展的总体目标是：人才规模、素质、结构、布局和创新能力能够满足自治区经济社会发展需要，人才发展体制机制基本完善，各类人才创造活力普遍激发的良好环境基本形成，人才综合竞争力明显提升，人才发展的总体水平进入西部先进省区市行列。

——人才队伍规模不断壮大。人才资源总量由现在的165万人增加到300万人左右，增长81%左右，人才资源占人力资源总量的比重提高到14%左右，基本满足经济社会发展需要。

——人才素质有较大提高。主要劳动年龄人口受过高等教育的比例达到21.2%左右，每万劳动力中研发人员达到41人年以上，高技能人才占技能劳动者比例达到28%。

——人才结构和布局实现战略性调整。人才结构和人才在区域、行业、城乡和所有制间的分布明显优化，与自治区整体发展布局基本适应。在自治区优势特色产业领域、重点发展区域建成若干个人才集聚的高地。

——人才使用效能明显提高。人才发展体制机制创新取得突破性进展，人才辈出、人尽其才的环境基本形成。人力资本投资占自治区地区生产总值比例达到16%，人才贡献率达到全国平均水平。

二、人才队伍建设主要任务

（一）突出抓好各类重点人才开发

1. 创新型科技人才

围绕提高自主创新能力、建设创新型内蒙古，以高层次创新型科技人才为重点，努力造就一支能够支撑自治区持续快速发展的创新型科技人才队伍。到2020年，全区研发人员总量达到6.3万人年，高层次创新型科技人才总量达到1100人左右。

通过全面选拔、重点资助等方式，在自治区科技领域重点选拔培养一批有发展潜力、国内一流的领军人才和创新创业团队。加强对海内外高层次人才的跟踪和联系，大力引进一批自治区发展急需的科技领军人才和具有创新创业能力的中青年高级专家。加强对具有创新素质和创业能力的高层次复合型人才的培养，加大对青年创新创业人才特别是青年拔尖人才的培养力度。注重实践培养，依托重大科研项目、重点工程、重点学科、重点实验室、重点科研基地（园区）、大企业工程技术研究中心、国内外交流项目，着力在重点建设领域打造一批高层次创新创业人才培养基地和创新团队。以实施"草原英才"工程为引擎，带动高层次创新型科技人才队伍建设。积极推进产学研合作，为高层次人才创新创业提供事业平台。改进科技经费投入方式，建立长期稳定的投入支持政策。建立以质量和效益为导向的创新创业管理制度，健全有利于高层次科技人才创新创业的评价、使用、激励机制。完善科研诚信考核体系，大力培育追求真理、勇攀高峰、宽容失败、团结协作的创新文化。

2. 重点领域急需紧缺专门人才

适应自治区新型工业化、城镇化、农牧业现代化发展和构建社会主义和谐社会的需要，加大重点领域急需紧缺专门人才培养和引进力度，着力建设一支数量充足、职业素养较高、专业能力较强的专门人才队伍。到2020年，在能源资源、化工、新材料、装备制造、农牧业科技、农畜产品加工、生物技术、信息技术、金融财会、国际商务、生态环境保护以及民族文化产业等国民经济重点领域，培养和引进急需紧缺专门人才7.5万人左右；在教育、政法、宣传思想文化、医药卫生、防灾减灾、社会工作、民族工作等社会发展重点领域，培养和引进急需紧缺专门人才10万人左右。

围绕自治区发展重点领域，加强产业、行业人才发展统筹规划和分类指导。通过大规模开展重点领域专门人才知识更新培训、搞好人才需求预测和定期发布急需紧缺人才目录等方式，加大重点领域急需紧缺各类人才的培养和引进力度。继续实施"四个一批"人才培养工程，加强宣传文化领域高层次人才队伍建设。依托重大哲学社会科学研究项目和研究基地，大力培养哲学社会科学学术带头人。实施"高素质教育人才培养计划"、"健康卫生人才提升计划"、"优秀民族文化人才培养计划"，加强教育、医药卫生和民族文化人才培养。制定急需紧缺专门人才向重点领域集聚的倾斜政策，建立重点领域相关部门人才开发协调机制，定期表彰在重点领域专门人才开发中作出贡献的社会组织和个人。

（二）统筹推进各类人才队伍建设

1. 党政人才队伍

以提高领导水平和执政本领为核心，以科级以上领导干部为重点，建设一支政治坚定、勇于创新、勤政廉洁、求真务实、奋发有为、善于推动科学发展的高素质党政人才队伍。到2020年，具有大学本科及以上学历的干部占党政干部队伍的80%以上，专业化水平明显提高，结构更加合理，总量从严控制。

适应科学发展要求，遵循干部成长规律，完善干部培养教育机制，实施"党政人才素质能力提升工程"，建设学习型党组织。坚持德才兼备、以德为先用人标准，坚持民主、公开、竞争、择优原则，加大竞争性选拔党政领导干部工作力度，拓宽选人用人渠道，提高干部工作科学化水平。加强党政后备干部队伍建设，形成党政人才从基层选拔培养链。加强少数民族干部、女干部和非中共党员干部的培养使用和教育培训工作，优化党政干部队伍结构。

建立健全党政干部岗位职责规范及能力素质评价标准，实施促进科学发展的干部综合考核评价办法。加大党政干部跨地区、跨部门以及重要岗位的定期交流、轮岗力度，强化权力约束制衡，完善党政人才分类管理机制，健全党政人才能进能出、能上能下的开放管理机制。

2. 企业经营管理人才队伍

以提高企业竞争力为核心，以培养战略企业家和高级职业经理人为重点，加快推进企业经营管理人才职业化、市场化、专业化和国际化，着力培养造就一支高水平的企业经营管理人才队伍。到2015年，企业经营管理人才总量达到33万人左右；到2020年，企业经营管理人才总量达到43万人左右。

依托区内外高水平院校和专业培训机构，打造职业经理人培训基地，继续实施"中小企业银河培训工程"、"优秀企业家培养工程"，持续提高企业经营管理人才的能力和素质。加大企业经营管理人才市场化选拔力度，进一步提高国有企业领导人员通过竞争性方式选聘的比例。加快国有企业现代企业制度建设，健全企业经营管理者聘任制、任期制、任期目标责任制和以经营业绩为主的评价制度。完善年薪制、协议工资制和股权激励等中长期激励制度。加强非公有制企业经营管理人才队伍建设，着力完善财税、金融和风险投资等方面政策，造就一批具有创新创业能力的民营企业家。建立企业经营管理人才库，建立健全企业经营管理人才公共服务体系和市场服务体系。

3. 专业技术人才队伍

以提高专业水平和创新能力为核心，以高层次人才和紧缺人才为重点，打造一支素质优良、结构合理的专业技术人才队伍。到2015年，专业技术人才总量达到105万人左右；到2020年，专业技术人才总量达到145万人左右，占从业人员的13%左右，高、中、初级专业技术人才比例达到15∶44∶41。构建分层分类的专业技术人才继续教育体系，继续实施"专业技术人才知识更新工程"、"国家新世纪百千万人才工程"、"自治区新世纪321人才工程"，做好"特殊津贴"、"突出贡献"专家和"一线"作出突出贡献的专业技术人才以及自治区杰出人才评审和奖励工作，强化人才培养、奖励项目对优秀拔尖专业技术人才的激励作用。充分发挥各类社会组织培养专业技术人才的作用，在做好教育、科技、文化、卫生等重点领域专业技术人才培养的同时，加大对现代物流、电子商务、法律、咨询、会计、工业设计、食品安全、旅游等现代服务业人才培养开发力度。统筹推进专业技术职称和职业资格制度改革，创新专业技术人才的聘任制和以业绩为主的薪酬分配激励机制。综合运用政策调控和市场配置手段,引导专业技术人员向企业、社会组织和基层一线等最需要的地方流动,持续改善基层专业技术人才工作、生活条件,促进专业技术人才合理分布。注重发挥离退休专业技术人才的作用。

4. 高技能人才队伍

以提升职业素养和职业技能为核心,以技师和高级技师为重点,建设一支结构合理、技艺精湛的高技能人才队伍。到2015年,高技能人才总量达到47万人左右;到2020年,高技能人才总量达到55万人左右,其中技师、高级技师达到18万人以上。

完善以企业为主体、职业院校为基础、学校教育与企业培养紧密联系、政府推动与社会支持相结合的高技能人才培养培训体系。组织实施"高技能人才开发计划"。改革职业教育办学模式,大力推行校企合作、工学结合和顶岗实习。加强职业教育"双师型"教师队伍建设。完善职业技能鉴定资格证书制度,推行学历证书和职业资格证书"双证书"制度,实现高技能人才与工程技术人才职业发展的贯通。逐步实行中等职业教育免费和学生生活补贴制度。建立首席技师制度和突出贡献技师政府特殊津贴制度,探索技能要素参与分配的高技能人才薪酬制度。广泛开展各种形式的职业技能竞赛和岗位练兵活动,加大对高技能人才的宣传表彰力度,进一步提高高技能人才经济待遇和社会地位。

5. 农村牧区实用人才队伍

以提高科技素质、职业技能和经营能力为核心,以农村牧区实用人才带头人和生产经营型人才为重点,着力打造一支服务农村牧区经济社会发展、数量充足的实用人才队伍。到2015年,农村牧区实用人才总量达到25万人左右;到2020年,达到35万人左右,每个行政嘎查村至少有1—2名示范带动能力强的带头人。

充分发挥农村牧区各类职业学校、培训机构和培训网络的作用,大规模开展实用人才培训。整合各类资源和培训项目,健全旗县职业教育网络,推进"现代农牧业人才支撑计划"、"农村牧区实用人才开发计划"和"高校毕业生基层发展计划"的实施。鼓励实用人才带头人牵头建立专业合作社和技术协会,加快培养农牧业产业化发展急需的企业经营管理人才、专业合作组织带头人和农村牧区经纪人。积极扶持实用人才创业兴业,在创业培训、项目审批、信贷发放、土地使用等方面给予政策倾斜。加大公共财政对农村牧区急需的农牧业科技人员、教师、医生等方面人才的支持力度。实施促进人才向基层和艰苦边远地区流动的引导政策,加强城乡人才对口扶持,推进医师支援农村牧区医疗卫生、城镇教师支援农村牧区教育、社会工作者服务农村牧区建设、科技人员支农支牧等工作。加大对实用人才和支农支牧人才的表彰激励和宣传力度。

6. 社会工作人才队伍

以人才培养和岗位开发为基础,以中高级社会工作人才为重点,培养造就一支职业化、专业化的社会工作人才队伍。到2015年,社会工作人才总量达到3万人左右;到2020年,社会工作人才总量达到5万人左右。

加强社会工作学科专业体系建设,建立社会工作培训基地,加大职业培训力度。建立健全以培训、考试、职务聘任、注册管理为主要内容的社会工作人才管理制度,加强社会工作者队伍职业化管理。

大力开发社会工作岗位，拓展社会工作服务平台，落实政府购买社会工作服务政策，改善社会工作人才薪酬待遇，吸引社会工作人才到农村牧区和社区服务。推进城乡社区、公益服务类事业单位和公益类社会组织建设。建立社会工作人才与志愿者服务的联动机制。

三、人才工作体制机制创新

（一）改进完善人才工作管理体制

1. 完善人才领导体制

创新党管人才方式方法，完善党委统一领导，组织部门牵头抓总，有关部门各司其职、密切配合，社会力量广泛参与的人才工作新格局。各级党委要统筹经济社会发展和人才发展，切实履行好管宏观、管政策、管协调、管服务的职责。建立各级党委、政府人才工作目标责任制，提高对各级党政领导班子人才工作专项考核的权重。建立各级党委常委会听取人才工作专项报告制度，完善党委直接联系专家的制度，实行重大决策专家咨询制度。进一步明确人才工作协调小组工作职责，强化人才工作协调小组办公室职能，选好配强人才工作力量，主动加强与有关职能部门的协作配合，推动人才工作协调开展。

2. 健全人才工作机制

围绕用好用活人才，完善政府宏观管理、市场有效配置、单位用人自主、人才自主择业的管理体制。强化政府人才工作各职能部门的作用，理顺工作关系，明确工作目标与任务，加强沟通与协作，完善人才管理运行机制。充分发挥企事业单位开发人才的主体作用和工会、共青团、妇联、工商联、科协、社科联以及各类行业协会、人才协会等社团、群众组织密切联系人才的桥梁纽带作用，动员全社会力量共同做好人才工作。各部门、各单位"一把手"要真正负起抓"第一资源"的责任，高度重视并切实加强本部门、本单位人才工作微环境建设。加强对自治区人才政策、人才工作先进经验和人才先进事迹的宣传，在全社会营造处处重视人才、处处抓人才的良好社会氛围。

3. 加强人才工作法制建设

坚持用法制保障人才，推进人才管理工作科学化、制度化、规范化，形成有利于人才发展的法制环境。要充分利用国家对民族地区的特殊政策，切实加强自治区人才政策法规建设，认真制定落实与国家人才开发促进法和工资管理、事业单位人事管理、专业技术人才继续教育、职业资格管理、人力资源市场管理等方面法规相配套的条例办法；研究制定适应自治区发展需要的专业技术人才、企业经营管理人才、技能人才、农村牧区实用人才、社会工作人才、外来人才以及人才信息、人才统计、人才激励等方面的管理条例和办法，修订完善不适应发展需要的人事人才政策法规，使人才发展得到有效的法制保障。

（二）创新人才工作机制

1. 创新人才培养开发机制

以社会需求为导向，以提高思想道德素质和创新能力为核心，完善现代国民教育和终身教育体系，注重在实践中发现、培养、造就人才，构建人人能够成才、人人能够得到发展的现代人才培养开发机制。

充分发挥教育在人才培养中的基础性作用，立足培养全面发展的人才，突出培养创新型人才，注重培养应用型人才。建立人才培养与经济社会发展需求相适应的动态调控机制，不断优化教育布局和学科专业结构。改革高校招生考试制度，建立多元化招生录取制度和高等院校拔尖学生重点培养制度，对特殊人才特殊培养。完善发展职业教育的保障机制，提高职业教育水平。完善在职人员继续教育制度，推广在职人员定期培训和带薪培训办法。大力发展现代远程教育，积极支持各类专业化培训机构发展。广泛开展学习型组织创建活动，构建网络化、开放式、自主性终身教育体系。认真落实国家和自治区实施的各项人才培养项目，充分利用各类项目培养人才。

2. 创新人才评价发现机制

坚持以岗位职责为基础，以品德、能力和业绩为导向，完善人才评价标准，改进人才评价方式，拓宽人才评价渠道，把评价人才和发现人才结合起来，建立科学化、社会化的人才分类评价发现机制。

完善注重实践和贡献评价人才的标准，克服对人才唯学历、唯论文、唯身份、"年龄一刀切"、求全责备的倾向。按照国家统一的职业分类体系和各类人才能力素质标准搞好人才评价发现工作。建立健全公务员职位分类制度，完善与科学发展相适应的党政领导干部考核评价机制。分类建立事业单位人员绩效评价制度，稳步推进职称制度改革，规范专业技术人员职业资格准入制度，建立重在业内和社会认可的专业技术人才评价机制，落实用人单位在专业技术职务（岗位）聘任中的自主权。建立社会化的职业经理人资质评价制度，完善以任期目标为依据、工作业绩为核心的国有企业领导人员考核办法，健全以市场和出资人认可为核心的企业经营管理人才评价体系。逐步完善社会化职业技能鉴定、企业技能人才评价、院校职业资格认证和专项职业能力考核办法。建立健全以带领群众致富为主要标准的农村牧区实用人才评价制度。积极发展和规范人才专业化评价组织。坚持在实践和群众中识别人才、发现人才，注重在重大科研、工程项目和急难险重工作中发现、识别人才，健全举才荐才的社会化机制。

3. 创新人才选拔任用机制

按照公开、平等、竞争、择优原则，改革各类人才选拔任用方式，科学合理地使用人才，促进人岗相适、用当其时、人尽其才，形成有利于各类优秀人才脱颖而出、充分施展才能的选人用人机制。

继续深化党政人才选拔任用制度改革，探索公推公选等竞争性选拔干部方式，完善党政领导干部公开选拔、竞争上岗制度，规范干部选任提名制、票决制，坚持和完善党政领导干部职务任期制。建立聘任制公务员管理制度。建立组织选拔、市场配置和依法管理相结合的国有企业领导人员选拔任用制度，完善国有资产出资人代表派出制和选举制。健全事业单位领导人员委任、聘任、选任等任用方式。全面推行事业单位公开招聘、竞聘上岗和合同管理制度。探索专业技术人员累加实绩分级聘任制，积极推进事业单位关键岗位和重大项目负责人公开招聘制度。逐步建立健全首席专家、首席教授、首席工程师、首席技师等高端人才选拔任用制度。

4. 完善人才流动配置机制

大力推进人才市场体系建设，完善市场服务功能，畅通人才流动渠道，建立和完善政府部门宏观调控、市场主体公平竞争、中介组织提供服务、人才自主择业的人才流动配置机制。

整合政府各类人才市场和劳动力市场，规范发展社会各类专业性、行业性人才市场，建设统一开放、面向区内外的人才资源市场体系。大力发展人才服务业，积极培育专业化人才服务机构，注重发挥人才服务行业协会作用。建立用人单位人才需求信息及时公开发布制度，建立社会化的人才档案公共管理服务系统。健全专业化、信息化、产业化、国际化的人才市场服务体系。改革政府所属人才服务机构管理体制，逐步实现政事分开、管办分离。推进户籍制度改革，完善社会保险转移接续办法，进一步消除人才流动中城乡、区域、部门、行业、身份、所有制等方面的限制。完善劳动合同、人事争议仲裁、人才竞业避止等制度，维护各类人才和用人单位的合法权益。建立内蒙古与西部各省区市、东北地区以及京、津、冀、鲁环渤海地区和东部沿海地区的区域人才合作机制，大力推进呼、包、鄂区域人才和东部地区人才区域合作，拓展与境外、国外人才联系与合作的渠道，构建人才交流合作大平台。

5. 完善人才激励保障机制

加大人才发展投入，完善分配、激励、保障制度，建立健全与工作业绩密切联系、充分体现人才价值、有利于维护人才合法权益的激励保障机制。

完善各类人才薪酬制度，加强对收入分配的宏观管理，逐步建立秩序规范、激发活力、注重公平、监管有力的工资制度。统筹协调党政机关和国有企事业单位收入分配，稳步推进工资制度改革。健全国有企业人才激励机制，推行期权股权等中长期激励办法。推行事业单位岗位绩效工资制度。探索高层次人才和高技能人才年薪制、协议工资制和项目工资制等多种分配形式，加大对高层次创新创业人才收入分配倾斜力度，体现一流人才一流报酬的原则。建立健全以政府奖励为导向、用人单位和社会力量奖励为主体的人才奖励体系。调整规范各类人才奖项设置，对作出突出贡献的各类优秀人才授予荣誉并给予奖励。推进党政机关和事业单位社会保障制度改革，完善以养老保险、医疗保险为重点的社会保障制度，形成社会保障、单位保障和个人保障相结合的人才保障机制。建立重要人才政府投保制度，不断完善高层次人才特殊保障待遇政策。制定人才补充保险制度，支持用人单位为各类人才建立补充养老和医疗保险。扩大对农村、非公有制经济组织和新社会组织人才的社会保障覆盖面。

四、人才发展重大政策

（一）实施促进人才投资优先保证政策

各级政府要持续改善自治区经济社会发展的要素投入结构，较大幅度提高人力资本投资比重，确保教育、科技、文化、卫生和人才服务等领域的支出高于财政经常性支出增长幅度。到2020年，自治区人力资本的投资比重达到全国中上等水平。各级政府都要建立人才发展专项资金，纳入财政预算体系，保证人才发展重大项目的实施。在重大建设和科研项目经费中，应安排部分经费用于人才培训。机关、事业单位每年都要从本单位事业经费中安排一定比例的人才专项经费，用于本单位人才开发。综合运用财政、税收、贴息等政策杠杆，引导企业加大对人才开发的投入，鼓励和吸引社会组织、国际组织和个人以各种形式支持和参与人才开发。逐步建立以政府投入为主导、用人单位投入为主体、社会投入为补充的多元化投入机制。加强对人才资金使用的管理与监督，提高使用效益。

（二）实施产学研合作培养创新人才政策

加强高等院校、科研院所和企业之间的联系与合作，支持企业与科研院所、高等院校通过联合建立实验室、研发中心或共同实施重大项目等多种方式，培养高层次人才和创新团队。建立高等院校、科研院所和企业之间高层次人才双向流动和兼职制度。实施研究生教育创新计划，发展专业学位教育，推行产学研联合培养研究生的"双导师制"。改革完善博士后制度，发挥高等院校、科研院所和企业的主体作用，提高博士后培养质量。实行"人才＋项目"的培养模式，依托重大人才计划以及重大科研、工程、国际科技合作等项目，在实践中集聚和培养人才。对企业等用人单位接纳高等学校、职业学校学生实习等实行财税优惠政策。支持从事产学研成果转化运用的专业服务机构发展，推动人才开发与产业发展深度融合。

（三）实施人才创业扶持政策

实施扶持创业风险投资基金、促进科技成果转化和技术转移的税收、贴息等优惠政策。制定知识产权质押融资、创业贷款等办法，完善支持人才创业的财税和金融服务。继续加大对科技企业孵化器、留学人员创业园区、大学生创业园的投入，为各类人才创业搭建平台。完善知识产权、技术等作为资本参股的措施，降低高层次科技人才创办企业门槛。制定高等院校、科研机构科技人员创办科技企业的奖励办法，重奖用以创业并获得成功的科研成果。加强人才创业项目开发、创业技能培训和创业服务指导，建设创业服务网络，探索多种形式为人才创业提供服务。

（四）实施有利于科研人员潜心研究的宽松政策

完善科研管理制度，扩大科研机构用人自主权和科研经费使用自主权，健全科研机构内部决策、管理和监督的各项制度。建立以学术和创新绩效为主导的资源配置和学术发展模式。对科研团队和科研基地的管理，推行人、财、物统管的首席专家项目负责制。科研团队配备高层次科研人才，可不受编制和岗位定额限制，实行先进后补。完善以创新和质量为导向的科研评价办法，克服考核过于频繁、过度量化和急于求成的倾向，除确实必要的考核和监督外，有关部门不得过多干预。完善科研经费和科技项目经费投入管理办法，对从事基础研究、前沿技术研究、社会公益性技术研究的科研机构和高层次创新人才领军的科研团队予以长期稳定支持。在分配激励上，注重向科研关键岗位和优秀拔尖人才倾斜，鼓励和支持科研人员在创新实践中成就事业并享有相应的社会地位和经济待遇。改善青年科技人才的生活条件，在保障性住房建设中优先解决青年科研人员住房问题。

（五）实施促进人才向基层和艰苦边远地区流动的引导政策

实施积极的大学毕业生就业政策，采取政府购买岗位、报考公职人员优先录用、建立"五险一金"等措施，鼓励和引导毕业生到农村牧区和中小企业就业。提高盟市以上机关从基层招录公务员和从基层选拔党政领导干部的比例。对在农村牧区基层和艰苦边远地区工作的人才，在工资、职务、职称、地区津贴、社会保障等方面实行倾斜政策。制定并实施具有普遍约束力的公职人员到基层服务锻炼的派遣和轮调政策。认真落实国家、自治区各项服务基层和边远地区的人才项目、计划，推进公务员、教师、医生、科技人员、文艺工作者等公职人员到基层服务的制度化、长效化。

（六）实施推进党政人才、企业经营管理人才、专业技术人才合理交流政策

完善党政人才、企业经营管理人才、专业技术人才交流和挂职锻炼制度，扩大党政机关和国有企事业单位领导人员跨地区、跨部门交流任职范围，打破人才身份、单位、部门和所有制限制，营造开放的用人环境。拓宽党政人才来源渠道，完善党政机关从企事业单位和社会组织选拔人才的制度。稳步推进政府雇员制，对部分专业性较强的行政岗位实行聘任制。制定鼓励党政机关人员向企事业单位流动的政策，完善党政机关人才向企事业单位和社会组织流动的社会保险关系转移接续办法。

（七）实施鼓励非公有制经济组织和新社会组织人才发展政策

把非公有制经济组织和新社会组织人才开发纳入各级政府的人才发展规划，完善非公有制经济组织和新社会组织人才享受平等发展待遇的相关政策，打破不同所有制人才之间的政策性和体制性壁垒。政府在人才培养、引进、评价、使用等方面的各项政策，非公有制经济组织和新社会组织人才平等享受；政府用于支持创新创业的资金、项目、信息等公共资源，向非公有制经济组织和新社会组织人才平等开放；政府开展人才宣传、表彰、奖励等方面的活动，非公有制经济组织和新社会组织人才平等参与。

（八）实施课题、项目公开招标和悬赏政策

在新能源、新材料、新医药和现代农牧业等高新技术领域以及文化服务业、信息服务业等现代服务业中，选取亟须突破的重大课题、攻关项目，制定目标任务书，向区内外、海内外公开招标，对中标者给予充足的政策和资金支持。对于中小型课题、项目采取悬赏的方式，政府定期向社会征集并公示急需解决的攻关项目、课题，公布验收标准和悬赏金额，鼓励社会各专业人才积极参与研究。

五、人才发展重点工程

采取近期行动计划与十年基础性工程相结合的办法，把实施"草原英才"工程作为近期行动计划的核心部分，引领带动十年基础性工程的实施，统筹推进各类人才队伍建设。打造以呼和浩特、包头、鄂尔多斯"金三角"地区为核心区域的"草原硅谷"，建设"人才特区"，形成引才聚才高地。

（一）"草原英才"工程

1. "两院"院士引进和培养工程

采取特殊政策，刚性引进中国科学院或中国工程院院士 3 名，柔性引进中国科学院或中国工程院院士 50 名，重点选拔培养院士后备人选 30 名。

2. 领军人才引进和培养工程

通过组织实施自治区后备人才特别扶持计划、科技领军人才及创新团队计划、重大科技项目人才引进和培养计划，引进重点领域领军人才 10 名左右，培养领军人才 100 名左右。

3. 重点学科人才引进和培养工程

采取刚性和柔性相结合的方式，引进国家长江学者奖励计划特聘教授、国家杰出青年基金获得者、国家有突出贡献的中青年专家、国家百千万人才工程一层次专家等重点学科带头人 30 人左右；通过组织实施青年后备学科人才和学术带头人培养计划、科技创新团队建设计划等，资助培养国家重点学科带头人15人，长江学者后备人选25人，自治区高等教育"111人才工程"一、二层次人选110人，建设自治区高校创新团队30个左右。

4. 重点实验室和工程技术研究中心高层次人才引进和培养工程

围绕自治区优势特色学科、新兴产业研究方向和发展需要，依托重点实验室、工程技术中心两大平台，引进高层次创新人才30人，培养高层次创新人才100名。

5. 重点产业和重大建设项目人才引进和培养工程

通过实施"重大项目人才跟进计划"、"重点产业人才支持计划"，引进高层次人才35人，培养高层次人才60人。

6. 创新创业基地高层次人才引进和培养工程

通过加大自治区高新技术产业开发区、特色产业化基地、科技企业孵化器等创新创业载体培育升级力度，引进高层次创新人才10人、创业人才40人，带动培养创新人才30人、创业人才70人。

7. 国有（控股、参股）企业高层次经营管理人才和技术研发人才引进和培养工程

依托自治区直属国有（控股、参股）企业，引进或培养高层次经营管理人才和技术开发人才95人左右；自主培养高层次经营管理人才和技术开发人才200人左右。

8. 工业园区招商引资人才和复合型管理人才、非公有制骨干企业高层次经营管理人才和技术研发人才引进和培养工程

采取重点培养、重点引进、重点保障的措施，加大各类经济技术开发区、工业园区及自治区非公有制骨干企业急需高层次人才的开发力度，引进、培养招商引资人才和复合型管理人才各150人；非公有制骨干企业引进具有带动示范作用的高层次经营管理人才和技术研发人才300人，培养300人。

9. 卫生系统高层次人才引进和培养工程

以自治区医疗卫生领先学科、重点学科、重点实验室建设为突破口，自治区直属医疗卫生单位引进急需高层次卫生人才10人，从全区盟市以上医疗卫生机构中选拔50名高层次人才重点培养。

10. 高层次人才引进培养的投入与政策配套工程

建立高层次人才财政投入政策和支持措施，形成以政府为导向、用人单位投入为主体、社会资助为补充的投入机制。制定"草原英才"工程的具体配套政策，为各类人才提供政策支持。

（二）十年基础性工程

1. 青年拔尖人才培养工程

着眼于提升自治区未来人才竞争力的需要，加大对青年拔尖人才的发现、培养力度。在自然科学、哲学社会科学和文化艺术等重点学科领域，每年扶持10名左右青年拔尖人才重点培养，每年选择10名左右拔尖大学生定向跟踪培养。对青年拔尖人才的培养要坚持小规模、重特色、高水平原则，严格选择培养对象，并给予配套政策扶持，为自治区科学发展储备优秀的领军人才和后备人才。

2. 软科学战略性人才开发工程

依托自治区高等院校和科研院所，培养和集聚一批软科学战略性人才，打造若干能够为自治区

制定经济社会发展战略和重大决策提供参谋咨询服务的"智库"。从2010年到2015年，要根据需要先期有针对性地引进和遴选10名左右具有战略眼光和科学决策能力的软科学领军人才，支持和资助他们建立软科学研究团队，对自治区经济社会发展战略决策中的重大问题进行长期研究。到2020年，建成10个左右专门为自治区经济社会发展提供政策和决策咨询服务的高级"智库"。

3. 优秀企业经营管理人才培养工程

按照做大做强我区高新产业、优势产业和重点产业的要求，培养一批具有战略眼光和创新意识的企业经营管理人才。以五年为一个培养周期，选择200名左右优秀年轻企业经营管理人才，由政府资助采取国（境）内外培训、挂职锻炼和专业学位教育等多种方式进行培养。依托区内外高水平大学和党校干校等教育培训机构，打造5个左右与国际接轨的职业经理人培训基地，大规模培训优秀企业经营管理人才。

4. 高素质教育人才培养工程

按照优先发展教育的方针，着力建设一支高素质、创新型教育人才队伍。采取研修培训、学术交流、项目资助等方式，每年重点培养基础教育优秀骨干教师2000名，职业教育优秀"双师型"教师100名，普通高校名师100名，优秀中小学校长200名。到2020年，实现全区中小学教师中有2%进入国家骨干教师行列，7%进入自治区级骨干教师行列，高、中等职业院校"双师型"教师达到60%左右，高等学校具有硕士和博士学位的专职教师达到50%以上。

5. 优秀民族文化人才培养工程

适应建设民族文化大区，提高自治区文化软实力的需要，着力培养一批具有民族和地方特色的宣传思想文化领域优秀人才。每年重点扶持、资助一批哲学社会科学、新闻出版、广播影视、文化艺术、文物保护名家承担具有民族和地方特色的重大课题、重点项目、重要演出，开展创新研究、展艺交流、出版专著等活动。到2020年，由自治区资助的宣传思想文化领域的领军人物和学科带头人达到250人，其中，理论界50名，新闻界50名，出版界30名，文学艺术界70名，经营管理和专门技术人才50人。

6. 健康卫生人才提升工程

适应人民群众日益增长的医疗、预防、保健需要，加大对卫生人才的培养支持力度。到2020年，采取研修培训、学术交流、项目资助等方式，培养造就50名左右高层次知名医学专家。加强蒙中医药技术人才队伍建设，重点培养和支持50名蒙中医药人才。加强以全科医师为重点的社区、乡镇基层卫生人才队伍建设，培养10000名全科医师。培训5000名左右公共卫生人才，建立一支能够担负起新时期应急、预防保健、卫生监督等公共卫生任务的高素质人才队伍。

7. 高技能人才开发工程

根据自治区经济发展和产业结构调整优化升级的需要，大力培养高技能人才。到2020年，在自治区优势特色产业中，建成50个左右面向社会提供实训和技能鉴定服务的高技能人才公共实训基地，"十二五"期间在有条件的地方和企业先期建设20个。到2020年，在自治区建成50个左右技能大师工作室，培养高级技师10万人。

8. 农村牧区实用人才开发工程

着眼于自治区现代农牧业发展需要，培养一批优秀农牧业科研人员、农牧业技术推广人才和农牧区增收致富带头人。每年选拔 10 名左右有科研成果的农牧业科研优秀人才，给予专项经费，支持其到农村牧区转化。每年选拔 100 名左右农牧业技术推广人才，支持其到区内外和农村牧区开展技术指导、学习交流、观摩展示等活动。每年重点扶持 10000 名左右农牧业产业龙头企业负责人、专业合作组织带头人、种养殖方面的生产能手和能工巧匠等优秀生产经营管理人才，开展传、帮、带活动。围绕种植、养殖业在全区培育 50 个左右实用技术培训基地。

9. 高校毕业生基层发展工程

继续实施"选调生"计划，每年从区内外高等院校选拔 200 名左右优秀大学生到基层锻炼。继续实施"三支一扶"、"西部志愿者"、"特岗教师"等计划，每年选拔大学毕业生，到农村支农、支医、支教、扶贫；实施大学生"村官"计划，从 2010 年起，自治区每年选拔 6000 名大学生到嘎查村任职，在 3 年之后，使自治区 1.1 万个嘎查村，动态保证每个嘎查村至少有 1 名大学生"村官"。

（三）打造"草原硅谷"计划

适应自治区重点支持呼和浩特、包头、鄂尔多斯成为西部具有辐射带动作用的战略新高地的新形势，选择呼包鄂作为人才管理改革试验区，实施"人才特区"政策，建设以呼包鄂为核心的"草原硅谷"。制定出台《以"草原硅谷"为重点，推进人才强市工作意见》，组建呼包鄂人才开发一体化协调组织机构，统筹考虑呼包鄂三市的人才发展定位，发挥各自优势，突出各自特点，在分工协作的基础上，提升区域人才整体竞争力。完善区域一体化服务体系，实行呼包鄂地区人才吸引流动、培训评价、薪酬待遇、信息共享和社会保障一体化政策，充分发挥好呼包鄂特色产业集中、研发力量集中、创新创业基地集中的优势，建设一批人才创新创业载体，建成独具特色的人才高地，引领辐射西部经济区，进而带动东部五盟市，以点的突破实现人才强区的全面推进。

六、人才规划纲要的组织实施

（一）加强对《人才规划纲要》实施工作的组织领导

自治区人才工作协调小组负责《人才规划纲要》实施工作的统筹协调和宏观指导。制定各项目标任务的分解落实方案和重大工程实施办法。建立《人才规划纲要》实施情况的监测、评估、考核机制，加强督促检查。

（二）加强人才工作基础建设

整合人才信息资源，建立全方位、经常性的人才资源统计制度，加强人才信息网络和数据库建设，建立高层次人才信息库及人才信息定期发布制度，形成社会化、开放式的人才资源信息共享机制。加大对人才工作者的培训力度，努力提高人才工作者的政治素质和业务水平，建设一支高素质、专业化的人才工作队伍。不断健全人才工作网络，加快推进电子政务建设，构筑互动、高效、安全的人才资源公共信息平台和人才公务服务平台。加强人才学科和人才研究机构建设，健全人才工作研究平台，深入开展人才理论和人才发展对策研究，为人才发展提供科学决策依据。

（三）健全人才发展规划体系和落实机制

自治区各盟市、各有关部门要以本纲要为指导，结合实际，编制本地区、本行业系统人才发展规划，形成全区人才发展规划体系。建立健全人才发展规划纲要落实机制，对本纲要目标任务进行年度分解，制定年度实施计划，按职责落实到各部门、各单位。要在各部门建立规划纲要落实的"一把手"负责制和定期报告制度，有计划、分阶段对纲要实施情况进行跟踪检查，重点抓好年度评估和中期评估，并根据评估结果及时调整相关目标和政策措施，真正建立起规划纲要的年度分解落实机制、经常性督促检查机制和定期评估机制。

宁夏回族自治区中长期人才发展规划纲要（2010—2020年）

为全面贯彻落实科学发展观，大力推进人才强区战略，更好适应我区经济社会科学发展、跨越式发展的需要，为实现全面建设小康社会奋斗目标提供人才保证，根据《国家中长期人才发展规划纲要（2010—2020年）》，结合我区实际，制定本纲要。

序言

人才是指具有一定的专业知识或专门技能，进行创造性劳动并对社会作出贡献的人，是人力资源中能力和素质较高的劳动者。人才是我国经济社会发展的第一资源。在人类社会发展进程中，人才是社会文明进步、人民富裕幸福、国家繁荣昌盛的重要推动力量。

改革开放特别是进入新世纪新阶段以来，自治区党委、政府高度重视人才工作，实施人才强区战略，党管人才工作新格局基本形成，科学人才观逐步明晰，人才发展的政策体系不断完善，以高层次人才、高技能人才为重点的各类人才队伍不断壮大，人才总量不断增长，人才效能明显提高，尊重劳动、尊重知识、尊重人才、尊重创造的社会氛围日益浓厚。同时也应该看到，当前我区人才发展的总体水平与经济发达省区相比仍存在较大差距，与我区经济社会发展需要相比还存在许多不适应，主要表现在：人才总量偏小，高层次、高技能人才明显不足，产业发展急需的领军人才严重短缺，人才结构和布局不尽合理，人才发展体制机制障碍尚未消除，市场配置人才资源的基础性作用还没有得到充分发挥，人才资源开发投入不足，等等。

未来十年，是我区实现跨越式发展和全面建设小康社会的关键时期，也是我区人才发展的重要机遇期。我们必须增强责任感、使命感和危机感，坚定不移地走人才强区之路，主动适应经济社会发展需要，科学规划、深化改革、重点突破、整体推进，不断开创人才辈出、人尽其才的新局面。

一、指导思想、主要目标和总体部署

（一）指导思想

高举中国特色社会主义伟大旗帜，以邓小平理论和"三个代表"重要思想为指导，深入贯彻落实

科学发展观，坚持党管人才原则，牢固树立人才资源是第一资源的理念，大力推进人才强区战略，坚持服务发展、人才优先、以用为本、创新机制、高层次引领、整体开发的方针，遵循社会主义市场经济规律和人才成长规律，创新人才工作体制机制，突出人才资源能力建设，优化人才发展环境，努力建设创新型人才队伍，以高层次人才、高技能人才为重点统筹推进各类人才队伍建设，为我区全面实现小康社会提供坚强的人才保证和广泛的智力支撑。

（二）主要目标

到 2020 年，我区人才发展的主要目标是：建成数量充足、结构合理、素质优良的人才队伍。人才发展环境得到明显改善。人才贡献率显著提高。全区重点领域的人才特别是高层次人才数量有较大幅度增加，每万人中拥有人才量居西部省区前列。人才对我区经济社会发展的支撑作用明显增强。

——数量充足。人才资源总量增加到 61.02 万人，增长 60%，人才资源占人力资源总量的比重提高到 11.4%。能源化工、新材料、装备制造、生物工程、现代交通运输、国际商务、特色农产品种植加工、生态环境、防灾减灾、宣传文化、教育卫生、民族和社会研究、现代社会服务等领域的高层次专业技术人才能够满足我区经济社会发展需求。

——结构合理。党政领导中复合型人才数量明显增多。企业经营管理人才的专业知识不断丰富更新。专业技术人才门类齐全，能够覆盖经济社会发展的主要领域。高技能人才、农村实用人才、社会工作人才的知识结构和专业结构得到优化。人才在地区、行业、产业和不同所有制经济组织中的分布趋于适当。人才的年龄、层次等结构形成梯次。少数民族人才和妇女人才比例明显提高。

——素质优良。主要劳动年龄人口受过高等教育的比例提高到 17% 左右，人才中接受过高等教育的比例提高到 85% 左右；每万劳动力中研发人员达到 38.6 人年，高技能人才占技能劳动者的比例提高到 20% 左右。人才贡献率提高到 26% 左右。

——环境优化。引导全社会尊重劳动、尊重知识、尊重人才、尊重创造，建立健全符合各类人才特点、有利于各类人才发展的培养、引进、使用、评价、激励、保障机制。有效发挥市场配置人才的基础性作用，统筹推进各类人才队伍协调发展。加强人才发展"小环境"建设，加强宣传引导和资金投入，努力营造支持创业、激励创新、褒奖成功、宽容失败的良好氛围。

（三）总体部署

一是实行人才投资优先，健全政府、社会、用人单位和个人多元化人才投入机制，加大对人才发展的投入，提高人才投资效益。二是加强人才资源能力建设，注重人才的理想信念教育，突出创新精神和创新能力培养，提升各类人才的整体素质。三是推动人才结构调整，努力发挥市场配置人才资源的基础性作用，促进人才结构与经济社会发展相协调。四是造就高素质人才队伍，突出培养创新型科技人才，重视培养与引进领军人才、复合型人才和重点领域急需紧缺人才，统筹抓好党政人才、企业经营管理人才、专业技术人才、高技能人才、农村实用人才和社会工作人才队伍建设。五是改革人才发展体制机制，不断完善人才发展政策措施。六是加强和改进党对人才工作的领导，完善党管人才格局，为人才发展提供坚强的组织保证。

推进人才发展，要统筹兼顾，分步实施。到 2015 年，制度建设和机制创新有较大突破，阶段性任务基本完成；到 2020 年，各项任务得到落实，各项目标全面实现。

二、人才队伍建设主要任务

（一）突出培养造就创新型科技人才

发展目标：围绕提高自主创新能力、建设创新型宁夏，以全区经济社会发展支柱产业、特色产业和重大建设项目为核心，以高层次创新型科技人才队伍建设为重点，努力培养有较大影响力的科技领军人才和创新团队。注重培养一线创新人才和青年科技人才，建设不同学科的创新型科技人才队伍。到 2020 年，我区科技研发人员总量达到 1.9 万人，高层次创新型科技人才总量达到 1500 人左右。

主要举措：探索并推行创新型教育方式，突出培养人才的科学精神、创造性思维和创新能力。创新人才培养模式，建立产学研紧密衔接的开放式培养体系。围绕全区经济社会发展重点领域、优势特色产业对人才的需求，依托重点产业、重大项目、重点学科和有较强研发实力的企业，建设一批高层次创新型人才培养基地，建设一批科技创新团队和人才高地。推进企业、高等院校、科研院所人才合作，建立产学研战略联盟和联合实验室、研发中心，推动科技成果转化。加强领军人才培养，形成创新人才和后备创新人才衔接有序、梯次配备的合理结构。深化科技体制改革，制定加强高层次创新型科技人才队伍建设意见，进一步解放和发展科技生产力，倡导瞄准前沿、追求真理、团结协作、敢为人先、勇攀高峰的创新精神。

（二）大力开发经济社会发展重点领域急需紧缺人才

发展目标：围绕构建现代产业体系和建设内陆开放型经济区，加大急需紧缺人才开发力度。到 2020 年，在能源化工、新材料、装备制造、信息、生物技术、现代商贸物流、国际商务、现代农业科技、金融财会、生态环境、城市规划等经济领域新开发急需紧缺人才 2 万人；在宣传文化、政法、教育卫生、防灾减灾等社会领域新开发急需紧缺人才 3 万人。

主要举措：加强对各领域人才发展的统筹规划和分类指导，开展人才需求预测，定期发布急需紧缺人才目录。调整优化高等院校学科专业设置，加大对经济社会发展急需紧缺人才素质能力的培养力度。建设一批急需紧缺专业技术人才培养基地，多形式地开展重点领域急需紧缺人才知识更新培训。利用国际国内人才资源，实施"百人计划"，争取"千人计划"人才项目，拓展和创新我区急需紧缺人才引进载体。

（三）统筹推进各类人才队伍建设

1. 党政人才队伍

发展目标：以加强党的执政能力建设和先进性建设为目标，以提高领导水平和执政能力为核心，以县处级以上领导干部为重点，努力造就政治坚定、勇于创新、勤政廉洁、求真务实、奋发有为、善于推动科学发展的高素质党政人才队伍。到 2020 年，党政人才队伍中具有大学本科及以上学历的提高到 85% 以上，专业化水平明显提高，结构更加合理，总量从严控制。

主要举措：充分发挥党校、行政学院干部培训的主阵地作用，提高干部的综合素质和能力。继续推进和深化干部人事制度改革，坚持德才兼备、以德为先用人标准，不断完善干部选拔任用机制，提高干部工作科学化水平，促进优秀人才脱颖而出。加强党政后备干部队伍建设，注重在基层生产一线和急难险重环境中培养锻炼选拔干部。实行党政领导干部任期制，实施促进科学发展的干部综合考核评价办法。加大领导干部问责力度。继续深化党政干部交流工作，不断扩大聘任制适用范围。促进少数民族干部的健康成长，继续加大培养选拔力度。重视女干部、非中共党员干部的培养选拔工作。推进干部监督工作，建立覆盖全面、渠道畅通、反馈及时的干部监督网络。

2. 企业经营管理人才队伍

发展目标：适应我区产业结构优化升级和扩大对外开放的需要，以提高现代经营管理水平和企业竞争力为核心，以大中型骨干企业中层以上管理人才为重点，加快推进企业经营管理人才职业化、市场化和专业化建设，培养造就一批具有战略眼光、市场开拓精神、管理创新能力和社会责任感的优秀企业家和高素质的企业经营管理人才队伍。重视少数民族企业家队伍建设。企业经营管理人才总量到2015年达到3.11万人；到2020年达到3.16万人，努力培养国内同行业知名企业家。

主要举措：制定企业经营管理人才分类培养计划，依托国内外知名企业、高水平大学和其他培训机构，加强对企业经营管理人才的培训。健全企业经营管理者聘任制、任期制和任期目标责任制，逐步实行契约化管理。不断完善以市场和出资人认可为核心的企业经营管理人才评价体系，建立企业经营管理人才评价机构，健全企业经营管理人才经营业绩评价指标体系。建立职业经理人市场。加强非公有制经济组织企业经营管理人才队伍建设。制定少数民族企业家培养计划，发挥他们独特的优势和作用，为经济社会发展服务。

3. 专业技术人才队伍

发展目标：适应社会主义现代化建设的需要，以提高专业水平和创新能力为核心，以高层次人才和急需紧缺人才为重点，打造一支高素质专业技术人才队伍。专业技术人才总量到2015年达到21.77万人；到2020年达到25.24万人，高级、中级、初级专业技术人才比例更趋合理。少数民族专业技术人才队伍数量不断增长，素质不断提高。

主要举措：围绕提高专业技术人才创新能力，扩大专业技术人才队伍培养规模，加大培养力度。适应转变经济发展方式的要求，建立和完善分层分类的专业技术人才继续教育体系，实施专业技术人才知识更新工程。制定双向挂职、短期工作、项目合作、国际交流等灵活多样的人才柔性流动政策，引导党政机关、科研院所和高等学校专业技术人才向企业、社会组织和基层一线有序流动，促进专业技术人才合理分布。完善国务院特殊津贴、自治区政府特殊津贴、国家新世纪百千万人才工程、自治区"313"人才工程人选评选制度和管理办法，强化考核激励，实行动态管理。进一步实施自治区新世纪"313"人才工程。大力实施人才素质全面提升工程。改进专业技术人才收入分配等激励办法，不断改善专业技术人才特别是基层专业技术人才的工作和生活条件。鼓励社会力量参与培养专业技术人才。重视少数民族专业技术人才的培养和使用。注重发挥离退休专业技术人才的作用。

4. 高技能人才队伍

发展目标：适应走新型工业化道路和产业结构优化升级的要求，以提升职业素质和技能为核心，以技师和高级技师为重点，建设门类齐全、技艺精湛的高技能人才队伍。高技能人才总量到2015年达到6.54万人；到2020年达到8.75万人，其中技师和高级技师达到2万人左右。

主要举措：建立以企业为主体、职业院校为基础、学校教育与企业培养紧密联系、政府推动与社会支持相结合的高技能人才培养体系。统筹职业教育发展，整合利用各类资源，依托大中型骨干企业建设一批专业技能实训基地，依托重点职业院校（职教中心）建成1个自治区职业教育公共实验实训基地、五个市各建成1个综合性职业教育实训基地。改革职业教育办学模式，大力推行校企合作、工学结合、顶岗实习和订单式培养。加强职业教育"双师型"教师队伍建设。在职业教育中推行学历证书和职业资格证书"双证书"制度。加强中等职业教育基础能力建设，办好示范性职业技术学校，免除中等职业学校农村家庭经济困难学生和涉农专业学生学费。推行国家职业资格证书制度。完善企业职工教育培训制度，推广名师带徒制度，强化岗位培训，促进职工岗位成才。建立高技能人才绝技绝活代际传承机制。建立完善高技能人才培养、评价、使用、激励、投入机制，努力提高高技能人才经济待遇和社会地位。

5. 农村实用人才队伍

发展目标：围绕社会主义新农村建设，以提高科技素质、职业技能和经营能力为核心，以农村科技致富带头人和生产经营型人才为重点，建设推动农村经济社会发展、带领农民致富增收、数量充足的农村实用人才队伍。农村实用人才总量到2015年达到13.93万人；到2020年达到18.57万人，平均受教育年限达到10.5年，每个行政村主要特色产业要有多名示范带动能力强的致富能手。

主要举措：开展大规模的农村实用人才培训，充分发挥农村现代远程教育网络、全国文化信息资源共享工程网络、各类农民教育培训项目、农业技术推广体系、农村电影放映、农家书屋和各类职业学校主渠道作用，构建和完善开放型、多功能、多元化的农村教育培训体系。鼓励和支持农村实用人才带头人牵头建立专业合作组织和专业技术协会，加快培养农业产业化发展急需的经营管理人员、农民专业合作组织带头人和农村经纪人。积极吸纳社会力量，不断拓宽培训渠道，重点培养一批县级种植养殖和科研开发骨干型实用人才、乡级农村科技推广带头人、村级土专家、田秀才、致富能手、民间艺人和乡村医生。积极扶持农村实用人才创业兴业，在创业培训、项目审批、信贷发放、土地使用等方面给予政策支持。加快推进农村实用人才评价和等级认定制度建设。加大对农村实用人才的表彰奖励和宣传力度，提高农村实用人才的社会地位。

6. 社会工作人才队伍

发展目标：适应构建社会主义和谐社会的需要，以人才培养和岗位开发为基础，以中高级社会工作人才为重点，培养造就职业化、专业化的社会工作人才队伍。社会工作人才总量到2015年达到1.5万人，争取有500名左右的社会工作人员取得国家初中高级职业水平资格证书；到2020年达到2万人，争取有3000名左右的社会工作人员取得国家初中高级职业水平资格证书。

主要举措：建立不同学历层次教育协调配套、专业培训和知识普及相结合的社会工作人才培养体系。建设一批社会工作人才培训基地。加强社会工作从业人员专业知识培训，制定社会工作培训质量评估体系和社会工作人才评价制度。突出地方和民族特色，积极探索适合我区和谐发展的社会工作人才培养使用新路子，加快推进载体建设。加强社会工作者队伍职业化管理，加快制定社会工作岗位开发设置政策措施。建立社会工作人才和志愿者队伍联动机制。制定加强社会工作人才队伍建设的实施意见。

三、创新和完善人才发展的体制机制

（一）改革完善人才工作管理体制

1. 完善党管人才的领导体制

目标要求：坚持党管人才原则，创新党管人才方式方法，完善党委统一领导，组织部门牵头抓总，有关部门各司其职、密切配合，社会力量广泛参与的人才工作格局。发挥党委领导核心作用，统筹经济社会发展和人才发展，切实履行好管宏观、管政策、管协调、管服务的职责，用事业凝聚人才，用实践造就人才，用机制激励人才，用环境吸引人才，用法制保障人才，提高党管人才工作水平。党政主要负责人要树立强烈的人才意识，高度重视人才开发工作，亲自抓，带头抓，并充分发挥领导班子的集体作用，形成共同抓人才队伍建设的格局，努力发现人才、培养人才、团结人才、用好人才、服务人才。

主要任务：制定完善党管人才工作格局的实施意见。健全各级党委人才工作的领导机构和办事机构，明确各级人才工作领导小组职责，建立科学的决策机制、协调机制和督促落实机制，形成统分结合、上下联动、协调高效、整体推进的人才工作运行机制。建立党委、政府人才工作目标责任制，提高各级党政领导班子综合考核指标体系中人才工作专项考核的权重。建立各级党委常委会听取人才工作专项报告制度。完善党委联系专家制度。实行重大决策专家咨询制度。发挥各级党委组织部门牵头抓总的职能，发挥政府人力资源管理部门作用，强化各职能部门人才工作职责，充分调动各人民团体和社会组织密切联系人才的作用、各民主党派工商联等组织的桥梁纽带作用、广大社会组织直接聚集服务人才的作用和用人单位的主体作用，动员和组织全社会力量，形成人才工作整体合力。

2. 改进人才管理方式

目标要求：围绕用好用活人才，完善政府宏观管理、市场有效配置、单位自主用人、人才自主择业的人才管理体制。推动政府人才管理职能向创造良好发展环境、提供优质服务转变，运行机制和管理方式向规范有序、公开透明、便捷高效转变。深化和完善符合经济社会发展要求的企事业单位人事制度改革。

主要任务：健全和完善人才发展政策法规，取消不利于人才发展的体制性障碍，减少和规范人才流动和使用等环节中的行政审批，推动人才管理部门进一步简政放权。克服人才管理中存在的行政化、"官本位"倾向，取消科研院所、学校、医院等事业单位的行政级别和行政化管理模式。建立与现代科研院所制度、现代大学制度和公共医疗卫生制度相适应的人才管理制度，探索建立理事会、董事会

等形式的法人治理结构。

（二）创新人才发展的工作机制

1. 人才培养开发机制

目标要求：坚持以现代化建设和社会需求为导向，以提高思想道德素质和创新能力为核心，完善现代国民教育体系和终身教育体系，注重在实践中发现、培养、造就人才，构建人人能够成才、人人得到发展的人才培养开发机制。坚持面向现代化、面向世界、面向未来，立足培养全面发展的人才，重点培养创新型人才，注重培养应用型人才，使人才培养开发机制基本适应人才发展的需要。统筹规划继续教育，努力形成学习型社会。

主要任务：坚持把社会主义核心价值体系教育贯穿于人才培养开发全过程，不断提高各类人才的思想道德水平。优先发展教育事业，加强农村义务教育，巩固提高"两基"成果，努力推进县（区）域内义务教育均衡发展；加快普及高中阶段教育，加强南部山区优质高中教育，办好六盘山高级中学、育才中学等优质学校；大力发展职业教育，深化职业教育培养模式改革，支持建设一批高水平示范性职业院校；不断优化高等院校的学科专业设置，支持特色学科和品牌专业建设，全面提高高等教育质量。重点扶持发展民族教育，加强少数民族人才培养，推进实施"百所回民中小学标准化建设工程"和少数民族高层次人才培养计划。继续实施特岗教师计划，每年向南部山区和农村地区招聘一定数量的特岗教师。推进人才终身教育，支持在职人员提升学历层次。充分利用各级各类学校和其他科学文化基地的资源和功能，为不同社会成员提供继续教育机会。有计划地组织各类人才通过进修研修、考察培训、挂职锻炼、出国深造等多种方式提高能力和水平。

2. 人才评价发现机制

目标要求：建立以岗位职责要求为基础，以品德、能力和业绩为导向，科学化、社会化的人才评价发现机制。完善人才评价标准，改进人才评价方式，拓宽人才评价渠道，注重靠实践和贡献评价人才。把评价人才和发现人才结合起来，坚持在实践和群众中识别人才、发现人才。

主要任务：建立科学的职业分类体系和各类人才能力素质评价标准。建立以岗位绩效考核为基础的事业单位人员考核评价制度。分行业制定事业单位领导人员考核评价办法。完善重在业内和社会认可的专业技术人才评价机制。加快推进职称制度改革，规范专业技术人才职业准入，依法严格管理；完善专业技术人才职业水平评价办法，提高社会化程度；完善专业技术职务任职资格评审办法，落实用人单位在专业技术职务（岗位）聘任中的自主权。健全党政领导干部考核评价机制。完善以任期目标为依据、工作业绩为核心的国有和国有控股企业领导人员考核评价办法。探索高技能人才多元化评价机制。建立在重大科研、工程项目实施和急难险重工作中发现识别人才机制。健全社会化举才荐才机制。

3. 选人用人机制

目标要求：不断探索各类人才选拔的新形式新方法，提高人才选拔民主化程度，最大限度地发挥人才作用，使各类人才用当其时、人尽其才，形成有利于各类人才脱颖而出、人岗相适的选人用人机制。深化党政领导干部选拔任用制度改革,提高选人用人公信度。积极探索事业单位领导人员选拔制度,健全事业单位聘用制度和岗位管理制度。完善国有企业领导人员选拔制度。深化国有企业、事业单位人事制度改革,创新管理体制,扩大和落实单位用人自主权。

主要任务:努力创新党政人才选拔任用机制,加大公开选拔、竞争上岗等竞争性选拔干部工作力度。规范干部选拔任用提名制度,努力扩大干部提名民主化程度。逐步扩大党委(党组)讨论决定任用干部票决制的适用范围。坚持和完善党政领导干部职务任期制,依法实行领导干部自愿辞职、责令辞职和引咎辞职等制度,加快建立干部正常退出机制。健全事业单位领导人员委任、聘任、选任等任用方式。全面推行事业单位公开招聘、竞聘上岗和合同管理制度。建立组织选拔、市场配置和依法管理相结合的国有企业领导人员选拔任用制度,完善国有资产出资人代表派出制和选举制,健全符合现代企业制度要求的企业用人制度。

4. 人才合理流动机制

目标要求:适应社会主义市场经济体制的需要,大力推进人才市场体系建设,完善市场服务功能,畅通人才流动渠道,建立政府宏观调控、市场主体公平竞争、人才自主择业的人才流动配置机制。加强政府对人才流动的政策引导和监督,推动产业和区域人才协调发展,促进人才资源有效配置。

主要任务:认真贯彻落实《宁夏回族自治区人才市场条例》,按照构建统一开放的人才市场体系要求,制定发挥市场配置人才资源基础性作用的政策措施,形成公共服务、市场服务、社会服务相结合的多位一体的人才服务平台。整合人才市场资源,积极推进人才市场一体化建设。培育和发展专业性、行业性人才市场。加强对人才配置的宏观调控,制定和完善相关政策,畅通党政人才、企业经营管理人才、专业技术人才相互流动渠道,鼓励引导人才向企业、山区、基层和农村流动,促进科技人才向企业聚集,加强企业博士后科研工作站建设,引导高校毕业生到企业就业。加强人才公共服务体系建设,改进服务方式,丰富服务内容,提高服务质量。加快人才公共信息网络建设,建立社会化的人才档案公共管理服务系统。改革户籍管理制度,建立有利于各类人才合理流动的户籍管理服务机制。

5. 人才激励保障机制

目标要求:建立健全与工作业绩紧密结合、充分体现人才价值、有利于激发人才活力和维护人才合法权益的激励保障机制。加强对收入分配的宏观管理,完善各类人才薪酬制度。整合奖励项目,形成以政府奖励为导向、用人单位和社会力量奖励为主体的人才奖励体系。完善以养老保险和医疗保险为重点的社会保障制度,形成国家、社会、单位和个人相结合的人才保障体系。

主要任务:稳步推进企业薪酬制度改革,建立产权激励制度,制定知识、技术、管理、技能等生产要素按贡献参与分配的办法。探索对有特殊贡献的高层次人才试行协议工资和年薪制度,允许对做出突出贡献的企业创新创业人才进行期权、股权等中长期激励。大力推行事业单位岗位绩效工资制度,逐步建立符合各种类型事业单位特点、体现岗位绩效的分级分类管理的事业单位薪酬制度,收入分配政策向创新创业人才倾斜。建立人才资本及科研成果有偿转让制度。进一步完善企业、事业单位人才养老医疗保险制度,鼓励企业、事业单位为其人才建立个人储蓄性保险。加快福利制度改革,不断改善各类人才的生活待遇。建立关键岗位人才和领军人才安全保障制度，探索建立人才安全预警和防范机制。

四、主要政策措施

（一）实施人才发展优先保证的投入政策

各级政府要优先保证对人才发展的投入，确保教育、科技支出增长幅度高于财政经常性收入增长幅度，卫生投入增长幅度高于财政经常性支出增长幅度。逐步改善经济社会发展的要素投入结构，较大幅度增加人力资本投资比重，提高投资效益。自治区本级财政要设立人才发展专项资金和重大人才项目专项资金，各市、县（区）政府也要设立人才发展专项资金，保障人才重大项目的实施。在重大建设和科研项目经费中，应安排部分经费用于人才培训。研究制定财政税收、投融资等方面的优惠政策，鼓励和支持用人单位、个人和社会多渠道进行人才投入。适当调整财政税收政策，提高企业职工培训经费的提取比例。鼓励企业和社会组织设立不同的人才资助或发展基金。到2020年，人力资本的投入占全区生产总值的比例由现在的13.9%提高到16%左右。在重大项目建设上，重视依托项目吸引区外力量进行人才发展投入。

（二）实施人才向重点领域和基层流动的引导政策

对在农村基层和艰苦地区工作的人才，在工资、职务、职称等方面实行倾斜政策，提高艰苦边远地区津贴标准，改善工作和生活条件。围绕我区能源化工、新材料研发、机械制造、农产品加工及现代农业、高新技术产业、现代服务业、特色医药、文化产业、回族特色产业、民族民俗研究、西夏研究等优势特色产业和重点学科，在人才选拔培养、项目实施、职称评定和表彰奖励等政策上予以倾斜。实施具有普遍约束力的公职人员到基层服务和到条件差、困难大、任务重的地方锻炼的派遣和轮调制度。积极组织实施高校毕业生支教、支农、支医和从事扶贫开发的"三支一扶"计划、"一村一名大学生"计划、"大学生志愿服务西部计划""特岗见习医生计划""乡镇卫生院招聘职业医师计划"等，不断完善选派机制，健全管理制度，创新培养形式，增强实际效果，逐步扩大选派规模。

（三）实施具有区域特色的人才发展政策

适应沿黄城市带和宁东能源化工基地建设的需要，集中建设以银川市等沿黄城市为中心的人才核心区，增强高层次优秀人才的集聚效应，提升人才环境吸引能力，带动辐射周边地区。支持银川市创新人才政策体系建设，制定出台更具活力的人才政策，鼓励区域中心城市在人事制度改革、稳定及引进人才政策方面大胆创新。支持银川市引进科研成果、专利产业化项目和重点技术项目，加快重点园区建设，构筑人才载体优势，带动国内外高层次优秀人才来银川创业。支持中南部地区制定特殊政策大力培养引进人才。不断加大对中南部地区特别是少数民族聚居区人才工作的政策和资金支持力度，围绕当地现代农业、畜牧业、水资源保护利用、特色旅游、文化艺术等，建立高层次人才优待办法。支持培养本土人才，稳定现有人才，吸引外来人才。制定高层次人才创业优惠政策，在科研项目申报、职称评审等方面给予扶持和倾斜。

（四）实施稳定与用好人才的关爱政策

完善在宁夏工作的两院院士，国家有突出贡献中青年专家，"国家百千万人才工程"人选和自治区"313"人才工程人选津贴发放办法。逐步提高自治区政府特殊津贴标准。建立博士研究生导师、硕士研究生导师学位津贴制度。定期选送优秀人才到区内外开展学术休假和健康疗养。制定和完善自治区高层次人才优待证制度，实行高层次人才就医体检优先安排等优惠政策。建立离退休专家项目咨询论证制度。按照德才兼备、面向山区和基层的原则，对在基层和山区工作一定时间并作出显著成绩的高层次人才、高技能人才给予奖励。

（五）实施人才创业创新的扶持政策

创造宽松的创业环境，推进全民创业。对高层次人才领办和创办科技型企业提供金融服务。制定以知识产权、技术、管理等作为资本参股和参与分配的办法。制定政府资助科研项目的成果转化和技术转让制度。支持专业技术人才创办领办科技型企业，实行科技人员创办领办科技型企业审批、注册优惠政策。支持大中专院校毕业生自主创业，落实各项鼓励毕业生自主创业的优惠政策，畅通自主创业渠道。扩大小额贷款担保范围，将自主创业毕业生纳入小额贷款担保和贴息制度范围。对大学生自主创业提供税收减免等优惠政策。鼓励和支持高校、企业设立博士后科研流动站和工作站。继续加大对创业孵化器的基地建设，创建创业服务网络，探索多种组织形式，为人才创业提供服务。

（六）实施更加开放的人才引进政策

完善海内外高层次人才、高技能人才引进"绿色通道"的配套政策，完善吸引海内外高层次、高技能人才的政策体系，为来宁创业、工作的各类人才提供身份确认、就业推荐、企业注册、人事代理、配偶就业、子女入学等一站式便捷服务。制定引进高层次人才住房、社会保障等优惠政策，为引进的高层次人才和急需紧缺人才提供一定的科研和项目启动经费。建立院士工作站和专家服务基地，积极开展柔性引进工作。实施促进归国留学人员来宁创业发展的办法，支持鼓励留学人员来宁创业服务。完善人才交流合作的政策措施，拓宽合作渠道和范围，加强与周边省区的人才交流，积极发展与发达省区的人才交流和人才合作项目。

（七）实施非公有制经济和新社会组织人才发展政策

把非公有制经济组织和新社会组织的人才培养和引进纳入各级政府的人才工作总体规划。促进非公有制经济和新社会组织人才发展，研究制定加强非公有制经济组织和新社会组织人才队伍建设的意见。政府在实施培养、引进、评价、使用、激励等政策方面，对非公有制经济和新社会组织人才一视同仁，同等对待。完善专业技术资格评审和社会化考评办法。鼓励和引导其参与人才资源开发。促进其与高校、科研院所进行人才和项目合作。引导专业技术人才到非公经济组织和社会组织中创新创业，支持高校毕业生到非公经济组织和社会组织中就业。

五、人才发展重点工程项目

（一）领军人才支撑计划

围绕自治区"五优一新"产业发展，优先支持国家和省部共建重点实验室、国家工程技术研究中心和自治区重大科技攻关项目，努力培养和吸引一批科技领军人才和经济社会发展急需的高层次创新创业人才。在全区相对优势的科研领域设立领军人才实验室，争取到2015年建成10个左右，到2020年建成20个左右。瞄准国际国内科技前沿和战略性新兴产业，重点支持和培养一批具有发展潜力、具有承担国家级重大科研课题能力和水平的青年领军人才。

（二）千名优秀人才引进计划

坚持"不求所在、但求所用"原则，结合自治区重大项目工程、优势特色产业和急需紧缺人才的需要，每年从国内外引进100名左右高层次优秀人才，其中包括"百人计划"，到2020年引进海外高层次人才200名左右。重点引进能源化工、新材料、装备制造业、农产品加工及现代农业、现代商贸物流、人文社科和教育、医疗卫生方面的高层次人才，主要对象为海内外高层次人才、国家科技进步奖一二等奖主持人、"国家百千万人才工程"一二层次人选、"973""863"项目主持人、博士研究生、高级技师等我区急需的高层次人才，优先考虑带项目、带课题、带实验室的优秀人才。

（三）科技创新团队和人才高地建设计划

依托高校、科研院所、大型企业、医疗机构、经济开发区等优势特色功能区、产业项目和重点学科，确定人才开发重点，建设科技创新团队和人才高地，逐步完善科技创新团队和人才高地的管理办法、强化动态管理和考核机制，整合优化经费资助办法。到2020年建成100个科技创新团队和人才高地，培养造就一批领军人才和后备领军人才，制定和完善高层次人才的资助、培养、激励和保障措施，充分发挥科技创新团队和人才高地凝聚、培养人才的引领示范带动作用。

（四）人才素质全面提升计划

实施高素质教育人才培养工程。通过研修培训、学术交流、项目资助等方式，每年重点培养和支持120名各级各类学校教育教学骨干、"双师型"教师、学术带头人。实施全民健康卫生人才保障工程。适应深化医药卫生体制改革、保障全民健康需要，加大对卫生人才培养支持力度。实施"牵手工程"。努力提高我区中小学管理水平，培养造就一批知名校长；着力培育优势医学特色专业，选派医疗卫生年轻骨干到东部发达省区医疗卫生机构进修学习，努力培养一批我区特色优势专科知名医疗卫生人才，大力提高我区医疗卫生水平。实施"215"企业之星人才培养工程。通过重点支持、资助培养、挂职锻炼、出国深造等方式，着力培育20名左右全国同行业知名的企业家，培育100名全区知名的优秀企业家，培育500名地方年轻企业家。实施"113"高技能人才培育工程。到2020年，新培养1000名高级技师、10000名技师、30000名高级工。实施"412培训带动工程""农村实用人才十百千工程"和高级农村实用人才培养工程。每年培训不少于400名县一级、1000名乡一级、2000名村一级实用人才，每年培养100名左右高级农村实用人才；到2020年，每个村培养数十名实用人才，每个乡镇培养数百名实用人才，每个县培养千名实用人才。实施社会工作人才职业能力提升工程。通过进修、实习、短训、函授、自学考试等多种形式，对现有社会工作从业人员进行累计不低于3个月时间的专业培训，实现所有在社会工作岗位就业的人员，都系统接受过良好的专业教育或取得相应的社会工作者职业资格证书。实施文化名家培养工程。培养一批文学艺术和哲学社会科学方面知名人才，跟踪培养宣传文化系统"四个一批"人才，使其成为人文社科方面的后备军。实施"基层之光"人才培养工程。每年从各市、县（区）选派一批具有中级以上职称的青年专业技术人才到区直高校、重点科研院所和医疗卫生机构进行研修，其中少数民族研修人员应该占有一定比例，为地方和基层培养一大批素质优良、业务过硬、热爱基层的青年骨干人才。实施"阿语人才"培养工程。立足开发区内资源，依托"中阿经贸论坛"等国际国内人才交流与合作平台，大力培养阿语人才，办好阿语翻译和志愿者培训班，鼓励和支持阿语人才进修研修和学历提升，努力打造"阿语人才"品牌。

（五）"专家服务团"计划和"科技特派员"创业行动计划

制定《关于进一步深化"专家服务团"计划的意见》。自治区每年选派300名左右的高级专家，组建重点行业和市、县（区）专家服务团，到基层进行技术咨询、科技攻关、项目论证、人才培养。不断完善"科技特派员"创业政策，营造有利于科技人才创新创业的环境。在鼓励高层次创新科技人才深入基层一线创业和服务、实现自身价值的同时，创新科技特派员队伍的培训机制和培训模式，充分利用各类培训机构和培训资源开展多种形式的培训工作，提升科技特派员创新能力和创业能力。到2020年，全区科技特派员队伍每年稳定在3000名左右，并在科技特派员队伍中至少培养出50名以上创新能力较强的高层次企业经营管理人才。

（六）未来人才储备计划

以党政人才、企业经营管理人才、专业技术人才队伍为主体，积极创造条件，每年选派100名左右后备人才，其中要有一定比例的少数民族青年后备人才，到国内外重点大学深造、到基层挂职，进行重点培养，使其尽快成长并发挥作用。研究制定未来人才储备管理办法，确保后备人才队伍既有一定规模和数量，又具备相应的思想素质和实际工作能力。

六、《自治区人才规划纲要》的组织实施

自治区人才工作领导小组负责《自治区人才规划纲要》实施的统筹协调和宏观指导，制定各项目标任务的分解落实方案和重大工程实施办法。建立《自治区人才规划纲要》实施情况的监督、检查、指导、考核工作机制。指导各地、各部门（单位）因地制宜编制各地区、各部门、各行业以及重点领域的人才发展规划和任务分工安排，完善人才规划体系，认真组织实施。深入调查研究，及时研究解决实施中出现的新情况新问题。加大人才工作宣传力度，大力宣传自治区党委、政府关于人才发展的重大战略部署，宣传实施人才规划纲要的重大意义、目标任务、政策措施和先进典型。加强人才工作基础性建设，建立人才资源统计和定期发布制度，推进人才工作信息化进程。健全工作机构，强化培训措施，不断提高人才工作者队伍的整体素质和业务水平，确保《自治区人才规划纲要》各项目标和任务的实现。

名词解释

1. 人才资源总量：指党政人才资源、企业经营管理人才资源、专业技术人才资源、高技能人才资源、农村实用人才资源和社会工作人才资源数量之和。

2. 党政人才：指公务员、参照公务员法管理的群团机关工作人员。

3. 企业经营管理人才：指在企业经营管理岗位上工作的人员，包括出资人代表、经营管理人员、党群工作者。

4. 专业技术人才：指具有专业技术职称和没有专业技术职称但在专业技术岗位上工作的人员。

5. 高技能人才：指在生产或服务等领域岗位一线的从业者中，具有精湛专业技能，关键环节发挥作用，能够解决生产操作难题的人员。包括取得高级技师、技师和高级技工职业资格及相应职级的人员。

6. 农村实用人才：指具有一定的知识或技能，能够起到示范和带头作用，为当地农业和农村经济发展做出积极贡献，并得到群众认可的农村劳动者，包括生产型人员、经营型人员、技能带动型人员、科技服务型人员、社会服务型人员。

7. 社会工作人才：是指经过社会工作或相关专业教育、取得社会工作职业资格、在特定机构登记注册的社会工作从业人员和暂未取得职业资格、暂未登记注册、但实际从事社会工作的人员，包括正式工作人员、聘用人员和志愿者（义工）。

8. 高技能人才占技能劳动者比例：指技能劳动者中高级技师、技师和高级工数量之和所占比例。技能人才指在生产或服务一线从事技能操作的人员，也称为技能劳动者。

9. 主要劳动人口受过高等教育的比例：指20—59岁人口中接受过大专及以上学历教育的人数所占比例。

10. 每万劳动力中研发人员：指每万劳动力中R&D（研究与试验发展）人员全时当量数。

11. 人力资本投资：人力资本是指以劳动者的质量或其拥有的技术、知识、工作能力所表现出来的资本。人力资本与物质资本两者共同构成国民财富。人力资本投资是指全社会教育支出、卫生支出和R&D（研究与试验发展）支出之和。

12. 人才贡献率：即人才资本贡献率。人才资本就是体现在人才本身和社会经济效益上以人才的数量、质量和知识水平、创新能力特别是创造性劳动成果及对人类较大贡献所表现出来的价值。人才资本对经济增长贡献率，是指人才资本作为经济运行中的核心投入要素，通过其自身形成的递增收益和产生的外部溢出效应，对经济总产出所作出的贡献份额，通俗地讲就是人才贡献率。

13. 人力资源总量：人力资源即劳动力资源，指劳动年龄人口。人力资源总量在我国统计实践中是指16岁及以上人口总数。

14. 人才资源占人力资源总量比例：指党政人才资源、企业经营管理人才资源、专业技术人才资源、高技能人才资源、农村实用人才资源和社会工作人才资源数量之和占人力资源总量的比例。

青海省中长期人才发展规划纲要（2010—2020年）

为大力实施人才强省战略，加强人才资源开发与建设，培养造就高素质人才，促进富裕文明和谐新青海建设，根据我省未来一个时期经济社会发展对人才的需求和《国家中长期人才发展规划纲要（2010—2020年）》，制定本规划。

一、围绕富裕文明和谐新青海建设，加快推进人才强省战略

改革开放以来，我省坚持以邓小平理论和"三个代表"重要思想为指导，用科学发展观统领人才工作全局，认真贯彻落实中央关于人才工作的一系列方针政策，大力实施人才强省战略，取得了显著成效。人才工作力度进一步加大，全省人才数量持续增长，素质不断提高，结构逐步优化，具有青海特色的学术学科带头人不断涌现；党管人才的新格局基本建立，有利于人才创新创造的政策措施逐步完善，重视和爱护人才、依靠人才求发展的氛围日渐形成；全社会的人才意识进一步增强，经济社会发展进一步向依靠科技进步和提高劳动者素质转轨，各类人才在经济社会发展中的作用愈加明显，全省人才工作进入了一个新的发展阶段。2008年底，全省人才总量达29.99万人。其中，党政人才4.96万人，企业经营管理人才0.81万人，专业技术人才11.68万人，高技能人才5.88万人，农牧区实用人才1.42万人，社会工作人才0.016万人。非公有制企业人才5.22万人。

在实施人才强省战略的进程中，青海形成的人才工作基本经验是：必须坚持以中国特色社会主义理论为指导，全面贯彻落实科学发展观，牢牢把握人才工作的正确方向；坚持围绕经济社会发展需要，依靠和发挥各类人才的作用，为构建富裕文明和谐新青海提供服务；坚持以人才资源能力建设为核心，着力改善人才队伍结构，推进人才队伍全面发展；坚持改革创新，不断完善有利于人才成长的体制机制，营造人才工作的良好环境；坚持党管人才原则，尊重、爱护和使用好人才，不断提高人才工作领导水平；坚持从实际出发，集聚各类优秀人才和智力投身青海建设，积极探索青海特色的人才工作之路。与此同时，也要清醒地认识到，当前我省人才队伍建设与经济社会发展要求相比仍有差距，主要表现在：对人才是"第一资源"的认识还不到位，人才工作"见物不见人"的倾向依然存在；人才队伍结构和素质还不适应发展的要求，特别是高层次、高技能和领军人才短缺，人才队伍整体创新能力不强；人才的地域、行业、产业分布不尽合理；难以适应我省产业结构的优化升级和区域经济的协调发展；人才供求结构性矛盾突出，人才需求旺盛和人才就业形势严峻的现象并存；与社会主义市场经济体制相适应的人才管理体制和运行机制尚不完善，人才环境建设还需要进一步优化，等等。

未来十年，是我省加快经济发展方式转变、建设富裕文明和谐新青海的关键时期。牢牢把握新一轮西部大开发战略、国家支持藏区发展和全面启动玉树灾后重建工作的历史机遇，推动我省跨越发展、绿色发展、和谐发展、统筹发展，完成科学发展、保护生态、改善民生的"三大任务"，实现经济建设由工业化初期向工业化中期、对外开放由较低层次向更高层次、人民生活由总体小康向全面小康、区域经济社会发展由不平衡向共同繁荣进步的"四个转变"，对人才发展提出了更高更迫切的要求。面对新的形势，我们必须与时俱进、锐意进取，不断增强做好人才工作的责任感和使命感，切实加强人才队伍建设，加快推进人才强省战略，努力开创人才辈出、人尽其才的新局面。

二、新时期人才队伍建设的指导方针、战略目标和总体部署

加快推进人才强省战略，必须以邓小平理论和"三个代表"重要思想为指导，深入贯彻落实科学发展观，坚持党管人才原则，不断加强人才资源能力建设，积极推进人才结构调整，大力培养和吸引

创新、创业型人才，加快人才工作体制机制和政策创新，加大人才工作投入力度，努力建设数量充足、结构合理、素质优良的人才队伍，为推动"四个发展"、建设富裕文明和谐新青海提供坚强的人才保障和智力支持。

（一）指导方针

青海人才工作的指导方针是：服务发展、人才优先、以用为本、创新机制、开放融入、盘活资源。

——服务发展。要把服务科学发展作为人才工作的根本出发点和落脚点，围绕科学发展目标，确定人才队伍建设和人才工作体制机制创新的任务，开发和配置人才资源，促进人才发展和经济社会发展相协调。

——人才优先。要把人才资源的开发摆在更加突出的位置，在经济社会发展中确立人才优先发展的战略布局，统筹规划经济社会发展和人才发展，做到人才资源优先开发，人才结构优先调整，人才投资优先保证，人才体制优先创新。

——以用为本。要把发挥各类人才的作用作为人才工作的根本任务，积极为人才干事创业和实现价值提供机会和条件，促进人才各得其所、各展其才，使人才价值在使用中得到体现、在使用中得到回报、在使用中得到提升。

——创新机制。要遵循人才资源开发规律，努力破除不利于人才成长和发挥作用的各种思想观念和体制机制性障碍，构建与社会主义经济体制相适应、有利于科学发展的人才发展机制，最大限度地发挥各类人才的创新激情和创造活力。

——开放融入。要紧紧抓住"三大历史"机遇，把扩大人才交流合作作为人才工作的重要内容，以更加开放的心态和宽阔的视野，融入人才一体化的竞争氛围中来，不断打造吸引各类人才到青海建功立业的事业平台。

——盘活资源。要充分利用省内、省外两种资源，坚持盘活存量和提高增量并举，大力培养开发现有人才，积极引进急需紧缺人才，鼓励和支持人人都作贡献、人人都能成才、行行都出状元，把各类人才凝聚到建设新青海的伟大事业中来。

（二）战略目标

根据建设富裕文明和谐新青海的总体要求，到2020年，我省人才队伍建设的总体目标是：扩大总量、提高素质，改善结构、调整布局，创新机制、优化环境，培养造就一批善于实践科学发展观的骨干人才队伍，基本确立具有青海特色的人才竞争优势。具体目标是：

——人才队伍规模不断壮大。人才总量保持持续增长，达到47.33万人，比2008年增长58%。

——人才素质明显提高。人才中接受过高等教育的人数占总量的60%以上。具有中级以上职称的达到45%以上，科技活动人才总量达到2万人，高技能人才占技能劳动者的比例达到25%以上。

——人才队伍结构趋于合理。人才在城乡、区域、产业间的分布更趋合理，一、二、三产业人才比例为10%：17%：73%，关系经济社会发展重点产业和领域的急需人才基本得到满足，与青海经济结构调整的需求基本适应。

——人才使用效能明显提高。人才贡献率达到30%，科技进步贡献率达到54%。在农牧科技、盐湖化工、藏医药、生物技术、能源资源、新材料、生态环境保护、社会科学等经济社会发展重点领域中，建成一批人才高地。

——人才发展的体制机制进一步创新。与社会主义市场经济体制相适应的人才工作体制机制基本建立，人才培养、评价、选用、激励和保障机制建设取得突破，人才投入占财政支出的比例达到中西部省区平均水平，有利于激发人才创造活力和发挥聪明才智的社会环境基本形成。

（三）总体部署

未来一个时期，我省人才发展的总体思路：一是坚持人才投资优先保证，加大对人才发展的投入，为人才发展提供坚实基础。二是加大人才培养力度，注重思想道德建设，大幅度提升以创新能力为核心的人才队伍整体素质。三是推进人才资源市场配置和政府宏观调控的有机结合，实行人才结构战略性调整，优化人才配置。四是充分发挥高层次人才在人才队伍建设和经济社会发展中的引领作用，突出培养创新型科技人才，以高层次人才带动人才队伍整体建设。五是改革人才发展体制机制，创新人才培养开发、评价发现、选拔任用、流动配置、激励保障机制，激发各类人才创新创造创优活力。六是加大柔性引才引智工作力度，创新引才引智方式，补充经济社会发展急需紧缺的各类人才。七是优化人才发展环境，完善人才发展政策，努力营造有利于人才健康成长和发挥作用的良好氛围。八是加强和改进党对人才工作的领导，完善党管人才格局，为人才发展提供坚强的组织保证。

加快推进人才强省战略，是一个长期的持续不断的奋斗历程，需要循序渐进，科学筹划，分步实施。"十二五"期间，要在落实人才培养、吸引、使用各项措施的同时，重点完善人才队伍建设政策，创新人才发展机制，确保强基础、上台阶；后五年，要加大工作力度，全面推进人才发展各项政策措施的落实，实现提水平、达目标。

三、人才队伍发展目标及措施

（一）党政人才队伍建设

发展目标：按照加强党的执政能力建设和先进性建设的要求，以提高领导水平和执政能力为核心，以处以上领导干部和基层干部为重点，努力建设一支政治坚定、勇于创新、勤政廉洁、求真务实、奋发有为、善于推动科学发展的高素质党政人才队伍。到2020年，大学本科及以上学历的干部占党政干部队伍的80%以上，专业化水平明显提高，结构更加合理，总量从严控制。

主要举措：一是开展大规模培训干部工作。用中国特色社会主义理论体系武装干部头脑，有计划、分层次地组织党政干部进行现代知识和管理经验的学习，深入开展马克思主义民族观、宗教观教育，继续开展党政干部省内双向挂职锻炼和赴省外挂职交流工作，努力构建理论教育、知识教育、党性教育和实践锻炼"四位一体"的党政人才培养教育新体系。二是完善促进优秀人才脱颖而出的选拔任用制度。坚持德才兼备、以德为先的用人标准，坚持民主、公开、竞争、择优改革方针，树立坚定信念、注重品行、科学发展、崇尚实干、重视基层、鼓励创新、群众公认的用人导向。扩大干部工作民主，大力推行党政干部公开选拔、竞争上岗、公推公选等竞争性选拔任用方式，健全干部选拔任用决策机制，努力促进党政人才脱颖而出。注重培养、选拔并合理配备少数民族干部、妇女干部和党外干部，逐步改善民族地区干部队伍结构。三是加大年轻干部选拔和后备干部队伍建设力度。研究制定培养选拔年轻干部工作规划，建立党政后备干部动态补充调整机制。狠抓干部队伍"源头工程"，努力在基层培养一批下得去、待得住、干得好、流得动的党政人才，逐步建立来自基层一线的党政人才选拔培养链。四是加强公务员队伍的建设和管理，不断完善"四级统考"制度，提高考试的科学化水平，严把公务员"入口"关。加强公务员专业培训和素质教育，全面提升公务员依法行政、公共服务、学习创新和处理复杂问题的能力。严格执行《公务员法》规定的辞职辞退制度，进一步完善调整不称职、不胜任现职领导干部政策，逐步健全干部正常退出机制，畅通公务员"出口"。

（二）企业经营管理人才队伍建设

发展目标：适应产业结构优化升级和实施"走出去"战略的需要，努力造就职业素质高、市场意识强、熟悉国际经济运行规则、善于生产经营和资本运作的企业经营管理人才队伍。到 2015 年，企业经营管理人才总量达到 1.62 万人；到 2020 年，企业经营管理人才总量达到 2.55 万人，其中，大学本科及以上学历的占 90% 以上。

主要举措：一是大力培养引领企业科学发展的优秀企业家群体。把企业人才队伍建设纳入企业总体发展战略，重点抓好出资人代表、职业经理人、党群工作者和经营管理专业人才队伍建设，着力提高企业家科学决策、跨文化经营管理和多元化团队领导的能力。二是加强企业经营管理人才培训。依托国内外知名企业、高等院校和其他培训机构，分层次、分类别组织各类企业经营管理人才进行学习、培训和研修，着力提高企业战略管理和文化经营管理能力。三是完善企业经营管理人才市场化管理体系。大力推行竞争上岗、公开招聘、市场选聘的企业经营管理人才选用方式，推动优秀企业经营管理人才向优势行业、优势企业汇集。加快现代企业制度建设，完善公司法人治理结构，积极探索社会化的职业经理人资质评价制度。四是为大力发展非公有制经济提供人才支持。加强政策引导，消除不利于非公有制经济组织和社会组织人才成长、引进和发挥作用的体制和政策障碍。加大非公有制企业人才培训力度，建立和完善人才服务体系，营造非公有制经济组织人才科技创新、自主创业、合理流动、自我发展的良好社会环境。

（三）专业技术人才队伍建设

发展目标：以提高专业水平和创新能力为核心，以高层次人才和紧缺人才为重点，大力加强专业技术人才队伍建设。到 2015 年，专业技术人才总量达到 14.37 万人；到 2020 年，专业技术人才总量达到 18.33 万人，高、中、初级专业技术人才结构趋于 11：43：46 的比例。大学专科及以上学历的占 80% 以上。

主要举措：一是加快专业技术人才知识更新步伐。制定继续教育规划，加强以新理论、新技术、新方法、新技能、新知识为主要内容的培训，重点提升在优先发展领域从事应用技术研发工作的专业技术人才的集成创新和引进消化吸收再创新的能力。根据全省科技发展规划和社会发展需要，适时调整高等院校学科及专业设置，提高专业技术人才的培养效益。二是加强基层专业技术人才队伍建设。

结合基层事业单位机构和人事制度改革，盘活基层专业技术人才队伍。继续选派高校毕业生到基层开展支教、支农、支医和扶贫活动，实施农牧区义务教育阶段学校教师特设岗位计划、教师见习岗计划，开展科技特派员基层创业行动和农业科技入户工程，引导科技人员深入基层开展科技服务，形成城乡人才资源相互交流的良好局面。三是健全专业技术人才管理制度。建立专业技术人才基础数据库，加强对重点发展领域、重点开发地区、科研和生产一线所需专业技术人才的宏观调控力度。逐步实施双向挂职、短期工作、项目合作等灵活多样的人才柔性流动政策，引导党政机关、科研院所和高等学校专业技术人才向企业、社会组织和基层一线有序流动，促进专业技术人才合理分布。全面推行公开招聘制度，提高专业技术人才配置的社会化程度。改革现行的企事业单位人事档案管理制度，鼓励并规范专业技术人员兼职兼薪。重视少数民族专业技术人才的培养和使用。注重发挥离退休专业技术人才的作用。

（四）高技能人才队伍建设

发展目标：适应走新型工业化道路的要求，以提升职业技能和专业水平为核心，以高级技师和技师为重点，建设门类齐全、技艺精湛的高技能人才队伍。到2015年，高技能人才总量达7.7万人；到2020年，高技能人才总量达8.1万人，高、中、初级技能劳动者比例为28：40：32。

主要举措：一是加大技能人才培养力度。不断完善以企业行业为主体、职业院校为基础、学校教育与企业培养紧密联系、政府推动与社会支持相结合的高技能人才培养体系。充分发挥企业培养高技能人才的主体作用，采取自办培训学校和机构，与职业院校和培训机构联合办学、委托培养等方式，加快培养高技能人才。整合利用现有各类职业教育培训资源，依托大型骨干企业、重点职业院校和培训机构，建设一批示范性省级高技能人才培养基地和公共实训基地，争取使其中部分基地纳入国家级基地行列。二是完善技能人才评价和使用机制。积极推行职业资格证书制度，加快建立以职业能力为导向、以工作业绩为重点，注重职业道德和职业知识水平的高技能人才评价体系。实施科学的职业分类和合理的岗位设置，最大限度的满足技能岗位对技能人才的需求。大力开展各种形式的岗位练兵和职业技能竞赛等活动，为高技能人才参与高新技术开发、同行业技术交流等创造条件。三是健全技能人才分配激励机制。建立职工凭职业技能资格和业绩贡献确定收入分配的机制，建立高技能人才表彰奖励办法。落实高技能人才社会保障权益，完善高技能人才社会保障制度。

（五）农牧区实用人才队伍建设

发展目标：以提高科技素质、专业技能和经营能力为核心，以农牧区实用人才带头人为重点，着力培养一大批推动农牧区经济社会发展、带领农牧民致富增收、数量充足的农牧区实用人才队伍。到2015年，农牧区实用人才总量达到3.71万人，科技特派员达到2000人；到2020年，农牧区实用人才总量达到6万人，科技特派员达到4000人，每个行政村主要特色产业至少有1—2名示范带动能力强的带头人。

主要举措：一是完善农牧区实用人才培训体系。充分发挥农牧业科技服务部门、职业院校、农广校和党员干部现代远程教育网络等在实用人才培训中的主渠道作用，吸引省外和民营教育资源参与农牧民教育培训工作，大规模开展农牧区实用人才培训。二是大力培养农牧区实用人才带头人队伍。因地制宜、分类指导，按照"三区十带"农业和"三大区域"畜牧业发展格局，依托高原绿色牛羊生产、反季节蔬菜、中藏药等特色优势产业，着力培养和吸引一批农牧区实用人才带头人。以农牧区种养业大户、农牧区经纪人、专业合作社负责人、外出务工返乡创业人员为主要对象，以规模化种植养殖、地方特色农产品加工与销售、农牧业信息化、乡村旅游等为主要创业项目，采取传帮带、请进来走出去、顶岗实践等灵活多样方式，通过政策引导、信息服务、资金扶持和技术支持，大力培养农牧区创业人才队伍。三是扩大农牧区劳动力转移培训规模。继续实施"阳光工程"、"雨露计划"，依托各类职业院校和东部发达地区企业的优势培训资源和就业渠道，不断加大企业直培和订单培训力度，努力打造"拉面经济"、土族刺绣、黄南热贡艺术等不同类型特色劳务品牌。四是促进农牧业科技产学研相结合。落实青海省农牧业科技合作协议，大力开展技术应用研究，培育农牧业科技优秀领军人才，带动提高科研人才技术研发水平。充分发挥省级科研部门和院校作用，加快建立科研与生产、科研与推广紧密结合的科技机制，组织实施"产学研联合开发工程"，吸引各类农牧业科技人才以技术入股、成果折股的形式参与、实行技术协作和资本联合的有机结合，实现成果快速转化。五是完善对农牧区实用人才的服务措施。制定以知识、技能、业绩、贡献为主要内容的农牧区实用人才认定标准，扩大职业资格证书制度在农牧区的覆盖面。建立以县为主的农牧业科技人员服务咨询队伍，积极为农牧区实用人才提供科技信息服务。

（六）社会工作人才队伍建设

发展目标：适应构建社会主义和谐社会的需要，以人才培养和岗位开发为基础，加快建设一支能够运用专业知识和方法，进行困难救助、矛盾调处、权益维护、心理辅导、行为矫正等社会服务工作的职业化、专业化社会工作人才队伍。到2015年，社会工作人才总量达到5000人；到2020年，社会工作人才总量达到7500人。

主要举措：一是加大社会工作人才培养力度。根据社会工作的人才需求，逐步建立不同学历层次教育协调配套、专业培训和知识普及有机结合的社会工作人才培养体系，拓宽人才增量来源。鼓励各类社会工作人员参加进修、实习、短训、函授等，大力提高现有社会工作从业人员的职业能力和专业素质。加强社会工作学科专业体系建设。在省属高校和各级各类干部培训机构中设立若干社会工作专业实习和继续教育基地。二是合理设置社会工作岗位。按照"分类指导、分级管理、科学合理、精简效能"的原则，研究提出社会工作岗位设置意见，充实社会管理和公共服务部门，配备社会工作专门人员。加大财政资金向公共服务领域的投入力度，大力发展公益性社会团体和民办社会服务机构，逐步建立政府购买社会服务机制，拓展社会工作人才施展才能的空间和舞台。三是建立社会工作人才评价体系。组织发动各系统内的社会工作人员积极参加助理社会工作师、社会工作师职业水平考试，逐步形成考核认定和考评结合的社会工作者职业水平评价体系。四是完善社会工作人才激励机制。规范社会工作人才的薪酬和保险待遇，逐步提高社会工作人才的地位、职业威望和职业生涯发展空间。维护服务对象和社会工作者的合法权益，加快建立社会工作者与志愿者的联动机制，逐步形成社会工作者引领志愿者共同服务社会的运行体系。

四、加大重点领域人才工作力度，着力优化人才队伍产业结构和区域布局

（一）突出培养高层次创新型科技人才

围绕建设创新型青海的战略目标，按照"突出特色、支持重点，创新机制、提升水平，以点带面、形成富集"的原则，培养造就一批具有青海特色的科技领军人才和科技创业人才。创新人才培养模式，建立学校教育和实践锻炼相结合、省内培养和省内外交流合作相衔接的开放式培养体系。积极探索推行创新型教育方式方法，突出培养学生的科学精神、创造性思维和创新能力。加强实践培养，依托国家重点工程和青海重大科技攻关课题、重大建设项目、重点实验室、博士后站及高新技术产业园区建设，加快培养一批能够主持全省重大科研和重大工程项目的创新型领军人才，带动创新团队建设。

鼓励和引导企业加强对外合作与交流，通过研究开发、智力引进等方式，集聚一批具有国内先进水平的产业专家和科研技术带头人队伍。依托各类科技园区建设，认真落实有关高层次人才在选拔任用、科研项目申报、经费资助、税收等方面的优惠政策，鼓励各类高层次人才在我省创新创业。加快东西部科研合作交流步伐，不断加强与中国科学院、中国工程院、清华大学等高等院校和科研院所的联系，引导、鼓励、支持共建各类研发中心和产学研战略联盟。发展创新文化，倡导追求真理、勇攀高峰、宽容失败、团结协作的创新精神，营造科学民主、学术自由、严谨求实、开放包容的创新氛围。到2020年，全省每万劳动力R&D人员为16人年左右，科技活动人员总量达到20000人，学术学科带头人队伍达到400人。

（二）大力开发国民经济发展重点领域专门人才

根据加快经济发展方式转变的需要，制定国民经济发展重点领域人才需求目录，积极引导各类人才向经济社会发展急需的领域转移，向人才短缺的产业、企业、岗位流动。要围绕加快培育多元化产业集群和产业融合的循环工业体系的要求，大力开发水电、石油天然气、盐湖化工、有色金属等工业优势产业人才，加快建设强大的产业科技创新人才队伍、经营管理人才队伍和技能人才队伍。以西宁经济技术开发区、柴达木循环经济试验区、曹家堡空港综合经济区、县域工业集中区、农牧业科技示范园区为平台，大力开发装备制造、油气化工、煤化工和生物医药等特色产业人才，组织开展多种形式的特色产业人才培训，建设一批特色产业技能人才培养基地，促进特色产业人才队伍经营管理、创新能力和制造水平的普遍提升。着力于培育新的经济增长点，大力开发新能源、新材料、生物产业以及生态保护建设等新兴领域人才，加快培育经济发展方式转变急需的科技人才和高级经营管理人才，形成一批优势明显的新兴人才群体。到2020年，力争使全省专业人才在一、二、三产业中的比例由现在的9%：7%：84%，逐步调整为10%：17%：73%，国民经济发展重点领域企业各类人才比重再提高5个百分点，其中，工程技术人员、农牧业技术人员和从事研究与开发的专业技术人才比重由现在的20%提高到25%。

（三）加快培养社会发展重点领域专门人才

适应现代教育事业发展需要，努力建设一支高素质的教育人才队伍。以高层次创新型教育人才为

重点，切实加强学科带头人、校长队伍建设和骨干教师队伍建设。加大在职培训和继续教育力度，提高教育人才队伍整体素质和学历结构层次。到2020年，力争使我省本科高校具有硕士及以上学位的专任教师达到专任教师总数的60%，其中具有博士学位的达到25%。职业学校"双师型"教师占专业课教师和实习指导教师的比例达到50%以上，本科院校教师具有硕士以上学位的教师达到60%。

适应深化医药卫生体制改革的需要，着力培育一批以中青年为主体的卫生医疗学术技术带头人。加快公共卫生人才和卫生管理人才培养。搞好在职卫生人员继续教育，全面提高卫生人才队伍素质。到2020年，全省社区卫生人才全部达到相应岗位职业要求，乡村医生80%达到大专及以上学历水平，80%以上具有执业助理医师及以上资格。

适应全省文化大发展大繁荣的需要，大力培育一批高素质理论研究人才、新闻出版人才、文化艺术人才、文化体育人才和文化经营管理人才，带动宣传文化领域人才队伍建设。积极培养引进新兴文化产业人才，造就一批省内外有影响的服务青海发展的优秀社科专家、决策咨询专家。到2020年，从事宣传文化管理和宣传文化业务的人才具有本科以上学历的达到70%左右，具有中级以上专业技术职务的达到70%以上。

适应加快发展现代服务业的需要，以打造大美青海、生态青海、神奇青海、健康青海等旅游品牌为契机，依托"一圈三线"旅游发展格局和"四大物流园区"建设，积极培育服务业重点企业，着力培养一批善于推介青海、营销青海的旅游经营管理人才。根据建设青藏高原金融发展繁荣区、金融生态环境优质区和金融运行安全区的目标要求，建立健全金融人才教育培养和引进政策，全面加强金融经营人才、监管人才和研究人才队伍建设，努力聚集一批熟悉现代金融制度、善于基本市场操作的优秀金融人才。

（四）进一步优化人才区域布局

统筹区域人才开发，引导区域间人才合理流动，努力构建全方位、多层次、特色鲜明的区域人才开发体系。按照"四区两带一线"的区域发展格局，通过重大项目的布局引导、公共服务领域的吸引和实施积极的援助政策等措施，促进主体功能区域人才资源的战略性配置，逐步形成协调合理的人才区域布局。东部地区要加快构筑以西宁地区为中心的科技创新人才、公共服务人才和管理人才高地及以海东地区为主的现代农业、农畜产品加工业、商贸流通业特色人才带；柴达木地区要努力建成我省资源循环综合利用的人才汇聚区；环湖地区要不断培育现代畜牧业、旅游业亟须的人才队伍；三江源地区要加快生态保护、环境建设工程技术人才和管理人才队伍的建设步伐。到2020年，东部地区、柴达木地区、环湖地区、青南地区专业人才占人才总量的比重分别由现在的68.6∶9.1∶10.7∶11.6，调整为70.0∶13.6∶8.5∶7.9，基本与各地区经济社会发展相适应。

五、完善人才发展的重大政策

（一）实施人才资本优先积累的投入政策

把人才发展主要指标列入各级政府经济社会发展规划和年度目标，实行目标责任管理。改善经济社会发展中资源利用和要素投入的结构，实现人才投入优先。加大公共财政投入力度，建立人才发展财政预决算制度，设立人才发展重大项目专项资金，确保政府教育、科技支出增长幅度高于财政经常性收入增长幅度，卫生投入增长幅度高于财政经常性支出增长幅度，到2020年，人才投入占财政支出的比例达到中西部省份平均水平。

（二）实施产学研合作培养创新人才政策

制定推进高等学校、科研院所、企业合作培养人才的激励政策，对产学研结合的科技成果转化运用、企业等用人单位接纳高等学校和职业院校学生实习等实行财税优惠，支持和鼓励用人主体参与创新人才培养。建立高等学校、科研院所、企业高层次人才双向流动制度，引导、鼓励和规范学术界、产业界优秀人才到高校从事教学兼职。在高等学校、科研院所、企业建立符合科技人员和管理人员不同特点的职业发展途径，鼓励和支持科技人员在创新实践中成就事业并享有相应的社会地位和经济待遇。建立省自然科学基金，加强基础研究、应用基础研究和前沿技术研究。加大对社会公益类科研机构的投入力度。

（三）实施引导人才向农牧区基层和艰苦地区流动政策

完善艰苦边远地区津贴制度，实施积极的大中专毕业生就业政策，完善各项社会保障措施，鼓励和引导人才流向农牧区基层和艰苦地区。做好到村（社区）任职的高校毕业生选聘、培养、管理和使用工作，积极向中央争取行政编制和相应的财政转移支付政策。制定具有普遍约束力的公职人员到基层服务锻炼的派遣和轮调制度，提高省级党政机关从基层招录公务员的比例。积极培养和引进我省基层和农村牧区需要的各类人才和智力，对带有高新技术成果、项目的引进人才，根据项目情况提供相关服务，创造良好的科研环境和工作条件。完善科技特派员制度，推进科技特派员农村科技服务创业行动。

（四）实施人才创业扶持政策

完善鼓励人才创业的政策措施，充分利用藏区建设项目、柴达木经济循环区建设项目以及我省加大生态、旅游、特色产业的机遇，扶持我省各经济开发区和科技园区发展，形成重大科研项目、研究开发、技术创新的科研创业基地。落实国家鼓励创业风险投资的税收、贴息等优惠政策，对高层次人才领办和创办科技型企业提供金融服务。制定政府资助科研项目的成果转化和技术转移制度。继续落实大中专毕业生开展创业培训的有关补贴政策规定，并给予小额担保贷款和贴息的优惠政策。

（五）实施推进党政人才、企业经营管理人才、专业技术人才合理流动政策

拓展党政人才来源渠道，加大党政机关公开选拔人才力度，提供一定比例岗位面向企事业单位选拔人才。完善党政人才、企业经营管理人才、专业技术人才交流和挂职制度，打破身份限制，扩大交流任职范围，鼓励党政机关人员向企事业单位双向流动。加强人才交流中知识产权、企业核心技术和商业秘密的保护，探索建立人才资本及科研成果有偿转移制度，维护人才和用人单位的合法权益。

（六）实施积极的引智引才政策

设立重点项目人才需求信息库，围绕经济社会发展目标，在优势特色产业、重点行业和重大项目上，合理、有效、优先引进各类人才和智力。进一步完善柔性人才引进制度，建立政府引导、市场调节、合同约束、来去自由的人才流动机制。积极引进国外专家和智力，制定和实施吸引优秀留学人才和海外科技人才来青工作服务计划。对我省急需紧缺的各类高层次人才，可不受用人单位编制、工资总额和户籍所在地限制引进。加大招商引才工作力度，对来青投资或向我省生产企业提供新技术、新工艺、新产品和转让科技成果的单位和个人，可优先享受我省引进人才在经费资助、税费减免、医疗保险、配偶就业、子女上学等方面的优惠政策。

（七）实施鼓励非公有制经济组织、新社会组织人才发展政策

制定加强非公有制经济组织、新社会组织人才队伍建设意见，消除不利于非公有制经济组织和新社会组织人才成长、引进和发挥作用的体制和政策障碍，在政府奖励、职称评定、教育培训、成果申报、参与社会管理等方面一视同仁。政府在人才培养、吸引、评价、使用等方面的各项政策，非公有制经济组织、新社会组织人才平等享受。政府支持人才创新创业的资金、项目、信息等公共资源，向非公有制经济组织、新社会组织人才平等开放。建立和完善人才服务体系，为非公有制经济组织、新社会组织人才科技创新、自主创业、合理流动、自我发展创造良好的社会环境，保障个人的合法权益。

（八）实施促进人才发展的公共服务政策

完善人才公共服务政策法规体系，根据工作开展情况，及时向社会发布《人才公共服务指导目录》。依托人才服务、人事考试、人事培训等三大现有服务平台，抓好已有公共服务项目建设，着力打造我省人才公共服务品牌。支持人才公共服务产品开发，加强对公共服务产品的标准化管理，形成融公共服务、市场服务、社会服务为一体、相互补充的人才发展服务体系。建立人才信息统计、发布制度，完善"青海人才市场网"的管理服务，扩大网络招聘人才的规模。发展和规范各类人才社会中介组织，健全专业化、信息化、产业化、社会化的人才服务体系。

（九）实施知识产权保护政策

把创造和应用知识产权作为自主创新的重要目标，制定激励政策，鼓励发明创造。政府科技计划对具有自主知识产权的技术和项目重点支持。加大知识产权保护的执法力度，营造尊重和保护知识产权的法制环境。建立知识产权专项资金，对取得自主知识产权的技术成果予以适当补助。对职务技术成果视成果转化后生产的经济效益给予奖励，依法保护非职务技术成果完成人的合法权益。支持重要技术标准的研究、制定工作，推动我省技术标准成为国家标准和国际标准。

六、实施人才发展的重大工程

（一）人才竞争力提升计划

着眼于人才的战略性开发，依托重大科研项目、重大工程和重点学科、重点科研基地、国际学术交流合作项目，通过"领军人才＋创新团队＋项目平台"的模式，争取到2020年，以项目形式选拔100名具有国家水平的高层次创新型人才和400名学科带头人，培养造就一批在高原生态农牧业、新能源、新材料、装备制造、生态保护、高原医学、盐湖化工、民族医药学等学科领域具有同行业领先水平的高级专家。依托"西部之光"访问学者、"少数民族高层次骨干人才培养工程"等各类高层次人才培养项目，到2020年，培养1500名中青年高层次人才骨干。

(二)人才"小高地"建设工程

坚持人才与发展相促进、科技与经济相结合、自然科学与社会科学并重的原则,以急需紧缺的高层次创新型人才为重点,依托我省优势项目、优势产业、优势学科、优势企业等载体,通过资金资助和实行更加优惠的人才政策等措施,重点扶持一批层次高、环境好、多样化的人才团队,在我省农牧科技、生物技术、能源资源、新材料、生态环境保护、社会科学等经济社会发展重点领域中搭建一流舞台、创造一流条件、营造一流环境,着力打造具有青海特色的人才"小高地"。

(三)青年科技人才培养计划

为促进青年科学技术人才成长,加速造就一批适应青海社会技术发展和产业发展需要,掌握基本科学理论与研发技能的优秀青年科技骨干和创新团队,依托省自然科学基金,重点支持40岁以下获得博士和硕士学位的优秀青年学者,围绕我省经济建设中存在的关键技术问题的应用研究课题,开展相关具有创新性的科学研究,加大对青年科技人才的培养。

(四)党政人才能力提升工程

以提高执政本领为核心,每5年轮训一遍党政人才,着力提高党政人才队伍的整体素质和能力。依托党政领导培训、后备干部培训和基层干部培训项目,力争每2年对县委书记、县长轮训一遍,选送150名左右干部开展省内双向挂职锻炼和省外交流。每年培训州厅级领导和后备干部200名,培训乡镇党委书记、乡镇长180名。

(五)企业经营管理人才推进计划

着眼于提高企业核心竞争力,依托我省经济发展"双百"计划的实施,到2020年,培养造就100名左右具有战略思维和全球视野、能够引领青海企业科学发展的优秀企业家;培养造就1000名左右职业素养好、在生产经营或资本运作方面具有较高造诣的职业经理人;培养造就2000名左右熟悉市场营销、金融法律等专业的经营管理人才。实施中小企业成长工程,每年培训400名左右中小企业经营管理人员,促进中小企业健康快速发展。

(六)专业技术人才知识更新工程

围绕我省优势特色产业和新兴产业的发展,每年在现代农业、现代制造业、信息技术、能源技术和现代管理等行业领域培训2000名专业技术人才。实施"青海省高层次人才培养工程",不断扩大专业技术人才高级研修班规模,积极参与国家专业技术人才高级研修班的学术交流和培训。实施"一年一千基层专业技术人才培训工程",每年培训1000名基层科教文卫、农林牧水等方面的专业技术人才。

(七)"三江源"人才培养使用工程

认真落实《青海省三江源工程管理人才和专业技术人才培养使用工作方案》,每3年轮训一遍三江源自然保护区生态保护和建设工程管理人才及专业技术人才。争取每年各举办1期"三江源工程"东西部公务员对口培训班和专题高级研修班。依托三江源生态环境保护引智项目,选派高层管理人员赴国外培训。积极邀请国内外高级专家赴青开展培训讲座、考察指导、技术攻关和课题研究等活动。

（八）高技能人才培养工程

落实新技师培养带动计划、城镇技能再就业计划、能力促创业计划、国家技能资格导航计划、农村劳动者技能就业计划和技能岗位对接行动。到2020年，通过多渠道投资，在西宁地区建成2—3个水平高、规模大、设施完善、特色鲜明的培训基地，在大型国有企业建成1—2所省级技能人才培训基地，新培养高技能人才2万名，组织20万人（次）参加通用工种鉴定。

（九）万名农牧区实用人才培养计划

围绕建设社会主义新农村新牧区，依托"阳光工程"、"农牧业产业化龙头企业专业人员培训工程"等项目，广泛开展形式多样的实用技术培训，重点培养一大批生产能手、能工巧匠和经营能人，努力造就一支有文化、懂技术、善经营、会管理的农牧区实用人才队伍。到2020年，农牧业科技培训30万人，农牧民二、三产业劳动技能培训20万人，使15000人达到农牧区实用人才标准。

（十）"专家服务团"活动

根据州（市地）、县域经济社会发展需求，每年组织30—50名左右省内外专家学者赴基层开展"专家服务团"活动，协助当地有关部门进行技术力量的组织和培训，提高当地科技人员自身业务水平和组织攻关的能力，并通过专题讲座、技术示范、项目论证、联合攻关、决策咨询等形式，为地方经济社会发展把脉献策。

（十一）高层次人才引进计划

采取"刚柔并举，以柔为主"的多样灵活方式，重点围绕经济社会发展的战略目标，有计划、分层次引进一批能够突破关键技术、发展高新产业、带动新兴学科的领军人才和创新团队。依托重点项目、重点学科、省属国有企业、高校、科研院所及以高新技术产业开发区为主的各类园区，用10年左右时间，引进100名左右海外高层次人才和200名左右国内高层次人才来青创新创业，并通过柔性引进的方式，吸引2000名左右国内外专家来青短期服务。支持高校在"十二五"期间，每年引进50名博士毕业生。

（十二）高校高层次人才培养引进计划

依托"昆仑学者"计划和"135高层次人才培养工程"，以培养和吸引具有国内外领先水平的学科带头人为重点，着力打造一批优秀的教学科研创新团队，取得具有国内领先水平的重大成果，使一批学术领军人才、拔尖学科带头人脱颖而出。力争每年在国内外公开招聘20名特聘教授和讲座教授，特聘教授每人每年享受10万元的"昆仑学者"奖金并提供不低于80万元的教学和科研经费，讲座教授每人每月享受1万元的"昆仑学者"奖金并提供不低于20万元的教学和科研经费。在"十二五"期间，面向省内高校选拔10名学术领军人才，30名拔尖学科带头人和50名创新教学科研骨干进行重点培养。

（十三）动员和组织专业技术人员开展服务基层活动

围绕社会主义新农村新牧区建设，依托科技文化卫生"三下乡"、"万名医师支援农村卫生工程"、"中小学优秀教师送教下乡活动"等，每年选派1000名左右扶贫、教育、卫生、农牧业科技等行业的各类专家通过兼职、讲学、科技合作、技术承包、科学咨询、挂职锻炼等多种形式，进一步动员和组织全省各行各业专业技术人员走出机关、下到基层，以灵活多样的方式、丰富实在的内容，为广大基层单位、专业技术人员和人民群众提供智力支持和技术服务，逐步建立西宁地区对青南、城镇对农牧区的对口支援制度，不断完善扶贫与扶智、人才支持与项目支持相结合的长效机制。

（十四）人才信息化、法制化建设工程

整合人才信息资源，形成全省统一的人才供求信息系统，构建人才资源共享平台，建立社会化、开放式的人才市场信息和公共政策信息共享机制，建立健全高层次人才库，形成高效便捷的人才信息网络和功能强大的人才信息数据库。加快人才工作立法进程，进一步健全涵盖人才安全保障、人才权益保护、人才市场管理、人才中介服务和人才培养、使用、引进、评价、激励、保障等人才资源开发管理各个环节的人才法律法规体系。

七、完善人才发展的体制机制

（一）完善党管人才的领导体制

坚持党管人才原则，创新党管人才方式方法，完善党委统一领导，组织部门牵头抓总，有关部门各司其职、密切配合，社会力量广泛参与的人才工作格局。健全各级党委抓人才工作的领导和办事机构，建立重大政策、重要工作部署的决策机制和督促落实机制，形成统分结合、协调高效、优势互补、整体联动的人才工作运行机制。建立人才工作目标责任制，把人才工作列入各级党政班子的考核内容。建立各级党委常委会听取人才工作专项报告制度。完善党委直接联系专家制度，发挥高层次人才决策咨询的智囊团作用。

（二）改进人才管理方式

建立健全政府宏观调控、市场合理配置、用人单位自主管理的人才发展管理体制，推动人才管理职能向创造良好发展环境、提供优质公共服务转变，运行机制向规范有序、公开透明、便捷高效转变。理清人才工作各项政策法规，推动人才工作职能部门进一步简政放权，取消不利于人才发展的行政限制和干预，减少人才评价、流动和使用等环节中的行政审批事项，落实用人单位自主权。

（三）创新人才培养开发机制

把社会主义价值体系教育贯穿人才培养开发全过程，不断提高各类人才的思想道德水平。充分发挥教育在人才培养中的基础性作用，建立和完善义务教育经费保障机制，积极发展高中阶段教育，探索以就业为导向、以市场为主导的职业教育资源配置模式，深化高校教育体制改革、调整优化学科和专业结构，不断提高教育教学质量，努力构建与社会需求相适应的现代国民教育体系。大力推进教育培训的社会化，积极发展继续教育，充分发挥党校、行政学院、社会主义学院干部教育培训的主渠道作用，有效利用和优化整合高校、职业院校等各种教育培训资源，加快发展远程教育，形成广覆盖、多层次、开放式的终身教育网络，推动学习型组织、学习型社会建设。加强教育培训法规制度建设，强化用人单位在人才教育培训中的主体地位，完善各类人才脱产学习、外出进修、岗位培训和对外交流等继续教育制度，不断增强对用人单位和个人培训学习的激励约束力度。

（四）创新人才评价发现机制

建立以岗位职责要求为基础，以品德、能力和业绩为导向，科学化、社会化的人才评价发现机制。

坚持科学发展观和正确政绩观，把重点目标绩效考核和群众认可作为衡量党政领导干部能力水平的主要依据，分类评价党政人才。以市场和出资人认可为依据，以经营业绩为标准，完善企业经营管理人才评价体系，探索社会化的职业经理人资质评价制度。以社会和业内认可为主要标准，完善专业技术人才评价机制，逐步建立量化评价、以考代评、考评结合的人才评价方式。改进和完善科技成果评审制度。完善技能人才职业资格证书制度，建立健全社会化的技能人才评价认定体系。建立在重大科研、工程项目实施和急难险重工作中发现、识别人才的机制。健全举才荐才的社会化机制。

（五）创新人才选拔任用机制

改革各类人才选拔任用方式和方法，形成有利于优秀人才脱颖而出、充分施展才能的选拔任用机制。坚持德才兼备、以德为先，完善党政人才公开选拔、竞争上岗、公推公选等办法。健全国有资产出资人代表派出制和选举制，建立市场配置、组织选拔和依法管理相结合的国有企业领导人员任用制度，加大市场化选聘力度。深化事业单位人事制度改革，全面推行和完善聘用制和岗位管理制度，实现事业单位人才由身份管理向岗位管理的转变。

（六）完善人才流动配置机制

充分发挥市场配置人才的基础性作用，推进人力资源市场体系建设，建立以市场机制为主导，政府部门宏观调控、市场主体公平竞争、行业协会严格自律、中介组织提供服务的人才流动机制。推进引进人才工作居住证制度，逐步消除人才流动中的城乡、区域、所有制等限制。建立人才供需预测和调控机制，定期不定期地向社会发布预测信息。加强政府对人才向重点领域、重点产业、重点区域流动的宏观调控，促进人才的合理流动和配置。根据"四区两带一线"的功能区域布局，引导各类人才合理分布。

（七）完善人才激励保障机制

建立健全与市场经济体制相适应，与工作业绩紧密联系，充分体现人才价值，鼓励人才创新创造的分配激励机制。加强对收入分配的宏观管理，制定知识、资本、技术、管理等生产要素按贡献参与分配的办法，探索专业技术人才按岗定酬、按任务定酬、按业绩定酬的自主灵活分配办法，鼓励有条件的企业实行期权、股权等激励政策。继续完善省级优秀专家和优秀专业技术人才选拔机制，健全以政府奖励为导向、用人单位和社会力量奖励为主体的多元化人才奖励体系。加快完善社会保障制度体系，健全养老保险、医疗保险、工伤保险等社会保障制度。保护各类人才享有创造成果。研究制定人才商业补充保险制度，支持用人单位按规定为各类人才建立商业补充养老、医疗保险。依法保护知识产权，依法调处人事劳动争议。

八、加强对落实《规划纲要》的组织领导

各级党委、政府要进一步解放思想，转变观念，真正把落实《规划纲要》作为人才工作的重中之重，切实摆上日程，教育引导广大干部特别是各级领导干部，充分发挥主观能动性，创造性地做好符合本地实际的人才工作，推动我省人才工作迈上新台阶。

（一）加强落实《规划纲要》的协调指导和监督检查

省人才工作领导小组负责《规划纲要》实施的统筹协调和宏观指导。要根据职能分工，把人才规划目标任务分解到各地区和相关职能部门，确保人才规划的实施。强化人才工作目标责任制，把实施人才规划作为各级党委、政府目标责任考核的重要内容，建立人才工作部门绩效考核管理机制和州（市地）人才工作评估机制，加强《规划纲要》实施过程中的监督检查。

（二）统筹推进各地区和行业人才发展规划的编制

各地区、各部门要按照本《规划纲要》的总体要求，立足"四区两带一线"的区域战略布局和各类人才发展实际，编制本地区、本部门和本行业人才开发的专项规划，形成上下衔接、左右协调的人才发展规划体系。

（三）努力营造良好的舆论环境

注重发挥新闻媒体的作用，大力宣传党的人才工作理论和政策，宣传实施《规划纲要》的重大意义、指导方针、目标任务和重大举措，宣传《规划纲要》实施中的典型经验、做法和成效，进一步营造"尊重知识、尊重人才、尊重劳动、尊重创造"的良好氛围。

（四）扎实推进《规划纲要》各项任务的落实

围绕落实《规划纲要》和人才强省战略的深入实施开展人才理论研究，分析把握人才成长特点和人才工作规律，更好地指导工作。建立信息通报制度，加强各地区、各部门对实施《规划纲要》的信息反馈与交流，及时了解情况，总结好的经验和方法，适时修订调整目标任务，解决实施过程中的困难和问题，切实把《规划纲要》各项的要求落到实处。

名词解释

1. 人才资源总量：指党政人才资源、企业经营管理人才资源、专业技术人才资源、高技能人才资源、农村实用人才资源和社会工作人才资源等"六支队伍"数量之和。

2. 党政人才：指公务员、参照公务员管理的群团机关工作人员。

3. 企业经营管理人才：指在企业经营管理岗位上工作的人员，包括出资人代表、经营管理人员、党群工作者。

4. 专业技术人才：指具有专业技术职称和没有专业技术职称但在专业技术岗位上工作的人员。

5. 高技能人才：指在生产或服务等领域岗位一线的从业者中，具有精湛专业技能，关键环节发挥作用，能够解决生产操作难题的人员的数量。包括取得高级技师、技师和高级技工职业资格及相应职级的人员。

6. 农牧区实用人才：指具有一定的知识或技能，能够起到示范和带头作用，为当地农牧业和农牧区经济发展做出积极贡献，并得到群众认可的农牧区劳动者。包括生产型人员、经营型人员、技能带动型人员、科技服务型人员、社会服务型人员。

7. 社会工作人才：指获得助理社会工作师及以上职业资格的人员。

8. 高技能人才占技能劳动者比例：指技能劳动者中高级技师、技师和高级工数量之和所占比例。

技能人才指在生产或服务一线从事技能操作的人员，也称为技能劳动者。其技能水平按照国家职业资格等级确定。

9. R&D 人员：指参与研究与试验发展项目研究、管理和辅助工作人员，包括项目（课题）组人员、企业科技行政管理人员和直接为项目（课题）活动提供服务的辅助人员。

10. 人力资本投资：人力资本是指以劳动者的质量或其拥有的技术、知识、工作能力所表现出来的资本。人力资本与物质资本两者共同构成国民财富。人力资本投资是指全社会教育支出、卫生支出和 R&D 支出之和。

11. 人才贡献率：即人才资本贡献率。人才资本就是体现在人才本身和社会经济效益上，以人才的数量、质量和知识水平、创新能力特别是创造性劳动成果及对人类较大贡献所表现出来的价值。人才资本对经济增长贡献率，是指人才资本作为经济运行中的核心投入要素，通过其自身形成的递增收益和产生的外部溢出效应，对经济总产出所作出的贡献份额，通俗地讲就是人才贡献率。

12. 人力资源总量：人力资源即劳动力资源，指劳动年龄人口。人力资源总量在我国统计实践中是指 16 岁及以上人口总数。

13. 人才资源占人力资源总量比例：指"六支队伍"数量之和占人力资源总量的比例。

14. 国民平均受教育年限：指 15 岁及以上人口所受普通教育的年限总和与 15 岁及以上人口总数之比。

15. 国内发明专利授权量：指我国申请人获得的由国家专利局授予的发明创造专有权数量。

16. 国际科技论文发表数：指我国作者发表在国际主要科技期刊和会议上的论文数量。主要是指《科学引文索引》（SCI）、《工程索引》（EI）和《科学技术会议录索引》（ISTP）三个检索系统收录的我国科技人员发表的论文数之和。

17. 职务技术成果：指执行本单位的任务或者主要是利用本单位的物质技术条件所完成的技术成果。

18. 非职务技术成果：指个人在工作以外，利用自己的物质技术条件，为科学技术进步所作的贡献，使用权、转让权属于完成非职务技术成果的个人。

山东省中长期人才发展规划纲要（2010—2020年）

根据全国人才工作会议精神和《国家中长期人才发展规划纲要（2010—2020年）》，结合山东实际，着眼于更好地推进人才强省战略，为建设经济文化强省提供坚强人才保证，制定本规划纲要。

序言

当今世界，经济全球化深入发展，科技进步日新月异，人才资源作为经济社会发展的第一资源，愈来愈发挥着不可替代的重要作用，尤其是高层次人才作为最稀缺的战略资源，已成为全球争夺的焦点。在建设创新型国家，特别是建设人才强国的背景下，人才的战略地位日益凸显。各地竞相加大培养引进人才力度，经济发达省份纷纷采取更具竞争力的措施广揽人才。面对激烈的国内外竞争，加快人才发展是我省赢得发展新优势的必然选择。

省委、省政府历来高度重视人才工作，特别是实施科教兴鲁战略和人才强省战略以来，人才发展取得显著成效。各类人才队伍不断壮大，人才培养载体比较完备，科研实力雄厚，海洋、农业等科技人才优势明显，有利于人才发展的政策体系进一步完善，人才效能明显提高，党管人才工作新格局基本形成。同时必须清醒地看到，当前我省人才发展水平同发达地区相比仍有不小差距，还不能满足经济文化强省建设的需求。主要表现在：高层次人才不足，人才结构不尽合理，高位人才平台偏少，人才创新创业能力不够强，半岛蓝色经济区、黄河三角洲高效生态经济区等重点区域发展急需人才短缺，人才发展的体制机制障碍仍然存在，人才资源开发投入相对不足，等等。

未来十年，是我省经济社会和人才事业发展的战略机遇期。面对新形势新任务，我们必须进一步增强责任感、使命感和危机感，牢固确立人才优先发展的战略布局，科学规划，深化改革，重点突破，整体推进，努力开创人才辈出、人尽其才的新局面，全面提升我省人才竞争力。

一、指导思想、战略目标和总体部署

（一）指导思想

以邓小平理论和"三个代表"重要思想为指导，深入贯彻落实科学发展观和科学人才观，更好实施人才强省战略，坚持党管人才原则，遵循社会主义市场经济规律和人才成长规律，按照"服务发展、人才优先、以用为本、创新机制、高端引领、整体开发"的指导方针，解放思想，改革创新，以高层次、高技能人才队伍建设为重点，以提升创新创业能力为关键，以充分发挥人才作用为根本，以体制机制改革和政策创新为动力，广聚人才智力，激发人才活力，提升人才效能，建设高端人才聚集和优质劳动力富集地带，努力打造"人才山东"品牌，为经济文化强省建设提供坚强的人才保证和智力支持。

（二）战略目标

到 2020 年，我省人才发展的总体目标是：培养造就规模宏大、结构优化、布局合理、素质优良的人才队伍，形成山东人才竞争优势，进入人才强省前列。

——人才资源总量稳步增长，队伍规模不断壮大。全省人才资源总量从现在的 975 万人增加到 1720 万人，增长 76%，人才资源占人力资源总量的比例提高到 23%，基本满足经济社会发展需要。

——人才素质显著提升，结构进一步优化。主要劳动年龄人口受过高等教育的比例达到 22%，每万劳动力中研发人员达到 55 人年，高技能人才占技能劳动者的比例达到 32%。人才的分布和层次、类型等结构更加合理。

——人才竞争比较优势明显增强，竞争力不断提升。人才规模效益显著提高。在装备制造、新能源、新材料、新医药、新信息、海洋科技开发、现代服务业、现代农业，以及教育、宣传文化、卫生等经济社会发展重点领域，高端人才集聚明显，具有较强竞争优势。

——人才发展环境进一步优化，使用效能明显提高。人才发展体制机制创新取得突破性进展，人才辈出、人尽其才的环境基本形成。人才投入有较大增长，人力资本投资占国内生产总值比例达到或超过全国平均水平，人才贡献率达到37%。

（三）总体部署

一是实行人才投资优先，健全政府、社会、用人单位和个人多元人才投入机制，加大对人才发展的投入，提高人才投资效益。二是加强人才资源能力建设，创新人才培养模式，注重思想道德建设，突出创新创业精神和创新创业能力培养，大幅度提升各类人才的整体素质。三是推进人才结构战略性调整，充分发挥市场配置人才资源的基础性作用，改善宏观调控，促进人才结构与经济社会发展相协调。四是造就宏大的高素质人才队伍，突出培养引进创新型科技人才，大力开发经济社会发展重点领域急需紧缺专门人才，统筹抓好各类人才队伍建设。五是创新人才发展体制机制，完善人才管理体制，创新人才培养开发、评价发现、选拔任用、流动配置、激励保障机制，营造充满活力、富有效率、更加开放的人才制度环境。六是推进人才国际化，坚持自主培养开发与引进并举，大力引进海外高层次人才和团队，积极利用国内外教育培训资源培养人才，提高本土人才国际化水平。七是加强人才平台载体建设，提升各类平台吸引凝聚人才的承载力，支持产学研合作共建一批高位创新平台和成果转化平台。八是推进人才工作法制建设，建立健全人才法规制度，保护人才合法权益。九是加强和改进党对人才工作的领导，完善党管人才格局，创新党管人才方式方法，为人才发展提供坚强的组织保证。

推进人才发展，要统筹兼顾，分步实施。到2015年，重点在制度建设、机制创新上有较大突破。到2020年，全面落实各项任务，确保人才发展战略目标的实现。

二、人才队伍建设主要任务

（一）突出培养引进创新型科技人才

发展目标：围绕提高自主创新能力、建设创新型省份，培养引进一批在国内处于领先地位、在国际上有影响的科学家、科技领军人才、工程师和高水平创新团队，注重培养一线创新人才和青年科技人才，建设一支创新能力强、结构合理的科技人才队伍。到2020年，研发人员总量达到41万人年，高层次创新型科技人才总量达到4000人以上。

主要举措：加强领军人才、核心技术研发人才队伍和创新团队建设，形成科研人才和科研辅助人才衔接有序、梯次配备的合理结构，提高自主创新能力。大力实施引进海外创新创业人才"万人计划"，支持拥有自主知识产权和核心技术的高层次人才来鲁创新创业，通过合作研究、兼职、咨询、讲学等方式柔性引进海内外高端智力。实施创新型科技领军人才培养计划，深化提升泰山学者建设工程，推进创新团队建设。加强实践培养，依托国家、省重大科研项目和重大工程、重点学科和重点科研基地、学术交流合作项目，建设一批高层次创新型科技人才培养基地。完善有利于科技人才创新创业的评价、使用、激励措施，进一步解放和发展科技生产力。注重复合型人才培养，破除论资排辈、求全责备观念，加大对优秀青年科技人才的发现、培养、使用和资助力度。加强高位人才平台载体建设，促进产学研合作，推动科技人才向企业集聚。发展创新文化，营造科学民主、学术自由、严谨求实、开放包容的创新氛围。加强科研诚信与学风建设，从严治理学术不端行为。

（二）大力开发经济社会发展重点领域急需紧缺专门人才

发展目标：适应发展现代产业体系和推进和谐社会建设需要，加大重点领域急需紧缺专门人才开发力度。到 2020 年，在装备制造、新能源、新材料、新医药、新信息、海洋科技开发、现代服务业、现代农业、生态环保、城市规划建设管理等经济重点领域培养开发急需紧缺专门人才 50 万人；在教育、宣传文化、卫生、体育、政法等社会发展重点领域培养开发急需紧缺专门人才 80 万人。经济社会发展重点领域各类专业人才数量充足，整体素质和创新能力显著提升，人才结构趋于合理。

主要举措：加强产业、行业人才发展统筹规划和分类指导，围绕重点领域发展，开展人才需求预测，定期发布急需紧缺人才目录。调整优化高等学校学科专业设置，加大急需研发人才和紧缺技术、管理人才的培养力度。开展重点领域专门人才知识更新培训。建设一批工程创新训练基地，提高工程技术人才职业化、国际化水平。根据国家和我省重点产业发展规划，制定产业领军人才、工程技术人才向重点产业集聚的倾斜政策。加大现代物流、电子商务、法律、咨询、会计、工业设计、知识产权、食品安全、旅游等现代服务业人才培养开发力度。加强宣传文化、卫生、体育、政法等人才培养。支持重点领域学术带头人参加国家科研计划和学术交流。完善重点领域科研骨干人才分配激励办法。建立重点领域相关部门人才开发协调机制。

（三）统筹推进各类人才队伍建设

1. 党政人才队伍

发展目标：按照加强党的执政能力建设和先进性建设的要求，以提高领导水平和执政能力为核心，以县处级以上领导干部为重点，建设一支政治坚定、勇于创新、勤政廉洁、求真务实、奋发有为、善于推动科学发展的高素质党政人才队伍。到 2020 年，具有大学本科及以上学历的干部占党政干部队伍的 90%，专业化水平明显提高，结构更加合理，能力进一步增强，总量从严控制。

主要举措：适应科学发展要求和干部成长规律，开展大规模干部教育培训，加强干部自学。实施党政人才素质能力提升工程，构建理论教育、知识教育、党性教育和实践锻炼"四位一体"的干部培养教育体系。坚持德才兼备、以德为先用人标准，坚持民主、公开、竞争、择优改革方针，树立坚定信念、注重品行、科学发展、崇尚实干、重视基层、鼓励创新、群众公认的用人导向。扩大干部工作民主，加大竞争性选拔党政领导干部工作力度，拓宽选人用人渠道，提高干部工作科学化水平，促进优秀人才脱颖而出。加强后备干部队伍建设。注重从基层和生产一线选拔党政人才。加强女干部、少数民族干部、非中共党员干部培养选拔和教育培训工作。实施促进科学发展的干部综合考核评价办法。建立健全党政干部岗位职责规范及其能力素质评价标准，加强工作业绩考核。完善党政人才分类管理制度。加大领导干部跨地区、跨部门交流力度，推进党政机关重要岗位干部定期交流、轮岗。健全权力约束制衡机制，加强干部管理监督。

2. 企业经营管理人才队伍

发展目标：以提高企业现代经营管理水平和企业竞争力为核心，以培养造就优秀企业家为重点，加快推进企业经营管理人才职业化、市场化、专业化和国际化，培养造就一支高水平的企业经营管理人才队伍。企业经营管理人才总量2015年达到320万人，2020年达到360万人。国有及国有控股企业国际化人才总量达到3000人左右；国有企业领导人员通过竞争性方式选聘比例达到50%以上。

主要举措：依托国内外知名企业、高校和培训机构，加强企业高级经营管理人才培养。采取组织选拔与市场化选聘相结合的方式选拔国有企业领导人员。健全企业经营管理者聘任制、任期制和任期目标责任制，实行契约化管理。完善以市场和出资人认可为核心的企业经营管理人才评价体系，积极发展企业经营管理人才评价机构，建立社会化的职业经理人资质评价制度，加强规范化管理。健全企业经营管理人才经营业绩评价指标体系。完善年度薪酬管理制度、协议工资制度和股权激励等中长期激励制度。建立企业经营管理人才库。培养引进一批科技创新创业企业家和企业发展急需的战略规划、资本运作、科技管理、项目管理等方面专门人才。实施优秀企业经营管理人才培养造就工程。研究制定积极推进创业人才发展的实施意见。健全政策服务体系，建立完善创业投融资机制，鼓励各类人才自主创业。实施创业人才推进计划。

3. 专业技术人才队伍

发展目标：以提高专业水平和创新能力为核心，以高层次人才和紧缺人才为重点，打造一支高素质专业技术人才队伍。专业技术人才总量2015年达到615万人，2020年达到755万人，占从业人员的12%左右。

主要举措：进一步扩大专业技术人才队伍培养规模，提高专业技术人才创新能力。构建分层分类的专业技术人才继续教育体系，加快专业技术人才知识更新。组织实施齐鲁青年英才成长工程、齐鲁名师培养工程、宣传文化人才培养工程、全民健康卫生人才保障工程等。发挥各类社会组织培养专业技术人才的作用。制定双向挂职、短期工作、项目合作等灵活多样的人才柔性流动政策，引导党政机关、科研院所和高等学校专业技术人才向企业、社会组织和基层一线有序流动，促进专业技术人才合理分布。改进专业技术人才收入分配等激励办法。改善基层专业技术人才工作、生活条件，拓展职业发展空间。注重发挥离退休专业技术人才的作用。

4. 高技能人才队伍

发展目标：以提升职业素质和职业技能为核心，以技师和高级技师为重点，形成一支门类齐全、技艺精湛、适应制造业强省建设和现代服务业发展需要的高技能人才队伍，打造优质劳动力富集地带。高技能人才总量2015年达到200万人，2020年达到280万人，其中技师、高级技师达到60万人左右。

主要举措：建立完善党委领导、政府推动、企业主体、院校支撑、社会参与"五位一体"的技能人才开发机制。加强职业培训，统筹职业教育发展，整合利用现有各类职业教育培训资源，依托大型骨干企业、重点职业院校和培训机构，建设一批示范性高技能人才培养基地和公共实训基地。创新职业教育模式，大力推行校企合作、工学结合和顶岗实习。加强职业教育"双师型"教师队伍建设。在职业教育中推行学历证书和职业资格证书"双证书"制度。实施高技能人才发展计划。促进技能人才评价多元化。探索高技能人才与工程技术人才职业发展贯通办法。建立高技能人才绝技绝活代际传承机制。广泛开展各种形式的职业技能竞赛和岗位练兵活动。完善高技能人才评选表彰制度，进一步提高高技能人才经济待遇和社会地位。

5. 农村实用人才队伍

发展目标：以提高科技素质、职业技能和经营能力为核心，以农村实用人才带头人和农村生产经营型人才为重点，着力打造服务农村经济社会发展、数量充足的农村实用人才队伍，为建设社会主义新农村提供有力人才保证。农村实用人才总量2015年达到210万人，2020年达到290万人，平均受教育年限达到11年，其中村两委成员高中以上学历的达到75%以上。

主要举措：深入推进新农村人才资源开发"绿色行动"。大规模开展农村实用人才培训，整合现有培训项目，健全县域职业教育培训网络。实施现代农业人才支撑计划，推进农村实用人才带头人素质提升计划和新农村实用人才培训工程。建立健全农村实用人才评价制度。加大对农村实用人才的表彰激励和宣传力度，提高农村实用人才社会地位。积极扶持农村实用人才发展各类农民专业合作社，引领带动广大农民增强市场竞争能力。大力支持农村实用人才创业兴业，在创业培训、项目审批、信贷发放、税收减免、土地使用等方面给予政策支持。对"新特优"农业、精细农业、精品养殖业和农产品精深加工业等特色农业开发项目予以重点扶持。加大公共财政对农村发展急需的农业技术人员、教师、医生等方面人才培养的支持力度。加强城乡人才对口扶持。

6. 社会工作人才队伍

发展目标：以人才培养和岗位开发为基础，以中高级社会工作人才为重点，培养造就一支职业化、专业化的社会工作人才队伍，为社会主义和谐社会建设提供人才支撑。社会工作人才总量2015年达到15万人，2020年达到20万人。

主要举措：建立健全现有社会工作从业人员专业培训、继续教育制度，不断提高社会工作从业人员的职业能力和专业素质。建设一批社会工作培训基地。引导高校加强社会工作学科建设和师资队伍建设，积极发展社会工作高等职业教育。建立社会工作岗位设置目录，开发各类社会工作岗位。加强社会工作者队伍职业化管理。建立城乡统筹的社会工作体系。研究制定政府购买社会工作服务政策。大力培育直接提供社会工作服务的社会公益性民间组织。建立社会工作人才和志愿者队伍联动机制，积极推行"社工＋义工"模式。建立完善社会工作人才评价激励保障机制，建立"和谐使者"表彰奖励制度。制定加强社会工作人才队伍建设意见。

（四）为实施重点区域带动战略和文化强省建设提供人才支撑

加强山东半岛蓝色经济人才建设。建立蓝色经济人才包括高端产业、临港产业人才需求预测和发布制度。大力培养引进海洋生物、海洋装备制造、海洋能源矿产、现代海洋化工业、现代海洋渔业、海洋交通运输物流、海洋文化旅游、海洋工程建筑、海洋生态环保、现代海洋商务服务业等优势产业人才和创新团队。建立一批蓝色经济人才培训基地。大力开展职业技术教育，调整职业教育专业设置，对重点产业、重点项目所需高技能人才实施前置培养。建设一批支撑蓝色经济包括高端产业、临港产业发展的重大创新平台。现有人才政策和人才工程向蓝色经济领域倾斜。促进科技人才、管理人才和产业化人才向山东半岛蓝色经济区集聚，引领和支撑我省蓝色经济快速发展。

加强黄河三角洲高效生态经济人才建设。围绕高效生态农业、高技术产业特别是生物产业、制造业、盐碱地改良、海洋开发、循环经济、新能源、服务业信息化、金融保险业等重点领域，加快实施一批重大科技研发项目，培养凝聚高效生态经济人才。进一步完善油地校结合"三位一体"的科技创新机制，采取理事会、股份制、会员制等形式，建设开放型区域创新体系。实施黄河三角洲高端智力服务计划，定期组织住鲁院士、泰山学者等高层次人才赴黄河三角洲开展咨询服务活动。从党政机关、高等院校、科研机构、大企业选派具有实际工作经验的博士等专业技术人才和管理人才，到黄河三角洲区域基层单位挂职或作短期指导，为黄河三角洲开发提供科技智力服务。

加强省会济南人才建设。按照大力发展省会经济，提高省会综合服务功能的要求，发挥济南高校、科研机构和大中型企业密集的优势，大力培养引进高层次人才，建设人才综合试验区，促进国内外科技、教育、文化、金融、管理等各类人才不断向济南集聚。重点围绕发展高层次服务业、高技术产业和技术资金密集型制造业，加快吸引凝聚人才智力，使省会济南成为带动区域整合发展的服务型、创新型增长极和人才聚集区。

加强齐鲁文化人才建设。深化文化体制改革，加强文化人才培养，做大做强文化产业。依托深厚的齐鲁文化底蕴，建设一批在全国具有较大影响力和竞争力的文化人才集聚基地。推进提升"齐鲁文化英才"工程，培养一批孔子文化、齐文化、泰山文化、海洋文化、泉水文化、黄河文化、红色文化、运河文化、网络文化等优秀文化人才，凝聚一批具有重要引领作用、独特竞争优势、广泛社会影响的文化产业人才，形成特色鲜明、优势突出、布局合理，传统文化与现代文化交相辉映的齐鲁文化人才高地。

三、重要政策措施

（一）实施促进人才投资优先保证的财税政策

逐步建立以政府投入为引导、用人单位投入为主体、社会投入为补充的多元化人才投入机制。各级政府优先保证对人才发展的投入，确保教育、科技支出增长幅度高于财政经常性收入增长幅度。各级财政要积极投入资金，用于人才培养引进、杰出人才奖励和支持保障人才发展重大项目实施。鼓励和支持企业和社会组织建立人才发展基金。在重大建设和科研项目经费中，应安排部分经费用于人才培养。研究制定财税优惠政策，鼓励和支持用人单位增加对人才的投入，企事业单位用于员工的教育培训经费、科研经费、人才奖励等按规定在税前列支；鼓励社会资金捐赠人才创新活动，企业、社会团体和个人捐赠给科研机构和高校的研发经费，按规定在税前列支。

（二）实施更加开放的人才政策

大力吸引海外高层次人才来鲁创新创业，进一步完善海外人才居留、出入境和落户、医疗保健和保险、住房、薪酬和税收、配偶就业与子女就学，担任领导职务、承担重大科技项目、政府奖励等政策措施。在发达国家设立引进海外人才联络处。建立海外高层次人才信息库和人才需求信息发布平台。定期组团赴海外集中招聘，举办海外人才洽谈会。有条件的城市可统一规划建设引进人才专家公寓。完善出国培训管理制度和措施，提高出国培训的针对性、实效性。支持高校、科研机构与国内外高水平院校、机构建立联合培养基地。推动我省企业设立海外研发机构。加强留学回国人员创业园区建设，提供创业资助和融资服务。

（三）健全人才教育培训体系

建立学校教育和实践锻炼相结合、国内培养和国际交流合作相衔接的开放式培养体系。立足培养全面发展的人才，突出培养创新型人才，注重培养应用型人才，深化教育改革，促进教育公平，提高教育质量。创新人才培养模式，全面推进素质教育。围绕经济结构战略性调整和优势主导产业需求，调整高等院校学科和专业设置，建立与人才需求结构相适应的高等教育培养体制。重点建设若干所国内一流的高水平大学。壮大职业教育规模，提高教育质量，建立政府主导、面向市场、多元办学机制，着力建设一批有市场竞争力的职业技术院校。建立和完善校企合作、工学结合、灵活开放、自主发展的现代职业教育体系，培养大批经济社会发展急需的技能型专门人才。完善继续教育投入机制，积极整合继续教育资源，大力发展成人教育、社区教育、现代远程教育。积极开展创建学习型组织活动，鼓励和支持在职学习、业余进修。

（四）深化有利于人才脱颖而出的竞争激励政策

建立以岗位职责要求为基础，以品德、能力和业绩为导向，科学化、社会化的人才评价发现制度。完善人才评价标准，克服唯学历、唯论文倾向，对人才不求全责备，以业绩和贡献评价人才，坚持在实践中培养锻炼人才，激励人才干事创业。推进干部人事制度改革，加大公开选拔、竞争上岗等竞争性选拔干部力度。推进国有企业经营管理者市场化、职业化，完善国有资产出资人代表派出制和选举制。深化事业单位人事制度改革，分类建立各类事业单位领导人员选拔制度，全面推行事业单位公开招聘、竞聘上岗和合同管理制度。建立完善高端人才选拔使用制度。构建以绩效考核为核心，充分体现人才价值，鼓励人才创新创造的分配激励机制。鼓励和支持科研人员在创新实践中成就事业并享有相应的社会地位和经济待遇。实行事业单位岗位绩效工资制度。鼓励企业对经营管理人才、专业技术人才和高技能人才实行股权、期权激励。鼓励和规范专业技术人才、高技能人才兼职兼薪。进一步完善人才表彰奖励项目，建立以政府奖励为导向、用人单位和社会力量奖励为主体的人才奖励体系。对为经济社会发展作出杰出贡献的人才给予崇高荣誉并实行重奖。

（五）加快完善人才资源流动配置政策

整合政府各类人才市场和劳动力市场，建设统一开放、面向海内外的人才资源市场。健全完善专业化、信息化、产业化、国际化的人才市场服务体系。进一步破除人才流动的体制性障碍，制定发挥市场配置人才资源基础性作用的政策措施。逐步建立城乡统一的户口登记制度，调整户口迁移政策。支持和鼓励民营资本投资人才资源服务机构，鼓励国内外知名人才服务机构来我省开展经营、合作。将非公有制经济组织和新社会组织人才的开发纳入各级政府人才发展规划。政府的各方面人才政策对非公有制经济组织和新社会组织人才一视同仁，政府的各类人才发展资金、项目、信息等公共资源向非公有制经济组织和新社会组织人才平等开放。完善党政人才、企业经营管理人才、专业技术人才交流和挂职锻炼制度，扩大党政机关和国有企事业单位领导人员跨地区、跨部门交流任职范围，建立完善从企事业单位和社会组织选拔党政人才的制度。对在农村基层和艰苦地区工作的人才，在工资、职务、职称等方面实行倾斜政策，改善工作和生活条件，促进人才向欠发达地区、基层和农村流动。实施积极的大学毕业生就业政策，采取政府购买基层社会管理和公共服务岗位、报考公务员优先录用等措施，鼓励和引导大学毕业生到农村和中小企业就业。逐步提高省市级党政机关从基层招录公务员的比例。实施公职人员到基层服务和锻炼的派遣和轮调办法。完善科技特派员到农村和企业服务的政策措施。实施东部带西部、城市带农村的人才对口支持政策。

（六）实施产学研合作培养创新人才政策

制定推进高校、科研机构、企业合作培养人才的激励政策，支持建立联合实验室、工程技术研究中心、企业技术中心、行业技术中心、产学研合作联盟和企业技术创新战略联盟。对产学研结合的科技成果转化实行财税优惠。畅通高校、科研机构、企业高层次人才双向流动渠道，建立大学教授、科研专家进企业挂职和企业人才进大学、科研院所深造的交流互动机制。推行产学研联合培养研究生的"双导师制"。倡导高校、科研机构和企业联合建设博士后站，提高博士后培养质量。实行人才、项目、基地一体化培养模式，在创新实践中培养急需的高层次人才。

（七）实施人才创业扶持政策

完善支持人才创业的金融服务，健全风险投资体系，形成更有利于人才创业的融资环境。完善知识产权、技术等作为资本参股的措施。制定促进科技成果转化和技术转移的税收、贴息等相关激励政策。鼓励引导高校和科研机构科技人员自带成果创办企业。加强创业技能培训和创业服务指导，建立创业导师制度，提高创业成功率。加大对创业孵化器等基础设施的投入，健全创业服务网络，为人才创业提供专业化服务。

（八）加强人才创新创业平台建设

吸引和支持国内外著名高校、科研机构、企业到我省设立分支机构，合作共建一批对我省经济社会发展有重大影响、起关键作用的高位平台。加大对省内重点高校、科研机构和企业的支持力度，重点建设提升一批重点学科、重点实验室、工程技术研究中心、企业技术中心、博士后站和院士工作站等平台。以各级各类园区为依托，加强创新创业服务平台建设，打造吸纳创新创业人才的载体。充分发挥中科院山东分支机构等国家级科研机构作用，加快科研成果转移转化。

（九）健全人才发展保障政策

完善政府人才公共服务体系，健全人事代理、社会保险代理、企业用工登记、劳动人事争议仲裁、人事档案管理、就业服务等公共服务平台，满足人才多元化需求。研究制定人才补充保险办法，支持用人单位为各类人才建立补充养老、医疗保险。扩大对农村、非公有制经济组织、新社会组织人才的社会保障覆盖面。完善科技成果知识产权归属和利益分享机制，保护科技成果创造者的合法权益。完善知识产权工作体系，加大知识产权宣传普及和执法保护力度，提升知识产权创造、运用和管理能力。建立以学术和创新绩效为主导的资源配置和学术发展模式。改进科技评价和奖励方式，完善以创新和质量为导向的科研评价办法，克服考核过于频繁、过度量化的倾向。对高水平学术带头人和创新团队给予长期稳定支持，保障科技人员潜心研究。

四、重点人才工程

（一）创新型科技领军人才培养计划

依托科技创新平台和重点学科，培养造就一批能够进入世界科技前沿和在国内各学科领域具有领先水平的知名专家。深化提升泰山学者建设工程，2010—2014年实施泰山学者二期建设工程，在重点学科、重大工程、支柱产业、高新技术领域中，设置200个泰山学者岗位，选聘200名泰山学者特聘专家教授。实施"泰山学者攀登计划"，5年内遴选30至40名人选予以重点培养扶持，争取培养成为"两院"院士或相当层次的高端科技创新领军人才。深入推进创新团队建设，努力建设形成30个纳入国家支持计划、达到国际一流水平的创新团队，形成300个左右以住鲁院士、泰山学者等高层次领军人才为核心的创新团队，带动建设1000个左右以各类优秀学术技术带头人为中心、各具特色的创新团队。

（二）引进海外创新创业人才"万人计划"

围绕经济社会发展重点领域，加快引进对我省产业发展有重大推动作用、能带来重大经济效益和社会效益的创新创业人才。以高校、科研院所、企业和各类园区为载体，省市县联动，用5—10年时间引进1万名左右海外创新创业人才，建设100个左右海外人才创新创业基地，争取100名左右海外高层次人才进入国家"千人计划"。

（三）齐鲁青年英才成长工程

充分发挥省杰出青年基金、优秀中青年科学家科研奖励基金、高校青年教师成长计划、省有突出贡献中青年专家和省青年科技奖评选等在培养青年创新人才中的作用，在自然科学、人文社会科学重点学科领域，每年重点培养扶持200名青年拔尖人才。在重点高校建设一批青年英才培养基地，每年选拔一批拔尖学生进行专门培养，造就未来发展需要的高素质、专业化人才。

（四）优秀企业经营管理人才培养造就工程

以造就职业化、市场化、专业化、国际化企业家群体为目标，重点培养100名具有世界眼光、战略思维、创新精神和经营能力的企业家；培养1000名精通战略规划、资本运作、人力资源管理、财会、法律等专业知识的企业经营管理人才。

（五）创业人才推进计划

不断壮大创业人才规模，支持创业企业快速发展。建设100个创业人才培养示范基地。加强孵化器、加速器等各类创业载体建设，建立健全一批创业服务中心，提供良好的创业环境。充分发挥各类创业扶持基金作用，每年重点资助一批具备创业条件的科技人才等创办企业。设立"创业成就奖"，对创造重大经济社会效益并具有良好发展潜力的创业人才给予重点奖励支持。

（六）齐鲁名师培养工程

深入开展教学名师评选活动，大力培养造就一支高素质、创新型教育人才队伍。每年重点培养和支持2000名各类学校教育教学骨干、"双师型"教师、学术带头人和校长，在中小学校、职业院校、高等学校培养造就一批教育家、教学名师和学科领军人才。

（七）宣传文化人才培养工程

着眼于培养造就宣传思想文化领域杰出人才，重点选拔培养一批全面掌握中国特色社会主义理论体系、有较高学术造诣、联系实际的理论家，一批坚持正确导向、深入反映生活、受到群众喜爱的名记者、名编辑、名主持人，一批熟悉党和国家方针政策、社会责任感强、精通业务的出版家，一批紧跟时代步伐、坚持"二为"方向、艺术水平高超的作家、艺术家，一批通晓宣传文化工作和市场经济知识、懂经营善管理的文化经营管理专家，一批既熟悉宣传文化工作又掌握现代信息技术、精通相关专门技术的文化传播技术专家。每两年评选一批"齐鲁文化英才"，进行重点资助培养。不断涌现更多的全国"文化名家"。

（八）全民健康卫生人才保障工程

大力实施"山东省医学领军人才培养工程"，培养一批具有国内领先水平的医学专家。积极推进住院医师规范化培训制度建设，选择省级医疗机构和部分条件较好的市级医疗机构开展住院医师规范化培训，为县级医疗机构培养高素质的专科医师。实施全科医师培训计划，每年招聘1500名左右自愿到乡镇卫生院工作的临床医学专业本科毕业生，进行全科医师规范化培训，定向为每个重点建设的乡镇卫生院培养3—5名临床医师骨干。

（九）高技能人才发展计划

健全完善"首席技师"和"有突出贡献技师"选拔管理制度，充分发挥高端带动和引领示范作用。大力实施金蓝领培训，加大高技能人才培养工作力度。到2020年，在全省建成一批技能大师工作室，50个高技能人才重点培训基地，培养10万名高级技师。

（十）现代农业人才支撑计划

适应建设社会主义新农村、加快发展现代农业的需要，加大对现代农业人才支持力度。依托重大农业科研项目、重点学科、科研基地，加强农业科技创新团队建设，培育农业科技高层次人才，特别是领军人才。每年选拔100名农业科研杰出人才，给予科研专项经费支持。支持2000名左右有突出贡献的农业技术推广人才，开展技术交流、学习研修、观摩展示等活动。选拔一批农业产业化龙头企业负责人、专业合作组织负责人和生产能手等优秀生产经营人才，给予重点扶持。健全完善"乡村之星"选拔管理制度，促进农村实用人才队伍不断发展壮大。

（十一）经济欠发达地区人才支持计划

加强对口帮扶，每年引导2000名左右的优秀教师、医生、科技人员、文化工作者、社会工作者到欠发达地区工作或提供服务。实行人才政策和人才项目、科技项目倾斜，带动欠发达地区人才队伍发展。制定基层人才轮训计划，每年选派一批基层人才到省属高校、科研院所深造。

（十二）高校毕业生基层培养计划

着眼于解决基层人才匮乏问题，培养锻炼后备人才，积极引导和鼓励高校毕业生到基层创业就业。继续大力开展好选聘高校毕业生到村任职、"三支一扶"等工作，到2020年实现一村（社区）一名大学生。统筹各类大学生到基层服务创业计划。通过政府购买工作岗位、实施学费和助学贷款代偿、提供创业扶持等方式，引导高校毕业生到农村和社区服务、就业和自主创业。

五、组织实施

（一）加强对规划纲要实施工作的组织领导

坚持党管人才原则，创新党管人才方式方法，完善党委统一领导，组织部门牵头抓总，有关部门各司其职、密切配合，社会力量广泛参与的人才工作格局。健全各级党委人才工作领导机构，建立科学的决策机制、协调机制和督促落实机制，形成统分结合、上下联动、协调高效、整体推进的人才工作运行机制。建立人才工作目标责任制，实施人才工作专项考核，增强各级领导班子的人才观念和责任意识，推动"一把手"抓"第一资源"。开展人才工作创先争优活动，定期表彰奖励人才工作先进单位。制定各项目标任务的分解落实方案和重点工程实施办法。建立各级党委常委会、政府常务会定期听取人才工作专项报告制度。完善党委联系专家制度。实行重大决策专家咨询制度。建立规划纲要实施情况的监测、评估、考核机制，组织开展人才工作满意度调查，加强督促检查。各市、各行业系统要结合实际制定人才发展规划。

（二）营造实施规划纲要的良好社会环境

大力宣传人才工作的重大战略思想和方针政策，宣传实施规划纲要的重大意义和规划纲要的指导方针、目标任务、重大举措，宣传规划纲要实施中的典型经验、做法和成效，形成全社会关心、支持人才发展的良好社会氛围。

（三）加强人才工作的基础性建设

开展人才理论研究，积极探索人才资源开发规律。加强人才研究机构建设。建立健全人才资源统计和定期发布制度。推进人才工作信息化建设，建立人才信息网络和数据库。加强人才工作队伍建设，加大培训力度，提高人才工作队伍的政治素质和业务水平。

山西省中长期人才发展规划纲要（2010—2020年）

为大力实施人才强省战略，为转型跨越发展和实现全面建设小康社会奋斗目标提供人才保证，根据中共中央、国务院印发的《国家中长期人才发展规划纲要（2010—2020年）》（中发〔2010〕6号），结合我省实际，制定本规划纲要。

一、人才在山西经济社会发展中的重要作用

2003年全国人才工作会议以来，我省制定实施了《山西省2006—2010年人才开发工作规划》，着力推进人才强省战略，党管人才格局基本形成，人才工作机制初步建立，人才市场体系逐步健全，人才资源规模有所扩大，为"十一五"经济社会发展发挥了重要作用。同时必须清醒地看到，当前我省人才发展还存在一些突出问题，主要表现为：人才队伍总量不足；高层次创新型科技人才、新兴产业创业型领军人才严重匮乏；人才结构和分布不够合理；人才环境不优，选用人才机制不够健全，人才流失现象仍然存在，引进人才方面仍需加强，等等。

人才是经济社会发展的决定性因素，人才资源是第一资源。当今世界，国家、地区、企业间的竞争实质上都是人才的竞争。未来5—10年，是山西转型发展、跨越发展的关键时期。加快工业新型化、农业现代化、市域城镇化、城乡生态化，在建设国家新型能源和工业基地的基础上，把山西建设成为全国重要的现代制造业基地、中西部现代物流中心和生产性服务业大省，建设成为中部地区经济强省和文化强省，特别需要各类人才去引领、去支撑、去奋斗。转型发展、跨越发展，是优秀人才发挥作用的主战场，是吸引凝聚人才的大舞台，要求我们必须在人才开发体制、机制上不断创新，在人才政策、环境上不断优化。各级党委、政府要把人才战略放在优先发展的突出位置，科学规划，深化改革，重点突破，整体推进，努力开创我省人才事业新局面，尽快形成我省人才竞争比较优势，为实现转型发展、跨越发展提供坚强的人才保证和广泛的智力支撑。

二、人才发展的总体要求

（一）指导思想

以邓小平理论和"三个代表"重要思想为指导，深入贯彻落实科学发展观，按照"服务发展、人才优先、以用为本、创新机制、高端引领、整体开发"的指导方针，坚持党管人才原则，大力实施人才强省战略，遵循社会主义市场经济规律、人才成长规律，以服务转型跨越发展为目标，以人才能力建设为核心，以体制机制创新为动力，以创新型、创业型高层次人才和高技能人才为重点，统筹推进各类人才队伍建设，促进全省经济社会又好又快发展。

（二）基本原则

党管人才原则。加强和改善党对人才工作的领导，充分发挥各级党委统揽全局、协调各方的作用，调动各级、各部门和社会各界发现人才、培养人才、使用人才、保护人才的积极性和创造性，形成加快人才发展的整体合力。

优先发展原则。把服务发展作为人才工作的根本出发点和落脚点，确立人才优先发展的战略地位，在经济社会发展规划和各项工作的部署中，切实做到人才资源优先开发、人才结构优先调整、人才投资优先保证、人才制度优先创新。以人才优先发展促进经济社会又好又快发展和人的全面发展。

统筹协调原则。统筹各类人才队伍建设，统筹开发高、中、初级人才，统筹处理好人才培养和引进的关系，统筹人力资源配置中政府与市场的关系。

改革创新原则。以改革创新为动力，破除人才成长、人才发挥作用的体制、机制障碍，创新人才开发机制，完善人才开发政策措施，促进人才合理有序流动，最大限度地激发各类人才的创新活力、创造智慧和创业激情。

（三）总体目标

到2020年，人才发展的总体目标是：培养和造就与我省转型跨越发展要求相适应，数量充足、结构优化、布局合理、素质优良的人才队伍，努力形成山西人才竞争的比较优势。

——人才资源总量快速增长。人才资源总量增加到533万人，人才资源占人力资源总量的比重提高到18%，基本满足全省经济社会发展需要。

——人才素质明显提高。主要劳动年龄人口受过高等教育的比例达20%，每万劳动力中研发人员达43人年，高技能人才占技能劳动者比例达28%。

——人才结构和布局趋于合理。人才队伍的年龄、专业、层次等结构得到优化，人才在部门、行业、城乡、地区的分布基本合理，人才培养与社会需求基本协调，人才结构性矛盾得到有效解决。

——人才使用效能明显提高。人才对经济社会发展的支撑作用明显增强，人力资本投资占国内生产总值比例达到12%，人才资本对经济增长贡献率达到36%。

到2015年，在人才体制机制创新、人才政策环境优化、高层次人才引进和培养、重点发展领域紧缺急需人才的引进和培养等四个方面实现重大突破，为转型跨越发展提供有力的人才支撑。到2020年，全面落实各项任务，确保人才发展总体目标的实现。

三、人才队伍建设的主要任务

适应山西转型跨越发展要求，围绕工业新型化、农业现代化、市域城镇化、城乡生态化和十大产业振兴规划对人才的需求，统筹推进六支人才队伍建设，突出抓好三类重点人才的开发，把各类人才聚集到经济社会发展的各项事业中来。

（一）统筹推进六支人才队伍建设

1. 党政人才队伍

按照加强党的执政能力建设和先进性建设的要求，以解放思想和提升素质为先导，以加强作风和本领建设为核心，以中高级领导干部为重点，构建理论教育、知识教育、党性教育和实践锻炼"四位一体"的自下而上的党政人才选拔培养教育体系。按照从严控制总量，调整优化结构的要求，坚持德才兼备、以德为先、以绩取人的用人导向，提高选人用人公信度，建设一支政治坚定、勇于创新、勤政廉洁、求真务实、奋发有为、善于推动科学发展的高素质党政人才队伍。到2020年，公务员平均受教育年限超过15年，具有大学本科及以上学历的干部占党政干部队伍的85%，专业化水平明显提高。

2. 企业经营管理人才队伍

适应经济全球化和日趋激烈的市场竞争需要，以提高现代经营管理水平为核心，以培养优秀企业经营管理人才为重点，采取自主培养与外部引进相结合的方式，推进企业经营管理人才职业化、市场化和国际化，打造一支高素质的企业经营管理人才队伍。到2015年，企业经营管理人才总量达到100万人。到2020年，企业经营管理人才总量达到113万人，培养造就一批能够引领我省企业进入全国500强的优秀企业家；国际化人才总量达到1000人；国有及国有控股企业领导人员通过竞争性方式选聘的比例达到50%。

3. 专业技术人才队伍

围绕经济社会发展的需要，以提高专业水平和创新能力为核心，以培养高层次创新型人才和紧缺人才为重点，建设一支数量充足、结构合理、创新力强、素质优良的专业技术人才队伍。到2015年，专业技术人才总量达到170万人。到2020年，专业技术人才总量达到207万人，高、中、初级专业技术人才比例为10∶40∶50。

4. 高技能人才队伍

适应工业新型化要求，以提升职业技能为核心，以技师和高级技师为重点，完善高技能人才培养体系，建立技能人才梯次培养结构和绝技绝活代际传承机制，形成一支与我省转型跨越发展相适应的数量充足、门类齐全、结构合理、技艺精湛的高技能人才队伍。到2015年，高技能人才总量达到70万人，占技能劳动者总量的27%。到2020年，高技能人才总量达到106万人，占技能劳动者总量的28%，其中技师、高级技师达到21万人。

5. 农村实用人才队伍

围绕社会主义新农村建设和农业现代化需要，以提高科技素质、职业技能和经营能力为核心，以农村实用人才带头人和农村生产经营型人才为重点，培育一支服务农村经济社会发展、数量充足的农村实用人才队伍。到2015年，农村实用人才总量达到37万人，其中经营型、技能带动型、技术和社会服务型人才占到30%；到2020年，农村实用人才总量达到71万人，平均受教育年限达到10.2年，每个行政村至少有1—2名示范带动能力强的带头人。

6. 社会工作人才队伍

按照构建社会主义和谐社会的需要，以人才培养和岗位开发为基础，以中高级社会工作人才为重点，建立各类学历教育、专业培训和知识普及有机结合的社会工作人才培养体系，培育和发展一批能够承载并促进社会工作发展的公益性民间组织。强化政府购买社会工作服务的措施，建立社会工作人才和志愿者队伍联动机制，培养造就一支职业化、专业化的社会工作人才队伍。到2015年，社会工作人才总量达到3万人。到2020年，社会工作人才总量达到6万人。

（二）突出抓好三类重点人才的开发

1. 高层次创新型科技人才

围绕支柱产业、优势产业、新兴产业的发展和重点学科专业建设，培养和引进一批在我省国民经济重点领域能够突破关键技术、带动产业升级或实现成果转化的高层次创新型科技人才和优秀创新团队。到2015年，高层次创新型科技人才达到2000人，到2020年达到4000人。

2. 新兴产业创业型领军人才

以提升产业竞争力为核心，以项目为载体，加快重点领域战略型新兴领军人才的培养和引进，加速壮大新兴产业规模。到2015年，现代煤化工、装备制造、新能源、新材料、文化旅游、物流等新兴产业领军人才达到300人。到2020年，新兴产业领军人才达到1000人。

3. 重点领域急需紧缺人才

针对经济社会发展的重点领域急需紧缺人才，加大力度，引进和培养并举，政府引导和市场配置并重，着力调整人才资源的专业、层级、分布结构。到2015年，在现代煤化工、装备制造、新能源、新材料、文化旅游、交通物流等经济建设重点领域新开发急需紧缺专门人才28万人，到2020年新开发46万人。到2015年，在宣传教育、政法、医药卫生等社会建设重点领域新开发急需紧缺专门人才14万人，到2020年新开发23万人。

四、创新人才发展的体制机制

加快推进人才工作领导体制和工作机制创新，形成不拘一格选拔人才、鼓励人才脱颖而出、有利于干事创业的人才发展体制机制。

（一）完善党管人才的领导体制

坚持党管人才原则。明确党委、政府"一把手"抓"第一资源"责任，建立各级党委常委会听取人才工作专项报告制度。健全和完善人才工作目标责任制，提高各级领导班子综合考核指标体系中人才发展专项考核的权重。完善党委组织部门牵头抓总职能，发挥各级政府人力资源和社会保障部门的综合管理作用，强化各职能部门人才工作职责，充分调动各人民团体、企事业单位、社会组织的积极性，动员和组织全社会力量，形成人才工作整体合力。建立健全政府宏观调控、市场有效配置、单位自主用人、人才自主择业的人才管理体制。围绕培养引进人才、用好用活人才和提高人才效能，推动政府人才管理职能向创造良好发展环境、提供优质公共服务转变；运行机制和管理方式向规范有序、公开透明、便捷高效转变。制定完善人才服务管理和人才资源开发的地方性法规、规章和政策，推进人才管理工作科学化、制度化、规范化，形成有利于人才发展的法制环境。

（二）创新人才发展的工作机制

1. 人才培养开发机制

建立健全以转型跨越发展需要为导向，以提高创新能力为核心，人才结构与产业结构调整相适应的人才培养机制。发挥教育在人才培养中的基础性作用。适应科学发展要求和干部成长规律，开展大规模干部教育培训，大幅度提高干部素质。完善在职在岗人员教育培训制度，分类制定在职人员定期培训办法。构建网络化、开放式、自主性终身教育体系。建立人才与产业互动机制，推动产学研结合。充分利用社会教育培训资源，建立多种形式的合作培养开发机制。

2. 人才评价发现机制

建立健全以岗位职责为基础，以品德、能力、业绩为导向，科学化、社会化的人才评价发现机制。针对不同行业特点，不同职位和职业的要求，制定分类分层的考核评价指标体系。建立健全符合科学发展观和正确政绩观要求、体现群众认可的党政人才考核评价机制，市场、出资人和社会认可的企业经营管理人才考核评价机制，社会和业内认可的专业技术人才考核评价机制。探索高技能人才多元化评价机制。建立在转型跨越发展的实践中发现、识别人才的机制。

3. 人才选拔任用机制

改革各类人才选拔使用方式，科学合理使用人才，促进人岗相适、用当其时、人尽其才，形成有利于各类人才脱颖而出、充分施展才能的选人用人机制。深化党政人才选拔任用制度改革。完善公务员录用制度，严把公务员队伍"入口"。坚持德才兼备、以德为先用人标准，完善党政领导干部公开选拔、竞争上岗制度，探索公推公选等竞争性选拔干部方式。推行和完善地方党委任用干部票决制。建立并完善领导干部职务任期制。建立组织选拔、市场配置和依法管理相结合的国有企业领导人员选拔任用制度，完善国有资产出资人代表派出制。深化事业单位人事制度改革，健全事业单位领导人员委任、聘任、选任等方式，全面推行事业单位公开招聘、竞争上岗和合同管理制度。建立企事业单位关键岗位和国家重大项目负责人招聘制度。

4. 人才流动配置机制

建立健全以政府部门宏观调控、市场主体公平竞争、中介组织提供服务、人才自主择业的人才流动机制。完善党政人才、企业经营管理人才、专业技术人才交流和挂职锻炼制度，打破人才身份、单位、部门和所有制限制，畅通人才流动渠道。加大轮岗交流力度，通过多岗位培养锻炼人才。建立人才引进绿色通道，支持用人单位柔性引进人才。健全人才市场供求、价格、竞争机制。推进政府所属人力资源服务机构管理体制改革，实现政事分开、管办分离。鼓励发展专业性、行业性人力资源市场。完善劳动合同、人事争议仲裁、人才竞业避止等制度，维护各类人才的合法权益。

5. 人才激励保障机制

建立健全与工作业绩紧密联系、充分体现人才价值、有利于激发人才活力、鼓励人才创新创业的分配激励机制。进一步深化机关事业单位收入分配制度改革。建立符合事业单位特点、体现岗位绩效的事业单位薪酬制度；探索高层次人才和高技能人才协议工资制和项目工资制等多种分配形式。建立产权激励制度。鼓励知识、技术、管理和技能等生产要素按贡献参与分配，建立符合市场经济法则的人才分配激励机制。完善科技人员分配激励政策，向科研关键岗位和优秀拔尖人才倾斜。完善以养老保险、医疗保险为重点的社会保障制度。加强机关、事业、企业之间流动人才的社会保险衔接工作。研究探索人才补充保险办法，支持用人单位为各类人才建立补充养老和医疗保险。加大对农村、非公有制经济组织和新社会组织的社会保障覆盖面。

五、营造人才充分发挥作用的政策环境

（一）实施人才投资优先保证政策

建立政府、社会、用人单位和个人多元化人才发展投入机制，优先保证对人才发展的资金投入。设立人才发展专项资金，并不断加大投入力度，确保重大人才政策的实施和重大人才工程的推进。确保教育、科技支出增长幅度高于财政经常性收入增长幅度，卫生投入增长幅度高于财政经常性支出增长幅度。在新上重大建设项目和科研项目中，安排一定比例的经费用于人才培训。制定鼓励企业和社会组织建立人才发展专项资金的政策。

（二）实施产学研合作培养创新人才的互动政策

建立政府指导下以企业为主体的产学研战略联盟。制定实施推动企业、高等院校和科研院所合作培养创新人才的激励政策，支持产学研合作。规模以上企业要建立工程技术中心。支持企业、科研院所与高等院校建立研发中心和联合实验室，加速科研成果转化。实施研究生教育创新计划，建立高等院校、科研院所和企业之间高层次人才的流动制度，推行产学研联合培养研究生的"双导师制"。建立"院士专家企业工作站"。加强博士后流动站、工作站建设，提高博士后培养质量。制定重点工程和重大项目人才配置政策，发挥工程和项目带动人才发展的作用。

（三）实施人才创业的扶持政策

加强高新技术开发区、经济技术开发区、工业园区和大学科技园、留学生创业园及海外高层次人才创新创业基地等创业载体建设，提高创业载体的人才集聚能力。全面落实鼓励创业的税费优惠政策。制定科研机构、高等院校科技人员创办科技型企业的激励保障办法，促进知识产权质押融资、创业贷款业务的规范发展。扶持创业风险投资基金发展。完善知识产权、技术等作为资本参股的措施。促进科技成果转化和技术转移。加强创业技能培训和创业服务指导，创建创业服务网络，简化项目审批程序，激励各类科技人员积极创办科技企业。支持大中专毕业生及其他人员创办各类微型企业。

（四）实施高层次急需紧缺人才的引进政策

重点引进支柱产业、优势产业、新兴产业以及重点学科、重大工程所急需紧缺的高层次人才。完善海内外高层次人才回省（来晋）创新创业政策。制定和实施紧缺急需人才引进计划，建立人才需求信息发布平台。制定"特聘专家"制度。进一步完善人才和智力引进政策，加大柔性引才力度，鼓励国内外高层次人才和留学人员以多种方式来晋工作和创业。完善引进人才长期居留、住房、保险、子女入学、配偶安置、承担重大科技项目等生活和工作政策。

（五）实施有利于优秀人才脱颖而出的选拔政策

完善我省公务员招录和事业单位工作人员公开招聘办法和具体政策。完善公开选拔、竞争性选拔的程序和办法，提高选人用人公信度。健全从基层及生产一线选拔党政人才的制度，形成自下而上的党政人才选拔培养链。完善以品德、能力和业绩为主的企业经营管理人才评价选拔政策，建立适应现代企业优秀人才的选拔制度。完善以品德、能力和业绩为导向的专业技术人才评价选拔政策。建立健全省、市、县、乡四级党委选拔和联系高级专家、优秀人才的工作制度，加强对高端人才的对口服务和联系，实现选拔优秀人才的重大突破。

（六）实施有利于非公有制经济组织、新社会组织人才发展的鼓励政策

对各种所有制组织中的人才一视同仁，平等对待。把非公有制经济组织、新社会组织人才开发纳入各级政府人才发展规划。制定加强非公有制经济组织、新社会组织人才队伍建设意见。政府在人才培养、吸引、评价、使用等方面的各项政策，非公有制经济组织、新社会组织人才平等享受。政府支持人才创新创业的资金、项目、信息等公共资源，向非公有制经济组织、新社会组织人才平等开放。政府开展人才宣传、表彰、奖励等方面活动，非公有制经济组织、新社会组织人才平等参与。

（七）实施有利于人才到农村和边远贫困地区工作的激励政策

积极制定工资、职务、职称等方面的倾斜政策，提高艰苦边远地区津贴标准，改善基层一线、农村和边远贫困地区人才的工作和生活条件。制定高校毕业生到边远贫困地区创业就业扶持办法。采取政府购买公益性岗位安置、报考公职人员优先录用等措施，鼓励和引导高校毕业生到农村和边远贫困地区工作。提高党政机关从基层招录公务员的比例，实施公职人员到基层服务和锻炼的派遣和轮调办法，完善科技特派员服务农村和边远贫困地区的政策措施。注重发挥老龄人才协会的作用。

（八）实施人才合理流动的配置政策

坚持市场导向，依法维护人才的合法权益，保证人才流动的规范性和有序性。完善人才交流和挂职锻炼制度，推进党政人才、企业经营管理人才、专业技术人才之间合理流动。拓宽党政人才来源渠道，完善从企事业单位和社会组织中选拔人才的制度。完善党政机关人才向企事业单位流动的激励政策。制定有效政策，促进城市医师、教师、科技人员、文化和社会工作者服务农村。健全人才向中小企业、非公有制经济组织流动的保障政策。

（九）实施有利于科研人员潜心研究的保障政策

建立健全科研人员的考核、评价、选拔政策，鼓励和支持科技人员在创新实践中成就事业，保障享有相应的社会地位和经济待遇，创造支持创新、宽容失败的和谐工作环境。完善科研管理制度，扩大科研机构用人自主权和科研经费使用自主权，健全科研机构内部决策、管理和监督的各项制度。改进科技评价和奖励方式，完善以创新和质量为导向的科研评价办法。加大对前沿技术研究、社会公益类科研机构投入的力度，对高水平团队给予长期稳定支持。改善青年科技人才的生活条件，在国家保障性住房建设中优先解决其住房问题。

（十）实施对突出贡献人才的表彰奖励政策

健全以政府奖励为导向、用人单位和社会力量奖励为主体的人才奖励体系，完善表彰奖励制度。研究制定优秀人才奖励办法，定期对作出重大贡献的优秀人才进行奖励。调整规范各类人才奖项设置，建立人才评选表彰奖励制度。对获得重大科技成果，对创造重大经济效益，对转型跨越发展作出突出贡献的个人和团队给予重奖和荣誉。

（十一）实施促进人才发展的公共服务政策

调整和完善人才公共服务政策，充分整合各类人才服务机构，培育规范人才中介服务机构，改进服务功能，拓展服务领域，形成公共服务和市场服务相互补充的人才服务网络体系。健全人事代理、劳动保障事务代理、企业用工登记、劳动人事争议调解仲裁、人事档案管理、就业服务和知识产权保护等公共服务平台，满足人才多样化需求。支持人才服务功能和服务产品的开发，加强对人才公共服务产品的标准化管理，提高公共服务产品的效能。完善政府购买服务制度，提高公共服务产品的社会效益。

六、实施人才开发重大工程

今后5到10年，坚持引进和培养并举的方针，以"三晋英才"培养选拔为抓手，突出重点，统筹推进各类人才队伍建设。

（一）高端创新型人才引进和培养工程

以培育对经济社会发展重要领域具有引领和支撑作用的高端人才为目标，设立专项资金，加大开发力度，到2015年，培养引进（含柔性引进）20名左右"两院"院士，重点选拔培养院士后备人选15名，选拔培养100名国家级学术技术带头人，培养1000名具有省内领先水平，在重点学科和重点产业有较高学术创新水平的专家学者。到2020年，高层次创新型科技人才有较大幅度增加。

（二）海外高层次人才引进工程（简称"百人计划"）

用 5 年左右时间，重点引进 200 名左右能够突破关键技术、发展高新技术产业、引领新兴学科的海外高层次人才回省（来晋）创新创业。到 2020 年，引进 500 名海外高层次人才。建立 30 个海外高层次人才创新创业基地。启动"留学人员来晋（回省）支持计划"，选择 500 项留学人员创新创业和服务项目进行重点扶持。建立 20 个引智成果示范推广基地，引进先进科技和管理项目 500 个，集聚一批海外高层次创新创业人才和团队。

（三）新兴产业领军人才培养和引进工程

围绕我省新兴产业发展规划，制定并实施"新兴产业领军人才引进和培养计划"，"重点实验室、企业研发中心核心技术研发人才引进和培养计划"，"重大产业项目工程技术人才引进和培养计划"，大力培养和引进产业领军人才。到 2015 年，培养和引进 300 名引领新兴产业发展的领军人才，2020 年达到 1000 名。

（四）优秀企业家培育工程

遵循市场经济规律和企业家成长规律，完善优秀企业经营管理人才培训制度，拓宽省内外、海内外培训渠道，实施开放式培训，加快培养一批具有地方产业优势、熟悉国际国内两个市场、具有国际竞争力的优秀企业经营管理人才。到 2015 年，培育企业销售收入超 1000 亿元的企业家 5 名、超 300 亿元的企业家 10 名、超 100 亿元的企业家 20 名。2020 年，培育企业销售收入超 100 亿元的企业家达到 200 名。

（五）名师名家培育工程

着眼于社会事业发展，推动宣传思想、教育文化、旅游和服务业发展，建设文化强省。实施"三晋学者"计划，在全省高等院校设立特聘教授岗位，选拔、招聘一批学术造诣深、发展潜力大、具有领导本学科保持或赶超国内外先进水平的全职学者。在全省哲学社会科学、新闻出版、广播影视、文学艺术、文物保护等领域，实施"四个一批"计划。到 2015 年，培育教学名师 500 名、文化名家 500 名，到 2020 年，分别达到 1000 名。

（六）全民健康卫生人才保障工程

适应深化医药卫生体制改革、保障全民健康需要，加大对卫生人才培养支持力度。到 2015 年，全省拥有执业医师 10 万人，中医执业医师 1.2 万人，执业护士 6.6 万人，全科医师 3200 人；到 2020 年，全省拥有执业医师 12 万人，中医执业医师 1.4 万人，执业护士 7.5 万人，全科医师 4100 人；社区卫生服务人员、农村乡村医疗卫生机构人员素质大幅提升。在全省各级医疗卫生机构培养名医名师 1000 人。

（七）人才继续教育培训工程

依托有关高校、科研院所、大型企业现有施教机构，建设一批继续教育基地。实施"党政人才素质提升计划"，大规模、多渠道培训在职在岗干部。实施"企业经营管理人才能力培养计划"，提升职业素养、创新精神和开拓能力。实施"专业技术人才知识更新工程"，提升专业水平和创新能力。到

2015年，培训各级党政人才20万人次，培训企业经营管理人才60万人次，培训专业技术人员120万人次。

（八）高技能人才开发工程

以提升职业技能和专业水平为核心，以技师和高级技师为重点，在我省重点领域和新兴产业，培养造就一批具有精湛技术的高技能人才。到2015年，在全省建成5个高技能人才公共实训基地，20个示范性高技能人才培训基地，30个技能大师工作室，培养技师、高级技师10万名。到2020年，在全省建成10个高技能人才公共实训基地，40个示范性高技能人才培训基地，60个技能大师工作室，培养技师、高级技师20万名。

（九）现代农业人才开发工程

适应社会主义新农村建设、加快发展现代农业的需要，加大对现代农业的人才培养支持力度。到2015年和2020年，农业科研人才总数分别达到3000人和3500人；农业技术推广人才分别达到1.5万人和3万人。建立完善农村实用人才的技能资格认定制度。到2015年和2020年，经过培训和认定的农村经营管理人才（包括专业合作经济组织带头人、龙头企业负责人和农村经纪人）分别达到5000人和10000人，生产型人才分别达到1.25万人和2.5万人，技能带动型人才分别达到2500人和5000人，服务型人才分别达到2500人和5000人。

（十）贫困地区、革命老区人才支持工程

完善大学生"三支一扶"、全科医生、教师特岗计划和大学生村干部等到农村基层服务的管理办法。引导和支持城镇优秀教师、医生、科技人员、社会工作者、文化工作者、高校毕业生等到晋西北、太行山革命老区和贫困地区工作或提供服务，到2015年达到3万人次，到2020年达到4万人次。

七、组织实施

（一）加强对《人才规划纲要》实施工作的组织领导

省委人才工作领导组负责本规划纲要的统筹协调、宏观指导和组织实施，制定规划纲要落实的实施细则和重大人才工程实施办法，分解细化规划纲要确定的目标任务，切实抓好规划纲要的贯彻落实。各地各部门要按照职责分工，制定具体的贯彻落实措施，确保规划纲要各项任务落到实处。

（二）建立健全人才发展规划体系

各地各部门要根据经济社会发展目标，结合本规划纲要，编制本地本行业人才发展规划，注重与本规划纲要配套衔接，突出本地本行业人才发展重点，形成上下衔接、各方协调的全省人才发展规划体系。

（三）强化监督考核和监控评估

制定规划纲要实施情况的监控指标体系，把人才投入、人才引进、人才培养、人才效能、人才环境作为考核各级党政班子人才工作的主要内容。组织开展中期评估，适时进行动态调整，建立规划纲要实施情况的定期报告制度和考核制度，确保规划纲要有效实施。

（四）加强人才工作基础建设

创新人才工作部门的管理体制，加强人才学科和研究机构建设。建立健全人才资源统计制度和定期发布制度。推进人才工作信息化建设，建立海外、省外、省内高层次人才信息库，创建完备的人才信用档案。加强人才工作队伍建设，提高政治素质和业务水平。

（五）营造实施《人才规划纲要》的良好社会环境

广泛宣传实施本规划纲要的重大意义、目标任务、重大政策和重点工程，宣传各地各行业培养、引进、使用人才的成功经验、典型案例，特别是加大对作出突出贡献人才的宣传力度，形成全社会关心、支持人才发展的良好环境。

陕西省中长期人才发展规划（2010—2020年）

根据党的十七大精神和《国家中长期人才发展规划纲要（2010—2020）》，结合推动科学发展、富裕三秦百姓、建设西部强省实际，制定本规划。

一、发展背景

（一）发展基础

人才是指具有一定专业知识或专门技能进行创造性劳动并对社会作出贡献的人，是人力资源中能力和素质较高的劳动者，是经济社会发展的第一资源。省委、省政府历来高度重视人才工作，大力实施科教兴陕和人才强省战略，不断加强人才教育、培养、使用、激励等工作，为经济社会发展提供了有力的人才保障。

人才总量增加、素质不断提升。到2008年底，全省人才资源总量302.9万人，占全省总人口8%、人力资源9.8%。单位就业人口大专以上学历人员占38.3%，每万劳动力中研发人员的比例达到32人年，主要劳动年龄人口受过高等教育的比例达到11%，高技能人才占技能劳动者的比例达到23%，人才竞争实力进一步增强。

人才创新平台拓展、效能明显提高。到2008年底，各类高等学校107所、在校学生120.9万人，高等教育毛入学率26.3%，国家级重点学科126个，博士点560个、硕士点1414个，博士后流动站109个、工作站59个，保持了全国高等教育大省的优势地位，成为区域性人才培育中心。各类科研机构1094家，国家级重点实验室、工程技术研究中心、专业专项重点实验室155个，省级重点实验室、工程技术研究中心142个，国家级和省级高新技术和经济技术开发区20个，高新技术产业孵化基地5个，大学科技园3个，综合科技实力位居全国前列。县以上人才市场和劳动力市场267个，各类人力资源服务机构4659家，全省人力资源市场服务体系基本形成。

人才政策逐步完善、新的工作格局基本形成。省委、省政府把人才战略确定为建设西部强省的第一战略，加强统筹规划、协调指导，明确规范党管人才的工作职能，按照"管宏观、管政策、管协调、管服务"的要求，积极探索实现党管人才的有效途径，初步形成了有陕西特点的人才政策体系。全省基本形成了党委统一领导，组织部门牵头抓总，有关部门各司其职、密切配合，社会力量广泛参与的人才工作格局。

当前，我省人才发展总体水平与发达地区相比仍有较大差距，与经济社会发展和应对人才竞争需要相比还有许多不适应的地方。主要是：人才发展与经济社会发展的结合不够紧密，人才资源优势没有很好地转化为经济优势，高层次创新型人才和高技能人才不足，人才创新创业能力不够强，人才结构不尽合理，人才发展的体制机制障碍尚未根本消除等。

（二）发展机遇

更好实施人才强国战略机遇。党的十七大强调更好实施人才强国战略，《国家中长期人才发展规划纲要》进一步明确了人才发展的指导方针、战略目标、总体部署、主要任务和政策措施，要求实施一批引领性、示范性的重大人才发展工程，必将为我省人才发展带来更多新的机遇。

深入实施西部大开发战略机遇。中央制定《关于深入实施西部大开发的若干意见》，进一步加大政策支持力度，颁布《关中—天水经济区发展规划》，要求建设全国内陆型经济开发开放战略高地和统筹科技资源改革示范基地、先进制造业重要基地、现代农业高技术产业基地、彰显华夏文明历史文化基地，进一步拓展了我省人才创新创优创业的平台，必将有力地促进我省科技经济一体化。

加快转变经济发展方式机遇。中央把加快经济发展方式转变作为深入贯彻落实科学发展观的重要目标和战略举措，更加注重自主创新，有利于我省发挥科教优势，促进经济增长由主要依靠增加物质资源消耗向主要依靠科技进步、提高劳动者素质和管理创新转变。

二、总体要求

（一）指导方针

高举中国特色社会主义伟大旗帜，以邓小平理论和"三个代表"重要思想为指导，深入贯彻科学发展观，尊重劳动、尊重知识、尊重人才、尊重创造，认真落实《国家中长期人才发展规划纲要》，坚持"服务发展、人才优先、以用为本、创新机制、高端引领、整体开发"的方针，把人才强省作为推动陕西科学发展的第一战略，进一步完善人才优先发展的战略布局，大力加强人力资源能力建设，不断改善和优化人才成长发展环境，统筹推进各类人才队伍建设，有效促进人才资源大省向人才强省的转变，为建设西部强省提供坚强的人才保证和广泛的智力支持。

当前和今后一个时期，我省人才发展要坚持把解放思想、解放人才、解放科技第一生产力贯穿人才发展和人才工作的全过程。

解放思想，就是坚决破除束缚人才发展的思想观念，克服因循守旧、官本位和内陆意识，增强市场意识、开放意识、竞争意识，强化人才优先发展的理念。

解放人才，就是着力解决人才发展的体制机制障碍，最大限度地激发人才的创造活力，使全社会创新智慧竞相迸发，以创新体制机制实现人才大发展。

解放科技第一生产力，就是突出培养造就创新型科技人才，大力开发经济社会发展重点领域急需紧缺专门人才，全面提升人才核心竞争力。

（二）基本原则

——党管人才。加强党对人才工作的宏观管理，着力解决人才队伍建设中的关键问题，把人才用好用活，努力为各类人才干事创业营造良好社会环境。

——市场配置。重视发挥用人单位和各类人才的市场主体作用，加快建立统一、开放、竞争、有序的人力资源市场，健全人才公共服务体系，促进人力资源合理流动、有效配置。

——统筹兼顾。坚持统筹人才发展与经济社会发展、人才工作和其他工作以及人才工作的各个方面，有效整合人才资源优势，充分调动起各级各类人才的主动性、积极性和创造性。

——以用为本。坚持把推进人的全面发展和最大限度地发挥人才作用贯穿于人才发展始终，不求所有、但求所用，创新体制机制、搭建事业平台，使各类人才各得其所、各尽其才、才尽其用。

（三）发展目标

总体目标是：到2015年，完善人才优先发展的战略布局，构筑更具竞争实力和创新活力的西部人才高地，使陕西成为我国区域优质人才资源的集聚区。到2020年，确立我省人才竞争的比较优势，进入全国人才强省行列，建成立足西部、服务全国的西部人才强省，为本世纪中叶基本实现现代化奠定人才基础。

——人才总量较快增长。各类人才资源总量2015年达到418万人。2020年各类人才资源总量增加到555万人，人才资源占人力资源总量的比重提高到17%。

——人才素质全面提高。主要劳动年龄人口受过高等教育的比例2015年达到17%，每万劳动力中研发人员达到52人年，高技能人才占技能劳动者的比例达到25.6%。2020年主要劳动年龄人口受过高等教育的比例达到22%，每万劳动力中研发人员达到69人年，高技能人才占技能劳动者的比例达到29%。

——人才结构进一步优化。2015年一、二、三产业之间人才比例达到35∶25∶40，关中、陕北、陕南三大区域人才比例为54.49∶26.08∶19.43。2020年三次产业之间人才比例达到30∶27∶43，三大区域人才分布比例达到50.98∶26.82∶22.20。

——人才效能显著提升。2015年人力资本对经济增长贡献率达到28%，人才贡献率达到31.5%。2020年人力资本对经济增长贡献率达到35%，人才贡献率达到37%。

——人才投入保障有力。2015年人力资本投资占生产总值的比例达到14%。2020年人力资本投资占生产总值的比例达到17%，基本建立政府、社会、用人单位和个人多元化的人才投入体系。

——人才环境明显改善。2020年建成以西安为中心的全国统筹科技资源改革示范基地，人才发展体制机制创新取得突破性进展，创新创业宜居的工作生活环境和鼓励创新、追求和谐的社会氛围基本形成，人才创业活动指数和国民幸福指数不断提高。

（四）实施步骤

1. 构筑西部人才高地（2010—2015年）

主要是强化人才发展的基础建设，着力创新人才发展体制机制，积极推进人才结构战略性调整，加快培养高层次人才和高技能人才，大力开发和引进经济社会发展重点领域急需紧缺人才，进一步优化人才发展的环境，为建成西部人才强省奠定坚实基础。

2. 建设西部人才强省（2016—2020年）

主要是全面落实人才发展的各项任务，进一步完善人才优先发展的体制机制，促进经济发展方式向主要依靠科技进步、劳动者素质提高和管理创新转变，人才发展的总体水平和综合竞争实力、人才发展的主要指标位居全国前列。

三、主要任务

（一）大力加强人力资源能力建设

到2015年，全省各市辖区和省辖市普及高中阶段教育，就业人员平均受教育年限达到11年，高等教育毛入学率达到35％。到2020年，全省普及高中阶段教育，就业人口平均受教育年限达到13年，高等教育毛入学率达到50％。

巩固提高九年义务教育水平，加大农村寄宿制学校建设力度，加强学校标准化和教育信息化建设。加快普及高中阶段教育，全面提高高中学生综合素质。不断提高高等教育质量，深入推进高水平大学、重点学科和重点专业建设，加快培养经济社会发展需要的重点人才。大力发展职业教育，建设一批国家级和省级高技能人才培训基地、公共实训基地、新型农民培训示范基地和再就业培训基地。加强"双师型"教师培养，加快学习型社会建设，构建终身教育体系。

（二）突出培养造就创新型科技人才

以高层次创新型科技人才为重点，培养吸引一批国内一流国际有影响的科技领军人才和青年科技骨干，造就一支创新能力强、团队结构优的科技创新人才队伍。到2015年，全省研发人员总量达到11万人年，直接从事研究开发的科学家与工程师达到9万人年，高层次创新型科技人才达到5000人；到2020年，研发人员总量达到15万人年，直接从事研究开发的科学家与工程师达到12.5万人年，高层次创新型科技人才达到6000人。

创新人才培养模式，建立学校教育和实践锻炼相结合、国内培养和国际交流合作相衔接的开放式培养体系。实施创新人才培养工程，加强领军人才、核心技术研发人才培养和创新团队建设，形成科研人才和科研辅助人才衔接有序、梯次配备的合理结构。注重复合型人才培养，加大对优秀青年科技人才的发现、培养、使用和资助力度。加强产学研合作，重视企业工程技术与管理人才的培养，推动科技人才向企业集聚。

（三）加快培养引进科学发展急需专门人才

适应转变经济发展方式的需要，围绕优势特色产业、战略新兴产业和重点区域、重大项目，大力促进急需紧缺专门人才队伍发展。到2015年，各重点领域和区域专业人才需求基本得到满足；到

2020年，优势特色产业、战略新兴产业、现代服务业和重点区域、重点领域的专业人才数量充足。

加强对产业、行业、区域人才发展的统筹规划和分类指导，开展人才需求预测，定期发布急需紧缺人才目录。调整优化高等学校学科专业设置，组织实施专业技术人才知识更新工程，大规模开展重点领域专门人才知识更新培训。完善重点领域骨干人才分配激励办法，建立重点领域相关部门人才开发协调机制。

（四）统筹各类人才发展

——党政人才。以加强党性修养、坚定理想信念、增强执政本领、提高领导科学发展能力为核心，以县以上领导干部为重点，建设一支政治坚定、勇于创新、勤政廉洁、求真务实、奋发有为，善于推动科学发展、促进社会和谐的高素质党政人才队伍。到2020年，具有大学本科以上学历的干部占党政干部队伍的85%以上。

开展大规模干部教育培训，认真实施党政人才素质能力提升工程，构建理论教育、知识教育、党性教育和实践锻炼"四位一体"的干部培训教育体系。坚持德才兼备、以德为先用人标准，强化坚定信念、注重品行、科学发展、崇尚实干、重视基层、鼓励创新、群众公认的用人导向。扩大干部工作民主，拓宽选人用人渠道，提高干部工作科学化水平。注重从基层和生产一线选拔党政人才，加强女干部、少数民族干部、非中共党员干部培养选拔工作。继续实施促进科学发展的干部综合考核评价办法，建立健全党政干部岗位职责规范及能力素质评价标准。完善党政人才分类管理制度，加强干部管理监督。加大领导干部交流力度，推进党政机关重要岗位干部定期交流、轮岗。

——企业经营管理人才。以提高现代经营管理水平和市场竞争力为核心，以高素质企业家和职业经理人为重点，发展壮大经营管理人才队伍。2015年企业经营管理人才总量达到75万人，2020年企业经营管理人才总量达到100万人，其中大学本科以上学历占70%以上；国有企业领导人员通过竞争性方式选聘比例达到50%。

加强企业经营管理人才培训，提高战略管理能力和水平。推进大型骨干企业建立研究院（所），健全企业经营管理者聘任制、任期制和任期目标责任制，完善年度薪酬管理制度、协议工资制度和股权激励制度。健全以市场和出资人认可为核心的企业经营管理人才评价体系，建立社会化的职业经理人资质评价制度。培养和引进一批战略企业家、优秀企业家团队和优秀企业家后备人才。

——专业技术人才。以提高专业水平和创新能力为核心，以高层次人才和紧缺人才为重点，建设一支规模合理、素质优良、结构科学的专业技术人才队伍。2015年专业技术人才总量达到173万人，2020年专业技术人才总量达到206万人，占全省从业人员的10%以上。

继续实施专业技术人才知识更新工程，不断完善新世纪"三五人才"工程。加快专业技术人才队伍结构调整，引导党政机关、科研院所和高等学校专业技术人才向企业、社会组织和基层一线有序流动，改善基层专业技术人才工作和生活条件。统筹推进专业技术人才职称和职业资格制度改革，注意发挥离退休专业技术人才的作用。

——高技能人才。以提升职业素质和职业技能为核心，以技师和高级技师为重点，建设一支门类齐全、技艺精湛的高技能人才队伍。2015年高技能人才总量达到74万人，2020年高技能人才总量达到115万人、占技能劳动者总量的29%，其中技师、高级技师总量达到40万人左右。

健全以企业为主体、职业院校为基础，学校教育与企业培养紧密联系、政府推动与社会支持紧密结合的高技能人才培训体系。实施高技能人才培养工程，加强职业培训，整合现有职业教育资源，改革职业教育办学模式，推行校企合作、工学结合和定岗实习，实行学历和职业资格"双证书"制度，广泛开展各种形式的职业技能竞赛和岗位练兵活动。

——农村实用人才。以提高科技素质、职业技能和经营能力为核心，以农村实用人才带头人和农村生产经营型人才为重点，推进农村科技、教育、文化、卫生和经营管理等实用人才发展。2015年农村实用人才总量达到90万人，2020年农村实用人才总量达到120万人、平均受教育年限达到11年，使每个行政村主要特色产业至少有1—2名示范带动能力强的技术带头人。

积极开展基层人才援助，加强农村基层政法、教育、卫生、农业科技队伍建设。大规模开展农村实用人才培训，充分发挥农业技术推广体系、现代远程教育网络、各类职业学校、教育培训项目的主渠道作用，加快培养农业产业化急需的管理人员、农民专业合作组织带头人和农村经纪人，注重培养农村女性实用人才。积极扶持农村实用人才创业兴业，在创业培训、项目审批、信贷发放、土地使用等方面给予政策支持。加大对农村实用人才的表彰激励和宣传力度，提高农村实用人才社会地位。

——宣传文化人才。以提升整体素质、优化结构、发挥优势为核心，加强宣传文化人才队伍建设。2015年宣传文化人才总量达到34万人，2020年宣传文化人才总量达到46万人，其中本科以上学历人员占到75%，宣传文化领军、文化产业经营管理和文化专业技术等人才基本满足文化事业和文化产业发展需要，形成若干个文化研究和文化产业开发人才集聚基地。

大力培养哲学社会科学、文化产业经营管理、文化专门技术、新闻出版、文学艺术和文博等人才，保护和培养具有地方特色的传统文化人才队伍，加强基层宣传文化人才队伍建设。建立健全体现宣传文化工作特点的人才评价使用机制，探索建立符合文化产业发展规律、体现文化创作特点的多元化人才激励机制。

——社会工作人才。以提高专业化水平和职业化技能为核心，加快社会工作人才队伍建设。2015年社会工作人才总量达到5万人，2020年社会工作人才总量达到8万人，做到每千人口中拥有2名社会工作者。

加强社会工作学科专业体系建设，加快建立一批社会工作培训基地，加强社会工作从业人员专业知识培训。建立健全社会工作人才评价制度，加强社会工作者队伍职业化管理。推进公益服务类事业单位、城乡社区和公益类社会组织建设，完善培育扶持和依法管理社会组织的政策。

四、重点工程

（一）创新人才培养工程

依托我省科教资源优势，以提高技术创新水平和科技成果转化能力为核心，加快培养引进高层次创新人才，全面提升人才核心竞争力。进一步加强博士后工作站和流动站建设，增强自主培养能力。

着眼培养造就国内一流、国际知名的高层次科技创新人才，建设一批院士专家工作站（室）。依托国家重大人才工程和"三秦学者"计划、"百人计划"及相关计划，重点支持培养和引进200名具有发展潜力的高层次科技创新人才和优秀管理人才。依托重大科研项目、重点工程和重大建设项目，支持建设100个重点领域的创新团队。以高新技术产业开发区、大型企业、高校、科研机构为依托，建设一批高层次创新人才培养基地。

（二）基层人才援助工程

围绕推进城乡一体化和社会主义新农村建设的需要，继续做好选派优秀高校毕业生到村任职、"三支一扶"、大学生志愿服务西部计划和农村义务教育阶段教师特设岗位计划等工作。有计划地选派符合条件、有志服务基层、品学兼优的硕士、博士到县级工业园区和市县部门任（挂）职，鼓励支持大学生到农村和中小企业、非公有制企业创业就业，推进科技特派员服务农村、服务企业。继续实施农村基层人才队伍振兴计划，加强农村教师、乡镇医疗卫生、乡镇（街道办事处）和基层法检、乡镇农技等人才队伍建设，搞好科技、卫生、文化"三下乡"活动。充分发挥院士专家的作用，引导和鼓励各类人才服务基层。

（三）经营管理人才队伍建设工程

着眼于提升我省企业竞争力和可持续发展能力，培养造就一批具有国际战略眼光、市场开拓创新能力、现代经营管理水平和社会责任感的优秀企业家，能够忠实代表和维护国有资产权益的出资人代表，具有职业素养、创新精神、市场意识和经营管理能力的职业经理人；加快培养一批企业自主创新急需的战略规划、资本运作、科技管理、项目管理等方面的复合型经营管理人才和政治坚定、熟悉企业管理、擅长做思想政治工作的党群工作者。每年选送一批高层次企业经营管理人才到国外著名学校、科研机构和大企业学习培训。到2015年，全省经营管理人才资源增加到75万人；到2020年增加到100万人，培养造就100名左右能够引领陕西和西部企业发展，跻身于中国企业前列的战略企业家和1000名优秀企业家、2000名优秀企业家后备人才。

（四）高技能人才培养工程

根据我省先进制造业基地建设和现代服务业发展的需要，积极争取国家技能人才振兴计划支持，加快培养造就一支技术技能型、复合技能型和知识技能型的高技能人才队伍。发挥高级技师、技师的带动作用，加强高级工的培养，形成与我省经济社会发展相适应的技能人才梯次结构。建立健全以企业为主体，中、高等职业学校为基础，校企合作为纽带，政府推动和社会支持相结合的高技能人才培训体系。继续实施人人技能工程和高等职业院校建设工程，提升技能劳动者素质，做好高技能人才培养。到2015年，在全省选拔重点培养200名首席技师、1000名省级技术能手，建立50个技能大师工作室，支持一批技工院校建设高技能人才培训基地，使每个县（市、区）都有1—2个高技能人才公益性公共实训基地，全省高技能人才占技能劳动者的比例提高到25.6%。到2020年，全省选拔重点培养的首席技师达到500名，技能大师工作室100个，依托大型骨干企业、重点职业院校和培训机构建成一批国家级和省级高技能人才培训基地，全省高技能人才占技能劳动者的比例提高到29%。

（五）人才信息化建设工程

整合各类人才信息资源，建立社会化、公益性、开放式、覆盖全的人才资源信息共享机制。健全人才资源年度统计调查和定期发布制度，加强人才信息网和数据库建设，加快推进人才电子政务网络系统建设，构建互动、高效、便民、安全的人才资源公共信息平台和人才公共服务平台。建立和完善上下贯通的各级人才网，大力推进网上人才政务项目开发和应用，最大限度地实现公共人才服务项目上网。

（六）人才发展社会化工程

大力实施人才发展战略，充分发挥各级工会、共青团、妇联、科协等人民团体作用，大力发展为人才提供服务的社会化组织，加快构建人才社会化服务体系，积极支持各类学会发展，为人才成长提供良好的交流平台。广泛动员社会各界参与人才发展、支持人才发展，形成全社会促进人才发展的工作格局。

（七）人才理论和管理创新工程

建立陕西人才发展研究院，为人才发展提供理论支撑和技术保障，着力推进理论研究、机制体制研究和对策研究，构建具有地方特点、反映时代要求的人才培养、选拔、管理、使用、激励、保障和评价等理论体系，培养集聚一批高水平的人才发展理论和应用研究人才队伍。

五、保障措施

（一）改进完善人才管理体制

创新党管人才方式方法，进一步健全各级党委人才工作领导机构，建立科学的决策、协调和督促落实等机制，形成统分结合、协调高效的人才工作运行机制，不断提高党管人才工作水平。建立党委、政府人才工作目标责任制，建立各级党委常委会听取人才工作专项报告制度，提高各级领导班子综合考核指标体系中人才发展专项考核的权重。

完善政府宏观管理、市场有效配置、单位自主用人、人才自主择业的管理体制，发挥政府人力资源管理部门作用，强化各职能部门人才工作职责，发挥市场配置人才资源的基础性作用，推动政府人才管理职能向创造良好环境、提供优质公共服务转变，运行机制和管理方式向规范有序、公开透明、便捷高效转变。进一步深化国有企业和事业单位人事制度改革，扩大和落实单位用人自主权，发挥用人单位在人才培养、吸引和使用中的主体作用。取消科研院所、学校、医院等事业单位实际存在的行政级别和行政化管理模式，建立与现代科研院所制度、现代大学制度和公共医疗卫生制度相适应的人才管理制度。完善国有企业领导人员管理体制，健全符合现代企业制度要求的企业人事制度。鼓励支持有条件的地区和行业建立人才发展改革"试验区"，探索建立与国际接轨的人才管理、人才创业机制。加强人才法规建设，推进人才工作依法管理。

（二）创新人才发展机制

以经济社会又好又快发展需要为导向，构建促使人人能够成才、人人得到发展的现代人才培养开发机制。进一步优化教育布局和学科专业结构，全面推进素质教育，统筹培养与使用，促进教育公平和均衡发展。理顺职业教育管理体制，统筹规划继续教育，大力发展现代远程教育，支持发展各类专业化培训机构。

建立以岗位职责为基础，以品德、能力和业绩为导向，科学化、社会化的人才评价发现机制。健全科学的职业分类体系，建立各类人才能力素质标准。完善重在业内和社会认可的专业技术人才评价机制，加快推进职称制度改革，规范专业技术人才职业准入，完善专业技术职务任职评价办法。落实用人单位在专业技术职务（岗位）聘任中的自主权。完善以任期目标为依据、工作业绩为核心的国有企业领导人员考核评价办法。探索技能人才多元评价机制，逐步完善社会化职业技能鉴定、企业技能人才评价、院校职业资格认证和专项职业能力考核办法。健全完善党政领导干部考核评价机制，建立健全公务员职务分类制度，建立在重大科研、工程项目实施和急难险重工作中发现、识别人才的机制。

按照公开、平等、竞争、择优原则，创新人才选拔任用机制，科学合理使用人才，促进人岗相适、人事两宜、用当其时、人尽其才，形成有利于各类优秀人才脱颖而出、充分施展才能的选人用人机制。改善党政领导干部公开选拔、竞争上岗和公推公选等制度，规范干部选拔任用提名制度，全面实行各级党委讨论决定重要干部票决制，坚持和完善党政领导干部职务任期制，建立聘任制公务员管理制度。建立组织选拔、市场配置和依法管理相结合的国有企业领导人员选拔任用制度，完善国有资产出资人代表派出制和选举制。健全事业单位领导人员委任、聘任、选任等任用方式，全面推进事业单位公开招聘、竞聘上岗和合同管理制度。健全完善特聘专家、"首席技师"等高层次人才和高技能人才选拔管理使用制度。

推进人才市场体系建设，建立政府部门宏观调控、市场主体公开竞争、人才自主择业的人才资源配置机制。整合政府各类人才市场和劳动力市场，规范专业性、行业性人力资源市场，建立统一开放、面向海内外的陕西人力资源市场。建设陕西人才大厦，做大做强中国西安人才市场。进一步完善人力资源市场建设规划，加快建设以西安为中心的省、市、县（区）不同类别和标准的人力资源市场，实现人力资源信息系统省、市、县（区）、乡镇（街道）、社区五级网络互联、信息共享。健全人才市场供求、价格、竞争机制，大力发展人才服务业，积极培育专业化人才资源服务机构。完善政府人才公共服务系统，建立政府购买公共服务制度。进一步畅通人才流动渠道，加强政府对人才流动的政策引导，促进人才资源有效合理配置。完善人事争议仲裁、人才竞业避止等制度，维护用人单位和各类人才的合法权益。加强对人才公共服务产品的标准化管理，支持各类人才机构开发公共服务产品。

（三）加大对人才的有效激励保障

完善分配、激励、保障制度，建立健全与工作业绩紧密联系、充分体现人才价值、有利于保障人才合法权益的激励保障机制。统筹协调相关单位和企事业单位收入分配，稳步推进工资制度改革。完善知识、技术、管理、技能等生产要素按贡献参与分配的办法，健全国有企业人才激励机制，推行期权股权等中长期激励办法，重点向创新创业人才倾斜。完善事业单位岗位绩效工资制度，探索事业单位职业年金制、高层次人才和高技能人才年薪制、协议工资制、项目工资制等多种分配方式。

健全以政府奖励为导向、用人单位和社会力量奖励为主体的人才奖励体系，调整规范各类人才奖项设置，重奖为陕西经济建设、科教发展和文化繁荣作出突出贡献的优秀人才。继续做好省有突出贡献专家的选拔管理工作，鼓励支持和重奖在国际国内各项事业中为国家、为陕西获得殊荣的各类人才。

实施知识性财产保护政策，完善国家资助开发的科研成果权利归属和利益分享机制，在科技成果的技术转移和知识型财产的产权交易中保护科研人员和财产所有者的利益。制定支持个人和中小企业发明创造资助办法，鼓励创造知识型财产。建立专利技术交易市场和信息平台，加大知识产权宣传普及和执法保护力度，建立健全有利于知识产权保护的社会信用制度。

推进机关和事业单位社会保障制度改革，以养老保险和医疗保险为重点，形成社会保障、单位保障和个人权利保障相结合的人才保障体系。支持用人单位为各类人才建立补充养老、医疗保险，扩大对农村、非公经济组织和社会组织人才的社会保障覆盖面。

（四）实施人才发展的若干政策

认真贯彻落实中央促进人才优先发展的财税金融、创业扶持、公共服务等政策，结合实际完善配套措施，加大实施力度，为人才发展提供政策保障。

加大对人才发展的投入。确保教育、科技支出增长幅度高于财政经常性收入增长幅度，卫生投入增长幅度高于财政经常性支出增长幅度，继续加大对文化事业的投入。省、市、县三级财政建立人才发展专项资金，纳入财政预算体系，保障人才发展重大项目实施。进一步整合投入资源，改善经济社会发展的要素投入结构，大幅度提高人力资本投资比重。建立重大项目、重点发展领域（区域）人才保证制度，提高项目建设、重点领域创新和区域发展中人才开发经费比例。继续加大省财政对市县转移支付力度，支持财政困难地方保证人才开发投入。充分发挥财政资金的导向作用，鼓励和引导企业、金融机构和社会加大对人才发展的投入，鼓励和引导用人单位、个人和社会机构投资人才资源开发。积极争取国家对人才发展的资金和政策扶持，争取国际组织、金融机构和外国政府对人才发展的资金支持。

有效整合科技人才资源。研究制定《关中—天水经济区统筹科技资源改革示范基地发展规划》及相关政策，推进统筹科技资源改革，用好先行先试权，加大统筹经济区科技人才资源和体制、机制、政策支撑力度，有效整合中央与地方、军工与民用科技人才资源，加快产学研用一体化，引导科技人才资源向企业和产业聚集，推动科技与经济更紧密结合。加快陕西科技资源中心建设，建立全省智力资源库，为各类人才提供资源共享的信息服务平台。加大对重大科技装备、重点实验室的管理，促进公共科技资源使用的社会化，构建自主创新的服务平台。加强对科技研发、技术创新、产业发展等各项资金的统筹使用。坚持政府引导和市场配置相结合，充分发挥中央在陕单位的科技人才优势。依托高新技术产业开发区、经济技术开发区、高新技术产业基地、大学科技园区，培育和引进海内外高层次创新人才。统筹军民结合、军地结合、寓军于民的国防科技创新体系的协调发展。加强重点试验室、工业研究院、工程研究中心和企业技术开发中心建设。

鼓励各类人才创新创业。建立扶持创业风险投资基金，完善促进科技成果转化和技术转移的税收、贴息等优惠政策，支持以高层次人才为重点的各类人才创办科技企业。鼓励支持高校毕业生自主创业、到基层创业、到中小企业就业，鼓励支持省直单位科研人员到县乡生产、科研一线创业服务，鼓励支持机关和事业单位工作人员经批准辞职创办企业、到基层从事社会服务，鼓励支持和引导海外人才来陕创业。制定知识产权质押融资、创业贷款等办法，支持科研人员在创新实践中成就事业并享有相应的社会地位和经济待遇，实行管理人员职员制度。

促进区域人才协调发展。围绕《关中—天水经济区发展规划》实施和推进西安国际化大都市建设，制定加强人才保障和智力支持方面的措施，支持西安在统筹科技人才资源、提高自主创新能力方面开展综合配套改革试验，建设"人才特区"，提升人才国际化水平，发挥国家级创新型试点城市和统筹科技资源示范基地的作用。围绕陕北能源化工基地建设，充分发挥重大项目对人才的吸附作用，支持急需紧缺人才的引进和本土人才的培养。围绕陕南循环经济发展，充分发挥工业园区和主导产业聚集人才的作用，加大对人才培养、引进的支持力度。

有序推进人才合理流动。完善人才交流和挂职锻炼制度，扩大党政机关和企事业单位领导人员跨地区、跨部门交流任职范围，营造开放的用人环境。完善从企事业单位和社会组织选拔人才的制度，完善党政机关向企事业单位人才流动的社会保险衔接办法。实施人才向农村基层和边远山区流动的引导政策，对到农村基层和边远艰苦地区工作的人才，在职务职称晋升和工资待遇方面实行倾斜政策。采取政府购买岗位、报考公职人员优先录用、建立"五险一金"等措施，鼓励引导高校毕业生到农村和中小企业就业，逐步提高党政机关从基层招录公务员的比例。制定公职人员到基层服务和锻炼的选派办法，建立城乡人才对口服务制度。

大力促进非公有制人才发展。把非公有制经济组织、新社会组织人才的开发纳入各级政府人才发展规划，支持人才创新创业的资金、项目、信息等公共资源向非公有制经济组织和新社会组织人才平等开放，非公有制经济组织和新社会组织人才平等参与人才宣传、表彰、奖励等活动。

全面提高人才国际化水平。坚持人才自主培养开发和引进海外人才相结合，开发利用好国内国际两种人才资源。建立高层次人才引进"绿色通道"。支持高等学校、科研院所、大型企业、留学人员创业园等机构加强国际交流与合作，支持高等学校、科研院所同海外高水平教育、科研机构建立联合研发基地。加强留学回国人员创业园区建设。进一步加强对外引智和外国专家工作，完善国外智力资源开发利用的政策措施。积极开发国（境）外优质教育培训资源，完善出国（境）培训管理制度和措施。建立陕西"一站式"海外人才服务窗口。培育引进一批国际化人才中介服务机构。

六、规划实施

（一）加强对规划实施工作的领导

各级党委、政府是人才发展规划实施的主体，负责规划实施的组织领导。省委人才工作领导小组负责规划实施的统筹协调和宏观指导，制定各项目标任务的分解落实方案和重大工程实施办法，加强监测评估和监督检查，针对实施中出现的新情况新问题及时调整相关内容，确保规划有效实施。

（二）建立健全人才发展规划体系

各市、县（区）、省委和省级各有关部门、重点行业系统要以本规划为指导，结合职能特点和发展实际，编制地区、行业系统以及重点领域的人才发展规划，形成全省人才发展规划体系。

（三）加强人才工作基础性建设

加强人才统计工作，建立人才资源统计和定期发布制度。推进人才工作信息化建设，健全人才信息网络和数据库。加强人才理论研究工作。加强人才工作队伍建设，健全人才工作机构，加大培训力度，提高人才工作队伍的政治素质和业务水平。

（四）营造实施规划良好社会环境

大力宣传中央和省委、省政府关于人才工作的政策措施，宣传实施规划的重大意义和规划的指导思想、基本原则、发展目标、总体部署、主要任务、重大举措，宣传规划实施中的经验、做法和成效，形成全社会关心、支持和推动人才发展的良好局面。

上海市中长期人才发展规划纲要（2010—2020年）

为贯彻落实人才强国战略，按照《国家中长期人才发展规划纲要（2010—2020年）》的总体要求，围绕上海率先转变经济发展方式、率先提高自主创新能力、率先推进改革开放、率先构建社会主义和谐社会，建设国际经济、金融、贸易、航运中心和社会主义现代化国际大都市对人才发展的需求，制定本规划纲要。

一、上海人才发展的指导思想、发展目标、总体部署

（一）指导思想

以中国特色社会主义理论体系为指导，深入贯彻落实科学发展观，尊重劳动、尊重知识、尊重人才、尊重创造，坚持党管人才原则，遵循社会主义市场经济规律和人才成长规律，按照人才优先、国际竞争、创新机制、优化环境、以用为本、服务发展的指导方针，更好实施人才强市战略，以提升人才国际竞争力为主线，以开发高层次创新创业人才和经济社会发展重点领域人才为重点，以优化人才发展环境为保障，推进人才队伍整体开发，加快国际人才高地建设，为实现上海创新驱动的转型发展提供坚强的人才保证和智力支撑。

（二）发展目标

到2020年，上海人才发展的总体目标是：培养和集聚一批世界一流人才，充分发挥各类人才在支撑和引领经济社会发展中的关键作用，把上海建设成为集聚能力强、辐射领域广的国际人才高地，建设成为世界创新创业最活跃的地区之一，为落实人才强国战略发挥先导作用。

到2020年，上海人才资源总量达到640万人。确立人才国际竞争比较优势，海外高层次人才集聚度进一步提高，本土人才国际化素质和参与国际竞争合作的能力显著增强，承载海内外人才发展的平台日益具有国际影响力，引进2000名海外高层次创新创业人才，在沪常住的外国专家达到21万人。增强人才队伍与产业结构融合度，知识型服务业人才占人才总量的比例达到60%，高技能人才占

技能劳动者的比例达到35%，主要劳动年龄人口受过高等教育的比例达到53%。提升人才自主创新能力，人才贡献率达到54%，高层次创新型科技人才达到9000人，每万劳动力中研发人员（R&D）达到148人年，国内专利授予量达到5万件。优化人才发展环境，人力资本投资占上海市生产总值（GDP）比例达到18%，全面改善居住、医疗、教育、人文环境，提供更好的科研公共服务平台，营造开放、宽容、充满激情的创新创业氛围，把上海打造成为最具创造活力、最富创新精神、最优创业环境的城市之一，使海内外人才近悦远来。

（三）总体部署

在全面把握人才工作目标任务的基础上，结合上海发展特点，突出重点、科学筹划、分步实施、有序推进。

瞄准世界前沿，推进人才国际化。实施海外高层次人才引进计划，推动本土人才参与国际竞争合作，集聚和造就全球杰出人才。

突破发展瓶颈，建设人才试验区。以建设浦东国际人才创新试验区和海外高层次人才创新创业基地为重点，先行先试，大胆创新，在人才薪酬、人才管理、人才激励模式和人才发展制度及机制创新方面有较大突破。

聚集服务经济，实施人才重大工程。在现代服务业、战略性新兴产业和高新技术产业化、社会发展等若干重点领域，启动若干高端人才开发计划。

放眼全球市场，配置人才资源。以建设中国上海人力资源服务产业园区为重点，充分发挥市场配置人才资源的基础性作用，形成国际人才资源配置中心，提升人才服务效能。

二、提升人才国际竞争力的主要任务

探索建立浦东国际人才创新试验区，建设一批海外高层次人才创新创业基地，在人才构成、素质、管理服务等方面形成国际竞争比较优势，依靠人才优势推动国际大都市发展。

（一）建立浦东国际人才创新试验区

抓住浦东综合配套改革试点的契机，探索建立浦东国际人才创新试验区，重点从人才管理体制机制、政策法规、服务体系和综合环境等方面先行先试、创新突破；以创新试验区的经验和成果，示范和推动上海国际人才高地建设。积极争取国家支持，进一步完善永久居留制度，细化申请条件，规范申请程序，积极引进金融、航运及战略性新兴产业和高新技术产业化等领域高层次人才。探索试行技术移民制度。建设知识产权保护体系，率先细化与知识产权保护相关的各类政策，保护人才和用人单位的创新权益。在人力资本较集中、科技含量较高的产业领域，探索人力资本产权激励机制。加强银政合作，创新信贷模式；创新国资投资机制，改革国资投资公司的投资理念、评价方法、决策模式和动力机制，促使国有科技投资公司从以追求项目投资收益为主转变为由财政提供稳定的资金来源，国资以"资本金＋利息"的退出模式，支持科技型中小企业发展。建设国际人才市场，建立符合国际惯例的薪酬定价、信息交互机制，加快推进人才与资本、技术、产权等国际要素市场的融合和对接，形成开放度高、竞争力强、流量大的国际人才资源配置中心。积极培育创新文化和氛围，鼓励人才创新。

（二）建设一批海外高层次人才创新创业基地

先期重点建设中国商用飞机有限责任公司、中国科学院上海生命科学研究院、上海交通大学、上海张江高科技园区、复旦大学、宝钢集团有限公司、上海杨浦知识创新基地、上海国际汽车城、上海紫竹科学园区等若干国家级海外高层次人才创新创业基地；依托企业、高校、科研院所、园区，用5—10年时间建立20—30个市级海外高层次人才创新创业基地，争取其中的一批基地建成国家级海外高层次人才创新创业基地。充分发挥基地的主体作用，大力探索灵活的科研机制、成果产业化机制、投融资机制和人才使用机制，实行政策与服务的创新和聚焦。支持基地争取更多国际和国家级创新项目、创新资源落户上海。加强人才基地的合作，推动海外高层次人才创新创业基地联盟建设。

（三）大力集聚海外高层次人才

实施海外高层次人才引进计划（"千人计划"）。用5—10年时间，重点引进2000名能够促进本市重点行业、重点领域发展的海外高层次人才，形成"千人计划"地方队，并争取一批引进人才入选中央"千人计划"。制定中央及上海"千人计划"各项配套政策，实行便利的准入政策、特殊的优待政策、重用政策和来去自由的政策，为海外高层次人才创新创业提供便利。建立以用人单位为主体、市场化运作的海外人才集聚机制，引导用人单位强化主体意识，承担选拔引进人选、搭建工作平台、提供服务保障等主体责任。分别在浦西和浦东建立大型高层次人才居住基地，各区县同时建设一批人才公寓。充分发挥信誉高、有影响力的国际知名人才服务公司在引进海外高层次人才中的有效作用。建设统一的海外高层次人才信息库，完善海外高层次人才联系制度。健全海外高层次人才引进工作体系，充分发挥我国驻外使（领）馆、海外联络办事机构等组织作用，加强沟通、咨询、联络和信息发布功能，提高海外高层次人才集聚的针对性、有效性。发挥上海"千人计划"的辐射和带动效应，分级分类实施海外人才引进计划，继续吸引、集聚一批各行各业需要的海外优秀人才。继续实施"上海高校特聘教授（东方学者）岗位计划"、"浦江人才计划"、"雏鹰归巢计划"等海外人才引进和资助计划，提高投入效益。健全海外人才管理服务政策法规，维护海外人才基本权益。

加大引进外国专家和智力力度。紧贴经济社会发展脉搏，采用多种形式引进高层次外国专家。明确重点支持领域，最大限度发挥引进国外智力的作用。完善外国专家管理服务体制机制，建立外国专家和外籍就业人才分类管理模式。探索建立对外国专家的表彰机制，对贡献突出、对华友好、活跃在相关领域和高端前沿的重点外国专家予以表彰和奖励。建立市、区县两级外国专家管理服务网络，完善引智体系。

实施上海外国留学生支持计划。不断扩大招收外国留学生规模，优化留学生层次结构，增加海外人才储备。创新外国留学生资助政策，完善留学生奖学金制度，探索建立外国留学生勤工助学和医疗保险等制度，支持和鼓励外国留学生学成后在沪工作或创业。发展外国留学生服务体系，建立外国留学生服务中心，为海外学生来华学习提供便捷专业的服务。

（四）提高本土人才国际化程度

构筑人才国际交流和竞争舞台，在与国际一流人才合作中不断提升本土人才国际化水平。进一步加大"请进来"力度，围绕现代服务业、战略性新兴产业和高新技术产业化等重点领域，实施一批国际合作项目。鼓励科研机构和高校设立短期流动岗位，聘用海外高层次创新人才来华开展合作研究、学术交流或讲学。鼓励跨国公司在沪建立地区总部或研发中心，吸引各类国际组织、论坛机制落户上海。进一步加快"走出去"步伐，支持企业在境外投资设厂、并购或建立研发中心，吸纳当地优秀人才为其服务。加大与外国政府、企业、学术团体等各类机构的合作交流力度，鼓励和资助优秀科学家发起、牵头或参与国际重大科技计划、科技工程、学术研究，支持国内人才到国际组织、国际性专业团体担任重要职务。每年资助一批优秀人才参加国际会议。在有关国家、地区建设一批有特色的海外培训基地，加大本土人才出国（境）培训力度。创办高水平中外合作大学和二级学院，鼓励中外学生交流，支持各种形式的出国留学。

三、推进重点领域人才发展的重大工程

聚焦创新驱动的转型发展和形成以服务经济为主的产业结构，实施一批重大人才工程，着力建设具有国际影响力的创新创业人才队伍、具有全球竞争力的现代服务业人才队伍、具有产业引领力的高新技术人才队伍、具有和谐推动力的社会事业领域人才队伍，实现人才结构战略性调整，带动人才队伍整体开发，重塑城市发展动力机制，促进产业结构优化升级，推动国际大都市建设。

（一）造就具有国际影响力的创新创业人才队伍

着眼于推进创新驱动的转型发展，加大高层次创新创业人才引进和培育力度，逐步造就一批具有世界影响力的科技大师、科技领军人才和优秀创新团队，涌现一批掌握核心技术、具有自主知识产权或拥有高成长性项目的高层次创业人才。

实施高层次创新型科技人才开发计划。制定并实施创新型科技人才队伍建设意见，构建定位明确、层次清晰、衔接紧密、促进创新型科技人才可持续发展的政策支持体系。加强部市合作、院市合作，积极争取国家重大专项等各类国家科研计划项目及国家重点实验室和国家工程中心等科研基地落沪，吸引集聚并培养造就一批战略科学家和顶尖学科带头人。围绕本市九大高新技术产业和战略性新兴产业，构建一批以企业为主体、产学研结合的产业技术创新战略联盟。深入实施"杰出青年基金"、"科技精英"、"学科带头人"、"曙光计划"、中科院"百人计划"、"科技启明星"等人才计划，提高相关计划中企业科技人才的入选比例。加大对科技人才培养的投入力度；在任务委托、项目承担、职称评定等环节，向青年科技人才和一线创新工程师倾斜；实施研究生教育创新计划，鼓励实行企业导师和学校导师联合培养研究生的"双导师制"，加强上海市研究生联合培养基地和博士后创新实践基地建设。不断推进创新型科技人才团队建设，努力形成以"两院"院士、"千人计划"专家和国家科技计划项目负责人等为主的科技领军人才国家队，一批创新型科技领军人才地方队。

实施创业人才支持计划。加大符合产业发展导向、具有独立知识产权和自主创新能力的海内外创业领军人才引进力度，带动创业群体发展。制定科研机构、高等院校科技人员创办科技型企业激励保障办法，加快创业型人才培养步伐，有针对性地开展创业培训和创业实习。鼓励有科技成果的科技人员自主创业，鼓励和支持大学生创业。市、区县两级联动，注重发挥区县的区域创新作用，针对创业

需求，制定支持人才创业的产业、融资、产权激励与保护政策，加大人才创业成效考核力度。创新高新技术等园区以及科技企业加速器、孵化器、创业苗圃等人才创业基地的管理机制，壮大创业导师、创业辅导员团队，形成一支与创新创业联动发展的现代服务业人才队伍，为人才创业提供坚实保障。大力宣传创业人才，形成支持创业的良好社会舆论氛围。

（二）建设具有全球竞争力的现代服务业人才队伍

着眼于形成以服务经济为主的产业结构，按照建设"四个中心"的总体部署和要求，大力开展以金融、航运、贸易为重点且能有效提升上海比较优势、增强国际竞争力和可持续发展能力的现代服务业人才。

实施国际金融人才开发计划和国际航运人才开发计划。围绕基本建成与我国经济实力及人民币国际地位相适应的国际金融中心和具有全球航运资源配置能力的国际航运中心的目标，分别制定和实施国际金融人才开发计划和国际航运人才开发计划。以陆家嘴、外滩、虹桥、洋山、临港、吴淞等区域为重点，吸引集聚一批金融和航运领域领军人才，培养和造就一批银行、证券、保险、信托、基金、期货、外汇、航运衍生服务、航运技术、航运经营管理、海事、船舶等领域的高素质、专业化、复合型人才和紧缺急需人才。积极发展金融和航运及相关专业教育和培训，加大海外培训力度，提升国际金融、航运人才专业能力。完善金融和航运类人才评价标准，构建与国际接轨的职业能力评价制度，建立金融和航运人才的信誉制度。在金融和航运等企业探索股权、期权等中长期激励办法，积极发展金融专业人才市场和航运专业人才市场，进一步完善金融和航运类人才公共服务平台，强化国际金融人才服务中心综合服务功能，推动航运经纪的发展，加快中国船员评估中心、国家海员招募中心、国际海员救助中心落户上海，逐步加大金融、航运人才政府奖励力度，扩大奖励范围。

实施国际贸易人才开发计划。大力开发商务研究策划、专业服务、高层次商务经营管理人才，积极培育国际贸易研究咨询、商业规划、展览策划、国际商务谈判、涉外律师、审（会）计、专业评估、电子政（商）务、商贸经营管理等国际贸易领域高层次人才，加大国际贸易领域海外人才引进力度，积极开展海外学习和培训，加强与驻外机构商务部门、国际经贸组织和机构的合作交流，打造全球性国际贸易论坛，集聚和培养一批适应国际贸易中心发展要求的专业人才。

统筹各类现代服务业人才开发。分类制定文化服务、会展旅游、信息服务、知识产权服务、生产性服务业等重点领域人才开发政策。围绕打造创意城市、推动创意产业发展成为经济发展新亮点的目标，组织制定和实施创意人才开发计划，激发创意产业巨大发展潜力。发挥后世博效应，使用好各类世博人才。加快现代服务业紧缺急需人才培养和引进步伐，完善现代服务业人才评价标准和方法，不断提升现代服务业人才专业化、职业化、国际化水平。

（三）培育具有产业引领力的高新技术人才队伍

着眼于对接国家战略，加快培育战略性新兴产业，大力推进高新技术产业化，加大培育和引进力度，形成一支能够引领产业发展、代表产业实力、适应产业能级提升的人才梯队。

实施战略性新兴产业及高新技术产业化人才开发计划。同步编制上海战略性新兴产业发展规划和产业人才规划，将产业发展与产业人才培育和引进有机结合。紧紧围绕推进高新技术产业化的主要目标，在新能源、民用航空制造、先进重大装备、生物医药、电子信息制造、新能源汽车、海洋工程装备、新材料、软件和信息服务、智能电网、云计算、物联网等重点领域，大力推进具有国际经验和全球眼光、能抢占国际科技产业创新制高点的高层次、领军型人才队伍建设，充分发挥领军人才在承担国家战略性新兴产业发展任务中的作用。以企业为载体，以重点项目为抓手，培育造就一支具有丰富从业经验，拥有自主创新能力，掌握核心技术、关键技术和共性技术，代表高新技术产业实力的骨干人才队伍。推进产学研融合，建立高校、企业、科研院所人才柔性流动机制，支持院校、企业共同推进高新技术产业化专业人才培养，加强企业经营管理人员、研发人员、技术工人的专业培训，夯实适应产业化发展战略和企业高端生产制造需要的产业化复合型人才基础。

（四）开发具有和谐推动力的社会事业领域人才队伍

适应一流的国际大都市社会建设需要，大力加强社会事业领域人才开发，培养造就一批专业知识扎实、实践经验丰富、具有强烈事业心的文化、教育、卫生等领域人才。

实施文化高层次人才推进计划。着眼于提升城市软实力、建设国际文化大都市的需要，实施一批文化高层次人才开发重点工程，培养和集聚一批德艺双馨、社会公认的文化名家。适应文化产业发展的需要，积极推进文化产业人才的开发、培养，重点培养富有创意、积极创业的文化创意人才，具有国际视野、勇于开拓的文化产业高级经营管理人才，业务精通、视野开阔的文化金融、文化科技、文化贸易人才。抓紧培养外向型理论研究、版权贸易、文艺创作和评论、非物质文化遗产保护、创意策划、公共文化服务等急需人才。构建文化高层次人才全社会开发体系，探索符合文化发展规律、体现文化特点的人才开发、使用、评价、激励、宣传、服务等机制，激发文化人才创新创作活力，让更多优秀文化人才脱颖而出。

实施教育人才开发计划。以人才为本、育人为本，加强教师队伍建设，重视职业道德教育，努力造就一支师德高尚、业务精湛、结构合理、具有国际视野、充满活力的高素质、创新型的专业化教师队伍。坚持培育和引进并重，加强高等教育教师队伍建设，实施境外优秀教师引进战略，完善上海高校特聘教授（东方学者）岗位计划，加大高校优秀中青年骨干教师和学科带头人选拔和培养力度，积极推进高校中青年教师出国（境）进修、国内访学工作。建立校企人才合理流动机制，鼓励教师参与企业创新实践。坚持高端引领与基础提升并重，发挥名校长、名师培养基地的平台作用，选拔培养普教系统优秀青年校长和教师。开展农村教师分层分类培训，提升农村教师专业水平，适应农村基础教育发展需要。

实施卫生人才开发计划。围绕2020年基本建成亚洲医学中心城市之一的战略目标，以提升职业素养和人文精神为重点，以提高综合能力为核心，着重推进卫生领域领军人才培养工程、优秀学科带头人培养工程、优秀青年人才培养工程，引进和培养一批具有国际一流医学水平，具备科技创新和知识创新能力的中、西医临床专业技术人才；建设一支掌握本地区主要传染病及慢性非传染性疾病流行病学特点及防治技术的公共卫生预防医学骨干人才队伍，一支能较好适应社区卫生发展和现代生物——心理——社会医学模式的全科医师队伍，一支具有较强护理研究能力、通晓国际护理知识和技能的高级护理队伍及适应专科医疗技术发展需要的专科护理队伍，一支具有良好政治素质、现代管理理念和掌握科学管理技能的高素质职业化的卫生管理人才队伍，使上海成为卫生人才的重要培养基地和集聚城市。

（五）形成具有整体成长力的各类人才队伍

在推进重点领域人才发展的同时，加大对各类人才队伍的统筹开发力度。坚持德才兼备、以德为先，通过思想建设、能力建设、实践磨炼、严格管理，建设一支有理想、讲党性、知民情、有远见、适应国际大都市发展要求的高素质党政人才队伍。实施一流企业家开发计划，引进和培养一批具有世界眼光、战略思维、善于现代经营管理的战略企业家和职业经理人，建设一支具有持续发展能力、丰富实践经验的企业经营管理人才队伍。完善领军人才培养计划，以坚持理想信念和提高职业道德、专业水平、创新能力为核心，选拔、培养1000名领军人才，带动建设一支规模宏大、素质优良、结构合理、经济社会发展急需的高素质专业技术人才队伍。启动首席技师培养计划，推动各行业企业在技师和高级技师中培养、选拔1000名首席技师，充分发挥首席技师领军示范作用，带动中、初级技能劳动者队伍梯次发展，全面提升高技能人才队伍建设水平。以提高科技素质、专业技能和经营能力为核心，建设一支适应现代化国际大都市新农村、新郊区发展的农村实用人才队伍。着眼于创新城市社会管理体制、提高公共服务水平的要求，实施社会工作人才培养计划，大力开发社会工作人才。实施青年英才培养计划，抓紧培养造就青年人才，采取特殊政策措施，使大批青年英才不断脱颖而出。进一步完善有利于女性高层次人才成长的支持环境，加大女性人才培养力度。结合上海非公有制企业、新社会组织不断发展的特点，以民营企业家、技术骨干、社会组织运营管理人才为重点，培育"两新"组织人才队伍。

四、优化人才发展环境的制度保障

加强市场配置人才资源的基础性作用，创新人才体制机制，提升政府人才公共服务效能，发挥用人单位主体作用，优化人才事业环境、生活文化环境和服务环境，不断增强上海的吸引力和凝聚力，充分调动各类人才的积极性和创造性，把上海建设成为海内外各类人才宜居、乐业的城市。

（一）优化人才事业环境

优化人才创新环境。完善科研管理制度，完善院所长负责制，扩大科研机构用人和科研经费使用自主权，建立以学术为主导的资源配置和发展模式。完善科技项目经费管理办法和科技计划管理办法，对高水平人才及创新团队给予长期稳定支持。规范和健全科研项目课题自由申报、专家评估、社会监督制度。按照科学研究的规律，完善以水平和贡献为导向的科技评价和奖励制度，克服考核评价过于频繁、过度量化的倾向。加强科研诚信建设，建立科研诚信档案。健全科研单位分配激励机制，注重向科研关键岗位和优秀拔尖人才倾斜。实施上海知识产权战略，进一步完善知识产权保护、激励政策和知识产权工作体系，加强专利技术运用转化平台建设，提升知识产权创造、运用、保护和管理能力，鼓励自主创新。实施知识、技术、管理、技能等生产要素按照贡献参与收入分配政策。建立以政府奖励为导向、用人单位和社会力量奖励为主体的人才奖励体系。

优化人才创业环境。制定科技型中小企业金融服务和支持政策，鼓励促进知识产权质押融资等科技金融创新，拓宽科技型中小企业融资渠道，充分发挥政府中小企业发展资金、创业投资引导基金、高新技术成果转化资金的作用，吸引和带动社会资本进入创业投资领域，满足科技型中小企业在科技开发、成果转化和产业化等环节的融资需求。建立科技型中小企业信贷风险分担机制，完善科技型中小企业信用评价体系，鼓励担保机构为自主创业企业提供贷款担保。深化科技保险试点，研发科技保险新险种，试点科技型中小企业贷款履约责任保证保险方案，运用科技保险工具，分散风险，放大信贷规模。探索建立公益性组织孵化基地，鼓励和建设创业苗圃，通过资金支持、政策保障等，吸引社会人才创办公益性社会组织。积极打破行政壁垒，规范行政行为，进一步简化创业注册登记、行政审批、办证手续，减少和规范行政收费事项，减少对微观领域的介入，为人才创业发展营造良好环境。全面落实鼓励创业的税收优惠政策。加强创新创业园区和科技创业孵化器、加速器建设。健全人才创业服务体系，加大公共资源统筹协调力度，完善公共创业服务平台建设，设立"一门式"创业服务窗口，提供政策咨询、信息沟通等"一揽子"创业公共服务，积极培育社会中介服务机构，满足科技型中小企业创业多样化服务需求。

（二）优化人才生活文化环境

优化居住环境。大力实施人才安居工程，多渠道解决各类人才阶段性居住需求问题。积极实施高端人才住房资助计划，对青年人才给予适当倾斜，区县应将青年人才的住房问题纳入本市公共租赁住房建设的统一规划。在产业集聚区、高科技园区、留学人员创业园区、大学园区，集中建设一批人才公寓，以低于市场价格的租金优惠租赁给区域内的引进人才。通过配建、新建和改建，多渠道建设和筹措公共租赁住房，有效解决引进人才阶段性租住需求问题。建设更完善的城市基础设施，在人才密集区域，积极发展公共交通，建设适合人才生活需求的购物、就学、就医、文化及娱乐休闲场所等配套设施，使上海真正成为适宜各类人才创新创业、生活工作的世界著名城市之一。

优化医疗环境。加大公共卫生和医疗服务体系建设力度，提升医疗服务水平，加强人才医疗保障。在基本医疗保险制度的基础上，探索建立适用于引进人才的补充医疗保险，鼓励和支持单位为各类人才建立补充医疗保险。积极发展高端医疗服务，设立引进人才定点医院，发放就医凭证；探索引进优质的外资医疗服务机构落户上海，吸引国外高水平医学专家来沪提供服务。

优化教育环境。积极创造条件，培育优质教育资源，为各类人才特别是海外引进人才的子女就读提供便利，多渠道解决各类人才子女教育问题。

优化文化环境。营造海纳百川、追求卓越、开明睿智、大气谦和的城市文化，加强与世界著名媒体、文化传播机构的交流与合作，适应和满足海内外人才在信息、艺术、文化和宗教信仰等方面的多层次需求。培育鼓励创新、宽容失败的社会风尚。

（三）优化人才服务环境

完善人才资源市场体系。研究制定有关人力资源市场管理的地方性法规，建立统一规范的人力资源市场，更大限度地发挥市场配置人才的基础性作用。

完善上海重点领域人才开发机制，引导人才培养和引进。以中国上海人力资源服务产业园区建设为抓手，发挥园区集聚产业、拓展服务、孵化企业、培育市场的功能，制定促进人力资源服务业发展的优惠政策，大力发展人力资源服务业，为人力资源市场配置创造充分的服务载体和平台。支持并有效发挥人才服务行业协会的引导和自律作用。健全人才资源信息共享机制，完善人才供求信息登记、统计、发布机制，健全人才市场供求、价格、竞争机制。建立新兴职业人才发现和评价机制。完善以市场为基础的区域性人才合作机制，与长江三角洲地区、对口支援地区、中西部地区、东北等老工业基地进一步加强人才和智力合作和交流。

构建人才公共服务体系。创新人才公共政策，深化户籍制度改革，建立居住证、居转户、直接进沪人才引进政策体系，发挥户籍和居住证吸引人才的积极作用。构建统一、标准、规范、高效、优质的人才公共服务体系，建立覆盖区县、街道乡镇的公共服务网络，为各类人才提供政策咨询、就业与创业指导、培训、人事代理、人事档案管理、诚信服务和社会保障服务等多方面服务。积极鼓励人才公共服务创新，建立政府购买公共服务制度，支持企业参与公共服务产品的提供，满足人才服务需求。

五、规划纲要的实施保障

（一）加强组织保障

坚持党管人才原则，完善党委统一领导，组织部门牵头抓总，有关部门各司其职、密切配合，社会力量广泛参与的人才工作格局，形成统分结合、上下联动、协调高效、整体推进的人才工作运行机制。建立党委、政府人才工作目标责任制，加大各级党政领导班子综合考核指标中人才工作的考核权重，建立党委常委会定期听取人才工作专项汇报制度。完善党委及其组织部门直接联系专家制度，建立重大决策专家咨询制度。进一步明确人才工作协调小组工作职责，强化人才工作协调小组办公室功能，不断推进人才工作网络向街道乡镇延伸、向"两新"组织延伸。围绕激发人才活力、促进人才全面发展，完善政府宏观管理、市场有效配置、单位自主用人、人才自主择业的人才管理体制。进一步发挥政府人力资源管理部门的作用，强化各有关职能部门人才工作职责，建立健全有关部门人才工作落实机制，推动政府人才管理职能向优化发展环境、提供公共服务、加快政策创新的转变，建立规范有序、公开透明、便捷高效的运行机制和管理方式。调动人民团体、社会组织的积极性，充分发挥企事业等用人单位的主体作用，运用全社会力量做好人才工作，形成人才工作的整体合力。

（二）加大人才优先投入力度

优先保证对人才发展的投入，确保教育、科技支出增长幅度高于财政经常性收入增长幅度，卫生投入增长幅度高于财政性支出增长幅度，提高人才投入效益。完善分级分类人才资助体系，有效整合人才资金，保障人才发展重大项目的实施。加强政府引导，鼓励、支持企业和社会组织建立人才发展基金，多渠道吸引和募集社会资金。积极争取国家政策性银行贷款、国际金融组织和外国政府贷款投资人才开发项目。在重大建设和科研项目经费中，安排部分经费用于人才培训。适当调整财政税收政策，采用优惠措施，加大企业研究开发、职工培训投入力度。建立人才资金管理制度，加强人才资金动态管理和审计监督。

(三)完善人才法规体系

全面梳理人才政策法规,重点围绕人才安全、人才市场管理、人才知识产权保护和人才培养、使用、引进、评价、激励、保障等各个环节,研究制定专业技术人才继续教育、人力资源市场管理、外国专家来沪工作管理等法规、规章或市政府其他规范性文件,形成层次分明、覆盖广泛的人才法规体系,依法维护各类人才和用人主体权益,有效推进人才工作制度化、规范化、程序化。

(四)加强人才工作队伍建设

以能力建设为核心,加大培养力度,培育和造就一支适应国际大都市人才资源开发要求的高素质、专业化、复合型人才工作专职干部队伍。加强人才理论研究工作者队伍建设,加强人才学科和研究机构建设,拓宽学术交流、挂职锻炼等培养渠道,不断提高上海人才理论研究水平,指导人才工作的创新和实践。

市人才工作协调小组负责《人才规划纲要》的统筹协调和宏观指导。科学分解《人才规划纲要》确定的任务,制定人才计划和项目实施办法,切实抓好执行。建立《人才规划纲要》实施情况的反馈、评估和调控机制,加快制定人才发展监控指标体系,加强对《人才规划纲要》实施的跟踪监控,加强督促检查,适时进行动态调整。大力宣传党和国家人才工作的方针政策,宣传各行各业培养、引进和使用人才的有效经验、典型案例,进一步营造全社会关心、支持人才发展的氛围。

四川省中长期人才发展规划纲要(2010—2020年)

为深入实施人才强省战略,推进我省加快发展、科学发展、又好又快发展,根据《国家中长期人才发展规划纲要(2010—2020年)》,围绕我省经济社会发展的总体部署,制定《规划纲要》。

序言

人才资源是第一资源,是事业发展最可宝贵的财富。人才优势是最需培育、最有潜力、最可依靠的优势。推动我省发展,必须加快人才发展,依靠人才引领经济社会发展。加快人才发展,重点是加强能力素质建设,完善人才工作机制,搭建创新创业平台,优化人才发展环境,发挥人才资本效能,提高人才竞争力和人才对经济社会发展的贡献率,促进人的全面发展。

省委、省政府历来高度重视人才工作。特别是改革开放以来,从落实知识分子政策到推进人才强省战略、从大力开发人才资源到加快人才资源向人才资本转变、从实施人才开发"双五"工程到建设西部人才高地,全省人才事业蓬勃发展,人才开发取得显著进步。人才总量快速增长,"十一五"以来年均递增5%,到2009年底共有各类人才717.9万人;人才素质逐步提高,人才效能大幅度提升;人才发展环境持续改善,人才服务体系日益完备;体制机制不断完善,党管人才原则得到落实,统分结合、协调高效的人才工作新格局基本形成。但是,我省作为人力资源大省而非人才强省的基本状况没有根本改变,人才发展总体水平与先进地区相比仍有较大差距。人才队伍结构性矛盾突出,高层次、创新型人才比例偏低，整体竞争力还不强；人才体制机制创新滞后，人才开发的市场化水平不高，人才培养、引进、使用、评价体系有待进一步完善；人才开发投入不足，开放合作水平不高，区域发展不平衡，民族地区和盆周山区人才严重不足，等等。对于这些问题，必须高度重视，抓紧解决。

未来10年，我省将处于工业化、城镇化加速期，市场化、国际化提升期，跨越发展、爬坡上坎关键期，人才工作面临新要求。经济全球化和产业转移进程加快，将进一步推动人才交流，必须主动参与国际国内人才竞争与合作，促进人才开发开放。国家全面建设人才强国、转变经济发展方式、推进新一轮西部大开发，将为我省人才发展增添新动力，必须抢抓机遇、乘势而上，进一步加快人才发展步伐。我省加快建设灾后美好新家园、加快建设西部经济发展高地，将赋予人才工作新任务，必须围绕灾区发展振兴，紧扣"一枢纽、三中心、四基地"建设和工业"7+3"产业、战略性新兴产业、现代农业发展等经济社会发展重点，突出人才发展重点，不断开创人才辈出、人尽其才的新局面，为实现全面小康提供更加有力的人才保证。

一、指导思想、发展目标、总体思路和实施步骤

（一）指导思想

高举中国特色社会主义伟大旗帜，以邓小平理论和"三个代表"重要思想为指导，深入贯彻落实科学发展观，尊重劳动、尊重知识、尊重人才、尊重创造，围绕四川经济社会发展战略更好实施人才强省战略，坚持党管人才原则，遵循市场经济规律和人才成长规律，着力创新体制机制，进一步解放思想、解放人才、解放生产力，不断提升人才竞争力，不断开辟人才发展新路径，不断拓展人才发展新境界。

着力服务发展。把服务经济社会发展作为人才工作的根本出发点和落脚点，不断提高人才效能，提高人才对经济社会发展的贡献率，推动经济社会又好又快发展，实现人才发展与经济社会发展协调并进。

坚持人才优先。确立人才优先发展的战略布局，充分发挥人才的基础性、战略性作用，做到人才资源优先开发、人才结构优先调整、人才投资优先保证、人才制度优先创新。

注重以用为本。把用好人才作为促进人才发展的中心环节和人才工作的根本任务，充分发挥企业、高校、科研机构等用人单位的主体作用，深化改革、创新机制，积极为各类人才干事创业、实现价值创造条件，使全社会创新智慧竞相迸发、创富源泉充分涌流。

突出高端引领。始终把高层次人才作为人才队伍建设的战略重点，着力聚集我省发展需要的高端人才和急需人才，以高端人才发展带动各方面人才整体开发，以关键人才突破促进科技创新和产业发展突破，建设规模宏大、结构优化、布局合理、素质优良的人才队伍，提升区域竞争优势。

（二）发展目标

到2020年，我省人才发展的总体目标是建成西部人才高地。西部人才高地，就是"三高、两优、一领先"（人才密度高、人才素质高、人才效能高，人才结构优、人才环境优，人才竞争力在西部领先），能够有效支撑我省经济社会发展，引领西部、紧跟东部、融入世界的人才强省。

建设西部人才高地，重点是构建"一中心、四基地、一格局"。即在队伍建设上，把我省建设成为西部"高端人才汇聚中心"；在平台搭建上，打造"科技创新人才基地、发展创业人才基地、技能创优人才基地、农村创富人才基地"；在总体布局上，以成都平原、川南、攀西和川东北四大城市群为依托，构建"区域人才小高地"，形成西部人才高地的系列支撑节点，以产业发展和科技创新"塔尖"领域为重点，构建"产业人才大集群"，形成人才行业分布新格局，实现人力资源大省向人才强省的转变。

（三）总体思路

紧密围绕省委、省政府中心工作和全省改革发展大局，坚持高层次人才与重点领域、重点学科相结合，科研创新与实用创造相结合，培养、引进与使用相结合，数量与质量相结合，突出"两集聚"（集聚高端人才、集聚重点领域专门人才），推动"三优化"（优化事业环境、优化体制机制和政策环境、优化市场环境），注重"四统筹"（统筹发展公有制与非公有制组织人才、统筹开发城乡各类人才、统筹建设不同类型地区人才、统筹使用省内省外人才资源），促使人才开发由扩张规模向扩张规模与提升能力并重转型，由培养集聚向培养集聚与提高效能并重转型，更好地推动人才发展。

（四）实施步骤

围绕总体目标，分两个阶段建设西部人才高地：

——2010—2015年，"做强做优，支撑发展"。以培养引进重点行业、优势产业特别是战略性新兴产业、"塔尖"产业高层次创新创业人才和地震灾区发展振兴急需紧缺人才为重点，突出人才队伍能力建设，加快人才资源结构调整，加强人才体制机制改革和政策创新，着力构建"一中心、四基地、一格局"，使人才队伍能够适应经济社会发展需要。

——2016—2020年，"建设高地，引领发展"。以进一步提高人才效能为重点，着力优化人才发展环境，提高人才发展的市场化、国际化和法制化程度，完善人才公共服务，构建人才优先发展、人才引领发展的生动格局，全面实现"三高、两优、一领先"的总体目标，建成与西部经济发展高地相适应的西部人才高地。

二、加快重点队伍建设

（一）集聚高端人才

着眼提高人才竞争力，深入实施"天府英才"工程，着力集聚创新人才、造就领军人才、打造高端人才队伍，构建西部"高端人才汇聚中心"。主要实施"四大计划"：

1. 天府科技英才计划

围绕提高自主创新能力、建设创新型四川，结合实施国家"创新人才推进计划"、"青年英才开发计划"等项目，以中青年科技拔尖人才为重点，打造高层次创新型科技人才群体。到2020年，培养、引进人才2万名，构建一支能代表我省科技发展水平的核心骨干队伍。其中，能够跟踪世界科技前沿的领军型科学家和推动重点企业、优势产业发展的杰出工程技术专家达到100名；在各学科、专业起骨干作用的省学术和技术带头人、核心技术研发人才达到3000名，在经济社会发展中作出显著成绩的省有突出贡献中青年专家达到3000名；专业基础扎实、学科特色鲜明、创新能力强、发展潜力大的青年后备人才达到4000名，形成领军人才、科研骨干和后备人才衔接有序、梯次配备的合理结构。

◆特色优势产业领域。以新能源、新材料、新一代信息技术、生物医药、节能环保、航空航天、新能源汽车等战略性新兴产业，高技术产业和水电、电子信息、装备制造、油气化工等特色优势产业为重点，到2020年，培养、引进8000名高层次科技创新人才、支撑产学研结合的复合型科技人才。

◆现代农业领域。以农业关键共性技术研究、农业战略重点产品开发、农业优势特色产业为重点，依托统筹城乡发展科技行动，到2020年，培养、引进6000名农业科技英才。

◆民生工程领域。以人口与健康生态文明建设、公共安全、科技信息服务、环境保护与防灾减灾等为重点，到2020年，培养、引进3000名民生科技英才。

◆基础研究领域。以高校、科研院所为重点，战略储备一批与我省经济社会发展紧密相关的基础研究优秀人才，到2020年，集聚3000名高层次研究人才。

2. 企业家培育计划

围绕提高企业现代化经营管理水平和国内国际竞争力，结合实施国家"企业经营管理人才素质提升工程"，到2020年，在优势工业、现代农业和现代服务业等领域，培养造就5个具有国际知名度的企业家、100个在国内有影响力的企业家、500个企业年销售额超过10亿元或在国内同行业中处于领先地位的企业家、10万名优秀职业经理人后备人才。

◆打造"商界精英"。围绕重点培育大企业大集团，造就一批擅长国际化经营管理、善于开拓国际国内市场、积极承担社会责任、善于领导大公司大集团的"精英型"企业家。

◆培养"明日之星"。每年选送一批优秀中高级企业经营管理者到国内外著名高校、知名大企业、先进地区进行能力培训或挂职锻炼，打造一支职业品质优良、善于驾驭市场、经营业绩突出的企业家和职业经理人队伍。

◆扶持"创业能人"。遴选一批发展潜力较好的中小企业主和自主创业者，持续给予经费资助和政策扶持，造就一支规模宏大的创业人才队伍。

3. 高技能人才开发计划

围绕建设现代加工制造业基地、提高现代服务业发展水平，每年培养、引进200名能够有效推动企业工艺改造、技术革新和重大项目实施的技术技能型、复合技能型和知识技能型高技能人才。到2020年，省以上有突出贡献的高技能专家达到100名，建成50个技能大师工作室，集聚、带动一大批高技能人才。

4. 海外高层次人才引进"百人计划"

围绕壮大我省高端人才队伍，充分利用国际人才资源，2020年前，以用人单位为主体、以项目为依托，在重点创新研制及成果产业化项目、重点学科和重点实验室、优势企业和金融机构、以高新技术产业开发区为主的各类园区四个领域，支持引进200名左右海外高层次人才，建设10个国家级和50个省级海外高层次人才创新创业基地。

◆在重点创新项目和重点学科、重点实验室，主要引进能够跟踪国际科技前沿、带动新兴学科、领衔重大项目的科技创新领军人才。

◆在优势企业，主要引进能够突破核心关键技术、发展高新技术产业的研发人才，具有全球化经营管理能力的高层次经营管理人才。

◆在金融行业，主要引进从事金融工程、新产品开发、风险控制、国际投融资等方面的领军人才及高级金融专业技术人才。

◆在各类园区，主要引进拥有自主知识产权或核心关键技术、具有自主创业能力、熟悉相关产业发展的创新创业人才。

（二）集聚重点领域专门人才

根据"一主、三化、三加强"的总体要求，在各重点产业（行业）分别实施人才队伍建设专项工程，支撑经济社会重点领域发展。

1. 实施战略性"塔尖"产业人才聚集工程

围绕发展壮大新能源装备制造、新一代信息技术、新材料、生物医药、油气化工、航空航天产业，持续实施战略性"塔尖"产业人才聚集工程。2020年前，在"塔尖"产业重点集聚100名国内科技领军人才、200名优秀企业家和职业经理人、500名核心技术研发人才和工程技术专家、50名高技能专家、40万名高技能人才，形成综合实力较强、国内领先的产业人才集群，打造产业人才品牌，引领品牌产业发展。

2. 实施重点产业（行业）人才支撑工程

围绕"一枢纽、三中心、四基地"建设规划和工业"7+3"产业发展规划及战略性新兴产业发展规划，在重点产业（行业）、核心领域和关键环节实施人才支撑工程。采取"市场化配置＋行政调配"等措施，推动人才向重点产业集聚。实施"专业技术人才知识更新工程"，开展大规模知识更新继续教育，每年培训4万名左右高层次、急需紧缺人才和骨干人才，到2020年共培训40万人左右。加快行业人才专业结构、层次结构和布局结构调整，围绕产业链构筑人才链，在各大重点产业特别是战略性新兴产业及其主要分布区域，形成集约程度高、规模效益好、专业特色新、辐射带动强的产业人才高地，支撑产业发展。

3. 实施社会事业人才提升工程

适应社会事业发展和构建和谐四川的需要，以提升人才能力素质为重点，在公共管理、教育、医疗卫生、文化艺术、体育、哲学社科、社会工作等领域实施社会事业人才提升工程，通过提升人才提高社会事业发展水平。

三、统筹推进人才发展

（一）统筹发展公有制与非公有制组织人才

坚持平等对待、一视同仁的原则，促进公有制组织与非公有制组织人才协调发展。适应非公有制经济快速发展的需要，大力加强非公有制组织人才队伍建设，把非公有制经济组织和社会组织人才开发纳入各级政府人才规划，制定加强非公有制经济组织和社会组织人才队伍建设意见。政府在人才培养、吸引、评价、使用等方面的各项政策和公共服务，非公有制经济组织和社会组织人才平等享受。政府支持人才创新创业的资金、项目、信息等公共资源，向非公有制经济组织和社会组织人才平等开放。政府开展人才宣传、表彰、奖励等活动，非公有制经济组织和社会组织人才平等参与。加强对非公有制经济组织和社会组织人才开发工作的指导，积极引导高校毕业生到非公有制经济组织和社会组织就业，不断壮大"非公"人才队伍。加强党外知识分子和女性人才队伍建设。

（二）统筹开发城乡各类人才

坚持统筹城乡发展的理念，构建人才发展"城乡互动"格局，推动城乡人才一体化。围绕新农村建设总体规划，抓住农村人才发展的薄弱环节，采取"以城带乡"、政府引导、利益联结、政策激励等措施，大力引导城镇人才服务"三农"。深入实施"科技特派员"、"科技进村入户"、"帮扶农民专业合作社"、"万名干部下基层"等项目，大力开展"人才进村行动"，提高科技助农兴农水平。深化农业高校、涉农科研院所与地方的合作，在全省农村建立一大批有特色、有实力的"农业专家大院"。推广"乡土人才超市"，大力整合农村人才资源，采取组织化、专业化、市场化的方式开展惠农助农服务。实施"业主引进计划"，鼓励城镇创业人才携带技术和资本，到农村创业兴业，发展现代、特色农业。实施"万名医师支援农村卫生工程"，推进乡村卫生人才队伍建设。

推动高校毕业生到农村就业服务。统筹选调生工作、"一村（社区）一名大学生干部计划"、"三支一扶"计划、"农村义务教育学校教师特设岗位计划"、"大学生志愿服务西部计划"等各类引导大学生到基层服务、创业的项目和政策，完善大学生服务农村的长效机制。到2020年，实现全省平均每个村有3名以上高校毕业生。

大力发展劳务经济。继续开展大规模劳务培训，加快劳务输出由体力型向技能型智能型转变。持续实施"千万农民工培训工程"、农村劳动力转移"阳光培训"、省内企业在岗农民工培训、劳务扶贫培训等项目，搞好农村"五匠"、"特色工艺人才"培训、认证。健全农民工公共服务体系，大力发展外派劳务基地和专业培训基地，实现农民工的长期稳定输出。全面推进川建工等劳务品牌经营战略，进一步提升我省劳务的市场竞争力。

（三）统筹建设不同类型地区人才

坚持整体推进、差异化发展的思路，大力加强灾区、边远贫困地区、民族地区和革命老区人才建设，推动不同类区人才和谐发展。围绕地震灾区发展振兴的人才需求，实施"灾区急需紧缺人才培训计划"，提高灾区现有人才的能力素质。实行特殊优惠政策，帮助灾区引进一批产业发展和社会管理急需人才，为灾区发展振兴提供人才支撑。坚持培养、引进、稳定并重的思路，以民族文化、旅游和特色产业人才为重点，深入实施"民族地区人才振兴行动"、"藏区急需紧缺专业技术骨干人才培养计划"、"民族地区免费职业教育行动计划"和"民族地区医疗卫生人才队伍建设专项行动"等项目，加快民族地区人才建设。探索建立省内相对发达地区对老、少、边、贫地区的人才定向帮扶长效机制，实施"边远贫困地区人才援助计划"，持续开展干部、人才定点扶贫、援州援藏工作，建立一批专家服务基地，依托技术推广项目培养、集聚人才。逐年加大民族地区、革命老区和边远贫困地区人才开发投入，加强人才培训基地建设，大力开发少数民族人才和革命老区、贫困地区本土人才。

（四）统筹使用省内省外人才资源

坚持开放理念和国际化视野，强化人才区域合作，广泛吸引、整合利用省内外各种人才、智力资源，提高人才开发开放度，推进人才发展国际化。加强与援建省之间的人才开发省际合作，创新合作机制，扩大合作领域，提高合作水平，实现人才和智力资源开放共享，推进区域人才一体化，构建优势互补的区域人才发展格局。根据成渝经济区的总体规划，以"一极一轴一区块"为依托加快人才资源集聚，构建成渝人才富集区。积极争取国家和东部的人才对口支持，以人才支持带动资金、项目支持。

扩大人才发展对外开放。搭建人才发展国际交流合作平台，加大与国外政府、企业、民间组织等机构的合作力度，拓宽参与国际人才交流与合作的渠道。加强与海外著名高校、跨国公司、人才中介机构等在人才培养、引进上的合作，加大优秀人才赴海外培训力度，提高人才培养的国际化水平。鼓励省内优势企业、高校、科研院所与国（境）外高水平的相关机构建立联合研发基地，支持省内优势企业设立海外研发机构。加快培育我省的外向型人才中介服务机构，支持其做大做强，充分发挥其桥梁纽带作用。

四、优化人才发展环境

（一）优化事业环境

紧贴经济建设和社会事业发展，加强基础设施建设，打造四大"人才基地"，搭建人才发展事业平台，拓展人才创新创业空间，释放人才潜能，发挥人才作用，提高人才效能。

1. 打造科技创新人才基地

围绕建设西部最大的高新技术产业密集区、中国特色军民融合示范城市和国家重要的科技自主创新型区域、科技创新产业化基地，加快自主创新基础平台建设，新增一批省部级以上重点学科、重点实验室、博士后科研流动（工作）站、工程技术中心和企业技术中心；加强公共研究实验基地、大型科学仪器设备共享平台、科技数据共享平台、知识产权（专利）信息公共服务平台等科技服务基础平台建设，构建有特色、有实力、充分开放、国内领先、国际先进的科技发展体系。

以自主创新和科技服务平台为依托，组建一批关键技术创新团队，建成一批高水平的科技创新人才基地，取得一批关键技术突破和自主知识产权，创造一批优势产品，壮大一批高新技术产业。到2020年，重点打造科技创新人才基地100个，支持科技创新团队200个。

2. 打造发展创业人才基地

根据建设重要战略资源开发基地、现代加工制造基地、科技创新产业化基地、农产品深加工基地总体规划，充分利用国家、省的产业发展政策，以高新技术开发区、经济技术开发区、留学回国人员创业园、高校创业园、高校毕业生创业园等各类产业园区为重点，建设一批创业人才发展平台。

以创业人才发展平台为依托，加快创业人才集聚。实施"创业能力提升计划"，每年开展创业培训4万人次以上，推动全民创业。实施"人才创业促进计划"，以高校毕业生为重点，遴选一批"创新创业苗子"进行重点帮扶，促使创业人才大量涌现。实施"中小型科技企业扶持计划"，推动科技成果转化，培育一支科技型创业人才队伍，推动企业做强做大。2020年前，重点打造创业人才基地100个，重点支持创业团队1000个。

3. 打造技能创优人才基地

围绕推进新型工业化、发展现代服务业，建设一批企业技能创优中心，完善企业技术创新体系和新技能推广体系，搭建技能人才创优平台。实施"技能人才公共实训和培训基地建设计划"，到2020年，依托大型骨干企业、示范性高等职业院校、技师学院、重点技工学校，建设30个左右公共实训基地、100个高技能人才培训基地，形成覆盖全省的公共培训鉴定服务网络，搭建技能人才成长平台。

依托技能人才创优平台，支持技能革新人才团队开展共性、关键、平台技术联合攻关和技能推广，推动实施一批重大工艺革新和技术改造项目，取得一批突破性技能创优成果。依托技能人才成长平台，深入实施"职业教育攻坚计划"、"新技师培养带动计划"、"国家技能资格导航计划"等，全面推进国家职业教育综合改革试验区建设，加快技能人才开发步伐。到2020年，全省高、中、初级技能劳动者的比例调整为28∶40∶32。

4. 打造农村创富人才基地

根据推进农业现代化、建设西部农产品深加工基地的总体规划，加快现代农业产业基地、新农村建设示范片、优势特色农产品科技示范基地建设，集中力量打造一批农村人才创富平台。加快构建开放型、多功能、多元化的农业职业教育体系，全面整合农村教育培训资源，建设一批国家级和省级星火培训基地。

依托农村人才创富平台，结合实施国家"现代农业人才支撑计划"，实施"农村致富带头人扶持行动"，到2020年，帮扶10万名农村人才和返乡农民工带头致富。持续实施农民专业合作经济组织"千点示范"工程，推动实施一批大型农牧业生产项目和现代农业开发项目，造就3万名农民企业家和龙头企业业主、10万名运销经纪人，推动农村经济发展和新农村建设。实施"现代农业人才支撑计划"，继续开展青年农民科技培训、绿色证书培训、新型农民科技培训等项目，帮助广大农民成才、致富。

（二）优化体制机制和政策环境

紧紧抓住为培养、引进、使用人才创造良好条件和激励现有人才最大限度发挥作用两个关键环节，进一步解放思想，加快人才体制机制改革和政策创新步伐，营造有利于人才成长、干事创业的体制机制和政策环境。

1. 完善人才培养政策机制

建立与经济社会发展需求相适应的人才培养结构动态调整机制，优化教育布局和学科专业结构，实现人才培养"供需衔接"。创新人才培养模式，注重思想道德建设，突出创新精神和创新能力培养，建立学校教育与社会实践锻炼相结合、国内培养与国际交流合作相结合的开放式人才培养体系。制定高层次领军型人才培养办法，加快培养高端人才。制定在职人员继续教育培训办法，加强公共职业培训体系建设，构建网络化、开放式、自主性和分类、分层的继续教育体系，倡导用人单位鼓励员工参加提升学历层次的学历教育，实行与职称评聘、职务晋升、职业资格挂钩的人才终身培训制度，建设学习型社会。实行均等的人才培训政策，加强对基层公务员、专业技术人员等基层人才的培训。

2. 完善人才引进政策机制

制定高层次领军型人才引进办法，面向国内外大力引进能够突破关键技术、发展尖端产业、推动优势产业做强做大的战略科学家和学术技术带头人、科技领军人才、创业人才及团队，在科研经费、科研项目、创业启动资金、土地、财政金融等方面给予政策优惠和资助。完善"柔性引才"和智力引进促进办法，落实来川工作国内外人才的户籍、出入境、居留、税收、保险、住房、子女入学、申报科技项目和经费资助、参评专家和政府奖励等优惠政策。建立海外高层次人才特聘专家制度，搭建引进省外、国（境）外人才和智力资源信息共享平台。对企业、事业单位引进急需紧缺人才给予政策支持。探索"以才引才"新方式，鼓励支持省内外专家、企业家、留学回国人员及中介机构，向用人单位推荐我省发展急需、紧缺的高层次人才。

完善特聘（设）岗位制度，支持企业、事业单位面向国内外引进高层次人才。拓宽引才留才渠道，积极引进省内外离退休专家、高校优秀毕业生来川工作、服务，营造人才流入的"洼地"。

3. 完善人才评价政策机制

紧扣用人单位发展需求，建立以岗位职责为基础，以能力业绩为导向，充分体现人才价值，科学化、社会化的人才评价机制。完善各类人才能力素质评价标准。规范专业技术人员职业资格准入制度，发展专业技术人员职业水平评价制度，完善专业技术职称评价制度。完善以任期目标为依据、业绩为中心的国有企业领导人员考核评价办法。探索建立技能人才多元评价机制，逐步完善社会化职业技能鉴定、企业技能人才评价、院校职业资格认证和专项职业能力考核办法。探索建立体现科学发展观要求的党政领导班子和领导干部考核评价办法。制定以致富能力和带动成效为核心的农村实用人才评价办法。发展人才评价社会中介组织，健全第三方评价机制。

4. 完善人才使用政策机制

完善人才选用制度。深化干部人事制度改革，提高选人用人公信度。扩大干部工作中的民主，加大竞争性选拔干部力度，规范干部选拔任用提名制，完善地方党委讨论决定任用重要干部票决制，推进干部任职跨部门、跨地区、跨行业交流。建立健全公务员职位分类制度，建立聘任制公务员管理制度。全面推行事业单位聘用制和岗位设置管理制度，实行事业单位公开招聘制度。在人才选拔使用中加强对实践能力和科研成果转化等方面的考察，克服用人单纯追求学历的倾向。健全国有企业出资人代表选任制度，建立完善职业经理人制度，扩大市场化选拔、契约化管理经营管理人才的范围。采取多种方式引导农村实用人才带头人在带动群众致富、参与基层社会事务管理等方面发挥作用。

鼓励科技人才潜心创新。克服人才管理中存在的行政化、"官本位"倾向。在高校、科研机构中实行符合专业技术人员和管理人员不同特点的职业发展政策，使科研人员在科技创新中成就事业并享有相应社会地位和经济待遇，对管理人员实行职员制度。扩大科研机构用人和科研经费使用自主权，改变以行政权力决定资源配置和学术发展的决策方式。改进科研任务考核评价方式，克服过于频繁、过度量化、项目周期过短等倾向。实施与现代科研院所制度、现代大学制度和公共医疗卫生制度相适应的人才管理制度。完善政府科技计划和科技项目经费管理办法，对长线课题和优秀团队给予长期稳定的支持。注重发挥离退休人才作用。

实行人才创业扶持政策。建立以企业为主体、多种形式的产学研战略联盟，完善人才智力转化促进政策。制定知识产权质押融资、无形资产作价入股、创业贷款等办法，落实扶持创业风险投资基金、促进科技成果转化和技术转移的税收、贴息等优惠政策，加强对创业人才的金融服务。加大对各类创业孵化器的投入，建立创业服务网络，提高服务水平。

5. 完善人才流动政策机制

破除人才流动的体制性障碍，建立政府宏观调控、市场主体公平竞争、中介组织提供服务、人才自主择业的人才流动配置机制。建立城乡统一的户口登记制度，完善户口迁移政策。完善落实人才"柔性流动"政策，积极引导军工等中央在川单位人才和智力向地方流动，党政机关、科研院所和高校人才向企业、社会组织和基层一线流动，城市人才向农村、发达地区人才向民族地区和边远贫困地区流动。完善党政人才、企业经营管理人才和专业技术人才交流制度，扩大交流任职范围，促进三支队伍之间的相互融通。加快成德绵、川南、攀西人才开发一体化进程，搭建人才和智力共享平台，促进区域人才和智力融通。完善人才安全制度，对涉及国家安全、商业秘密、核心技术的关键人才，实行重点保护。

6. 完善人才激励政策机制

深化收入分配制度改革，建立以业绩为导向的人才激励机制。除对能实现重大产业和重大技术突破的人才根据项目实施需要可给予事先资助外，政府奖励应更多地依据其取得的成果实施事后奖励。推动党政机关和国有企事业单位收入分配的统筹协调，稳步推进工资制度改革。制定高层次领军型人才创新创业激励办法。建立产权激励制度，探索知识、技术、管理等生产要素按贡献参与分配的办法。健全国有企业人才激励机制，推行期权股权等中长期激励办法。贯彻落实事业单位岗位绩效工资制度。探索高层次人才、高技能人才年薪制、协议工资制和项目工资制等多种分配方式。完善优秀人才奖励制度，构建主体多元的人才奖励体系。实施知识性财产保护政策，完善政府资助开发的科研成果权利归属和利益分享机制，提高主要发明人对职务发明的受益比例，制定职务发明人流动中的利益共享办法；加大政府对个人和中小企业进行发明创造的资助力度，建立非职务发明评价体系，鼓励创造知识性财产。完善知识产权工作体系，加大知识产权宣传普及和执法保护力度。

7. 完善人才保障政策机制

完善社会养老、医疗保障体系，制定完善不同地区间人员流动中的社会保险关系转移接续办法，完善党政机关人才向企业、事业单位流动的社会保险衔接办法。支持用人单位为有突出贡献的人才建立补充养老、医疗保险，逐步形成社会基本保险和补充保险相结合的人才保障体系。落实农村、非公有制经济组织和社会组织等各方面人才的社会保障。在政府保障性住房建设中，优先解决青年科研人员的住房问题。完善人事劳动争议仲裁制度，依法保障各类人才合法权益。

8. 完善人才投入政策机制

逐步调整经济社会发展的要素投入结构，加大人才投入力度，推动人才优先发展。完善政府人才投入管理政策，整合各种人才开发资金，提高人才投资效益。加大对民族地区、边远贫困地区、革命老区人才发展的财政支持力度。创新人才投入机制，鼓励和支持企业、社会组织建立人才发展基金；积极争取用于人才开发的国债资金项目和基础设施投入资金，利用国家政策性银行贷款、国际金融组织和外国政府贷款投资于人才开发项目；落实中央有关财政税收政策，提高企业职工培训经费的提取比例；落实税收、贴息等优惠政策，鼓励用人单位和社会组织投资人才开发；在重大建设和科研项目经费中，应安排部分经费用于人才培训；在各类用人单位普遍实行在职学历教育和知识更新培训单位资助制度，引导个人投资自身发展。

（三）优化市场环境

1. 加强人才市场体系建设

大力发展人才中介服务业。整合人才市场和劳动力市场，优化人才市场布局，健全人才市场体系。以政府所属人才服务机构为主体，做大做强综合性人才市场；以高校毕业生就业服务市场、高新技术人才市场、企业经营者人才市场、农村人才市场、劳务市场为重点，积极培育专业性、行业性人才市场；以四川省人才市场、成都市人才市场、宜宾市人才市场、攀西人才市场为龙头，大力发展辐射周边、带动力强的区域中心人才市场和国际人才市场；推进网络人才市场建设。大力吸引民间资金、外资投入人才市场，发展人才中介服务产业。加快与人才市场相关的技术交易、风险投资等市场建设。

完善人才市场管理制度。坚持管办分离、政事分开、公益性职能和经营性职能分开的原则，深化政府所属人才服务机构改革，打造人才交流的公共服务平台。严格人才中介服务机构市场准入制度，规范各类人才中介组织的服务行为，加强人才市场执法监管，加强人才中介行业协会建设，建立统一的行业标准，完善行业自律机制和诚信体系。

2. 拓展人才市场服务功能

强化市场的供求、竞争、价格三大机制建设，健全专业化、信息化、产业化、国际化的人才市场服务体系，进一步发挥市场在人才配置中的基础性作用。明确政府所属人才市场和人才中介服务机构的功能定位，使其与民办中介服务机构相互补充。创新人事代理、人才派遣、人才测评、职业规划、猎头等服务内容和服务手段，大力开发人才服务新产品，延伸服务领域，提升人才市场和中介服务机构的服务能力、服务水平和市场竞争力。推行通用服务标准，规范服务流程，实施个性化服务，提高服务质量。推进人才服务业的开放合作，拓展国际人才服务领域。

3. 加快人才信息化建设

加快推进人才电子信息平台建设。建立全省统一的人才发展公共信息平台和公共服务网络，并实现与其他公共服务信息平台的对接。建立人才供需信息采集发布制度，加强人才信息供需预测研判，定期发布人才市场信息和重点产业人才需求目录。

完善人才信息服务体系。整合人才信息资源，建立面向社会的人才档案管理及电子查询服务系统等人才信息公共服务平台，向社会组织和用人单位提供及时便捷、内容翔实、准确可靠的人才信息服务，构建多元有序、资源共享的人才信息服务体系。加强人才市场网络信息监管，建立人才信息安全保障制度。

五、强化保障措施

（一）完善领导体制

坚持党管人才原则，完善人才工作领导体制，构建统分结合、协调高效、优势互补、整体联动的人才工作格局，全面落实建设西部人才高地各项任务，推动人才发展规划的深入实施。

发挥各级党委在加快人才发展中的领导核心作用，统筹人才发展与经济社会发展，切实履行管宏观、管政策、管协调、管服务的职责，不断创新党管人才的方式方法，提高党管人才的工作水平，把各类人才集聚到全省改革发展各项事业中来。各级人才工作领导小组要强化工作职能，完善工作管理制度，充分发挥领导作用，建立科学的决策机制、协调机制和督促落实机制，确保人才工作各项部署的顺利推进。各地、各部门党政主要负责人要树立强烈的人才意识，善于发现人才、培养人才、团结人才、用好人才、服务人才。探索建立一批"人才优先发展试验区"，落实党管人才原则，探索创新人才管理和人才队伍建设的新制度、新模式、新经验。

（二）健全运行机制

健全党管人才运行机制，制定完善党管人才工作新格局的实施意见。进一步明确组织部门牵头抓总的职能范围，突出战略研究、总体规划、政策统筹、工程策划、重点人才和典型宣传等工作重点，创新牵头抓总的方式方法。按照权责统一、分类管理的原则，科学划分党政有关部门的人才工作职能，充分发挥其统筹本部门、本行业人才发展的作用，分工负责、协同推进各领域人才发展。

建立人才工作社会协作机制，加强对各类用人单位人才工作的引导，使其与政府总体人才战略相互衔接，形成加快人才发展的合力。充分发挥工、青、妇和科协等群团组织及各类专业社团、行业协会密切联系人才的作用，培养人才、团结人才、服务人才，形成政府引导、用人单位主导、社会广泛参与的人才发展新格局。

加快推进人才工作法制化进程，适时制定《人才开发促进条例》等人才工作地方性法规或政府规章，构建促进和保障人才发展的法规体系。

（三）建立考评体系

研究制定符合科学发展观要求的人才工作考核办法，完善党政"一把手"抓人才工作目标责任制，根据本地经济社会发展水平，合理提高各级党政领导班子综合考核指标体系中人才工作专项考核的权重。实行人才发展状况监测评估制度，建立与我省经济社会发展相适应的人才发展监测指标体系，将人才发展纳入经济社会发展统计体系，逐步开展市（州）和主要行业、系统人才发展状况定期统计、公开发布工作，形成科学化、社会化的人才发展评价机制。

（四）夯实发展基础

加大人才发展专项资金投入力度，保障人才发展重大项目的实施。各级要加强人才工作机构建设，充实人才工作力量，保障人才工作经费。加强人才工作队伍建设，把政治强、业务精、作风实的优秀干部选拔到人才工作岗位上来，开展经常性的业务技能培训，不断提高人才工作者的理论水平和工作能力、创新能力。加强人才工作信息化建设。加强人才发展理论和政策研究。

各市（州）和省直各部门要把加快人才发展、贯彻落实人才发展规划纳入经济社会发展的总体安排，同时谋划、同时部署、同时落实。各市（州）、县（市、区）和有关部门要依据《规划纲要》，制定实施本地区、本系统、本行业人才发展规划，形成上下衔接配套的人才规划体系，并面向社会、面向人才、面向群众，广泛宣传人才发展规划，努力形成推动规划实施的浓厚氛围。研究制定人才规划任务分解方案，分年度制定实施计划，加强督促检查，搞好定期评估，总结推广典型经验，及时发现和解决存在的问题，确保规划各项任务落到实处。

天津市中长期人才发展规划（2010—2020年）

为加强人才资源战略开发，服务全市经济社会又好又快发展，根据《国家中长期人才发展规划纲要（2010—2020年）》，结合我市实际，制定本规划。

一、人才发展面临的形势

人才是经济社会发展的第一资源，人才优势是最具潜力、最需开发、最可依靠的优势。随着世界多极化、经济全球化深入发展，科技进步日新月异，人才竞争越来越成为综合实力竞争的关键。加快人才发展是天津抓住前所未有机遇、应对前所未有挑战的重大战略选择。未来十年是天津改革发展的关键时期。深入贯彻落实科学发展观、加快转变经济发展方式、全面推进滨海新区开发开放、努力实现天津科学发展和谐发展率先发展，必须把人才发展摆在更加突出的战略位置，坚定不移地走人才强市之路，着力构建人才竞争比较优势，率先建成人才强市。

市委、市政府历来高度重视人才工作。近年来特别是市第九次党代会以来，对加强全市人才工作作出了一系列部署，制定完善人才政策，推进体制机制创新，不断优化人才服务，努力创造良好环境，培养、引进和用好各类人才，人才队伍建设取得了显著成绩，有力地促进了天津发展。但是，必须清醒地看到，我市人才队伍建设还不适应经济社会发展的需要，高层次创新创业人才、新兴产业人才尤其是领军型人才缺乏，人才结构和布局还不尽合理，人才发展体制机制障碍尚未完全消除，人才资源开发投入不足，人才工作综合配套体系还不健全，等等，我们必须认清形势，进一步增强做好人才工作的责任感和紧迫感，解放思想，改革创新，统筹规划，狠抓落实，加快建设宏大的高素质人才队伍，开创人才辈出、人尽其才的新局面。

二、指导方针、战略目标和总体部署

（一）指导方针

高举中国特色社会主义伟大旗帜，以邓小平理论和"三个代表"重要思想为指导，深入贯彻落实

科学发展观，坚持党管人才原则，尊重劳动、尊重知识、尊重人才、尊重创造，遵循人才成长规律，贯彻落实人才强国战略，实施我市人才优先发展战略，以滨海新区人才高地建设为龙头，以高层次创新创业人才和高技能人才为重点，以人才发展体制机制改革创新为动力，以提高自主创新能力和人才竞争力为主线，积极开发用好国内国际两种人才资源，充分发挥市场配置人才资源的基础性作用，加强人才发展法制化建设，为加快推进滨海新区开发开放、实现天津科学发展和谐发展率先发展提供坚强的人才保证。

当前和今后一个时期，我市人才发展的指导方针是：服务发展、人才优先、以用为本、创新机制、高端引领、整体开发、尊重规律、优化环境。

服务发展。把服务天津科学发展和谐发展率先发展作为人才工作的根本出发点和落脚点，围绕发展目标确定人才队伍建设任务，根据发展需要制定人才政策措施，用发展成果检验人才工作成效。

人才优先。确立人才优先发展战略布局，将人才发展纳入我市国民经济和社会发展总体规划，做到人才资源优先开发、人才结构优先调整、人才投资优先保证、人才制度优先创新，切实改变重物质投入轻人才投入、重资源开发轻人才开发、重项目引进轻人才引进的思想观念和做法，促进经济发展方式向主要依靠科技进步、管理创新、劳动者素质提高转变。

以用为本。把充分发挥各类人才的作用作为人才工作的根本任务，围绕用好用活人才来培养人才、引进人才，积极为各类人才干事创业和实现价值提供机会和条件，使全社会创新智慧竞相迸发。

创新机制。把深化改革作为推动人才发展的根本动力，坚决破除束缚人才发展的思想观念和制度障碍，构建与社会主义市场经济体制相适应、有利于科学发展的人才发展体制机制，最大限度地激发人才的创造活力。

高端引领。加大各类高层次人才培养和引进力度，造就一大批在国内国际具有竞争性和影响力的顶尖人才队伍，带动引领全市人才队伍整体提升，全面发展。

整体开发。加强人才培养，注重理想信念教育和职业道德建设，培育拼搏奉献、艰苦创业、诚实守信、团结协作精神，促进人的全面发展。关心人才成长，鼓励和支持人人都作贡献、人人都能成才、行行出状元。统筹国内国际两个市场，推进城乡、区域、产业、行业和不同所有制人才资源开发，实现各类人才队伍协调发展。

尊重规律。坚持解放思想、实事求是、与时俱进，加强对人才工作重点、难点、热点问题的研究，遵循社会主义市场经济规律和人才成长规律，提高人才工作科学化水平，使人才工作体现时代性、把握规律性、富于创造性。

优化环境。坚持以高品位的环境来吸引人、凝聚人、塑造人、成就人，不断优化制度环境、工作环境、生活环境、文化环境和社会环境，注重打造独具魅力的软环境，努力构建各类优秀人才聚集高地。

（二）战略目标

到2020年，我市人才发展的战略目标是：培养造就规模宏大、门类齐全、梯次合理、素质优良、新老衔接、能够适应全市经济社会发展需要的人才队伍，形成人才竞争比较优势，率先建成人才强市，使天津成为高度专业化、现代化、国际化的人才聚集交流、教育培训和创新创业高地，为在本世纪中叶率先实现现代化奠定坚实的人才基础。

——人才总量进一步增长，人才队伍规模不断壮大。人才资源总量翻一番，人才资源占人力资源总量的比重大幅提升。

——人才结构进一步改善，人才素质大幅度提高。人才队伍年龄结构、专业结构、文化层次和产业分布等更为合理，高层次创新创业人才和经济社会发展重点领域急需紧缺专门人才所占比例有较大提高，基本满足未来我市经济社会发展需要。

——人才竞争比较优势进一步增强，人才竞争力显著提升。建成滨海新区人才高地，实现三个层面联动协调发展，在自主创新与研发转化、优势支柱产业和战略性新兴产业、现代服务业等领域造就一大批领军人才和创新团队，使我市人才自主创新能力和国际竞争力显著增强，形成全国开放度最高、吸引力最强、创新创业最活跃的地区之一。

——人才环境进一步优化，人才使用效能明显提高。人才管理体制机制进一步完善，人才培养、引进、评价、选用、流动、激励和保障机制取得新突破，营造鼓励创新、宽容失误、支持人才干事创业的社会环境和文化氛围，形成人才辈出、人尽其才的良好局面。

（三）总体部署

一是实行人才投资优先，健全政府、社会、用人单位和个人多元人才投入机制，加大对人才发展的投入，提高人才投资效益。二是加强人才资源能力建设，创新人才培养模式，注重思想道德建设，突出培养创新精神和创新能力，大幅度提升各类人才的整体素质。三是推动人才结构战略性调整，充分发挥市场在人才资源配置中的基础性作用，改善宏观调控，率先调整人才专业素质结构、层级结构、分布结构，以适应和引领经济发展方式转变、产业结构优化升级、城乡统筹发展、经济社会协调发展。四是造就宏大的高素质人才队伍，突出培养造就创新型科技人才，重视培养领军人才和复合型人才，大力开发经济社会发展重点领域急需紧缺专门人才，统筹抓好党政人才、企业经营管理人才、专业技术人才、高技能人才、农村实用人才和社会工作人才等各类人才队伍建设，培养造就数以百万计的各类人才、数以十万计的专门人才和一大批拔尖创新人才。五是改革人才发展体制机制，完善人才管理体制，创新人才培养开发、评价发现、选拔任用、流动配置、激励保障等机制，营造充满活力、富有效率、更加开放的人才制度环境，最大限度地激发各类人才创新创业创优活力。六是实施重大人才政策和重大人才工程，坚持自主培养与对外引进并重，统筹开发国内国际两种人才资源，大力引进海外高层次人才和急需紧缺专门人才，鼓励和支持人才创新创业创优，在天津改革开放和社会主义现代化建设中锻炼成长、建功立业。七是加快人才工作法制建设，建立和完善全市人才工作法规体系，坚持依法管理，规范人才发展秩序，保护人才合法权益。八是加强和改进党对人才工作的领导，完善党管人才的领导体制和工作格局，发挥组织部门牵头抓总作用和各有关部门职能作用，调动社会各方面力量积极支持、广泛参与人才工作，为人才发展提供坚强的组织保证。

三、人才队伍建设主要任务

（一）突出培养造就创新型科技人才

发展目标：围绕提高自主创新能力、建设创新型城市，以高层次创新型科技人才为重点，努力造就一批国内领先、世界一流的科学家、工程师、科技领军人才和高水平创新团队，注重培养一线创新人才和青年科技人才，建设一支数量充足、结构合理、素质优良的创新型科技人才队伍。

主要措施：创新人才培养模式，建立学校教育和实践锻炼相结合、国内培养和国际交流合作相衔接的开放式培养体系。探索并推行创新型教育方式方法，突出培养学生的科学精神、创造性思维和创新能力。加强实践培养，依托国家和我市重大科研项目、重大工程、重点学科、重点实验室、重点科研基地、国际学术交流合作项目，建设一批高层次创新型科技人才培养基地。加强领军人才、核心技术研发人才培养和创新团队建设，形成科研人才和科研辅助人才衔接有序、梯次配备的合理结构，提高自主创新能力。深化科技体制改革，完善权责明确、评价科学、创新引导的科技管理制度，健全有利于科技人才创新创业的评价、使用、激励措施，进一步解放和发展科技生产力。制定加强高层次创新型科技人才队伍建设实施意见。加大海外高层次创新创业人才引进力度。注重复合型人才培养，破除论资排辈、求全责备观念，加大对优秀青年科技人才的发现、培养、使用和资助力度。加强产学研合作，重视企业工程技术与管理人才的培养，推动科技人才向企业集聚。发展创新文化，倡导追求真理、勇攀高峰、宽容失败、团结协作的创新精神，营造科学民主、学术自由、严谨求实、开放包容的创新氛围。注重思想道德建设，促进人才健康成长和全面发展。建立健全科研诚信体系，从严治理学术不端行为。

（二）大力开发经济社会发展重点领域急需紧缺专门人才

发展目标：根据我市经济社会发展需要，努力在航空航天、石油化工、装备制造、电子信息、生物制药、新能源新材料、国防科技、金融财会、国际商务、城市规划、现代交通、物流运输、生态环保、现代农业等经济发展重点领域培养和引进一批急需紧缺专门人才，注重引进能够带动新兴产业发展的高端人才；在教育卫生、文化艺术、宣传思想、防灾减灾、政法等社会发展重点领域培养和引进一批急需紧缺专门人才，使我市经济社会发展重点领域各类专业人才数量充足，整体素质和创新能力显著提升，人才结构更趋合理。

主要措施：加强产业、行业人才发展统筹规划和分类指导，围绕重点领域发展，开展人才需求预测，定期发布急需紧缺人才目录。加大急需研发人才和紧缺技术、管理人才的培养力度，大规模开展重点领域专门人才知识更新培训。实行人才特别是产业领军人才、工程技术人才向重点产业集聚的倾斜政策。加快实施海外高层次人才引进计划，2012年前要引进1000名海外高层次人才和高水平紧缺人才。实施经济社会发展重点领域人才培养工程，加强宣传思想文化、医药卫生人才培养。继续实施"五个一批"人才培养工程，加强哲学社会科学、新闻、出版、文艺等领域高层次人才队伍建设。支持重点领域专家学者参与国际科研计划、学术交流。完善重点领域科研骨干人才分配激励办法，建立健全重点领域相关部门人才开发协调机制。

（三）加强党政人才队伍建设

发展目标：按照加强党的执政能力建设和先进性建设的要求，以提高领导水平和执政能力为核心，以局处级领导干部为重点，努力造就一支政治坚定、勇于创新、勤政廉洁、求真务实、奋发有为、善于推动科学发展的高素质党政人才队伍。

主要措施：适应科学发展要求和干部成长规律，开展大规模干部教育培训，加强干部自学。实施党政人才培养工程，完善理论教育、知识教育、党性教育和实践锻炼"四位一体"的干部教育培养体系。坚持德才兼备、以德为先用人标准，坚持民主、公开、竞争、择优改革方针，树立坚定信念、注重品行、科学发展、崇尚实干、重视基层、鼓励创新、群众公认的用人导向。扩大干部工作民主，加大竞争性选拔党政领导干部工作力度，拓宽选人用人渠道，提高干部工作科学化、民主化、制度化水平，促进优秀人才脱颖而出。实施后备干部"1321"培养工程。建立健全干中锻炼、干中考察、干中选人用人机制，注重从基层和生产一线选拔党政人才，形成来自基层和生产一线的党政人才选拔培养链。加强女干部、少数民族干部、非中共党员干部培养选拔和教育培训工作。实施促进科学发展的干部综合考核评价办法。建立健全党政干部岗位职责规范及其能力素质评价标准，加强工作业绩考核。完善党政人才分类管理制度。加大干部交流力度。健全权力约束制衡机制，加强干部管理监督。

（四）加强企业经营管理人才队伍建设

发展目标：适应走新型工业化道路，构筑高端化、高质化、高新化产业结构，发展优势支柱产业和大型企业集团，打造知名品牌的需要，以提高现代经营管理水平和企业国际竞争力为核心，以战略企业家和职业经理人为重点，加快推进企业经营管理人才职业化、市场化、专业化和国际化，培养造就一批具有全球战略眼光、市场开拓精神、管理创新能力、社会责任感的优秀企业家和一支高素质的企业经营管理人才队伍。

主要措施：深入实施企业家培养工程，依托跨国公司、高水平大学和其他培训机构，加强企业经营管理人才培训，提高战略管理和跨文化经营管理能力。实施新型企业家培养工程，培养引进一批科技创新创业企业家和企业发展急需的战略规划、资本运作、科技管理、项目管理等方面的专门人才。采取组织选拔与市场化选聘相结合的方式选拔国有企业领导人员。健全企业经营管理者聘任制、任期制和任期目标责任制，实行契约化管理。完善以市场和出资人认可为核心的企业经营管理人才评价体系，积极发展评价机构，建立社会化的职业经理人资质评价制度，健全经营业绩评价指标体系。完善年度薪酬管理制度、协议工资制度和股权激励等中长期激励制度。完善监督约束机制，形成"职责明确、界面清晰、监督全面、约束有力"的监督体系，规范企业经营管理者行为，提高对企业发展的贡献度。

（五）加强专业技术人才队伍建设

发展目标：适应我市改革开放和社会主义现代化建设的需要，以提高专业水平和创新能力为核心，以高层次人才和紧缺人才为重点，打造一支高素质专业技术人才队伍。

主要措施：加强高层次创新创业人才队伍建设，以我市优势支柱产业和现代服务业、战略性新兴产业为重点，培养引进一批高层次创新创业领军人才和急需紧缺专门人才。继续做好院士人选推荐选拔工作，配合实施"长江学者奖励计划"、"新世纪百千万人才工程"、"国家杰出青年科学基金"等国家重大人才项目工程，鼓励和支持优秀人才特别是中青年人才申请国家各类基金资助、申报"中国青年科技奖"，申请和承担国家级、部市级科研项目（课题）、重点工程，以及在国内外学术团体任职，努力培养国内一流、国际领先的科技领军人才和拔尖创新人才；深入实施院士后备人选资助扶持计划、"131"创新型人才培养工程和企业创新人才工程，大力实施高层次人才聚集工程、青年人才开发工程、金融人才开发工程、高素质教育卫生人才开发工程、宣传文化人才开发工程，开展享受政府特殊津贴专家、天津市授衔专家、天津市特聘教授等的选拔工作，做好天津青年科技奖评选表彰工作，全面构建由国家级和市级顶尖人才以及优秀青年后备人才为主体的高层次人才梯队。实施市政府特聘专家制度。加大现代服务业人才开发力度，重视传统服务业各类技术人才培养。发挥各类社会组织特别是市级综合性人才及学术技术团体培养专业技术人才的作用。制定双向挂职、短期工作、项目合作等灵活多样的人才柔性流动政策，引导党政机关、科研院所和高等学校专业技术人才向企业、社会组织和基层一线有序流动，促进专业技术人才合理分布。统筹推进专业技术职称和职业资格制度改革。改进专业技术人才收入分配等激励办法。改善基层专业技术人才工作、生活条件，拓展职业发展空间。注重发挥离退休专业技术人才的作用。

（六）加强高技能人才队伍建设

发展目标：适应走新型工业化道路和产业结构优化升级的要求，以提升职业素质和职业技能为核心，以技师和高级技师为重点，形成一支门类齐全、技艺精湛的高技能人才队伍。

主要措施：完善以企业为主体、职业院校为基础，学校教育与企业培养紧密联系、政府推动与社会支持相结合的高技能人才教育培养体系。加强职业培训，统筹职业教育发展，整合利用现有各类职业教育培训资源，依托大型骨干企业（集团）、重点职业院校和培训机构，建设一批示范性高技能人才培养基地和公共实训基地，争取列入国家级基地。深入推进与教育部共建职业教育改革创新示范区，创新职业教育体制、改革职业教育培养模式、提升职业教育质量，努力打造职业教育创新示范的标志区、职业教育国际交流基地和全国职业院校技能大赛平台。加强国家示范性高职院校建设和国家级高职高专骨干院校建设，并遴选和建设好国家职业教育改革创新示范区示范校。加强职业教育"双师型"教师队伍建设。在职业教育中推行学历证书和职业资格证书"双证书"制度。建立健全就业准入制度。逐步实行中等职业教育免费和学生生活补助制度。实施高技能人才开发工程。广泛开展各种形式的职业技能竞赛和岗位练兵活动，办好全国职业院校技能大赛。完善政府购买培训成果机制，引导社会培训机构培养市场紧缺高技能人才。以高新技术开发、项目引进、技能人才培养基地建设等为载体，完善高技能人才流动机制。积极探索高技能人才多元评价机制，建立以职业能力为导向、以工作业绩为重点、注重职业道德和职业知识水平的技能人才评价体系。制定高技能人才与工程技术人才职业发展贯通办法。建立高技能人才绝技绝活代际传承机制。完善高技能人才信息发布制度，定期发布高技能人才供求信息和工资指导价位信息，建立技师、高级技师与其贡献相适应的分配激励机制。完善高技能人才评选表彰制度，做好天津市有突出贡献技师、天津市技术能手的评选表彰工作，进一步提高高技能人才经济待遇和社会地位。充分发挥技师、高级技师的岗位关键作用和在解决技术难题、实施精品工程项目等方面的重要作用。

（七）加强农村实用人才队伍建设

发展目标：围绕社会主义新农村建设，按照"激活存量、扩大总量、提高素质、优化结构、完善机制"的工作目标，以提高科技素质、职业技能和经营能力为核心，以农村实用人才带头人和农村生产经营型人才为重点，使我市农村实用人才总量大幅度增加，农村人力资源整体实力不断增强。

主要措施：实施《天津市农民教育培训条例》，通过开展农业实用技术培训、农村劳动力职业技能培训和农民成人学历教育等教育培训活动，培育壮大农村实用人才队伍。对全市广大农民进行形势政策、思想道德、民主法制、科技知识等普及教育，培养文明健康科学的生产生活方式，使全市农民思想道德素质、科学文化素质和法制观念明显提高。鼓励和支持农村实用人才带头人牵头建立专业合作组织和专业技术协会，加快培养农业产业化发展急需的企业经营管理人员、农民专业合作组织带头人和农村经纪人。积极扶持农村实用人才创业兴业，在创业培训、项目审批、信贷发放、土地使用等方面给予政策支持。建立农村实用人才评价制度。加大对农村实用人才的表彰激励和宣传力度，深入开展农村种养状元、能手评选工作，提高农村实用人才的社会地位。加大公共财政对农村发展急需的农业技术人员、教师、医生等方面人才培养的支持力度。继续开展城乡人才对口扶持，加强对技能服务型人才和技能带动型人才的创业扶持，带动更多人就业，促进农业增效、农民增收、农村繁荣。

（八）加强社会工作人才队伍建设

发展目标：适应构建社会主义和谐社会的需要，以人才培养和岗位开发为基础，以中高级社会工作人才为重点，培养造就一支职业化、专业化的社会工作人才队伍。

主要措施：建立不同学历层次教育协调配套、专业培训和知识普及有机结合的社会工作人才培养体系。加强社会工作学科专业体系建设。建设一批社会工作培训基地。加强社会工作从业人员专业知识培训，制定社会工作培训质量评估指标体系。建立健全社会工作人才评价制度。加强社会工作者队伍职业化管理。加快制定社会工作岗位开发设置政策措施。推进公益服务类事业单位、城乡社区和公益类社会组织建设，完善培育扶持和依法管理社会组织的政策。组织实施社会工作服务组织标准化建设示范工程。研究制定政府购买社会工作服务政策。建立社会工作人才和志愿者队伍联动机制。制定加强社会工作人才队伍建设的实施意见。

四、人才工作体制机制创新

（一）创新人才工作管理体制

1.完善党管人才的领导体制

目标要求：坚持党管人才原则，创新党管人才方式方法，完善党委统一领导，组织部门牵头抓总，有关部门各司其职、密切配合，社会力量广泛参与的人才工作格局。发挥党委领导核心作用，统筹经济社会发展和人才发展，切实履行好管宏观、管政策、管协调、管服务的职责，用事业凝聚人才，用实践造就人才，用机制激励人才，用法制保障人才，提高党管人才工作水平。党政主要负责人要树立强烈的人才意识，善于发现人才、培养人才、团结人才、用好人才、服务人才。

主要任务：制定完善党管人才工作格局的实施意见。各级党委要健全人才工作领导机构和工作机构，配备专职工作人员，建立科学的决策机制、协调机制和督促落实机制，形成统分结合、上下联动、协调高效、整体推进的人才工作运行机制。建立党委、政府人才工作目标责任制，提高各级党政领导班子综合考核指标体系中人才工作专项考核的权重。各级党委、政府要加强对人才工作的领导和指导，加快形成党政"一把手"抓"第一资源"的局面。建立各级党委常委会听取人才工作专项报告制度。完善党委联系专家制度。实行重大决策专家咨询制度。完善党委组织部门牵头抓总职能，发挥政府人力资源管理部门作用，强化各职能部门人才工作职责，充分调动各人民团体、企事业单位、社会组织的积极性，动员和组织全社会力量，形成人才工作整体合力。

2. 改进人才管理方式

目标要求：围绕用好用活人才，完善政府宏观管理、市场有效配置、单位自主用人、人才自主择业的人才管理体制。改进宏观调控，推动政府人才管理职能向创造良好发展环境、提供优质公共服务转变，运行机制和管理方式向规范有序、公开透明、便捷高效转变。健全人才市场体系，发挥市场配置人才资源的基础性作用。遵循放开搞活、分类指导和科学规范的原则，深化国有企业和事业单位人事制度改革，创新管理体制，转换用人机制，扩大和落实单位用人自主权。充分发挥用人单位在人才培养、引进和使用中的主体作用。

主要任务：按照政府行政管理体制改革的总体部署，完善人才管理运行机制。规范行政行为，推动人力资源管理部门进一步简政放权，减少和规范人才评价、流动等环节中的行政审批和收费事项。分类推进事业单位人事制度改革，逐步建立起权责清晰、分类科学、机制灵活、监管有力的事业单位人事管理制度。克服人才管理中存在的行政化、"官本位"倾向，取消科研院所、学校、医院等事业单位实际存在的行政级别和行政化管理模式。在科研、医疗等事业单位探索建立理事会、董事会等形式的法人治理结构。建立与现代科研院所制度、现代大学制度和公共医疗卫生制度相适应的人才管理制度。完善国有企业领导人员管理体制，健全符合现代企业制度要求的企业人事制度。鼓励有条件的区县、行业和重点领域结合自身实际建立与国际人才管理体系接轨的人才管理改革试验区。

3. 加强人才工作法制建设

目标要求：坚持用法制保障人才，推进人才管理工作科学化、制度化、规范化，形成有利于人才发展的法制环境。做好国家相关法律法规的实施工作，加强地方性法规的制定和完善工作，建立健全涵盖人才安全保障、人才权益保护、人才市场管理和人才培养、吸引、使用等人才资源开发管理各个环节的人才法规体系。

主要任务：围绕国家制定的人才开发促进法和终身学习、工资管理、事业单位人事管理、专业技术人才继续教育、职业资格管理、人力资源市场管理、外国专家来华工作等方面的法律法规，研究制定符合我市实际的配套法规；进一步完善人才流动、专业技术人员继续教育、职工教育、农民教育、人事争议仲裁、社会保障等地方性法规，建立健全人才资源开发管理各个环节的法规体系，加强人才执法和执法监督，切实保护人才和用人主体合法权益。

（二）创新人才工作机制

1. 人才培养开发机制

目标要求：坚持以国家发展需要和社会需求为导向，以提高思想道德素质和创新能力为核心，完善现代国民教育和终身教育体系，注重在实践中发现、培养、造就人才，构建人人能够成才、人人得到发展的人才培养开发机制。坚持面向现代化、面向世界、面向未来，充分发挥教育在人才培养中的基础性作用，立足培养全面发展的人才，突出培养创新型人才，注重培养应用型人才，深化教育改革，促进教育公平，提高教育质量。统筹规划继续教育，建设学习型城市。

主要任务：坚持把社会主义核心价值体系教育贯穿人才培养开发全过程，不断提高各类人才的思想道德水平。建立人才培养结构与经济社会发展需求相适应的动态调控机制，优化教育学科专业、类型、层次结构和区域布局。创新人才培养模式，全面推进素质教育。坚持因材施教，建立高等学校拔尖学生重点培养制度，实行特殊人才特殊培养。改革高等学校招生考试制度，建立健全多元招生录取机制，提高人才培养质量。建立社会参与的人才培养质量评价机制。积极推进职业教育改革创新示范区建设，完善发展职业教育的保障机制，改革职业教育模式。完善在职人员继续教育制度，分类制定在职人员定期培训办法，倡导干中学。构建网络化、开放式、自主性终身教育体系，大力发展现代远程教育，支持发展各类专业化培训机构。

2. 人才评价发现机制

目标要求：建立以岗位职责要求为基础，以品德、能力和业绩为导向，科学化、社会化的人才评价发现机制。完善人才评价标准，克服唯学历、唯论文倾向，对人才不求全责备，注重靠实践和贡献评价人才。改进人才评价方式，拓宽人才评价渠道。把评价人才和发现人才结合起来，坚持在实践和群众中识别人才、发现人才。

主要任务：健全科学的职业分类体系，建立各类人才能力素质标准。建立以岗位绩效考核为基础的事业单位人员考核评价制度。分行业制定事业单位领导人员考核评价办法。完善重在业内和社会认可的专业技术人才评价机制。加快推进职称制度改革，规范专业技术人才职业准入，依法严格管理；完善专业技术人才职业水平评价办法，提高社会化程度；完善专业技术职务任职评价办法，落实用人单位在专业技术职务（岗位）聘任中的自主权。完善以任期目标为依据、工作业绩为核心的国有企业领导人员考核评价办法。探索技能人才多元评价机制，逐步完善社会化职业技能鉴定、企业技能人才评价、院校职业资格认证和专项职业能力考核办法。健全完善党政领导干部考核评价机制。建立健全公务员职位分类制度。建立在重大科研、工程项目实施和急难险重工作中发现、识别人才的机制。健全举才荐才的社会化机制。

3. 人才选拔任用机制

目标要求：改革各类人才选拔使用方式，科学合理使用人才，促进人岗相适、用当其时、人尽其才，形成有利于各类人才脱颖而出、充分施展才能的选人用人机制。深化党政领导干部选拔任用制度改革，提高选人用人公信度。健全国有企业领导人员选拔制度，加大市场化选聘力度。完善事业单位聘用制度和岗位管理制度，健全事业单位领导人员选拔制度。

主要任务：完善党政领导干部公开选拔、竞争上岗制度，加大竞争性选拔干部力度。规范干部选拔任用提名制度。完善市委和区县党委讨论决定任用重要干部票决制。坚持和完善党政领导干部职务任期制。探索建立聘任制公务员管理制度。建立健全组织选拔、市场配置和依法管理相结合的国有企业领导人员选拔任用制度，完善国有资产出资人代表派出制和选举制。健全事业单位领导人员委任、聘任、选任等任用方式。全面推行事业单位公开招聘、竞聘上岗和合同管理制度。实行全球招聘制度，择优选聘高等学校、科研院所和市管企业等关键岗位和重大科技项目负责人。

4. 人才流动配置机制

目标要求：根据完善社会主义市场经济体制的要求，推进人才市场体系建设，完善市场服务功能，畅通人才流动渠道，建立政府部门宏观调控、市场主体公平竞争、中介组织提供服务、人才自主择业的人才流动配置机制。健全人才市场供求、价格、竞争机制，进一步促进人才供求主体到位。大力发展人才服务业，发挥中国北方人才市场、中国（天津）人力资源开发服务中心等作用，引进国际知名人才中介服务机构，加快培育国际人才市场。

加强政府对人才流动的政策引导和监督，推动产业、区域人才协调发展，促进人才资源有效配置。

主要任务：建立统一规范、更加开放的人力资源市场，发展专业性、行业性人才市场。健全专业化、信息化、产业化、国际化的人才市场服务体系。积极培育专业化人才服务机构，注重发挥人才服务行业协会作用。进一步破除人才流动的体制性障碍，研究制定发挥市场配置人才资源基础性作用的政策措施。推进政府所属人才服务机构管理体制改革，实现政事分开、管办分离。逐步建立城乡统一的户口登记制度，调整户口迁移政策，使之有利于引进人才。加快建立社会化的人才档案公共管理服务系统。完善社会保险关系转移接续办法。建立人才需求信息定期发布制度，编制经济社会发展急需紧缺人才目录。完善劳动合同、人事争议仲裁、人才竞业避止等制度，维护各类人才和用人单位的合法权益。深化与中央和国家机关各部委、国家级科研院所、全国知名高等学校的合作，采取多种方式用好高端人才智力资源。完善环渤海区域人才交流合作机制，加快推进区域人才开发一体化。

5. 人才激励保障机制

目标要求：完善分配、激励、保障制度，建立健全与工作业绩紧密联系、充分体现人才价值、有利于激发人才活力和维护人才合法权益的激励保障机制。完善各类人才薪酬制度，加强对收入分配的宏观管理，逐步建立秩序规范、激发活力、注重公平、监管有力的工资制度。坚持精神激励和物质奖励相结合，健全以政府奖励为导向、用人单位和社会力量奖励为主体的人才奖励体系。完善以养老保险和医疗保险为重点的社会保障制度，形成国家、社会和单位相结合的人才保障体系。

主要任务：稳步推进工资制度改革。建立产权激励制度，制定知识、技术、管理、技能等生产要素按贡献参与分配的办法。健全国有企业人才激励机制，推行股权、期权等中长期激励办法，重点向创新创业人才倾斜。逐步提高企业退休人员基本养老金，对在企业退休的高层次专业技术人员给予重点倾斜。建立完善事业单位岗位绩效工资制度。探索高层次人才、高技能人才协议工资制和项目工资制等多种分配形式。建立功勋荣誉制度，表彰在经济社会发展中作出杰出贡献的人才。调整规范各类人才奖项设置。研究特殊人才有关税费减免或代偿代缴办法。研究制定人才补充保险办法，支持用人单位为各类人才建立补充养老、医疗保险。

五、实施重大人才政策

（一）实施促进人才投资优先保证的财税金融政策

各级政府要优先保证对人才发展的投入，确保教育、科技支出增长幅度高于财政经常性收入增长幅度，卫生投入增长幅度高于财政经常性支出增长幅度。逐步改善经济社会发展的要素投入结构，较大幅度增加人力资本投资比重，提高投资效益。认真落实市委、市政府关于市人才发展基金的投入政策，进一步扩大市人才发展基金的规模和使用范围，改进和完善市人才发展基金的管理体制和运行机制，设立办公室和专门账户直接负责基金的使用、管理和划拨，注重提高使用效率和投入效益。各区县、行业和重点领域都要建立人才发展基金或专项资金，直接用于人才开发，并纳入财政（或财务）预算，建立人才投入逐年增长机制。鼓励和支持企业、社会组织建立人才发展基金。创新人才发展基金使用方式，深化实施企业人才援助工程，促进企业又好又快发展。在重大建设和科研项目经费中，应安排部分经费直接用于人才开发。按照国家的有关规定，适当调整财政税收政策，提高企业职工培训经费的提取比例。通过税收、贴息等优惠政策，鼓励和引导社会、用人单位、个人投资人才资源开发。积极争取国家人才开发和引智项目，合理利用国际组织和外国政府贷款投资人才开发项目。

（二）实施产学研合作培养创新人才政策

建立政府指导下的以企业为主体、市场为导向、多种形式的产学研战略联盟，通过共建科技创新平台、开展合作教育、共同实施重大项目等方式，培养高层次人才和创新团队。整合利用高等学校、科研院所和大企业集团的优势资源，以国家级和省部级重点学科、重点实验室、工程技术研究中心、企业技术中心等为依托，加快建设一批科研成果产业化示范基地和创新型人才培养基地，促进学科链、产业链和人才链的有机融合，构筑高层次创新型人才的事业平台和服务平台。实行"人才＋项目"的培养模式，依托重大人才计划以及重大科研、工程、产业攻关、国际科技合作等项目，在实践中集聚和培养创新人才。建立以人才为核心的产学研合作新机制，完善重大项目与重点人才对接机制，实施优秀人才创新项目择优资助计划，加大对创新型人才和团队的支持力度。实施创新型人才培育计划，加强专业学位教育，建立高等学校、科研院所和企业高层次人才双向交流制度，推行产学研联合培养研究生的"双导师制"。加快实施百名综合配套改革创新人才培养工程，大力开展校企引智合作工程。改革完善博士后制度，加强博士后科研流动站和工作站建设，深化实施博士后赴国际著名高等学校、科研机构培训制度，建设一批博士后创新实践基地，提高博士后培养质量。对企业等用人单位接纳高等学校、职业学校学生实习等实行财税优惠政策。

（三）实施更加开放的人才政策

适应天津在更大范围、更广领域、更高层次上参与国际经济科技文化等方面合作与竞争的需要，进一步扩大人才工作对外开放，推进人才国际化进程，增强我市人才国际竞争力。抓紧培养造就一批复合型、高层次、通晓国际规则的国际化人才。大力引进海外高层次人才，继续完善出入境和长期居留、税收、保险、住房、子女入学、配偶安置，担任领导职务、承担重大科技项目、参与国家标准制定、参加院士评选和政府奖励等方面的特殊政策措施，营造有利于海外高层次人才创新创业的发展环境。实行海外高层次人才特聘专家制度。加强国家和我市引进海内外高层次人才服务窗口建设。实行海内外高层次人才需求公开发布、对接洽谈和留学人员登记推荐就业等制度，加强留学人员创业园建设，充分发挥海外工作站作用，全方位、多渠道吸引海外留学人员。组织开展海外高层次人才津门行、创新创业论坛等活动，搭建用人单位和海外高层次人才之间的对接平台。加大引进国外智力工作力度，完善引智政策，拓宽引智渠道，加强引智基地建设，注重引智成果推广，切实发挥引智工作在我市经济社会发展中的重要作用。开发利用国（境）外优质教育培训资源，加强出国（境）教育培训工作。规范建设天津市优秀人才海外培训基地。支持高等学校、科研院所与海外高水平教育、科研机构开展人才智力交流，建立联合研发基地。支持企业设立海外研发机构。大力引进国际通用的职业资格认证制度，推进专业技术人才职业资格国际、地区间互认。加强与国际著名人力资源中介服务机构合作，培育我市的国际人才中介服务机构。维护重要人才安全。

（四）实施鼓励人才创新创业政策

统筹人才和行业、产业等政策，整合人才发展基金、科技项目资金、成果转化专项资金、中小企业扶持资金等，突出重点，集成优势，大力支持带技术、带资金、带项目来津创新创业的科技型企业家，大力支持科技人才进行原创性研发和科技成果产业化，尽快突破一批关键技术或核心技术，拥有更多的自主知识产权，促进高新技术产业、战略性新兴产业和现代服务业发展。建立符合企事业单位科技人员和管理人员不同特点的职业发展途径，鼓励和支持科技人员在创新实践中成就事业并享有相应的社会地位和经济待遇。对事业单位管理人员全面推行职员制度。完善科研管理制度，扩大科研机构用人自主权和科研经费使用自主权，健全科研机构内部决策、管理和监督的各项制度。建立以学术和创新绩效为主导的资源配置和学术发展模式。改进科技评价和奖励方式，完善以创新和质量为导向的科研评价办法，克服考核过于频繁、过度量化的倾向。完善科技经费、科技计划管理办法，对高水平创新团队给予长期稳定支持。健全科研院所分配激励机制，注重向科研关键岗位和优秀拔尖人才倾斜。采取多种方式，开辟多种渠道，研究解决引进人才住房问题，改善青年科技人才的生活条件，在政府保障性住房建设中优先解决人才住房问题，有条件的地区要专门建设人才周转公寓。

促进知识产权质押融资、创业贷款等业务的规范发展，完善支持人才创业的金融政策。完善知识产权、技术等作为资本参股的措施。加大税收优惠、财政贴息力度，扶持创业风险投资基金，支持创办科技型企业，促进科技成果转化和技术转移。加强创业技能培训和创业服务指导，提高创业成功率。继续加大对创业孵化器等基础设施的投入，创建创业服务网络，探索多种组织形式，为人才创业提供服务。制定科研机构、高等学校科技人员创办科技型企业的激励保障办法。

按照与人力资源和社会保障部共建促进以创业带动就业试验区的要求，制定劳动保障、市场准入、税费优惠、产业引导、户籍制度、土地房屋使用、信息技术支持等政策，形成促进以创业带动就业的政策支撑体系。通过培育创业载体、完善金融支撑体系、创业培训和服务体系，鼓励和支持各类人才自主创业，把我市初步建成人人竞相创业、社会充分就业、发展充满生机活力的创业型示范城市。确立以业绩为取向的人才价值观，实现一流人才享受一流待遇、一流贡献得到一流报酬，充分体现知识价值、劳动价值和人才价值。大力宣传我市人才政策环境、机制环境、生态环境和人文环境及各类人才的创新创业创优活动，动员全社会关心支持人才工作，进一步营造尊重劳动、尊重知识、尊重人才、尊重创造的社会氛围。

（五）实施促进人才向经济建设一线和基层集聚的引导政策

研究制定工资、职务、职称等相关优惠倾斜政策，鼓励人才到重大项目、重点工程和企业、社区、农村工作，促使优秀人才向经济建设主战场和基层一线集聚。在企业建立"院士专家工作站"，引导各种创新与智力要素向企业汇集，促进企业核心竞争力大幅提升。完善科技特派员到农村和企业服务的政策措施。逐步提高市级党政机关从基层招录公务员的比例。鼓励和支持各类人才到区县创新创业，增加区县高层次人才数量，优化区县人才结构，提高区县人才素质。鼓励高校毕业生自主创业和到艰苦地区、农村基层创业就业扶持办法。开发基层社会管理和公共服务岗位，用于吸引城市人才和高校毕业生。实施公职人员到基层服务和锻炼的派遣与轮调办法。深入贯彻落实引导高校毕业生面向基层就业的政策，改进和完善选调生制度，做好选聘高校毕业生到村任职工作，完善实施"三支一扶"计划、大学生志愿服务西部计划和农村义务教育阶段学校教师特设岗位计划等政策，做好选调生、公务员录用、选聘高校毕业生到村任职等工作的政策衔接。做好干部援藏援疆、"博士服务团"成员选派等工作。

（六）实施鼓励非公有制经济组织、新社会组织人才发展政策

将非公有制经济组织、新社会组织人才开发纳入各级政府人才发展规划，研究制定加强非公有制经济组织、新社会组织人才队伍建设的实施意见，促进中小企业和社会中介组织发展。对社会主义市场经济体制下各种所有制组织中的人才，坚持一视同仁、平等对待。政府在人才培养、吸引、评价、使用等方面的各项政策，非公有制经济组织、新社会组织人才平等享受。政府支持人才创新创业的资金、项目、信息等公共资源，向非公有制经济组织、新社会组织人才平等开放。政府开展人才宣传、表彰、奖励等方面活动，非公有制经济组织、新社会组织人才平等参与。

（七）完善人才流动政策

坚持以市场为导向，依法维护人才的合法权益，保证人才流动的规范性和有序性。建立人才业绩档案，发展人才智力租赁业，鼓励人才自主流动。探索建立居住证与户籍对接制度，实行海外高层次人才"绿卡"制度。推进党政人才、企业经营管理人才、专业技术人才"三支队伍"之间人才合理流动，完善"三支队伍"人才交流和挂职锻炼制度，打破身份、单位、部门和所有制，营造开放的用人环境。扩大党政机关和国有企业事业单位领导人员跨地区跨部门交流任职范围。拓宽党政人才来源渠道，完善从企事业单位和社会组织选拔人才制度。完善党政机关人才向企事业单位流动的社会保险关系转移接续办法。实施政府雇员制，完善辞职辞退制度、争议仲裁制度。

（八）完善人才激励政策

根据我市经济社会发展水平，稳步提高各类人才的福利待遇。按照国家规定，逐步建立符合党政机关工作性质和特点的公务员津贴补贴制度，建立与经济发展相适应的公务员收入增长机制。引导企业不断完善与知识经济和现代企业制度相适应的市场化薪酬体系，探索知识、技术、管理、技能等生产要素参与收益分配的方式和途径，建立有利于人才创新创造、潜能发挥和绩效提升的科学激励办法。建立有利于产学研结合，有利于团结协作、联合攻关的分配机制。建立人才资本和科研成果有偿转移制度，实行人才资本产权激励。建立和完善适应不同事业单位特点、以岗位绩效工资为主体、着重发挥绩效工资激励作用的多元化分配机制。重点岗位的特殊人才、技术管理人才和短缺人才实行协议工资。进一步规范和完善全市人才奖励体系，对在我市经济社会发展中作出重大贡献的人才给予重奖。

（九）实施促进人才发展的公共服务政策

完善政府人才公共服务体系，建立全市统一开放、高效便捷的服务网络。健全人事代理、社会保险代理、企业用工登记、劳动人事争议调解仲裁、人事档案管理、就业服务等公共服务平台，满足人才多样化需求。创新政府提供人才公共服务方式，建立政府购买公共服务制度。加强对人才公共服务产品的标准化管理，大力开发公共服务产品。统筹规划人力资源公共服务机构建设，加快人力资源市场服务平台建设。构建服务能力强、监督机制全、体现公平正义的人力资源管理和服务体系。

（十）实施知识产权保护政策

实施《天津市知识产权战略纲要》。坚持"激励创造、有效运用、依法保护、科学管理"的方针，以加快自主知识产权创造为基础，以促进实施转化为重心，以营造优良创新创业环境为保障，以提高区域竞争能力和可持续发展能力为目标，不断提升知识产权科学管理能力和服务水平。制定职务技术成果条例，完善科技成果知识产权归属和利益分享机制，保护科技成果创造者的合法权益。明确职务发明人权益，提高主要发明人受益比例。制定职务发明人流动中的利益共享办法。建立非职务发明评价体系，加强对非职务发明创造的支持和管理。研究制定支持个人和中小企业发明创造的资助办法，鼓励创造知识财产。加强专利技术运用转化平台建设。完善非物质文化遗产传承人知识产权保护相关措施。完善知识产权工作体系，加大知识产权宣传普及和执法保护力度。建立健全有利于知识产权保护的社会信用制度。营造保护知识产权的法制、市场和文化氛围，提升知识产权创造、运用、保护和管理能力，推进国际合作交流。

六、实施重大人才工程

（一）滨海新区人才高地建设工程

紧紧围绕把滨海新区建设成为我国北方对外开放的门户、高水平的现代制造业和研发转化基地、北方国际航运中心和国际物流中心的战略目标，按照综合配套改革试验的总体要求，先行先试一批重大人才政策和工程，创新体制机制，创建"人才特区"。加快建设"中国·滨海科技城"，大力聚集中央企业研发中心、国家级科研院所和跨国公司研发机构，引进更多创新创业领军人才和团队。加快实施海外高层次人才引进计划、创新创业领军人才及团队引进计划、国际顶尖大师进滨海计划、留学回国人员创业启动支持计划、现代服务业高层次人才引进计划和博士后人才引进计划，实施人才国际化培养计划、企业家培育计划、高技能人才素质提升计划，使滨海新区人才自主创新能力和国际竞争力显著提高。加快推进功能区开发，吸引、建设更多高水平大项目好项目，加强各类科技创新平台和研发机构建设，为培养和聚集更多优秀人才提供高水平事业平台。发展中国国际人才市场天津滨海新区分市场。

（二）高层次人才聚集工程

大力实施海外高层次人才引进计划，在"十二五"期间，引进并重点支持1000名左右能够突破关键技术、发展高新技术产业、带动新兴学科和新兴产业的国际一流科学家和科技创新创业领军人才，以及金融、文化、教育、社会工作、社会科学等领域业绩突出、知名度高的人才。各区县、各部门和各单位也要着眼长远发展需要，制定实施高层次人才和急需紧缺人才引进计划，努力使我市成为海内外高层次人才聚集的高地和成就事业的沃土。积极争取我市引进的海外高层次人才更多地进入国家"千人计划"。

（三）新型企业家培养工程

围绕大力发展高新技术产业、积极培育战略性新兴产业和加快发展现代服务业，制定实施高层次创新创业领军人才和团队培养计划。有关部门和用人单位给予扶持，市人才发展基金给予重点资助，采取国（境）内外培训、政策支持、重大项目历练、重点联系服务等方式，用5到10年时间培养1000名科技型、知识型、创新型企业家和创新创业团队。通过实施计划，发挥新型企业家的引领作用，推动高新技术企业和科技型中小企业做大做强，培育一批水平高、规模大、竞争力强的龙头企业和企业集群，形成我市新的经济增长点，为构筑高端产业高地、自主创新高地提供重要支撑。

（四）"131"创新型人才培养工程

加快实施"131"创新型人才培养工程，加强规划，改进方式，完善措施，缩短周期，扩大培养规模，加大资助力度，到2020年，培养1000名在国际上具有一定知名度、进入世界科技前沿领域或具有国内领先水平和创新优势的创新领军人才；培养3000名在全国专业领域内知名、居全市领先地位的学术技术带头人；培养10000名各部门各单位的专业技术骨干和学术技术带头人后备力量。坚持在创新实践中培养创新型人才，用创新成果评价创新型人才，重点资助原创性研发和科研成果转化。瞄准世界科技前沿和战略性新兴产业，选择我市具有相对优势的科研和学术领域，重点支持和培养一批中青年科技创新领军人才和拔尖人才；依托一批国家和我市重大科研项目、重点工程和重大建设项目，建设一批重点领域创新团队；依托高等学校、科研院所和高新技术产业开发区、示范工业园区、现代农业科技园等，建设一批创新型人才培养基地和科技成果转化基地，组织开展人才与企业、人才与项目对接活动，努力使"131"创新型人才培养工程成为我市高层次创新型人才的"孵化器"和推动科技进步、促进经济社会又好又快发展的"加速器"。

（五）青年人才开发工程

着眼于人才基础性培养和战略性开发，提升我市未来人才竞争力，在自然科学、哲学社会科学和文化艺术等重点学科领域，每年重点培养扶持一批青年拔尖人才。在高等学校、科研院所和企业的优势学科、重点实验室、工程技术中心、企业技术中心建设一批青年英才培养基地，按照严入口、小规模、重特色、高水平的原则，每年选拔一批拔尖大学生、青年学术技术骨干进行专门培养。为培养造就未来我市所需的高素质、专业化管理人才，每年从应届高中、大学毕业生中筛选一批优秀人才送到国外一流大学深造，进行定向跟踪培养。实施天津市青少年科技创新人才培养工程，培育青年人才后备军。

（六）经济社会发展重点领域人才培养工程

围绕我市加快转变经济发展方式，构建高端化高质化高新化产业结构，发展优势支柱产业、战略性新兴产业和现代服务业，在经济社会发展的重点领域，开展大规模教育培训。"十二五"期间每年培训1万名高层次人才、急需紧缺专门人才和骨干专业技术人才，到2020年累计培训10万名左右。依托高等学校、科研院所和大型企业现有施教机构，全市建设一批高水平继续教育基地，争取进入国家级基地。大力开发利用国内外高水平教育培训资源，瞄准世界科技前沿和产业发展高端，注重培养世界眼光和战略思维，不断学习新知识、新技术、新经验，提升各类人才的综合素质和业务能力。

（七）高技能人才开发工程

适应走新型工业化道路、加快产业结构优化升级的需要，加强职业院校和实训基地建设，培养造就一大批具有精湛技艺的高技能人才。加快建设国家职业教育改革创新示范区，以海河教育园区为依托，建设国家西部民族地区技能型紧缺人才培养基地、国家职业教育课程资源开发和质量监测评估中心、国家职业教育师资培训中心、国家职业教育研究和成果转化中心、国家职业教育发展博物馆和全国职业教育技能大赛主赛场。通过引进国外优质职教资源和示范校、骨干校建设，推动职业教育人才培养质量的提高。实施高素质技能人才培训计划。通过技师研修、学校教育、名师带徒、技能竞赛、校企合作、技术攻关等多种形式，加快高技能人才培养。创新技能人才培养途径，推进"蓝领双证工程"。加快建设高技能人才培养基地和技师研修站，建设一批技能大师工作室，争取纳入全国技能大师工作室。

（八）金融人才开发工程

培养造就一批能以实施金融人才"百千万工程"为载体，加快金融人才特别是金融高级管理人才培养步伐，积极引进各类金融专业人才、监管人才和复合型人才。用5到10年的时间，引进培养100名左右从业经验丰富的股权投资基金管理人，200名左右熟悉资本市场建设、通晓国际经验、熟悉我国资本市场结构的专业人才，300名左右对金融发展具有深刻洞察力、熟悉国际国内金融市场、具有参与国际金融竞争能力和水平的优秀金融企业家；1000名左右懂得企业管理、银行经营、资本市场等技能的复合型经营管理人才，1000名左右研究分析、产品开发、风险控制、保险精算、外汇管理、信息技术、市场营销等各类高级专业人才；每年培养造就10000名爱岗敬业、诚实守信、具有高水平岗位技能的金融业员工。

（九）高素质教育卫生人才开发工程

实施高素质教育人才引进与培养计划，通过研修培训、学术交流、项目资助等方式，培养一大批各类学校教育教学骨干、"双师型"教师、学术带头人和校长，建设一支高素质创新型教育人才队伍。

到 2020 年，高校中在津两院院士有明显增加，普通高校长江学者数量达到 200 人、在全国具有影响的普通高等教育教师达 200 人、职业技术教育专家型教师达到 200 人、基础教育专家型教师达到 200 人。加快实施"人才强教"战略，围绕教育事业改革与发展的总体要求，以高水平教育人才队伍建设为核心，发挥政府指导调控作用和市场调节作用，全面加强教育人才培养体系建设。紧紧抓住高水平教育人才的培养、考核评价、岗位聘用、选拔交流、表彰激励、合理流动、社会保障等环节，进一步更新观念，完善政策，创新机制，形成有利于高水平教育人才成长的制度环境和社会氛围。围绕建设我国重要的临床诊治和医学研究中心，适应深化医药卫生体制改革、保障全民健康的需要，实施高层次卫生人才培养和引进计划，培养造就一批医术精湛、全国知名的医学专家，建设一批高水平医学创新团队。加强中青年医学人才梯队建设，开展住院医师规范化培训，抓好以全科医师为重点的基层卫生人才队伍建设。

（十）宣传文化人才开发工程

适应打好文化大发展大繁荣攻坚战、建设文化强市的需要，在"十二五"期间，以建设我国北方文化资源聚集中心、文化创意中心、文化产品生产交易流通中心、新型文化业态培育中心、文化旅游休闲度假中心为目标，确立赶超型人才战略；自 2016—2020 年实行领先型人才战略，实施天津市宣传文化百家工程、设立"天津市文化名家"荣誉称号，拓展宣传文化"五个一批"工程，深化青年文艺人才工程，制定引进高层次宣传文化人才政策措施，加大人才奖励力度，加大人才梯队建设。到 2020 年，引进、培养 100 名左右在全国同行业领域具有引领作用、学术艺术造诣高深、成就突出的理论家、艺术家、文学家、新闻出版家、广播电视名主播、文物保护名家以及技术专家；200 名左右既熟悉意识形态工作又精通文化事业文化产业经营管理、经纪代理、会展策划、文化旅游和文化产品策划营销等复合型经营管理人才；500 名左右文化创意、立体影视、新兴媒体、数字出版、动漫游戏、文化主题公园、高新技术印刷复制、下一代广播电视网等战略性新兴文化产业高端专门人才；1000 名左右从事经济社会发展战略研究、理论宣传、新闻采编与评论、广播电视主播、新媒体开发和应用、文学创作、影视舞台剧编导、戏曲表演、动漫创意、出版物策划编辑和营销发行、网络等新技术的开发与应用等专业门类，富有开拓精神、发挥骨干示范作用的高层次创新型人才；60000 名左右结构优化、业务精、纪律严、作风正、适应文化事业文化产业蓬勃发展的宣传文化人才。

七、组织实施

（一）加强对《人才规划》实施工作的组织领导

在市委、市政府的领导下，市人才工作领导小组负责《人才规划》实施的统筹协调和宏观指导，研究制定各项目标任务的分解落实方案，组织实施重大人才政策和重大人才工程。建立全市人才规划实施目标责任制，把《人才规划》的各项目标任务纳入各级党政领导班子工作目标责任制和综合考核评价指标体系，加强人才工作专项考核。各级党委和政府每年至少要听取一次人才工作专项报告，及时研究解决存在的问题，推动人才规划各项任务的落实。市委组织部会同有关部门有计划、分阶段地对本规划实施情况进行督促检查，对党政领导班子和领导干部进行专项考核，并及时研究解决规划实施过程中的新情况和新问题，确保各项目标任务落到实处。建立人才规划评估修订机制，对规划确定的目标、任务及措施等内容，根据未来形势变化和规划实施进度情况适时进行修订调整，确保规划的科学性、指导性和可操作性。

（二）完善全市人才规划体系

将人才发展规划纳入全市经济社会发展总体规划，促进人才发展规划与科技、教育发展规划等各专项规划之间的有机衔接。以国家和我市中长期人才发展规划为指导，结合制定我市国民经济和社会发展"十二五"规划，编制各区县、各行业和重点领域的人才发展规划或专项规划，基层企事业单位要编制人才发展计划，使人才强国、人才强市战略目标和任务，变成人才强区（县）、人才强企、人才强校（院）的具体目标和任务，建立全市人才发展规划体系，形成加快建设人才强市的强大合力。

（三）加强对实施《人才规划》的宣传工作

大力宣传党和国家人才工作的重大战略思想和方针政策，宣传市委、市政府的部署要求，宣传实施《人才规划》的重大意义和《人才规划》的指导方针、目标任务、重大措施，使人才强市战略深入人心。及时宣传人才工作和人才创新创业的典型经验、做法和成效，形成全社会关心、支持人才发展的良好社会氛围。

（四）加强人才工作基础建设

努力建设一支热爱人才工作、专业水平高、服务意识强的高素质人才工作专兼职队伍。开展人才工作基础性、前瞻性研究，加强对重点、难点问题调查研究，探索和总结人才成长规律和人才开发规律。完善全市人才资源统计工作，健全覆盖全市的人才资源基础信息库和人才分类信息库。建立统一联网的人才资源信息系统，完善人才信息预测、发布和共享机制，更好地为全市重大项目、重点工程、重点企业、高等学校和科研院所等各类用人单位提供优质服务。

西藏自治区中长期人才发展规划纲要（2010—2020年）

为全面贯彻落实中央第五次西藏工作座谈会精神，大力实施人才强区战略，着眼于为到2020年同全国一道实现全面建设小康社会目标提供人才保证，根据《国家中长期人才发展规划纲要（2010—2020年）》和全国人才工作会议精神，结合我区实际，制定本规划纲要。

一、人才发展现状与面临的形势

自治区党委、政府历来高度重视人才工作，坚持把人才资源作为第一资源，提出了一系列加强人才工作的政策措施，为我区经济社会发展提供了有力的人才保障。进入新世纪特别是2003年第一次全国人才工作会议以来，自治区党委、政府在推动科教兴藏战略的同时，作出了实施人才强区战略的重大决策，制定出台了《关于贯彻〈中共中央、国务院关于进一步加强人才工作的决定〉的意见》《西藏自治区2004—2010年人才资源开发规划纲要》和《关于进一步加强人才队伍建设的实施意见》，进一步明确了人才工作的总体要求、方针原则、目标任务和政策措施。各级党委、政府紧紧抓住人才培养、吸引、使用三个关键环节，不断深化干部人事制度改革，积极探索以市场为导向的人才工作新机制，人才工作和人才队伍建设取得明显成效。全区人才总量稳步增长，人才综合素质不断提高，尊重劳动、尊重知识、尊重人才、尊重创造的氛围日益浓厚，党管人才工作格局初步形成。目前，全区人才资源总量26.9万人，占全区总人口的9.3%，其中具有本科以上学历或高级专业技术职称的人才3.8万人，有中国工程院院士和国家杰出专业技术人才3人、国家百千万人才工程人选10人、享受国务院特殊津贴专家230人，享受自治区特殊津贴专家15人和学术技术带头人126人。

同时，必须清醒认识到，当前我区人才发展总体水平与经济社会发展需要还存在较大差距：人才队伍整体素质不高，创新创业能力不强；人才结构和分布不尽合理，服务新农村建设的卫生、农技、畜牧等实用人才严重短缺；经济社会发展需要的应用开发型人才紧缺，高层次创新型人才匮乏；人才培养模式相对滞后，高等教育学科专业设置与跨越式发展和长治久安要求有一定差距；人才优先发展理念还没有普遍确立；人才发展体制机制障碍尚未消除，人才发展环境有待进一步优化；人才资源开发投入力度有待进一步加大，市场配置人力资源的基础性作用有待进一步发挥。

中央第五次西藏工作座谈会的召开，为我区人才工作指明了方向，为人才事业发展带来了宝贵机遇。全国人才工作会议和《国家中长期人才发展规划纲要（2010—2020年）》，明确了从人才大国向人才强国攀登的指导方针、奋斗目标和发展途径，对进一步实施人才强国战略、加快建设人才强国作出了全面部署，必将有力推动我区人才发展和人才队伍建设。面对新形势新任务，我们必须进一步增强责任感和使命感，抢抓机遇，用战略眼光看待人才工作，用创新举措加强人才工作，主动适应跨越式发展和长治久安需要，坚定不移地走人才强区之路，科学规划，深化改革，重点突破，整体推进，不断推动人才工作又好又快发展。

二、人才发展的指导方针、战略目标和总体部署

（一）指导方针

高举中国特色社会主义伟大旗帜，以邓小平理论和"三个代表"重要思想为指导，深入贯彻落实科学发展观，全面贯彻落实党的十七届五中全会和中央第五次西藏工作座谈会精神，坚持中央关于西藏工作指导思想不动摇，坚持党管人才原则，尊重劳动、尊重知识、尊重人才、尊重创造，紧紧围绕全国人才工作会议、国家人才规划确立的战略目标，着眼于走有中国特色、西藏特点的发展路子，着眼于我区跨越式发展和长治久安目标任务，结合我区发展稳定实际，突出政治标准，大力实施人才强区战略，遵循社会主义市场经济规律和人才成长规律，以加快人才工作体制机制改革和政策创新为动力，以加大人才投入为保障，以实施重大人才项目为抓手，立足当前、着眼长远，用好现有人才、稳住关键人才、吸引急需人才、培养未来人才，统筹推进各类人才队伍建设，为到2020年与全国一道实现全面建设小康社会的宏伟目标提供坚强的人才保证和广泛的智力支持。

我区人才发展的指导方针是：服务大局、人才优先、以用为本、创新机制、培引并举、整体开发。

服务大局。把服务跨越式发展和长治久安作为人才工作的根本出发点和落脚点，围绕跨越式发展

和长治久安目标推进人才资源开发，根据跨越式发展和长治久安需要制定人才政策措施，用跨越式发展和长治久安成果检验人才工作成效，使人才总量、素质、结构、分布与之相适应、相协调。

人才优先。把人才作为推进跨越式发展和长治久安最宝贵、最可持续的第一资源，确立在经济社会发展中人才优先发展的战略布局，强化人才在跨越式发展和长治久安中的重要地位和作用，做到人才资源优先开发、人才结构优先调整、人才投资优先保证、人才制度优先创新。

以用为本。把促进人才全面发展放在突出位置，围绕用好用活人才，制定有利于人才成长的政策措施，完善能使各类人才充分发挥作用的制度体系，形成用才的良好环境和政策优势，为各类人才干事创业提供机会和条件，使人才价值在使用中得到体现和提升。

创新机制。把深化体制机制改革作为推动人才发展的根本动力，破除各种不利于人才发展的思想观念和制度障碍，按照以人为本的核心理念，构建更加有利于科学发展、更加适合西藏特点的人才发展体制机制，最大限度地激发各类人才的创造活力。

培引并举。人才培养和人才引进并举，立足于培养本地人才，稳定人才和用好人才并重。整合培养教育资源，拓宽培养教育渠道，实施人才培养工程，加强人才资源能力建设。坚持急需紧缺人才面向全国、普通人才立足区内的原则，在用好现有人才、稳住关键人才的同时，不求所有、但求所用，引进急需紧缺人才。

整体开发。以高层次人才为先导，以应用型人才为主体，统筹抓好地域之间、行业之间和不同经济类型之间的人才配置，优化人才队伍的地区结构、行业结构、专业结构和能级结构，整体推进党政人才、企业经营管理人才、专业技术人才、高技能人才、农村实用人才、社会工作人才队伍建设，实现各类人才队伍协调发展。

（二）战略目标

到 2020 年，我区人才发展的总体目标是：人才总量基本满足跨越式发展和长治久安需要，人才素质大幅度提高，人才结构更加合理，高层次人才紧缺局面明显好转，人才工作体制机制基本完善，人才发展环境更加优化。

——人才总量稳步增长。到 2020 年，人才资源总量达到 48.3 万人，增长 77%，人才资源占人力资源总量的比重提高到 18%，基本满足跨越式发展和长治久安需要。

——人才素质大幅度提高。各类人才坚定不移地贯彻执行党的路线方针政策，坚定不移地维护祖国统一和民族团结，政治立场更加坚定，专业知识和能力更加扎实。到 2020 年，全区就业人员平均受教育年限提高到 10 年以上，主要劳动年龄人口受过高等教育的比例达到 20%，每万劳动力中研发人员达到 30 人年，高技能人才占技能劳动者的比例达到 27.5%。

——人才结构进一步优化。人才在城乡、区域、产业和行业之间的分布趋于合理，人才的专业、学历、年龄、民族和性别结构明显改善，藏族及其他少数民族人才迅速成长，中青年人才、妇女人才明显增加，专业技术人才门类齐全，高、中、初级比例适当，服务新农村建设的卫生、农技、畜牧等实用人才总量明显增多，人才结构与经济社会发展更加协调。

——人才使用效能明显提高。人才发展体制机制创新取得突破性进展，人才对推进跨越式发展和长治久安的促进作用明显增强。到2020年，人力资本投资占全区国内生产总值比例达到26%，人力资本对经济增长贡献率达到28.6%，人才贡献率达到30.7%。

——人才发展环境明显改善。科学人才观基本确立，党管人才工作格局基本形成，各级党委、政府对人才工作更加重视，人才舆论宣传更加有力，有利于人才创新创造的政策措施更加完善，尊重劳动、尊重知识、尊重人才、尊重创造的观念深入人心，人才辈出、人尽其才的环境基本形成。

（三）总体部署

一是更加注重人才的思想政治建设和能力建设，突出创新精神和创新能力培养，大幅度提升各类人才整体素质。二是大力创新人才培养模式，突出培养创新型科技人才，重视培养领军人才和复合型人才，大力开发经济社会重点领域急需紧缺人才，统筹抓好党政人才、企业经营管理人才、专业技术人才、高技能人才、农村实用人才、社会工作人才队伍建设。三是大力推进人才结构调整，充分发挥市场配置人才资源的基础性作用，改善宏观调控，调整人才素质、层级、分布结构，适应和引领经济社会协调发展。四是加快人才工作体制机制建设，完善人才管理体制，改进人才管理方式，创新人才培养开发、评价发现、选拔任用、流动配置、激励保障、经费投入机制，营造充满活力、富有效率、更加开放的制度环境。五是坚持高层次人才面向全国、海外，普通人才立足区内的原则，大力培养吸引跨越式发展和长治久安急需紧缺人才。六是大力加强和改进党对人才工作的领导，完善党管人才工作格局，创新党管人才方式方法，为人才发展提供坚强的组织保证。

推进人才发展，要统筹兼顾，突出重点，科学谋划，分步实施。到2015年，制定完善有利于人才成长的各项政策措施，并在体制机制创新上有较大突破；到2020年，全面落实各项人才政策措施和工作任务，确保人才发展战略目标实现。

三、人才队伍建设主要任务

（一）大力培养跨越式发展和长治久安急需紧缺人才

发展目标：适应我区跨越式发展和长治久安需要，加大急需紧缺人才培养力度。到2020年，在农业科技、生态环境保护、能源资源、信息、生物技术、新材料、交通运输、旅游、金融财会等经济重点领域培养急需紧缺人才11100人；在政法、宣传思想文化、教育、医药卫生、民族宗教管理、防灾减灾等社会发展重点领域培养急需紧缺人才49240人。经济和社会发展重点领域各类专业人才数量充足，政治过硬，整体素质和创新能力显著提升，人才结构趋于合理。

主要举措：围绕重点领域发展，开展深入细致的人才需求调研，研究制定经济社会发展急需紧缺人才培养政策措施。大规模开展人才知识更新培训，不断提升专业化水平。调整优化高校学科专业设置，加大急需紧缺人才特别是紧缺技术、管理人才培养力度。加强宣传思想文化、民族宗教管理、医药卫生、教育人才培养。围绕优势特色产业、新兴产业和重大项目发展需要，做好急需紧缺人才培养引进工作。支持重点领域高层次人才参加国际国内科研计划、学术交流。研究制定重点领域科研骨干人才分配激励办法。建立重点领域相关部门人才开发协调机制。

(二)统筹推进各类人才队伍建设

1. 党政人才队伍

发展目标:按照加强党的执政能力和先进性建设的要求,以坚定理想信念和提高领导科学发展能力为核心,以县(处)级以上领导干部为重点,建设一支政治坚定、作风优良、纪律严明、勤政为民、恪尽职守、清正廉洁、服务跨越式发展和长治久安的高素质党政人才队伍。到2020年,具有大学本科以上学历的干部占党政干部队伍的75%,政治立场更加坚定,结构更加合理,专业化水平明显提高,总量从严控制。

主要举措:实施党政人才素质提升工程,构建理论教育、知识教育、党性教育和实践锻炼"四位一体"的干部培养教育体系,开展大规模干部教育培训,大力提高党政人才服务群众、凝聚人心能力,反对分裂、维护稳定能力,依法办事、应急处置、舆论引导能力,做好民族宗教工作能力。坚持"三个离不开"方针和德才兼备、以德为先的用人标准,坚持"五湖四海"原则,树立坚定信念、注重品行、科学发展、崇尚实干、重视基层、鼓励创新、群众公认的用人导向,注重培养选拔优秀藏族干部和其他少数民族干部,注重培养选拔长期在藏工作的优秀汉族干部,注重培养选拔优秀妇女干部和非中共党员干部。加强干部跨区域、跨部门交流,支持鼓励表现优秀的援藏干部延长援藏期限或调入西藏工作。实施后备干部队伍建设工程,采取轮岗、易地交流任职、挂职锻炼等方式提高后备干部的实际能力。制定科学的党政人才考核评价办法,加强岗位职责、能力素质和工作业绩考核。健全权力约束制衡机制,加强党政干部管理监督。

2. 企业经营管理人才队伍

发展目标:以提高市场开拓能力和现代经营管理水平为核心,培养和造就一批具有经营战略眼光、市场开拓精神、管理创新能力和社会责任感的优秀企业家和一支高水平的企业经营管理人才队伍。到2015年,企业经营管理人才总量达到2.5万人;到2020年,企业经营管理人才总量达到3.5万人,培养造就在全国有一定影响力的企业家。

主要举措:实施企业经营管理人才培养工程,依托区内外高等院校和其他培训机构及对口援藏省市、中央重要骨干企业,建立培训基地,加强企业经营管理人才的教育培训和实践锻炼,提高市场开拓能力、竞争能力和现代经营管理水平。抓紧培养一批熟悉企业规划、资本运作、经营管理、市场开发、企业党建等方面的复合型人才;大力培养旅游业、矿产业、建筑建材业、藏医药业、民族手工业、绿色饮食业、高原特色生物产业、农畜产品加工业等支柱产业、特色产业的经营管理人才;重视培养非公有制企业经营管理人才。采取组织选拔与市场化选聘相结合的方式选拔国有企业领导人员,注重在实践中发现、选拔、培养企业经营管理人才。建立健全国有企业经营管理者聘任制、任期制和任期目标责任制,实行契约化管理。建立健全促进企业家成长的政策和机制,完善以市场和出资人认可为核心的企业经营管理人才评价体系,创造有利于企业经营管理人才队伍成长的环境和条件。

3. 专业技术人才队伍

发展目标:以提高专业水平和创新能力为核心,以高层次复合型人才和紧缺人才为重点,培养引进一批高水平学科带头人和中青年高级专家，打造一支规模宏大、素质优良、门类齐全、结构合理、具有较强创新能力的专业技术人才队伍。到2015年，专业技术人才总量达到7万人；到2020年，专业技术人才总量达到9万人，其中高、中、初级专业技术人才的比例为1：4：5。

主要举措：研究制定《关于加强专业技术人员继续教育工作的意见》。依托国家重大人才培养计划，以培养特色优势产业、高新技术产业、重点项目急需紧缺人才为重点，加快实施专业技术人才知识更新工程。实施新世纪百千万人才工程，做好"西部之光"访问学者选派工作和少数民族专业技术人员特殊培养工作。举办高级研修班，组织区外专家进藏开展讲学、技术咨询服务。注重专业技术人才的政治素质，加强专业技术人才思想政治教育和职业道德教育。修订完善专业技术职务评审实施细则，统筹推进专业技术职称和职业资格制度改革，形成以能力和业绩为主的用人导向。制定专家培养选拔管理办法，强化激励，科学管理。完善自治区政府特殊津贴制度。积极改善基层专业技术人才工作、生活条件。注重发挥离退休高层次专业技术人才的作用。

4. 高技能人才队伍

发展目标：以提升职业素质和职业技能为核心，以技师和高级技师为重点，形成一支门类齐全、技艺精湛、爱岗敬业的高技能人才队伍。到2015年，高技能人才总量达到1.8万人；到2020年，高技能人才总量达到2.2万人。

主要举措：创新培养模式，构建和完善以行业、企业为主体，职业院校为基础，校企合作为纽带，培养和鉴定相结合、政府推动与社会支持相结合的社会化开放式高技能人才培养体系。加强职业培训，整合利用现有各类职业教育培训资源，充分发挥现有技能人才培养基地作用，建立高技能人才公共实训基地和培训基地。搭建面向全社会提高高技能人才实训和鉴定等服务的公共平台。突出高技能人才培养模式、培养内容、培养方式和培养效果等方面的示范性，改革职业教育办学模式，实行中等职业学校免学费政策和学生生活补助制度，逐步推行学历证书和职业资格证书"双证书"制度。实施高技能人才培养工程，针对不同区域、不同行业高技能人才需求特点，有重点组织实施高技能人才培训项目和基础开发项目。加强职业教育"双师型"教师队伍建设，在职业教育中逐步推行学历证书和职业资格证书"双证书"制度。建立健全高技能人才柔性流动和区域合作机制，鼓励高技能人才通过兼职、服务和技术攻关、项目引进等多种方式发挥作用，优化高技能人才成长环境，畅通高技能人才成长渠道。

5. 农牧区实用人才队伍

发展目标：以提高科技素质、实用技能和生产经营能力为核心，以实用人才和生产经营型人才为重点，着力打造一支数量充足的服务农牧区经济社会发展需要的实用人才队伍。到2015年，农牧区实用人才总量达到15万人；到2020年，农牧区实用人才总量达到21万人，每个村有1—2名示范带动能力强的带头人。

主要举措：实施农牧区实用人才培养工程，依托农牧区现代远程教育网络、职业学校、高等院校、科研院所、农技推广机构和培训中心，大规模开展农牧区实用人才培训，大力培养致富带头人、农技带头人、经营带头人。实施现代农牧业人才支撑计划，鼓励和引导城镇人才到农牧区创业，支持农牧区实用人才创业兴业。大力扶持农牧民专业合作经济组织和专业技术协会，加快培养农牧区产业化发展急需的企业经营管理人才、农牧民专业合作经济组织带头人、农牧民经纪人和营销队伍。实施农牧业科技入户工程、绿色证书工程、新型农牧民创业培训工程和农牧区劳动力转移培训阳光工程。开展一村一名拔尖实用人才培养活动和机关干部对口扶持工作。坚持科技特派员制度。推进医疗卫生人员支援农牧区卫生、城镇教师支援农牧区教育、科技人才下乡支农等工作。每年从高校毕业生中招募一批"三支一扶"人员，增强对农牧区的智力支持。

6. 社会工作人才队伍

发展目标：以人才培养和岗位开发为基础，以提高专业化水平和职业化技能为核心，培养造就一支职业化、专业化的社会工作人才队伍。到 2015 年，社会工作人才总量达到 1.5 万人；到 2020 年，社会工作人才总量达到 2 万人。

主要举措：制定加强社会工作人才队伍建设规划，建立不同学历层次教育协调配套、专业培训和知识普及有机结合的社会工作人才培养体系。实施社会工作人才素质提升工程，制定社会工作培训质量评估指标体系，分层次开展社会工作人员专业知识培训。确立社会工作职业规范和从业标准，建立健全社会工作人才培养、评价、使用、激励机制。制定社会工作岗位开发、设置政策措施，在社区建设、社会福利、社会救助、生活服务等领域积极开发、合理设置人才岗位。大力发展社会工作公益性民间组织，吸纳专业社会工作人才，加强社会工作者队伍职业化管理。推进公益服务类事业单位、城乡社区和公益类社会组织建设，完善培育扶持和依法管理社会组织的政策。组织实施社会工作服务组织标准化建设示范工程，发现和宣传优秀社会工作人才典型事迹，营造社会工作良好氛围。制定政府购买社会工作服务政策，鼓励社会工作人才协助政府参与社会管理和公共服务。加快发展志愿者服务队伍，建立社会工作人才和志愿者队伍联动机制。加大财政资金向公共服务领域投入力度，创建有利于社会工作发展的财政体制，建立和完善社会工作人才资金保障机制。

四、体制机制创新

（一）改进完善人才工作管理体制

1. 完善党管人才的领导体制

目标要求：加强和改进党对人才工作的领导，创新党管人才的方式方法，完善党委统一领导，组织部门牵头抓总，有关部门各司其职、密切配合，社会力量广泛参与的人才工作格局。充分发挥党委领导核心作用，统筹经济社会发展和人才发展，注重在实践中培养造就人才，切实保障人才权益，用事业、待遇、感情吸引人才、留住人才，提高党管人才工作水平。党政主要负责人要树立强烈的人才意识，善于发现人才、培养人才、团结人才、用好人才、服务人才。

主要任务：研究制定党管人才工作的实施意见。健全人才工作领导机构，建立科学的决策机制和督促落实机制，形成统分结合、上下联动、协调高效、整体推进的人才工作运行机制。建立党委、政府人才工作目标责任制，完善党委联系专家制度。完善党委组织部门牵头抓总职能，发挥政府人力资源管理部门作用，强化各职能部门人才工作职责，充分调动各人民团体、企事业单位和社会组织的积极性，动员和组织全社会力量，形成人才工作整体合力。

2. 改进人才管理方式

目标要求：围绕用好用活人才，建立完善政府宏观管理、市场有效配置、单位自主用人、人才自主择业的人才管理体制。改进宏观调控，推动政府人才管理职能向创造良好发展环境、提供优质公共服务转变。健全人才市场体系，充分发挥市场配置人才资源的基础性作用。深化国有企业和事业单位人事制度改革，创新管理体制，转换用人机制。落实单位用人自主权，发挥用人单位在人才培养、吸引、使用中的主体作用。

主要任务：规范行政行为，推动人才管理部门进一步简政放权，减少和规范人才评价、流动等环节中的行政审批和收费事项。分类推进事业单位人事制度改革，逐步建立起权责清晰、分类科学、机制灵活、监管有力的事业单位人事管理制度。逐步取消科研院所、学校、医院等事业单位实际存在的行政级别和行政化管理模式，建立与现代科研院所制度、现代大学制度和公共医疗卫生制度相适应的人才管理制度。完善国有企业领导人员管理体制，健全符合现代企业制度要求的企业人事制度。鼓励支持有条件的地区和行业进行人才管理改革试验，探索建立现代先进的人才管理机制。

（二）创新人才工作机制

1. 人才培养开发机制

目标要求：以推进跨越式发展和长治久安为导向，以提高思想政治素质、业务能力和创新能力为核心，完善现代国民教育和终身教育体系，注重在实践中发现、培养、造就人才。认真贯彻落实中央第五次西藏工作座谈会优先发展教育事业的政策措施，充分发挥教育在人才培养中的基础性作用，全面发展各级各类教育，立足西藏实际，注重培养应用型人才，突出培养创新型人才，深化教育改革，促进教育公平，提高教育质量。统筹规划继续教育，基本形成学习型社会。

主要任务：把社会主义核心价值体系教育贯穿于人才培养开发全过程，不断提高各类人才的思想道德水平。切实加强义务教育和高中阶段教师队伍建设，改变基础教育薄弱情况。创新人才培养模式，全面推进素质教育。深化高等教育改革，推进高等院校发展，优化高校学科专业、类型和层次结构布局，加强特色学科和优势专业，提高人才培养质量。大力发展职业教育。完善在职人员继续教育制度，分类制定在职人员定期培训办法。大力发展现代远程教育，构建网络化、开放式、自主性终身教育体系。

2. 人才评价发现机制

目标要求：建立以岗位职责要求为基础，以品德、能力和业绩为导向，科学化、社会化的人才评价发现机制。完善人才评价标准，改进人才评价方式，拓宽人才评价渠道。把评价人才和发现人才结合起来，注重靠实践和贡献评价人才，坚持在实践和群众中识别人才、发现人才。

主要任务：改进和完善人才考核评价的方式方法，建立各类人才能力素质标准。建立以岗位要求为基础、以能力和业绩为导向的事业单位人员考核评价制度。完善重在业内和社会认可的专业技术人才评价机制。积极探索资格考试、考核和同行评议相结合的专业技术人才评价方法，分类制定人才职业能力评价标准，开展专业技术水平能力认证工作。深化职称制度改革，以打破专业技术职称终身制为重点，制定以能力为导向，体现不同层次、行业、职位特点的专业技术职务评价标准。完善以任期目标责任制为依据，突出对经营业绩和综合素质考核的不同类型企业经营管理人才评价制度。逐步完善以职业能力为导向，以工作业绩为重点，注重职业道德和职业知识水平的技能人才评价考核办法。探索技能人才多元评价新模式。健全党政领导干部重在群众认可的考核评价机制，完善体现科学发展观和正确政绩观的党政领导干部综合考核评价指标体系。研究制定不同类别、层次、岗位公务员的考核指标体系。建立在重大科研、工程项目实施、急难险重工作和应急处理突发事件中发现、识别人才的机制。

3. 人才选拔任用机制

目标要求：适应西藏跨越式发展和长治久安需要，改革各类人才选拔使用方式，科学合理使用人才，形成有利于各类人才脱颖而出、充分施展才能的选人用人机制。深化党政领导干部选拔任用制度改革，提高选人用人公信度。推进事业单位体制改革，建立事业单位聘用制度和领导人员选拔制度。改革和完善国有企业领导人员选拔制度。

主要任务：完善党政领导干部公开选拔、竞争上岗制度，加大竞争性选拔干部工作力度。探索符合西藏实际的干部选拔任用提名办法。探索建立差额推荐干部制度。坚持和完善从基层和反分裂斗争一线选拔干部制度。按照分类指导的原则，进一步深化事业单位人事制度改革，全面推行人员聘用制度、公开招聘制度、内部人员竞聘上岗制度，形成聘用合同规范、人员能进能出、职务能上能下、待遇能高能低的用人机制。建立健全市场配置、组织选拔和依法管理相结合的国有企业经营管理者选拔任用机制，加大市场配置力度。

4. 人才流动配置机制

目标要求：加快人才市场建设，规范人才市场管理，完善市场服务功能，畅通人才流动渠道，建立政府部门宏观调控、市场主体公平竞争、人才自主择业的人才流动配置机制。

主要任务：政府对人才流动进行积极的政策引导和监督，制定和完善市场配置人才资源的政策措施，破除人才流动的体制性障碍，促进人才资源有效配置。制定双向挂职、短期工作、项目合作等灵活多样的人才流动政策，引导党政人才、科研院所和高等院校专业技术人才向企业和基层一线有序流动。对在高低海拔地区的人才有计划地进行交流。逐步建立专业化、信息化的人才市场服务体系，加速人才市场化进程。完善社会保险关系接续办法。完善劳动合同、人事争议仲裁等制度，维护各类人才和用人单位的合法权益。

5. 人才激励保障机制

目标要求：积极协调中央有关部门落实中央第五次西藏工作座谈会赋予我区的各项优惠政策。进一步完善与工作业绩紧密联系、充分体现人才价值、有利于激发人才创新创造活力的激励保障机制。坚持精神奖励和物质奖励相结合，以政府奖励为导向，用人单位和社会力量奖励为主体，建立健全有利于人才成长和发挥作用的分配制度和奖励体系。推进社会保障制度改革，完善以养老保险和医疗保险为重点的社会保障制度，形成社会保障、单位保障和个人保障相结合的人才保障体系。

主要任务：研究探索知识、技术、管理、技能等生产要素按贡献参与分配的办法，创新分配激励机制。完善政府资助开发的科研成果权利归属和利益分享机制，保护科技成果创造者的合法权益。健全人才激励机制，重点向创新创业人才倾斜。建立政府荣誉制度，设立西藏自治区杰出人才奖，表彰奖励在我区经济社会发展中作出突出贡献的各类人才。分期分批地扩大农村、非公有制经济组织、新社会组织人才的社会保障覆盖面。关心爱护长期在基层和艰苦边远地区工作的各类人才，改善他们的工作和生活条件。落实村干部"一定三有"政策，建立村干部基本报酬、业绩考核奖励制度和村党支部书记定期体检制度，提高村党支部书记和其他村干部待遇。

6. 人才经费投入机制

目标要求：建立以政府投入为主体，用人单位和社会投入、个人投入为补充，中央关心和全国支援相结合的多元化人才经费投入机制。

主要任务：改善经济社会发展要素投入结构，逐年增加人力资本投资比重，优先保证对人才发展的投入。用好自治区人才资源开发专项资金。政府鼓励并在资金上对个人和中小企业开展发明创造活动给予资助。制定优惠政策，鼓励和支持企业、社会组织建立人才发展基金，鼓励和引导社会、用人单位加大人才发展投入。

五、重大政策

（一）实施引导人才向农牧区基层流动政策

加强基层基础设施建设，改善农牧区基层人才的工作和生活条件，稳定农牧区基层人才队伍。特别是对在农牧区基层工作的各类人才，在工资待遇、职务晋升、职称评定等方面制定具体办法，给予较大倾斜，确保留住人才。优化农牧区基层党政人才队伍结构，每年选招一批优秀复转军人和考录一批高校毕业生到乡镇和村工作。引导和鼓励高校毕业生到农牧区基层和艰苦边远地区创业就业，并给予一定扶持。做好"三支一扶"和大学生志愿服务西部计划工作。坚持科技特派员制度，每年选派一批科技特派员到农牧区服务，并在职称评定方面给予适当优先照顾。制定机关干部到乡村工作有关制度，鼓励机关干部到农牧区和艰苦边远地区任职或挂职，强化从基层选拔干部的用人导向。

（二）实施推进党政人才、企业经营管理人才、专业技术人才合理流动政策

营造开放的用人环境，打破人才身份、部门和单位限制，鼓励和支持党政人才、企业经营管理人才、专业技术人才相互进行交流和挂职锻炼。扩大党政机关和国有企事业单位领导人员跨地区跨部门交流任职范围。拓宽党政人才来源渠道，完善从企事业单位和社会组织选拔人才制度。完善党政机关人才向企业、事业单位流动的社会保险关系转移接续办法。

（三）实施更加开放的人才政策

建立区外、海外高层次人才特聘专家制度，邀请区外、海外专家进藏开展讲学活动、项目合作和专业技术指导。建立人才引进项目库，针对高层次、高素质和实用型人才量身定制优惠政策。加强同周边省区市人才交流合作。研究制定自治区对口援助人才专项规划，加大人才对口援藏力度。

（四）实施人才创业扶持政策

大力开发利用智力资源，建立科研活动经费资助制度。加强产学研合作，支持科研机构、高等院

校科技人员创办科技型企业，赋予优惠政策，推动科技人才向企业集聚，提高自主创新能力，促进科技成果转化和技术转移。鼓励和支持科研院所、高等院校、企业科技人员和管理人员在创新实践中成就事业，并享受相应待遇。鼓励和支持高校毕业生自主创业，鼓励和支持科研人员到科研一线创业服务。加强科技基础平台和科普基地建设，加强科技推广工作，支持能够带动农牧民致富的科技推广项目。

（五）实施鼓励非公有制经济组织和新社会组织人才发展政策

对社会主义市场经济体制下各种所有制组织中的人才，坚持一视同仁、平等对待。把非公有制经济组织和新社会组织人才开发纳入各级人才发展规划，平等享受政府在人才培养、吸引、评价、使用等方面的各项政策。政府支持人才创新创业的资金、项目、信息等公共资源，向非公有制经济组织和新社会组织人才平等开放；政府开展人才宣传、表彰、奖励等活动，非公有制经济组织和新社会组织人才平等参与。

六、重大人才工程

（一）人才素质提升工程

把提升人才素质作为一项战略性、基础性工程来抓，依托高等院校和各级各类教育培训基地，本着立足需要、着眼发展、重在实用的原则，采取举办培训班、定向培养、国内外研修、项目资助、对口支援等方式，对不同类别、不同层次人才进行大规模培训。每5年对各类人才普遍轮训一次，到2020年人才队伍整体素质大幅度提升。

（二）农牧区急需人才培养工程

适应社会主义新农村建设需要，整合教育培训资源，大力培养农牧区急需的种植养殖业、建筑建材业、旅游服务业、民族手工业、农副产品加工业等各类人才。重点扶持100个有一定基础和特色、示范带动能力较强的农牧民专业合作经济组织。实施农牧区中小学教师培训计划，加大对农牧区中小学骨干教师和"双语"教师的培训力度。加快卫生人才队伍建设，重点抓好县医疗卫生机构和乡镇卫生院卫生专业技术人才培养。加强农牧业科技人才队伍建设和培养。

（三）特色优势产业人才培养工程

围绕"一产上水平、二产抓重点、三产大发展"的经济发展战略，抓住旅游业、绿色食（饮）品业、民族手工业、藏医药业、建材业、矿产业等特色优势产业，大力培养发展高原特色优势产业所需各类人才。每年培养1000名优势特色产业人才，为推动特色产业大发展提供强大的人才支撑。

（四）青年英才培养计划

在经济社会发展重点学科领域，培养和造就一批思想政治素质过硬、专业技术知识精湛、能发挥较好示范引领作用的青年骨干人才。建立青年英才资源库，实现网络化管理。探索建立分类规划、分层施教的青年人才培训机制。建立健全对各类青年人才的跟踪培养机制，拓宽举荐青年人才的有效途径，促进更多的优秀青年人才出成果、担重任。深入推进青年马克思主义者培养工程并不断加大投入，培养一批青年企业经营管理骨干人才、青年技术技能骨干人才、青年农牧民致富带头人和青年社会人才，培养一批青年金融、证券和财经骨干人才。建立完善青年人才表彰奖励机制，形成有利于青年人才成长成才的社会氛围。

（五）艰苦边远地区人才支持计划

着眼于解决基层特别是艰苦边远地区人才匮乏问题，实施一村一名大学生计划，每年考录400名优秀高校毕业生到村任职，到2020年实现一村（社区）一名大学生。每年鼓励和引导1000名教师、医生和科技人员到艰苦边远的县、乡、村工作或提供技术服务。抓好艰苦边远地区所需的卫生、计生、农技、文化服务等人员培训。

（六）高层次急需紧缺人才引进工程

以重大项目、重点学科和重点实验室为依托，以在高校、科研院所、国有企业、经济技术开发区建设高层次人才创新创业基地为平台，引进区外、海外高层次人才和留学回国人才。建立高层次人才社会保障体系，设立政府引才专项资金，完善生产要素按贡献参与分配制度，创造便捷政策，简化引进手续，放宽户口限制，完善工作生活后续服务，畅通人才引进通道。争取中央和国家有关部委支持，从区外引进新能源、电网规划、电源前期规划、油气储运、市场营销、土木工程、信息系统和计算机等急需紧缺专业优秀高学历的应届高校毕业生，从海外引进相关专业的留学生和外国专家到我区短期工作。

（七）宣传文化系统"五个一批"人才培养工程

重点培养一批全面掌握马克思主义立场、观点、方法，联系西藏实际的哲学社会科学工作者，一批高举当代西藏研究和现代藏学研究旗帜、维护祖国统一和民族团结、服务跨越式发展和长治久安的藏学家，一批坚持正确导向、深入反映生活、受到群众喜爱的优秀记者、优秀编辑、优秀主持人，一批熟悉党和国家方针政策、社会责任感强、精通业务知识的出版家和懂经营、会管理的经营管理人才，一批紧跟时代步伐、热爱祖国和西藏人民、艺术水平精湛的作家、艺术家。对承担重大课题、重点项目、重要演出和开展创作研究、展演交流、出版专著等活动的"五个一批"人才给予重点扶持和经费资助。到2020年，由政府资助培养的"五个一批"人才达到100名。

七、组织实施

（一）加强对规划纲要实施工作的组织领导

自治区人才工作协调小组负责规划纲要的统筹协调和宏观指导，制定规划纲要分解落实方案和重大人才工程实施办法，对规划纲要实施情况进行评估、考核和督促检查。

（二）建立健全人才发展规划体系

各地（市）、各有关部门要以规划纲要为指导，根据本地本部门实际，编制本地区、行业系统以及重点领域的人才发展规划，形成全区人才发展规划体系。

（三）营造实施规划纲要的良好社会环境

大力宣传中央和区党委、政府人才工作的重大战略思想和方针政策，宣传实施规划纲要的重大意义和规划纲要的指导方针、目标任务、重大举措，宣传规划纲要实施中的典型经验、做法和成效，形成全社会关心、支持人才发展的良好氛围。

（四）加强人才工作基础性建设

深入开展人才理论研究，积极探索我区人才资源开发规律。建立健全人才资源统计制度，推进人才资源信息库建设，实施好人才资源开发项目，管好用好自治区人才专项资金。加强人才工作队伍建设，提高人才工作队伍政治素质和业务水平。

新疆维吾尔自治区中长期人才发展规划纲要（2010—2020年）

为贯彻落实全国人才工作会议和中央新疆工作座谈会精神，更好实施人才强区战略，根据推进新疆跨越式发展和长治久安的要求，特编制《新疆维吾尔自治区中长期人才发展规划纲要（2010—2020年）》。

序言

人才是指具有一定的专业知识或专门技能，进行创造性劳动并对社会作出贡献的人，是人力资源中能力和素质较高的劳动者。人才是经济社会发展的第一资源。

未来10年，是推进新疆跨越式发展和长治久安、全面建设小康社会的关键时期。加速新型工业化、农牧业现代化和新型城镇化进程，加快改革开放，打造中国西部区域经济的增长极和向西开放的桥头堡，关键靠人才。必须以高度的责任感、使命感和危机感，把人才作为事业发展的最宝贵财富和支撑科学发展的第一资源，确立人才优先发展的战略布局，以人才强区战略支撑"稳疆兴疆、富民固边"总体战略稳步实施，以人才的跨越式发展支撑新疆跨越式发展，以人才的优先发展促进新疆长治久安。

一、人才发展现状

新世纪以来，新疆人才发展紧紧围绕自治区重大战略部署和经济社会发展大局，深入贯彻中央及自治区关于人才工作的重大方针政策，大力实施人才强区战略，紧紧抓住人才培养、引进、使用三个环节，着力推进人才结构调整，不断提高人才队伍整体素质，努力营造良好的人才发展环境，人才工作取得显著成绩。人才队伍总量增长较快。截至2009年底，新疆地方人才总量为219.3万人，占同期地方人口总量的11.8%。人才队伍素质逐步提高。每万劳动力中研发人员达到11.4人年，主要劳动人口受过高等教育比例达到9%，高技能人才占技能劳动者比例达到18.9%，人才贡献率达到16.8%。高层次专业技术人才不断增加。2009年底，全区共有院士4人，国家级有突出贡献中青年专家44人，"新世纪百千万人才工程"国家级人选27人，享受国务院政府特殊津贴专家1030人，高级职称人员占专业技术人才比重达到9.4%。少数民族人才规模进一步壮大。2009年底，少数民族人才达到98.7万人。人才的城乡、区域、产业和行业布局日趋合理，艰苦边远地区基层人才队伍结构进一步优化。自治区制定出台一系列推进干部人事制度改革、加快人才队伍建设、完善人才市场体系、健全社会保障制度等政策措施。各级党委、政府把人才工作与当地经济社会发展同步谋划，基本形成了党管人才工作新格局。"人才资源是第一资源"的观念逐步深入人心，尊重劳动、尊重知识、尊重人才、尊重创造的氛围正在形成，培养人才、吸引人才、用好人才的制度环境逐步改善。

实践表明，新疆人才发展必须坚持把全面贯彻党的人才方针政策与新疆实际相结合，坚持把市场配置与政府宏观调控相结合，坚持人才的培养、引进和使用相结合，坚持中央和内地省市的支持与自身努力相结合，坚持加大投入与优化环境相结合，不断促进新疆人才实现跨越式发展。

从自治区经济社会发展的全局和长远看，人才发展与内地先进水平相比还有较大差距，与经济社会跨越式发展的要求还有许多不适应的地方。主要是：人才资源开发投入不足，人才结构和布局有待进一步优化，高层次人才严重匮乏，人才素质需要进一步提升，人才稳定和引进难的问题仍然突出，人才工作体制机制需要进一步创新，人才发展环境需要进一步改善。

二、指导思想、基本要求和发展目标

（一）指导思想

高举中国特色社会主义伟大旗帜，以邓小平理论和"三个代表"重要思想为指导，深入贯彻落实科学发展观，认真贯彻"稳疆兴疆、富民固边"总体战略部署，牢牢把握新疆经济社会跨越式发展的历史机遇，尊重劳动、尊重知识、尊重人才、尊重创造，大力实施人才强区战略，坚持党管人才原则，遵循市场经济规律和人才发展规律，加强政府宏观调控，进一步解放思想、解放人才、解放科技生产力。坚持以提升能力、优化结构为主线，以重点领域人才开发为突破，以加大人才投入和实施重大政策为保障，以重点工程为载体，努力培养人才、吸引人才、用好人才，充分发挥各类人才的积极性和创造性，努力建设西部人才强区，为推进新疆跨越式发展和长治久安提供强大的人才智力支持。

（二）基本要求

跨越发展，人才优先。把服务跨越式发展作为人才工作的根本出发点和落脚点，围绕经济社会跨越式发展目标确定人才跨越式发展任务，充分发挥人才的基础性、战略性、决定性作用。确立人才优先发展的战略布局，做到人才资源优先开发，人才结构优先调整，人才投资优先保证，人才制度优先创新。

加大投入，重点突破。增大人力资本投资比重，建立多元化的人才投入机制，提高投资效益。围绕经济社会重点领域发展，以高层次人才和高技能人才为先导，以应用型人才为主体，大力培养开发重点领域急需紧缺人才，促进重点区域人才协调发展。

以用为本，激发活力。把充分发挥各类人才的积极作用作为人才工作的根本任务，围绕用好用活人才来培养、引进人才。努力破除不利于人才成长和发挥作用的各种思想观念和体制机制性障碍，最大限度地激发人才的创新激情和创造活力，不断提高人才的使用效能。

援疆支持，整体开发。充分发挥援疆省市的帮扶带动作用，不断拓宽人才援疆渠道，创新人才援疆方式，完善人才援疆机制。把人才援疆与加强新疆人才的培养开发相结合，通过各种方式，推进城乡、区域、产业、行业和不同所有制人才资源开发，实现各类人才队伍的全面发展。

(三)发展目标

到 2020 年,新疆人才发展的总体目标是:培养和造就数量充足、结构优化、布局合理、素质优良的人才队伍,确立新疆人才竞争比较优势,进入西部人才强省(区)行列,为推进新疆跨越式发展和长治久安,实现与全国同步全面建设小康社会奋斗目标奠定人才基础。

——人才资源总量稳步增长,人才队伍规模不断壮大。人才资源总量从现在的 219.3 万人增加到 351 万人,年均增长 5.5%,基本满足经济社会发展需要。

——人才素质大幅度提高,人才结构进一步优化。主要劳动年龄人口受过高等教育比例达到 11%,每万劳动力中研发人员达到 21 人年,高技能人才占技能劳动者比例达到 28%。天山北坡经济带人才高地发挥带动作用,南疆三地州人才大幅集聚,城乡人才协调发展,区域人才优势互补,人才的层次结构趋于合理,少数民族人才和妇女人才比例明显提高。

——人才竞争比较优势进一步增强。人才发展的后发优势、区位优势、援疆优势得到有效发挥,区域人才竞争力不断提升,规模效益显著提高。人力资本投资占地区生产总值比例达到 15%,人才贡献率达到 35%。

——人才发展环境明显改善。破除束缚人才发展的思想观念和制度性障碍,建立充满生机与活力的人才工作体制机制,构建比较完善的人才公共服务体系和人才政策体系,形成激励人才干事业、支持人才干成事业、帮助人才干好事业的社会环境。

推进人才发展,要统筹兼顾,分步实施。到 2015 年,重点在制度建设、机制创新上有较大突破,人才贡献率不断提高,人才体制机制比较完善,人才环境得到优化。到 2020 年,全面落实各项任务,确保人才发展战略目标的实现。

三、主要任务

(一)大力开发经济发展重点领域人才

1. 新型工业化人才

围绕做大做强现有优势产业和支柱产业的需要,加快石油石化、天然气、煤炭煤电煤化工产业和其他优势矿产资源勘探开发利用领域人才队伍建设。抓紧培养一批在能源资源开发转换领域的高层次、复合型企业经营管理人才和急需紧缺的专业技术人才、高技能人才。加快新能源、新材料、节能环保、生物制药、电子信息等领域人才开发,推动战略性新兴产业发展。制定人才向重点产业集聚的倾斜政策,为产业集群发展提供人才支撑;依托大企业大集团吸引区内外各类优秀人才,提升企业经营管理水平和核心竞争力。完善促进非公有制经济组织和中小企业人才发展的政策措施,为其发展提供便利、高效的人才服务。

2. 农牧业现代化人才

围绕棉花、粮食、特色林果业和畜产品四大基地建设及设施农业和特色农牧业发展需要,大力加强农牧业科技、信息、丰产栽培、科学饲养、保鲜贮运、疫病防治、加工技术、产业化经营及营销、农产品质量安全等人才队伍建设。健全特色农牧业实用技术和经营管理培训体系,加强农村经营管理人才和应用开发型人才培养；积极扶持特色农牧业实用人才自主创业，支持各类特色农牧业产业化企业、农民专业合作组织和专业技术协会发展，为优秀特色农牧业人才脱颖而出优化环境、搭建平台。围绕提高薄弱环节的基础能力，大力加强农田水利基础建设、节水型社会建设、生态和环境保护建设相关领域人才队伍建设。

3. 新型城镇化人才

按照统筹城乡、布局合理、突出特色、以城带镇的原则，围绕新型城镇化高起点规划、高水平建设、高效益配套的要求，大力加强具有现代城市理念、能提升城市比较优势的高层次城市规划和管理人才队伍建设，促进新型城镇化发展。着力培养和引进一批具有优良职业操守的经济建设、项目管理、人力资源管理、景观设计、建设监理人才。围绕发挥城镇综合服务功能和承载力的需要，大力培养以城镇交通、供排水、供气、供电、供热、园林绿化、污水垃圾处理和防灾减灾为重点的城镇基础设施和公共服务设施建设人才。着眼形成以服务经济为主的城镇产业结构，大力开发现代物流、金融财会、审计、律师、中介、电子商务、社区等现代服务业人才。围绕做大做强旅游业，重点加强旅游产业开发设计和管理人才队伍建设，着力提高旅游宣传促销、景点设计规划、旅游文化挖掘、民族特色（特种）旅游产品设计、旅游企业经营管理方面的能力。利用独特的区位地缘优势，依托外经贸企业、国际贸易洽谈会、口岸、边贸城市等吸引、集聚一批人才，积极开展国际合作交流活动引进国外智力，建设一支具有现代经营理念，了解周边国家政策和民族民俗习惯、精通国际贸易规则和惯例的高素质、复合型外经贸人才。

（二）大力开发社会发展重点领域人才

1. 宣传文化人才

以现代文化为引领，以实施"四个一批"等人才培养工程为依托，大力加强宣传文化领域人才队伍建设，加快打造一批哲学社会科学、广播影视、新闻出版、文学艺术、翻译和文化产业经营等领域领军人才和学术带头人。加大紧缺骨干人才培养力度，以外向型宣传文化人才、新媒体新业态人才和跨语种"双语"人才为重点，推进紧缺人才培养和引进。促进非物质文化遗产保护、民间文化传承人才成长，加强基层宣传文化人才队伍建设，健全基层文化骨干人才培训网络。加快公共文化服务体系建设，营造有利于宣传文化人才成长的政策环境。

2. 教育人才

围绕优化教育结构、提升教育质量、促进教育公平，推动高等教育、职业教育和基础教育协调发展的需要，大力加强教育人才队伍建设。加强学科带头人和学术骨干人才培养，积极构建以"天山学者"为领军的高层次学术梯队，打造高水平教学科研团队。加强高等工程教育专业师资队伍建设，造就一支数量充足、结构合理的专业师资队伍。加强职业教育人才队伍建设，加强既能讲授专业知识、又能传授操作技能的"双师型"教师培养培训工作。加强基础教育人才队伍建设，改革师范教育，扩大免费师范教育范围，提高基层教师队伍素质。加强高素质中小学书记、校长队伍建设，不断提高农村、边远地区教育人才素质。加强"双语"教师队伍建设，培育大量结构合理、教学能力强的"双语"

骨干教师。

3. 科技人才

围绕强化实施"科技兴新"战略的需要，以科技领军人才、创新团队和学科（术）带头人为重点，努力建设一支以高层次科技人才为引领、各层次科技人才梯次配置的创新型科技人才队伍。科学规划高层次创新型科技人才发展，积极构建跨区域、多元化、多领域的高层次创新型科技人才系统，建立以市场为导向、企业为主体、产学研相结合的高层次创新型科技人才培养体系，着力提升现有骨干人才的创新能力。加快形成产业聚才、项目引才、基地育才的发展模式，依托各类产业基地、重大科技项目、重点建设项目，积极吸引国内外各类高层次创新型科技人才来疆进行技术研究和产品开发。鼓励和支持科技人才创新创业，发挥各类高新技术产业基地的科技孵化、示范和推广作用，打造人才高地。

4. 卫生人才

围绕提升医疗卫生水平，促进卫生事业又好又快发展的需要，努力建设一支能够适应卫生改革发展和满足各族群众健康需求的高素质卫生人才队伍。进一步加大高层次医疗卫生科技领军人才和学术带头人培训，培养造就一批达到国内先进水平的医疗、预防、保健和科研、教学、卫生管理领域的拔尖人才。进一步提高卫生人才队伍素质，促进卫生人才资源合理配置，重点增加县及以下卫生人才数量。围绕健全基层医疗卫生服务体系和促进公共卫生服务逐步均等化，优化卫生人才队伍结构。

（三）协调发展重点区域人才

适应特色优势产业发展和推进新型城镇化建设的需要，以区域中心城市为重点，打造一批分布合理、特色鲜明、优势互补、辐射带动作用强的人才聚集区，助推产业聚集力和城市竞争力的提升。

围绕以乌昌经济区为中心的天山北坡经济带产业发展，依托一批高新技术企业，在生物制药、新能源、新材料和电子信息等高新技术和新兴产业领域人才开发方面取得重大突破，吸引一批关键技术领域的领军人才，集聚一批有较强竞争力的创新人才，培养一批技艺精湛的高技能人才，打造新疆人才高地。

围绕喀什、霍尔果斯特殊经济开发区建设，适应打造我国向西开放窗口和新的经济增长点的需要，依托国家特殊经济政策支持，探索实施更加优惠、更加灵活的人才政策措施，大幅提升人才开发、吸引的水平。

继续加大对以南疆三地州为重点的边远贫困地区人才开发支持力度，完善政策措施，创新扶持机制，不断改善人才发展环境，促进当地丰富的人力资源向人才资源转化。

统筹各类人才在不同区域及城乡之间的协调发展。

（四）统筹推进各类人才队伍建设

1. 党政人才队伍

以提高领导水平和执政能力为核心，以各级领导干部和基层干部为重点，努力建设一支政治坚定、业务精湛、作风过硬、勤政廉洁的高素质党政人才队伍。坚持德才兼备、以德为先的用人标准，大力加强思想政治建设，始终把政治标准作为考核使用各级领导干部的首要条件，进一步健全符合新疆特点的干部选拔任用和考核评价机制，加大竞争性选拔党政领导干部工作力度，拓宽选人用人渠道，提高干部工作科学化水平。加强适应新疆实际的公务员法配套制度建设，加大从基层选拔任用领导干部力度，建立和完善从基层选拔公务员的制度。完善和巩固"4211"工作机制，以进一步提高综合素质和能力为目的，开展大规模干部教育培训，进一步拓宽教育培训渠道，健全激励约束、投入保障等机制。加强女干部、少数民族干部、非中共党员干部选拔培养。加大优秀年轻干部选拔培养和党政后备干部队伍建设力度，每年选派一批优秀中青年干部赴中央和国家机关、内地省市以及县乡、社区挂职锻炼或任职。加大领导干部跨地区、跨行业、跨部门交流力度，推进党政机关重要岗位干部定期交流、轮岗。加强兵地之间的干部交流，有计划、有步骤地选调一批兵团干部到地方工作，选调一批地方干部到兵团工作。

2. 企业经营管理人才队伍

以提高现代经营管理水平和企业市场竞争力为核心，以优秀企业家和职业经理人为重点，着力推进企业经营管理人才的职业化、市场化、专业化和国际化程度，加快培养一批具有现代经营管理理念、熟悉国际国内市场及相关法律法规、富有创新精神的优秀企业家和一支高素质的企业经营管理人才队伍。加快建立现代企业制度，加速企业经营管理人才的市场化配置，健全企业经营管理者聘任制、任期制和任期目标责任制，完善以市场和出资人认可为核心的企业经营管理人才评价体系，积极发展企业经营管理人才评价机构，建立社会化的职业经理人资质评价制度，加强规范化管理。健全企业经营管理人才经营业绩评价指标体系。加强企业经营管理人才培养，每年有计划、有重点地选派一批企业经营管理人才到区内外学习培训。围绕做大做强现有优势产业、培育战略性新兴产业的要求，重点引进一批优秀企业家和战略规划、资本运作、管理等方面的专门人才。加强非公有制经济组织和中小企业经营管理人才培养力度。加快企业经营管理后备人才队伍建设。

3. 专业技术人才队伍

以提高专业水平和创新能力为核心，以高层次人才和紧缺人才为重点，努力打造一批在国内具有一定影响力的高层次专业技术人才和具有较强竞争力的创新团队，建设一支数量充足、结构合理、整体素质良好的专业技术人才队伍。依托国家和自治区重大项目，加大重点行业和特色优势产业高层次人才选拔培养力度，加大选派中青年骨干人才赴区内外学习培训力度。完善专业技术人员继续教育机制，深度实施专业技术人才知识更新工程，大力支持高等院校、职业学校开展继续教育培训，拓宽学历教育渠道。调整高校学科设置，加强急需紧缺人才培养。推进海外智力援疆工程。发挥各类社会组织培养专业技术人才的作用。统筹推进专业技术职称和职业资格制度改革，完善职称评价体系，着力构建重在社会和业内认可的社会化评价机制。推动专业技术人才资源市场化配置进程，鼓励专业技术人才向经济社会发展重点领域和企业、社会组织、基层一线有序流动。注重发挥离退休专业技术人才的作用。

4. 高技能人才队伍

以提升职业素质和职业技能为核心，以技师和高级技师为重点，努力建设一支结构合理、素质优良、技艺精湛的高技能人才队伍。完善以企业为主体、职业院校为基础、学校教育与企业培养紧密联系、政府推动与社会支持相结合的高技能人才培养培训体系。加强职业培训，统筹职业教育发展，大力加强高技能人才培训基地和公共实训基地建设，加快培养紧缺高技能人才。加大对职业院校的投入，改革职业教育办学模式，大力推行校企合作、工学结合和顶岗实习，在职业教育中推行学历证书和职业资格证书"双证书"制度。进一步完善中等职业学校学生各项补助制度，逐步扩大中等职业教育免费范围，加大技能人才培养力度。探索高技能人才与工程技术人才职业发展贯通办法。完善有突出贡献技师政府特殊津贴制度，建立完善有突出贡献高技能人才评选表彰制度。广泛开展各种形式的职业技能竞赛活动和岗位练兵活动。健全有利于高技能人才成长的多元化评价激励机制。进一步提高高技能人才的经济待遇和社会地位。

5. 农村实用人才队伍

以提高科技素质、职业技能和经营能力为核心，以农村实用人才带头人和农村生产经营型人才为重点，着力打造服务农村经济社会发展、数量充足的农村实用人才队伍。建立一批农村实用人才培训基地，加快构建和完善开放型、多功能、多元化的农业职业教育体系，充分发挥农业广播电视学校、农村党员干部现代远程教育系统、农业技术推广体系、各类职业院校和培训机构的主渠道作用，积极开展各种形式的科普培训活动，大规模开展农村实用人才培训，重点培养农牧业产业化发展急需的企业经营管理人员、农民专业合作组织带头人和农村经纪人。建立健全农村实用人才评价指标体系，推广和完善农牧业职业技能鉴定和农民技术职称评定工作。继续推进城乡人才对口扶持，切实加强农村引智帮带工作，鼓励和引导农牧业科技等各类人才通过技术开发、承包经营、投资入股、成果转让、提供有偿技术服务等形式到农村从事农技推广和产业化经营活动。加大对农村实用人才的表彰激励和宣传力度，提高农村实用人才的社会地位。

6. 社会工作人才队伍

以人才培养和岗位开发为基础，以专业化、职业化为方向，以中高级社会工作人才为重点，努力建设一支符合新疆区情和社会需要、规模相当、训练有素的社会工作人才队伍。建立健全促进社会工作人才发展的政策措施。整合现有培训资源，建设一批社会工作专业培训基地，初步形成覆盖全疆的社会工作培训网络。实施社会工作专业人才培养计划，到 2020 年，社会工作人才总量达到 4 万人。着力提高现有从业人员的专业能力和职业素质，重点加强社会救助和福利服务、工会、共青团、妇联、司法、就业和社会保障、治安管理、安全生产等领域社会工作人才的培训。建立社会工作职业标准体系，健全社会工作人才评价制度，有序推进社会工作专业化和职业化建设。加强社会工作岗位开发管理，制定社会工作岗位开发设置政策措施，加快在相关领域设置社会工作岗位。推进公益服务类事业单位、城乡社区和公益类社会组织建设，完善培育扶持和依法管理社会组织的政策。研究制定政府购买社会工作服务政策。建立社会工作人才和志愿者队伍联动机制。激励和引导优秀干部充实社区。

7. 少数民族人才

以坚定政治立场、提高综合素质为核心，以少数民族党政领导干部、高层次专业技术人才、优秀企业家和农村实用人才带头人为重点，建设一支政治可靠、数量充足、结构合理，能够适应新时期新阶段自治区改革发展稳定各项事业需要的少数民族人才队伍。重视培养和使用少数民族党政干部，对政治立场坚定、与党同心同德、在维护自治区改革发展稳定大局特别是在反分裂斗争中表现突出的优秀少数民族干部，充分相信、坚定依靠、放手使用。加强少数民族后备干部工作，重视做好人口较少民族干部的培养选拔。着力提高少数民族专业技术人才综合素质，多渠道、宽领域开展培训工作，注重加强岗位业务培训，积极实施专项工程，加大高层次骨干人才培养力度。以民族特色产业开发为重点，加快培养一批具有市场经济知识和现代经营管理理念的少数民族优秀企业家，充分发挥引领示范作用。采取多种形式，加强重点扶持，培养一批具有较强实用技术和劳动技能的少数民族农村实用人才带头人。大力普及国家通用语言文字教育，建立健全"双语"学习激励机制，适度扩大内地高中班规模。加大选派各类少数民族人才到中央和国家机关、内地省市任职挂职、培训考察的力度。

8. 民汉"双语"人才

以政府为主导，以提高"双语"人才会话能力和翻译水平为核心，以高层次和基层人才为重点，大力加强民汉"双语"人才队伍建设。加强组织领导，建立健全有效的选拔、培养、评价、激励等机制，实施专项培养计划，努力建设一支人员稳定、素质较高、业务较强的各领域翻译人才队伍。研究出台推进全疆基层人才学习"双语"的政策措施，制定全疆基层人才"双语"学习的总体规划。加强对医疗卫生、民航、铁路、邮电、公共交通等窗口服务行业和政法、农牧业等重点行业人才"双语"培训。依托区内高校加快培养维吾尔语、哈萨克语等少数民族语言专业人才。

9. 援疆干部人才

根据中央关于加强和推进对口援疆工作的总体要求，做好援疆干部人才选派工作，力争每批选派数量达到3000名左右，到2020年，为全区选派3批9000名以上援疆干部人才，其中以教育、卫生、农牧业等为重点的专业技术人才占到总人数的70%以上。充分发挥援疆干部人才的岗位职能、桥梁纽带和传帮带作用，依托派出省市和单位支持，通过双向挂职、两地培训、支教支医支农等方式，多渠道、多层次、宽领域帮助受援地区培养各类紧缺人才和骨干人才；通过开展与内地的经济技术交流合作，促进项目引才、招商引才和柔性引才。大力支持援疆干部担任县（市）委书记试点县（市）工作，充分发挥示范辐射带动作用。健全援疆干部人才管理机制，加强培训、服务等工作，规范有关待遇，落实保障措施，完善考核奖惩制度，对在疆工作期间实绩突出、群众公认的优秀援疆干部及时提拔使用。研究制定鼓励援疆干部人才长期留疆工作的政策措施。

四、重大政策

（一）人才开发优先投入政策

坚持"全民参与、多元投入"的原则，积极探索建立健全政府、社会、用人单位和个人多元化的人才投入体系。各级政府优先保证对人才发展的投入，建立人才发展专项资金，列入各级政府财政预算，额度不少于上年度地方财政一般预算收入的0.5%，并按1‰的比例逐年递增，用于人才培养、引进、奖励及重点人才工程的实施等。确保自治区教育、科技支出增长幅度高于财政经常性收入增长幅度，卫生投入增长幅度高于财政经常性支出增长幅度。积极拓宽人才投入渠道，争取中央财政加大转移支付力度，援疆资金中要有一部分用于人才培养开发。在重大建设、技术改造、科研项目经费中安排部分经费用于人才培训，提高企业职工培训经费提取比例，并允许税前扣除。利用国际金融组织、基金组织和外国政府贷款等投资人才发展项目。通过适当的财税优惠政策，鼓励支持有实力的企业、社会组织和个人设立人才发展基金、奖（助）学金，投资人才资源开发。

（二）人才创新创业扶持政策

发挥政府指导作用，以市场为导向，推动企业、科研机构、高等学校共建科技创新平台、开展合作交流、共同实施重大项目，培养高层次人才和创新团队。支持高等学校与科研院所、企业联合设立研究生培养基地，加快专业学位应用型高级人才培养步伐。实行"人才+项目"培养模式，建立重大建设项目和重点科研项目定期发布制度，聚集项目所需优秀人才。加强重点学科、博士点、博士后科研工作（流动）站、留学人员创业园区、高新技术产业园区、重点实验室、工程技术研究中心等创新创业平台建设。对符合产业结构调整升级和重点学科发展方向、具有人才和技术优势的项目免征各项行政性收费，并加大资助力度。鼓励企业、科研院所、个人自主创新，对申请专利费用给予适当资金补贴，对重大知识产权成果产业化项目给予财政资金扶持。鼓励专业技术人才创办科技型创新企业。依法保护知识产权，严格落实国家保护知识产权政策。支持国内外经济组织在疆设立创新风险投资基金。

（三）高层次紧缺人才引进政策

围绕自治区支柱产业、优势特色产业发展和重点学科建设的迫切需要，充分利用国内外教育资源，制定高层次紧缺人才引进政策，以柔性流动为主要方式，建立完善内地专家来疆工作机制，加大高层次紧缺人才引进力度。对引进的高层次紧缺人才，实行"一站式"服务，在其子女就学、配偶就业、购买住房、户口迁移、科研启动经费资助等方面给予优惠。对引进的"两院"院士、享受国务院政府特殊津贴专家、长江学者、国家新世纪百千万人才工程一二层次人选、国家杰出青年科学基金获得者等高层次专业技术人才，提供安家费和科研经费补助，发放政府特殊津贴。支持引进的高层次紧缺人才创新创业。鼓励用人单位对引进人才实行协议工资、奖励股权期权、成果有偿转让、利润分成等多元化分配方式，鼓励引进人才以职务科技成果作价出资、入股。事业单位引进的高层次紧缺人才，可不受编制和岗位职数限制。企业引进高层次创新创业人才的购房补贴、安家费、科研启动经费可列入成本核算。

（四）促进人才合理流动配置政策

坚持稳定、用好本地现有人才，制定发挥市场机制配置人才资源基础性作用的办法措施，积极推进户籍制度改革，完善党政人才、企业经营管理人才、专业技术人才交流制度，破除制约人才流动的身份、单位、部门、地域和所有制界限。鼓励人才向南疆三地州、艰苦边远地区基层一线和经济社会发展重点领域流动。建立统一规范、竞争有序、更加开放的人力资源市场，构建社会化的人才公共服务体系，加强人才公共服务标准化建设，强化信息服务、交流调节、培训开发、人才管理、社会保障等功能，逐步实现人才公共服务一体化。健全人事代理、社会保险代理、企业用工登记、劳动人事争议调解仲裁、就业服务等人才公共服务平台，逐步实现自治区、地州市、县市区、乡镇（街道）和重点行业以及各类产业园区、创业园区全覆盖。开放人才中介服务行业准入，鼓励民间资本投资兴办人才中介服务机构，鼓励中外合资人才中介服务机构发展。改革现行人事调配办法。鼓励区内企业、科研院所在内地、国外设立科研分支机构，利用当地优势资源为自治区培养急需紧缺人才。

（五）促进基层人才发展政策

制定支持基层人才发展的意见。鼓励人才向艰苦边远地区基层流动，对在艰苦边远地区基层工作的人才，在工资、职务、职称等方面给予政策倾斜。鼓励引导高校毕业生到基层就业。完善从基层招录公务员的办法。继续做好"三支一扶"、选拔优秀毕业生到社区和村任职、5%人才储备编制计划、大学生志愿服务西部和"双语"教师特岗计划等工作。制定人才到艰苦边远地区基层就业创业扶持办法。实施机关事业单位干部到基层服务和挂职锻炼的派遣和轮调办法。定期组织优秀专业技术人才、高级专家到基层进行讲学、技术培训等活动。多渠道加强基层人才培养，提高基层人才队伍素质。在实施国家级、自治区级人才选拔培养计划时，加大对基层的倾斜力度。

（六）促进人才管理改革试验区建设政策

在乌鲁木齐高新技术产业开发区（新市区）和喀什、霍尔果斯特殊经济开发区等建立人才管理改革试验区，实行更加灵活的人才机制和更加优惠的人才政策。在试验区全面搞活收入分配，使收入分配向关键岗位和优秀人才倾斜。鼓励用人单位以岗位聘用、项目聘用、任务聘用、项目合作等多种方式引进国内外高层次人才。鼓励各类人才以停薪留职、兼职兼薪、带薪留职等方式到试验区工作。率先在试验区实行优秀人才居住证制度，持居住证人才可不迁户口、不转变工作关系，享受当地市民待遇。在人才选拔、培养、引进、奖励、资助和创新创业平台建设等方面，向试验区倾斜。对拥有独立知识产权和发明专利，且其技术成果能够填补国内空白、具有市场潜力并进行产业化生产的一流创新创业高层次人才和团队，经评审可给予相应的资金支持。建设企业信用体系，实行企业信用贷款、信用保险试点，高层次人才创办科技型企业可无须抵押和担保，优先申请信用贷款。鼓励知名企业、科研院所在试验区设立企业研究院、科研分支机构、人才培训基地。鼓励高层次人才积极参与以创新创业为主要目的的国际性高层次学术、技术交流活动，政府每年择优给予资助或补贴。建立高层次人才职称评定绿色通道，高层次人才申报专业技术职称不受资历、工作年限等条件限制。由政府与企业共同出资高起点、高规格建设或购置一批人才公寓，优惠租赁给引进的优秀人才。设立试验区人才与创业办公室，为海内外人才到试验区创新创业提供全方位服务。

五、重点工程

（一）天山英才工程

适应推进新疆跨越式发展和长治久安的需要，着眼于提升整体竞争力，在自治区具有学科优势、产业优势、资源优势和技术优势的领域，重点支持和培育一批瞄准科技前沿和战略性新兴产业、具有引领作用的科学家和工程师；依托国家和自治区重点学科、重大科研项目、重点工程和重大建设项目，建设若干重点领域创新团队；依托高等学校、科研院所和高新技术产业园区，集中力量建设一批开放式实验室、科技合作示范园、工程技术研究中心和产业技术研发基地。到 2020 年，培养造就 50 名国内一流科学家和工程技术专家，300 名具有区内领先水平、在各学科、各技术领域有较高学术技术造诣的带头人，1000 名在各学科领域成绩显著、起骨干作用的优秀人才。

（二）青年科技创新人才培养工程

着眼人才基础性培养和战略性开发，提高自主创新能力，在现代工业、农牧业、矿产资源勘探开发、生态环境、生物医药、清洁能源、电子信息、装备制造等领域，每年重点支持和培养 100 名具有发展潜力的青年科技创新骨干人才。积极争取国家和援疆省市的支持，在高等学校、科研院所、国有重要骨干企业建设一批青年科技创新人才培养基地，每年选拔 100 名优秀青年科技人才和紧缺专业优秀大学生进行定向跟踪培养。

（三）高层次紧缺人才引进工程

围绕自治区经济社会发展战略目标，有计划地引进一批能够突破关键技术、发展重点产业、带动新兴学科的优秀科学家、企业家、创新创业领军人才和各类高层次急需紧缺人才。到 2020 年，引进 100 名海外高层次人才、500 名国内一流的高层次优秀人才来疆创新创业。建立高层次紧缺人才引进政府投保制度和高层次人才创业基金，支持重大科技项目实施、成果转化和产业孵化。

（四）新型工业化人才保障工程

围绕加快推进新型工业化建设的需要，到 2020 年，培养造就 100 名具有战略思维、创新精神和市场开拓能力，能够引领新疆企业发展的优秀企业家，1000 名高层次、复合型、创新型企业经营管理人才，5 万名煤炭、煤化工、石油开采加工、采矿技术、地质工程、有色金属、建材及无机非金属新材料、化工、电气、机械、新能源和环境保护等急需专业技术人才。实施高技能人才培养计划，培养 15 万名企业急需的高技能人才。在发展前景广阔、具有人才技术优势的龙头骨干企业优先设立 10 个博士后科研工作站，促进企业更好更快发展。

（五）现代农牧业人才支撑工程

适应建设社会主义新农村和加快发展现代农牧业的需要，加大对现代农牧业人才开发支持力度。到 2020 年，每年选拔一批农牧业科研骨干人才并给予科研专项经费支持，支持 500 名有突出贡献的农牧业技术推广人才，开展技术交流、学习研修、观摩展示等活动，选拔 1000 名农牧业产业化龙头企业负责人和专业合作组织负责人、1 万名优秀生产经营人才、农村实用人才带头人和农村经纪人等拔尖人才，给予重点扶持。

（六）宣传文化重点人才培养工程

立足自治区丰富的文化资源优势，为更好地推动宣传思想文化工作，提升文化软实力，以实施"四个一批"人才培养工程为重点，每年择优扶持、资助一批哲学社会科学、新闻出版、创作翻译、广播影视、文化艺术领域高层次人才，着力培养造就一批造诣深厚、成就突出、在区内外有重大影响的理论家、文化大家、艺术名家和文化企业家。到 2020 年，培养宣传思想文化领域领军人才和学术带头人 500 名，紧缺人才 5000 名。

(七)政法人才队伍建设工程

适应维护自治区社会和谐稳定和长治久安的需要,大力加强政法人才队伍建设,加快政法高端人才培养。通过有计划地培养引进、定向招生等方式,到2020年,充实基层政法人才2万人,培养情报研判分析、刑事科学技术、刑事侦查等高层次、复合型专业人才8000名,引进和招录法学、计算机、心理学、信息工程、司法鉴定等急需紧缺专业人才1万名,培养和引进外语人才800名。

(八)教育人才素质能力提升工程

着眼提升教育教学整体水平,大力强化教育人才素质能力培养。实施普通高校"天山学者"高层次人才特聘计划,加快领军型学科带头人和高水平学术骨干人才培养,到2020年,建设一支5000人的硕士生、博士生导师队伍(含1500名企业和科研机构导师),全区普通本科高等学校专任教师学历学位和职称结构达到全国平均水平,高职高专院校专任教师达到1.1万人,中等职业学校专任教师达到2.2万人,其中"双师型"教师达到70%以上;建立一支数量满足需要、素质优良的"双语"教师队伍;培养造就一批教学名师、学科领军人才和中青年学术骨干;建设10个左右的"双师型"教师职业教育师资培训基地;建设7个学前"双语"教师培养培训基地,6个中小学"双语"教师培养培训基地。

(九)医疗卫生人才推动工程

适应深化医药卫生体制改革、保障全民健康的需要,加大对医疗卫生人才培养支持力度。到2020年,利用国家和援疆省市对口支援,培养100名达到国内先进水平的医疗卫生领域拔尖人才,1000名自治区医疗卫生领域学科带头人;按照每个乡镇卫生院、村卫生室和社区卫生服务机构拥有至少1名实用型人才的标准,定向培养具有相应专业技能的实用型医学人才1万名;通过多种途径培养8000名全科医师,提高基层医疗卫生服务能力。加强基层医疗卫生人才素质和学历教育,开展专科医师规范化工作,到2020年,乡镇、社区卫生机构90%的人员达到大专以上学历,90%的临床医生具备执业助理医师以上资格;村级卫生机构95%以上的医生达到中专以上学历,60%以上的医生具备执业助理医师资格。

(十)少数民族骨干人才培养工程

着眼建设一支数量充足、素质较高的高层次少数民族人才队伍,加大对少数民族骨干人才培养力度。到2020年,培养造就1000名少数民族学术和技术带头人,1万名各行业、领域的中青年少数民族专业技术骨干,500名少数民族优秀经营管理人才。

(十一)艰苦边远地区人才支持工程

为促进艰苦边远地区加快发展,每年招录1100名高校毕业生和优秀退伍军人充实乡镇机关,招聘1万名高校毕业生充实基层学校、医院,扶持培养3000名艰苦边远地区急需紧缺人才,选派和招募1万名优秀教师、医生、科技人员、文化工作者、高校毕业生、青年志愿者到艰苦边远地区基层工作或提供服务。

（十二）对口援疆人才培养工程

充分利用援疆省市、中央和国家机关丰富的教育培训资源，加大各类人才的培养开发力度。实施选派干部赴内地挂职交流计划，分批选派 5000 名素质好、有培养前途和发展潜力的各级党政干部赴中央和国家机关、援疆省市挂职锻炼。实施新疆高层次人才培养计划，每年选派 200 名高层次创新型后备人才到中央和国家机关、援疆省市所属高等学校、研究机构攻读博士学位；每年选派 1000 名重点领域紧缺专门人才，到中央和国家机关、援疆省市所属高等学校、科研机构、卫生机构等单位深造或挂职学习。实施"普通高校毕业生赴援疆省市培养计划"，选派 2.2 万名未就业普通高校全日制本科毕业生赴内地进行针对性培训和就业见习。

六、保障措施

（一）组织保障

坚持党管人才原则，创新党管人才方式方法，完善党委统一领导，组织部门牵头抓总，有关部门各司其职、密切配合，社会力量广泛参与的人才工作格局。发挥党委领导核心作用，切实履行好管宏观、管政策、管协调、管服务的职责。建立党委、政府人才工作目标责任制，提高各级党政领导班子综合考核指标体系中人才工作专项考核的权重，强化党政主要负责人抓"第一资源"的责任。建立健全各级党委常委会听取人才工作专项报告制度，完善党委联系专家和重大决策咨询等制度。健全人才工作机构，完善人才工作运行机制。自治区党委人才工作领导小组负责《人才规划纲要》实施的统筹协调和宏观指导。党委组织部门做好《人才规划纲要》的协调、实施、评估和监督，实施人才工作的战略管理。人力资源管理部门和各职能部门认真履行职责，各人民团体、企事业单位、社会组织广泛参与，各用人单位切实发挥在人才培养、引进和使用中的主体作用，形成推进人才工作的整体合力。加强人才规划体系建设，研究制定具体实施方案，科学分解工作任务，制定重点人才工程实施办法，确保《人才规划纲要》的贯彻落实。

（二）机制保障

建立人才培养结构与经济社会发展需求相适应的动态调控机制，完善现代国民教育和终身教育体系，发挥教育对人才培养的基础性作用，构建人人能够成才、人人得到发展的人才培养开发机制；完善人才评价标准，对人才不求全责备，注重靠实践和贡献评价人才，改进人才评价方式，拓宽人才评价渠道，坚持在实践和群众中识别人才、发现人才；改革各类人才选拔使用方式，深化党政领导干部选拔任用制度改革，提高选人用人公信度，健全国有企业领导人员选拔制度，完善事业单位聘用制度和岗位管理制度，促进人岗相适、用当其时、人尽其才；推进人力资源市场建设，完善市场服务功能，畅通人才流动渠道，建立政府部门宏观调控、市场主体公平竞争、中介组织提供服务、人才自主择业的人才流动配置机制；完善各类人才薪酬制度，加强对收入分配的宏观管理，健全以政府奖励为导向、用人单位和社会力量奖励为主体的人才奖励体系，研究制定人才补充保险办法，支持用人单位为各类人才建立补充养老、医疗保险。

(三）基础保障

加强人才工作法制建设，推进人才管理工作科学化、制度化、规范化，形成有利于人才发展的法制环境。加强人才发展理论研究，积极探索人才资源开发规律，强化对《人才规划纲要》的指导。推进人才工作信息化建设，加强人才信息统计工作，建立健全各级各类人才库和科学统一的人才资源统计及紧缺人才发布制度。加强人才工作队伍建设，加大培训和实践锻炼力度，努力提高人才工作者的研究能力、创新能力、协调能力和执行能力，不断提升人才公共服务水平，促进人才更好发展。

（四）监督保障

建立规划实施情况的监测、评估、考核机制，切实加强《人才规划纲要》的监督检查，及时发现新情况，解决新问题，组织开展《人才规划纲要》执行情况的考核、评估、监督和检查工作，切实保障《人才规划纲要》的贯彻落实。各级党委、政府要编制本地区人才发展规划，并把人才规划纳入国民经济和社会发展总体规划，分阶段分步骤组织实施。各部门、各行业要结合事业发展需要，科学制定本部门、本行业的人才发展规划，促进人才队伍协调发展。

云南省中长期人才发展规划纲要（2010—2020年）

为大力推进人才强省战略，加快发展人才事业，着眼于为实现云南全面建设小康社会奋斗目标提供人才保证，根据《国家中长期人才发展规划纲要（2010—2020年）》，结合云南实际，制定本规划。

序言

人才是指具有一定的专业知识或专门技能，进行创造性劳动并对社会作出贡献的人，是人力资源中能力和素质较高的劳动者。人才是经济社会发展的第一资源。

当今世界正处在大发展大变革大调整时期，优秀人才正日益成为国家、地区、组织参与竞争的稀缺性、战略性资源。云南作为一个边疆、民族、山区的欠发达省份，要推进经济建设、政治建设、文化建设、社会建设及生态文明建设，实现城乡、区域统筹协调发展，提高生产力水平和自主创新能力，增强区域竞争力，关键在于培养造就大批高素质的各类优秀人才，保持人才总量的持续增长和质量的有效提升。

省委、省政府历来高度重视人才工作。改革开放后特别是全省人才工作会议以来，制定了一系列加强人才工作的政策措施，培养造就了各个领域的大批人才。进入新世纪，省委、省政府作出了实施人才强省战略的重大决策，人才强省战略已成为我省经济社会发展的基本战略，人才发展取得了明显成效。科学人才观逐步确立，各类人才队伍不断壮大，人才发展的政策环境逐步改善；市场配置人才资源的基础性作用初步发挥；人才效能明显提高；党管人才工作新格局基本形成。同时必须清醒地认识到，当前我省人才发展的总体水平与国内发达省区相比仍有较大差距，与经济社会发展需要还有许多不适应的地方。主要是：高层次创新型人才匮乏，人才创新创业能力不强，人才总量相对不足，结构和分布不尽合理，人才发展的体制机制障碍仍然存在，人才资源开发投入不足等。

未来十几年，是把云南建设成为绿色经济强省、民族文化强省和我国面向西南开放桥头堡的重要战略机遇期，也是人才发展的关键时期。我们必须增强责任感、使命感和危机意识，积极应对日趋激烈的人才竞争，主动适应我省经济社会发展需要，坚定不移地走人才强省之路，科学规划、深化改革、重点突破、整体推进，不断开创人才辈出、人尽其才的新局面。

一、人才发展的指导思想、发展目标

（一）指导思想

高举中国特色社会主义伟大旗帜，以邓小平理论和"三个代表"重要思想为指导，深入贯彻落实科学发展观，尊重劳动、尊重知识、尊重人才、尊重创造，大力推进人才强省战略，坚持党管人才原则，遵循社会主义市场经济规律和人才发展规律，加快人才发展体制机制和政策创新，扩大对外开放，开发利用国内国际人才资源，以高层次创新人才和十大产业急需人才为重点，统筹推进各类人才队伍建设，为实现云南建设绿色经济强省、民族文化强省和中国面向西南开放桥头堡的宏伟目标提供坚强的人才保证和广泛的智力支持。

当前和今后一个时期，我省人才发展的基本原则是：服务发展、人才优先、以用为本、创新机制、高端引领、整体开发。

服务发展。把服务科学发展作为人才工作的根本出发点和落脚点，围绕科学发展目标确定人才队伍建设任务，根据科学发展需要制定人才政策措施，用科学发展成果检验人才工作成效。

人才优先。确立在经济社会发展中人才优先发展的战略布局，充分发挥人才的基础性、战略性作用，做到人才资源优先开发、人才结构优先调整、人才投资优先保证、人才制度优先创新，促进经济发展方式向主要依靠科技进步、劳动者素质提高、管理创新转变。

以用为本。把充分发挥各类人才的作用作为人才工作的根本任务，围绕用好用活人才来培养人才、引进人才，积极为各类人才干事创业和实现价值提供机会和条件，使全社会创新智慧竞相迸发。

创新机制。把深化改革作为推进人才发展的根本动力，坚决破除束缚人才发展的思想观念和制度障碍，构建与社会主义市场经济体制相适应、有利于科学发展的人才发展体制机制，最大限度地激发人才的创造活力。

高端引领。培养造就一批经营管理水平高、市场开拓能力强的优秀企业家，一批高水平的科学家、科技领军人才、工程师和民族文化领军人才，一批技艺精湛的高技能人才，一批社会主义新农村建设带头人，一批职业化、专业化的高级社会工作人才，充分发挥高层次人才在经济社会发展和人才队伍建设中的引领作用。

整体开发。加强人才培养，注重理想信念教育和职业道德建设，弘扬拼搏奉献、艰苦创业、诚实守信、团结协作精神，促进人的全面发展。关心人才成长，鼓励和支持人人都作贡献、人人都能成才、行行出状元。统筹国内国外两个市场，推进城乡、区域、产业、行业和不同所有制人才资源开发，实现各类人才队伍协调发展。

(二)发展目标

到 2020 年,我省人才发展的总体目标是:培养和造就一支数量充足、结构优化、布局合理、素质优良的人才队伍,建成特色领域和优势产业人才聚集中心,为实现云南建设更高水平小康社会的宏伟目标提供坚强的人才保证和广泛的智力支持。

——人才资源总量持续增长,队伍规模不断壮大。人才资源总量在 2009 年 251 万人的基础上达到 500 万人,增长近一倍,人才资源占人力资源总量的比重提高到 13%,基本满足经济社会发展需要。

——人才素质大幅提升,结构进一步优化。人才创新创业能力和综合竞争力显著提高,主要劳动人口受过高等教育的比例达到 15% 左右,每万劳动力中研发人员达到 15 人年,高技能人才占技能劳动者的比例达到 25%。人才的分布和层次、类型、性别等结构趋于合理。

——人才竞争比较优势明显增强,竞争力不断提升,人才规模效益显著提高。支柱产业和特色优势产业人才开发力度不断加大,在烟草、低碳经济、能源、旅游文化、有色金属、生物技术等经济社会发展重点领域,建成区域性人才高地。

——人才使用效能明显提高。人才发展体制机制创新取得进展,环境进一步优化。人力资本投资占国内生产总值比例达到 10%,人才贡献率达到 20%。

二、人才队伍建设主要任务

(一)培养造就高层次创新人才

发展目标:围绕建设创新型云南,培养造就一批高水平的科学家、科技领军人才、创新团队。注重培养一线创新人才和青年科技人才。到 2020 年,研究开发人员总量、高层次创新人才总量有明显增长,优势产业和重大项目高端人才短缺问题得到缓解。

主要举措:创新人才培养发展模式,建立学校教育和实践锻炼相结合、国内培养和国际交流合作相衔接的开放式培养体系。探索并推行创新型教育方式方法,增强学生崇尚科学的意识,突出培养创造性思维和创新能力。加强实践培养,依托重大科研和重大工程项目、重点产业、重点学科和重点科研基地、国际科技合作项目,建设一批高层次创新创业人才培养基地。建立创新人才创业孵化基地,加强产学研合作,推动高层次创新创业人才向企业聚集。通过国际合作、东西部人才交流、省院省校合作等平台,加大对高层次创新人才培养力度。组织实施高端科技人才引进计划、高技能人才振兴计划,积极引进海外高层次人才。加大对中青年学术技术带头人和技术创新人才的培养、使用和资助力度。发展创新文化,倡导追求真理、勇攀高峰、宽容失败、团结协作的创新精神,营造科学民主、学术自由、严谨求实、开放包容的创新氛围。建立健全科研诚信体系,从严治理学术不端行为。

(二)加快培育十大产业急需人才

发展目标:以十大产业急需人才为突破口,加大优势产业人才开发力度。到 2020 年,在烟草、能源、有色金属、黑色金属、石化、生物技术、旅游文化、商贸流通、装备制造、光电子等优势领域培养一批数量充足的产业急需人才。

主要举措:围绕十大产业,加强产业人才统筹规划和需求预测,调整优化高等学校学科专业设置,加大急需研发人才和紧缺技术、管理人才的培养力度。大规模开展十大产业人才知识更新培训。制定人才特别是产业领军人才、工程技术人才向十大产业聚集的倾斜政策。建立与周边国家专业技术职称地区间互认制度。支持企业、科研院所与高等院校联合建立实验室或研发中心、技术创新中心。加强职业技术教育,培养一批技术应用型人才。

(三)大力开发社会重点领域的专门人才

1. 宣传文化人才

发展目标:紧密结合建设云南民族文化强省的需求,以宣传文化系统"四个一批"人才、文化产业经营管理人才、文化创意人才、新兴媒体人才队伍建设和文化专门技术人才为重点,全面加强宣传文化人才队伍建设,到2020年,省级宣传文化系统"四个一批"人才达到500名,民族民间文化人才超过5000名。

主要举措:健全完善分类科学、程序公平、运作规范的宣传文化人才政策体系。继续实施宣传文化系统"四个一批"人才工程,大力培养高层次宣传文化人才。引进、培养造就创新、创意、创业等文化产业急需人才。依托高等学校、社会科学研究机构和研究基地,大力培养哲学社会科学学术带头人和新闻、出版、传媒高层次人才。加大高层次宣传文化人才选拔力度,稳定充实基层宣传文化人才,培养造就一批德艺双馨的艺术家。发现造就民族民间文化人才和非物质文化遗产传承人等特色人才,壮大群众文艺队伍,促进各级各类宣传文化人才协调发展。

2. 农村中小学师资人才

发展目标:按照巩固提升农村义务教育水平的要求,以增加总量、提升素质为目标,加大教育培训力度,建设一支扎根农村、爱岗敬业、适应农村中小学教育发展需要的师资队伍。

主要举措:继续扩大实施农村义务教育阶段学校教师特设岗位计划,采取特殊政策措施,建立省级、州市级双语教师培训基地,积极为边疆民族地区培养"双语"教育人才。利用现代远程教育手段,实施大规模农村中小学教师培训计划。进一步加强城乡教育对口支援工作,继续推进高校新任教师支教制度。开展城市优质学校与农村学校"结对子"帮扶活动,双方互派教师进行交流,促进城乡教师资源合理配置。鼓励高等学校师范生到农村中小学实习和支教。以实施义务教育学校绩效工资为契机,建立健全乡镇以下农村边远贫困地区教师特殊津贴补助机制,加大"农村中小学教师安居工程"建设力度,提高乡镇以下学校教师待遇,吸引和稳定优秀人才投身农村教育事业。

3. 基层医疗卫生人才

发展目标:按照建立覆盖城乡居民医疗保障体系,促进人人享有基本医疗卫生服务的要求,以全科医师为重点,加强城乡基层医疗卫生人才队伍建设。到2015年基本实现城市社区每万名居民有1—2名全科医师,农村每个乡镇有1名全科医师。到2020年,通过多种途径培养1万名全科医师,基本满足"小病在基层"的需求。

主要举措:制定以全科医师为重点的基层医疗卫生人才队伍建设规划,逐步建立健全基层医疗卫生人才队伍培养制度。以住院医师规范化培训基地为主要平台，大力培养全科医师。积极开展城乡基层医疗卫生人员岗位培训。大力实施城市医疗机构对口支援基层卫生工作。加强边疆地区禁毒和艾滋病防治等特殊医疗人才的培养。建立完善基层卫生机构补偿机制，提高基层卫生人员待遇。逐步建立科学合理的基层卫生人才管理和使用机制。

4. 少数民族人才

发展目标：按照各民族"共同团结奋斗，共同繁荣发展"的要求，围绕构建和谐边疆，推动民族地区经济发展和社会稳定，大力培养造就一批少数民族骨干人才，到2015年，全省少数民族人才总量达到50万人。到2020年，达到70万人。

主要举措：改善民族高等院校和民族中小学校办学条件，提高少数民族人才培养质量。加大少数民族干部和通晓本民族语言专业人员的培养力度。根据少数民族和民族地区特殊性，培养少数民族本土人才、民族文化传承人。加大财政投入力度，推动实现各少数民族人才，特别是7个人口较少民族和4个特困民族人才的均衡发展。完善健全少数民族干部选拔培养机制。建立促进少数民族人才合理配置的流动机制，健全完善少数民族人才评价发现政策体系。积极与南亚、东南亚国家开展社会经济文化的交流与合作，培养涉外经济技术合作和跨文化交流外向型少数民族人才。

（四）统筹推进各类人才队伍建设

1. 党政人才队伍

发展目标：按照加强党的执政能力建设和先进性建设的要求，以提高领导水平和执政能力为核心，以县处级以上领导干部为重点，着力培养造就一支政治坚定、勇于创新、勤政廉洁、求真务实、奋发有为、善于推动科学发展的高素质党政人才队伍。到2020年，大学本科及以上学历占87%，专业化水平有明显提高，结构更加合理，总量从严控制。

主要举措：适应科学发展要求和干部成长规律，开展大规模干部教育培训，加强干部自学。实施党政人才素质能力提升工程，构建理论教育、知识教育、党性教育和实践锻炼"四位一体"的干部教育培训体系。坚持德才兼备、以德为先标准，坚持民主、公开、竞争、择优改革方针，树立坚定信念、注重品行、科学发展、崇尚实干、重视基层、鼓励创新、群众公认的用人导向，扩大干部工作中的民主，加大竞争性选拔党政领导干部工作力度，拓宽选人用人渠道，提高干部工作科学化水平，促进优秀人才脱颖而出。实施后备干部队伍建设"3852工程"。注重从基层和生产一线选拔党政人才。加强妇女干部、少数民族干部、非中共党员干部培养选拔和教育培训工作。实施促进科学发展的干部综合考核评价办法。建立党政干部岗位职责规范及其能力素质评价标准，加强工作业绩考核。完善党政人才分类管理制度，加大领导干部跨部门、跨地区交流力度，推进党政机关重要岗位干部定期交流轮岗，健全权力约束制衡机制，加强干部管理监督。

2. 企业经营管理人才队伍

发展目标：根据产业结构优化升级需要，以提高现代经营管理水平和企业国际竞争力为核心，以优秀企业家和职业经理人培养为重点，加快推进企业经营管理人才职业化、市场化、专业化和国际化，培养造就一支具有战略眼光、市场开拓精神、管理创新能力和社会责任感的优秀企业家和高素质企业经营管理人才队伍。到2015年，企业经营管理人才总量达到57.54万人。2020年，达到72.95万人，国有企业领导人员通过市场化方式选聘的比例达到60%。

主要举措：依托国内外知名企业、高等院校和培训机构，加大企业经营管理人才国际化培训力度，提高战略管理和跨文化经营管理能力。采取组织选拔与市场化选聘相结合的方式选拔省属国有企业领导人员，副职人选一般采取公开选拔的方式产生。健全完善企业经营管理人才聘任制、任期制和任期目标责任制，实行契约化管理。完善以市场和出资人认可为核心的企业经营管理人才评价体系，积极发展企业经营管理人才评价机构，建立社会化的职业经理人资质评价制度，加强规范化管理。健全企业经营管理人才经营业绩评价指标体系。完善年度薪酬管理制度、协议工资制度和股权激励等中长期激励制度。建立企业经营管理人才库。培养和引进一批科技创新企业家和企业发展急需的战略规划、资本运作、科技管理、项目管理等方面专门人才。实施企业经营管理人才培养工程。

3. 专业技术人才队伍

发展目标：适应提升开放水平和现代化建设的需要，以提高专业水平和创新能力为核心，以高层次人才和紧缺人才为重点，培养和聚集适应云南经济社会发展需要的高素质专业技术人才。到2015年，专业技术人才总量达到136万人。到2020年，达到158.33万人，高、中、初级专业技术人才比例为10∶40∶50。

主要举措：进一步扩大专业技术人才队伍培养规模，提高专业技术人才创新能力。构建分层分类的专业技术人才继续教育体系。围绕全省支柱产业、重点行业，实施专业技术人才知识更新工程。加大现代物流、电子商务、法律、咨询、会计、工业设计、知识产权、食品安全、旅游等现代服务业人才培养开发力度。进一步实施并完善省中青年学术技术带头人和技术创新人才计划，组织实施高素质教育卫生人才培养计划。发挥各类社会组织培养专业技术人才作用。制定双向挂职、短期工作、项目合作等灵活多样的人才柔性流动政策，引导党政机关、科研院所和高等学校专业技术人才向企业、社会组织和基层一线流动，促进专业技术人才合理分布。统筹推进专业技术职称制度改革。完善政府特殊津贴制度，强化激励，科学管理。改善基层专业技术人才工作和生活条件，拓展事业发展空间。注重发挥离退休专业技术人才的作用。

4. 高技能人才队伍

发展目标：适应走新型工业化道路和产业结构优化升级的要求，以提升职业素质和技能为核心，以技师和高级技师为重点，努力建设一支门类齐全、技术精湛的高技能人才队伍。到2015年，高技能人才总量达到61.39万人，其中技师、高级技师达到7万人。到2020年，达到81.19万人，其中技师、高级技师达到10万人。

主要举措：完善以企业为主体、职业院校为基础，学校教育与企业培养紧密联系、政府推动与社会支持相结合的高技能人才培养培训体系。加强职业培训，统筹职业教育发展，整合利用现有各类职业教育培训资源，依托大型骨干企业（集团）、重点职业院校和培训机构，建设一批示范性高技能人才培养基地和公共实训基地。改革职业教育办学模式,大力推行校企合作、工学结合和顶岗实习。加强职业教育"双师型"教师队伍建设。在职业教育中推行学历证书和职业资格证书"双证书"制度。逐步实行中等职业教育免费和学生生活补助制度。继续实施高技能人才振兴计划,大力培养我省重点行业、产业急需紧缺的高技能人才。促进技能人才评价多元化。制定高技能人才与工程技术人才职业发展贯通办法。建立高技能人才绝技绝活代际传承机制。广泛开展各种形式的职业技能竞赛和岗位练兵活动。建立和完善高技能人才评选表彰制度,进一步提高技能人才经济待遇和社会地位。

5. 农村实用人才队伍

发展目标:围绕社会主义新农村建设,以提高科技素质、职业技能和经营能力为核心,以农村实用人才带头人和生产经营型人才为重点,着力打造服务农村经济社会发展、数量充足的农村实用人才队伍。到 2015 年,农村实用人才总量达到 103.19 万人。到 2020 年,达到 156.73 万人,每个行政村至少有 2 名示范带动能力强的致富带头人,每个乡(镇)都有一批农村实用人才聚集的专业化农民合作组织。

主要举措:大规模开展农村实用人才培训,充分发挥农村现代远程教育网络、全国文化信息资源共享工程网络、各类农民教育培训项目、农业技术推广体系、各类职业学校和培训机构的主渠道作用。整合现有培训项目,健全县域职业教育培训网络,继续推进新农村实用人才培训工程,重点实施农村实用人才开发工程。鼓励和支持农村实用人才带头人牵头建立专业合作组织和专业技术协会,加快培养农业产业化发展急需的企业经营管理人员、农民专业合作组织带头人和农村经纪人。积极扶持农村实用人才创业兴业,在创业培训、项目审批、信贷发放、土地使用等方面给予政策支持。因地制宜,建立健全农村实用人才评价制度。加大对农村实用人才的表彰激励和宣传力度,提高农村实用人才社会地位。加大公共财政对农村发展急需的农业技术人员、教师、医生等方面人才培养的支持力度。继续开展城乡人才对口扶持,推进城市医师支援农村卫生、城镇教师支援农村教育、社会工作者服务新农村建设、科技人才下乡支农等工作。

6. 社会工作人才队伍

发展目标:适应构建和谐云南的需要,以人才培养和岗位开发为基础,以中高级社会工作人才为重点,培养造就一支一定规模、结构合理、素质优良的社会工作人才队伍。到 2015 年,全省社会工作人才队伍总量达到 4.7 万人。到 2020 年,达到 7 万人,力争培养和引进高级社会工作人才 700 人。

主要举措:建立不同学历层次教育协调配套、专业培训和知识普及有机结合的社会工作人才培养体系。加强社会工作学科专业体系建设。建设一批社会工作培训基地。加强社会工作从业人员专业知识培训,制定社会工作培训质量评估指标体系。建立健全社会工作人才评价制度。加强社会工作者队伍的职业化管理。加快制定社会工作岗位开发设置政策措施。推进公益服务类事业单位、城乡社区和公益类社会组织建设,完善培育扶持和依法管理社会组织的政策。组织实施社会工作服务组织标准化建设示范工程。研究制定政府购买社会工作服务政策。建立社会工作人才和志愿者队伍联动机制。制定出台加强社会工作人才队伍建设的实施意见。

三、体制机制创新

（一）改进完善人才工作管理体制

1. 完善党管人才的领导体制

目标要求：坚持党管人才原则，创新党管人才方式方法，完善党委统一领导，组织部门牵头抓总，有关部门各司其职、密切配合，社会力量广泛参与的人才工作格局。发挥党委领导核心作用，统筹人才发展和经济社会发展，切实履行好管宏观、管政策、管协调、管服务的职责，用事业凝聚人才，用实践造就人才，用机制激励人才，用法制保障人才，提高党管人才工作水平。党政主要负责人要树立强烈的人才意识，善于发现人才、培养人才、团结人才、用好人才、服务人才。

主要任务：制定完善党管人才工作格局的实施意见。健全各级党委人才工作领导机构，建立科学的决策机制、协调机制和督促落实机制，形成统分结合、上下联动、协调高效、整体推进的人才工作运行机制。建立党委、政府人才工作目标责任制，提高各级党政领导班子综合考核指标体系中人才工作专项考核的权重。建立各级党委常委会听取人才工作专项报告制度。完善党委联系专家制度。实行重大决策专家咨询制度。完善党委组织部门牵头抓总职能，发挥政府人力资源管理部门作用，强化各职能部门人才工作职责，充分调动各人民团体、企事业单位、社会组织的积极性，动员和组织全社会力量，形成人才工作整体合力。

2. 改进人才管理方式

目标要求：围绕用好用活人才，完善政府宏观管理、市场有效配置、单位自主用人、人才自主择业的人才管理体制。改进调控方式，推动政府人才管理职能向创造良好发展环境、提供优质公共服务转变，运行机制和管理方式向规范有序、公开透明、便捷高效转变。健全人才市场体系，发挥市场配置人才资源的基础性作用。遵循放开搞活、分类指导和科学规范的原则，深化国有企业和事业单位人事制度改革，创新管理体制，转换用人机制，扩大和落实单位用人自主权。发挥用人单位在人才培养、吸引和使用中的主体作用。

主要任务：按照国家行政管理体制改革的总体部署，完善人才管理运行机制。规范行政行为，推动人才管理部门进一步简政放权，减少和规范人才评价、流动等环节中的行政审批和收费事项。分类推进事业单位人事制度改革，逐步建立起权责清晰、分类科学、机制灵活、监管有力的事业单位人事管理制度。克服人才管理中存在的行政化、"官本位"倾向，取消科研院所、学校、医院等事业单位实际存在的行政级别和行政化管理模式，在科研、医疗等事业单位探索建立理事会、董事会等形式的法人治理结构。建立与现代科研院所制度、现代大学制度和公共医疗卫生制度相适应的人才管理制度。完善国有企业领导人员管理体制，健全符合现代企业制度要求的企业人事制度。鼓励各地和行业结合自身实际建立与先进省区、境外人才管理体系接轨的人才管理改革试验区。

3. 加强人才工作法制建设

目标要求：坚持用法制保障人才，推进人才管理工作科学化、制度化、规范化，形成有利于人才发展的法制环境。加强立法工作，建立健全涵盖人才安全保障、人才权益保护、人才市场管理和人才培养、吸引、使用等人才资源开发管理各个环节的地方性人才法律法规。

主要任务：根据国家人才开发促进法和终身学习、工资管理、事业单位人事管理、专业技术人才继续教育、职业资格管理、人力资源市场管理、外国专家来华工作等方面的法律法规，制定完善我省配套法律法规和政策。

（二）创新人才工作机制

1. 人才培养开发机制

目标要求：以促进云南经济社会发展、兴滇富民为导向，以提高思想道德素质和创新能力为核心，完善现代国民教育和终身教育体系，注重在实践中发现、培养、造就人才，构建人人能够成才、人人得到发展的人才培养开发机制。

充分发挥教育在人才培养中的基础性作用，深化教育改革，提高教育质量，促进教育公平。统筹规划继续教育，基本建成学习型社会。

主要任务：把社会主义核心价值体系教育贯穿人才培养开发全过程，不断提高各类人才的思想道德水平。建立人才培养结构与经济社会发展需求相适应的动态调控机制，优化教育学科专业、类型、层次结构和区域布局。创新人才培养模式，全面推进素质教育。改革高等学校招生考试制度，建立健全多元招生录取机制，实行特殊人才特殊培养，提高人才培养质量。建立社会参与的人才培养质量评价机制。完善发展职业教育的保障机制，改革职业教育模式。完善在职人员继续教育制度，分类制定在职人员定期培训办法，倡导干中学。构建网络化、开放式、自主性终身教育体系，大力发展现代远程教育，支持发展各类专业化培训机构。

2. 人才评价发现机制

目标要求：建立以岗位职责要求为基础，以品德、能力和业绩为导向，科学化、社会化的人才评价发现机制。完善人才评价标准，克服唯学历、唯论文倾向，注重靠实践和贡献评价人才。改进人才评价方式，拓宽人才评价渠道。把评价人才和发现人才结合起来，坚持在实践和群众中识别人才、发现人才。

主要任务：建立以绩效考核为基础的事业单位人员考核评价办法。分行业制定事业单位领导人员考核评价实施办法。完善重在业内和社会认可的专业技术人才评价机制。加快推进职称制度改革，规范专业技术人才职业准入，依法严格管理；完善专业技术人才职业水平评价办法，提高社会化程度；完善专业技术职务任职评价实施办法，落实用人单位在专业技术职务（岗位）聘任中的自主权。完善以任期目标为依据、工作业绩为核心的国有企业领导人员考核评价办法。探索技能人才多元评价机制，逐步完善社会化职业技能鉴定、企业技能人才评价和专项职业能力考核实施办法。健全完善党政领导干部考核评价机制。建立在重大科研、工程项目实施和急难险重中发现、识别人才的机制。建立举才荐才的社会化机制。

3. 人才选拔任用机制

目标要求：改革各类人才选拔使用方式，科学合理使用人才，促进人岗相适、用当其时、人尽其才，形成有利于各类人才脱颖而出、充分施展才能的选人用人机制。深化党政领导干部选拔任用制度改革，提高选人用人公信度。健全国有企业领导人员选拔制度，加大市场化选聘力度。完善事业单位聘用制度和岗位管理制度，健全事业单位领导人员选拔制度。

主要任务：完善党政领导干部公开选拔、竞争上岗制度，探索公推公选等竞争性选拔干部方式。规范干部选拔任用提名制度。推行和完善地方党委讨论决定任用重要干部票决制。坚持和完善党政领导干部职务任期制。建立组织选拔、市场配置和依法管理相结合的国有企业领导人员选拔任用制度，完善国有资产出资人代表派出制和选举制。健全事业单位领导人员委任、聘任、选任等任用方式。全面推行事业单位公开招聘、竞聘上岗和合同管理制度。

4. 人才流动配置机制

目标要求：推进人才市场体系建设，完善市场服务功能，畅通人才流动渠道，建立政府部门宏观调控、市场主体公平竞争、中介组织提供服务、人才自主择业的人才流动配置机制。健全人才市场供求、价格、竞争机制，进一步促进人才供求主体到位。大力发展人才服务业。加强政府对人才流动的政策引导和监督，推动产业、区域人才协调发展，促进人才资源有效配置。

主要任务：在建立统一规范、更加开放的人力资源市场基础上，发展专业性、行业性人才市场。健全专业化、信息化、产业化、国际化的人才市场服务体系。积极培育专业化人才服务机构，注重发挥人才服务行业协会作用。进一步破除人才流动的体制性障碍，制定发挥市场配置人才资源基础性作用的政策措施。推进政府所属人才服务机构管理体制改革，实现政事分开、管办分离。逐步建立城乡统一的户口登记制度，调整户口迁移政策，使之有利于引进人才。加快建立社会化的人才档案公共管理服务系统。制定实施社会保险关系转移接续实施办法。建立人才需求信息定期发布制度。完善人事争议仲裁、人才竞业避止等制度，维护用人单位和各类人才的合法权益。建立完善与西部大开发、滇沪合作、桥头堡建设相配套的区域人才交流合作机制。根据云南主体功能区布局，引导各类人才合理分布。

5. 人才激励保障机制

目标要求：构建物质与精神激励相结合，短期奖励与长效激励相统一，有利于保障人才合法权益的激励保障机制。完善各类人才薪酬制度，加强对收入分配的宏观管理，逐步建立秩序规范、激发活力、注重公平、监管有力的工资制度。健全以政府奖励为导向、用人单位和社会力量奖励为主体的人才奖励体系。完善以养老保险和医疗保险为重点的社会保障制度，形成社会保障、单位保障和个人权利保障相结合的人才保障体系。

主要任务：统筹协调党政机关和国有企事业单位收入分配，稳步推进工资制度改革，制定知识、技术、管理、技能等生产要素按贡献参与分配的办法。继续推进企业分配制度改革，推行期权、股权等中长期激励办法，重点向创新创业人才倾斜。结合事业单位分类改革，实行事业单位岗位绩效工资制度。探索高层次人才、高技能人才协议工资和项目工资制等多种分配形式。整合、调整、规范各类人才奖项设置，健全各类人才荣誉奖励体系。研究制定人才补充保险办法，支持用人单位为各类人才建立补充养老、医疗保险。扩大对农村、非公有制经济组织、新社会组织人才的社会保障覆盖面。

四、重大政策

（一）实施促进人才资本优先积累的财税金融政策

各级政府优先保证对人才发展的投入，确保教育、科技支出增长幅度高于财政经常性收入增长幅度，卫生投入增长幅度高于财政经常性支出增长幅度。逐步改善经济社会发展的要素投入结构，较大幅度提高人才资本投资比重。各级政府应加大资金清理整合，统筹安排建立人才发展专项资金，并视财力情况逐步加大对人才培养的投入，保障人才发展重大项目实施。建立重大项目人才保证制度，提高项目建设中人才开发经费提取比例。切实落实机关、企事业单位职工教育培训经费的提取和使用。通过税收、贴息等优惠政策，鼓励和引导用人单位、个人和社会投资人才资源开发。加大省级财政对边疆民族地区财政转移支付力度，引导贫困地区加大人才资源开发投入力度。利用国家政策性银行贷款、国际金融组织和外国政府贷款优先投资人才开发项目。

（二）实施产学研合作培养创新人才政策

建立政府指导下以企业为主体、市场为导向、多种形式的产学研战略联盟，通过共建科技创新平台、开展合作教育、共同实施重大项目等方式，培养高层次人才和创新团队。实施研究生教育创新计划，发展专业学位教育，建立高等学校、科研院所、企业高层次人才双向交流制度，推行产学研联合培养研究生的"双导师制"。加强博士学位授权点建设，建立多元化的投入渠道，发挥高等院校、科研院所和企业的主体作用，提高博士研究生质量。依托重大项目，在创新实践中集聚和培养一流人才。对企业等用人单位接纳高等学校、职业学校学生实习、见习等实行财税优惠政策。

（三）实施人才向边疆民族地区和农村基层流动的引导政策

对在边疆民族地区和农村基层工作的人才，在工资、职务、职称等方面实行倾斜政策。提高艰苦边远地区津贴标准，改善工作和生活条件。采取政府购买岗位、报考公职人员优先录用等措施，鼓励和引导高校毕业生到边疆民族地区、农村基层和中小企业就业。逐步提高州市以上党政机关从基层招录公务员的比例。制定高校毕业生到边远艰苦地区创业就业扶持办法。开发基层社会管理和公共服务岗位。实施公职人员到基层服务和锻炼的派遣和轮调办法。实施好州市间人才对口帮扶政策。加强博士服务团、"西部之光"访问学者和少数民族科技骨干特殊培养等工作，为边疆少数民族地区经济社会发展提供人才和智力支持。

（四）实施人才创业扶持政策

健全完善知识产权质押融资、创业贷款等政策，加大对人才创业的金融支持力度。完善知识产权、技术发明作为创业资本参股的措施。加大税收优惠、财政贴息力度，扶持创业风险投资基金，支持创办科技型企业，促进科技成果转化和技术转移。建立知识产权交易市场和信息平台，健全完善知识产权利益分配的政策。继续加大对各类创业孵化器等基础设施的投入，创建创业服务网络，探索多种组织形式，加强创业技能培训和创业服务指导，为各类人才创业提供服务，提高创业成功率。建立大学生创业服务体系，鼓励扶持大学生自主创业。制定科研机构、高等学校科技人员创办科技型企业的激励保障办法。

（五）实施有利于科研人员潜心研究和创新政策

在科研机构、高等学校、企业建立符合科技人员和管理人员不同特点的职业发展路径，鼓励和支持科研人员在创新实践中成就事业并享有相应的社会地位和经济待遇，对事业单位管理人员全面推行职员制度。完善科研管理制度，扩大科研机构用人自主权和科研经费使用自主权，健全科研机构内部决策、管理和监督的各项制度。建立以学术和创新绩效为主导的资源配置和学术发展模式。改进科技评价和奖励方式，完善以创新和质量为导向的科研评价办法，克服考核过于频繁、过度量化的倾向。加大对基础研究、前沿技术研究、社会公益类科研机构的投入力度，建立以政府性资金支持为主的高校和科研机构综合绩效评价制度。完善科技项目经费管理办法和科技计划管理办法，对由高层次人才领军的科研团队给予长期稳定支持。健全科研单位分配激励机制，向科研关键岗位和优秀拔尖人才倾斜。改善青年科技人才的生活条件，有条件的城市可在政府保障性住房建设中优先解决住房问题。

（六）实施推进党政人才、企业经营管理人才、专业技术人才合理流动政策

健全和完善党政人才、企业经营管理人才、专业技术人才之间合理流动制度，打破身份、单位、部门和所有制限制，营造开放的用人环境。扩大党政机关和国有企事业单位领导人员跨地区、跨部门交流任职范围。拓宽党政人才来源渠道，完善从企事业单位和社会组织选拔人才制度。完善党政机关人才向企事业单位流动的社会保险关系转移接续办法。

（七）实施更加开放的人才政策

大力吸引海外高层次人才来滇创新创业，制定完善长期居留、税收、保险、住房、子女入学、配偶安置，担任领导职务、承担重大科技项目、参加院士评选和政府奖励等方面的特殊政策措施。大力推进吸引优秀留学人才和海外高层次人才到云南工作和服务计划。加强留学人员创业园区建设，提供创业资助和融资服务。建立统一的海外高层次人才信息库和人才需求信息发布平台。加大引进国外智力工作力度，制定国外智力资源供给、发现评价、市场准入、使用激励、绩效评估、引智成果共享等办法。扩大公派出国留学和来滇留学规模。开发境外优质教育培训资源，完善出境培训管理制度和措施。支持高等学校、科研院所与海外特别是南亚、东南亚高水平教育、科研机构建立联合研发基地。建立国际人才市场，培育一批国际人才中介服务机构。

（八）实施鼓励非公有制经济组织、新社会组织人才发展政策

对各种所有制组织中的人才，坚持一视同仁、平等对待。把非公有制经济组织、新社会组织人才开发纳入各级政府人才发展规划。制定加强非公有制经济组织、新社会组织人才队伍建设实施意见。人才培养、吸引、评价、使用等方面的各项政策，非公有制经济组织、新社会组织平等享受。人才创新创业的资金、项目、信息等公共资源，向非公有制经济组织、新社会组织人才平等开放。政府开展人才宣传、表彰、奖励等方面的活动，非公有制经济组织、新社会组织人才平等参与。

（九）实施促进人才发展的公共服务政策

完善政府人才公共服务体系，建立全省一体化的服务网络。建立人才资源动态预测控制系统，定期发布人才公共信息。健全人事代理、社会保险代理、企业用工登记、劳动人事争议调解仲裁、人事

档案管理、就业服务等公共服务平台，满足人才多样化需求。推进政府所属人才服务机构管理体制改革，实现政事分开、管办分离。创新政府提供公共服务的方式，建立政府购买公共服务制度，为各类人才平衡工作和家庭责任创造条件。加强对公共服务产品的标准化管理，支持各类机构开发人才公共服务产品。

（十）实施知识产权保护政策

实施国家知识产权战略。制定职务技术成果办法，完善科技成果知识产权归属和利益分享机制，保护科技成果创造者的合法权益。明确职务发明人权益，提高主要发明人受益比例。制定云南省专利促进保护条例。制定职务发明人流动中的利益共享办法。建立非职务发明评价体系，加强对非职务发明创造的支持和管理。完善支持个人和中小企业发明创造的资助办法，鼓励创造知识财产。加强专利技术运用转化和维权援助服务平台建设。完善非物质文化遗产传承人知识产权保护相关措施。完善知识产权工作体系，加大知识产权宣传普及和执法力度。建立健全有利于知识产权保护的社会信用制度。营造保护知识产权的法制、市场和文化氛围，提升知识产权创造、运用、保护和管理能力，推进国际合作交流。

五、重大人才工程

（一）创新人才推进计划

实施创新型云南行动计划，围绕世界科技前沿和战略性新兴产业，组织实施"高层次科技人才培引工程"。每年重点支持和培养一批具有发展潜力的中青年科技创新领军人才。着眼于推动企业成为技术创新主体，加大对企业创新创业人才的扶持力度。加强省中青年学术和技术带头人、省技术创新人才的选拔培养力度，着力培养造就高层次创新型科技人才和创新团队。到2020年，培养选拔省中青年学术和技术带头人、省技术创新人才1500名，创新团队100个。

（二）青年英才开发计划

着眼于人才基础性培养和战略性开发，提升我省未来人才竞争力，在自然科学、哲学社会科学和文化艺术等重点学科领域，每年重点培养扶持一批青年拔尖人才。在我省高等院校和科研院所建设一批青年英才培养基地，按照严入口、小规模、重特色、高水平的原则，每年选拔一批拔尖大学生进行专门培养。为培养造就我省所需的高素质青年党政人才，每年从应届大学毕业生中选拔一批优秀人才到乡镇基层岗位锻炼，进行定向跟踪培养。

（三）特色优势产业人才聚集工程

围绕十大产业发展需要，整合省内高等院校重点学科、重点实验室、工程实验室、工程技术（研究）中心、重点社科研究基地等教育资源，加大特色产业急需人才的培养力度。到2020年，建立10个特色产业高层次人才高地，支持100名特色产业领军人才。聚集10个由战略科学家领衔的研发团队，30个由产业领军人才领衔的创业团队。

（四）企业经营管理人才培养工程

围绕实施人才强企战略，以提高省属企业战略开拓能力和现代化经营管理水平为重点，加快培养一批熟悉国际国内市场、具有国际先进水平的企业家队伍。到2020年，在省属国有企业中培养5名国际知名的高级经营管理人才，10名国内知名的经营管理人才，100名省内知名的优秀职业经理人，200名企业"一把手"后备人选和500名优秀年轻企业经营管理人才。

（五）专业技术人才知识更新工程

围绕经济结构调整、高新技术产业发展和自主创新能力的提高，在装备制造、信息、生物技术、新材料、金融财会、生态环境保护、能源资源、防灾减灾、现代交通运输、农业科技、社会工作等重点领域，开展大规模的知识更新继续教育，每年培训3万名高层次、急需紧缺和骨干专业技术人才，到2020年，累计培训30万名左右。依托高等学校、科研院所和大型企业现有施教机构，建设一批继续教育基地。

（六）高技能人才振兴计划

适应走新型工业化道路、加快产业结构优化升级的需要，加强职业院校和实训基地建设，以技师学院和技能大师工作室建设为重点，发挥职业资格证书的技能导航功能，推进技能人才公共实训鉴定基地建设项目和高技能人才培训基地建设项目。到2020年，在全省建成8所技师学院，40个技能大师工作室，20个技能人才公共实训基地，15个高技能人才培训基地。

（七）农村实用人才开发工程

适应社会主义新农村建设的需要，加大对农村基层干部和农村实用技术人才的开发培养力度。依托云南农村干部学院，加强对农村基层干部的教育培训；依托云南农业职业技术学院，加强农业高技能型人才培养；依托全省农业广播电视学校体系，加强中等农业技术人才培养；依托全省农民科技教育培训中心体系，加强农民科技培训。深入实施农村劳动力转移培训"阳光工程"、"绿色证书"培训工程，农村实用人才培养"百万中专生计划"、新型农民科技培训等工程，培养新型务工农民和产业农民，增强农民转产转岗就业能力。开展农村实用人才创业示范活动，引领农民创业致富。选拔一批农业产业龙头企业负责人和专业合作组织负责人、生产能手和农村经纪人等优秀生产经营人才，给予重点扶持。

（八）高素质教育人才培养工程

为建设一支高素质、创新型教育人才队伍，通过研修培训、引进培养、学术交流、项目资助等方式，在中小学校、职业学校、高等学校培养造就一批教育家、教学名师和学科领军人才。到2020年，重点培养和支持1万名各类学校教育教学骨干、"双师型"教师、学术带头人和校长，20名国家级教学名师，400名省级教学名师，建设20个国家级教学团队，200个省级教学团队。

（九）工业人才开发行动计划

按照走新型工业化道路和实施"工业强省"战略的要求，大力加强工业人才开发和培养力度，到2015年，州市县政府领导班子中至少配备一名熟悉工业、善抓工业的领导干部；到2020年，具有中高级职称或经理人职业资格的工业企业经营管理人才达到60万人，掌握专业技术的中高级科技人才达到93万人，掌握新技术和新工艺的技能人才达到135万人，全省工业人才总量达到290万人，初步形成较为完善的工业人才体系。

（十）文化名家工程

为更好地推动宣传思想文化工作，适应民族文化强省建设需要，着眼于培养造就一批造诣高深、成就突出、影响广泛的宣传思想文化领域杰出人才，每年重点扶助一批哲学社会科学、新闻出版、广播影视、文化艺术、文物保护名家承担重大课题、重点项目、重要演出、开展创作研究、展演交流、出版专著等活动。进一步加大民族文化领军人才的培养力度，多层次多途径培养民族民间文化的传承人。到2020年，国家级民族民间文化传承人达到150名，省级民族民间文化传承人达到1500名。高层次文化产业人才100名，全国知名文化产业企业100家。

（十一）全民健康卫生人才保障工程

适应深化医药卫生体制改革、保障全民健康需要，加大对卫生人才培养支持力度。到2020年，培养造就50名医学杰出骨干人才，给予科研专项经费支持；开展住院医师规范化培训工作，支持培养5000名住院医师；加强以全科医师为重点的基层卫生人才队伍建设，提高基层医疗卫生服务能力。

（十二）边疆民族地区人才支持开发计划

为促进边疆民族地区加快发展，实现基本公共服务均等化目标，在职务、职称晋升等方面采取倾斜政策。加大人才对口帮扶力度，引导优秀教师、医生、科技人员、社会工作者、文化工作者到边境一线和少数民族地区工作或提供服务。继续实施高校毕业生到村任职、"特岗教师"计划、"三支一扶"计划、大学生志愿服务西部计划等服务基层项目，解决边疆民族地区人才匮乏问题，培养锻炼后备人才。

（十三）现代服务业人才培养工程

以全面推进云南旅游"二次创业"为重点，加快餐饮、商贸等传统服务业和金融、保险、房地产、物流、养生养老等现代服务业人才的开发培养。创新现代服务业人才培养模式，调整高校专业设置，推动校企合作，实行"订单教育"。健全完善多渠道的引才政策，搭建高效便捷的引才平台，积极引进我省发展现代服务业急需紧缺的各类管理和专业技术人才。

（十四）人力资源市场建设工程

按照统一规范、竞争有序的人力资源市场建设要求，推动人才市场和劳动力市场整合，实现管理体制统一、法律法规统一、政策制度统一，逐步使公共服务与经营性服务分离，构建完整的公共就业人才服务体系。建设一个符合国际惯例的云南面向西南开放的中国云南国际人力资源市场。

（十五）人才信息化建设工程

整合人才信息资源，建立社会化、开放式的人才资源信息共享机制。加强人才信息网络和数据库建设，建立健全高层次人才库。加快推进人才电子政务建设，构筑互动、高效、安全的人才资源公共信息平台和人才公共服务平台。建设以行业分类为指导，以人才服务为中心，覆盖全社会，连接政府电子政务网络的多层次安全、可靠的人才信息服务支撑体系。

六、规划的组织实施

（一）加强对规划实施工作的领导

各级党委、政府要加强和改进对人才工作的领导，为实施规划提供坚强的组织保障。省人才工作领导小组负责规划实施的统筹协调和宏观指导。制定各项目标任务的分解落实方案和重大工程实施办法。建立规划实施情况的监测、评价、考核机制，加强督促检查，确保规划的顺利实施。

（二）建立健全人才发展规划体系

各州市和省级有关部门要以本规划为指导，结合实际，编制本地区、本行业中长期人才发展规划，使全省的中长期人才发展规划与各地区、各行业和各部门的人才发展规划，形成全省人才发展规划体系。

（三）营造规划实施的良好社会环境

大力宣传中央和省委人才工作的方针、政策，宣传规划实施的重要意义和规划的指导思想、目标任务、重大举措。总结宣传规划实施过程中的典型经验、做法和成效，形成全社会关心人才发展、支持人才发展的良好氛围。

（四）加强人才工作基础建设

加强人才发展理论和实践问题研究，积极探索符合我省发展实际的人才资源开发规律和人才工作规律。推进人才工作信息化建设，建立人才信息网络和数据库。建立人才资源年度统计调查和定期发布制度。加强人才工作队伍建设，加大培训力度，提高人才工作队伍的政治素质和业务水平。

浙江省中长期人才发展规划纲要（2010—2020年）

根据《国家中长期人才发展规划纲要（2010—2020年）》和我省经济社会发展的总体战略部署，着眼于加快建设人才强省，为全面建设惠及全省人民的小康社会、提前基本实现现代化提供人才支撑，制定本纲要。

序言

人才是指具有一定的专业知识或专门技能，进行创造性劳动并对社会作出贡献的人，是人力资源中能力和素质较高的劳动者。

省委、省政府历来高度重视人才工作。改革开放特别是2003年全省人才工作会议召开以来，我省大力实施人才强省战略，人才发展取得显著成绩。党管人才工作新格局基本形成，人才工作在经济社会发展中的战略地位明显提升；制定实施"十一五"人才发展规划等重大人才规划和政策，人才工作机制不断创新完善；组织实施重大人才工程，培育引进创业创新载体，各类人才队伍建设不断加强；大力营造重才爱才良好氛围，人才创业创新环境不断改善。全省人才队伍总量较快增加，整体素质逐步提高，在经济社会发展各领域培养造就了大批勇于创新、善于创业、乐于奉献、充满活力的人才。我省改革开放三十多年的历程表明，坚持以人为本、充分激发人的创业创新活力、发挥人才作用是推动发展的重要因素，人才优势是最需培育、最具潜力、最可依靠的优势。

人才是竞争之本、转型之要、活力之源。当今时代，在经济全球化、新科技革命推动下，经济发展模式正在发生深刻变化，人才竞争已成为综合国力竞争的核心。2010年到2020年，是浙江加快推进转型发展,全面提升新型工业化、信息化、城市化、市场化、国际化水平的重要阶段,是全面建设惠及全省人民的小康社会、提前基本实现现代化的重要时期。实现经济社会转型发展,走出一条具有时代特征、浙江特点的科学发展之路,必须大力开发人才资源,加快形成人才竞争比较优势,推动经济增长向主要依靠科技进步、劳动者素质提高、管理创新转变。必须清醒地看到,当前我省人才发展总体水平还不适应经济社会发展要求,同一些经济发达省市相比还有差距,主要表现在:人才优先发展的理念没有完全确立,"重物轻人"现象不同程度存在,全社会人才投入不足;高层次创新型人才、高技能人才比较缺乏,高端人才、领军人才尤其紧缺;人才配置结构和布局不够合理,人才发展体制机制障碍仍然存在,人才创业创新环境有待改善等。面对新形势新任务,必须用战略眼光看待人才工作,牢固确立人才是科学发展的第一资源、第一要素和第一推动力的理念,确立人才优先发展的战略布局,确立党管人才意识,切实增强做好人才工作的责任感、危机感和紧迫感,加快建设人才强省,努力形成人才辈出、人尽其才、才尽其用的生动局面,促进浙江经济社会又好又快发展。

一、指导思想、基本原则和总体目标

(一)指导思想

高举中国特色社会主义伟大旗帜,以邓小平理论和"三个代表"重要思想为指导,深入贯彻落实科学发展观,尊重劳动、尊重知识、尊重人才、尊重创造,深入实施人才强省战略,坚持党管人才原则,遵循社会主义市场经济规律和人才成长规律,以服务科学发展为根本出发点和落脚点,以充分发挥各类人才作用为根本任务,以高层次、高技能人才为重点,以深化体制机制改革为根本动力,充分发挥人才的基础性、战略性作用,为全面实施"八八战略"和"创业富民、创新强省"总战略,全面建设惠及全省人民的小康社会、提前基本实现现代化提供坚强的人才保障。

(二)基本原则

人才优先,服务发展。统筹经济社会发展和人才发展,加快确立人才优先发展的战略布局,做到人才资源优先开发、人才结构优先调整、人才投资优先保证、人才制度优先创新,以人才优先发展更好服务科学发展、促进人的全面发展。

以用为本,创新机制。围绕用好用活人才,在体制机制创新上先行先试,在重点领域和关键环节取得新突破,构建与社会主义市场经济体制相适应、有利于科学发展的人才发展体制机制,充分发挥企业及用人单位在人才开发中的主体作用,培养德才兼备的高素质人才,最大限度地激发各类人才的创业创新活力。

高端引领,统筹推进。充分发挥高端人才在经济社会发展和人才队伍建设中的引领作用,以高层次、高技能人才为重点,统筹推进各类人才队伍建设,统筹推进城乡、区域、产业、行业和不同所有制经济组织人才发展。

优化环境,开放聚才。优化人才发展的经济环境、科技教育环境、法制环境、生活环境和社会环境,努力打造人才发展综合环境优势,以更加开放的视野培养、引进和使用人才,千方百计留住人才,鼓励和支持人人作贡献、人人能成才、行行出状元,大力吸引和集聚海内外优秀人才在浙江创业创新。

（三）总体目标

今后十年，人才发展的总体目标是：培养造就数量充足、素质优良、结构合理、发展协调、实力强劲的创业创新人才队伍，营造更加开放、充满活力的人才发展环境，建立与转型发展相适应的人才资源结构，人才发展总体水平和人才国际化程度位居全国前列，率先建成人才强省。

——人才资源总量持续较快增长。到 2015 年，人才资源总量达到 870 万人，到 2020 年达到 1050 万人，人才资源占人力资源总量的比重达到 24%。

——人才素质大幅度提高。到 2015、2020 年，主要劳动年龄人口受过高等教育的比例分别达到 15.2%、20.6%，每万劳动力中研发人员分别达到 63 人年、78 人年，高技能人才占技能劳动者比例分别达到 24%、28.5%。高层次创业创新人才大幅度增加，人才国际化水平明显提升。

——人才布局明显优化。人才的产业分布更趋合理，先进制造业、现代服务业、战略性新兴产业、现代农业等经济社会发展重点领域人才比重明显增加，企业研发人员比重明显提高，在产业集聚区建成一批人才高地。农村、基层和欠发达地区人才队伍得到加强。

——人才使用效能不断提升。人才发展体制机制和环境建设取得实质性突破，人才公共服务能力进一步增强，创业创新文化氛围更加浓厚。到 2015、2020 年，人力资本投资占生产总值比例分别达到 14.1%、16.5%，人才贡献率分别达到 36.5%、39.5%。

二、发展重点

（一）培养造就高层次创业创新人才

着眼于提高自主创新能力，适应实施国家技术创新工程试点、加快建设创新型省份需要，以创新型科技人才为重点，努力培养造就一支引领和支撑经济社会发展的创新型人才队伍。统筹抓好科技管理人才、科技型企业家、科技研发人才、科技型技能人才、科技服务人才队伍建设，推动基础研究、应用研究和开发研究人才队伍协调发展。重点培养造就一批能冲击国际科技前沿、处于国内一流水平的科技领军人才、学科带头人，一批科技创新能力和学术技术水平国内领先的创新团队，打造一批吸引和集聚人才的创新平台。注重培养一线创新人才和青年创新人才。

着眼于支持鼓励更多人才创业，提高创业层次和水平，完善创业机制，加强创业培训，优化创业环境，努力培养造就一支引领和带动人才创业的高层次创业人才队伍。重点培养造就一批熟悉国际国内市场、推动产业升级的企业家，一批掌握核心技术、引领新兴产业发展的科技创业领军人才，一批具有先进理念、带动创意产业发展的领军人才，大批敢于创业、善于创新的青年创业人才。

（二）大力开发转型发展重点领域急需紧缺人才

1. 经济发展重点领域专门人才

着眼于推进产业结构调整、促进经济转型升级，大力开发改造提升传统产业和发展先进制造业、现代服务业、战略性新兴产业、现代农业的专门人才，造就一支宏大的高素质现代产业人才队伍。大力开发交通运输设备、大型石化设备、纺织装备、电力设备等装备制造人才，纺织服装、皮革塑件、化学原料及化学制品、通用设备制造、建筑等传统优势产业转型升级需要的人才以及石化、船舶、钢铁等先进临港产业人才。大力开发研发设计、金融财会、现代物流、信息服务、科技服务、商务会展、批发分销等生产性服务业和文化创意、电子商务、数字传媒等新兴服务业人才以及商贸、旅游和房地产等传统优势服务业改造提升需要的人才。大力开发新能源、新材料、物联网、生物、节能环保、先进装备制造、新能源汽车、海洋开发、核电关联等战略性新兴产业人才。大力开发蔬菜、茶叶、果品、畜牧、水产、中药材等农业主导产业提升需要的人才，动植物种子种苗、农业生物技术、设施农业技术、农产品和水产品深加工等农业科技人才以及现代农业创业人才。

2. 社会发展重点领域专门人才

着眼于加快推进社会转型、建设和谐社会，大力开发教育、政法、宣传思想文化、人文社会科学、公共卫生、社区建设、防灾减灾等社会发展领域的专门人才，造就一支专业水平高、职业道德好、服务能力强的社会建设人才队伍。大力开发教育现代化建设需要的基础教育、职业教育、高等教育人才，维护社会公平正义、促进社会和谐稳定需要的政法人才，从事理论研究宣传、发展哲学社会科学需要的人文社会科学人才，新闻、出版、文艺和公共文化服务领域需要的文化人才，公共卫生服务、医疗服务、全民健身需要的医疗卫生人才、体育人才，灾害预报预警、防御调度、抢险救灾、应急救援、灾害信息管理需要的防灾减灾人才。

（三）统筹推进各类人才队伍建设

1. 党政人才队伍

按照加强党的执政能力建设和先进性建设的要求，以提高领导水平和执政能力为核心，以各级领导干部为重点，加强思想政治建设、组织建设、作风建设、制度建设和反腐倡廉建设，努力造就高素质党政人才队伍。坚持德才兼备、以德为先用人标准，树立注重品行、科学发展、崇尚实干、重视基层、鼓励创新、群众公认的用人导向。加强各级党政领导班子和领导干部队伍建设，重点选好配强各级党政主要领导干部，重视选拔培养复合型领导人才。加强后备干部队伍建设，加强女干部、非中共党员干部和少数民族干部的培养选拔工作。注重从具有基层领导工作经历的人员中选拔党政机关领导干部。

2. 企业经营管理人才队伍

适应经济全球化和经济转型升级的需要，以提升创业创新能力、市场竞争能力和现代经营管理能力为核心，以培育现代企业家和职业经理人为重点，推进企业经营管理人才职业化、市场化、专业化、国际化，培养造就大批引领创业创新、具有全球战略眼光和社会责任感的优秀企业家，培养造就高素质企业经营管理人才队伍。到2015年，企业经营管理人才总量达到270万人。到2020年，企业经营管理人才总量达到320万人。

3. 专业技术人才队伍

适应现代化建设的需要，以提高专业水平和创新能力为核心，以高层次人才和紧缺人才为重点，培养造就数量充足、素质优良、结构合理、充满活力的专业技术人才队伍。到2015年，专业技术人才总量达到410万人。到2020年，专业技术人才总量达到480万人，专业技术人才结构性矛盾有效缓解，学科、专业、产业、地区分布趋于合理，企业专业技术人才素质结构明显提升。

4. 高技能人才队伍

适应加快产业结构优化升级的需要，以提升职业素质和职业技能为核心，以技师、高级技师为重点，大力提高技能人才的技术知识和创造性运用新技术、新设备、新工艺的水平，培养造就数量充足、梯次合理、技艺精湛的高技能人才队伍。到2015年，高技能人才总量达到160万人。到2020年，高技能人才总量达到230万人。

5. 农村实用人才队伍

适应推进农村改革发展、建设社会主义新农村的需要，以提高科技素质、职业技能和经营能力为核心，以农村实用人才带头人和农村生产经营型人才为重点，培养造就大批经营能人、生产能手、能工巧匠，努力建设有觉悟、懂科技、善创业、会经营、有特色的农村实用人才队伍。到2015年，农村实用人才总量达到105万人。到2020年，农村实用人才总量达到112万人。

6. 社会工作人才队伍

适应构建社会主义和谐社会的需要，以人才培养和岗位开发为基础，以提高社会工作从业人员专业化、职业化能力为核心，以社会工作专业人才为重点，培养造就一支数量充足、专业化水平较高、结构比较合理的社会工作人才队伍。到2015年，社会工作人才总量达到10万人。到2020年，社会工作人才总量达到15万人。

三、主要举措

（一）发挥教育在培养人才中的基础性作用

1. 强化基础教育，着力培养全面发展的人才

推进基础教育均衡协调发展，全面推进素质教育，提高学生的思想道德素质，注重培养创造性思维和创新能力。高标准高质量普及从学前到高中段15年教育，义务教育入学率和完成率、高中教育入学率居全国省区前列。

2. 提升高等教育质量，创新人才培养模式

调整优化高校布局结构和学科专业结构，促进人才培养结构与经济社会发展需求相适应。支持浙江大学和中国美术学院建设世界一流大学，支持浙江工业大学等若干所高校建设高水平大学。积极鼓励高校加强创业创新人才培养。加强省"重中之重"学科、省人文社科重点研究基地和省级重点学科建设，实施省特色重点学科建设工程、省优势专业群和特色专业建设工程。建立健全多元招生录取机制，探索建立高校拔尖学生重点培养制度。实施"卓越工程类人才培养计划"。创新研究生选拔培养机制。深入开展大学生科技创新活动。

3. 大力发展职业技术教育，加快培养应用型人才

推进职业教育专项项目建设、高等职业教育办学质量与水平行动计划，加强高职高专院校"双师"队伍建设。推行学历证书和职业资格证书"双证书"制度。大力发展技工教育，建设一批符合地方经

济发展需要的高级技工学校或技师学院。支持若干高职院校建设国内一流高职院校。

4. 完善终身教育体系，构建学习型社会

大力发展成人教育、社区教育、现代远程教育和在职人员继续教育，形成广覆盖、多层次、开放式的社会教育网络。全面开展成人"双证制"教育培训工作。鼓励全社会成员通过多种形式和渠道参与终身学习。

（二）大规模开展人才培训

1. 加强党政人才培训

构建理论教育、知识教育、党性教育和实践锻炼"四位一体"的干部培养教育体系，按照分级分类的原则，每五年一轮大规模培训干部，大幅度提高各级干部素质。加强干部集中学习、脱产培训和在职自学工作。坚持每年举办若干期县处级以上领导干部专题研讨班。充分发挥党校、行政学院等在干部培训中的主阵地作用。加强公务员培训工作，规范初任培训，突出任职培训，强化在职培训，深化专门业务培训。

2. 加强专业技术人员知识更新培训

完善专业技术人才继续教育体系，加快实施专业技术人员知识更新工程，全面开展专业技术人员公共需求科目轮训。加强现代农业、装备制造、能源、信息技术、现代管理、生物技术、新材料、海洋、生态环保、现代交通运输等重点领域的知识更新培训。每年培训中高级专业技术人才 2.5 万名，举办专业技术人员高级研修班 30 期以上。

3. 加强企业经营管理人才培训

建立健全政府引导、市场主导、企业主体的企业经营管理人才培训体系。加强企业管理咨询和培训行业建设，建设一批较高水平的企业经营管理人员培训基地和企业管理咨询机构。依托国内外知名企业和高等院校培训机构、培训基地、网络学院，加强企业经营管理人才的系统培训和国际化培训。加强省属国有企业领导人员、后备人员和经营管理人员教育培训。

4. 加强高技能人才培养培训

深入实施"千万职工技能素质工程"，完善以职业院校为基础、企业为主体、学校教育与企业培养紧密联系、政府推动和社会支持相结合的高技能人才培养培训体系。广泛组织开展各种形式的职业技能竞赛和岗位练兵活动。鼓励和支持企业建立高技能人才创新工作室。开展浙江省"钱江技能大奖"、"首席技师"、杰出青年岗位能手评选活动。建立高技能人才绝技绝活代际传承机制，推行名师带徒制度，培养一批具有绝技绝活的能工巧匠，扶持一批能够继承传统技术工艺的优秀人才。

5. 加强农村实用人才培训

深入实施"千万农民素质提升工程"，依托职业院校、现代远程教育、电大、农广校、农函大、成人文化技术学校（社区学院）、科研技术推广单位等各类培训机构，加强农民转移就业技能培训、农业专业技能培训和农村劳动力"双证制"培训。抓好农村党员、农村青年、退伍军人和选聘到村任职大学生创业就业技能培训。实施百万农村创业创新实用人才培训计划，加强以农村生产能手和乡村科技、文化、服务人员以及能工巧匠为重点的农村实用人才培训,加强以农村专业合作社和农业龙头企业的领办者、行业协会带头人、家庭工业创办人、乡村旅游经营业主、农村经纪人等为重点的农村创业人才培训,每年培训农村创业创新实用人才 10 万人。

6. 加强社会工作人才培训

建立不同学历层次教育协调配套、专业培训和知识普及有机结合的社会工作人才培养体系。加强社会工作学科专业体系建设。建设一批社会工作培训基地。加强社会工作从业人员专业知识培训和职业道德教育。制定加强社会工作人才队伍建设的意见。

(三) 强化高层次人才培养引进

1. 加强高层次创新型人才培养

完善浙江省特级专家制度,加强选拔、资助和管理服务工作。深入实施一批高层次人才培养重大工程,加强创新团队建设。各地、各部门和行业实施相应的高层次创新型人才、优秀拔尖人才培养项目,形成衔接有序、分层分类、梯次配备的全省高层次创新型人才培养体系。进一步破除论资排辈、求全责备观念,加大对青年创新人才的发现、培养、使用和资助力度。支持我省专家学者和各类优秀人才进入国家级人才计划(工程),参与或牵头组织国家大科学工程和国际科学项目(计划)、开展学术交流。健全"两院"院士、省特级专家等高级专家联系管理制度,发挥他们在提携后人、培养高层次人才中的重要作用。重视发挥老专家、老教授和各类离退休高层次人才的作用。

2. 加快引进海内外高层次人才智力

根据经济转型升级重点领域和产业发展需求,以海外优秀留学人才为重点,大力吸引海外高层次人才来浙江创业创新。坚持面向海外高层次人才开展集中招才引智活动。办好浙江·杭州国际人才交流与合作大会、浙江·宁波人才科技周、海外优秀创业创新人才网上交流大会、海外高层次人才浙江行、中国浙江国际科技合作交流大会等大型引才活动。依托企事业等用人主体、驻外机构、海外社团和组织、国际人才中介服务机构,建立海外人才引进联络站。在浙江大学等高校探索建立海外高层次人才引进驿站。加快建立海外高层次人才信息库和需求信息发布平台,加强浙江省留学人员与专家信息网(浙江海外人才网)等网站建设。完善国外智力资源开发利用的政策措施,建设一批引进国外智力成果示范推广基地和示范单位,加大对引进国外智力的资助力度。进一步加强国内高层次人才引进工作,多渠道、多形式吸引国内优秀人才来浙江创业创新。建立健全引进人才的评估机制和跟踪管理服务机制,提高引才质量,充分发挥人才作用。

3. 着力打造高层次人才集聚平台

加快引进国内外大院名校大企业,大力建设公共科技基础条件平台、行业创新平台、区域创新平台等"六个一批"创新载体。稳步扩大博士后科研流动站、博士后科研工作站规模。充分发挥浙江大学、杭州高新区(滨江)等国家级海外高层次人才创业创新基地作用,依托高新区、园区、高校、科研院所和大企业集团建立 10—20 家省级海外高层次人才创业创新基地。加快建设浙江海外高层次人才创新园、浙江省科研机构创新基地、中国海洋科技创新引智园区,努力建成集聚海内外高层次创业创新人才的重要平台。加强留学人员创业园建设,提高吸纳、承载海外留学人才的能力。推动我省企业设立海外研发机构。建立一批院士专家工作站、大师工作室。

4. 加强人才国际化交流合作

进一步提高杭州、宁波等中心城市的人才国际化水平。支持高校、科研院所、企业与境内外著名高校、科研机构、大型跨国公司、国际知名培训服务机构开展交流合作，加大国际化人才培养力度。引进国外优质教育资源合作办学。坚持支持留学、鼓励回国、来去自由方针，扩大省内学生出国留学规模，鼓励各级各类学校选送学生赴国外参与短期学习。积极吸引外籍人才、留学生、港澳台学生来浙学习和工作，鼓励各类海外人才为浙江服务。加强国际通行的职业资格证书的培训和测试工作。做好重要人才安全工作。

（四）优先推进企业人才开发

1. 加强政策引导

进一步消除企业人才成长、引进和发挥作用的体制机制障碍，引导和推动人才向企业流动和集聚。制定促进企业人才发展的政策，各类企业人才平等享受政府人才培养、吸引、评价、使用等方面的各项政策，平等利用政府支持人才创业创新的资金、项目、信息等公共资源，平等参与政府开展人才宣传、表彰、奖励等方面活动。畅通高等院校、科研机构人才为企业服务的渠道。鼓励龙头企业引进海外一流技术、管理人才。实施青年创业人才培养工程。对企业等用人单位接纳高校毕业生、职业学校学生实习给予政策支持。

2. 支持企业建设人才创业创新载体

大力推进校（院）企（地）人才合作，支持企业与高校、科研院所建立产学研战略联盟，共建科技创新平台和基地，合作开展人才培养，推进科研成果转化。支持企业以多种方式参与各类创新载体建设，在大企业集团、行业骨干企业建设一批国家级、省级研发（技术）中心和行业、区域创新平台。支持企业建立研发机构、企业大学或人才培训基地，加大对企业博士后科研工作站的支持力度。

3. 创新企业人才发展机制

遵循人才开发规律和市场经济规律，充分发挥企业主体作用，推动企业建立基于自身发展战略和适合企业特点的人力资源管理体系和制度。改进完善财政税收政策，引导和鼓励企业加大对人才开发的投入。指导企业建立健全职工教育培训制度和人才选拔、评价、使用、保障激励制度，加强企业文化建设。组织开展院士专家等高层次人才服务企业活动。探索建立规模以上企业人才联络站、联系点制度。

（五）加快人才发展布局调整

1. 优化调整人才的产业和区域布局

围绕建设大平台大产业大项目大企业，建设浙江海洋经济发展带，构筑产业集聚区，有针对性地培养引进紧缺人才和重点人才，引导人才合理配置。发挥中心城市和城市群的辐射带动作用，加快构筑杭州大江东产业集聚区、杭州城西科创产业集聚区、宁波杭州湾产业集聚区、宁波梅山物流产业集聚区、温州瓯江口产业集聚区、湖州南太湖产业集聚区、嘉兴国际商务集聚区、绍兴滨海产业集聚区、金华产业集聚区、衢州产业集聚区、舟山海洋产业集聚区、台州循环经济产业集聚区、丽水生态产业集聚区、义乌商贸服务业集聚区等特色产业人才密集区，打造现代产业人才高地。

2. 构建城乡统筹的人才发展格局

加大城区科技、教育、文化、卫生等优质资源对农村的支持力度，加强对农村教师、卫生人才、科技人员的定向免费培训。提高农村基础教育、职业教育办学水平，完善本省籍学生免费就读省内大中专院校、电大、农广校等农业种养专业政策。完善农技推广体系，培养农业科技人才。继续实施百村引智示范项目和师资支持计划、农民大学生培养计划、万名医师支援农村卫生工程、农村文化人才素质提升工程、农村青年人才培养计划和青年农民培训工程。积极扶持农村实用人才创业兴业。加强和改进农村指导员、科技特派员工作。

3. 加强区域人才开发合作

加快省内欠发达地区人才开发，完善支持欠发达地区人才发展的政策措施，推动省直单位、发达地区与欠发达地区开展多形式、多渠道的人才智力交流合作，加强对欠发达地区人才开发的投入。积极推进长三角人才开发一体化，加强与珠三角地区、环渤海湾地区、港澳台地区对接，拓宽与国内其他区域的合作领域，构建人才资源开放共享和联动机制。做好对新疆、西藏、四川、青海等西部地区对口援建的人才支持工作。积极开展与中央和国家有关部门、中国科学院、中国工程院、中央企业及国内大院名校的科技人才战略合作，共建科技、人才基地，培养和集聚高层次创新人才和创新团队。

（六）加强人才发展环境建设

1. 构建促进人才发展的政策法制环境

坚持用法制保障人才，营造公开平等、竞争择优的制度环境，推进人才发展的科学化、制度化、规范化。在国家法律法规框架下，建立健全人才培养引进、流动配置、权益保护、竞业避止等方面的政策法规，适时修订、废止不适用的人才法规、规章和规范性文件，逐步形成与市场经济体制相适应的人才政策法规体系。强化执法监督，推进人才政策法规落实。进一步加强劳动人事争议处理工作，加大知识产权保护力度，切实保障用人主体和人才的合法权益。

2. 建设优质高效的人才服务环境

完善人才公共服务体系，不断拓展服务领域、提升服务能力和水平。进一步整合优化服务资源，建立全省一体化的人才服务网络。构建多层次人才服务平台，加强人事代理、社会保险代理、企业用工登记、就业服务等公共服务，满足人才多样化需求。积极开展人才网上在线服务，提升人才服务信息化水平。推进人才公共服务产品标准化管理，大力开发公共服务产品。建立政府购买公共服务制度。进一步加强人才住房保障、医疗保健、社会保险、子女入学、户籍管理等方面的服务。

3. 营造重才爱才的社会环境

大力弘扬以创业创新为核心的浙江精神，培育和发展创业创新文化。营造尊重劳动、尊重知识、尊重人才、尊重创造的社会氛围和诚信、宽松、和谐的学术环境，鼓励创新，宽容失败，发扬学术民主，提倡学术争鸣。教育和引导各类人才学习践行社会主义核心价值体系，把自己的成长发展同国家发展、社会进步、人民幸福紧密联系起来，努力成为德才兼备的高素质人才。大力表彰和广泛宣传人才创业创新先进典型、重才爱才先进单位，使人才的创业创新活动得到鼓励、创业创新才能得到发挥、创业创新成果得到肯定、创业创新愿望得以实现，让各类创业创新人才政治上有荣誉、经济上得实惠、社会上受尊重，调动企事业单位育才引才用才的积极性。

四、重大人才工程

（一）151人才工程

以提升自主创新能力为核心、以培养年轻学术技术带头人为目标，制定实施《浙江省"新世纪151人才工程"（2011—2020年）实施意见》，到2020年，培养6000名左右学术技术带头人及后备人选。其中1300名左右是在国内学术和技术领域具有一定知名度的第一层次高级专家和能代表我省学科优势和学术、技术水平的第二层次高级专家，4700名左右是第三层次年轻优秀学术技术带头人后备人选。

（二）百千万科技创新人才工程

着眼于扩大科技人才规模和提升创新能力，实施"优秀青年科技创新人才培养计划"和"省杰出青年科学基金项目"，在科技创新重点领域培养一批45岁以下、具有较高研发水平和组织管理能力的复合型青年科技领军人才；实施"钱江人才计划"，扶持新近归国留学人员创业创新；实施"院所人才计划"，促进科研院所青年科技人才成长；实施"新苗人才计划"，培养高校本科生和研究生的科技创新能力。到2020年，着力培养和引进百名国内外一流的创新领军人物、千名学术技术带头人、万名研发骨干。

（三）海外高层次人才引进"千人计划"

围绕优先发展的重点产业和科技创新重点领域，省及地方分层次引进一批海外高层次人才。省级层面，力争通过5—10年时间，引进并重点支持1000名左右能够突破关键技术、发展高新技术产业、带动新兴学科的学科带头人、科技领军人才和高层次创业人才，争取其中300名左右入选国家海外高层次人才引进"千人计划"。

（四）重点创新团队推进计划

构建连续稳定的支持机制，集中优势力量，在科技创新重点领域建设一批突破关键共性技术、研发战略产品、推广重大成果的科技创新团队；在重点发展产业、行业龙头骨干企业建设一批以省级以上企业研发机构为主要载体的企业技术创新团队；在人文社会、宣传文化领域建设一批文化创新团队。到2020年，努力建设形成500个左右创新人才集聚、创新机制灵活、持续创新能力强、创新绩效明显、具有国内一流水平的省级创新团队。

（五）现代服务业高端人才培养引进计划

围绕我省现代服务业发展的重点领域、重大项目和产业集聚区建设，用5—10年时间，培养1000名左右了解省情特点、熟悉国际规则的现代服务业国际化高端人才；引进10000名左右现代服务业高端人才和紧缺急需骨干人才，重点引进国际知名服务业企业的高级专业技术人才和经营管理人才、具备海外成功创业经验的现代服务业创业人才和团队。

（六）企业经营管理人才素质提升计划

着眼于提高我省企业现代化经营管理水平和国际竞争力，到2020年，培养200名能够引领行业发展方向、善于开展国际竞争和合作的优秀企业家，2000名具有系统现代经营管理知识和丰富实战经验的创业创新型企业家，20000名具有较高职业素养的职业经理人，基本实现全省规模以上企业中高层经营管理人才和规模以下企业高层管理人才普遍接受经营管理知识学习培训。

（七）高技能人才培养计划

围绕加快产业结构优化升级，建设一批示范性省级高技能人才培养基地和公共实训基地，加强重点行业（领域）急需紧缺高技能人才培养；实施青工技能振兴计划，培养大批技术技能型、知识技能型、复合技能型青年人才；开展高技能人才培养和技术创新活动，培育一批在生产一线善于技术革新的科技型技能人才。到2020年，技师、高级技师力争达到80万人。

（八）宣传文化系统"五个一批"人才工程

着眼于加快文化大省建设，培养造就一批有较高学术造诣、联系实际的人文社科专家，一批受群众喜爱的名记者、名编辑、名主持人，一批精通业务知识的出版专家，一批艺术水平精湛的作家、艺术家，一批既懂宣传文化发展规律、又懂市场运作规律的文化经营管理专家。到2015年，在全省培养选拔300名左右在本行业或本学科领域有较大影响的宣传文化领域的领军人物和学术带头人，到2020年再培养选拔一批优秀宣传文化人才。

（九）高素质教育人才培养工程

深入实施高等学校高层次人才引进与培养工程，引进一批省高校"钱江学者"（省高校特聘教授和讲座教授），遴选一批省高校优秀中青年学科、专业带头人，资助培养一大批优秀青年教师和"双师"素质教师，选送一批优秀青年教师赴海外进行访学、进修，培养造就大批学术名师、教学名师、教学团队和高水平创新团队。

（十）医疗卫生人才工程

实施卫生高层次创新人才培养工程，培养一批医学学科带头人；实施基层卫生人才素质提升工程，建立一支以全科医师为重点的基层医疗卫生人才队伍。推进住院医师规范化培训、继续医学教育、乡村医生教育，建立完善卫生技术人员培训网络和制度，提高各级各类卫生技术人员整体素质。

（十一）现代农业和新农村建设人才支撑计划

结合农业农村重大工程、重大专项、重点项目实施和农业科技创新平台、涉农高校科研院所、特色农业示范基地建设，培养造就一批高水平农业学术技术带头人和优秀农业科技创新人才，一批以科技特派员、基层农技人才为重点的现代农业科技推广人才，大批农业企业、农民专业合作组织负责人等农村创业人才，一批农村社区管理、村庄规划与管理人才。加强知识更新培训，到2020年，重点培训农业中高级专业技术人才1万人次。

（十二）支持欠发达地区人才开发"希望之光"计划

结合山海协作工程、欠发达地区奔小康工程，以欠发达地区人才需求为导向，以人才培养工程、人才支持工程、智力服务工程、人才开发资助工程为载体，深入推进干部挂职锻炼、人才培训工作，加强教育、科技、卫生、文化人才的结对联系帮扶，建立一批高级专家联系服务基地、人才培养基地，定期组织开展专家服务欠发达地区活动，省"人才强省战略"专项资金进一步加大对欠发达地区人才开发的资助。

五、重大政策

（一）实施人才投资优先保证的财政政策

各级政府优先保证对人才发展的投入，确保政府教育、科技支出增长幅度高于财政经常性收入增长幅度，卫生投入增长幅度高于财政经常性支出增长幅度。逐步改善经济社会发展的要素投入结构，较大幅度增加人力资本投资比重，探索建立人才投入绩效评价体系，提高投资效益。各级政府按照经济转型升级和创业创新要求，积极调整财政支出结构，进一步加大人才发展专项资金投入，科学配置政府人才投入资源，满足海外高层次人才引进计划等重大人才项目实施的需求。在重大建设和科研项目经费中，应适当提高用于人才开发的投入比例。贯彻落实企业职工教育经费支出所得税前扣除政策，促进企业加大人才投入。完善财政、税收等优惠激励政策，强化用人单位在人才投入中的主体地位，鼓励和引导社会、用人单位、个人以建立人才发展基金等多种方式加大人才投入，形成多元化的人才投入体系。积极争取中央有关部门加大对我省人才工作的支持力度。

（二）实施加快创新型科技人才发展的政策

研究制定从投入、土地、服务等方面支持科技人才创新平台建设的政策措施。加大知识产权开发、保护力度，奖励发明专利发明人，对授权专利予以财政资助。进一步促进技术要素参与收益分配，对执行政策情况较好、成效突出的科技型企业，在推荐上市、科技信贷、高新技术企业认定、创新型企业认定、省级以上研发（技术）中心审批等方面予以重点支持。对科技人员领办、参办企业且符合我省技术创新或产业政策导向的，在工商注册、科创引导资金投入、科技信贷、孵化器准入、政府采购等方面予以倾斜。改进和优化科技评价制度，把标志性成果的质量、效益作为评价科研绩效和能力水平的主要依据，把人才培育情况纳入各级政府科技计划项目验收的主要内容。研究完善科学不端行为监察制度，进一步加强科研学术诚信体系建设。深化科技管理体制改革，扩大科研机构用人自主权和科研经费使用自主权，促进科技资源配置向科研一线和中青年人才倾斜、向产学研结合倾斜。加大对科技创新团队和高层次科技创新人才的资助力度。完善网上技术市场，大力促进人才与市场的对接。

（三）实施支持人才创业的投融资政策

探索完善多渠道、多元化、多形式的风险投资、创业投资机制，制定优惠政策，积极发展"人才创业＋民营资本"模式，鼓励更多的民营企业、社会投资机构投资人才创业创新活动，促进民间资本和人才有机结合。健全政府支持人才创业政策，继续加大对创业孵化器等基础设施的投入，设立创业投资引导基金、创业投资服务中心，为人才创业提供项目启动资助、贴息、融资担保等金融服务。促进知识产权质押融资、创业贷款等业务的规范发展。完善知识产权、技术等作为资本参股的措施。

（四）实施强化产业集聚区人才保障的政策

统筹产业集聚区规划与人才发展规划，建立产业集聚区人才需求信息监测和定期发布制度，形成产业集聚区建设与人才开发相适应的动态调控机制。优化教育、科研院所、科技创新载体布局，在产业集聚区培育和建设一批特色优势的中高等学校、科研院所、公共创新平台，培养引进适应产业发展需要的人才。优先支持产业集聚区用人主体引进海内外高层次人才。深化向块状经济区域派遣科技专家服务组工作。

（五）实施促进非公有制经济组织、新社会组织人才发展的政策

改进政府对非公有制经济组织、新社会组织人才开发的公共服务，加强对非公有制经济组织、新社会组织的人才培训，支持引进高层次人才和高水平创新团队。创新非公有制经济组织、新社会组织人才职称评价机制，畅通评价渠道，完善破格晋升考评办法。大力推进非公有制经济组织与高校、科研院所开展校企产学研合作。在高校、科研院所选择部分重点实验室、工程中心、教学岗位向企业人才开放，并为部分优秀企业人才设置一定数量的特设岗位和客座研究员岗位。支持非公有制经济组织设立研发机构、技术中心、博士后科研工作站。建立健全非公有制经济组织、新社会组织人才开发协调机制。

（六）实施促进人才柔性引进和使用的政策

研究制定薪酬待遇、项目安排、表彰奖励、生活保障等方面政策，吸引国内外各类高层次人才以项目合作、智力入股、兼职兼薪、成果推广转化、特聘岗位等各种形式来我省开展人才智力服务。鼓励高校、科研院所、政府人才交流机构和各类经济开发区、创业园区等探索建立一批高层次人才驿站，重点接纳符合我省产业发展需要、来我省企业创业创新的人才。推进院士专家工作站建设，吸引高层次人才来我省开展技术服务、培养创新人才、创建创新平台。

（七）实施引导和鼓励大学生到基层创业就业的政策

引导和鼓励高校毕业生自主创业，以创业带动就业。制定大学生创业资金资助、创业扶持、职称评定等政策。建立一批大学生创业园、大学生创业实训基地、就业创业实习基地。建立大学生创业服务网络，完善创业服务平台，为大学生提供创业咨询、创业辅导、项目对接等一站式创业服务。继续通过多种途径选聘大学生到农村任职，完善和落实选聘政策，加大培养和管理力度，发挥到村任职大学生的积极作用。制定选聘到村任职大学生服务期满有序流动的政策。继续推进大学生志愿服务省内欠发达地区计划。继续招聘大学生到乡镇卫生院、农村学校工作。

（八）实施优化人才生活保障的政策

各地结合实际需要加强人才保障性住房建设，加大人才住房供应量，优先解决高层次人才、急需紧缺人才住房问题。建立健全优秀人才的疗休养和带薪休假制度。制定和完善引进海外高层次人才的长期居留、出入境、税收、保险、职称评聘、配偶安置、子女入学等具体办法，对特殊人才实行特事特办。创造条件建设若干国际学校、国际医疗服务机构。

六、体制机制创新

（一）改进完善人才工作管理体制

1. 完善党管人才工作领导体制

坚持党管人才原则，完善党委统一领导，组织部门牵头抓总，有关部门各司其职、密切配合，社会力量广泛参与的人才工作格局。制定完善党管人才工作格局的意见。完善市县党政领导人才工作目标责任制，提高各级党政领导班子综合考核指标体系中人才工作专项考核的权重。建立各级党委常委会听取人才工作专项报告制度。健全各级党委人才工作领导机构，加强人才工作和人才队伍建设的指导统筹，完善决策机制、协调机制、督促落实机制，形成统分结合、上下联动、协调高效、整体推进的人才工作运行机制。落实党委组织部门人才工作牵头抓总职责，坚持有所为、有所不为，重点做好战略研究、总体规划制定、重要政策统筹、创新工程策划、重点人才培养等工作。政府人力资源和社会保障部门是政府人才工作综合管理部门，要充分发挥在人力资源开发、就业、收入分配制度改革、人力资源市场建设、社会保障等方面的职能作用。各级党政机关和企事业单位要发挥培养、吸引、使用人才的主体作用。同时，发挥工会、共青团、妇联、科协、社联等人民团体和各类社会组织作用，动员全社会力量协调一致做好人才工作。党政主要负责人要树立强烈的人才意识，善于发现人才、培养人才、团结人才、用好人才、服务人才。完善党委联系专家制度，建立健全重大决策专家咨询制度。

2. 改进人才管理方式

完善政府宏观管理、市场有效配置、单位自主用人、人才自主择业的人才管理体制。按照政府行政管理体制改革的总体部署，推动政府人才管理职能向创造良好环境、提供优质服务转变，运行机制和管理方式向规范有序、公开透明、便捷高效转变。规范行政行为，进一步简政放权，减少和规范人才评价、流动、使用等环节中的行政审批和收费事项。分类推进事业单位人事制度改革，以建立健全聘用制度和岗位管理制度为重点，建立权责清晰、分类科学、机制灵活、监管有力的事业单位人事管理制度。克服人才管理中存在的行政化、"官本位"倾向，根据国家部署，取消科研院所、学校、医院等事业单位实际存在的行政级别和行政化管理模式。在科研、医疗等事业单位探索建立理事会、董事会等形式的法人治理结构。建立与现代科研院所制度、现代大学制度和公共医疗卫生制度相适应的人才管理制度。按照健全符合中国特色现代国有企业制度要求的企业人事制度目标，构建企业党组织、董事会、经理层和监事会职责明确、有机融合、运转协调的领导体制和运行机制，完善与公司治理结构相适应的企业领导人员管理体制。

（二）创新人才工作机制

1. 人才评价发现机制

建立健全以岗位职责要求为基础，以品德、能力和业绩为导向，科学化、社会化的人才评价发现机制。完善人才评价标准，克服唯学历、唯论文倾向，注重靠实践和贡献评价人才。健全科学的职业分类体系，建立各类人才能力素质标准。完善适应各类人才特点的人才评价制度。健全促进科学发展的领导班子和领导干部考核评价机制，完善干部德才考察标准和考察办法。建立以岗位绩效考核为基础的事业单位人员考核评价制度。完善以市场和出资人认可为核心的企业经营管理人才评价机制，建立社会化的职业经理人资质评价制度，建立健全企业经营管理人才经营业绩评价指标体系。完善重在业内和社会认可的专业技术人才评价机制。加快职业资格准入制度建设，全面推行职业资格证书制度。提高专业技术资格评价的科学性、专业性，推进专业技术资格评价社会化进程。完善专业技术职务任职评价办法，落实用人单位专业技术职务（岗位）聘任中的自主权。探索技能人才多元评价机制，逐步完善社会化职业技能鉴定、企业技能人才自行评价、院校职业资格认证和专项职业能力考核办法。因地制宜建立健全农村实用人才评价制度。建立健全社会工作人才评价制度。

2. 人才选拔任用机制

改革人才选拔任用方式，科学合理使用人才，促进人岗相适、用当其时、人尽其才，形成有利于各类人才脱颖而出、充分施展才能的选人用人机制。着眼于提高选人用人公信度，坚持民主、公开、竞争、择优方针，规范干部选拔任用提名制度，推行差额选拔干部制度，加大竞争性选拔干部工作力度，深化党政领导干部选拔任用制度改革。完善来自基层和生产一线的党政干部培养选拔机制，有计划地从县、乡党政机关选调优秀干部到省、市党政机关工作。坚持和完善党政领导干部职务任期制。加大重要部门、关键岗位、不同区域干部交流力度。完善公务员录用、调任、聘任、退出等制度。健全事业单位领导人员委任、聘任、选任等任用方式。全面推行事业单位人员聘用制度、岗位管理制度、竞聘上岗制度和公开招聘制度。健全组织选拔与市场化选聘相结合的国有企业领导人员选拔任用机制，进一步提高市场化选聘的比例。

3. 人才流动配置机制

完善政府部门宏观调控、市场主体公平竞争、中介组织提供服务、人才自主择业的人才流动配置机制。进一步推进人才市场体系建设，完善人才市场价格、供求、竞争机制，贯通各类人才市场和劳动力市场，发展和规范专业性、行业性人才市场，形成统一规范、信息互通、功能互补、竞争有序的人力资源市场。加快推进政府部门所属人才服务机构体制改革，实现政事分开、管办分离。加大专业化人才服务机构的扶持和培育力度。加大人力资源市场监管和执法力度。制定实施推进党政人才、企业经营管理人才、专业技术人才合理流动政策。加快推进城乡统一的户口登记制度，全面推进居住证制度改革。建立人才开发的宏观监测和预警系统，完善人才供求信息和薪酬行情发布制度，引导各类人才合理有序流动。

4. 人才激励保障机制

完善分配、激励、保障制度，建立与工作业绩紧密联系、充分体现人才价值、有利于激发人才活力和维护人才合法权益的分配激励机制。完善各类人才薪酬制度，加强对收入分配的宏观管理，逐步建立秩序规范、激发活力、注重公平、监管有力的工资制度。统筹协调党政机关和国有企事业单位收入分配，稳步推进工资制度改革。完善事业单位岗位绩效工资制度。建立健全国有企业领导人员激励机制，完善国有企业领导人员年薪制、期权期股等薪酬管理办法。建立产权激励制度，鼓励知识、技术、管理、技能等生产要素按贡献参与分配。逐步提高企业退休人员基本养老金，对在企业退休的高层次专业技术人员给予重点倾斜。探索高层次人才、高技能人才协议工资制和项目工资制等多种分配方式。引导各类企业加强对人才的激励保障。健全科研院所分配激励机制，注重向科研关键岗位和优秀拔尖人才倾斜。重视改善青年人才生活待遇。完善政府特殊津贴制度。健全政府奖励为导向、社会力量奖励和用人单位奖励为主体的人才奖励制度，调整规范各类人才奖项设置。政府对有突出贡献的人才实行重奖，设立"浙江省杰出创新人才奖"。扩大社会保险覆盖面，推进事业单位社会保险制度改革，建立事业单位职业年金制度，完善职工在机关事业单位与企业之间和不同地区之间社会保险关系转移接续办法。支持用人单位为各类人才建立补充基本养老、医疗保险。

七、组织实施

（一）加强对规划纲要实施工作的领导

省委人才工作领导小组负责规划纲要实施的统筹协调和宏观指导。制定规划纲要的分解落实方案和重大工程实施办法，明确阶段目标任务和年度实施计划，明确责任单位和进度要求。建立目标责任考核机制，加强督促检查，定期通报情况。建立规划纲要实施的人才投入保障机制，确保人才发展重点工作顺利推进。各级党委、政府要把制定实施人才发展规划纲要纳入经济社会发展总体部署，形成推进规划纲要实施的整体合力。

（二）健全人才发展规划体系

各地各部门要根据本规划纲要，制定实施本区域的重点人才发展专项规划和本行业领域的重点人才发展政策，形成上下衔接、左右协调、责任明确的全省人才发展规划体系。建立规划纲要监测、评估和动态调整机制，根据经济社会发展总体规划对规划纲要内容进行及时、必要调整，对现有人才发展政策和制度进行清理规范。

（三）营造实施规划纲要的良好社会环境

大力宣传党和国家人才工作的重大战略思想和方针政策，宣传加快建设人才强省的重大意义、目标任务、重大举措，宣传规划纲要实施中的典型经验、做法和成效，形成全社会关心、支持人才发展的良好社会氛围。

（四）加强人才工作基础建设

建立和完善人才资源年度调查统计制度、人才预测预警制度、人才资源发展年度报告制度。建立社会化、开放式的人才资源信息共享机制，加快建设各级各类人才信息库。深入开展人才理论研究，积极探索新时期人才资源开发规律。加强人才工作机构和队伍建设。

第二部分 专项人才规划

党政人才队伍建设中长期规划（2010—2020年）

相关内容参见《关于2008—2012年大规模培训干部工作的实施意见》、《2010—2020年深化干部人事制度改革规划纲要》、《2009—2020年全国党政领导班子后备干部队伍建设规划》。

企业经营管理人才队伍建设中长期规划（2010—2020年）

为认真贯彻落实全国人才工作会议精神和《国家中长期人才发展规划纲要（2010—2020年）》，建设高素质的企业经营管理人才队伍，促进企业科学发展，制定本规划。

序言

企业是推动经济社会发展和科技进步的主要力量，是富民强国的重要基础。当今世界，以经济和科技实力为基础的综合国力的竞争，集中体现为各国大企业之间的竞争；企业之间的竞争，首先体现在企业经营管理人才尤其是企业家能力素质的竞争。进入新世纪新阶段，我国企业要加快把发展方式转变到依靠科技进步、劳动者素质提升和管理创新的轨道上来，迫切需要培养造就一大批高素质的经营管理人才。

党中央、国务院历来高度重视企业经营管理人才队伍建设，新中国成立以来特别是改革开放以来，围绕解放人才、发展人才、用好人才，制定了一系列推进企业经营管理人才队伍建设的政策措施，取得了突出成就。人才总量稳步增长，素质显著提高，结构逐步优化，高层次人才明显增多，涌现出了一批优秀企业家。各种所有制企业积极探索市场配置人才资源的有效途径和方式，通过公开招聘、竞争上岗等市场化方式选聘的经营管理人才数量大幅增加。同时必须清醒地看到，我国企业经营管理人才队伍总体上还不能适应企业改革发展和应对国际竞争的需要。突出表现为：战略企业家和高素质职业经理人较为短缺，人才专业化、国际化水平亟待提高，制约人才发展的体制机制障碍仍然存在，有利于人才成长和充分发挥作用的环境尚未全面形成，等等。

当前和今后一个时期，经济全球化继续深入发展，世界产业结构深刻调整，特别是这次国际金融危机加剧了世界各国企业抢占发展战略制高点的争夺。我国企业要在未来更为激烈的国际竞争中实现更长时间、更高水平、更好质量的发展，必须进一步增强做好人才工作的责任感、使命感和紧迫感，按照人才强国战略的总体部署，加快实施人才强企战略，大力加强经营管理人才队伍建设。

一、指导思想、战略目标和总体要求

（一）指导思想

以邓小平理论和"三个代表"重要思想为指导，深入贯彻落实科学发展观，坚持党管人才原则，遵循企业发展规律和人才成长规律，以提高现代企业经营管理水平和企业国际竞争力为核心，以培养造就战略企业家和高素质职业经理人为重点，创新人才发展体制机制，完善人才发展政策措施，优化人才发展环境条件，积极开发利用国内国际两种人才资源，大力推进经营管理人才职业化、市场化、专业化和国际化，为推动我国企业做强做大、实现又好又快发展提供坚强的人才保证。

（二）战略目标

适应产业结构优化升级和实施"走出去"战略的需要，培养造就一大批具有全球战略眼光、市场开拓精神、管理创新能力、社会责任感的优秀企业家和一支高水平的企业经营管理人才队伍。人才规模与企业发展需要相适应，整体素质进一步提升，结构进一步优化，高层次人才队伍不断壮大，急需紧缺人才得到有效充实；体制机制创新取得重大进展，人才成长环境持续改善，使用效能明显增强，对企业发展的贡献大幅提高。到2015年，企业经营管理人才总量达到3500万人。到2020年，企业经营管理人才总量达到4200万人，培养100名左右能够引领中国企业跻身世界500强的战略企业家；培养1万名精通战略规划、资本运作、人力资源管理、财会、法律等专业知识的经营管理人才；国有及国有控股企业国际化人才总量达到4万人左右；国有企业领导人员通过竞争性方式选聘的比例达到50%。

（三）总体要求

1. 坚持服务发展、人才优先。牢固树立人才工作服务企业科学发展的理念，根据企业发展战略需要，明确经营管理人才队伍建设的目标任务、工作重点和重要举措。在部署推动业务发展的同时，确保人才资源优先开发、人才结构优先调整、人才投资优先保证、人才制度优先创新。

2. 坚持高端引领、整体开发。紧紧围绕提升企业核心竞争力，把大力培养开发高层次、国际化经营管理人才作为队伍建设的重点，统筹推动不同层次、不同类别经营管理人才协调发展，全面提升经营管理人才队伍的素质和水平。

3. 坚持改革创新、完善机制。始终把深化改革作为推动人才发展的根本动力，坚决破除束缚人才发展的思想观念和制度障碍，着力完善体现企业经营管理人才特点的培养开发机制、竞争择优的选拔任用机制、客观公正的考核评价机制、科学有效的激励保障机制，最大限度地激发人才的创新创造活力。

4.坚持实践成才、以用为本。遵循人才发展规律和人才工作规律，在实践中发现人才、培养人才、使用人才、成就人才，积极为人才干事创业提供机会、搭建平台、创造条件，把是否用好用活人才作为检验企业人才工作成效的根本标准。

二、加大培养开发力度

着眼于全面提升企业经营管理人才的能力素质，以培养造就具有世界眼光、战略思维、创新创业精神的优秀企业家为引领，以推动经营管理人才职业化、专业化、国际化发展为重点，拓宽人才培养渠道，创新人才开发模式，建立健全符合企业经营管理人才特点的培养开发体系。

（一）着力培养造就优秀企业家

加快现代企业制度建设步伐，健全公司法人治理结构，进一步明确企业各治理主体的职责定位和权利义务，为企业家成长提供良好的体制保障。采取理论培训和实践锻炼相结合的方式，加大企业家培养力度。鼓励包括非公有制企业在内的各类企业积极选送优秀经营管理人才到国家有关培训机构、国际跨国公司和国内外知名大学研修，强化现代管理理念，拓宽国际视野，提高战略思维和变革创新能力。加强企业领导人员多岗位锻炼，积极推进中央企业与地方企业之间、公有制企业与非公有制企业之间、企业与党政机关之间的人才交流，使企业领导人员进一步丰富工作阅历、积累决策经验、增长治企才干。积极实施企业领导人员继任计划，注重选拔综合素质好、决策能力强、经营业绩突出、发展潜力大的优秀经营管理人才，及时放到市场开拓前沿、经营困难企业、重大工程实施、重大改革推进的关键岗位上担当重任，使其在艰苦复杂环境中磨练意志，提高把握商机、战略决策、驾驭全局的能力。鼓励东部经济发达地区企业采取有效方式，帮助中西部地区特别是边远贫困地区、边疆民族地区和革命老区培养优秀经营管理人才。

（二）积极推动经营管理人才职业化、国际化发展

完善企业经营管理人才市场体系，加快建立职业董事、职业经理人等高端人才市场，积极发展专业性、行业性人才市场。建立企业经营管理人才诚信体系，加强职业道德教育，制定职业道德规范和行为准则，加快建设全国集中统一的职业经理人诚信管理信息系统，引导经营管理人才牢固树立专注责任、诚实守信的职业精神。建立健全企业经营管理人才职业能力开发体系，积极开展经营管理人才职业生涯规划，根据人才的兴趣爱好、专业特长和个性特点等因素明确职业发展方向，使其沿着最优发展路径开发潜能、成就职业理想。支持和鼓励企业择优聘用外籍人士参与经营管理，促进国际化经营管理人才队伍不断发展壮大；逐步加大从国外知名院校接收优秀毕业生的工作力度，为国际化经营管理人才队伍建设做好人才储备。通过与国际跨国公司、知名院校建立战略合作关系，积极选送优秀经营管理人才到境外培训；有计划地选派国内优秀人才到境外合资合作企业、海外分支机构工作锻炼，提高跨文化沟通能力、多元化团队领导力和跨国经营管理水平。依托国家"青年英才开发计划"，每年从应届高中、大学毕业生中筛选若干优秀人才送到国外一流大学深造，进行定向跟踪培养，造就一批未来企业发展所需的高素质、专业化、国际化经营管理人才。

（三）大力实施经营管理人才素质提升工程

统筹推进不同所有制企业经营管理人才的培养开发，加大非公有制企业经营管理人才素质提升工作力度。统筹推进不同层次、不同专业领域经营管理人才培养培训，着力抓好国际一流企业领军人才培养、企业高级经营管理人才培养、中小企业经营管理人才培养、境外专题培训等专项计划的实施；在突出企业家培养的基础上，加大对重点专业领域急需紧缺人才的培养培训力度，有针对性地开展战略规划、资本运作、人力资源管理、财会、法律等专业知识培训，不断提高经营管理人才的专业化水平。统筹开发利用国内国际多种教育培训资源，探索建立一批企业经营管理人才素质提升培训基地，形成布局合理、特色鲜明、优势互补的教育培训体系。加强经营管理人才实践锻炼，积极选派、选调优秀经营管理人才到具有开创性、挑战性、经营管理难度大、对经济社会发展有重要影响的企业挂职或者任职，使其开阔视野、锤炼作风、提升素质。

三、创新选拔任用机制

坚持民主、公开、竞争、择优原则，建立健全组织选拔、市场配置和依法管理相结合的国有企业领导人员选拔任用制度，大力推进企业经营管理人才市场化，形成职务能上能下、人员能进能出，符合现代企业制度要求的经营管理人才选用和管理机制。

（一）坚持以市场化机制选人

扩大选人用人视野，全面引入竞争机制，使市场化选聘逐步成为国有企业经营管理人才选聘的重要方式。选拔企业高级经营管理者，坚持组织选拔与市场化选聘相结合，通过加大公开招聘、竞争上岗工作力度，探索采取委托人才中介机构推荐等有效方式，促使优秀人才脱颖而出；选拔中层及以下经营管理人才，积极采取竞争上岗和公开招聘的方式；新录用一般经营管理人才，原则上都面向社会公开招聘。坚持重操守、重能力、重经历、重业绩，通过竞争比较，不断提高市场化选聘人才的质量，确保人岗相适、人职匹配。

（二）强化以市场化机制用人

健全企业经营管理者聘任制、任期制和任期目标责任制，规范和完善经营管理人才劳动合同、聘任合同，全面实行契约化管理。建立健全国有企业领导人员退出机制，使企业领导人员有序进退、正常更替，不断提高国有企业经营管理人才队伍的整体素质与活力。强化对各级经营管理人员的绩效考核和考核结果的运用，对考核结果达不到岗位目标要求、开拓进取精神不强、职工威信不高的，视情况及时予以调整；对不能胜任工作岗位的，按照规定及时予以解聘。通过强化绩效考核结果的运用，促进企业经营管理人才合理流动、优化配置。

（三）积极引进海外高层次经营管理人才

认真贯彻落实中央"千人计划"，加快从海外引进一批科技创新创业企业家和企业急需紧缺的首席或高级经济学家、高级风险评估及预测专家、高级金融分析专家，以及战略规划、资本运作、项目管理、国际投资、国际商务、国际经济法律等方面的高层次专门人才。进一步完善海外高层次人才出入境和长期居留、税收、保险、住房、子女入学、配偶安置、政府奖励等方面的特殊政策措施。充分信任、放手使用引进的海外高层次经营管理人才，让符合条件的担任企业中高级经营管理职务，充分发挥他们在跨国投资经营和现代企业管理等方面的专业特长和优势。

四、完善考核评价机制

围绕企业发展战略目标，建立健全以岗位职责为基础，以品德、能力和业绩为导向，考核评价结果与人才培养、使用、激励相挂钩，充分体现科学发展观要求的企业经营管理人才考核评价机制。

（一）加强对企业领导人员的考核评价

建立和完善以聘期目标为依据的企业领导人员经营业绩考核制度，积极推行经济增加值考核，逐步强化考核指标与国际国内同行业企业对标，引导领导人员不断提高价值创造能力。坚持市场认可、出资人认可和职工群众认可的原则，建立和完善企业领导人员综合考核评价制度，在突出经营业绩的基础上，根据董事会成员、党组织负责人、经营管理者的不同岗位责任和履职特点，分层分类确定考核评价内容，综合考评领导人员的能力素质、履职行为和履职结果，引导领导人员更加注重科学发展，促使企业更好地履行经济责任、政治责任和社会责任。强化考核评价结果的运用，坚持经营业绩考核结果与领导人员薪酬激励挂钩、综合考评结果与领导人员培养使用挂钩，促使企业各级领导人员牢固树立正确的业绩观，不断提高履职能力和水平。

（二）全面建立经营管理人才绩效考核评价体系

围绕企业发展战略实施的关键绩效指标，逐级分解落实企业改革发展任务，在此基础上建立健全以目标管理为重点、岗位职责为基础的经营管理人才绩效考核评价体系。定期检查绩效目标完成情况，加强对员工的绩效辅导和绩效执行的过程管理，及时提出绩效改进和能力发展计划，建立和完善人才业绩档案，不断提高考核评价工作质量和水平。考核评价结果作为经营管理人才选拔任用、薪酬分配和职业发展的重要依据。

五、健全有效激励机制

适应企业提升核心竞争力的紧迫需要，建立健全以考核评价结果为基础，与人才的岗位职责和工作业绩相挂钩，物质激励和精神激励相结合，短期激励与中长期激励相衔接，充分体现人才价值和贡献的经营管理人才激励机制。

（一）逐步建立市场化的薪酬分配制度

深入推进企业内部收入分配制度改革，坚持以岗定薪、按绩取酬、岗变薪变，完善经营管理人才薪酬管理制度。根据经营管理者和其他经营管理人才在不同岗位上的责任、风险和贡献，合理确定薪酬水平，形成业绩升薪酬升、业绩降薪酬降的动态调整机制，并使各类经营管理人才的薪酬水平逐步与市场价位接轨。对企业急需引进的高层次经营管理人才，可以按照市场价位实行协议薪酬。注重调整经营管理人才与企业其他人才的薪酬分配关系，使不同类别人才之间的薪酬分配格局更趋合理。

（二）加强对优秀人才的中长期激励和个性化激励

积极探索劳动、资本、技术、管理等生产要素按贡献参与分配的有效途径和方式，进一步规范和完善股权、期权等中长期激励制度，重点对为企业改革发展作出突出贡献的优秀经营管理人才实施激励。根据优秀人才的不同需求，积极采取形式多样的个性化激励方式。通过不断丰富激励措施，加大激励力度，增强激励的有效性，最大限度地激发经营管理人才的进取精神和创业激情。

（三）强化对优秀人才的荣誉激励

建立国家荣誉制度，对为国家和社会作出杰出贡献的经营管理人才授予国家荣誉称号。大力表彰和宣传在企业改革发展中作出突出贡献的先进典型，使优秀经营管理人才的价值和贡献得到业内认可，赢得社会尊重。鼓励企业采取形式多样的荣誉激励方式，加强对各类经营管理人才的激励，充分肯定他们在本职岗位上作出的优异成绩，激发他们不断开拓进取、追求卓越。

六、优化人才发展环境

通过加强人才发展环境建设，为企业经营管理人才干事创业营造良好的政策环境、市场环境和舆论环境，弘扬尊重劳动、尊重知识、尊重人才、尊重创造的良好风尚，形成鼓励人才干事业、支持人才干成事业、帮助人才干好事业的良好氛围。

（一）营造良好的政策环境

实施鼓励非公有制企业人才发展的政策。政府在经营管理人才培养、吸引、评价、使用等方面的各项政策，非公有制企业平等享受；政府支持经营管理人才创新创业的资金、项目、信息等公共资源，向非公有制企业平等开放；政府开展经营管理人才宣传、表彰、奖励等方面活动，非公有制企业人才平等参与。进一步打破人才身份、单位、部门和所有制界限，营造开放的用人环境。破除人才流动的体制性障碍，完善企业经营管理人才合理流动政策。切实抓好政策措施的贯彻落实，维护政策的严肃性，提高政策的执行力，形成促进经营管理人才发展的长效机制。

（二）营造良好的市场环境

建立统一规范、更加开放的企业经营管理人才市场，充分发挥供求关系、价格要素和竞争机制在优化人才资源配置中的基础性作用。加快发展国际人才中介服务机构，鼓励国内有条件的人才服务机构跨国经营，促进国内国际两个人才市场有效对接。积极发展企业经营管理人才评价机构，建立和完善社会化的职业经理人资质评价制度，加强规范化管理。建立企业经营管理人才库和人才供求信息定期发布制度，引导经营管理人才合理流动。

（三）营造良好的舆论环境

大力宣传党和国家人才工作方针政策，深入宣传贯彻全国人才工作会议精神和《国家中长期人才发展规划纲要（2010—2020年）》，大力宣传企业经营管理人才工作的典型经验、做法和成效，在全社会形成创新可贵、创造无价、创业光荣、奉献崇高的舆论导向。深入开展舆情分析，及时掌握舆情动态，针对社会普遍关注的问题，坚持正确引导，努力营造有利于经营管理人才健康发展的舆论氛围。

七、保障规划的顺利实施

（一）切实加强组织领导

坚持党管人才原则，完善党委统一领导，组织部门牵头抓总，有关部门各司其职、密切配合，企业发挥主体作用的人才工作体制。中央人才工作协调小组负责本规划实施工作的统筹协调和宏观指导。各省、自治区、直辖市要以本规划为指导，根据实际需要，编制本地区企业经营管理人才队伍建设规划并推动实施。国务院国资委和地方国有资产监督管理机构要在有关部门的支持配合下，对所监管企业贯彻落实本规划的情况进行指导和监督。各企业要结合实际，具体抓好本规划的贯彻落实。

（二）加强人才工作基础性建设

深入开展企业经营管理人才理论研究特别是企业家成长规律研究，及时总结经营管理人才工作的成功做法和经验，不断提高经营管理人才工作水平。大力推进人才工作信息化建设，完善经营管理人才资源统计和定期发布制度，促进人才管理信息化、科学化。加强人才工作队伍建设，有计划地开展政治和业务培训，提高人才工作队伍的政治素质和业务能力。

专业技术人才队伍建设中长期规划（2010—2020年）

为实现全面建设小康社会宏伟目标，更好实施人才强国战略，建设宏大的高素质专业技术人才队伍，根据《国家中长期人才发展规划纲要（2010—2020年）》的总体要求，特制定本规划。

一、规划背景

人才是我国经济社会发展的第一资源。专业技术人才是我国人才队伍的骨干力量，在建设创新型国家和全面建设小康社会伟大事业中发挥着重要作用。全面加强专业技术人才队伍建设，是我们应对激烈的国际竞争，提高自主创新能力，实现经济社会又好又快发展的必然要求。

（一）主要成效

改革开放以来，我国专业技术人才队伍发生了深刻的历史性变化：一是专业技术人才队伍规模不断壮大。截至2008年底，总数已达4686万人，占社会从业人员的6.0%。二是专业技术人才队伍整体素质逐步提高。截至2009年底，在公有经济企事业单位2888万专业技术人才中，大专以上学历2291.6万人，占总人数的79.3%；高级职称297.5万人，占总人数的10.3%；高层次专业技术人才队伍初具规模，目前，我国有两院院士1400多人，有突出贡献中青年专家5200多人，百千万人才工程国家级人选4100多人，享受政府特殊津贴专家15.8万人，博士后研究人员8万余人。三是专业技术人才在科技进步和经济社会发展中的作用显著增强。在开展重大科研项目攻关和重点工程建设方面取得了显著成绩，在开发国防尖端技术和破解关系国计民生重大问题方面作出了突出贡献，在推进高新技术产业化和理论创新、制度创新、科技创新、文化创新等方面发挥了重要作用。四是专业技术人才管理体制机制不断创新。专业技术人才公共服务体系逐步建立，市场化的用人机制初步形成，事业单位聘用制度和岗位管理制度基本建立，初步实现从身份管理向岗位管理转变。五是专业技术人才的社会地位明显上升，人才成长与发展的环境日益改善。随着人才强国战略的深入实施，专业技术人才队伍在经济社会发展中的基础性、战略性、决定性地位和作用日益凸显出来。

（二）存在的问题

改革开放以来，我国专业技术人才队伍建设虽然取得了长足进步，但从整体来看，专业技术人才队伍的整体规模、素质能力、结构分布、体制机制以及发展环境与经济社会发展和建设创新型国家的要求还有一定差距，主要表现在：自主创新能力不强；高层次人才尤其是世界一流的拔尖人才和领军人才匮乏；基层一线专业技术人才短缺，专业技术水平亟待提高；队伍结构、分布不尽合理，人才的培养与快速发展的经济社会需求结构不相适应；人才发展的体制机制障碍依然存在，人才投入不足、激励不够；人才成长发展的社会环境还需要进一步改善，等等。

（三）新阶段新要求

当今世界，经济全球化深入发展，科技进步日新月异，知识经济方兴未艾，各国之间以经济为基础、科技为先导、人才为焦点的综合国力竞争日益激烈。人才资源已经成为重要的战略资源，人才在综合国力竞争中越来越具有决定性意义。我国正处于全面建设小康社会的关键阶段，深入贯彻落实科学发展观，全面建设小康社会，建设创新型国家，加快推进工业化、信息化、城镇化、市场化、国际化，要求我们必须充分发挥人才在科学发展中的第一资源作用，加快经济发展方式由主要依靠物质资源消耗向主要依靠科技进步、劳动者素质提高和管理创新转变，把人力资源优势转化为人才资源优势，更有力地促进经济社会又好又快发展。

党中央、国务院高度重视人才工作，专门制定下发了《国家中长期人才发展规划纲要（2010—2020年）》，对更好实施人才强国战略、加快建设人才强国进行了全面部署，为推动人才工作科学发展指明了方向，标志着我国人才工作迈进了人才优先发展的新时期，进入了加快建设人才强国的新阶段。面对新形势新任务，我国专业技术人才队伍建设工作要按照中央的要求，全面贯彻落实《国家中长期人才发展规划纲要（2010—2020年）》，科学规划、深化改革、重点突破、整体推进，以高层次创新型人才为重点，加快建设一支规模宏大、结构合理、素质优良、具有较强竞争力的专业技术人才队伍，进一步推动科技进步和创新，为更好实施人才强国战略，加快建设人才强国作出新贡献。

二、指导思想、发展目标和总体要求

（一）指导思想

高举中国特色社会主义伟大旗帜，坚持以邓小平理论和"三个代表"重要思想为指导，深入贯彻落实科学发展观，更好实施人才强国战略，以经济社会发展需求为依据，规划专业技术人才队伍建设；以高层次人才为龙头，引领专业技术人才队伍整体发展；以培养创新精神和创新创业能力为核心，带动专业技术人才队伍整体实力提升；以创新体制机制为动力，营造专业技术人才成长的制度环境；以发挥专业技术人才作用为根本，创造人尽其才、才尽其用的发展平台，为在2020年我国进入人才强国行列，实现全面建设小康社会目标提供有力的专业技术人才支撑。

当前和今后一个时期，我国专业技术人才发展的基本原则是：服务发展，人才优先；以用为本，创新机制；高端引领，强化基层；分类开发，协同推进。

——服务发展，人才优先。把服务发展作为专业技术人才工作的根本出发点和落脚点，确立人才作为第一资源优先发展的战略地位和发展布局，以人才优先发展推动经济社会发展。

——以用为本，创新机制。把充分发挥专业技术人才作用作为根本任务，坚持科学发展以人为本，人才发展以用为本，创新专业技术人才发展理念、改革完善体制机制，营造良好的制度环境。

——高端引领，强化基层。培养造就一批学术造诣精深、敬业精神强、创新能力突出的高层次领军人才，引领专业技术人才队伍整体发展；加强基层和一线专业技术人才队伍建设，满足经济社会发展对高素质应用型人才的需求。

——分类开发，协同推进。在充分尊重各类专业技术人才自身特点和发展规律的基础上，统筹不同层次、区域、行业、领域、所有制等各类专业技术人才的发展，形成各类人才持续成长、协调发展的局面。

（二）发展目标

1. 第一阶段：从现在起到 2015 年

我国专业技术人才总量预计达到 6800 万人左右，从事研究开发的科学家和工程师达到 200 万人年，每万劳动力中从事研究开发的人员达到 33 人年。高、中、初级专业技术人才比例为 10：38：52。在高等院校、研究机构、重点企业形成一批在优势领域具有世界水平的创新人才团队。培养造就一支活跃在世界科技前沿，跻身国际一流的专家队伍。

专业技术人才流动的体制性政策性障碍基本得到解决，评价、使用、激励保障制度趋于完善，人才公共服务体系以及中国特色的专业技术人才工作法律法规体系框架初步建立，人才成长发展环境得到明显改善。力争科技进步贡献率达到 50% 以上，对外技术依存度降低到 40% 以下，本国人发明专利年度授权量和国际科学论文被引用数均进入世界前 10 位。科技领军人才在更多领域具备冲击世界重大科技难题的能力。经济社会发展紧缺急需的专业技术人才供需矛盾初步得到缓解。

2. 第二阶段：从 2016 年到 2020 年

建成一支能够支撑和引领我国现代化建设、规模宏大、结构合理、素质优良、具有强大国际竞争力的专业技术人才队伍，专业技术人才总量预计达到 7500 万人左右，从事研究开发的科学家和工程师达到 250 万人年，每万劳动力中从事研究开发的人员达到 43 人年。高、中、初级专业技术人才比例为 10：40：50。涌现出一批具有世界领先水平的科学家和研究团队。具有原创能力的创新人才团队由重点院校和国有科研机构向具有国际竞争力的企业集团和社会组织扩展。从事现代服务业、社会和文化事业的专业技术人才队伍数量大幅增长。

社会化、科学化、法制化的专业技术人才管理体制基本建成，市场机制调节与政府宏观调控相结合的专业技术人才开发机制基本健全，与社会主义市场经济体制相适应的专业技术人才工作制度体系基本完善，具备与经济社会发展要求同步更新的适应能力。专业技术人才基本公共服务均等化得以实现。中国特色的专业技术人才法律法规体系基本建立。促进专业技术人才成长发展的良好环境基本形成。力争科技进步贡献率达到60%以上，对外技术依存度降低到30%以下，本国人发明专利年度授权量和国际科学论文被引用数均进入世界前5位。建成若干世界一流的科研院所和大学以及具有国际竞争力的企业研究开发机构，企业创新人才团队成为推动科技进步的主要力量。形成比较完善的中国特色国家创新体系，自主创新能力显著增强，在科学发展的主流方向上取得一批具有重大影响的创新成果，出现一批在国际科技尖端领域发挥主导作用、引领发展方向的科学家。社会和文化事业专业技术人才队伍建设基本适应发展需求。专业技术人才队伍建设与经济、科技、社会实现协调发展。

（三）总体要求

——以科学发展观为统领。以人为本，创新体制，完善机制，健全法制，优化环境，统筹各类专业技术人才发展，实现人才发展与国家发展的协调一致，相互促进。遵循专业技术人才成长规律，把促进人才健康成长和充分发挥作用作为衡量人才工作的重要指标，为专业技术人才服务经济社会发展提供有力保障。

——以科学人才观为指导。坚持德才兼备、以德为先的识才、选才、用才标准。把品德、知识、能力、业绩和贡献作为衡量人才的主要标准，不唯学历、不唯职称、不唯资历、不唯身份，不拘一格选人才。牢固树立人人都可以成才的观念，积极为广大专业技术人员成才创造有利条件，鼓励多出人才、快出人才、出好人才。

——以能力建设为主题。创新专业技术人才培养模式，以社会需要为依据，坚持学习与实践相结合、培养与使用相结合，在提高综合素质基础上，着力培养专业技术人才的学习能力、实践能力和创新创业能力，提高他们的专业化、国际化水平。

——以高层次创新型人才为重点。以加大人才投入为支撑，以建设事业平台为重点，以市场配置人才资源为基础，以创新体制机制为动力，努力培养造就一批世界一流科学家、高水平的学科带头人与科技领军人才，带动专业技术人才队伍整体发展。

——以制度创新为动力。制度创新是加强专业技术人才队伍建设的根本保证。通过深化改革、创新制度、规范管理、优化环境，构建与社会主义市场经济体制相适应，有利于专业技术人才科学发展的制度和政策体系，最大限度地激发人才的创新创造活力。

三、主要任务

为实现专业技术人才队伍建设的战略目标，从现在起到2020年，我国专业技术人才队伍建设的主要任务是：

（一）着力提升专业技术人才素质能力

一是建立以素质能力建设为核心的人才培养体系。全面推进素质教育，深化教育体制机制改革，进一步落实和扩大高校办学自主权，建立经济社会发展对专业技术人才素质能力培养的引导机制。二是提高专业技术人才的实践能力。创新专业技术人才培养模式，鼓励高等院校与科研院所建立创新创业人才培养基地，加强拔尖创新创业人才培养，强化实践和实验教学，发挥项目、基地在专业技术人才培养中的作用，建立培养机构、人才、用人单位和全社会广泛参与的人才培养质量评价机制，建立以质量为导向的科研和学术评价体系。三是提高专业技术人才的学习能力。以实施专业技术人才知识更新工程为龙头，大力开展专业技术人才继续教育。整合继续教育资源，发展网络和远程教育，建立专业技术人才教育培训网络，构建分层分类的专业技术人才继续教育体系。完善专业技术人才继续教育的激励与约束机制、需求引导和绩效评估机制。四是提高专业技术人才的创新创业能力。实施创新人才培养计划，发展创新载体，鼓励专业技术人才在创新活动中提出新理论、新技术；扶持专业技术人才利用自主知识产权或核心技术自主创办高新技术企业；大力推进创新创业团队建设。五是加强学风建设与职业道德建设。引导专业技术人才追求科学与真理，自觉抵制心浮气躁、急功近利等不良风气，有效遏制学术造假现象，进一步净化学术环境和学术风气。六是提高专业技术人才的国际化素质。搭建专业技术人才参加国际活动的平台，支持专业技术人才出国留学和进行国际学术技术交流；促进学位、学历和专业技术人员职业资格国际互认；鼓励专业技术人才在国际学术组织中任职或承担相关工作任务。

（二）着力扩大专业技术人才队伍规模

从现在起到2020年，我国仍将保持较高水平的经济增长率。经济社会的快速持续发展需要大量高素质的专业技术人才。必须采取有效措施，保持人才供给数量，为我国经济、政治、文化、社会建设提供有力支撑。同时，在装备制造、信息、生物技术、新材料、航空航天、海洋、金融财会、国际商务、生态环境保护、能源资源、现代交通运输、农业科技等国民经济重点领域和教育、政法、宣传思想文化、医药卫生、防灾减灾等社会发展重点领域，形成一批人才高地，急需紧缺人才基本得到满足。

（三）着力调整专业技术人才队伍整体结构

一是调整专业技术人才培养结构。根据经济社会发展需要，及时调整高校学科与专业设置，不断健全学科和专业体系。二是调整专业技术人才的产业与行业分布。围绕国家重点发展领域，着力培养引进掌握核心技术、关键技术和共性技术的各类工程技术人才；面对经济全球化日益深化的复杂形势，抓紧培养引进熟悉国际规则、具有丰富实践经验的各类管理人才。三是引导专业技术人才向企业聚集。鼓励企业聘用高层次专业技术人才，引导科研机构和高等院校的科技人员进入市场创新创业，加强企业博士后科研工作站建设，引导高校毕业生到企业就业。四是统筹专业技术人才区域开发。实施专业技术人才区域一体化战略，建立专业技术人才开发示范区，引导专业技术人才向农村、基层和重点开发地区流动。五是促进非公有制经济组织和新社会组织专业技术人才发展。确立非公有制经济组织和新社会组织在专业技术人才培养、引进、评价、使用等方面与国有单位的平等地位，引导专业技术人才到非公有制经济组织和新社会组织中创新创业，支持高校毕业生到非公有制经济组织和新社会组织中就业。

（四）着力创新专业技术人才管理体制机制

一是完善专业技术人才工作格局。坚持党管人才原则，按照党管人才工作的新格局，充分发挥人力资源社会保障部门作为政府人才工作综合部门的职能作用，协调有关部门各司其职、密切配合，动员社会力量广泛参与。二是改革完善专业技术人才管理体制。加强宏观调控和市场监管、提供优质服务、营造良好发展环境，优化专业技术人才管理职能配置，改革专业技术人才管理方式。按照统一、开放、竞争、有序的要求，健全发展人力资源市场体系，发挥市场配置专业技术人才的基础作用。三是创新专业技术人才管理机制。健全完善现代企业人事制度和事业单位人事制度，落实单位用人自主权。创新专业技术人才使用机制。以职业分类为基础，以品德、能力和业绩为导向，统筹专业技术职务聘任制度和职业资格制度，创新专业技术人才评价机制。坚持人才效能最大化与人才价值最大化的有效统一，突破体制性障碍，创新专业技术人才流动机制。知识、管理、技术、技能参与分配，强化业绩作用，创新专业技术人才激励机制。

（五）着力优化专业技术人才发展环境

一是建立健全符合用人单位特点的专业技术人才保障机制。完善机关、企业、事业单位人才基本社会保险的衔接办法；建立高级专业技术人才补充保险以及重要人才安全制度。二是健全知识产权保护制度。给予知识产权的职务发明人、设计人、作者及重要实施者与其实际贡献相当的收益，完善知识产权服务和知识产权维权援助工作，加大知识产权保护执法力度。三是充分发挥经济手段在专业技术人才发展中的作用。加强财政投入对专业技术人才发展的引导作用，加大用人单位、社会组织、个人对专业技术人才发展投入的税收减免力度，加大对专业技术人才创新创业活动的融资支持力度。四是加强专业技术人才发展的法制化建设。健全专业技术人才发展的政策法规体系，严格依法管理，加强执法监督，保护专业技术人才的合法权益，提高专业技术人才管理工作的公信力和执行力。

四、重点举措

按照《国家中长期人才发展规划纲要（2010—2020年）》的要求，着眼于解决存在的主要问题，实现专业技术人才发展的目标任务，采取以下政策措施：

（一）以构建国家高级专家培养选拔体系为核心，加强高层次创新型专业技术人才队伍建设

研究制定改进完善政府特殊津贴制度方案，严格选拔条件，改进评选办法，规范津贴标准，强化考核激励，实行动态管理。实施百千万人才工程，制定不同层次、不同类别、不同地区人才培养计划，举办百千万人才工程国家级人选高级研修班，继续开展国外培训活动。依托国家重大人才培养计划、重大科研和重大工程项目，造就一批战略科学家、从事基础性公益性研究的拔尖人才、杰出工程技术专家、科研管理专家、宣传思想文化高级专家等领军人才；围绕国家中长期科技发展规划和产业发展振兴规划，大力培养经济社会发展重点领域高层次急需紧缺人才；创新产学研结合的人才培养机制，推进专业学位教育与职业资格制度有效衔接；探索建立高层次人才研修制度、科研助手制度、师承制度等人才培养制度，推行技术挂职、访问学者、特殊培养等工作锻炼与业务培训相结合的人才培养方式，为高层次人才不断提高学术水平提供支持。

改革完善有突出贡献中青年专家选拔制度，开展有突出贡献中青年专家选拔工作，造就一批具有国内领先、国际前沿水平的中青年创新型专业技术人才。完善院士制度，加大对中青年领军人才的选拔力度。通过政府特殊津贴专家、百千万人才工程国家级人选、有突出贡献中青年专家、院士等高级专家选拔制度的有机结合，逐步构建层次分明、上下衔接、结构合理、梯次递进的国家级专家培养选拔制度体系。

（二）以推动博士后事业发展为抓手，大力加强青年专业技术人才培养

按照"改革完善制度、着力提高质量、优化布局结构、鼓励多元投入、健全服务体系、造就创新人才"的总体要求，进一步推动博士后事业发展。健全管理体制，积极推进博士后分级管理体制改革，形成由人力资源社会保障部门牵头、各有关部门协调合作、各设站单位发挥人才培养使用主体作用的工作格局；完善管理制度，规范博士后研究人员的在站管理，按照《博士后科研流动站和工作站评估办法》，加强博士后科研流动站、工作站评估工作；提高博士后培养质量，依托国家重点实验室、211工程重点大学、重大科研项目和重大工程项目等有效载体，稳步扩大博士后科研流动站和工作站规模，加大博士后研究人员培养力度，发挥高等院校、科研院所和企业的主体作用，发挥博士后制度在高校院所科研团队建设和企业技术创新中的作用，促进产学研结合，培养造就一支跨学科、复合型、战略型和具有自主创新能力的高层次人才队伍。加大博士后投入力度，建立多元化的投入渠道，加强博士后公寓建设，改善博士后人才工作生活条件。

建立多层次、多渠道的青年拔尖人才培养体系，培养造就一批青年高级人才；建立人才—基地—项目相结合的人才培养模式，依托国家重大科研和重大工程项目、重点学科和重点科研基地、国际学术交流合作项目，培养造就一大批具有国际视野和世界前沿水平的中青年高级人才。

（三）以实施专业技术人才知识更新工程为龙头，全面提升专业技术人才的能力素质

大力实施专业技术人才知识更新工程，围绕我国经济结构调整、高新技术产业发展和自主创新能力的提高，以中高级急需紧缺专业技术人才为重点，以新理论、新知识、新技术、新方法为主要内容，在装备制造、信息、生物技术、新材料、海洋、金融财会、生态环境保护、能源资源、防灾减灾、现代交通运输、农业科技、社会工作等领域，会同各地各部门，通过实施高级研修、急需紧缺人才培养培训、岗位培训等项目，开展大规模的专业技术人才培养培训工作。每年培训100万名高层次、急需紧缺和骨干专业技术人才，到2020年累计培训1000万名左右。依托有关高校、科研院所、大型企业现有施教机构，建设一批国家级专业技术人才继续教育基地。

加强专业技术人才继续教育制度建设，推进公共服务，创新内容形式，建设面向全体专业技术人才的继续教育工作体系，全面提升专业技术人才的能力素质。加强职业道德教育和科研诚信建设。弘扬爱国主义精神、科学精神和人文精神。提倡坚持真理、潜心研究、勇于创新的学术风气。鼓励专业技术人才自觉维护学术尊严，珍视人格声誉。

（四）以高层次留学人才为重点，加大海外留学人才吸引力度

坚持"支持留学、鼓励回国、来去自由"的方针，按照"拓宽留学渠道、吸引人才回国、支持创新创业、鼓励为国服务"的新要求，研究制定建立海外高层次留学人才回国工作绿色通道的配套政策，完善吸引高层次留学人才政策体系。配合有关部门全面实施海外高层次人才引进计划（"千人计划"），引进并有重点地支持一批能够突破关键技术、发展高新产业、带动新兴学科的战略科学家和科技领军人才回国（来华）创新创业。实施中国留学人员回国创业启动支持计划，制定支持留学人员回国创办企业的政策措施，设立留学人员回国创业启动支持资金和创业基金，加强留学人员创业园建设，构建企业为主体、市场为导向、产学研相结合的留学人才创新创业体系。实施海外赤子为国服务行动计划，鼓励和支持留学人员通过兼职、合作研究、回国讲学、考察咨询、中介服务等各种形式参与祖国建设，办好多种形式的留学人才和项目交流会、留学人员服务团等活动；总结创新以往工作的经验和做法，吸引海外高层次人才回国（来华）定居工作。加强留学人才回国服务体系建设，搭建服务平台，拓宽海外高层次留学人才回国工作绿色通道，探索设立吸引海外人才工作站，为留学人员提供全方位的服务。

积极引导专业技术人才走上国际舞台。围绕我国大型企业集团海外投资、并购、生产、经营等活动，制定人才支持办法，为国内企业"走出去"提供人才保障，鼓励和支持在国（境）外发展的企业推进人才本地化，促进国内外企业间的人才交流与合作；完善国际职员制度，积极培养、选拔和推荐我国优秀人才到各类国际组织工作；加强对外交流与合作，鼓励和支持企事业单位根据项目、技术发展需求，与国（境）外签订人才合作协议，鼓励和支持国内专家参加高水平的国际学术技术交流活动，争取在国际学术技术组织中承担工作任务、担任相应职务。

（五）以深化职称制度改革为动力，实现对专业技术人才的科学评价

坚持以职业分类为基础，以能力和业绩为导向，完善重在业内和社会认可的专业技术人才评价机制，形成科学、分类、动态、面向全社会各类专业技术人才的职称制度。推进职称制度改革，调整功能定位，健全分类体系，完善评价机制，实现科学管理。统筹专业技术职务聘任制度和职业资格制度，规范专业技术人员职业资格准入制度，依法严格管理；发展专业技术人员职业水平评价制度，提高社会化程度；完善专业技术职务任职评价制度，落实用人单位在专业技术职务（岗位）聘任中的自主权。积极推进职称制度框架体系研究，创新和改进完善职称评价的手段和方式，为科学、客观、公正地评价专业技术人员提供制度保障，为各类用人单位使用专业技术人员提供基础和依据，为专业技术人员职业发展开辟宽广的通道。

研究制定《关于深化职称制度改革的意见》，研究提出新的职称分类框架，做好深化中小学教师职称制度改革工作和工程技术人员等职称系列的改革工作。开展技工院校等中等职业院校增设正高级教师职称制度改革试点，建设一批工程创新训练基地，建立和完善与国际接轨的工程师认证认可制度，提高工程技术人才职业化、国际化水平。发展完善职业资格制度，制定《职业资格设置管理条例》和《境外各类职业资格相关活动在境内实施的管理办法》。进一步完善评审机制，健全规章制度，加强评委会建设，提高评审质量。研究改革专业技术人员资格考试管理的措施和办法，确保各项资格考试安全平稳。

（六）以"万名专家服务基层行动计划"为平台，加强基层专业技术人才队伍建设

实施万名专家服务基层行动计划，动员和组织专家到县乡农村、城镇社区、中小企业等基层一线，转化科技成果，推广实用技术，解决技术难题，普及科学知识，培养基层人才，提供公共服务，培育壮大农村生产经营主体和中小企业，培养基层创业创新和实用人才，带动大学生、农民工就业和城镇职工就业再就业。制定专家下基层选派范围、渠道、方式、待遇、评价、保障、激励等政策措施，充分调动中央、地方（部门）、单位、基层各方面的积极性、主动性和创造性，建立完善协调联动的运行机制。

围绕加快推进以改善民生为重点的各项社会建设，制定加强教科文卫和社区、农村等各类基层专业技术人才队伍建设的政策措施，引导专业技术人才深入基层，充实一线，为基层扩大公共服务、完善社会管理提供人才保障。以岗位管理为抓手，构建科学合理的基层人才发展阶梯，为基层各类专业技术人才提供在本职岗位发展进步的职业台阶。整合现有专业技术人才培养、评价、选拔、使用政策，建立完善专业技术人才职业发展通道，提供使专业技术人才持续成长的发展空间。根据基层教育、卫生、文化、农林、地矿、工程等行业的实际情况，制定职称倾斜政策，评聘基层优秀拔尖专业技术人才担任高级专业技术职务，造就一批扎根基层的高素质的教育工作者、医务工作者、文化工作者、工程技术人员、科技推广人员等高层次专业技术人才。进一步完善选聘高校毕业生到村任职、科技特派员、"三支一扶"等鼓励专业技术人才到基层服务的制度，确保专业技术人才下得去、干得好、留得住、有发展。

（七）以建设专家服务基地和继续教育基地为基础，加强专业技术人才公共服务体系建设

加快建设专家服务基地和专业技术人员继续教育基地，研究制定加强基地建设的政策措施。依托公益性人才服务机构、专家服务基地、继续教育基地、实践基地等，按照政府主导、市场调节、社会参与的原则，搭建高效便捷的专业技术人才公共服务平台，建设均等化、多样化的专业技术人才公共服务体系，建立政府购买服务的制度，创新政府购买服务的方式。

健全专业技术人才信息服务体系，完善市场信息发布制度，根据不同地区、不同类别专业技术人才特点和专业需求，制定和发布相关信息，为专业技术人才和用人单位提供政策服务；政府要切实履行社会管理和公共服务的职能，面向社会提供公开招聘、流动调配、就业保障、公共培训、选拔推荐、政务办理等公共人事管理和人力资源管理服务；大力开发公益性人才服务项目，积极开展市场服务、人事代理、人才培训、专家服务、项目申报、科研资助等人才和智力服务。

（八）以完善市场配置机制为导向，促进专业技术人才的合理流动

充分发挥市场机制在专业技术人才配置上的基础性作用，加快建设统一规范的人力资源市场，不断提升专业技术人才配置服务尤其是高端服务的水平。加强人才政策协调，突破行政区划界限和机关、企业、事业单位专业技术人员之间的身份壁垒，突破人才流动中的地区、部门、所有制、身份、城乡等制度性障碍，制定专业技术人才依法自由流动的管理服务政策，不断完善体制内外专业技术人才评价、吸引、使用、待遇、保障等方面的政策及其衔接，实现专业技术人才顺畅有序流动。

多渠道、多方式培养企业高层次工程技术人才。鼓励和引导科研院所和高等院校的科技人员进入市场创新创业。加大对企业自主创新的支持力度，用高水平的项目、高层次的平台、有竞争力的待遇，积极引导专业技术人才特别是创新型人才向企业流动。引导高校毕业生到企业就业，鼓励高校与企业共同培养专业技术人才。

（九）以深化企事业单位人事制度改革为保障，完善专业技术人才用人制度

深化事业单位人事制度改革，进一步完善聘用制度和岗位管理制度，加强事业单位人事管理法制建设，建立权责清晰、分类科学、机制灵活、监管有力，符合事业单位特点的人事管理制度，实现事业单位由固定用人向合同用人转变，由身份管理向岗位管理转变，充分调动事业单位各类人才的积极性和创造性；深化企业人事制度改革，鼓励企业聘用高层次科技人才和培养优秀科技人才，并给予政策支持。鼓励企业与高等院校和科研院所共同培养技术人才。研究制定企事业单位专业技术人员兼职办法，促进人才的合理配置和作用的充分发挥；落实企事业单位用人自主权和人才的学术研究自主权，建立灵活多样的能岗匹配制度，让科研人员有职、有权、有责，实现用人上由重学历向重能力转变，由重管理向重服务转变；坚持在竞争中识别人才，推行竞聘上岗、公开招聘等制度，创造公开公平的机会，把人才放到重点工程、重大项目、重要任务中，放到重要和关键岗位上培养锻炼，在实践中选拔人才，不拘一格使用人才；探索建立首席科学家、终身教授、终身研究员、专家决策咨询服务等高级人才使用制度，充分发挥对专业技术人才队伍的引领、示范和带动作用。

（十）以加大投入为根本，完善专业技术人才保障激励机制

牢固树立人才资源是第一资源、人才投入是效益最好的投入的观念，充分调动社会各方面的积极性，建立政府投入为引导、用人单位投入为主体、社会和个人投入为补充的多元化机制，建立与人才贡献相适应的人才激励机制，实施人才优先投入的激励保障政策。

建立专业技术人才发展政府投入保障机制。将人才培养、引进、使用的经费纳入政府年度预算，确保其在财政支出中占有一定比重，重点加大对高层次专业技术人才的支持力度。

建立重大规划项目人才投入机制。在推进产业振兴规划、国家中长期科技发展规划和重大工程项目实施过程中，坚持项目设计与人才计划同步进行，项目投入与人才投入同步安排。围绕重大规划和工程项目的实施，制定切实可行的人才培养、吸引和支持的政策与举措，安排专门资金保证政策落实，使项目建设与人才培养同步发展，相互促进。在工程项目和科研项目经费中，明确人工成本费用，根据需要安排用于人才培养和创新团队建设的经费。加大对高层次专家的科研经费资助，加大对中青年专业技术人才科技创新创业活动的经费支持和奖励。

建立社会化的多元投入机制。完善人才投入税收政策，综合采用资金配套、创业支持、分配激励等优惠措施，鼓励企业加大研发、专业技术人员培训等投入，提高社会各方面对专业技术人才开发投入的积极性和主动性。建立创业风险投资基金，鼓励国内外金融信贷积极投入人才开发项目。

建立产权激励制度，制定知识、技术、管理、技能等生产要素参与分配的办法，综合考虑不同层次不同类别专业技术人才的需求，建立包括物质奖励、职务职称晋升、科技成果转化后的效益提成或股权激励等多层次的人才激励体系。建立重要人才安全制度，完善专业技术人才生活福利保障制度，支持用人单位为关键技术岗位和重要的专业技术人才建立补充养老、医疗保险。

五、规划实施

（一）加强对规划实施工作的领导

在中央人才工作协调小组的领导下，人力资源社会保障部负责本规划的统筹协调和落实工作，加强对规划实施的全程管理，制定和实施与规划相配套的管理制度，确定管理标准和要求，重点抓好规划的实施协调和监督管理。各地区、各部门要以本规划为基础，制定贯彻落实的工作计划和实施细则，形成上下贯通、左右衔接的全国专业技术人才规划实施体系。

（二）积极推进规划各项任务的贯彻落实

制定各项目标任务的分解落实方案，按照本规划制定的阶段性发展目标，层层分解任务，明确实施单位和实施部门，有计划有步骤地抓好贯彻落实工作。完善规划落实保障措施，加强对实施工作的督促检查、适时指导，将规划实施效果与单位绩效评估、干部业绩考核、财政预算批复挂钩。

（三）扎实做好规划实施的基础工作

加强规划实施的基础性建设。深入开展人才发展理论研究，积极探索专业技术人才资源开发和工作的规律，加强对规划实施和专业技术人才工作实践的理论指导。做好规划实施相关配套政策的制定完善工作。加大培训力度，提高专业技术人才工作队伍的政治素质和业务水平。加强专业技术人才的信息统计工作，提高专业技术人才管理的信息化水平。

（四）健全规划信息反馈监控评估体系

建立规划实施的过程跟踪、执行监督、实施反馈、指导调节机制和中期、末期评估制度，对执行情况进行监控和协调，加强对规划实施的指导。各地区、各部门根据规划进展情况，及时向规划归口管理部门反馈信息。根据反馈信息以及规划评估和监控情况，结合规划实施中出现的新情况、新问题，研究制定切合实际的对策措施，形成规划实施的动态调整机制，确保规划任务的落实。

（五）加强宣传和舆论引导工作

大力宣传党和国家人才工作的重大战略思想和方针政策，宣传实施规划的重大意义和规划的指导方针、目标任务、重大举措，宣传实施规划中的典型经验、做法和成效，形成全社会关心、支持专业技术人才发展的良好社会环境。

高技能人才队伍建设中长期规划（2010—2020年）

为更好实施人才强国战略，适应走新型工业化道路和产业结构优化升级的要求，培养造就一大批具有精湛技艺的高技能人才，根据《国家中长期人才发展规划纲要（2010—2020年）》的总体要求，特制定本规划。

一、规划背景

高技能人才是指具有高超技艺和精湛技能，能够进行创造性劳动，并对社会作出贡献的人，主要包括技能劳动者中取得高级技工、技师和高级技师职业资格的人员。高技能人才是我国人才队伍的重要组成部分，是各行各业产业大军的优秀代表，是技术工人队伍的核心骨干，在加快转变经济发展方式、促进产业结构优化升级、提高企业竞争力、推动技术创新和科技成果转化等方面具有重要作用。

（一）主要成就

自2003年全国人才工作会议特别是中办、国办印发《关于进一步加强高技能人才工作的意见》以来，按照党中央、国务院的统一部署和要求，人力资源社会保障部积极发挥统筹协调作用，各有关部门和行业密切配合，完善政策措施，健全工作机制，优化舆论环境，推动高技能人才工作取得新进展。一是高技能人才规模不断扩大，结构逐步优化。2009年底，高技能人才达到2631万人，比2004年底增加771万人，增长约40%，高技能人才占技能劳动者总量的比例达24.7%。二是高技能人才成长的政策环境明显改善。各地区、各部门普遍制定了促进高技能人才队伍建设的政策，国家将高技能人才纳入享受国务院政府特殊津贴制度的范围。三是高技能人才培养体系逐步完善。企业行业在培养高技能人才中的主体作用开始得到发挥，一批高级技工学校、技师学院、高职院校紧贴市场需求，密切与企业合作，在加快培养后备高技能人才方面发挥了重要基础作用。四是高技能人才评价工作得到加强。以职业能力为导向、以工作业绩为重点，注重职业道德和职业知识水平的高技能人才评价体系逐步建立，社会化鉴定、企业评价、院校资格认证等多元评价机制逐步形成。五是高技能人才竞赛选拔机制逐步健全。各类职业技能竞赛活动蓬勃开展，已成为加快高技能人才脱颖而出的重要渠道。六是高技能人才在经济社会发展中的作用显著加强。以"首席技师"、"首席工人"为代表的高技能人才带头人制度开始建立，高技能人才在技术攻关、工艺创新和带徒传技等方面的重要作用得到发挥。七是对高技能人才的宣传力度不断加大。崇尚劳动、尊重技能、重视高技能人才的社会氛围正在逐步形成。

（二）基本经验

总结我国高技能人才工作实践，主要有四条基本经验：一是必须全面落实科学发展观，牢固树立科学人才观；二是必须坚持培养、评价、使用和激励相结合，大力加强高技能人才队伍建设；三是必须坚持高端引领，整体推动技能劳动者队伍梯次发展；四是必须切实发挥政府推动作用，加大政府投入，形成各部门、行业组织、社会团体协同配合的格局。

（三）存在问题

高技能人才工作取得明显进展，但仍然存在一些突出的问题：一是高技能人才培养能力与经济发展对高技能人才需求之间的矛盾突出，高技能人才总量短缺，结构不合理，领军人才匮乏；二是高技能人才培养投入总体不足，培养培训机构能力建设滞后，人才发展的体制机制障碍依然存在；三是对高技能人才的认识仍有偏差，重学历文凭、轻职业技能的观念还未根本上得到扭转，企业职工和青年学生学习技能的积极性不高，高技能人才仍然面临发展渠道窄、待遇偏低等问题，人才成长发展的社会环境有待进一步改善。

（四）面临形势

当前和今后一个时期，我国处于全面建设小康社会的关键时期。人才资源是经济社会发展的第一资源。走新型工业化道路，加快产业优化升级，全面提升我国企业核心竞争力，迫切需要大力加强高技能人才队伍建设。

1. 加快转变经济发展方式和调整优化经济结构，对加强高技能人才素质培养提出新要求

加快转变经济发展方式，关键是实现我国经济由主要依靠增加物质资源消耗向主要依靠科技进步、劳动者素质提高、管理创新转变，对加快培养高素质高技能人才提出了新要求。重点产业调整振兴计划的实施和新兴战略性产业的发展，急需一大批掌握精湛技能和高超技艺的高技能人才作支撑。随着产业升级和技术进步，特别是信息化、自动化技术的发展，具备高超技能、良好理论和技术知识素养、一专多能的高技能人才将成为高技能人才队伍的需求主体。

2. 经济社会发展对技能人员的需求日益强劲

一是走新型工业化道路，加快传统产业的升级改造，迫切需要提升技能劳动者队伍素质。二是加快发展以现代服务业为代表的第三产业，迫切需要一大批掌握现代服务技能的人员。三是发展低碳经济和绿色产业，迫切需要培养一批相关领域的技能人员。据预测，2015年和2020年技能劳动者需求将分别比2009年增加近1900万人和3290万人（不含存量缺口930万人），其中，高技能人才需求将分别增加约540万人和990万人（不含存量缺口440万人）。

3. 缓解就业结构性矛盾对提高劳动者技能水平提出了更高要求

当前和今后一个时期，我国就业形势依然十分严峻，劳动力供大于求的总量矛盾将长期存在，劳动者技能与岗位需求不匹配造成的就业结构性矛盾更加突出。因此，必须大力加强劳动者就业技能培训，不断提升职业素质和技能水平，逐步缓解就业结构性矛盾。

4. 人口和劳动力的规模与结构变化对就业形势产生深刻影响，对高技能人才队伍建设提出新要求

未来10年以至更长时间，我国人口老龄化程度提高，平均受教育年限延长，每年实际进入人力资源市场的新成长劳动力规模呈下降趋势。同时，随着工业化、城镇化的推进，农村人口将加快向发达地区和城镇转移。我国经济发展将更多依赖人口素质和劳动者技能的提高。

二、思想目标

1. 指导思想

以邓小平理论和"三个代表"重要思想为指导，深入贯彻落实科学发展观，更好实施人才强国战略，坚持党管人才原则，坚持"提升能力、以用为本、高端引领、整体推动"，充分发挥政府指导调控作用和市场在高技能人才资源开发和配置中的基础性作用，以健全面向全体劳动者的职业培训制度为基础，以实施国家高技能人才振兴计划为龙头，以提升职业素质和职业技能为核心，以用好用活高技能人才为根本，进一步健全和完善以培养、评价、使用、激励为重点的高技能人才工作体系，营造尊重劳动、崇尚技能、鼓励创造的良好氛围，形成有利于高技能人才成长和发挥作用的制度环境和社会氛围，推动技能劳动者队伍的发展壮大和整体素质的提高。

2. 基本原则

——市场调节与政府推动相结合。坚持以市场为基础，切实发挥市场在资源配置方面的基础作用

和市场主体的能动作用，同时发挥政府的引导和支持作用，构建政府与市场功能互补的高技能人才开发机制。

——产业政策与高技能人才开发政策相互协调。适应国家产业发展政策和方向，制定高技能人才开发战略，根据产业结构调整和产业发展的客观要求实施积极的高技能人才开发政策，着力解决高技能人才短缺的结构性矛盾，建立产业发展带动高技能人才队伍建设，高技能人才队伍建设支持产业发展的良性运行机制。

——高端带动与整体推动有机结合。注重发挥高技能人才在经济社会发展和技能劳动者队伍建设中的引领示范作用，通过高技能人才工作政策、体制、机制上的突破，畅通整个技能劳动者队伍的发展通道。加快建立健全面向全体劳动者的职业培训制度，大力发展多形式、多层次的职业培训，通过技能劳动者队伍规模的不断扩大和素质的不断提升，为高技能人才的产生奠定良好的基础。

——机制建设与能力建设并重。着力完善高技能人才开发的工作机制和技能成才的激励机制，改善高技能人才队伍建设的法制和政策环境，强化与高技能人才开发有关的培训资源开发和培训机构能力建设。

3. 发展目标

紧紧围绕国家产业发展目标，加快培养造就一支门类齐全、结构合理、技艺精湛、素质优良的高技能人才队伍，并带动中、初级技能劳动者队伍梯次发展，逐步形成与经济社会发展相适应的高、中、初级技能劳动者比例结构基本合理的格局。

（1）高技能人才数量稳步增长，结构更加合理，素质明显提升

到2015年，全国技能劳动者总量达到1.25亿人，其中高级工以上的高技能人才达到3400万人（高级技师140万人，技师630万人，高级工2630万人），占技能劳动者的比例达到27%左右。高技能人才每两年参加技能研修和知识更新不少于15天，拥有特殊操作法或技能革新、发明专利的高技能人才占所在单位高技能人才的比例不低于50%。

到2020年，全国技能劳动者总量达到1.4亿人，其中高级工以上的高技能人才达到3900万人（高级技师180万人，技师820万人，高级工2900万人），占技能劳动者的比例达到28%左右，高技能人才每两年参加技能研修和知识更新不少于30天，拥有特殊操作法或技能革新、发明专利的高技能人才占所在单位高技能人才的比例不低于80%。使高技能人才数量同经济和社会发展目标基本相适应，高技能人才结构和素质同产业、行业发展需求基本相适应。

（2）高技能人才工作体系得到健全和完善

①统筹社会优质资源，建立示范性高技能人才培训基地。到2020年底前，全国建成1200个高技能人才培训基地，其中2015年底前，建成400个国家级高技能人才培训基地。②进一步推动行业企业建立和完善现代企业职工培训制度。③改革培养模式，建立健全高技能人才校企合作培养制度。④在有条件的地方建设类型多样、布局合理、运行高效的公共实训基地。⑤建立和完善高技能人才多元评价制度。⑥广泛开展各种形式的职业技能竞赛和岗位练兵活动。⑦依托中华技能大奖、全国技能

手和其他有绝技绝活的技能大师建立技能大师工作室。到2020年底前，全国建成1000个左右国家级技能大师工作室。⑧建立和完善高技能人才统计调查制度和信息系统。

（3）高技能人才开发的政策和法制环境得到根本性改善

政府、企（事）业单位、院校和培训机构及个人在职业培训和技能开发方面的权利、义务得到明确和落实。高技能人才培养投入进一步加大。贯通高技能人才与工程技术人才职业发展通道。高技能人才评选表彰制度进一步健全，高技能人才的经济和社会地位显著提高。

三、主要任务

为了实现高技能人才队伍建设的发展目标，到2020年，我国高技能人才队伍建设的主要任务是：

（一）健全企业行业为主体、职业院校为基础的高技能人才培养培训体系

组织、引导各类行业和企业结合生产和技术发展需求，大力开展职工技能提升培训和新知识、新材料、新技术、新工艺培训，积极探索引导职工在实践中学习和成才的有效途径。推动职业院校紧密结合市场需求和企业需要，通过深入开展校企合作，深化教学改革，进一步提高技能人才培养的针对性和适用性。鼓励有条件的地方，结合当地产业布局和支柱产业发展需要，通过财政投入和多种筹资方式，建设一批公共实训基地，面向社会各类企业职工、院校学生和其他劳动者提供公益性、高水平、高技能实训和技能鉴定等服务。

（二）完善公平公正、运行规范、管理科学的高技能人才评价体系

坚持公开、公平、公正原则，以职业能力和工作业绩为导向，结合生产和服务岗位要求，通过完善社会化职业技能鉴定、推进企业技能人才评价、规范对职业院校学生的职业资格认证以及开展专项职业能力考核，进一步完善符合技能人才特点的多元评价机制。进一步健全职业技能鉴定管理和质量监督制度，规范鉴定程序，构建和完善体现科学发展观和技能人才成长规律的人才评价体系。

（三）构建有效激励、切实保障、合理流动的高技能人才使用机制

以充分发挥高技能人才的积极性、创造性为目标，引导和鼓励企（事）业单位完善高技能人才培训、考核、使用与待遇相结合的激励机制，完善高技能人才合理流动和社会保障的各项政策，建立有利于激发高技能人才岗位责任感和创新创造活力，实现高技能人才资源利用效率最大化、可持续发展的高技能人才使用机制。

（四）营造尊重劳动、崇尚技能、鼓励创新的有利于高技能人才成长的社会氛围

坚持以科学人才观为指导，以尊重劳动、尊重知识、尊重人才、尊重创造为方针，通过开展形式多样的职业技能竞赛活动和高技能人才评选表彰活动，选拔和树立一批优秀高技能人才典型，使"劳动光荣、技能成长"的观念深入人心，在全社会营造有利于高技能人才成长的良好社会氛围。

（五）形成多方参与、密切配合、共同推动高技能人才工作的新格局

建立健全党委政府统一领导，组织部门牵头抓总，人力资源社会保障部门统筹协调，有关部门和行业组织各司其职、密切配合，社会力量广泛参与的工作新格局，形成工作合力，共同推进高技能人才工作。

四、重点举措

以实施国家高技能人才振兴计划为龙头，以加强高级技师培训为重点，通过大力加强高技能人才培训基地建设和技能大师工作室建设，进一步完善和落实重大政策，创新体制机制，推动高技能人才总量稳步增长，素质大幅度提高，使用效能明显增强。重点采取以下政策措施：

（一）以实施国家高技能人才振兴计划为龙头，加大高技能人才培训力度

适应发展现代产业体系、加快产业调整和振兴的需要，以高级技师为重点，大力开展高技能人才培训，加快高技能人才培养和素质提升。重点加大房屋和土木工程建筑业、交通运输设备制造业、通用设备制造业等行业（领域）高技能人才培训力度。到2020年，全国新培养技师350万人，高级技师100万人，使高技能人才总量达到3900万人。国家重点推动加强上述行业（领域）50万名高级技师培训。

加强高技能人才培训基地建设。到2020年底前，依托大型骨干企业（集团）、重点职业院校和培训机构，建成1200个示范性高技能人才培训基地，重点开展高技能人才研修提升培训、高技能人才评价、职业技能竞赛、高技能人才课程研发、高技能人才成果交流等活动。其中，到2015年底前，建成400个国家级高技能人才培训基地。国家级高技能人才培训基地重点围绕十大振兴产业、新兴战略性产业和经济社会发展急需紧缺行业（领域）来布局，重点依托上述行业和大型骨干企业（集团）的职工培训机构（包括行业、企业举办的高级技工学校、技师学院、高等职业院校）、城市公共实训基地来建设。

制定完善支持高技能人才成长的政策措施。对参加急需紧缺行业（领域）高技能培训的人员，可按规定给予培训补贴。制定贯通高技能人才与工程技术人才职业发展通道的办法，选择部分工程技术类专业，探索开展取得高级工以上职业资格证书的人员按规定参加相应专业技术职称评审试点；鼓励工程技术人员参加职业技能鉴定，取得相应的职业资格证书。鼓励企业与职工院校毕业生协商确定初次就业工资水平时，对取得高级工以上职业资格证书的参照大专毕业生待遇确定。

（二）以实施青年技能就业培训工程和企业职工技能提升培训工程为重点，建立健全面向全体劳动者的职业培训制度

坚持城乡统筹、就业导向、技能为本、终身培训的原则，以提高劳动者就业能力和工作能力为核心，进一步加强各类就业技能培训、岗位技能提升培训和创业培训，建立健全覆盖城乡全体劳动者并能适应其职业生涯不同阶段需要的职业培训制度，力争使新进入人力资源市场的劳动者都有机会接受相应的职业培训，使企业技能岗位的职工得到至少一次技能提升培训，使每个有培训愿望的创业者参加一次创业培训，引导更多劳动者走素质就业、技能成才道路。

实施青年技能就业培训工程。根据产业结构升级、加快城镇化进程和促进青年就业及成才的需要，发挥职业院校和培训机构主体作用，对城乡未继续升学的应届初高中毕业生等新成长劳动力开展1—2个学期的劳动预备制培训，对退役士兵开展免费职业技能培训，对职业院校学生强化职业技能和从业素质培养。对参加劳动预备制培训学员，在按规定给予培训费补贴的同时，对其中农村学员和城市

家庭经济困难学员给予一定生活费补贴。对通过初次职业技能鉴定并取得职业资格证书或专项职业能力证书的，按规定给予一次性职业技能鉴定补贴。依托现有职业培训机构及培训设施，加大资源整合力度，提升改造一批适应不同层级培训需要的职业技能实训基地，为城乡青年及各类劳动者参加职业培训和鉴定提供公共服务平台。

实施企业职工技能提升培训工程。引导、支持各类企业特别是大型企业（集团），建立现代企业职工培训制度，针对岗位需求和职工特点，开展多层次、多样化培训，通过脱产、半脱产培训、岗位练兵、岗位培训、班组长培训、技能比赛等形式，提升企业新录用农民工和在岗职工的岗位技能；结合技术创新、技术改造和项目引进，开展新技术、新工艺、新材料等相关知识和技能培训；建立技师研修制度和名师带徒制度，促进高技能人才成长。职工经单位同意参加脱产半脱产培训，应享受在岗人员同等工资福利待遇。企业新录用符合职业培训补贴条件的劳动者，由企业依托所属培训机构或政府认定培训机构开展岗前培训的，按规定给予企业一定的培训费补贴。企业职工在岗技能提升培训所需经费从职工教育经费中列支。

（三）以制度创新为重点，健全高技能人才评价选拔制度

进一步突破年龄、资历、身份和比例限制，积极探索和完善符合高技能人才成长规律的多元评价机制，逐步完善社会化职业技能鉴定、企业高技能人才评价、院校职业资格认证和专项职业能力考核办法。依托具备条件的国有大中型企业，继续推进高技能人才评价工作，完善高技能人才评价模式，重点评价企业职工在执行操作规程、解决生产问题和完成工作任务等方面的能力。根据国家职业技能标准和职业院校教学实际，开发职业技能教育培训标准，指导职业院校调整专业课程设置和教学内容，规范技能鉴定活动，使毕业生在取得学历证书的同时获得相应的职业资格证书。结合市场需求和产业结构调整，制定并公布一批具有较高技术含量的专项职业能力的考核规范，同时，大力发掘高技能人才掌握的绝招绝技，探索进行专项职业能力认证。做好职业资格目录的公告工作，规范职业资格设立和管理。加快新职业开发，规范新职业申报审批和发布流程。进一步完善鉴定所（站）设立审批和管理、鉴定考务管理、证书核发管理制度，推进鉴定机构质量管理体系建设，完善鉴定管理方式和手段，加强职业技能鉴定信息化建设和职业资格证书查询系统建设，推动鉴定管理科学化、规范化。

进一步发挥职业技能竞赛在发现和选拔优秀高技能人才中的作用，结合企业需求和院校实际，统筹组织和实施各类职业技能竞赛，完善职业技能竞赛组织程序、参赛条件、竞赛职业（工种）的选择、竞赛内容、竞赛后的激励方式等，引导和带动广大企业职工和院校学生积极参加岗位练兵和技能竞赛活动，不断提高技能水平，为更多优秀高技能人才脱颖而出搭建平台。按照世界技能组织要求，积极组织我国优秀选手参加国际技能大赛，推动我国优秀技能人才走向世界。获得国际、国家级和省部级职业技能竞赛优秀名次的人员，可以按照规定晋升职业技能等级。

（四）以建设技能大师工作室为重点，充分发挥高技能人才作用

鼓励企业以岗位为基础，建立高技能人才多层次发展通道，并给予相应待遇，引导高技能人才立足本职，钻研技能，提高技能水平，实现职业发展。进一步推行技师、高级技师聘任制度，发挥高技能人才在技能岗位的关键作用。鼓励企业根据自身发展需要，建立高技能人才带头人制度，并给予必要的经费和人员等支持。鼓励各级政府、行业企业充分发挥生产、服务一线优秀高技能人才在带徒传技、技能攻关、技艺传承等方面的重要作用，依托其所在单位建设一批技能大师工作室。其中，到2020年底前，依托中华技能大奖获得者，部分在技能含量较高、高技能人才密集的行业和大型企业集团工作的全国技术能手，以及部分掌握传统技能、民间绝技的技能大师，建成1000个左右国家级技能大师工作室。基本形成覆盖重点行业和特色行业的技能传递与推广网络，建立较为完善的高技能人才技术技能创新成果和绝技绝活价值实现及代际传承推广机制。

（五）以完善流动配置机制为重点，促进高技能人才合理流动

以市场配置人才资源为基础，发挥政府宏观调控职能，引导高技能人才规范有序流动。在建立统一规范、更加开放的人才资源市场基础上，发展专业性、行业性高技能人才市场，大力发展人才服务业，完善市场服务功能，畅通高技能人才流动渠道。完善政府人才公共服务体系，建立健全高技能人才的人事代理、社会保险代理、劳动争议调解仲裁、人事档案管理、就业服务等公共服务平台。鼓励各类人力资源服务机构为高技能人才提供相应服务。采取有效措施，鼓励和引导高技能人才面向西部地区重点项目流动。大力发展行业技师协会和区域性技师协会，鼓励高技能人才通过技术服务、技术攻关、项目引进等多种方式发挥作用。逐步建立城乡统一的户口登记制度，调整户口迁移政策，使之有利于引进包括农民工在内的高技能人才。建立高技能人才供求信息和工资指导价位信息定期发布制度，引导高技能人才遵循市场规律合理流动。制定完善适用于高技能人才在不同所有制单位、不同性质单位、不同行业和跨地区流动中的社会保险关系接续办法。加强职业院校毕业生就业指导工作，提高毕业生就业率。

（六）以完善制度和落实政策为重点，健全高技能人才激励表彰机制

进一步完善以政府奖励为导向，企业奖励为主体，辅以必要的社会奖励的高技能人才奖励体系，不断提升高技能人才经济待遇和社会地位。对为国家和社会发展做出杰出贡献的高技能人才给予崇高荣誉并实行重奖。进一步完善中华技能大奖和全国技术能手评选表彰制度以及高技能人才享受政府特殊津贴相关政策，对优秀高技能人才给予表彰和奖励。鼓励地方政府对为本地区做出突出贡献的高技能人才给予奖励，并参照高层次人才有关政策确定相应待遇。重视提高高技能人才的政治待遇，在高技能人才中发展党员、评选劳模、推崇人大代表候选人和政协委员。

鼓励行业企业开展优秀高技能人才同业交流、联合攻关、培训深造、出访考察活动。鼓励、引导企业建立和完善职工培训与招录、考核、使用及待遇相挂钩的机制，制定知识、技术、管理、技能等生产要素按贡献参与分配的办法，使职工获得与其职业技能等级和业绩贡献相适应的工资和待遇。探索高技能人才协议工资制和项目工资制等多种分配形式。加大对技能创新成果的评价认定和推广应用力度。根据市场需求和生产经营状况，制定高技能人才鼓励办法，使其在聘任、工资、带薪学习、培训、出国进修、休假、体检等方面享受与工程技术人才同等待遇。支持用人单位按规定为包括高技能人才在内的各类人才建立补充养老和补充医疗保险。

（七）以强化技术支持为重点，夯实高技能人才工作基础

加快推进职业技能培训有关立法，完善培训鉴定配套规章制度，将高技能人才工作纳入法制轨道。制定出台《职业技能培训和鉴定条例》《职业资格设置管理条例》等法规，修订《职业技能鉴定规定》，制定出台《技工院校管理办法》等规章。

修订《中华人民共和国职业分类大典》，健全科学的职业分类体系，建立各类人才能力素质标准，为开展包括高技能人才在内的各类人才的培养、评价等工作提供依据。进一步完善职业院校教师定期培训制度和教师到企业实践制度，鼓励教师不断提高业务素质和教学水平。进一步加大高技能人才师资培养力度，加快培养一批既能讲授专业理论同时又能指导生产实习的一体化教师。采取有效措施鼓励职业院校从企业聘请高技能人才、工程技术人才担任兼职教师，优化师资结构。积极推进职业院校教师职称制度改革，吸引和稳定理论与技能兼备的优秀人才长期从事职业教育。加强职业院校校长培训和教学管理人员培训。加强职业技能鉴定管理人员、考评人员、质量督导人员和专家队伍建设和管理。加强对高技能人才培养规律的研究，深化职业院校教学改革。加快适用于高技能人才的现代培训技术和特色教材的开发。加快技师、高级技师国家职业技能标准的编制、修订和职业技能鉴定题库的开发，保持国家标准体系具有动态性、开放性和灵活性。建立健全高技能人才调查统计制度，通过统计报表和抽样调查相结合，及时准确获得高技能人才相关信息。建立健全高技能人才职业（岗位）需求预测和定期发布制度，引导高技能人才有效培养和合理流动建立人才培养结构与经济社会发展需求相适应的动态调控机制。分层次开发高技能人才信息库和技能成果信息库，建立高技能人才信息交流平台。

（八）切实加大投入，为高技能人才队伍建设提供经费保障

牢固树立人才投资优先保证理念，健全政府、用人单位、社会和个人多渠道的高技能人才投入机制。各级政府进一步加大高技能人才工作经费投入，确保高技能人才发展重大项目实施，并对高技能人才师资培训、评选、表彰、教材开发等工作给予必要的经费支持。在推进产业调整和振兴计划、国家中长期科技发展规划和重大工程项目的组织实施中，加强高技能人才培养，使高技能人才培养与项目建设同步。完善发展职业教育的保障机制，逐步实行中等职业教育免学费政策，鼓励支持更多青年劳动者接受职业教育。在国家职业教育基础能力建设等专项经费中，对就业率高、高技能人才培养成效显著的职业院校给予重点支持。地方各级政府进一步拓宽资金筹集渠道，加大对技工院校等职业院校和公共实训基地建设资金投入，并按规定合理安排城市教育费附加的使用，对高技能人才培养给予支持。对企业等用人单位接纳高等学校、职业学校学生实习支付的报酬，可按税法规定予以税前扣除。对积极开展校企合作承担实习见习任务、培养高技能人才成效显著的企业，由当地政府给予适当奖励。

鼓励和支持行业、企业和社会组织建立高技能人才发展基金，为开展高技能人才培养研修、技术攻关、创新交流、带徒传技等活动提供支持。实行校企合作的定向培训费用可从企业职工教育经费中列支。企业进行技术改造和项目引进，应按有关规定安排职工技术培训经费，重点保证高技能人才培养的需要。对自身没有能力开展职工培训，以及未开展高技能人才培训的企业，县级以上地方人民政府可依法对其职工教育经费实行统筹，由人力资源社会保障等部门统一组织培训服务。机关事业单位应积极探索符合自身特点的高技能人才培养投入机制。

努力构建社会力量广泛参与高技能人才培养的政策环境。鼓励社会各界和海外人士对高技能人才培养提供捐赠和其他培训服务。企业和个人对高技能人才培养进行捐赠，按有关规定享受优惠政策。鼓励金融机构为公共实训基地建设和高技能人才培养成效显著的职业院校提供融资服务。

五、组织实施

（一）加强对规划实施工作的组织领导

《高技能人才队伍建设中长期规划（2010—2020年）》是国家人才发展规划体系的重要组成部分。各级党委、政府要将贯彻实施本规划作为落实《国家中长期人才发展规划纲要（2010—2020年）》的重要内容进行部署和推动。在中央人才工作协调小组领导下，人力资源社会保障部负责本规划的组织实施，会同有关部门建立规划实施的工作协调机制。各地区、各行业要以本规划为基础，制定加快高技能人才队伍建设的工作计划，将高技能人才队伍建设纳入地方、行业人才发展规划和经济社会发展规划，形成上下贯通、左右衔接的全国高技能人才发展规划实施体系。

（二）建立规划实施目标责任制度

人力资源社会保障部将规划中的重要目标任务分解落实到各省、自治区、直辖市及有关行业，会同有关部门制定国家高技能人才振兴计划实施方案。各地区、各行业要强化目标责任制度，结合本地区、本行业实际，提出分阶段、分步骤实施的方案，明确责任单位、责任部门和责任人。要将高技能人才培养目标任务完成情况作为对单位绩效评估、干部政绩（业绩）考核、相关经费划拨的重要依据，切实推动各项目标任务落到实处。

（三）加强对规划实施的监控和评估

建立高技能人才规划实施情况监测指标体系和报告制度，加强对规划实施情况的监测评估和跟踪检查。各地区、各行业每年年底前向人力资源社会保障部上报规划实施进展情况，重点反映目标任务完成情况、重点工程项目实施情况、重大政策措施及成效、存在突出问题和对策建议。人力资源社会保障部根据各地区、各行业上报信息，结合规划实施中出现的新情况、新问题，会同有关部门研究制定对策措施，指导和督促规划任务的落实。在中央人才工作协调小组指导下，人力资源社会保障部会同有关部门不定期对各地执行情况进行抽查，并每年向中央人才工作协调小组报告阶段性实施情况。2015年和2020年，分别开展两次大规模检查评估，对各地落实情况进行中期和终期评估总结。

（四）强化舆论宣传

充分利用广播、电视、报纸、网络等新闻媒体和多种形式的宣传活动，大力宣传各级党委、政府加强人才工作特别是高技能人才工作的重大战略思想和方针政策，大力宣传实施本规划的重大意义和规划的目标任务、重大工程和举措，大力宣传规划实施中的典型经验、做法和成效，大力宣传高技能人才典型人物和事迹，形成全社会关注和支持高技能人才工作的良好局面，为促进高技能人才成才成长营造良好环境。

农村实用人才和农业科技人才队伍建设中长期规划（2010—2020年）

根据《中共中央关于推进农村改革发展若干重大问题的决定》和《国家中长期人才发展规划纲要（2010—2020年）》的总体要求，着眼于为发展现代农业、推进社会主义新农村建设提供强有力的人才支撑，特制定本规划。

一、重要性和紧迫性

1. 人才资源是第一资源，农业农村人才是强农的根本，是我国人才队伍的重要组成部分。只有加强农业农村人才队伍建设，才能加快农业科技进步，切实转变农业发展方式，确保现代农业发展有坚实基础；才能强化农村公共服务能力，促进农村社会全面进步，确保社会主义新农村建设有重要依靠；才能有效带动农村人力资源整体开发，促进农民全面发展，确保广大农民持续平等参与现代化进程，共享更多改革发展成果。农村实用人才和农业科技人才是农业农村人才中的骨干力量。加强农村实用人才和农业科技人才队伍建设，是农业农村人才工作的重点领域，是实施人才强农战略的关键环节。

2. 改革开放特别是2003年全国人才工作会议以来，中央及各地各部门高度重视农业农村人才队伍建设工作，不断加大人才资源开发力度，着力健全人才教育培训体系，逐步深化教育科研体制改革，努力构建人才评价和服务体系，农业农村人才队伍呈现出良好的发展势头。据测算，截至2008年底，全国共有农村实用人才820万人，农业科技人才62.6万人。人才队伍不断壮大，为我国农业连年增产、农民持续增收和农村经济社会健康发展做出了突出贡献。但是，与发展现代农业、推进社会主义新农村建设的要求相比，农业农村人才队伍建设仍存在一些矛盾和问题。农村实用人才总量不足，结构不合理，整体素质偏低，示范带动作用不明显；农业科技人才科研创新和成果转化能力不强，高层次人才匮乏，推广队伍作用发挥不充分；人才地域、行业分布不合理，欠发达地区人才严重不足；人才培养开发、评价发现、激励保障机制还不健全；投入不足，工作条件相对艰苦，人才流失严重。

3. 未来十余年，是加快改造传统农业、走中国特色农业现代化道路的关键阶段，是着力破除城乡二元结构、形成城乡经济社会发展一体化新格局的重要时期，加强农村实用人才和农业科技人才队伍建设既面临着难得的机遇，也面临着严峻的挑战。

一方面，人才队伍建设的任务比以往更加紧迫。在人口增长压力和资源环境约束日益增强的条件下，实现农业的可持续发展，迫切需要人才的作用充分发挥；在农业物质和技术装备水平依然不高的情况下，实现保障主要农产品基本自给的目标，迫切需要人才加速成长；在国际国内农产品市场日益融合的背景下，提高农业国际竞争力，迫切需要人才素质迅速提升；在城乡差距仍在不断扩大的背景下，加快农村经济社会的全面发展，迫切需要各类人才不断涌现。

另一方面，加强人才队伍建设的时机更加成熟。党的十七届三中全会对未来一段时期的农村改革发展做出了全面部署，对人才队伍建设提出了明确要求，农村实用人才和农业科技人才队伍建设的方向更加清晰；我国综合国力不断增强，向"三农"倾斜的公共财政体制初步建立，农业支持保护体系逐步健全，人才队伍建设的环境和条件不断改善；农业生产经营方式正在发生积极变化，农村经济结构正在稳步调整，农村社会事业加快发展，人才施展才能有了更加广阔的舞台；随着城乡一体化发展不断深入，城乡之间的人才和资本双向流动已经开始出现并日趋频繁，人才来源渠道和成长空间进一步拓宽。

4. 重视农业农村人才就是重视"三农"事业的未来，培养农业农村人才就是打造"三农"发展的未来。按照中央关于加强农业农村人才队伍建设的一系列决策部署，大力推进科教兴农、人才强农，努力开创农村实用人才和农业科技人才工作新局面，编制本规划。

二、指导思想、基本原则和主要目标

5. 指导思想

高举中国特色社会主义伟大旗帜，以邓小平理论和"三个代表"重要思想为指导，深入贯彻落实科学发展观，坚持科学的人才观，按照发展现代农业、推进社会主义新农村建设的总体要求，坚持"服务发展，人才优先，以用为本，创新机制，高端引领，整体开发"的方针，大力实施人才强农战略。遵循人才成长规律，充分发挥政府的主导作用，以培养农业农村发展急需紧缺人才为重点，以人才资源能力建设为核心，以创新体制机制和完善政策体系为保障，紧紧抓住培养和使用两个关键环节，努力建设规模宏大、结构优化、布局合理、素质优良的农村实用人才和农业科技人才队伍，为发展现代农业、推进社会主义新农村建设提供强有力的人才支撑。

6. 基本原则

——政府主导。必须把人才队伍建设作为基础性公益事业，承担起相应的责任和义务，做到人才资源优先开发、人才结构优先调整、人才投资优先保证、人才制度优先创新，加强领导、规范管理、强化服务；充分利用市场手段激励人才，利用市场机制配置人才，鼓励和引导社会力量参与人才开发。

——服务发展。坚持面向生产一线、面向农业科技前沿，注重在实践中发现人才、培养人才、锻炼人才。着眼农业农村经济发展中长期目标，健全人才开发体系；着眼引领农业科技发展，培养高层次创新型科技人才；着眼农村经济结构调整，优化人才结构；着眼解决农业发展中的突出问题，提升人才素质。

——统筹兼顾。要统筹城乡人才发展，培养农村用得上、留得住的人才，吸引城市人才到农村创业兴业；统筹区域人才队伍建设，加快欠发达地区人才培养，加强对贫困劳动力的培训；统筹人才梯队建设，提高现有人才的能力和水平，激活人才存量，扩大人才总量；统筹人才队伍建设各环节，实现人才培养、评价、使用、激励等工作相衔接。

——因地制宜。要充分尊重各地实际，既对人才队伍建设提出总体要求，又为地方出台配套政策留下空间；发挥各地的积极性和创造性，鼓励各地根据经济发展水平和人才需求情况，确定人才队伍建设的目标、重点和具体政策措施；支持各地大胆探索，创新人才队伍建设体制机制，丰富人才队伍建设理论和实践经验。

7. 主要目标

——扩大人才规模。到 2015 年,农业科技人才增加到 68 万人左右,农村实用人才达到 1300 万人。到 2020 年,农业科技人才增加到 70 万人,农村实用人才达到 1800 万人。

——改善人才结构。到 2020 年,农业科技人才中,科研人才学历结构显著改善,高层次创新型人才显著增加,重点领域人才紧缺状况得到有效缓解;推广人才专业素养明显提升,基层推广人才比重稳步提高。农村实用人才素质全面提高,生产型、经营型、技能服务型人才大幅增加,复合型人才大量涌现。中西部地区人才加速成长。

农村实用人才和农业科技人才主要发展目标

人才类别	2008 年	2015 年	2020 年
农业科技人才(万人)★	62.6	60	70
其中:科研人才	6.3	8	10
急需紧缺人才★★	0.06	0.7	1.3
研究生学历比例(%)	17.8	23	30
推广人才	56.3	60	60
大专以上学历比例(%)	59.4	65	80
农村实用人才(万人)★★★	820	1300	1800
其中:生产型	409	510	630
经营型	177	250	320
技能服务型	120	240	360
其中:中专以上学历比例(%)	3.9	7.0	>10.0

★农业科技人才是指受过专门教育和职业培训,掌握农业行业的某一专业知识和技能,专门从事农业科研、教育、推广服务等专业性工作的人员。由于统计数据缺乏,本表中农业科技人才不包含教育系统和农业企业中的农业科技人才。

★★急需紧缺人才是指当前和今后一个时期农业科技发展急需的生物育种创新、动植物疫病防控、高效栽培养殖集成、农产品加工与质量安全等现代农业产业技术创新人才和农业资源开发保护骨干人才。

★★★农村实用人才是指具有一定知识和技能,为农村经济和科技、教育、文化、卫生等各项事业发展提供服务,做出贡献,起到示范和带动作用的农村劳动者。按照从业领域的不同,一般划分为 5 种类型:生产型人才、经营型人才、技能服务型人才、社会服务型人才和技能带动型人才。在实际工作中,农村实用人才带头人也作为一支重要力量受到关注和培养。

——优化人才环境。到 2020 年,与农业农村经济发展相适应的人才工作体系基本健全,政策体系更加完备,人才培养、使用、评价、激励和保障机制进一步完善,人才工作生活条件得到较大改善,有利于人才成长并发挥作用的良好社会环境基本形成。

——发挥人才作用。人才对农业农村发展的支撑作用显著增强,科技进步对农业增长的贡献率达到 60% 左右。科研人才在农业重点领域和关键技术上取得重大突破,产生一批重大科研成果,发明专利授权量、国际专利申请量、国际科技论文收录和引用量显著增加;推广人才在转化适用技术、解决农业生产实际问题方面的作用充分发挥。农村实用人才中,带头人在带头致富和带领农民群众建设社会主义新农村中的作用明显增强；生产型人才在承接应用农业科技成果、保障主要农产品有效供给方面的作用进一步提升；经营型人才在提高农业竞争力和农民组织化程度、促进农民就业增收等方面的支撑作用更加突出；技能服务型人才在农业生产服务、动植物重大疫病防控、农产品质量安全、农村能源环保等领域的示范带动作用进一步发挥。

三、主要任务

当前和今后一个时期，农村实用人才和农业科技人才队伍建设必须紧紧围绕走中国特色农业现代化道路的总体要求，按照国家中长期人才发展规划纲要的总体部署，明确任务，突出重点，以培养农业科研领军人才、农业技术推广骨干人才和农村实用人才带头人、农村生产型人才、农村经营型人才、农村技能服务型人才为统领，带动农业农村人才队伍全面发展。

8. 突出培养农业科研人才

适应现代农业发展对科技创新的迫切要求，以培养农业科研领军人才为重点，着力打造科研创新团队，带动农业科技人才队伍全面发展。采取合作共建等方式，支持高等农业院校根据产业发展需求调整优化学科结构，为农业发展输送更多合格的专业人才。通过院士推荐、各类专家选拔、中华农业英才奖评选等方式，大力促进领军人才涌现；将领军人才选拔与人才梯队建设相结合，充分发挥领军人才在培养创新人才、打造创新团队中的核心作用，不断优化人才队伍结构。充分发挥现代农业产业技术体系、转基因重大专项、行业科研专项等重大项目凝聚人才、发现人才、培养人才的重要作用，在创新实践中不断增强科研人员的创新能力。继续深化农业科技体制改革，进一步明确农业科研院所的性质定位，增加创新编制数量，稳定和壮大农业科研创新人才队伍。鼓励农业科研院所建立面向社会的科研信息发布和资源共享平台，拓展服务功能。引导农业企业加大科研投入，集聚和培养研发人才，逐步成为农业科技创新主体。落实相关待遇，创造良好条件，以学科建设和产业发展急需紧缺人才为重点，加大海外高层次人才引进力度；有计划地推荐和选拔有国际竞争力、年富力强的农业科学家竞选国际科技组织的领导职务。

9. 大力培养农业技术推广人才

适应发展现代农业对科技成果转化应用的迫切要求，以充实一线、强化服务为重点，大力加强农业技术推广人才队伍建设。加快推进农业技术推广、动植物疫病防控、农产品质量安全监管等基层农业公共服务体系建设，完善乡镇或区域性农技推广服务机构。组织开展农技人员大培训，加快农技推广人才知识更新。积极探索农技推广队伍人员补充机制。组织实施基层农技推广机构特设岗位计划，鼓励和引导高校、职业院校涉农专业毕业生到基层农技推广机构工作。积极发展多元化、社会化农技推广服务组织，以项目为依托，促进农业企业、农民专业合作社、农村专业技术协会与科研院所、高校和职业院校紧密结合，提高农业企业和农民专业合作社、农村专业技术协会的农技推广能力。完善农业技术推广研究员评审办法，引导推广人员面向农业生产一线开展服务。加大农业技术转移人员的培养培训力度，加速科技成果转化为现实生产力。

10. 着力培养农村实用人才带头人

针对农村实用人才队伍整体素质偏低、示范带动能力不强的状况，以村组干部、农民专业合作组织负责人、大学生村官为重点，着力培养社会主义新农村建设急需的带头人队伍。加大农村实用人才带头人素质提升计划实施力度，进一步扩大规模，不断探索农村实用人才带头人培养新办法、新途径。继续开展农村实用人才带头人示范性培训，不断总结推广"把社会主义新农村建设的先进村作为课堂、把社会主义新农村建设的实践者请上讲台、把社会主义新农村建设的典型编写成案例"的有效模式；各省（区、市）要积极组织开展本地农村实用人才带头人培养工作。着力加强农村实用人才带头人带头致富和带领农民群众建设社会主义新农村的能力，努力造就一大批勇于创业、精于管理、能够带领群众致富的复合型人才。

11. 全面培养农村生产型人才

适应农业规模化、专业化发展趋势和产业结构调整的需要，着眼于提高土地产出率、资源利用率和劳动生产率，以中青年农民、返乡创业者和农村女性劳动者为重点，着力培养农村生产型人才。围绕实施优势农产品区域布局规划，培养当地产业发展急需的种植、养殖、加工能手。注重在各类农业产业项目实施过程中培养农村生产型人才。继续实施阳光工程、绿色证书工程、科技入户工程、新农村实用人才培训工程、百万中专生计划、农村实用技术培训计划、雨露计划，积极开展农村党员干部现代远程教育。支持农村专业技术协会开展农业实用技术咨询、技术指导与技术培训，充分发挥农村专业技术协会在培养农村实用人才中的作用；积极引导各类经济组织、农业产业化龙头企业开展岗位培训和技术指导；大力加强科技示范基地和优质农产品示范园建设，引导农民自觉学习运用先进实用技术；积极开展农业实用技术交流活动，鼓励农业技术骨干、科技示范户、种养能手开办农家课堂，进行现场技术指导；组织专家、农技人员通过田间示范、巡回指导、联户结对等方式，帮助农民提高生产能力。

12. 积极培养农村经营型人才

适应农业产业化和市场化发展要求，以增强经营管理水平和市场开拓能力为核心，以农村经纪人、农民专业合作组织负责人和农业产业化龙头企业经营者为重点，着力培养农村经营型人才。依托农产品市场体系建设，加大对农产品经纪人的培养力度，提高其营销能力，促进农产品流通，活跃农村市场。贯彻实施《农民专业合作社法》，加大对农民专业合作组织带头人的培养，提高其组织带动能力、专业服务能力和市场应变能力，引导农民专业合作组织规范发展；鼓励和支持农村实用人才带头人牵头建立专业合作组织，积极扶持农村实用人才创业兴业。支持农业产业化龙头企业充分发挥辐射带动作用，培养一大批专业化程度高，具有较高素质的经营型人才；开展法律法规和工商管理知识培训，提高企业管理者的经营能力和管理水平。

13. 加快培养农村技能服务型人才

适应农业产业化、标准化、信息化、专业化发展需要，以提高职业技能为核心，加快培养动物防疫员、植物病虫害综合防治员、农村信息员、农产品质量安全检测员、肥料配方师、农机驾驶操作和维修能手、农村能源工作人员以及农产品加工仓储运输人员、畜禽繁殖服务人员等各类农村技能服务型人才。完善以职业院校、广播电视学校、技术推广服务机构等为主体，学校教育与企业、农民专业合作组织紧密联系的农村技能服务型人才培养体系。推动阳光工程培训与农业职业技能鉴定工作有效衔接，普遍提升农业从业人员的技能水平。积极推进农村技能服务型人才培养与农业重大工程项目实施有机结合。在职业教育中推行学历证书和职业资格证书"双证书"制度。鼓励和引导农民参加农业职业技能鉴定，并按规定给予补贴，积极支持贫困家庭劳动力参加农业职业教育和职业技能培训。在农业生产服务的关键职业领域，探索实行职业准入。广泛开展各种形式的职业技能竞赛和岗位练兵活动。依托现有的职业教育培训和职业技能鉴定机构，建设农村技能服务型人才培养基地。

四、创新人才工作机制

实现农村实用人才和农业科技人才发展目标，完成人才队伍建设各项任务，关键在于遵循人才成长规律，不拘一格选拔人才、培育人才、使用人才，盘活人才存量，加速人才成长，激发人才活力，努力构建人才辈出、人尽其才、才尽其用的人才工作机制。

14. 培养开发机制

坚持以现代农业发展需求为导向，以政府为主导，逐步建立以素质提升和创新能力建设为核心，自主培养与人才引进相结合，学历教育、技能培训、实践锻炼等多种方式并举的人才培养开发机制。综合利用教育培训资源，依托农业大学、职业院校、科研院所、现代远程教育系统、农业技术推广机构以及各类农民教育培训项目，建立"层次分明、结构合理、布局科学、规模适度、开放有序"的人才教育培训体系。引导涉农高校和职业学校调整专业设置，改革教学内容、课程体系和教学方法，采取扩大招生范围、降低门槛、定向就业等招生措施，以及设立专项奖学金、落实好中职涉农专业学生免学费政策和国家助学金政策等助学措施，大力培养农村实用人才和农业科技人才。组织实施好人才培训项目，加大人才培训力度，创新培训方式，拓宽培训渠道；充分发挥重大工程、产业发展项目和经营组织在人才培养中的重要作用，促进人才在实践中成长。鼓励高校和职业院校毕业生到农村创业服务，鼓励城乡、区域、院地之间加强人才培养合作与交流，调动各种社会力量参与人才培养。建立海外高层次人才特聘专家制度；充分利用国际国内两种资源、两个市场，开发人才资源，引进急需紧缺人才。

15. 评价发现机制

以能力和业绩为导向，完善人才评价标准，改进人才评价方式，拓宽人才评价渠道，在生产实践中发现人才，以贡献大小评价人才，把评价人才与发现人才结合起来，建立科学化、社会化的人才评价发现机制。农业科技人才的评价重在业内和社会认可，把对产业发展的贡献作为重要指标，完善评价标准体系；按照国家职称制度改革的总体方向和要求，深化农业技术人员职称制度改革；完善考核方式，规范考核程序，不断提高考核的科学化水平。农村实用人才评价重在群众认可，根据农村实用人才的成长规律和特点，以知识、技能、业绩、贡献为主要内容，分层级、分地区、分类型制定农村实用人才认定标准，采取灵活、务实的评价方式，开展农村实用人才评价认定工作。

16. 选拔使用机制

按照民主、公开、竞争、择优原则，改革人才选拔使用方式，科学合理使用人才，形成有利于各类优秀人才脱颖而出、充分施展才能的选人用人机制。完善事业单位人员聘用制度和岗位管理制度，实行公开招聘制度，建立健全农业科技人才"按需设岗、竞聘上岗、按岗聘用、合同管理"的选拔机制，引导和鼓励科技人才面向农业生产一线开展研究、加强服务、创业兴业；完善海外高层次引进人才使用机制，大胆使用中青年科技骨干，担纲重大科研项目、负责关键岗位；创造良好环境，鼓励科研人员潜心研究。建立政府引导、市场调节的农村实用人才选拔使用机制，鼓励农村基层组织、农业企业、农民专业合作组织等通过公开招聘、民主选举等方式，多渠道选拔高素质人才，充实农村实用人才队伍。完善农村实用人才创业兴业政策支持体系、公共服务体系、信息交流体系，搭建农村实用人才充分发挥作用的舞台，鼓励农村实用人才在带领农民增收致富中发挥积极作用。加强农村实用人才和农业科技人才流动的政策引导，促进农业农村人才资源有效配置。

17. 激励保障机制

完善分配、激励、保障制度，建立健全与业绩和贡献紧密联系，充分体现人才价值，有利于调动人才积极性的激励保障机制。制定知识、技术、管理、技能等生产要素按贡献参与分配的办法；健全科研单位分配激励机制，重点向关键岗位和优秀拔尖人才倾斜；完善事业单位岗位绩效工资制度。建立以政府奖励为基础、用人单位奖励为主体、社会奖励为补充的人才奖励体系，充分体现人才的经济社会价值。不断加大投入，采取有效措施，改善人才的工作生活条件。支持用人单位为各类人才建立补充养老、医疗保险，扩大人才社会保障范围，提高社会保障水平。逐步建立符合农业农村人才特点的知识产权保护、争议仲裁、公益性成果经济利益分享和社会效益奖励等制度，鼓励创新创造，保护农业农村人才合法权益。扶持农村实用人才创业兴业，在进修培训、项目审批、信贷发放、土地使用、税费减免等方面给予优惠；对作出突出贡献的中青年人才，要打破条条框框限制，在职称晋升、科技奖励、项目申报等方面予以鼓励和支持。完善工资待遇、职务职称晋升等政策，鼓励人才向基层和生产一线流动。

五、重大人才工程

为实现农村实用人才和农业科技人才发展目标，以现代农业人才支撑计划为抓手，组织实施一批重大工程项目。

18. 高层次农业科研人才推进工程

依托重点实验室、现代农业产业技术体系、行业科技项目和重大科技项目（工程）等科研平台，选拔培养300名农业科研领军人才，以打造创新团队为目标，通过给予专项经费支持，重点在全国建立300个农业科研创新团队。以培养农业科研领军后备人才为目标，选拔1500名研究基础好、发展潜力大、创新意识强的中青年科研骨干，支持其根据产业发展需求和农业科技前沿的发展动态，自主选题开展研究，不断积累经验、锻炼成才。紧紧围绕现代农业科技需求和世界农业科技前沿，分层次引进战略科学家和创新创业领军人才。建设海外高层次农业人才创新创业基地，引进 200 名左右海外高层次农业人才回国（来华）创新创业。

19. 农业技术推广人才支持工程

结合基层农技推广体系改革与建设示范县项目，依托现代农业技术培训基地，组织 24 万名农技推广人才开展知识更新培训，选聘 3 万名高校涉农专业毕业生充实基层农技推广队伍。选拔 1 万名有突出贡献的农业技术推广人才，开展技术交流、学习研修、观摩展示等活动。依托农业科研院所和高等院校，建设农业技术转移中心，培养 1000 名左右高水平、专业化的农业技术转移人才。

20. 农村实用人才带头人能力提升工程

依托社会主义新农村建设先进村，在全国选建一批农村实用人才培训基地，不断增强其在培养农村实用人才和建设社会主义新农村中的示范带动作用。依托农业部农村实用人才培训基地，遴选 3 万名农村实用人才带头人和大学生村官开展示范性培训，通过专家授课、交流研讨、参观考察等方式，帮助他们开阔眼界、增强信心、提高带领农民群众建设社会主义新农村的本领。支持地方大规模开展农村实用人才带头人培训工作，培养造就一大批留得住、用得上、带头致富和带领农民群众共同致富能力强的农村实用人才带头人。

21. 农村实用人才创业兴业工程

选拔 3 万名农业产业化龙头企业负责人、专业合作组织负责人，支持其进入高等院校、科研院所接受专业技术和经营管理知识教育，赴龙头企业、发达地区或境外参观考察、访问研修。依托相关培训机构，通过集中教学、模拟操作、现场实习等方式，培养 3 万名农村经纪人，提高他们的经营素质和带动能力。选拔 7 万名种植、养殖、加工和农机大户，依托农业企业、科技园区和特色培训基地，通过观摩、交流、培训，使其掌握新技术新品种，树立新理念，提高示范带动能力。对有创业意愿、有一定产业基础的青壮年农民开展创业培训，提高其创业能力。

22. 农村实用人才技能开发工程

选拔 20 万个种植大户，结合粮棉油高产创建示范项目，优先给予技术培训，优先给予物化补助，优先给予跟踪服务，培养成为种植业示范标兵。选拔 20 万个养殖大户，结合畜禽标准化规模养殖和畜牧良种补贴等项目，支持其扩大规模、更新品种、改进养殖方式，培养其成为养殖业示范能手。选拔 50 万个农机大户，结合农机购置补贴政策、农机化技术推广等项目，开展技能培训，培养成为农机大户示范点，优先获得农业机械购置补贴，优先满足补贴机具数量需求。加强农业职业技能鉴定基础工作，修订或新开发一批职业技能培训大纲和教材，制修订 100 项农业行业国家职业标准，开发 100 个主要职业工种的鉴定试题库，建设 200 个国家农村技能服务型人才培养基地，培训 5000 名职业技能鉴定质量督导员、考评员。

六、保障措施

23. 加强组织领导

建立党委统一领导、组织部门牵头抓总、农业部门具体负责，各部门相互配合的农业农村人才工作体制。各级农业部门要成立相应的领导机构，健全人才工作机制，切实加强宏观指导和协调。要按照《国家中长期人才发展规划纲要（2010—2020年）》《中共中央办公厅国务院办公厅关于加强农村实用人才队伍建设和农村人力资源开发的意见》要求，全面推进农村实用人才和农业科技人才队伍建设工作。建立健全农业农村人才队伍建设工作联席会议制度，定期研究和解决农业农村人才队伍建设工作中的重大问题。要坚持"一把手"抓"第一资源"，健全人才工作目标责任制。要将农业农村人才发展列入当地国民经济和社会发展规划、农业农村经济发展规划，纳入农业农村工作成效考核范围，加强对规划实施情况的监测评估和督促检查。

24. 加大投入力度

确立人才投资优先观念，建立健全政府主导的多元化投入机制。各地要积极争取财政支持，设立农业农村人才队伍建设专项资金，按财政收入的一定比例纳入年度预算；增加专项投入，支持农业科研院所、高等院校开展重大科技攻关、海外高层次人才引进和学科专业、创新团队、后备人才队伍建设。将中央和地方财政安排的农业农村建设项目作为培养农村实用人才和农业科技人才的重要载体和基地。财政投入资金应主要用于组织人才培训，加强人才基地建设，实施人才队伍建设重大工程，扶持重点人才开展工作，改善基层人才工作场所和设施装备，开展人才库建设，补贴奖励优秀人才及人才队伍建设先进集体和个人，为农村实用人才创业提供贷款担保贴息等。农业企业要根据自身需要和能力逐步增加职工岗位培训的投入。综合运用信贷、保险、税收等政策工具，鼓励、引导和动员各种社会力量参与农村实用人才和农业科技人才队伍建设。

25. 强化公共服务

按照实现城乡基本公共服务均等化的要求，探索建立政府主导、上下协调、功能完善、综合配套的农业农村人才公共服务体系。落实国家人才发展各项政策，强化对农村实用人才和农业科技人才的扶持措施。建立政府购买公共服务的制度，创新提供公共服务的方式。逐步消除人才流动中的城乡、区域、行业和身份等限制，鼓励各类人才在城乡之间、农业和非农产业之间双向流动，鼓励各地以正当方式开展人才竞争，允许农村实用人才平等参与政府公益性农业技术服务、基础设施建设和产业发展项目。切实做好用地保障服务，对农业农村人才创业兴业项目，在土地年度计划和土地供应等方面给予支持；农村实用人才利用闲置土地、工矿废弃地、未利用土地发展高效农业，可优先依法获得长期的土地使用权。发展各类人才服务机构，完善人才市场体系，支持各类人才服务机构面向农村实用人才开展服务。成立农业农村人才协会，协助有关部门开展行业调查和决策咨询，促进各地人才的信息沟通和经验交流。搭建人才服务平台，建立人才需求信息发布制度，提供信息检索、政策咨询、就业帮扶、权益保护、档案管理等服务。

26. 营造良好氛围

各地要牢固树立科学的人才观，牢固树立人才优先发展的理念，强化对实施人才强农战略重要性的认识，强化对农业农村人才在农业农村经济发展中重要支撑作用的认识，强化对农业农村人才队伍建设系统性和复杂性的认识，切实增强做好农业农村人才工作的责任感和紧迫感，把农业农村人才队伍建设提上议事日程，摆在突出位置。加强对优秀人才的宣传表彰，定期开展中华农业英才奖评选和全国农村优秀人才表彰活动，继续做好享受政府特殊津贴、有突出贡献中青年专家的推荐选拔工作。通过报刊、书籍、影视、广播、网络等媒介，大力宣传优秀人才的典型事迹，着力营造"尊重劳动、尊重知识、尊重人才、尊重创造"的社会氛围。

社会工作专业人才队伍建设中长期规划（2011—2020年）

为加快推进我国社会工作专业人才队伍建设，切实增强构建社会主义和谐社会的人才支撑能力，根据《中共中央关于构建社会主义和谐社会若干重大问题的决定》和《国家中长期人才发展规划纲要（2010—2020年）》，制定本规划。

一、序言

社会工作专业人才是具有一定社会工作专业知识和技能，在社会福利、社会救助、扶贫济困、慈善事业、社区建设、婚姻家庭、精神卫生、残障康复、教育辅导、就业援助、职工帮扶、犯罪预防、禁毒戒毒、矫治帮扶、人口计生、应急处置、群众文化等领域直接提供社会服务的专门人员。社会工作专业人才是构建社会主义和谐社会、加强和创新社会管理不可或缺的重要力量。大力加强社会工作专业人才队伍建设，对增强社区服务功能、提高社区居民自治能力、促进和谐社区建设；对促进就业、扩大内需、优化人才资本配置；对落实社会政策、创新公共服务方式、满足人民群众日益增长的社会服务需求；对有效预防和解决工业化、城镇化、市场化、信息化、国际化加速发展所产生的社会问题，降低社会管理成本，促进社会和谐稳定，推动文明进步；对彰显人文关怀、密切党和人民群众血肉联系、夯实党的执政基础、加强党的执政能力建设，都具有十分重要的意义。

党的十六届六中全会做出建设宏大社会工作人才队伍的决策部署以来，尤其是党的十七大之后，我国社会工作专业人才制度建设稳步推进，实践探索不断深入，发展了一支近20万人的社会工作专业人才队伍。他们在提供专业服务、解决群众困难、化解社会矛盾、推进公平正义、促进社会和谐方面作用逐步显现。同时，必须清醒认识到，当前我国社会工作专业人才工作还存在基础比较薄弱，岗位不明确，投入不足，体制机制和政策制度不太完善，人才数量缺口很大、能力素质不高、结构不太合理等问题。我国社会工作专业人才队伍发展总体水平与现有经济实力不相匹配，与人民群众不断增长的社会服务需求不相适应，与构建社会主义和谐社会的要求还有较大差距。

我们要紧紧抓住未来十几年我国人才事业发展的重要战略机遇期，按照实现全面建设小康社会奋斗目标、构建社会主义和谐社会的总体要求，切实增强推进社会工作专业人才队伍建设的使命感和责任感，像高度重视选拔培养经济建设人才那样，高度重视选拔培养社会工作专业人才，采取有力措施，加快推进社会工作专业人才队伍建设，促进经济社会协调发展。

二、指导思想、基本原则和战略目标

（一）指导思想

高举中国特色社会主义伟大旗帜，以邓小平理论和"三个代表"重要思想为指导，深入贯彻落实科学发展观，坚持党管人才原则，立足于我国社会经济发展的客观需要，适应加强和创新社会管理以及转变经济发展方式的现实需求，按照实施人才强国战略的总体部署，以人才培养为基础，以人才使用为根本，以人才评价激励为重点，以政策制度建设为保障，以重点工程实施为载体，努力建设一支高素质的社会工作专业人才队伍，为构建社会主义和谐社会和巩固党的执政基础提供有力的人才支撑。

（二）基本原则

当前和今后一个时期，加强社会工作专业人才队伍建设，必须坚持以下原则：

一是面向群众、服务基层。将直接满足人民群众服务需求作为社会工作专业人才队伍建设的根本出发点和落脚点，用人民群众满意度检验社会工作专业人才队伍建设成效。同时，着力加强基层社会服务平台建设，引导社会服务资源向基层倾斜，鼓励社会工作专业人才到基层服务。

二是突出重点、统筹推进。以城乡基层为重点加强现有社会工作从业人员专业培训，着力推进基层社会工作服务与管理平台建设。以培养高层次社会工作管理人才、服务人才及教育与研究人才为引领，优先开发为困难群体和特殊群体提供服务的社会工作专业人才，优先解决制约社会工作专业人才发展的重大问题。通过重点突破、以点带面，使社会工作专业人才队伍建设由重点领域向一般领域推进、社会工作受益对象由特定人群向普通大众拓展，统筹推进各方面社会工作专业人才队伍建设。

三是完善结构、强化能力。适应城乡、区域、经济社会协调发展的需要，不断促进社会工作专业人才向广大基层、农村和中西部地区流动，不断完善各领域、各层次社会工作专业人才队伍结构。坚持专业化、职业化方向，以职业能力建设为核心，强化社会工作专业人才价值伦理以及应用专业理论、知识、方法、技巧和职业技能提供社会服务、加强社会管理、解决社会问题的能力。

四是党政主导、社会运作。进一步加强和改进党对社会工作专业人才工作的领导，完善管理体制，创新工作机制和方法，确保社会工作专业人才队伍建设的正确政治方向。充分发挥政府在推动社会工作发展、加强社会工作专业人才队伍建设中的主导作用，切实履行在依法规范、政策引导、资金投入等方面职责；同时，加强从事公益服务的事业单位建设，培育民办社会工作服务机构，发展社会工作行业自治组织，促进社会工作服务主体多元化发展，形成党政主导、社会运作、公众参与的社会工作服务与管理格局。

（三）战略目标

到2020年，我国社会工作专业人才队伍建设的总体目标是：建立健全社会工作专业人才法规、政策和制度体系，造就一支结构合理、素质优良的社会工作专业人才队伍，使之适应构建社会主义和谐社会的要求，满足人民群众日益增长的社会服务需求。

——社会工作专业人才队伍规模不断壮大。到2015年，社会工作专业人才总量增加到50万人，其中具有社会工作师职业水平证书或达到同等能力素质的中级社会工作专业人才达到5万人，具有高级社会工作师职业水平证书或达到同等能力素质的高级社会工作专业人才达到1万人。到2020年，社会工作专业人才总量增加到145万人，其中中级社会工作专业人才达到20万人、高级社会工作专业人才达到3万人。

——社会工作专业人才队伍结构不断优化。根据统筹城乡发展、统筹区域发展、统筹经济社会发展的要求，逐步优化社会工作专业人才区域结构、城乡结构、领域结构、专业结构、能力结构和年龄结构，形成合理的初、中、高级人才梯次结构和人才布局，逐步实现社会工作服务在城乡、区域和领域的全覆盖。

——社会工作专业人才能力素质不断提升。未系统受过社会工作专业教育的社会服务人员普遍接受一定时数的社会工作专业培训。社会工作专业人才思想政治和职业道德水平不断提高，专业价值伦理不断强化，专业理论与知识不断丰富，专业方法与技术不断完善，专业实务能力不断增强，综合素质大幅度提升。

——社会工作专业人才效能不断增强。社会工作专业人才在提供社会服务、解决社会问题、化解社会矛盾、降低社会风险、维护社会稳定、增进公平正义、促进社会和谐等方面的专业作用得到充分发挥。

——社会工作专业人才发展环境不断改善。社会工作专业人才培养开发、评价发现、选拔使用、流动配置、激励保障方面的法规、政策与制度不断完善；社会工作服务与管理网络基本建立；社会工作服务组织数量更加充足，布局更加合理，覆盖更加全面，治理更加科学，作用更加明显，社会工作专业人才市场进一步发展；社会工作专业人才队伍建设体制机制更加健全。

三、人才队伍建设主要任务

（一）大规模开发社会工作服务人才

发展目标：适应公共服务和社会管理转型需要，满足人民群众日益增长的个性化、专业化社会服务需求，以培养开发社区建设、社会救助、老年人服务、残疾人服务、青少年服务、妇女儿童服务、职工服务、流动人口服务、婚姻家庭服务、教育辅导、卫生服务、矫治帮扶、群众文化等领域的基层社会工作服务人才为重点，以整合、提升、转化现有社会工作从业人员为基础，统筹推进各类社会工作服务人才队伍建设，培养造就一支数量足、结构优、能力强、素质高的社会工作服务人才队伍。

主要举措：制定高层次社会工作服务人才培养计划，将国（境）内外优质社会工作培训资源优先用于培养开发各领域高层次社会工作服务人才。研究制定各主要领域加强社会工作服务人才队伍建设的实施意见。

将社会工作专业技术人才纳入国家专业技术人才知识更新工程和高校毕业生基层培养计划，组织实施社会工作服务人才职业能力建设工程，重点对城乡基层党组织、群团组织、居（村）民自治组织、社区服务组织、从事公益服务的事业单位、公益慈善类社会组织、基层公共服务和社会管理部门中直接从事社会服务的人员进行大规模、系统化的社会工作专业知识培训。

实施社会工作信息系统建设工程，研究开发社会工作远程教育培训网络。实施社会工作专业人培训基地和教材建设工程，建立一批分工明确、布局合理、功能完善的社会工作培训基地，开发适应各领域、各类型社会工作服务人才发展需要的培训教材体系。加强实训基地建设，依托基础较好的社会工作服务机构建立一批覆盖各领域的社会工作实训基地。

实施社会工作服务标准化建设示范工程，通过加强标准化建设，建立和完善社会工作服务体系。实施民办社会工作服务机构孵化基地建设工程，着力培育发展民办社会工作服务机构，广泛吸纳社会工作服务人才。

研究制定农村社会工作专业人才发展政策。实施社会工作专业人才服务边远贫困地区、边疆民族地区和革命老区计划以及服务新农村建设计划，支持培养边远贫困地区、边疆民族地区、革命老区和广大农村社会工作服务人才。

（二）大力培养社会工作管理人才

发展目标：适应社会工作行政管理、行业组织建设、服务机构发展和专业实务推进的需要，培养造就一批政治立场坚定，具有宏观视野、战略思维与专业眼光，善于推动事业发展的社会工作行政和行业管理人才；培养造就一批具有社会使命感、懂运营、会管理、通晓社会服务专业知识的社会工作机构管理人才；培养造就一批熟练掌握专业督导方法与技术、具备丰富实务经验、善于解决复杂专业问题，能够带动社会工作服务人才成长、推动专业实务发展的社会工作督导人才。

主要举措：依托国内外高水平大学、示范性职业院校、知名公益类服务组织、公共服务机构和其他社会工作培训机构，加大各类社会工作管理人才培养力度。组织实施社会工作管理人才综合素质提升工程，重点加大社会福利、社会救助、社区服务、残障康复、婚姻家庭、扶贫济困、职工帮扶等社会服务机构管理人才培养力度，提高社会工作服务管理的科学化水平。将社会工作行政管理人才纳入党政人才素质能力提升工程，突出培养一批熟悉社会工作、社会政策的领导干部进入地方及有关部门和组织领导班子，同时对现有分管社会工作的领导干部加强社会工作专业培训。

公共服务和社会管理有关部门与组织要培养、引进和选拔一批熟悉社会工作理论知识、掌握社会工作方法技术的行政管理人才。适应各层次、各领域、各类别社会工作行业组织发展需要，遵循社会工作行业管理规律，创新行业管理人才培养、选拔、使用和流动机制。健全民办社会工作服务机构内部治理结构，将民办社会工作服务机构管理人才纳入各级政府人才培养体系。创新从事公益服务的事业单位社会工作管理人才选拔使用机制、任期目标责任制和经营业绩评价指标体系。分类制定社会工作专业督导能力素质标准，完善专业督导方法与技术，建立健全社会工作专业督导制度。

（三）加快培养社会工作教育与研究人才

发展目标：适应社会工作专业教育、理论、政策与实务发展需要，重点培养造就一批理论功底深、实务能力强，系统掌握国内外社会工作法规政策，能够推动本土社会工作理论和政策实务发展、具备开展国际交流合作能力的社会工作教育与研究人才。

主要举措：将社会工作专业人才纳入青年英才开发计划，组织实施社会工作教育与研究人才培养引进工程，通过社会工作博士学位教育、社会工作科研和服务项目带动、国（境）外进修深造等方式，重点培养一批学历高、研究能力强、学术成果丰富、有良好国际沟通能力的社会工作教育教学人才和政策实务研究人才。支持高等学校、科研院所与海外高水平教育、科研机构联合建立社会工作教育与研究人才培养基地。积极吸引国（境）外高层次社会工作专业人才来华从事教育教学与研究工作。鼓励社会工作教育与研究人才领办民办社会工作服务机构，引导社会工作教育与研究人才走出书本、走出课堂、走向基层、深入实践，提高其应用理论解决实践问题的能力。强化对社会工作基础理论和政策实务研究的支持。加强社会工作专业研究机构和学术交流平台建设。

统筹协调各部门、各行业现有社会工作专业人才资源，根据相关社会服务部门、行业和领域的特点，大力培养适合部门需要、体现行业特色、满足领域需求的社会工作服务人才、管理人才及教育与研究人才。大力普及志愿服务理念，强化志愿服务意识，弘扬志愿服务精神，倡导志愿服务行为，健全面向全社会的志愿服务动员系统。充分发挥社会工作专业人才优势，规范相关志愿者招募注册，加强相关志愿者培训管理，建设宏大的社会服务志愿者队伍，建立社会工作专业人才和相关志愿者队伍联动服务机制，为加强社会服务与管理提供坚实的人才资源基础。

四、体制机制与重大政策

（一）建立健全社会工作专业人才管理体制机制

目标要求：根据社会工作专业人才队伍建设的当前需要和长远需求，按照党管人才原则，建立健全符合社会工作专业人才发展规律、体现中国特色的管理体制机制。

主要举措：坚持党管人才原则，切实加强党对社会工作专业人才队伍建设的领导，建立组织部门牵头抓总，民政部门具体负责，机构编制、发展改革、教育、公安、司法、财政、人力资源社会保障、文化、卫生、人口计生、信访、扶贫等部门以及工会、共青团、妇联和残联、红十字会等组织密切配合，社会力量广泛参与的工作格局。组织部门要做好社会工作专业人才队伍建设的宏观指导、综合协调；民政部门要加强社会工作专业人才管理机构和队伍建设，切实履行好推进社会工作专业人才队伍建设的有关职能；有关部门要在各自职责范围内积极推进社会工作专业人才队伍建设；工会、共青团、妇联和残联、红十字会等组织要充分发挥自身优势，大力加强本系统、本领域社会工作专业人才队伍建设，提高其联系群众、服务群众、教育群众、维护群众合法权益等工作的水平和效果。建立社会工作专业人才队伍建设联席会议制度。开展社会工作专业人才信息统计，建立社会工作专业人才资源年度统计调查和定期发布制度，加强社会工作专业人才资源信息库建设。

进一步改进人才管理方式，完善相关公共服务，为在社会组织从业的社会工作专业人才提供档案管理、户籍转移、保险交付、争议仲裁等"一站式"服务，解决社会工作专业人才发展后顾之忧。加强社会工作专业人才市场培育发展，形成以市场调节为基础的人才流动配置机制。

进一步加强相关法制建设，推动社会工作立法，制定社会工作专业人才管理条例，建立健全社会工作专业人才信息披露、专业督导、服务评估、行业自律、继续教育、违纪处置、职业道德规范等配套制度，用法律法规明确社会工作专业人才的职责权利、规范职业行为，形成科学化、制度化、规范化的社会工作专业人才发展环境。

建立健全社会工作专业人才投入机制，落实人才优先投入政策，逐步加大社会工作专业人才队伍建设投入力度；制定政府购买社会工作服务政策，将民办社会工作服务机构纳入政府支持范围，建立并逐步完善政府与民办社会工作服务机构的合作机制；鼓励、支持社会组织建立社会工作发展基金，为推动社会工作专业人才发展提供稳定、充足的经费支持。

（二）建立健全社会工作专业人才培养政策

目标要求：以国家发展和社会需求为导向，以专业化、职业化为核心，建立健全不同学历层次教育共同发展，专业培训和知识普及有机结合的社会工作专业人才培养政策。

主要举措：研究制定社会工作专业人才教育培训规划，合理配置教育培训资源，明确不同地区、不同领域、不同层次、不同类型社会工作专业人才教育培训重点任务和保障措施。研究制定支持民族地区社会工作专业人才队伍建设意见，加大西部地区、民族地区社会工作管理人才、服务人才及教育与研究人才培养开发力度。

加强社会工作学科专业体系建设，制定适合我国各层次、各领域社会工作专业人才培养目标的课程设置和教学标准，建立科学、规范的社会工作专业教学管理制度。建立健全专科、本科、硕士、博士相衔接的社会工作专业学历学位体系，完善社会工作硕士专业学位教育制度。改革社会工作教育培养模式，提高实践教学在学校教育中的比重，探索实行社会工作课堂教学与实务教育相结合的机制，配备具有丰富实践经验的实习督导。制定社会工作服务项目实施和社会工作专业人才培养有机结合的政策措施。建立社会工作专科、本科成人教育制度。大力发展社会工作中等和高等职业教育，根据行业、领域发展需要，设置相关专业方向，着力培养应用型社会工作专业人才，逐步形成完善的职业教育体系。加强实习、实训基地建设，制定社会工作专业学生实习督导管理办法，建立科学合理、标准规范的实习督导制度，明确社会工作督导教师配备标准。建立社会工作专业教师参与社会工作实践制度，加强"双师型"队伍和督导教师队伍培养力度。改革社会工作专业教师评价办法，加大实践教学成果考核比重。开发一批社会工作专业精品课程，形成具有本土特色的教材体系。

完善社会工作专业人才继续教育制度，构建分层分类的社会工作专业人才继续教育体系。加大社会工作培训师资队伍建设，打造一支专兼职结合、理论与实务水平较高的培训师资队伍。制定社会工作培训质量评估指标体系，加强对培训机构的培育、评估和监督。

（三）建立健全社会工作专业人才评价政策

目标要求：坚持以职业道德、能力和业绩为导向，以社会工作专业人才职业水平评价为基础，逐步完善符合国情、与国际接轨、科学合理的社会工作专业人才评价政策。

主要举措：实施分类管理，研究制定适合不同类型、不同层次社会工作专业人才的能力素质标准以及评价、鉴定办法。制定社会工作员和高级社会工作师职业水平评价办法，完善社会工作专业人才职业水平评价制度，形成初、中、高级相衔接的社会工作专业人才职业水平评价体系。将取得职业水平证书的社会工作专业技术人才纳入专业技术人员管理范围，改进社会工作专业人才人事管理办法。完善社会工作专业人才登记管理办法，探索建立与国际接轨的社会工作专业人才职业资格制度。研究制定社会工作专业人才职业道德守则和专业行为规范，加强职业道德和作风建设。

完善社会工作专业人才考核制度，根据社会工作专业人才从业领域、单位性质和岗位胜任力要求，分类形成由品德、知识、能力、业绩等要素构成的岗位评价指标体系。要在有关事业单位建立健全以聘用合同和岗位职责为依据，以工作绩效为主要内容，以服务对象满意度为基础的考核办法。要积极引导有关社会组织建立符合社会工作专业人才特点的评价机制。

（四）建立健全社会工作专业人才使用政策

目标要求：坚持以用为本原则，着眼于发挥社会工作专业人才作用、推动社会工作专业人才合理流动需要，以开发专职岗位和培育服务载体为重点，以畅通人才流动渠道为保障，逐步完善社会工作专业人才使用政策。

主要举措：建立健全城乡社区、相关事业单位、公益慈善类社会组织社会工作岗位开发设置和专业人才使用政策措施。在城市社区要逐步加大社会工作专业人才配置力度，探索在农村社区设置社会工作岗位，通过政府购买服务等方式，配备社会工作专业人才，逐步实现每个农村社区至少配备一名社会工作专业人才的目标。制定出台城乡基层社会工作服务体系建设意见，逐步建立城乡基层社会工作服务网络。坚持培育发展和管理监督并重，积极发展民办社会工作服务机构。完善民办社会工作服务机构发展政策，加大政府购买社会工作服务岗位力度，改善民办社会工作服务机构发展环境。建立社会工作服务机构第三方监督机制。加强党对民办社会工作服务机构的领导，在各类民办社会工作服务机构建立健全基层党组织和工青妇等群团组织。

加大相关事业单位社会工作岗位开发和专业人才使用力度，老年人福利机构、残疾人福利和服务机构、儿童福利机构、收养服务机构、妇女儿童援助机构、困难职工帮扶机构、婚姻家庭服务机构、青少年服务机构、社会救助和管理机构、优抚安置服务保障机构等以社会工作服务为主的事业单位要将社会工作岗位明确为主体专业技术岗位；学校、医院、基层文化服务机构、人口计生服务机构等要根据需要逐步设置社会工作岗位。支持企业设立社会工作岗位，使用社会工作专业人才，开展职工服务。有社会工作服务需求的公共服务和社会管理部门要根据需要明确社会工作岗位。

研究制定促进社会工作专业人才流动政策，积极推动将社会工作专业人才纳入国家有关对口支援机制，通过双向挂职、短期工作、项目合作等多种形式，引导社会工作专业人才向急需紧缺地区、部门和行业流动。采取政府购买服务、报考公职人员和社会工作硕士专业学位优先录用等措施，鼓励和引导高校社会工作专业毕业生到城乡基层、边远贫困地区、边疆民族地区和革命老区就业。开展城乡人才对口扶持，推动社会工作专业人才服务社会主义新农村建设，创造条件引导和鼓励城市社会工作专业人才到农村社区开展服务。研究制定吸引、留住社会工作专业人才到西部地区工作的优惠政策，建立社会工作专业人才对口支持制度，大力推进东部、中部与西部地区社会工作专业人才的交流与合作。

（五）建立健全社会工作专业人才激励保障政策

目标要求：以激发社会工作专业人才积极性、稳定人才队伍、充分实现人才价值为目标，综合运用物质激励和精神激励方式，建立健全有利于社会工作专业人才长期、安心扎根基层、服务一线的激励保障政策。

主要举措：建立健全社会工作专业人才薪酬保障机制，逐步提高社会工作专业人才整体薪酬。在城乡社区和公益类社会组织工作的社会工作专业人才，由所在单位合理确定薪酬水平；在党政机关、人民团体、事业单位工作的社会工作专业人才，工资待遇按照国家有关规定执行。重视社会工作专业人才的社会保障问题，按照国家有关规定办理社会保险事宜。以党委、政府奖励为导向，按照国家有关规定开展多种形式的表彰奖励活动。以用人单位和社会力量为主体，努力提高社会工作专业人才地位和待遇。

将吸纳一定比例的社会工作专业人才，作为评估公益类社会组织的重要指标和政府购买服务的重要条件。鼓励各级党政机关、人民团体、事业单位招录、招聘社会服务相关职位工作人员和选拔干部时，在同等条件下要优先录用具有丰富基层实践经验的社会工作专业人才。注重把政治素质好、熟悉社会服务与管理的社会工作专业人才吸纳进基层党员干部队伍，选拔进基层党组织领导班子，支持有突出贡献的社会工作专业人才进入地方基层人大、政协参政议政。

五、重点工程

（一）社会工作服务人才职业能力建设工程

为适应构建社会主义和谐社会对高素质社会工作专业人才队伍的迫切需要，切实改变现有社会工作服务人员创新创业能力不强现状，每年培训10000名取得助理社会工作师、社会工作师和高级社会工作师职业水平证书人员。到2015年，通过进修、实习、短训、函授、自学考试等形式，对现有社会工作服务人员进行累计不低于480小时的专业教育和培训，使其基本掌握社会工作专业理念、理论、知识、方法和技巧，熟悉相关法规政策，具备岗位所需的专业能力。到2020年，实现所有在岗社会工作服务人员系统接受良好的专业教育和培训。

（二）社会工作管理人才综合素质提升工程

着眼于提高我国社会工作现代化管理水平和社会公共服务产品供给能力，到2020年培养一批具备社会工作专业理念、熟悉社会工作发展规律，能够统筹推进社会工作专业人才队伍建设的行政管理和行业管理人才；培养8万名具有社会使命感，掌握现代组织管理知识，拥有丰富管理经验，能够有效整合资源、协调关系、凝聚队伍的社会工作机构管理人才；培养8万名具有扎实理论知识基础、丰富实务经验且能够指导解决重大复杂专业问题、引导推动社会工作服务人才成长发展的专业督导人才。

（三）社会工作教育与研究人才培养引进工程

适应我国社会工作蓬勃发展需要，着眼于培养高层次、领军型社会工作教育与研究人才，将高等学校中社会工作教育与研究人才培养纳入国家高素质教育人才培养工程、青年英才开发计划。在统筹考虑现有社会工作学科研究布局和资源基础上，推动社会工作学科重点研究基地建设。到2020年，依托现有资源，建立500家社会工作专业重点实训基地。加快推进社会工作硕士专业学位教育发展，到2020年培养和引进3万名社会工作硕士专业学位研究生，300名社会工作专业博士，3000名"双师型"专业教师。

（四）社会工作知识普及工程

将社会工作知识列入党政领导干部以及人民团体和有关事业单位领导干部培训课程，在各级党政领导干部以及人民团体和有关事业单位领导干部专题研讨班中加入社会工作专业人才队伍建设专题。每年定期举办地厅（局）级领导干部社会工作专题研究班和县（处）级领导干部社会工作专题研究班，有计划地对社会服务与管理密切相关的部门和组织干部职工进行社会工作知识普及培训，到2020年基本完成对主管社会服务与管理有关部门或相关工作的地厅（局）级和县（处）级领导干部社会工作知识轮训。着重对乡镇（街道）相关工作人员、基层党组织干部、居（村）民委员会成员、下派基层锻炼干部和大学生，以及直接从事社会服务与管理一线人员普及社会工作知识，提升其专业服务与管理能力。将社会工作课程列入高等学校公共基础课程范围，对相关专业学生进行社会工作通识教育。加强对教育工作者、医务工作者、司法工作者等与社会工作专业人才密切相关人员的社会工作知识普及培训。组织编写社会工作知识普及读本，加强社会工作宣传载体建设，通过多种方式提高社会工作的认知度和参与度。

（五）社会工作专业人才服务社会主义新农村建设计划

按照社会工作专业人才服务社会主义新农村建设部署，研究制定社会工作专业人才服务社会主义新农村建设政策措施。采取政府购买服务等方式，从高校社会工作院系、社会工作服务机构抽调专业人员组建服务队，培育农村社会工作专业服务力量。到2015年在国家扶贫开发工作重点县通过依托社区服务中心或新建等方式培育发展200个农村社会工作服务站，到2020年基本实现每个国家扶贫开发工作重点县有一家社会工作服务站，带动培养5万名农村社会工作专业人才。通过国家扶贫开发重点县示范引领其他农村地区社会工作服务发展，推动解决工业化、城市化和市场化带来的农村流动人口、留守人员以及社区发展方面的有关问题，促进社会主义新农村建设。

（六）社会工作专业人才服务边远贫困地区、边疆民族地区和革命老区计划

按照国家边远贫困地区、边疆民族地区和革命老区人才支持计划要求，研究制定社会工作专业人才服务边远贫困地区、边疆民族地区和革命老区的政策措施。采取培训、调训、挂职锻炼等形式每年为边远贫困地区、边疆民族地区和革命老区培养500名急需紧缺社会工作专业人才，支持当地培养相关社会工作专业人才。每年组织选派1000名社会工作专业人才到边远贫困地区、边疆民族地区和革命老区工作或提供服务，同时为边远贫困地区、边疆民族地区和革命老区社会工作专业人才到发达地区实践锻炼创造条件。

（七）社会工作专业人才培训基地和教材建设工程

适应大规模开展社会工作从业人员教育培训需要，着力加强社会工作培训基地建设。按照分工明确、布局合理、整合资源、优势互补原则，依托各级党校、行政学院、高等院校和各类培训机构等现有培训资源，到2020年，重点扶持发展300家社会工作专业人才培训基地，其中国家层面发展50家并纳入国家专业技术人才知识更新工程国家级继续教育基地建设范围，逐步形成覆盖全国的社会工作培训与继续教育网络。分类制定社会工作培训课程大纲，形成一批针对性、实务性和科学性强的社会

工作培训教材。

（八）民办社会工作服务机构孵化基地建设工程

为创新社会服务与管理方式，扩大社会工作服务供给，满足人民群众日益增长的服务需求，通过政府购买服务支持，整合现有资源或新建等方式逐步建立50个国家级民办社会工作服务机构孵化基地，重点扶持和发展为老年人、妇女、儿童、青少年、残疾人、失业人员、低保对象、扶贫对象、受灾群众、进城务工人员、药物滥用人员、艾滋病患者等特殊群体提供服务的民办社会工作服务机构。到2020年，培育发展8万家民办社会工作服务机构。

（九）社会工作服务标准化建设示范工程

大力加强社会工作服务组织网络建设，逐步推进全国街道（乡镇）社会工作服务组织和城乡社区社会工作服务组织建设，到2020年基本实现街道（乡镇）社会工作服务组织全覆盖。着力推进社会工作标准体系研究，建立与我国社会工作发展相适应的社会工作标准体系。到2020年建立200个社会工作服务标准化示范地区、1000个社会工作服务标准化示范单位和2000个社会工作服务标准化示范社区，引导和推动社会工作服务发展，扩大社会工作服务覆盖面。

（十）社会工作信息系统建设工程

适应社会工作信息化、现代化发展需要，按照分级、属地原则，建设全国社会工作专业人才队伍管理门户网站，到2015年建立能够支撑200万用户在线，全面覆盖所有县（区、市）的管理信息系统平台，实现社会工作专业人才需求预测、就业预警、在线登记注册、信息查询、行业自律和社会监管；建设社会工作服务机构信息库，推动整合社会工作服务机构资源，建立社会工作服务网络体系；开发各领域、各层次、各类型社会工作教育培训课件，扩大远程教育培训覆盖面；加强社会工作专业人才服务过程管理，不断提高社会工作服务质量、提升社会工作信息化水平。

六、保障措施

（一）加强组织领导

中央有关部门要做好抓方向、抓宏观、抓政策、抓协调工作，地方有关部门要做好中央政策落实和推进本地社会工作专业人才队伍建设。组织部门要把握规划方向，做好宏观指导、综合协调和监督检查。民政部门要发挥职能作用，强化工作力量，推动有关工作落实。其他有关部门和组织要做好本业务领域社会工作专业人才队伍建设工作。要将规划实施情况纳入地方各级党委政府和有关部门领导班子考核指标，建立规划实施监测评估机制，每年通报规划落实情况。

（二）建立规划体系

各地要以《国家中长期人才发展规划纲要（2010—2020年）》和本规划为指导，根据实际，制定本地区社会工作专业人才队伍建设规划，形成与国家规划衔接配套的社会工作专业人才发展规划体系。各有关部门要抓紧研究制定落实方案，指导推动本行业、本领域贯彻规划要求，推动本行业、本领域社会工作专业人才队伍建设。

(三)加大资金投入

随着国家财力增长,不断加大对社会工作专业人才发展工作的投入力度,逐步加大民政部门使用的彩票公益金支持社会工作专业人才队伍建设力度,并引导社会资金,增加对规划项目的投入,以形成财政资金、社会资金等共同参与的多元化投入机制。

(四)加强示范引导

认真总结社会工作专业人才队伍建设实践经验,组织开展全国社会工作专业人才队伍建设示范地区和单位创建活动,发挥示范地区和单位的引领带动和辐射作用,推动社会工作专业人才发展规划的全面落实。

(五)加强研究宣传

深入开展社会工作专业人才理论研究,积极探索社会工作专业人才资源开发规律。运用多种方式开展社会工作专业人才队伍建设宣传,提高社会工作专业人才的社会认知度。广泛宣传社会工作专业人才发展规划的重要意义、指导思想、基本原则、目标任务、主要举措以及规划实施过程中出现的典型经验和成功做法,为规划顺利实施营造良好社会氛围。

第四部分 国家和各省（市、区）国民经济和社会发展第十三个五年规划纲要中的人才发展目标定位

2015年下半年后，国家和各省（市、区）国民经济和社会发展第十三个五年规划纲要陆续发布。中华人民共和国国民经济和社会发展第十三个五年（2016—2020年）规划纲要，主要阐明国家战略意图，明确经济社会发展宏伟目标、主要任务和重大举措，是市场主体的行为导向，是政府履行职责的重要依据，是全国各族人民的共同愿景。各省（市、区）规划纲要主要阐明各地"十三五"时期的发展目标、发展任务、发展重点和政策取向，是政府履行职责的重要依据，分别是今后五年各省（市、区）经济社会发展的宏伟蓝图，分别是各省（市、区）人民共同奋斗的行动纲领。国家和各省（市、区）规划纲要都明确提出了人才发展目标定位和人才政策措施。

国家

实施人才优先发展战略。把人才作为支撑发展的第一资源，加快推进人才发展体制和政策创新，构建有国际竞争力的人才制度优势，提高人才质量，优化人才结构，加快建设人才强国。

建设规模宏大的人才队伍。推动人才结构战略性调整，突出"高精尖缺"导向，实施重大人才工程，着力发现、培养、集聚战略科学家、科技领军人才、社科人才、企业家人才和高技能人才队伍。培养一批讲政治、懂专业、善管理、有国际视野的党政人才。善于发现、重点支持、放手使用青年优秀人才。改革院校创新型人才培养模式，引导推动人才培养链与产业链、创新链有机衔接。

促进人才优化配置。建立健全人才流动机制，提高社会横向和纵向流动性，促进人才在不同性质单位和不同地域间有序自由流动。完善工资、医疗待遇、职称评定、养老保障等激励政策，激励人才向基层一线、中西部、艰苦边远地区流动。开展东部沿海地区与中西部地区、东北等老工业基地人才交流和对口支援，继续实施东部城市对口支持西部地区人才培训工程。

营造良好的人才发展环境。完善人才评价激励机制和服务保障体系，营造有利于人人皆可成才和青年人才脱颖而出的社会环境。发挥政府投入引导作用，鼓励人才资源开发和人才引进。完善业绩和贡献导向的人才评价标准。保障人才以知识、技能、管理等创新要素参与利益分配，以市场价值回报

人才价值，强化对人才的物质和精神激励，鼓励人才弘扬奉献精神。营造崇尚专业的社会氛围，大力弘扬新时期工匠精神。实施更积极、更开放、更有效的人才引进政策，完善外国人永久居留制度，放宽技术技能型人才取得永久居留权的条件。加快完善高效便捷的海外人才来华工作、出入境、居留管理服务。扩大来华留学规模，优化留学生结构，完善培养支持机制。培养推荐优秀人才到国际组织任职，完善配套政策，畅通回国任职通道。

安徽省

建设人才发展高地。深入实施《人才高地建设工程》，紧扣产业链打造人才链，统筹推进各类人才队伍发展。发挥政府投入引导作用，鼓励企业、高校、科研院所、社会组织、个人等有序参与人才资源开发。加快科技创新人才培养集聚。按照提高专业技术水平和创新能力的要求，以高层次创新型科技人才为重点，努力造就一支富有创新精神、敢于担当、专业素质高、创新能力强、人才结构优的创新型科技人才队伍。加快合芜蚌人才管理改革试验区建设，深入实施一批重点人才项目。加强高层次人才信息平台建设。加强企业家队伍建设。以企业高端经营管理人才为重点，打造和培育一支熟悉国内国际市场、精通现代企业管理、具有创新精神和创业能力、能够适应国内外竞争的优秀企业家队伍。加大技能人才培养力度。适应新型工业化要求，以技师和高级技师为重点，培养一支门类齐全、数量充足、结构合理、技艺精湛、素质优良的高技能人才队伍。推进人才发展体制改革。构建与市场经济体制相适应、有利于科学发展的人才开发体制机制。优化人力资本配置，清除人才流动障碍，鼓励人才双向柔性流动。完善人才评价激励机制和服务保障体系，营造有利于人人皆可成才的社会环境，健全有利于人才向基层、皖北地区和革命老区流动的政策激励体系。到2020年，努力建成全国人才集聚度高、人才素质优和人才效益好的省份。

北京市

强化人才支撑。落实人才强国战略和首都人才优先发展战略，推进人才发展体制改革和政策创新，形成具有国际影响力的人才制度优势。加快培育创新型人才，引进和集聚更多高端领军人才，建设世界高端人才聚集之都。

强化创新型人才培养。优化体制机制，构建符合创新型人才成长规律的生态圈。鼓励在京高校与中小学试点协同创新，实现创新课程、创新资源和创新项目的共享和互动，实现创新人才的阶梯化培养。进一步发挥好高校创新人才培养的枢纽作用，完善市属高校与在京高校、境外名校、科研机构和知名企业的高水平人才交叉培养机制试点。通过加大"双师型"教师队伍培养，加强对管理型、职业技能型人才的培养。积极构建创新人才终身学习和成长体系。

集聚全球高端人才。继续实施"海聚工程"、"高创计划",加快高端人才引进。采取直接引进或"柔性"开发等方式,加快汇聚以外籍专家、高级经营管理人才、高级专业技术人才、创业者为代表的国际人才资源。完善签证、外国人就业许可等办理机制,为海外高端人才在京工作提供全方位的支持和服务。

优化科技人才流动与配置机制。建立灵活多样的创新型人才聘用与流动方式。建立科研人员在事业单位和企业间流动通道,在高校和科研机构设立固定的科技成果转化岗,允许教师兼职或专职从事科技成果转化工作,支持科技人员开展成果转化、创新创业。

重庆市

加快建设人才强市。坚持人才优先发展战略,统筹推进各类人才队伍建设,加快建设西部地区人才高地。

加强人才队伍建设。加大人才培养和引进力度,着力培养具有自主创新能力的高层次人才队伍。对接国家重大人才工程,加大"两院"院士、"新世纪百千万人才工程"国家级人选、"享有国务院政府特殊津贴人员"等高级专家培养、选拔和推荐力度,培育壮大国家级专家队伍。深入开展市级专家培养选拔,深化实施重庆"百人计划""特支计划""两江学者"等人才项目,构建结构合理、梯级递进的专家培养选拔体系。深入实施"五大功能区域人才发展"等人才计划和"互联网+人才聚集"等人才专项,培养聚集经济社会发展急需紧缺人才。优化引才引智环境,大力吸引海内外高层次创新人才来渝创业就业,重点围绕战略性新兴产业发展方向,引进世界一流的高层次专家。鼓励和引导外出人才回流,完善返乡人才激励政策。加强劳动力技能培训,创新技能人才培养模式,推进企业新型学徒制试点,培育一大批适应现代产业发展需求的高素质实用型技能型人才。

改善人才发展环境。改革人才发展体制,建立健全人才选拔、引进、培养、评价和流动等机制,强化人才支持政策,改善人才发展环境。创新技术、技能要素参与收益分配的形式,探索人才期权股权激励方式。完善人才法治保障,建立健全涵盖人才培养、吸引、使用等各个环节的法律法规。清除人才流动障碍,提高社会横向和纵向流动性。分类推进职称制度改革,完善科学、公平、公正的人才评价体制。完善职业资格管理制度,优化社会化职业技能鉴定、企业技能人才评价和院校职业资格认证相结合的技能人才多元化评价体系。大力表彰和广泛宣传优秀人才的先进事迹,在全社会形成见贤思齐、奋发努力的良好氛围。

福建省

构建科学灵活人才体系。引进培养创新创业人才。落实人才优先发展战略,继续实施"海纳百川"

高端人才聚集计划，突出"高精尖缺"导向，培养和集聚一批科技领军人才、企业家人才、高技能人才队伍，支持中国福州海西引智试验区的建设和发展。大力构建良好的创新人才培养环境，积极营造鼓励创新、宽容失败的创新文化。开展启发式、探究式、研究式教学方法改革试点，改革基础教育培养模式，尊重个性发展，强化创造性思维培养。开展校企联合招生培养试点，拓展校企合作育人的途径与方式。

推进科研人才双向流动。加快高等院校和科研事业单位去行政化。改进科研人员薪酬和岗位管理制度，允许符合条件的科研人员带项目带成果、保留人事关系到企业开展创新工作或创办企业，鼓励有创新实践经验的企业家和企业技术人才到高校和科研机构兼职。完善企业与高校、科研机构之间的社保接续制度，促进科研人才双向自由流动。

提高人才管理和服务水平。构建政府引导服务、市场有效配置、单位自主用人、人才自主择业有机统一的人才管理服务机制。建立健全人才评价认定、流动、激励和使用机制。完善科技奖励评审制度，注重科技创新质量和实际贡献，突出对重大科技贡献人员、优秀创新团队和青年人才的激励。制定更加积极的国际人才引进计划，简化外籍人员开办创新型企业审批流程。

甘肃省

强化人才支撑保障。深入实施人才优先发展战略。围绕服务优势产业和转型发展，突出"高端、紧缺、实用"导向，以高层次创新人才为引领，以科技领军、企业家、金融、高技能、应用型等人才为重点，实施领军人才、高层次人才、创新创业青年人才、精准扶贫人才等重大支撑工程。建立以企业为主体、产业为牵引、专业为需求的人才培养引进机制，鼓励支持企业、高校、科研院所、社会组织、个人等有序参与人才资源开发和人才引进。优化人力资本配置，清除人才流动障碍，提高社会横向和纵向流动性，促进人才在不同性质单位和不同地域间自由流动。完善人才评价激励机制和服务保障体系，营造有利于人才育得好、引得进、用得上、留得住的社会环境，健全有利于人才向基层、艰苦地区和一线岗位流动的政策体系。树立"大人才"观念，强化人人皆可成才的理念，推动形成万众创新创业、人人尽展其才的良好氛围。

广东省

深入实施创新人才战略。加快实施人才强省战略，创新人才培养模式，吸引国内外优秀人才来粤创业创新，推进人才发展体制改革和政策创新，加快形成人才红利，率先形成具有国际竞争力的人才制度优势。

实施重大人才工程。推动人才结构战略性调整，加大创新人才培养力度。建设一批一流的高水平大学和学科，创新学术学位研究生和专业学位研究生培养模式，支持发展新型联合培养基地，着力培养应用型高级专业人才。建设高水平新型智库，实施"珠江人才计划"。改革技术技能人才培养机制，推行工学结合、校企合作的技术工人培养模式，推行企业新型学徒制。依托新型研发机构和孵化器靶向引才和定点育才。

加强创新人才交流合作。完善省内创新型人才出国培训制度，培育一批高层次拔尖创新人才。实施更开放的创新人才引进政策，搭建广东引进海外人才、聚集创业创新人才的综合平台，争取国家支持开展技术移民制度试点。支持省内企业在国外设立研发中心就地引才。继续实施"扬帆计划"，促进人才向基层、粤东西北地区流动。聚焦重点领域、重点产业和关键核心技术，实施广东"特支计划"，加大高层次创业创新团队和领军人才引进力度，健全人才引进跟踪评估机制。到2020年，引进创业创新团队100支，引进领军人才200名。

优化创新人才发展环境。深化人才发展体制机制改革。加快建设全国人才管理综合改革试验区，设立人才创业发展基金。支持企业建立院士工作站、博士后科研工作站及博士后创新实践基地，为各类人才提供创业创新平台。创新人才激励政策，完善高层次、高技能人才特殊津贴制度，出台高层次人才在住房、医疗、户籍、配偶安置等方面配套政策，拓展广东"人才绿卡"政策范围。改进科研人员薪酬和岗位管理制度，促进科研人员在事业单位和企业间合理流动。进一步改革职称制度，建立分类分层、灵活的人才评价体系，推动实施第三方评价，推进职业资格国际互认。加强人才供需预测和监测。

广西壮族自治区

加快建设人才强区。坚持高端引领、整体开发、服务发展方针，统筹推进各类人才队伍建设，建成西部地区重要的人才集聚区和面向东盟的区域性国际人才高地。

引进培养创新型人才。突出"高精尖缺"导向，引导人才链与产业链、创新链相衔接，依托重大科技专项和创新平台，实施重大人才工程，加快引进和培养高层次人才，在集聚科研领军人才、拔尖创新人才领域实现新突破。完善各级党委政府决策咨询制度、自治区主席院士顾问制度，实施院士后备人选培养、人才小高地建设提升工程，促进八桂学者、特聘专家选聘规模和质量双提升，建设100个高水平科研创新团队。聚焦特色优势领域和重点学科、行业，创新人才引进方式，以个体引进向创新团队引进转变，重点引进一批有重大发明和重大技术创新的高层次科技领军人才、有国际视野和参与全球化竞争的国际型人才、服务周边外交战略的决策型人才、在开放型经济中发挥作用的外向型人才。支持拔尖中青年人才领衔重大科技专项，到国内外一流大学和科研机构接受培训或合作研究。健全博士后科研流动站和工作站、院士专家工作站、海外高层次人才创新创业基地、留学人员创业园等科技平台，促进高端科技创新人才集聚发展。

建设规模宏大的人才队伍。建立健全政府宏观管理、市场有效配置、单位自主用人、人才自主择业的人才体制机制，营造良好的人才发展环境。统筹推进党政人才、企业家人才、专业技术人才、高技能人才、农村实用人才、社会工作专业人才等各类人才队伍建设，培养造就数量充足、素质优良、结构合理、富有活力的人才队伍。完善人才评价、培养、使用、流动、激励机制，提高人才社会横向和纵向流动性。鼓励各类人才向基层、向艰苦地区和岗位流动。改进人才服务管理，发展人力资源服务业。

贵州省

激发人才创新创造活力。落实人才优先发展战略，统筹推进以高层次创新人才为重点的各类人才队伍建设，优化人才发展环境，使人力资本的创新创造活力竞相迸发，做大人才总量，做优人才结构，努力把我省建设成为中国人才创业首选地。

加快各类人才队伍建设。围绕建设创新型社会的需要，突出"高精尖缺"导向，推动人才结构战略性调整，着力培养复合型、创新型人才和企业家队伍。实施高层次创新人才培养工程，加快培养一批能掌握核心技术、关键技术和带动新兴学科、高新产业发展的高层次科技领军人才。实施企业家培养工程，引进和培养一批具有创新精神和现代经营管理水平的优秀企业家和职业经理人。实施党政人才素质提升工程，健全后备干部培养和使用机制，发挥行政学院在公务员队伍培训教育中的重要作用。加大高技能人才、专业技术人才培养力度。加快培养适应农业现代化的农村实用人才。加强社会工作人才培养，社会工作专业人才占全省总人口比重达到1‰。加大经济社会发展急需紧缺人才引进力度。

创新人才发展机制。建立健全政府宏观管理、市场有效配置、单位自主用人、人才自主择业的人才管理体制，发挥市场在人才资源配置中的决定性作用，促进人才优化配置。创新人才培养开发机制，逐步建立人人能够发展、人人能够成才的现代人才培养开发机制。发挥用人单位评价的主体作用，发展专业化、社会化的人才评价组织，建立以品德、能力、业绩、素质为导向的社会化人才评价发现机制。改革人才选拔使用方式，促进人岗相适、用当其时、人尽其才，形成有利于各类人才脱颖而出、充分施展才能的人才选拔使用机制。鼓励人才向基层一线地区流动。开展人才交流和对口支援。完善分配、激励、保障制度，建立健全与工作业绩紧密联系、充分体现人才价值、鼓励人才创新创造和维护人才合法权益的激励保障机制。着力营造吸引和留住人才的良好氛围，创造有事可干、有钱可赚、有景可看、有家可恋的人才工作生活环境。

海南省

实施人才强省战略。建立完善产、学、研合作的人才培养机制，培养一批科技领军人才、科技骨干和创新人才团队。通过组织开展"特贴专家"、"省优专家"、"百千万人才工程"、"515人才工程"

的评选，选拔并培养一批职业道德优良、学术技术领先、业绩突出的各行业各领域带头人。建设特色鲜明、体制创新、引领发展的专业化高端智库，充分发挥各类智库在科学决策中的作用。推进社会科学创新工程，强化应用对策研究，推进具有海南地方特色和优势的基础理论研究。坚持引进和培养并重，解决好社会科学领域各类领军型人才短缺问题。支持省社科联（院）一体化建设，支持中国南海研究院、中国（海南）改革发展研究院建设成为在国内外均有广泛影响力的新型高端智库。优化人才发展政策和环境。建立柔性引才机制，充分发挥候鸟型人才的作用。

河北省

大力培养和聚集创新创业人才。实施重点人才工程，完善重点人才项目支撑体系，围绕我省发展的战略需求，创新人才培养方法和模式。深入实施"巨人计划"、"科技英才'双百双千'推进工程"、"燕赵学者计划"和"三三三人才工程"等高层次人才培养计划，培养造就一批创新创业团队。实施青年拔尖人才开发计划、杰出青年科学基金计划，培育一批科技领军人才后备力量，加快建立服务创新驱动发展的科技智库。实施"百人计划"等省高端人才引进计划，重点引进产业升级和学科发展急需的海外高层次人才和工作团队，放宽在冀工作的外国专家取得永久居留证的条件。完善吸引国内外高层次人才和急需紧缺人才到我省工作的激励机制，对带技术、带成果、带项目在我省实施科技成果转化的国内外高层次领军人才及其创新创业团队，符合条件的优先纳入我省重点人才工程，给予项目资金支持。发挥企业引才引智主体作用，企业引进高层次人才的购房补贴、安家费和科研启动经费，允许在缴纳企业所得税前扣除。建立职业经理人制度，加强管理人才培养，造就一支高素质的企业家队伍。培养高技能人才，造就一批知识型、技术型、创新型的高素质职工，全面提高劳动者素质，加快人口红利向人力资本红利的转变。推进人才管理体制改革，建立与经济社会发展相适应的人才需求预测和调整机制，推行紧缺专门人才动态目录制度，完善人才分类评价机制，破除人才流动的体制机制障碍，完善创新人才薪酬、岗位管理制度和社保关系转移接续政策，健全创新人才信息发布制度，鼓励党政机关、企事业单位和社会各方面之间人才合理流动，激发各类人才创新创业活力。

河南省

激发人才创新创造活力。实施更加积极的人才政策，加快高技能人才培养和高层次创新型人才开发，造就适应现代化需要的高素质人才队伍，创新人才发展机制，促进各类人才创新创造活力充分迸发。

培养高素质技能劳动者。坚持"六路并进"，深入推进全民技能振兴工程，建立覆盖城乡全体劳动者的技能培训制度，基本消除农民工无技能上岗现象。实施新生代农民工职业技能提升计划，强化实用型、技能型人才开发，推进普工向技工转型。加强退役士兵职业教育和技能培训。建立健全技能培训与产业发展对接机制,鼓励企业、院校和各类培训机构提供有针对性的技能培训项目。推广工学结合、校企合作的技术工人培养模式,推行企业新型学徒制。加强技师、高级技师培养,造就一批具有精湛技艺、高超技能、较强创新能力的高技能领军人才和"大国工匠"。

大力培养引进高层次人才。围绕重点产业和重点领域急需紧缺人才,统筹实施高层次人才重大工程,培养和集聚一批能够突破关键技术、引领学科发展、带动产业转型的领军人才,一批科技创新能力和学术研究水平国内领先的创新团队,一批引领创新创业、具有全球战略眼光和社会责任感的优秀企业家、企业经理人。积极探索"引项目+引资金+引人才""研发中心+引进人才+成果转化"等新型人才引进方式。善于发现、重点支持、放手使用青年优秀人才。

营造良好的人才发展环境。营造有利于人人皆可成才和青年人才脱颖而出的社会环境。清除人才流动障碍,发挥市场在人才资源配置中的决定性作用,提高横向和纵向流动性,促进人才在不同性质单位和不同地域间自由流动。健全人才培养开发、评价发现、选拔任用机制,形成以创新能力、工作业绩为主要标准的人才评价导向。推行以知识、技术、专利、成果等要素参与收益分配的政策。加强院士专家工作站、博士后流动站(工作站)、博士后创新基地和海外高层次人才创新园等高层次人才创新创业平台建设。增加人才发展投入,鼓励企业和社会组织设立人才发展基金,建立多元化人才投入体系。完善工资、医疗待遇、职称评定、津贴补贴、养老保障等政策,鼓励人才向基层一线流动。

黑龙江省

实施人才优先发展战略,推进人才发展体制改革和政策创新,建立健全集聚人才体制机制。落实重大人才工程,实施"龙江英才"计划,着力发现、培养、集聚战略科学家、科技领军人才、企业家人才、高技能人才队伍。完善人才评价机制和服务保障机制,创新人才留住使用机制,营造有利于人人皆可成才和青年人才脱颖而出的社会环境。

湖北省

推进人才强省建设。坚持服务发展、人才优先、以用为本、创新机制、高端引领、整体开发的方针,创新人才发展体制机制,全面提升人力资源素质,推动人口大省向人力资源强省转变。

加强高层次人才队伍建设。完善创新型人才培养开发机制,着力构建"人才+项目+平台"的人才培养开发体系。深入实施千名创新人才计划、万名创业人才计划和引进海外高层次人才百人计划。优化整合全省重大人才工程,重点打造科技创新型人才、企业家和优秀青年人才培养工程品牌,深入推进创业创新战略人才团队建设。

推广创新人才联合培养共用、产学研合作培养、"订单式"人才培养模式。完善人才在企业和高校、科研院所之间的双向流动机制。加强人才公共服务体系建设,在户籍、出入境、职称评审、医疗、保险等方面为高层次人才创造便利条件。注重发挥离退休专业技术人才的作用。

加强企业家队伍建设。牢固树立"产业第一、企业家老大"的理念,以打造一流企业家队伍为核心,以优秀企业家和职业经理人为重点,大力推进企业经营管理人才队伍建设。实施"123"企业家培育计划,有重点地选送一批企业经营管理人才到国内外著名高等学校、培训机构和知名企业培训。实施"人才强企"战略,引导企业重视、加强经营管理人才开发,建立和完善企业经营管理人才培养体系。采取社会培养和企业培养相结合、培养和引进相结合等方式,造就一批适应走出去战略需要、推动企业参与国际竞争的企业家,培养一批精通国际经济业务的经营管理专业人才。提高企业家政治待遇,关心企业家在政治上的成长进步。

全面提升人力资源素质。适应新型工业化和产业结构优化升级的要求,以扩大数量、提升职业素质和能力为核心,以技师和高级技师为重点,加快培养壮大技能人才队伍。实施"金蓝领"开发工程,完善技师、高级技师聘任制度和首席技师制度。立足企业需求,完善以企业为主体、职业院校为基础、学校教育与企业培养紧密联系、政府推动与社会支持相结合的技能人才培养体系。建设一批高水平技工院校、高技能人才培训基地、职业技能竞赛集训基地和技能大师工作室。加强国家级和省级示范性高职院校建设。全面实施技能人才培养工程,建立一批规模大、实力强、特色鲜明的培养示范基地和公共实训基地。加大对基层和艰苦边远地区人才培训力度。以新成长劳动力和农村转移劳动力为重点,结合市场需求,大力开展就业技能培训、岗位技能提升培训和创业培训等各类职业技能培训。提高技术工人待遇,完善职称评定制度,探索专业技术职称与技术等级互通互认,实行专业技术职称、技术等级等同大城市落户挂钩政策。

湖南省

打造创新型人才高地。实施人才强省战略。围绕产业链和创新链,完善人才培养和引进机制,推动人才结构战略性调整。推进高精尖人才培养工程,培养一批国际一流水平的科学家和科技领军人才,一批具有国际管理经验和跨文化、跨领域经营能力的企业家,一批高素质的专业技术人才和高技能人才,一批讲政治、懂专业、善管理、有国际视野的党政人才。善于发现、重点支持、放手使用青年优秀人才。加大对留学回湘人才和外省来湘人才创业创新支持。到2020年,人才总量达到770万人以上。

营造人尽其才的发展环境。创新人才评价制度,分类制定人才评价标准,构建以创新创业实绩为导向的人才评价体系。遵循人才需求、选拔、使用规律,形成知人善任、用得其所、合理搭配的机制,最大限度激发各类人才的活力和创造力。健全人才激励机制,激励青年人才成长,引导高层次人才集聚。完善人才服务和管理体系,建立柔性灵活的人才管理机制,营造自由流动、包容开放的用人环境,促进人才向基层一线、向艰苦地区流动。搭建人才服务平台,提高人才服务质量,加强高层次人才窗口服务工作。

吉林省

激发人才活力。实施人才优先发展战略，加快人才发展体制改革和政策创新，完善人才培养、引进和使用制度体系，推进人才兴省。

加强人才队伍建设。以创新型科技人才为重点，统筹推进党政人才、企业经营管理人才、专业技术人才、高技能人才、农村实用人才和社会工作人才队伍建设。实施重大科技项目研发人才团队支持计划，建立协调服务机制，打造一批杰出的科技创新团队。依托知名跨国公司、国外高水平大学和境外培训机构，培育具有世界眼光、战略思维、创新精神和开拓能力的优秀企业家。建设一批高等院校工程创新训练中心，培养高素质应用型人才。实施高层次人才创业基地支持计划，建设人才管理改革试验区，健全高技能人才校企培养体系。加强市、县党校基础设施建设。

提升集聚人才能力。积极引进企业急需紧缺的高精尖技术领军人物、科研团队和应用型人才，建立完善引入一名人才、确定一个方向、带来一个团队、组建一个平台、注入一笔资金、形成一批成果的"六个一"人才引进机制。建设留学人员创业园，鼓励外国专家、海外高端专业技术人才和团队、域外院士、"千人计划"专家、知名企业家等高端人才来我省创办科技型企业。深入实施"长白山学者""长白山技能名师""长白山中小学教学名师"和高层次人才创业基地支持计划，设立高校毕业生创新创业基金，建设"首席技师工作室"。推动重点开发区、产业园区与北京中关村、上海张江等国家自主创新示范区建立人才交流机制。

完善人才发展机制。健全人才流动机制、人才评价体系和人才激励机制，突破体制壁垒和省份障碍，形成留住人才、广纳人才的制度体系。扩大高等院校、科研机构、职业院校选人用人自主权，鼓励企业提高科技人才、管理人才待遇，建立充分体现智力劳动价值的分配机制，保障科研人员在企事业单位流动的社保关系转移接续。探索政府购买人才公共服务制度，建立科技项目研发人才团队协调服务机制，设立"吉林省杰出创新创业人才奖"。

江苏省

加快人才强省和人力资源强省建设。深入实施科教与人才强省战略，更大力度推进人才优先发展，加快建设具有全球影响力和竞争力的国际化、高端化、特色化人才集聚中心，构筑人才驱动发展高地、人才环境建设高地和人才价值实现高地。

加大人才培养开发力度。突出"高精尖缺"导向，大力加强复合型创新创业人才、高科技领军人才、战略性新兴产业高端人才和高技能人才队伍建设。实施重点人才工程计划，推动人才结构战略性调整。坚持高端引领和基层开发并重，打造人才队伍新质态，造就大批高素质基层人才队伍。积极引导优秀博士后向企业流动。推广工学结合、校企合作的技术工人培养模式，推行企业新型学徒制，打造"江苏技能状元"大赛等品牌。统筹抓好党政人才、企业经营管理人才、专业技术人才、技能人才、农村实用人才、社会工作人才等队伍建设，推进人力资源强省建设。到2020年，人力资本投资占GDP比重达17%，每万名劳动者中高技能人才达700人。

大力引进海内外高端人才。实施更加开放的人才政策，加大全球引才引智力度，全面用好国际国内人才资源。实施"十大领域海内外引才行动计划"，组织"海外博士江苏行"等活动，广泛汇聚海内外高层次、高技能人才创新创业。采取柔性引进、项目引进、专项资助引进等方式，大力引进国外人才和智力，构建引智成果发现推广体系。加强人才创新创业载体建设，加大对留学回国人员资助力度，打造江苏海内外高端人才集中生活服务区。鼓励江苏人力资源服务机构参与国际人才竞争与合作，推进国家级（中国苏州）和省级人力资源服务产业园、南京国家领军人才创业园、常州国家科技领军人才创新驱动中心等集聚区建设。

创新人才发展体制机制。转变政府人才管理职能，加快构建更加完善的人才发展体系和公共人才服务体系。健全符合人才成长规律的人才培养开发机制，更加开放的引进使用机制，科学化、市场化、社会化的评价发现机制，充分体现人才价值的激励保障机制，有利于释放人才活力的流动配置机制，营造良好的人才发展环境。深化干部人事制度改革，完善职称评定制度。大力发展人力资源服务业，培育发展专业性、行业性人才市场。加快人才大数据和信息管理平台建设，定期编制发布人才需求信息。加快苏南人才管理改革试验区建设，选择有条件的县（市、区）和单位开展人才工作综合改革试点。

江西省

加快人才强省建设。确立人才优先发展战略，加快各层次人才的引进和培养，营造人才发展的良好环境，最大限度地释放人才红利，打造支撑和引领创新发展的人才高地。

建设规模宏大的人才队伍。以培养高层次人才和急需紧缺人才为重点，以增强创业创新能力为导向，加快培养门类齐全、素质优良、适应经济社会发展的宏大人才队伍。突出"高精尖缺"导向，创新推进"赣鄱英才555工程"，加快实施院士后备人才培养计划、百千万人才工程，重点落实科学家工作室计划、院士后备人才培养计划、主要学科学术和技术带头人培养计划、青年科学家培养计划和优势科技创新团队等各类创新人才计划，打造一支高水平的科技领军人才队伍。遵循企业经营管理人才成长规律，建立企业高级经营管理人才库，积极探索市场化选聘经营管理者的新途径，加快建设职业化、现代化的高素质企业经营管理人才队伍。加快职业技术学院、高级技工学校建设，重点培养能够适应市场需要的工程师和高级技工，培养大批经济建设一线急需的技能型人才队伍。统筹推进党政人才、社会工作人才、农村实用人才、哲学社会科学人才等队伍建设。

全方位多渠道引进人才。加大引才引智力度，积极引进国外、境外和省外各类人才。加强与国家"千人计划"、"万人计划"等国家高层次人才计划对接，采取柔性引才方式，大力引进具有国际国内行业领先水平的科技人才和核心专家。突出重点领域和重大产业，加快引进一批急需紧缺的专业技术人才和高层次经营管理人才。顺应国际化需要，积极引进一批熟悉国际规范的高层次经贸人才和通晓国际金融、经济、法律的专业技术人才。强化市场发现、市场认可、市场评价的人才引进机制，探索实行海外高层次人才引进"绿色通道"制度。鼓励引导企业、高校、医院、科研院所建设院士工作站、"海智"工作站、重点实验室、工程（技术）研究中心、博士后科研工作站、协同创新中心等各类创新平台，抓好领军人才和核心团队建设。

营造良好的人才发展环境。把握人才成长规律，紧扣培养引进、使用评价、分配激励等重点环节，完善有利于创业创新的人才发展政策体系，在全社会大兴识才、爱才、重才、用才之风。强化对人才的物质和精神激励，保障人才以知识、技术、管理、技能等创新要素参与利益分配。分类推进人才评价机制改革，坚持业绩和贡献导向，完善人才评价标准。打破制约人才合理流动的体制机制障碍，促进人才在不同性质单位和不同地域间自由流动，推进科研院所、高等学校人才与企业科技人才的双向流动。健全人才服务保障体系，着力解决好引进的重点高层次人才的配偶就业和子女入学等问题。

辽宁省

激发人才创新创造活力。坚持人才资源是第一资源，切实把人才资源开发放在科技创新最优先的位置，重点在用好、吸引、培养上下功夫，加快创新型人才队伍建设，开创人才引领创新、创新驱动发展、发展集聚人才的良好局面。

加速人才集聚。制定实施更积极、更有效的高层次人才引进政策，建设高质量吸纳人才创新创业的载体，发挥市场在人才资源配置中的决定性作用，优化完善人才服务保障措施，吸引更多的国内外高层次留学人才、科技创新型人才、企业领军人才及产业重点领域发展急需紧缺的工程技术人才和团队来辽创新创业，确保"人才留得住，成果可转化，项目能落地，资金引得进"。

加强人才培养。组织实施百千万人才工程，加快中青年学术技术带头人培养；实施专业技术人才知识更新工程，提升专业人才创新能力；实施企业人才培养计划，发挥企业创新主体作用；释放高校和科研单位人才优势，科学评价使用人才。放开放活人才管理，多渠道扩大人才培养的资金投入，健全完善从研发、转化、生产到管理的人才培养体系。加大人才激励。推广科技成果处置权、收益权、股权激励等国家自主创新示范区政策，完善创新导向分配制度，建立健全人才荣誉制度，加强人才工作绩效管理，让科技人员和创新人才通过创新创造价值，实现成长成才与创新创业协调发展。

内蒙古自治区

实施人才强区战略。加快重点人才队伍建设。围绕提高科技创新能力，突出培养造就创新型科技人才，依托国家重大科研项目、重大工程、重点学科、重点科研基地和国际学术交流合作项目，重点培养一批高水平科技领军人才、学科带头人，一批科技创新能力和学术研究水平国内领先的创新团队。深入实施千百人计划、草原英才等工程，落实高技能人才振兴计划，打造特色产业聚才平台，积极发展人力资源服务业，大力培养和引进装备制造、能源资源、生物技术、新材料、农牧业科技等产业管理与技术人才，加快培养和引进教育、文化、政法、医药卫生等社会领域急需紧缺专门人才，积极培养和引进懂科技、善经营、会管理的企业家，全面促进农村牧区实用人才回乡创业兴业，培养职业化、专业化社会工作人才，建设德才兼备的干部队伍。到2020年形成基本完备的人才发展体制机制。

优化人才发展环境。坚持党管人才原则，按照自治区党委"服务发展、人才优先、以用为本、创新机制、高端引领、整体开发"的总要求，遵循市场经济规律和人才成长规律，健全政府宏观管理、市场有效配置、单位自主用人、个人自主择业的人才发展机制，改革人才选拔使用方式，促进人岗相适、用当其时、人尽其才，形成有利于各类人才脱颖而出、充分施展才能的发展环境。完善党政机关、企事业单位、社会各方面人才顺畅流动的制度体系，健全人才向基层和艰苦边远地区流动的激励机制。发挥用人单位评价的主体作用，发展专业化、社会化的人才评价组织，建立以品德、能力、业绩、素质为导向的社会化人才评价发现机制。加大人力资源建设投入，完善分配、激励、保障制度，通过加大政府奖励和实行股权、期权、年薪制等多种方式，吸引和激励关键岗位、核心骨干人才，营造尊重人才、支持创业、崇尚创新的社会氛围，加强人才服务，最大限度调动人才的积极性和创造力。

重视少数民族人才培养使用。加强少数民族优秀人才队伍建设，提高少数民族人才素质和能力，完善少数民族人才选拔和培养制度，支持少数民族人才到先进地区学习交流，注重少数民族人才实践锻炼，为少数民族人才的成长发展搭建更广阔的平台，努力培养一批维护祖国统一、促进民族团结、推动自治区经济社会发展的少数民族干部队伍和教育、科技、文化、医药卫生等少数民族专业技术人才队伍。

宁夏回族自治区

造就创新型人才队伍。培养引进创新创业人才。实施人才强区战略，造就一支结构合理、素质优良、富有创新精神的高素质人才队伍。开展启发式、探究式、研究式教学方法改革试点，大力营造鼓励创新、宽容失败的创新文化。改革基础教育培养模式，尊重个性发展，强化创造性思维培养。发挥企业在人才发展中的主体作用，建立企业与学校合作育人模式，开展校企联合招生培养人才试点。实施院士后备人才培养、领军人才培养、青年拔尖人才培养、急需紧缺人才引进等人才工程，推进银川人才管理改革试验区建设，培养造就一批科技领军人才、企业家人才、金融高端人才和高技能人才，使创新型人才队伍基本适应经济社会发展需要。

推进科研人才双向流动。加快高等院校和科研事业单位去行政化改革。改进科研人员薪酬和岗位管理制度，鼓励符合条件的科研人员带项目带成果、保留基本待遇到企业开展创新工作或创办企业，鼓励有创新实践经验的企业家和企业技术人才到高校和科研机构兼职，促进科研人才双向自由流动。

提高人才管理和服务水平。着力构建政府引导服务、市场有效配置、单位自主用人、人才自主择业有机统一的人才管理服务机制。建立健全人才培养开发、评价发现、柔性引进、选拔任用、流动配置和激励保障机制。完善科技奖励评审制度，注重科技创新质量和实际贡献，建立有利于培养中青年优秀科技人才的评审机制。完善人才服务保障体系，在各级政务服务中心设立"一站式"人才服务窗口，为人才提供便捷高效服务。

青海省

激发人才创新创造潜能。到2020年，全省科技人员总量达到3万人左右。启动实施"青海高端创新人才千人计划"，进一步整合衔接"昆仑英才"、"昆仑学者"、人才小高地等计划，建立一定规模、富有创新精神、敢于承担风险的创新型人才队伍，着力解决经济社会发展急需人才和智力短缺问题。

壮大企业家队伍。推行职业经理人制度，搭建企业高层经营管理人才培养、选拔、引进、评价、推荐公共服务平台，促进企业经营管理者职业化，提高企业家队伍整体素质。实施企业家创新培训工程，加强定期培训，搭建交流平台，培养企业家创新创业能力。鼓励企业到国内外大集团、大企业引进急需经营管理人才，形成人才竞争流动机制。鼓励行政机关、事业单位各类人才到企业发展。大力弘扬企业家精神，营造人人尊重、处处爱护企业家的氛围。

打造专业技能人才队伍。通过对外引进和自身培养，重点在科技创新、产业发展、企业管理等领域，汇聚1000名左右拔尖领军人才。继续做好博士后工作站和流动站管理，力争新增2个工作站、1个流动站。在重视高端人才培养的同时，大力培养数以万计的中端和初级人才。落实国家技能人才培养创新项目，创建高技能人才培训基地、技能大师工作室、劳模创新工作室。引进国外高层次专门人才，组织实施留学人员科技项目择优资助、回国创业支持、海外赤子为国服务行动等计划。引导大型企业组织针对性强的专业技术人员赴境外相关企业进行实地培训。加强基层专业技术人才队伍建设，健全人才向基层、藏区、艰苦边远地区流动的机制和在一线创业的激励政策，实施好国家万名专家服务基层行动计划，引导各类人才深入基层一线创新创业。

优化社会管理人才队伍。大力加强公务员队伍建设，继续完善公务员考录政策和制度，建立健全公务员培养选拔机制和考核评价体系，开展公务员聘任制试点，逐步建立专业技术类、行政执法类公务员管理制度。加快推进事业单位人事管理法规体系建设，健全完善岗位设置和聘用制度。加强社区治理、社会工作专业人员、社会工作志愿者等其他社会工作者队伍建设，规范完善从业标准，研究建立社会工作人才薪酬制度，开发社会工作专业岗位，建立社会工作人才进入机关事业单位的接口。

健全集聚人才的制度体系。形成尊重知识、尊重人才、尊重创新的良好风尚和有利于出成就、出业绩的体制机制。建立教育培训和实践锻炼相配套、省内培养和省内外交流合作相衔接的开放式培养体系，支持高校、科研院所、企事业单位在产业园区设立实训基地，支持创新创业人才到国内重点院校、科研院所学习深造。完善以岗位职责要求为基础，以品德、能力和业绩为导向，科学、公平、公正的人才评价和激励机制。制定在福利待遇、职务职称、住房补助、医疗保障、子女入学等方面的优惠条件，实行以增加知识价值为导向的分配政策，提高成果转化收益分享比例，依法赋予创新领军人才更多人财物支配权、技术路线决策权。设立"青海人才工作伯乐奖"，落实领导干部联系专家制度。制定发布紧缺急需人才目录。探索建立青海省专家考察休假制度。

山东省

优化人才队伍结构。强化人才发展分类指导，培养造就规模宏大、结构优化、布局合理、素质优良的人才队伍。以提高执政能力和领导水平为核心，建设善于推动科学发展、促进社会和谐的高素质党政人才队伍。以提高现代经营管理水平和市场竞争能力为核心，建设具有战略思维和国际视野的企业家和经营管理人才队伍。以提高专业水平和创新能力为核心，建设规模合理、素质优良的专业技术人才队伍。以服务产业转型升级为核心，建设结构合理、技艺精湛、作风过硬的高技能人才队伍。以提高科技素质和致富能力为核心，建设农村实用人才队伍。以增强服务意识、提高服务能力为核心，建设社会工作人才队伍。

建立更加开放的引才机制。适应我省重点领域、重点区域和重点产业发展需要，突出"高精尖缺"导向，探索运用市场化机制，拓展吸引汇聚人才的渠道，以更大力度引进各来去自由、发挥作用的方针，促进留学人员以多种形式为山东服务。放宽并逐步取消国外科技创新人才来鲁工作的年龄限制。以招商项目为载体，打包引进领军人才和团队，支持国外科研机构来鲁设立分支机构，并与省内科研机构、人员享受同等政策。深化泰山学者工程，构建攀登计划、特聘专家计划和青年专家计划体系，大力实施泰山学者优势特色学科人才团队支持计划、泰山产业领军人才工程。加强国际人才交流合作，推进人才国际化。

营造良好人才发展环境。深化人才发展体制机制改革，健全完善人才评价机制，在人才流动、职称评审、股权期权激励等方面采取力度更大的措施，打造更具竞争力的人才发展综合环境，让更多优秀人才脱颖而出。发挥政府投入引导作用，鼓励企业、高校、科研院所、社会组织、个人等有序参与人才资源开发。加强留学人员创业园、博士后科研流动站和工作站、专家服务基地、继续教育基地建设。构建统筹协调、富有效率、充满活力、更加开放的人才工作机制。

山西省

实施人才强省战略。大力培养和引进创新人才，建立更有吸引力的人才团队引进政策，建立起一支具有山西特色的科技人才队伍，形成人尽其才、才尽其用、人才辈出的局面。

建设规模宏大的人才队伍。深入落实《山西省中长期人才发展规划纲要（2010—2020年）》，推进人才发展体制机制创新，形成具有竞争力的人才制度优势。坚持招商与招才并举、引资与引智并重，建立引进高端人才团队的资金支持机制，创新省级各类人才专项资金使用方式，围绕我省产业发展重点领域，培育和引进能够突破关键技术、带动产业升级、培育高新产业和实现成果转化的高层次人才及团队，为我省发展提供人才保障和智力支持。采取"产业资本＋人力资本"的模式，大力引进国内外企业集团和跨国公司的核心研发团队或成立分支机构。深入实施"百人计划"、"三晋学者计划"、"科技创新团队建设"等重大人才工程。

在山西科技创新城建立人才管理改革试验区，重点围绕山西科技创新城的重大项目、重点工程和产业规划等，探索和创新人才体制机制，鼓励和支持"科创城"在人才引进、创业扶持、成果转化、收益分配、人才流动、人才评价、人才服务保障等方面实行特殊政策，建立更加灵活、开放的人才发展体制机制，引导科技要素和高端创新创业人才向"科创城"集聚。深化人才体制机制改革，实施"十大人才工程"，抓好各类人才队伍建设。

促进人才结构调整与合理配置。加大高技能人才资源开发力度，以完善政策措施、创新体制机制、健全服务体系为重点，建立以企业为主体、技工院校为基础、企业培育与学校教育紧密衔接、政府推动与社会支持紧密结合的高技能人才培养体系。重视本土科技人才队伍培养，加大实用人才和紧缺人才的培养力度。加快推进社会保障制度改革，破除人才自由流动制度障碍，优化人才资源配置，实现党政机关、企事业单位、社会各方面人才顺畅流动。建立健全更为灵活的科研人才及团队双向流动机制。打破身份限制，改进科研人员薪酬和岗位管理制度，鼓励高校、科研院所科研人员到企业兼职。允许高等学校和科研院所设立流动岗位，支持企业技术人员承担科研教学任务。

营造良好的人才发展环境。加大科研人员股权激励力度，在利用财政资金设立的高等院校和科研院所中，将职务发明成果转让收益在重要贡献人员、所属单位之间合理分配，将奖励科研负责人、骨干技术人员和团队的收益比例提高到50%以上。鼓励企业实施科研人员股权、期权、分红等激励政策。国有企事业单位对职务发明完成人、科技成果转化重要贡献人员和团队的奖励，计入当年单位工资总额，不作为工资总额基数。创新人才评价机制，完善企业、高校和科研院所科技人员的评价标准，引导科技人员分类发展。遵循科研成果产出规律，探索合理考评周期。健全人才创新创业激励政策，制定完善支持创新型小微企业、创新型人才成长的政策体系。加强科研诚信建设和信用管理，建立科技人员和项目评审专家诚信档案。发挥高校、科研院所和学术团体的自律功能，加大对学术不端行为的惩罚力度。

陕西省

培养创新型人才队伍。突出"高精尖缺"导向，推行"带项目引人才"方式，建设一批创新人才培养示范基地，到2020年人才资源总量达到555万人。积极培育企业家精神，培养造就一批具有国际视野、熟悉资本运作的企业领军人才。完善人才流动配置机制，引导和鼓励人才向基层流动、向艰苦地区和岗位流动。实施更加开放的创新人才引进政策。

上海市

营造人才辈出的发展环境。深入实施人才优先发展战略，实施更开放更灵活的人才发展制度，坚持不唯学历、不唯资历、不拘一格用人才，加快形成具有国际竞争力的人才制度优势。

大力集聚海内外优秀人才。畅通海外人才集聚通道，完善海外人才居住证（B证）、外国专家证、出入境便利等配套政策，加大对紧缺急需海外高层次人才的引进力度。推进"双自"联动建设人才改革试验区，率先开展人才政策突破和体制机制创新。加快集聚国内优秀人才，完善居住证积分、居住证转办户口、直接落户的人才引进政策，加大对科技领军人才、创新创业人才和团队、行业领军人才、优秀企业家和职业经理人、高技能人才的政策倾斜力度。加强全市重大人才计划设计，探索人才计划的社会化管理机制，健全人才投入效果的评估机制。强化市场发现、市场认可、市场评价的引才机制。

完善人才流动和评价机制。深化用人制度市场化改革，推动人才流动依据市场规则、按照市场价格、参与市场竞争。完善人才分类评价制度，形成以能力、业绩、贡献为主要标准的人才评价导向，建立社会评价与企业评价的有效衔接机制。落实用人主体对人才的最终评价权。加快建立国资国企的市场化选人用人机制和激励约束机制。加快人力资源服务业发展。

强化人才激励机制。鼓励各类企业通过股权、期权、分红等方式加大对优秀人才的激励力度。完善贡献与所得相匹配的薪酬机制，加大对贡献突出的人才倾斜力度。加强对青年人才的培养、支持和激励。充分发挥市场和社会作用，破解人才阶段性住房难题。优化人才发展的事业环境、生活环境，使上海成为人才辈出、人尽其才的乐土。

四川省

建设西部人才高地。加强创新人才培养开发。把激励创新者的积极性放在优先位置，按照创新规律培育人才，最大限度释放人才红利。改革高校人才教育培养模式，注重复合型人才培养。实施创新型企业家和科技人才培养计划，培养造就一大批高端产业发展的紧缺人才。统筹推进各类人才队伍建设，推行开放式校企联合培养模式，以订单式和现代学徒制等方式培养技能型产业工人和高技能人才。

积极引进高端创新创业人才。制定更加开放、更加有效的人才引进政策，聚集一批经济社会发展急需的高层次人才。加强与国内外知名院校战略合作，积极开展招才引智，深入实施高层次人才引进"千人计划""天府高端引智计划"等重大人才工程，开展技术移民、海外人才离岸创新创业基地、在川外国留学生毕业后直接留川就业等试点。

推进人才体制机制创新。完善人才流动配置、分类评价、激励保障等机制，营造良好的人才发展环境。鼓励人才向基层流动、向艰苦地区和岗位流动、在一线创业，促进人才资源有效配置。完善人才评价体系，实行人才股权期权等中长期激励办法，探索建立知识、技术、管理技能等要素报酬由市场决定的机制。建设创新驱动发展人才示范区。

天津市

强化人才支撑体系。改革人才培养模式。着力培养一批科技领军人才、企业家人才、高素质专业技术人才和高技能人才队伍。深化实施"131"创新型人才培养工程和博士后创新人才培养计划，发展一批院士专家工作站。大力开展专业技术人才继续教育，促进专业技术人才知识更新。实施百万技能人才培训福利计划，开展以"职业培训包"为主要模式的职业技能培训，实现"一包方式管培训"。

创新人才引进机制。坚持用好国际国内两种人才资源，制定实施更加开放的人才政策，加快引进海内外高层次人才和各类专门人才。突出"高、精、尖、缺"导向，进一步实施"千人计划"、长江学者、"千企万人"等人才计划，集聚高端人才和创新型人才。面向全球招人聚才，实施引智引才重大工程，构建海外人才发现、发布、对接、评价机制。鼓励"双创特区"建设人才改革试验区。

健全人才使用机制。完善人才激励机制，实行以增加知识价值为导向的分配政策。完善专业技术人才评价体系，形成以能力、业绩、贡献为主要标准的人才评价导向。到2020年，全市人才总量达到345万人，新增劳动力平均受教育年限达到15.5年。

完善人才服务机制。全面实施"人才绿卡"制度，实现"一张绿卡管引才"。建立多元化、多功能、多层次的人力资源服务体系和全国人力资源服务产业创新基地。构建京津冀人力资源信息共享与服务对接平台，建立高级人才双向聘任制度，推动资质互认。

西藏自治区

提升人才支撑能力。坚持培引结合，实施重大人才工程，切实用好现有人才，大力引进急需人才，建立管理规范、开放包容、运行高效的人才发展机制，最大限度调动人才的积极性、激发人才的创造力。

大力培养区内人才。着力提升人力资源素质，围绕教育、卫生、农牧、文化、科技等民生领域，着力培养素质优良、结构合理的专业技术人才队伍。围绕旅游、能源、天然饮用水、藏医药、农畜产品加工、特色文化、网络信息等产业发展，着力培养具有战略经营眼光、市场开拓精神、管理创新能力和社会责任感的现代企业经营管理人才队伍。加强党校基础设施建设，提高党校（行政学院）办学质量和水平，着力培养高素质干部队伍。建立中青年人才跟踪培养机制，发现、培养、集聚高素质专业技术人才、高技能人才、农牧区实用人才、党政人才、社会工作人才。加强人才联合培养、融合发展，完善人才在企业、高等院校、科研院所之间的双向流动机制，推动区内外高校、科研院所与企业联合培养人才。

积极引进区外人才。注重引进长期建藏人才，创新人才引进和使用方式，在重点领域和关键环节引进急需紧缺人才，强化物质和精神激励，完善家属安置、职称评聘、创业补助、医疗和养老保障等激励政策，实现人才引得进、留得住。树立"不求所有、但求所用，不求常住、但求常来"的观念，把引进人才和引进项目、技术相结合，采取双向挂职、项目合作、短期工作、技术指导、智力入股、兼职兼薪、特聘岗位等多种形式，吸引区外高层次人才进藏开展智力服务。完善引进人才评价考核机制，提高引进人才水平和质量。

营造人尽其才的良好环境。完善政府宏观管理、单位自主用人、人才自主择业的体制机制，构建新型人才公共服务体系，促进人才在城乡、区域、行业间优化配置，营造尊重人才、有利于优秀人才脱颖而出和充分发挥作用的社会氛围。深化人事制度改革，创新分配激励机制，完善人才管理体制和人才培养开发、评价发现、选拔任用、流动配置和激励保障机制。注重在艰苦地区、复杂环境培养锻炼人才，积极引导人才向基层流动，切实改善基层人才工作生活条件，畅通基层人才向上流动的渠道，稳定壮大基层人才队伍。

新疆维吾尔自治区

加快建设人才强区。大力实施"人才强区"战略，坚持党管人才原则，加强政府宏观调控，以重点领域人才开发为突破，以强化人才创新创业能力建设为着力点，以加大人才投入和实施重大政策为保障，以重点工程为载体，努力培养人才、吸引人才、用好人才，加快现代化高素质人才队伍建设，加强国际人才和智力交流，为建设创新型新疆提供人才智力支持。实施好天山英才、高层次紧缺人才引进、高技能人才培训、新型工业化人才保障、现代农牧业人才支撑、宣传文化重点人才培养、教育人才素质能力提升、医疗卫生人才推动、少数民族骨干人才培养、对口援疆人才培养等人才工程。重点引进和培养一批科技创新领军人才，打造宏大的具有专业技能的产业工人队伍，切实用好用活高层次人才、高技能人才等各类人才。高度重视少数民族和妇女人才的培养使用。大力实施百万职工职业技能素质提升工程。

完善创新人才支持政策，清除制约人才流动的各种制度和政策障碍。鼓励人才自由流动和兼职兼薪，改革事业单位和国有企业人才管理制度，促进创新人才在事业单位和企业间合理流动。健全人才的考核评价和激励机制，畅通同行评价渠道，更好调动各类人才的积极性，完善职业资格认证制度，推进从业人员的专业化和职业化。逐步提高艰苦边远地区和基层人才待遇，鼓励人才向基层、向艰苦地区、向一线岗位流动和创业。充分发挥人才援疆作用，积极吸引援疆省市专业技术人才和经营管理人才，进一步拓宽新疆干部人才特别是少数民族干部人才赴内地学习、工作、交流的领域和渠道，探索建立援受双方优势互补、资源共享的干部人才培训、挂职长效机制。

云南省

建设高质量创新人才队伍。实施人才强省和人才优先发展战略，坚持人才发展与全面建成小康相协调，推进人才发展体制改革和政策创新，确保人才队伍的规模、素质、结构满足我省跨越式发展、与全国同步全面建成小康社会的需要。

加强整体性人力资源开发。突出"高精尖缺"导向，实施重大人才工程，着力发现、培养、集聚战略科学家、科技领军人才、企业家人才、高技能人才队伍，着力实施"十百千万"高层次人才培养工程，培养一批科技领军人才、云岭学者、云岭产业技术领军人才、云岭教学名师、云岭名医和云岭文化名家等高精尖人才。

统筹推进各类人才队伍建设，努力培养一批熟悉国际国内政策法规的高层次人才和熟悉国内市场、具有参与国际竞争力的优秀企业家队伍，加快培养一批具有国内乃至世界先进水平、在行业或学科内具有重大影响力的学术和技术带头人队伍，积极打造一支引领和支撑我省产业结构调整和经济发展方式转变的现代产业人才队伍，大力培养一批适应经济社会发展需求的专业技能人才队伍。

盘活用好现有人才队伍，完善政策措施，积极营造拴心留人的环境，充分发挥本省人才的"智囊"作用，激发广大人才参与云南跨越式发展建设任务的责任感和自豪感，用事业和待遇留人，为各类人才施展才华提供更多的机会、更好的条件、更大的舞台。重视基层人才队伍建设，加快培养创新型、创业型、实用型人才，健全有利于人才向基层、边远、贫困地区流动和在一线创业的政策体系。

围绕南亚东南亚辐射中心建设，培育和引进熟悉国际贸易规则的经济贸易人才、熟悉区域政治秩序和国际法律法规的商务谈判和外交人才、熟悉区域语言文化的翻译人才，重点依托滇中新区和瑞丽、勐腊（磨憨）重点开发开放试验区，探索建立云南"人才特区""人才高地"和人才创新实验区，在人才管理体制机制、人才引进培养、人才服务体系、人才激励模式和人才发展制度等方面先行先试，推进建立国际国内人才聚集创新发展新平台和海外高层次人才创新创业基地。加大力度选派国际科技特派员赴南亚东南亚国家开展技术转移和服务，对南亚东南亚国家青年科学家来滇学习和创新创业给予政策倾斜和支持。

健全科研人才交流机制。优化人力资本配置，搭建各类人才创新创业平台，清除人才流动障碍，提高社会横向和纵向流动性。深化高等院校、科研院所改革，完善科研人员薪酬和岗位管理制度，完善社保关系转移接续政策。扩大高校和科研院所自主权，赋予创新领军人才更大的人财物支配权、技术路线决策权，实行以增加知识价值为导向的分配政策，提高科研人员成果转化收益分享比例。注重发挥企业家和技术技能人才队伍创新作用，鼓励企业与科技、产业创新领军人才和团队建立合作关系。鼓励有条件的高等院校、科研院所等落实专业技术人员在职和离岗创业政策，促进高等院校、科研院所和企业之间科技创新人才双向流动。

加大创新人才引进力度。实施更开放的创新人才引进政策，更大力度引进急需紧缺人才。着力实施"高层次人才引进计划"，依托国家"千人计划""万人计划""新世纪百万千万人才工程"等人才项目，大力引进一批海外高层次人才、高端科技人才和高端外国专家来滇创新创业。面向建设创新型云南的重大需求，重点引进生物技术、装备制造、新材料、新一代信息技术、能源资源、农业科技、企业经营管理等经济领域和教育、文化、政法、医药卫生等社会事业领域的紧缺创新人才。完善人力资源服务产业链，认真落实引进高层次人才绿色通道服务政策，营造集聚创新人才的发展环境。

加强高等院校创新人才培养。积极推动高等教育教学改革创新，加强教育与科技、经济、社会的结合，加快培养较大规模的富有创新精神、敢于积极投身实践的创新型人才。系统化、全方位加强创新、创业教育，推进高校专业建设、课程体系构建、教学方式转变、实践教学提升、教学管理制度改革、师资队伍建设，注重以协同创新项目、科研项目、"卓越计划"等引领推动创新人才培养。创新合作培养模式，推进省校合作人才培养，建立中外合作办学培养模式，完善国际化人才培养机制。实行校企"双导师"培养研究生模式，鼓励研究生选择企业攻关项目作为研究课题。

浙江省

更大力度推进人才强省建设。加强高层次科技人才培养和引进力度。实施高层次人才特殊支持计划和领军型创新创业团队引进培育计划，健全"千人计划"工作体制机制，加大海外高层次人才引进力度，完善省特级专家制度，实施"院士智力集聚工程"，推进"151"及各领域高层次人才培育工程，造就一批掌握核心技术、引领创新发展的领军人才。

加强企业家人才队伍建设。实施名企、名家、名品"三名"工程和企业经营管理人才素质提升计划，培育具有全球视野的现代企业家，培养创业创新型企业家和职业经理人，更好服务企业转型发展需要。

加强高技能人才培养。强化企业主体作用，实施"百校千企"和"千企千师"培养工程，推进校企合作。加强公共实训基地、技工院校和民办职业培训机构建设，健全面向全体劳动者的终身职业培训制度。

深化人才发展体制机制改革。深入实施人才生态优化工程，建立健全各类人才培养、使用、吸引、激励机制，加快形成更具竞争力的人才制度优势。推进人才管理改革试验区建设，探索一批可复制可推广的人才开发模式。构建多元化人才考评体系，完善以科研能力和创新成果等为导向的人才评价标准。促进形成广纳群贤、人尽其才、能上能下、公平公正、充满活力的干部人事管理制度。

第五部分 人才发展规划理论探讨

编制人才规划要处理好十个关系

第一，要处理好人才规划与相关规划的关系

编制人才资源发展规划不能孤立进行，必须考虑与相关规划的衔接配套问题，切忌"种了别人的地，荒了自己的田"。一要处理好人才规划与经济社会发展总体规划的关系，始终坚持以经济社会发展总体规划为基本依据，明确自身二级规划的地位和作用，为保障总体规划全面落实提供全方位人才支撑。二要处理好人才规划与教育、科技等专项规划的关系，努力做到相互衔接、相互促进。三要处理好地方人才规划与国家人才规划的关系，坚持以国家人才规划为指导，结合地方实际做出具体安排，要保持基本方向的一致性。

第二，要处理好分析当前与谋划长远的关系

任何一项规划都是指向未来、谋划长远的。立足当前，谋划长远，这是制定规划的基本思路。但是，两者不能"平分秋色"。分析当前是基础，谋划长远是关键，重点要放在对未来的谋划上。分析现状的基本目的是为了厘清问题，编制人才规划要处理好十个关系为谋划长远提供基础。规划不是总结，不宜用大量的篇幅描述、分析现状。

第三，要处理好突出重点与兼顾一般的关系

制定规划必须突出重点，不能平铺直叙、面面俱到。任何一项规划都是将未来发展进程中至关重要、影响全局、重大领域和重要方面的"瓶颈"问题，提上日程，进行分析并做出安排。规划不是计划。人才规划也是这样，必须有取有舍。比如在队伍建设上，必须坚持以高层次和高技能人才为重点，解决好"顶天立地"问题，以此带动整个人才队伍建设。人才规划的重点应放在战略目标、战略方针、战略举措等方面。

第四，要处理好人才培养与人才评价的关系

人才培养固然重要，但是评价标准问题更重要，因为评价标准对人才培养有直接的导向作用。要加快建立社会化的评价机制。根据笔者的观察，在以往的人才工作中，普遍对人才培养问题强调得多，对人才评价问题关注得少,人才分类评价问题至今未得到解决。建议各地在编制人才培养规划的同时,要研究制定人才评价标准,并提高评价标准的科学性和可操作性。

第五,要处理好人才数量与人才效能的关系

传统的人才规划过多关注数量和规模,而对人才效能问题很少顾及。社会发展以人为本,人才发展以用为本。人才培养是基础,引进是手段,使用是目的。如今很多事没人干,很多人没事干,有些人忙得要死,有些人闲得发疯。我国的人才总量不少,而一批人的作用没能得到很好发挥,人才效能整体严重偏低。因此,在编制新的人才规划时,必须把提高人才效能问题提到突出的位置,采取有效的措施,做出扎实的安排。

第六,要处理好共性问题与个性问题的关系

规划的特色就在于充分展示个性。有别于他人的规划才是好规划。因此,共性问题要尽量少些,个性问题要精心安排。由人力资源和社会保障部中国人事科学研究院承担的《北京昌平区2003～2010年人才资源发展规划》,有关方面曾做出评价:体现时代特征,符合北京特点,具有昌平特色。这18个字充分肯定了这项研究抓住了关键、突出了重点、体现了特色。笔者通过对主持编制的20多项不同区域人才规划的总结,得到的体会只有六个字:既好做又难做。说它好做,是因为如今人才规划范本到处都有,可随手拈来,"照猫就能画虎,照葫芦就能画瓢";说它难做,是因为如今人才规划普遍在做、人人会做,整体水平已有了很大提高,再加上社会发展变化速度加快,不确定因素越来越多,在这种背景下,要想做出高质量的规划实属不易。河东的规划河西能用,山南的规划山北能用这样的规划既没有意义又没有作用。"规划规划,墙上一挂;掉在地上,成了鬼话。"要解决规划雷同化问题,唯一的办法就是在地方特色上下功夫,在体现个性上动脑筋。

第七,要处理好队伍建设与制度安排的关系

队伍建设是目的,制度改革是保障。队伍建设和制度安排在任何时候都是一个问题的两个方面。我们在编制人才规划时,不能就队伍谈队伍,就人才谈人才,必须结合制度安排通盘考虑、整体谋划。我国的干部人事制度改革已进入整体推进阶段,规划在安排制度改革时,一定要统筹兼顾各项制度及每一项制度的各个环节,使之相互衔接、协调一致,以便更好地发挥制度的综合保障效用。比如,党政干部制度改革与企事业单位人事制度改革的衔接配套问题,院士制度、特贴制度、突出贡献专家制度、博士后制度等衔接配套问题,职称制度与职业资格制度衔接配套问题,等等。

第八,要处理好编内人才与编外人才的关系

改革开放以来,伴随着各项社会事业的蓬勃发展,事业单位编制外用人越来越多,目前已具备相当规模且呈继续增长之势,其中各类人等均有,这个群体正在为社会事业的发展做出越来越大的贡献,不容忽略。现行的制度设计仍是按照人员"身份"区别对待,大量的编外人才未纳入人才规划中,这不仅背离了公平公正的理念,而且也不利于事业的长远发展。笔者认为,现在到了统筹编内编外两类人才的时候了。

第九，要处理好国有人才与非公人才的关系

随着社会主义市场经济不断发展，非公经济和非公组织的人才与日俱增，数量越来越多，比例也越来越大，已成为我国人才资源的重要组成部分。"龙下海，虎归山"，一大批有才华的人士走上了自主创业之路。这个人才群体在国家现代化建设中发挥着越来越重要的作用，必须纳入视野，必须统筹规划，必须精心安排。

第十，要处理好国内人才与国际人才的关系

随着经济全球化和经营国际化的深入发展，人才国际化问题已被提上重要日程。人才国际化，包括培养国际化人才和引进国际化人才两个重要方面。今天编制人才规划，无论是在国家层面还是在地方层面、单位层面，都必须面对国内国际两个人才市场，必须着力统筹两类人才资源，特别是要在控制人才外流、吸引人才回归、造就国际化人才几个方面，加大力度，加快步伐。

——详见吴德贵：《经营与管理》2010年第5期

编制人才发展规划应树立新思维

编制实施人才发展规划是当前各级党委政府人才工作的重要内容，也是引导推动人才事业改革发展、贯彻落实创新驱动发展战略和人才强国战略的重要举措，是一项重要而紧迫的任务。

《国家中长期人才发展规划纲要（2010—2020年）》颁布以来，各地和多领域都出台了相应的人才专项规划，对于指导和推动人才事业发展发挥了重要作用。但同时，规划的编制实施也暴露出许多问题，最突出的问题就是效力不足。究其原因，一是规划内容本身不合理，影响了规划的操作性；二是规划编制的公众参与不足，社会关注度不高，削弱了规划的执行力；三是规划实施欠缺法律保障和责任机制。

在全面深化改革和全面推进依法治国的背景下，人才发展规划的编制工作应当树立新思维，坚持科学化、民主化和法治化原则，提升规划的操作性、执行力和落实效果。

人才发展规划编制工作要坚持科学化原则。一是定位准确。凡是市场能够发挥决定性作用的领域或事项，原则上不编制人才发展规划。二是体系协调。人才发展规划要服从国民经济和社会发展总体规划，充分考虑教育、科技、文化、卫生、经济等相关领域规划，人才队伍和人才开发专项规划要服从人才发展总体规划。三是指标合理。设置定量指标必须经过严格测算，要与规划期相匹配，与发展需求相契合，与总体规划和中长期规划指标相衔接。四是任务明确。重大政策要具体可行，重大项目要明确覆盖对象和配套资金。五是分工清晰。规划中的每项任务都要有明确的承担主体，还要出台配套的任务分工方案，将任务落实到具体承担单位或部门。六是保障有力。包括组织领导、财政投入、统计监测、评估考核、科研宣传等方面。七是论证充分。规划编制要以深入的研究论证为基础，可委托第三方研究机构开展前期研究工作，规划报批前应当组织专家论证并出具论证意见，充分发挥"智库"和"外脑"的作用，提升规划编制的科学化水平。

人才发展规划编制工作要坚持民主化原则。规划编制过程中的重大事项，应当通过编制主体内部的民主决策程序集体讨论决定，规划编制过程中可以设置公众提案的环节和渠道，吸收公众建议。规划报批前应当公开征求意见，听取社会公众看法并对意见及时反馈。

人才发展规划编制工作要坚持法治化原则。一是主体合法。人才发展规划的编制主体应当符合法律规定。二是权限合法。各级党委政府及其有关部门编制人才发展规划应当严格遵守法律法规关于各级政府事权的规定，涉及中央政府事权的，原则上应当由中央政府编制规划；涉及不同部门事权的，原则上应当由各部门联合编制规划。三是内容合法。内容合法是法治化原则的实质要求，人才发展规划的内容应当符合宪法、法律、行政法规和其他同位法或上位法的规定。四是程序合法。人才发展规划的编制程序应当符合法律法规规定的步骤和阶段的要求。

——详见南连伟、赵旭文：《中国组织人事报》2015年5月4日

国家人才战略规划绩效评估相关问题研究

近年来，对人才战略规划开展绩效评估，日益引起政府部门的重视，但此方面的研究还非常薄弱。《人才规划》是未来十年人才强国战略的具体行动纲领。"建立规划纲要实施情况的监测、评估和考核机制，加强督促检查"是国家《人才规划》提出的明确要求。

一、人才战略规划的基本要素与评估目标

（一）人才战略规划的基本要素

人才强国战略规划实施是一个有机体系，其中涉及战略目标、战略资源、战略主体、战略路径和战略评估等一系列基本内容。这些要素之间关系密切，在战略管理中相互影响，构成了人才强国战略规划的基本框架。当前，"确立人才优先发展的战略布局"和"国家人才竞争比较优势，进入世界人才强国行列"是我国人才战略的总体目标，其中需要调动"政府"和"市场"两个战略主体，依靠"六支人才队伍"的战略资源，以体制机制改革和政策创新为战略路径，使人才资源规模、质量、结构大幅提升，并通过动态评估、反馈调节确保战略目标的最终实现达成。回顾我国人才战略规划的推动历程，从抓好三支队伍，到开发五支队伍，到统筹六支人才队伍建设，再到突出创新人才和实用人才开发，这是一个战略规划重点根据不同历史时期和社会发展阶段逐步调整的过程，也是一个不断满足经济社会发展需求的过程。

（二）人才战略规划的评估目标

人才战略规划评估是一种"事后"评估，是指对国家层级战略规划实施效果及产出绩效开展的评估。从战略管理角度看，我国人才战略规划评估要实现如下目标：首先，结合人才战略规划提出的总体目标和阶段性目标，从总体上把握我国人才战略规划实施的进展程度，摸清相关状况、趋势、水平和阶段性特征；其次，及时发现战略规划推进过程中的偏差、失误和问题，采取对策措施予以调整、

补救，保障战略实施方向不偏离；再次，保持对国家人才战略规划推动的动员能力，增强各级规划落实部门的责任心和使命感，增加对基层人才工作的引导性；此外，通过对接国际公共绩效评估的通行做法，健全完善具有中国特色的人才强国战略理论和实践体系，提高我国人才强国战略的国际影响力也是题中之义。

二、人才战略规划评估相关理论研究分析

当前，建立和完善国家人才规划评估机制是当前保障《人才规划》各项任务落到实处的中心环节。我国《人才规划》涉及内容丰富而复杂，国外尚未有相对应的评估尝试。

国家《人才规划》编制组专家吴江、王通讯等曾指出，评估人才战略规划关键是要建立一套科学的评估指标体系。为此，国家人事部（2006）承担的国家软科学课题《人才强国战略指标体系研究》从人才投入、人才产出与人才效益等三个维度设计了我国人才强国战略指标体系模型，建立了由10个一级指标，35个二级指标组成的指标体系框架。其中，人才投入包括研发投入、教育投入与公共服务投入；人才产出包括人才数量、人才质量、人才结构与人才环境；人才效益包括经济效能、科技效能与社会效能。在此基础上，中国人事科学研究院课题组（2008）使用频度统计法，提出了修正的人才强国战略实施评价指标框架，其中包括人才本体、人才环境以及人才效能三个维度，人才本体主要评价人才自身的发展情况，人才环境主要评价支撑人才发展的环境状况；人才效能主要评价人才对经济、科技、社会等方面的贡献等。李维平（2008）也从横截面研究角度出发，建立了包括人才队伍、人才环境、人才效能三个维度的人才强国实现状况指标体系，并对2002—2006年全国各地区人才战略实施进行了评价，其中人才队伍包括人才数量、人才素质、人才结构，人才效能包括经济效能、科技效能和社会效能，人才环境包括成长发展环境、生活保障环境和就业创业环境。此后，孙锐、王通讯等（2011）提取了2008年相关统计年鉴中22个可得指标，应用主成分因子分析法形成一套具有信度、效度的统计指标，对《人才规划》颁布之前全国各省市区人才强国战略实施状况进行了打分排序和聚类分析。理论界的其他相关研究则主要偏重于区域人才竞争力评价，其中大部分关注城市人才竞争力分析，较少关注国家层面的人才竞争力，没有将人才竞争力上升到人才强国这一战略高度展开探索。

纵观以上相关研究，主要聚焦于搜集相关统计年鉴数据获得统计评估信息，从总体上看，以上方式的评估对人才战略规划实施的信息提取还是部分的，不全面的，此外，除了统计评估之外，还需要加强调研评估以及满意度评估等。

三、人才战略规划评估相关实践探索分析

2011年，受中央人才协调小组委托，中国人事科学研究院开展了我国第一次完整意义上的我国人才战略规划评估，《人才规划》实施周年评估。在评估方式上，此次评估分成两个层次，即各省市区、各系统的自我评估和国家层面上的第三方评估。此次评估的基本指标维度涉及：宣传推动、队伍建设、体制机制创新、重大政策实施、重点工程推动和组织领导状况等。在国家层面上，根据阶段性工作重点，评估主要反映了规划体系建立、人才投入规模、人才政策布局、重点工程启动、人才特区推进、人才

强市状况、重点任务落实、人才环境建设等内容，其中将软数据和硬数据相结合，统计数据和调查数据相结合，综合考察和反映规划颁布一年以来的全面实施效果及状况。

在部委层面，卫生部2012年开展的卫生系统人才规划评估具有典型代表性。卫生系统的规划评估通过发放统计调查表格及调查问卷，评估了包括卫生人才队伍建设、制度与机制运行、本区域卫生人才制度机制创新、组织实施保障状况等重点维度指标。其中，本区域卫生人才制度机制创新维度又包括完善卫生人才管理制度、创新卫生人才工作机制等。在具体评估内容上，前者包括住院医师规范化培训制度、全科医师制度、公共卫生专业人员管理等制度建设情况，后者涉及卫生人才投入、培养开发、使用评价、流动配置和激励保障机制等。卫生系统人才规划评估是建立在系统、全面的内部系统统计指标数据库基础上开展的，其内部电子数据库建设是人才规划评估有力支撑。

在地方层面，2013年北京市开展了首都人才规划实施二周年评估活动，具有典型的示范意义。本评估采取相关单位上报人才工作进度、汇集相关统计报表、评估材料及与兄弟省市进行横向对比的形式进行。评估内容包括人才规划体系建设、人才队伍建设、体制机制改革和政策创新、事业平台建设、党管人才格局完善情况等。其中着重侧重了对首都人才规划若干重大任务，如人才国际化发展、人才集群化发展、人才一体化发展、人才投入机制、人才引进和社会保障机制、引才聚才地方品质、人才优先发展体系建设实施进展情况的考察、评价。北京市人才规划评估以建设"世界高端人才聚集之都"的人才战略发展目标为导向，对比规划提出的约束性指标和指导性指标进行纵向和横向对比分析，取得了重要的评估进展。其他，如江苏南京、内蒙古包头、北京海淀区也在着手开展人才规划评估的相关探索。从中可以看出，在国家《人才规划》颁布之前，对人才战略规划的评估还处于理论探索和前期研究阶段，其重点被放在相关评估指标体系的设计、构建和完善上。2010年《人才规划》实施之后，随着国家及各地方对人才战略规划实施效果评价现实需求的增加，人才战略规划评估理论研究逐步与现实工作结合，对人才战略规划评估在指标内容、运作机制、方式方法等方面取得了一些重要经验。

四、人才战略规划评估的主要问题与不足

从国家《人才规划》实施近3年来相关评估实践看，我国人才战略规划绩效评估工作取得了重要进展，但还处于探索的起步阶段，规划评估尚缺乏顶层设计、制度安排、成熟经验和业界共识。主要问题和不足表现在以下方面：

首先，对人才战略规划评估的理论研究不足，对评估什么、如何评估、谁来评估等相关理论框架和研究基础较为薄弱，从概念体系到评价体系，再到工作体系理论构建滞后，对实践工作的指导不够有力。其次，对人才战略规划评估的定位不清，不同层级、不同部门对人才战略规划评估的目的认识、理解各异，有的定位于督促检查工作，有的定位于修正目标执行方向，还有的定位于评价人才战略规划实施对社会经济发展的贡献，这些使评估工作产生了各不相同的评估结果。再次，对人才战略规划评估的制度建设不够，由于人才战略规划实施绩效评估是个崭新课题，除了在国家《人才规划》和2012年中央《关于进一步加强党管人才工作的意见》中有所提及之外，关于如何开展事中和事后评估方面尚未出台相关制度。然后，对人才战略规划评估的机制建设不全，当前已有的人才战略规划

评估主要是各级政府组织的自行评估，缺乏独立的、正式的、专业的评估组织和第三方力量参与，评估主体单一，社会参与度不足，评估开放度不够，导致评估过程及结果的科学性、客观性、公正性还有待提升。最后，对人才战略规划评估的技术手段不足，经过对前一段时间的试点探索，我们掌握了一定方法、路线，如统计法、问卷法、访谈法、材料分析法等，但是距离全面评价一个人才战略规划实施效果的要求、差距还较远，在如何将重要的人才政策、体制机制创新目标量化，如何获得更广泛、更全面、更真实的评估信息，健全相关技术手段，拓宽信息获取渠道，建立信息汇集和处理平台方面我们还要有更多努力。

五、基于公共评估理论构建人才战略规划评估体系

（一）公共政策、公共项目评估与人才战略规划评估

公共政策或项目评估是指，根据既定的绩效目标，运用评估指标和技术手段对政策或项目产生结果及影响进行评价、划分绩效等级，并提出改进建议的相关活动。随着各国政府改革的推进，韩国、日本、美国、法国等发达国家都在积极进行公共政策及项目评估活动。

表1 国外政府公共项目及计划评估类型与特征

类型	特征	评估者作用	典型应用
数量性评估	以数学模型为基础，强调定量指标和计算	方法应用、采集数据	投入产出评价（主要集中于工业领域）
研究性评估	以定性和定量结合为手段，评价计划目标实现程度、对象、优劣势等	研究分析	UNDP计划、尤里卡计划评估等
回应性评估	以客观判断为基础，回应质询，对被评对象群体分类	咨询、回应、判断分析	美国国会对联邦政府政策、计划和预算评估
利益相关者评估	以利益相关者的对话为主要方式，对复杂对象进行评估	流程设计、协调、意见综合	涉及不同利益群体，如UNDP的计划评估

在评估发展上，Guba和Lincoln认为，公共评估大体经历了四个阶段：从最初以数据和指标测量为主的数量化评估，过渡到突出对实地政策执行效果考察的"实地试验"；再到将调查结果与评估者经验判断相结合的"社会试验"阶段；最后过渡到保持社会中立立场，将定性评估和定量评估相结合的"第四代"评估。可见，公共评估经历了从重视实验手段到强调社会价值、综合判断的发展过程。在评估标准上，随着管理民主化的提升，公共评估正逐步从经济、效率和效益"3E"标准往经济、效率、效益和公平的"4E"标准过渡。从评估类型上看，国外公共项目评估一般可以归纳为四种类型，其特征及内容如表1所示。人才战略规划内容包括一系列具有公共支出和公共产出效益的人才政策、人才工程（项目）及体制机制创新等工作举措（活动），对它的评估活动应该是一种公共政策和公共项目评估的综合，从一项政府发展规划或者计划的角度看，人才战略规划评估更是一种广义的公共项目评估。国际公共政策及项目评估的相关理论为构建我国人才战略规划评估体系提供了重要借鉴。

（二）对构建国家人才战略规划评估体系的分析

基于公共政策、项目评估的相关经验，结合我国人才战略规划评估的实践特点，本文提出构建人才战略规划评估体系的五个基本要素，如图1所示。其中，明晰内涵与建立法规是开展人才战略规划评估的背景条件，不解决两个问题评估活动还将处于无序之中。其次，构建指标体系是人才战略规划评估的抓手和关键，它决定着评估的方向、重心、维度、标准，以及评估能否达成目标。运行机制和技术手段是评估能否顺利实施的保障条件，它们决定着评估是否科学、有效，以及能否获得广泛认可。

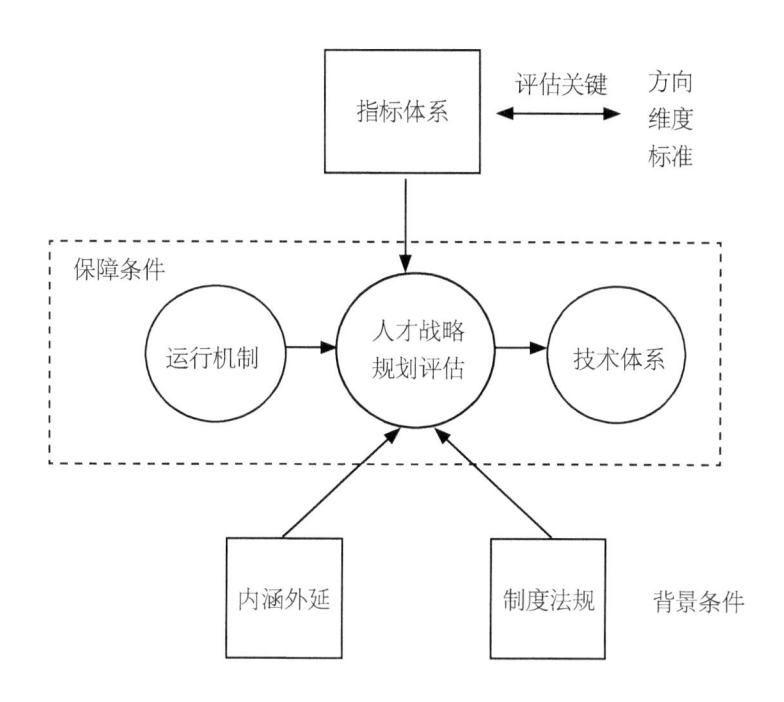

图1 人才战略规划评估体系模型

1. 明晰人才战略规划评估的内涵与外延

基于公共评估的理论分析，人才战略规划评估可以有狭义和广义之分。狭义的概念是指采取数量化的分析手段，结合规划实施的目标进度，对人才战略规划的实施效果及具体产出进行评估，并提出改进意见。广义的概念则是将定性评估和定量评估结合，综合考察人才战略规划的内部产出和外部影响，对人才战略规划在社会经济发展大系统中的作用、价值做出整体判断，并对战略规划不合时宜的内容进行调整、修正。其中，前者体现着评估的结构化和易操作性，更适合在部门和地区层面上施行；后者则体现着评估的完整性和综合性，可以作为国家层次评估的基本定位和出发点。

2. 建立人才战略规划评估的制度与法规

改革开放30年多年来，我国人才工作主要是依靠政策推动的，而不是依靠制度创新和法规建设推动的，这种方式具有不系统、不稳定性。发达国家非常重视政策评估的制度、法规建设，如法国出台了《研究政策与技术开发的评估》、日本出台了《政策评估法》、英国出台了《政策评估绿皮书》，通过法规形式将政策评估的标准、流程和步骤固定下来，为政策评估提供了有力保障。为此，我们应当建立包括调查监测、统计报告、结果上报和目标责任制度在内的评估制度体系；同时，通过立法将人才战略规划评估上升为国家意志，明确相关评估地位、功能，确定评估时限、范围、内容、程序、步骤及流程，使评估有法可依、有章可循，增强人才战略规划评估的系统性、长效性和权威性。

3. 完善人才战略规划评估的相关指标体系

指标体系研究是人才战略规划评估的一项基础性工作。当前评估指标体系的设计与推动人才强国战略实施的要求还具有一定差距，如难以反映人才强国战略实施的全貌，对评估指标间的关系把握不准，部分指标的内涵、口径、计量和计算方法尚未统一，评估指标体系建设不能为人才工作提供实践指导等。下一步可以借鉴平衡计分卡的思想及新加坡"人才立国"的指标评价体系，以"4E"标准为导向，将长期利益（国家竞争实力）与短期利益（人才政策、工程现实收益）相结合，经济效益（人力资本/人才贡献率）和非经济效益（创新成果、社会发展成果）相结合，战略过程（人才数量、结构、比例）和战略结果（人才竞争比较优势）相结合，全面评价（社会经济发展推动效果）和重点考察（行业、领域人才竞争力）相结合，在建人才强国和以人才强国两个层面上加强人才统计能力建设。

4. 构建人才战略规划评估的运行管理机制

人才战略规划评估可以细分为综合评估、专项政策和专项工程评估，每种评估对应不同的业务主体、评估内容和操作程序。综合评估为国家或一级地方政府开展的评估，涉及战略规划实各项内容的近远期绩效。专项评估是由各级组织、人社部门或各工作牵头单位开展的评估，用以专门考察、评价一项政策或工程产生的效益、效果、影响等。评估在周期上又可以分为阶段评估、期中评估和期终评估，不同时点上的评估，根据实施进展和阶段性任务其评估的内容、范围也有不同。要实现以上方面的科学、有效评估，就要将内部力量与外部力量相结合，大力推动第三方评估和专业化评估，支持多元主体的积极研究和深入参与，通过完善相应的激励和约束机制，调动社会各方的积极性，提高社会的公信力与满意度。

5. 健全人才战略规划评估的技术支持体系

人才战略规划评估需要规范、严密的技术方法予以保障。当前国内许多政策评估看似以实证为导向，但却没有充分运用定性与定量方法挖掘出内在的因果机制。从技术角度看，基于公共项目绩效逻辑模型，从宏观目标、项目目的、项目产出、项目投入四个逻辑角度构建战略规划实施因果关系，有效借鉴数量性评估、研究性评估、回应性评估、利益相关者评估的方法和优势，充分利用互联网信息技术和大数据分析技术，构建人才战略规划实施相关数据资料的收集、存储、分析和监测系统，辅以进度分析、文本分析、察访核验、社会评议、满意度调查等具体手段工具，将人才战略规划评估引向一条专业化道路是未来发展的一种重要趋势。只有不断健全战略规划评估的技术手段，才能保证人才战略规划评估的真实、可信、可用。

——详见孙锐：《中国科技论坛》2013 年第 12 期